그리스도인에로의 인간학

그리스도인에로의 인간학: 신학적 인간학에서 본 종교비판

발행일   2016년 3월 25일

저　자   한수환
발행인   윤상문
편집부장 권지현
코디네이터 박현수
디자인실장 여수정
디자인   박진경, 표소영
발행처   킹덤북스

출판등록 제 2009-29호(2009년 10월 19일)
주　소   경기도 용인시 기흥구 동백동 622-2
문　의   대표전화 031-275-0196
         팩스   031-275-0296

ISBN   979-11-5886-033-2 (03230)

Copyright@2016 한수환
· 이 책은 저작권법에 따라 보호받는 저작물이므로 무단전재와 복제를 금지하며.
· 이 책의 내용의 전부 또는 일부를 이용하려면 반드시 저작권자와 킹덤북스의 서면 동의를 받아야 합니다.

※ 잘못된 책은 구입하신 곳에서 교환하여 드립니다.
※ 책 가격은 표지 뒷면에 있습니다.

킹덤북스(Kingdom Books)는 문서사역을 통해 하나님의 나라를 확장하고, 한국 교회와 세계 교회를 섬기고자 설립된 출판사입니다.

신학적 인간학에서 본 종교비판

그리스도인에로의 인간학

한수환 지음

"무리와 제자들을 불러 이르시되 누구든지 나를 따라오려거든 자기를 부인하고 자기 십자가를 지고 나를 따를 것이니라." (마가복음 8:34)

킹덤북스
Kingdom Books

목차

1부
계몽주의와 현대신학에서의 개신교 종교비판

머리말   9

제1장   개신교 종교비판의 배경   15

1. 계몽주의와 타율
2. 칸트의 자율
   (1) 형식과 재료
   (2) 실천이성과 윤리학
   (3) 요약 평가: "자기 의"로서 도덕률
3. 헤겔: 허공에 떠도는 신이 된 자율
   요약 평가와 비판

제2장   개신교를 향한 부정적인 비판   75

1. 포이엘바흐: 신은 인간의 형상!
   요약 및 평가
2. 니체의 기독교 비판: 기생충과 같은 개신교!
   요약 및 평가

제3장   개신교에 대한 신학적인 비판   145

1. 칼 바르트: 종교는 불신앙이다!
   (1) "로마서 강해": 신은 하늘에! 인간은 땅에!
   (2) 교회 교의학: 종교는 불신앙이다!
   (3) 요약, 비평과 평가
   별도연구: 동정녀 탄생에 대한 바르트와 브룬너의 논쟁
2. 디트리히 본훼퍼: 종교 없는 신앙!
   (1) 종교: 기계적으로 도와주는 신(deus ex machina)을 믿는 신앙
   (2) 종교: 세상과 신의 분리
   (3) 타인을 위해 거기에 있는 것: 성경적 개념의 비종교적 해석
   (4) 정리와 평가

1부의 결론: 요약과 전망   293

2부
루터와 칼빈의 종교이해와 종교로부터의 자유

제 4장 개혁주의자들의 종교이해   301
1. 루터의 종교이해
   별도연구: 율법에 대한 성경적–신학적 이해
2. 칼빈의 종교개념

제 5장 인간의 종교성: 잃어버린 하나님의 인격을 찾는 행위   380
1. 인간과 종교성
2. 종교성과 자연은총
3. 계시와 종교
4. 종교로부터의 자유
   (1) 에로스(Eros)와 아가페(Agape)
   (2) 노모스(Nomos)와 아가페(Agape)
   (3) 종교로부터의 자유: 그리스도인이 되는 것
   별도연구: 복음이란 무엇인가?
   별도연구: 죄란 무엇인가?

참고도서   568

1부

계몽주의와 현대신학에서의
개신교 종교비판

머리말

한 사람의 신학자로서 지금의 한국 개신교를 바라보면 탄식과 근심이 절로 든다. 물론 사회와 이웃을 위해 선한 일들을 하여 칭찬받는 교회들도 많지만 일부 대형교회들과 몰지각한 목회자들이 한국의 개신교의 복음과 정체성을 그릇된 방향으로 이끌어가면서 사회와 이웃으로부터 오히려 걱정과 한숨을 자아내게 한다. 최근에는 교회가 사회를 걱정하는 것이 아니라 도리어 사회가 교회를 걱정하고 있다. 교회마다 돈과 권력에 사로잡혀 있고 배임과 불투명한 재정관리 그리고 정치적인 극우적 혹은 극좌파적인 설교들로 성도들을 혼란스럽게 하여 목회자의 신적 권위는 점점 사라지고 있다. 교회의 비리들이 있음에도 그 교회 신자들은 자신들의 특정 교회에 무한한 지지 혹은 비판을 보내면서 자기교회 우상주의를 가지고 교회에서 싸움과 막말들을 뱉어내며 권위에 도전하고 있으며 이에 대해 종교지도자들은 기만과 거짓말로 성도들과 서로 대립하고 있다. 성경에도 없는 잡다한 규율들을 만들기 위해 성경 구절을 마음대로 도구로 가져다 사용하면서 우매한 교인들을 속박한다. 다른 한편에서는 이런 정통 개신교회들의 비리들을 이용하여 이단들은 자신들에게 필요한 새로운 교리들을 만들어 한국 정통 개신교를 비판하면서 자신들의 깨끗함을 강조하여 세상 사람들을 더욱 혼란하게 한다. 단언컨대 지금의 한국 개신교는 스스로의 정화능력을 상실했다고 여겨진다. 한국 개신교가 세상의 소금과 빛의 역할까지 해주기를 이제는 바라지도 않으며 개신교 목회자들이 선한목자가 될 것이라는 생각을 접은 지 오래되었다. 단지 교회가 세상의 지탄거리만 되지 않아도 좋겠다는 생각과 목회자들이 교회로부터 받는 사례비만큼이라도 하나님의 말씀을 연구하고 선포해 주었으면 하는 소박한 마음이 절로 든다. 세상에서 먹고 살기 위해 피땀을 흘리면서 교회에 바치는 성도들의 헌금이 얼마나 소중한가를 종교지도자들이 무심하게 보면 큰 죄악이다.

기독교가 많은 종교들 가운데 하나의 종교로 내려앉은 데는 역사적인 배경이 있다. 본 책에서는 유럽의 개신교가 어떤 과정에서 서서히 몰락하게 되었는지를 조망하면서 한국교회의 현재의 모습을 보려 한다. 누구나 대부분 지금의 한국교회에 문제가 있다는 것은 자각하지만 그 문제가 신을 사랑하는 인간의 부패한 종교성에서 기인된다는 점을 필자는 지적하고 있다. 그러면서 종교로부터의 자유가 가능한지를 묻고 있다. 한국 개신교가 하나의 고등종교로 머무는 한, 종교다원주의는 필연적인 결과이며 한국 개신교가 종교로 머무는 한, 종교로부터의 자유는 기대할 수 없다. 처음부터 기독교는 하나의 종교가 아니었으며 오로지 인간 생명의 생기였고 은총이었기 때문이다. 종교인으로서 기독교인으로 머무는 한, 결코 영혼의 자유는 없을 것이다. 참다운 자유는 그리스도인이 되는 것뿐이다. 종교인으로서 기독교인과 그리스도를 따라가는 삶을 사는 그리스도인은 근본적으로 다르다. 기독교 종교교인이 반드시 그리스도인이라고 할 수 없다! 전자는 항상 "기독교 종교" 안에 있는 그리스도를 찾으려고 하는 자라면 후자는 그리스도를 "그리스도 자신"에서 발견하는 자이다. 전자는 기독교라는 하나의 종교가 부여하는 율법에서 그리스도를 상상하지만 후자는 그리스도를 복음으로 만나는 자이다. 전자는 기독교라는 종교를 가지면서 그리스도를 우상으로 여기는 자이지만 후자는 종교로부터 자유하면서 한 사람의 그리스도로 살아가는 자이다. 칼빈이 "주여 나의 심장을 즉시 그리고 기꺼이 당신에게 바친다(cor meum tibi offero Domine, prompte et sincere)"고 애절하게 말했다. 그러나 필자는 이렇게 말하고 싶다: 주여, 당신은 나에게 당신의 유일한 심장을 즉시 그리고 기꺼이 주십니다(O Domine, cor unum tuum mihi offers prompte et sincere!).

한 권의 책을 쓰는 것은 마치 한 생명을 잉태하는 심적 고통과 부담감과 체력적인 짐이 따른다. 건강도 별로 좋지 않은 내가 이 책을 탈고하느라 수고했다고 우선 나 자신에게 격려하고 싶다. 이런 나를 옆에서 걱정과 애처로움의 사랑으로 격려해주고 기도해 준 반려자 이정숙 여사에게 마음의 감사를 드린다. 그리고 힘들 때마다 격려와 기도로 도와주신 방경선 집사님께도 감사를 드린다. 눈에 보이지 않는 천사는 자주 눈으로 보이는 사람으로 나타나서 힘든 나를 돌보아 준다. 무엇보다 많은 판매가 없는 본 책이지만 한국 개신교를 사랑하여 문서로 선교하시는 킹덤북스(Kingdom Books) 대표 윤상문 목사님께 감사와 아울러 하나님의 소명과 기쁨 그리고 물질적인 지원이 항상 주어지길 바란다.

남은 생명의 에너지가 서서히 고갈되어가는 것을 자주 느낀다. 내가 얼마나 더 연구할 수 있을까? 지금까지는 어떻게 살 것인가를 고민했으나, 이제는 남은 시간을 그리스도인으로서 시간을 정리하고 어떻게 죽을 것인가를 고민하다가 안식을 얻고 싶다. 하루하루의 시간시간이 헛되이 낭비되는 것에 분노하는 정열이 아직 남아있어 좋다.

나는 예수의 아버지 하나님을 믿는다. 빚을 부분이나마 갚고 싶은 에로스가 가슴에 남아있어 오늘도 이 좋은 학문인 신학을 할 수 있어 기쁘다. 그러나 내가 할 수 있는 것은, 나의 영혼이 만든 정신적인 문장들에게 내 인격을 함께 넣어서 아버지께 고백하며 기꺼이 바치는 것뿐이다.

2015. 10. 20. 광주의 연구실에서 저자.

Vorwort

Die vorliegende Arbeit wurde mit einem Ziel verfaßt, ein wenig in umfassender Weise in die philosophischen und theologischen Religionskritik in der personalistischen Persperktive einzuführen und zugleich die eigentliche Bedeutung des Christentums, wie möglich, klar und wissenschaftlich darzustellen. Besonders ist nicht überzugehen, wie langsam, unaufhörlich die evangelische Kirche in Korea in die gottlosen Welt gestürzt worden ist. Die Geschichte des christlichen Evangeliums in Korea hat nur ca. 150 Jahren. Aber doch ist der Untergang der koreanischen Kirche so schnell und immer andauert, wie eine im Meer absinkende Schieff. Deswegen ist notwendig, zuerst zu fragen, warum der Untergang der evangelischen und protestantischen Kirche in Korea hemmungslos geschieht. Vielmehr wegen der schwächlichen Grundlage der theoretischen Theologie? Oder wegen der wesentlich verdorbenen Menschheit? Oder wegen der Liebe pecuniae? Es gibt aber dafür sicherlich die verschiedenen Ursachen. Um die Antwort für diese Frage zu gewinnen, kann unentrinnbar gefragt werden, was das Wesen der Religion ist, insbesonder der christlichen Religion. Was ist eigentlich die Wirklichkeit des Christentums? Ist das Christentum eine Religion, die sich einfach auf die Person und Maiestas Jesu bezieht? Der vorliegende Entwurf gibt mehr oder weniger einen Weg zur Wirklichkeit der christlichen Religion, von der die traditionelle Theologie und die christlichen Gedanken unmittelbar abhängig sein können. Das Christentum, in dem Jesus Christus als Deus revelatus immer gegenwärtig in der lebendigen Gemeinde dominiert, ist nicht eine Religion, sondern die wahre und geistige Realtität, die sich nicht nur zur Beziehung auf die Freiheit Gottes verhält, sondern auch zur personalen Begegnung mit dem abgefallenden und doch gerechtfertigten Menchen. Das Christentum kann unabdingbar "religio" genannt werden, da es nichts anderes als diesen Ausdruck gibt. Während eine billige Religion den vom Menschen aus ausgehende Eros erfordert, offenbart die teuere Religion die von Gott aus bewegende Agape.

Aufs neue ist zu fragen, was die christliche Theologie und Anthropologie im

Verhältnis zur Aufklärung, Kant, Hegel, Barth, Bonhoeffer, Luther und Calvin zu lernen und zu erklären hat. Besonders kann die von diesen Philosophen und Theologen dargestellte Religionskritik ziemlich Bedeutsamkeit haben, da sie wohl den untergehenden koreanischen evangelischen Kirchen einen sinnvollen Hinweis darauf geben können, dass es ohne die Zurückfahrt zur christlichen Quelle, zum "credo in Jesum Christum", nicht mehr den Eingang zur Freiheit im Religionsleben und in der Theologie und den Ausgang zur Wirklichkeitsbegegnung gibt. Der wahre Christ ist wesentlich nicht mit dem Menschen identisch, der eine christliche Religion im Kopf hat. Er credit in Jesum als unum Christum. Er ist mit Ihm. Er lebt gerade als ein Christus coram Deo.

In der Tat ist zu bedenken, dass die jetzige koreanische evangelische Kirche in die Situation steht, in der sie selbst mit ihrer Fähigkeit nicht mehr reinigen und pugieren kann. Gibt es also eigentlich die Lösung dafür? Die einzige Lösung steht darin, dass wir jede nicht zu einem Christ, sondern zu einem Christus werden sollen, der als Christus leben kann. Es ist klar, dass der Christ nicht einfach mit dem profanen Menschen identisch weredn kann, der eine Religion hat. Calvin sagte: cor meum tibi offero Domine, prompte et sincere! Aber nun sage ich gerade und darüber gern: O Domine, cor unum tuum mihi offers prompte et sincere!

Credo in Jesum Christum qui suum Deum "abba" loqueritur, et in Deum qui ultra me et extra me in Christo revelatus est.

20. 10. 2015. Han. S.H.

약어표

KR: K. Barth, Der Römerbrief(1922, 2판), Zürich, 1984.
KD: K. Barth, Die kirchliche Dogmatik.
WE: D. Bonhoeffer, Widerstand und Ergebung, Güterloh, 1994.
SC: D. Bonhoeffer, Sanctorum Communio, München, 1986.
E: D. Bonhoeffer, Ethik, München, 1985.
Ch: D. Bonhoeffer, Christologie, in: Gegenwart und Zukunft der Kirche, vol 2, Gütersloh, 1977.
N: D. Bonhoeffer, Nachfolge, Stuttgart, 1937.
InI: J. Calvin, Institutio Christianae religionis(1536), in: Calvini Opera Selecta I, München, 1968.
InIII: J. Calvin, Institutio christianae religionis, in: Calvini Opera Selecta III, München, 1968.
InIV: J. Calvin, Institutio christianae religionis, in: Calvini Opera Selecta IV, München, 1968.
InR: J. Calvin, Auslegung des Römerbriefes und der beiden Korintherbriefe, Neukirchen, 1960.
WCI: L. Feuerbach, Das Wesen des Christentums, vol. I, Berlin, 1956.
WCII: L. Feuerbach, Das Wesen des Christentums, vol. II, Berlin, 1956.
SE: H. Thielicke, Sex Ethik der Geschlechtlichkeit, Tübingen, 1966.
GL: J. Moltmann, Der Geist des Lebens, München, 1991.

참고) 이 책에 나오는 모든 성경인용은 "바른성경"을 참고하였다. 그리고 이 책에서 "신"과 "하나님"을 구분하여 사용했는데, 필자가 개혁주의 신학을 따르기 때문에 개혁주의 사상이 담겨있는 고백의 상대인 신을 묘사할 때는 "하나님"이라 묘사하였고 일반 종교사나 특정인들의 철학이나 신학사상에서 사용되는 신을 그냥 "신"으로 표현했다.

제 1 장

개신교 종교비판의 배경

1. 계몽주의와 타율

1. "계몽주의는 지금까지 지배해온 교회와 신학적으로 규정된 문화와 대립하여 유럽의 문화와 역사의 현대적 기간의 시작이며 근간이다"고 종교학자 트뢸취(E. Troeltsch)가 말했는데[1] 그가 말한 내용은 계몽주의가 현대, 특히 포스트모던의 모든 문화의 뿌리가 된다는 점을 예리하게 지적한 말이다. 종교도 거기에 해당되는데, 종교도 문화의 한 영역으로서 취급되고 있으며 이런 맥락에서 기독교도 하나의 종교로 간주된다. 이런 맥락에서 지금까지 종교적인 교리로 인간의 삶을 지배해 온 기독교를 비판하는 시도들이 생겨나는 것을 계몽주의의 산물로 보는 시각들은 결코 우연이 아니다. 트뢸취는 계몽주의에서 "종교의 이원론적-초자연

---

[1] T. Rendtorff, Theologie in der Moderne, Gütersloh, 1991, 29.

주의적인 형태에 대항하는, 최초로 포괄적인 그리고 원리적인 대립"을 보았다.[2] 트뢸취가 계몽주의와 기독교 신앙과의 대립과 투쟁을 가져올 것으로 전망한 반면 하르낙(A.v. Harnack)은 오히려 계몽주의야말로 기독교 역사와 종교사가 상호 동일시되는 시도이며 기독교와 종교의 연속선으로 계몽주의가 있음을 보았다. 특히 자신의 강연집 "기독교 본질"에서 근대의 계몽주의와 기독교 개신교의 본질 사이의 발전-역사적인 일치를 강조했다.[3] 그러나 트뢸취처럼 계몽주의가 기독교와의 대립을 하는 것으로 보았든 아니면 하르낙처럼 연속선을 가지는 것으로 보았든 그렇게 보는 학자들의 개인적인 역사관에 의한 판단일 것이다. 사실, 계몽주의는 세계사적으로 뜬금없이 갑자기 돌출한 운동이 아니라 오히려 서구 유럽의 정신역사 발전의 자연스러운 흐름 속에 일어난, 그럼에도 불구하고 돌발적인 폭발적 운동으로 보인다. 12세기와 13세기에 이미 교회의 강력한 종교적 지배에 항거하여 세속은 서서히 교회 속박으로부터 해방하려는 움직임이 있었고 이 운동은 르네상스로 이어지는데, 르네상스는 교회의 절대적인 권위에서부터 최초로 개인주의적인 자유와 새로운 세계관의 전망을 가져왔다. 그러나 새로운 변화의 정신이 종교적인 권위로부터 완전한 자유를 얻지 못하고 물밑으로 흐르다가 16-17세기의 자연과학의 눈부신 발견과 발전으로 인해 역사의 객관적 인식과 그 역사를 비평적으로 보자는 태도가 일어나면서 비로소 계몽주의가 태동하게 된다.[4] 계몽주의 배경에서 특이한 점은 종교와 기독교의 뚜렷한 평행선을 보게 되며 이 평행선은 거시적으로 보면 17세기에서 19세기 유럽 전반에서 일어난 개인주의와 자연과학에서 비롯된다고 할 수도 있지

---

2 위의 책, 29.
3 참고. 위의 책, 30.
4 참고. K. Heussi, Kompendium der Kirchengeschichte, Tübingen, 1922, 333.

만 좁게는 그 계몽주의가 가지는 정신적인 작업의 완성이라고 부를 수 있는 헤겔 철학에 두고 있으며 여기에서 우리는 종교비판의 뿌리를 찾아야 한다. 계몽주의의 근본적인 원리가 소위 "자율(Autonomie)"이라는 점은 상식이다. 계몽주의라는 말은 독일어로 "아우프클레룽(Aufklärung)"이라고 부르는데 칸트는 이 용어가 미성숙한 상태를 극복하여 모든 책임을 인간 자신에게 있음을 말한다고 한다. 미성숙이란 어떤 문제가 풀리지 않는 상황으로 인간에게 주어지면 그것을 성숙한 자에게 의지하고 거기에 맡기는 습성을 가리킨다. 그래서 미성숙한 자는 반드시 다른 성숙한 자의 도움을 받아야 한다. 형태상으로는 이런 태도를 취하지만 그 미성숙의 뿌리는 인간 자신이 가지고 있는 이성의 능력을 알지 못하기 때문이고 이성을 신뢰하지 못하기 때문이라고 칸트는 본다. 그래서 칸트는 이성의 능력과 한계를 철학적 사유를 통해 밝혀내었고 이성의 능력을 자각하는 한, 인간은 자율적인 존재자라고 선언한다. 칸트의 철학에서 이성과 자율은 나무의 뿌리와 그 열매의 관계와 같다고 하겠다. 그래서 이성적인 인간은 곧 자율적인 인간인데 자율은 '스스로(아우토스: αυτος)'라는 단어와 '법(노모스: νομος)'이라는 단어가 결합하여 "스스로 법이 되는 것"을 뜻한다. 말하자면 자율은 '이성의 법'과 동일한 말이 되겠다. 그 법이 인간 밖에 있는 것이 아니라 인간 마음 안에 있다. 이성이 인간을 자율적인 존재자로 만들기 때문에 자율은 곧 의지의 자유를 근거로 한다. 루터나 종교개혁자들이 인간의 본성을 부패한 것으로 여기면서 의지를 마귀에 속한 의지로 간주하는 반면 칸트는 그 의지가 선을 행할 수 있는 의지가 될 수 있는 의지이고 스스로 법이 되는 것이기 때문에 전적으로 의지는 자유로워야 한다고 주장한다. 칸트가 자율을 강조한 이면에는 당시의 시대상을 반영하는 면도 있다. 당시는 엄격한 교리와 신조 하에 인간의 실재성들을 종교라는 이름하에 독선적인 교리로 판단하고 정죄하고 결정하는 중세의 문턱을 갓 넘어서는 시기였다. 중세를 경험하면서 수많은 지식인들은 종교가 자유를 주는 것이 아니라 "신의 법"이라는 이름으로 인간성을 곡해하고 무시하는 교리적 종교의 횡포를 직시했고 여기에 지적인 회의를 품게 되었으며 무엇보다 산업혁명으로 문물이 서로 교환되면서 다양한 문화를 경험하면서 중재의 획일성을 벗어나려던 때였다. 그 혁명적 운동이 두 가지로 나타나는데 하나는 인간성 회복을 고대 그리스인들에게서 찾자는 르네상스가 그 하나이고, 인간은 인위적으로 만든 교리들을 소위 종교 공의회를 거치기만 하면 절대적인 신권을 가지는 가톨릭교회에 반대하여 오로지 성경의 신적 권위 안에 뿌리를 둔 신조나 교리만 권위적인 것으로 인정하려는 운동이 그 두 번째인 종교개혁이었다. 원래 종교개혁자들과 르네상스주의자들은 처음에는 중세의 교권주의에 반대한다는 점에서 일치했지만 인간의 자유의지와 같은 예민한 신학적 문제들에서는 상당한 갈등을 가지면서 결국 이성을 중요시하는 르네상스주의자들과 신앙을 중요시하는 종교개혁자들은 계몽주의와 함께 결별을 고한다.

2. 칸트의 철학이 이런 배경에서 전개되고 있기 때문에 그가 자율을 강조했을 때는 자율과 반대가 되는 "타율(Heteronomie)"을 염두에 두지 않을 수 없다. 타율이란 "낯선(헤테로스: hetheros)"와 "법(노모스: nomos)"이라는 말의 합성어인데 낯선 것이 인간 자신의 법이 된다는 뜻이다. 그런데 타율이라는 말 속에는 인간의 안전을 보장하는 권위가 자신이 아닌 낯선 것에 있다는 의미인데 사이비든 종교든 교주든 여타의 낯선 것들에 인간 자신의 모든 것을 맡기면 안전하다는 미성숙과 이런 자신에 대해 책임을 지지 않으려는 무책임에서 타율은 기인한다. 여기서 우리가 가지는 의문은, 자율이 비록 신율의 곡해지만 이것이 무너지면 어떻게 되

는 것일까 하는 문제이다. 타율의 득세는 무지하고 일관성이 없는 대중들에게는 전체주의적인 체계나 교파적인 광신주의, 근본주의적인 편협과 같은 엄청난 위험을 가져다 준다. 더구나 이성이 가치척도의 기준이 되던 모더니즘과 달리 포스트모더니즘의 현대는 감성이 우리의 본능을 조절하는 경향이 지배적이라 하겠는데 감성과 타율이 결합되면 신율의 완전한 곡해 내지 뒤틀림이 발생하여 사회나 국가 혹은 특수한 공동체들은 정신적으로 큰 위험을 가진다. 최근 일본이라는 나라를 하나의 대표적인 예로 들 수 있겠다. 아베정권은 극우적인 몇몇 정치인들의 조국에 대한 애국이라는 결정에 맹신적으로 혹은 맹목적으로 추종하게 하여 주변 국가들과의 단절을 초래하고 있다. 일본인들에게는 특정 극우적인 정치인들의 주관적인 판단이 곧 법이 되고 백성들은 그 법에 의존하면 안전과 평화를 느낀다. 그래서 소위 이성적이고 객관적인 판단을 상실하여 그들 조상들이 저질렀던 야만적인 만행들에 대해 뉘우침이나 반성은 하지 않고 오히려 지난 역사를 곡해하면서 자신들의 조국애에 만족하고 있지 않는가? 신사참배를 하는 것도 그 신사들의 주인공들은 일본인들에게는 영웅들이지만 주변 피해 국가들에겐 광신적 살인자들이라는 것을 자신들도 잘 알고 있지만 극우 정치인들은 이성이라는 객관적 정신의 판단에 의지하기보다 감성과 특정 정치인들의 가치판단에 의존하게 한다. 그들에게서 법이란 과거 그들의 조상들이 만들었던 '힘의 일본'이고 그 법에 맹신적이며 광신적으로 의존한다. 이렇게 신의 법이 타율에서 중심적이 되지 않는다면, 그리고 인간적인 것과 같은 여타의 낯선 것들이 법이 된다면 그 사회는 닫힌 사회가 되고 폐쇄된 국가가 된다. 그러나 하여간 이 타율은 사실 "신율(Theonomie)"의 곡해이며 뒤틀림이다. 신(테오스: θεος)이 법(νομος)이 될 때 올바르게 인간은 안전감과 만족감, 평화를 가지는데, 이것이 특정 정치적 교리나 이데올로기 그리고 왜곡된 종교적 의식들에 의해 영혼이 뒤틀리거나 억압되면서 인간이 원래 가지고 있는 이성이라는 능력과 조화하지 못하고 단순히 그 낯선 것들에 맹목적으로 혹은 맹신적으로 의존하게 되어 오히려 인간을 부자유한 존재자로 만든다. 이런 "타율"은 정치적으로는 이데올로기적 정치철학을 만들어 내고 종교적으로는 독선적인 주관주의나 교주주의 혹은 맹신적이고 광신적인 교리주의를 가져와서 천천히 인간의 영혼을 병들게 하고 "그 낯선 것"을 신으로 숭배하려는 우상 숭배를 정상적인 종교성으로 받아들이게 한다. 이것이 고대에는 구체적인 형상을 우상으로 만들어 섬기게 하였지만 현대에는 고대와 다르게 고급스러운 형태인 정신적인 우상을 만들어 섬기게 한다. 당연히 전자보다 후자가 더 위험하고 그 결과는 더 참혹하다. 권리 없는 낯선 의무들을 신의 이름으로 부여함으로써 인간들의 영혼들을 부자유롭게 하고 결국은 병적으로 만들기 때문이다.

3. 타율이 이런 맹점을 가지고 있다면 자율 사상 역시 기독교의 가르침에 상당히 부정적인 영향을 미쳤다. 자율은 인간이 스스로 법이 된다는 의미인데 겉으로는 평범한 의미를 담은 것처럼 비치나 속에는 무서운 힘을 가지고 있다. 자율의 원리는 이성의 원리와 동일하다고 할 수 있겠다. 보통 상식적으로, 이성이 무슨 문제를 일으키겠는가 하겠지만 계몽주의자들에게서 이성은 지금 우리가 생각하는 단순한 논리적 판단이나 옳고 그름의 결정을 하는 능력 정도로 이해하지 않았다. 우선 계몽주의자들이 이성의 능력을 과신하여 생긴 결과를 논하기 전에 이성이 무엇인가를 먼저 이해할 필요가 있다. 왜냐하면 포스트모던주의 세상에서 살고 있는 지금의 우리가 이해하는 이성과 상당한 차이가 있기 때문이다. 오늘 날의 이성은 계산능력이나 자연과학적인 분석능력 혹은 엔진

니어들이나 기술자들의 기계 조작능력 정도로 이해하는 듯한데 계몽주의자들이 이해했던 이성은 이런 기술적 혹은 도구적 이성이 아니라 이성이 가지는 원래의 개념에 가까운 로고스적인 이성 개념이었다. 로고스라는 개념에는 이성, 말, 판단, 개념, 정의, 근거 혹은 관계라는 다양한 뜻을 가지고 있는데 이 개념들은 고대 헬라인들에게서 기인한다. 헬라인들이 이해했던 이성은 우주의 원리 또는 형식, 달리 말하면 로고스였으며 그 로고스가 초월적으로 있기도 하지만 동시에 인간 정신 안에도 있다. 그 어떤 생명의 원리인 로고스를 인간의 언어로 가져올 수 있다는 점에서 "말"이라고 하였다. 특히 아리스토텔레스는 이성을 "말"로 이해한 대표적인 철학자인데 그에 따르면 "존재"라고 불리는 어떤 무엇이 인간들의 이성에 의해 어떤 무엇을 보여준다는 의미로 이해하였다. 대화를 나눔으로 신적인 무엇이 인간에게 드러나고 보여준다는 의미가 고대의 로고스 개념이었다.[5] 나아가서 헬라인들은 이성을 만물의 제일원리이며 살아 있는 모든 것을 조화롭게 이끄는 원리 내지 구조로 이해했다. 이성이란 근원적으로 보편적 이성이라 불리는 로고스에 기인하여 역사적으로 다양하게 이해되고 사용되었다.[6] 신과 인간은 공통적으로 로고스를 공유하고 있으며 나아가서 인간과 세상이 자율적으로 자신을 발전시키는 공통적인 원리이기 때문에 인간은 로고스를 언어로 표현할 수 있으며 언어는 로고스의 운반자가 되는 셈이다. 그래서 고대에는 로고스, 즉 이성을 "말"로 이해했다.

4. 그런데 보편적 원리인 이성을 인간이 가지고 있는 모든 능력과 동시

5　참고. M. Heidegger, Sein und Zeit, Tübingen, 1972, 32-33.
6　참고. P. Tillich, 19-20세기 프로테스탄트 사상사, 송기득 역, 서울, 한국신학연구소, 1995, 41-43: Tillich는 이성을 보편적 이성, 비판적 이성, 직관적 이성, 기술적 이성 등으로 나누었다. 그러면서 이것들이 보편적 이성에서 역사적으로 발전해 왔다고 주장한다.

에 인간의 한계를 검토해보는 척도로서 간주하고 이것을 비판적인 용도로 사용한 자가 칸트였다. 칸트가 사용하는 비판이라는 개념은 단순히 꾸짖고 나무라는 일반상식적인 개념이 아니라 자신의 능력과 한계를 발견하고 검토하며 규정하려는 학문적인 개념이다. 칸트는 소위 영국의 경험론자들과의 한계를 그으면서 이성의 능력을 예리하게 분석해 낸다. 경험주의자들의 공통적인 점은 앎과 이성 사이에서 이성을 수동적으로 이해한다. 예를 들어 로크(J. Locke)같은 이는 인간의 정신을 "백지 한 장(tabula rasa)"으로 취급하였으며 외부에서 전해져 오는 여러 인상들을 수용하는 능력이며 그 수집된 인상들을 관념으로 바꾸는 것을 이성이 담당한다고 주장하였다. 이런 주장을 물려받은 흄(D. Hume)은 과학을 지나치게 맹신하여 형이상학을 부정하는 지경으로 나아갔다. 그에게는 정신의 내용이 오로지 경험에 의해 파악되며 이 파악된 것을 지각(perception)이라 불렀다. 지각이란 자세히 분석하면 외부에서 주어진 인상(impression)을 이성이 관념으로 만드는 작용이다. 이 말은 인상이 없으면 관념은 일어나지 않는다는 말과 동일한데 이런 식으로 보면 사물들 간의 인과율로 얽혀 있는 관계가 자연스럽게 부정되고 실제적인 것은 오로지 순간순간 각자가 가지는 지각뿐이다. 전통적으로 어떤 두 사건이 주어졌을 때 인과율의 법칙, 즉 원인과 결과의 관계를 당연하게 받아들였다. 그러나 흄은 이런 인과율이 반드시 필연성을 가진다고 보지 않았다. 그의 시각에는 사건이나 사물은 서로 아무런 연관성을 가지고 있지 않기 때문에 우리의 이성은 그 사건의 원인을 선험적(a priori)으로 끌어낼 수 없다는 것이다. 이런 흄의 이론으로 인해 원인과 결과의 연관성으로 모든 사물들의 관계를 설명하고 나중에는 결과가 없는 원인, 즉 제일 원인(causa prima)이라는 존재가 필요하다고 보는 아리스토텔레스와 그 이후의 철학 내지 소위 관념주의 철학이 부정되고 동시에 그에 따른 형이상학적인 주제들, 특히 신의 실재성의 여부도 궁극적으로 불투명해진다. 이런 흄이 어떤 사실에 대한 진위여부는 이성이 결정하는 진리처럼 생각을 필요로 하지 않는다고 까지 말한다. 그리고 인과율에 관해서 거의 자연과학적인 입장을 가진다. 즉 "흄에 따르면 어떤 작용은 원인과 … 완전히 다르고 따라서 그 작용은 원인 안에서는 절대로 발견될 수 없다… 그래서 우리에게는 오로지 경험을 기다리는 것 외에 아무 것도 남아있지 않다"고 까지 주장하는 이들도 있다.[7] 이런 식의 주장들은 당연히 "신"과 "세상" 그리고 "나"와 같은 형이상학적인 문제들은 경험될 수 없기 때문에 설명할 수 없게 된다. 꼭 집어 말하면, 경험론자의 이런 생각은 "의식의 기능과 실제의 사건의 동일시가 사라지고 진리개념은 무너진다"는 틸리히의 주장대로 회의론에 빠진다.[8] 그런데 경험론자들이 주장하는 이런 식의 이론은 신 존재를 부정하는 동기를 제공하게 되고 경험주의자들의 회의론은 근대와 현대의 인간학에까지 상처를 주게 된다. 홉스(T. Hobbes) 같은 이는 종교를 국가권력에 넘겨준 철저한 유물론자라고 할 수 있겠는데, 인간은 본성적으로 이기적이고 인간의 이성도 감각에서 파생된 것이기 때문에 각 개인은 오로지 자신의 이기적인 욕심을 위해 자신의 능력을 사용한다고 보았다. 개인의 이기성은 좁게는 분쟁을 가져오지만 넓게는 끝임 없는 전쟁을 가져오고 궁극적으로는 인류 전체의 파멸로 스스로 가져갈 것으로 홉스는 보았다. 그래서 "인간은 인간에게 늑대다(homo homini lupus)"라는 말을 남기고 각 개인의 자연적인 본성들을 차라리 특정의 국가통치자에게 넘겨서 전체 사회를 안정시켜야 한다는 사회계약설을 주장하기도 한다. 이런 경험주의자들의 사상들에게서 신이 없고 오로지 인간이 만물의 척도이며 형이상학은 곧 유물론이

---

7 J. Hirschberger, Geschichte der Philosophie, vol.2, Freiburg/Basel/Wien, 1981, 229-230.
8 P. Tillich, Frühe Hauptwerke, vol. 1, Stuttgart, 1959, 24.

되는데 거기에서 남는 것은 특정인의 낯설고 이질적인 아이디어가 법이 되고 그것이 신율의 자리에 앉는다는 사실을 간과할 수 없게 한다. 낯선 자가 나의 생명의 법의 척도가 되는 사회는 회의론과 유물론 그리고 무신론이 지배하는 사회이며 고작해야 계약을 통해 개인의 권리를 국가 통치자에게 양도해서 나의 안전을 보장받으려 하게 되는데 과연 나로부터 나의 권리를 이양받은 그 국가 통치자는 공정하게 시민의 안전을 보장할까? 이런 실례를 역사에서 발견할 수 있겠는데 그 대표적인 경우가 세계 대전이었다. 히틀러라는 특정 개인은 시민들로부터 부여받은 권리를 신이 자신에게 준 권력의지로 보았고 자신의 생각이 곧 신의 의지라고 믿었기 때문에 전쟁을 일으켰는데 히틀러의 생각을 해석하자면 전쟁은 인간 자신의 의지의 표현이지만 동시에 신이 원하는 의지가 되는 셈이다. 그런데 그 결과는 엄청난 광기와 수많은 사람들의 사망이었으며 근대의 몰락을 가져왔고 동시에 이성의 붕괴를 가져왔다. 그렇다면 여기에서 당연히 질문이 생기는데, 즉 이렇게 낯선 자가 법이 될 바에야 차라리 인간 자신이 스스로 법이 되는 것은 어떨까라는 의문이 그것이다. 칸트는 신율이 이런 식으로 곡해된 타율에 대항하여 자율을 부각시켜 계몽주의를 이끌었다. 그런데 아이러니하게도 칸트는 신율로 되돌아가기를 별로 원치 않고 자율을 전적으로 지지했으며 선호하였는데 이에 반해 종교개혁주의자들은 타율에서 신율로 다시 되돌아가려는 길을 택했다는 점에서 약간의 특이점을 발견하게 된다. 칸트는 이성이라는, 신이 인간에게 주신 능력을 특별히 신뢰하였다면 이에 반해 종교개혁자들은 이성조차 신율에 걸림돌이 된다는 것을 이미 깨닫고 신앙으로 인한 신율의 회복의 길을 이끌었다. 그런데 결과는 계몽주의 이후에 신학과 철학은 완전한 결별을 하게 되었다는 점이다. 철학과 과학적인 방식은 이성을 중심으로 관찰과 분석, 엄밀한 추론과 연역을 통해 개별학문들을 발전시켰다면 이에 반해 종교개혁주의자들은 신학을 철학적인 방식에 따라 해석하는 것에 반대하여 신앙이라는 관점으로 성경과 신의 실재성을 탐구하는 길을 가려고 하였다. 그럼에도 불구하고 신학은 계몽주의 사상으로부터 직접, 간접으로 영향을 받지 않을 수 없었으며 그 결과로 인해 신학은 종교학적인 방식으로 연구되어야 한다는 강력한 시대의 요구에 직면하여 타협을 하고 만다. 즉 신학도 이성의 방식에 따라 연구되어야 하며 소위 "역사 비평방식"의 테두리 안에서만 교리와 신조의 정당성을 인정해야 한다는 목소리가 높아졌다. 이런 흐름을 히르쉬 (E. Hirsch)는 기독교에 강력한 영향력을 끼친 정신이 계몽주의라고 지적하면서, "기독교적 계몽주의"라는 용어로 표현하여 신앙과 종교의 분리 그리고 이제는 하나의 학문이 되어버린 신학이 됨을 그 특징으로 보았다.[9]

2. 칸트의 자율

(1) 형식과 재료

1. 위에서 스케치한 바대로, 칸트의 철학은 계몽주의를 이끄는 횃불이었을 뿐 아니라 19세기의 신학에도 결정적으로 영향을 미쳤다고 할 수 있다. 보통 19세기 신학에 결정적인 공헌을 한 사람들을 세 사람으로 꼽으라 한다면 헤겔과 슐라이엘마허 그리고 칸트를 꼽을 수 있다.[10] 특히 칸트는 이성의 능력을 가장 논리적으로 검증하였다고 할 수 있겠는데 특히 인간의 이성을 세 가지로 검토한 것은 상당한 가치가 있어 보인다.

---

9 T. Rendtorff, Theologie in der Moderne, 33.
10 참고. P. Tillich, 19-20세기 프로테스탄트 사상사, 서울, 한국신학연구소, 1995, 82.

첫 번째는, 그는 이성을 있는 그대로의 현실을 표상하거나 관조하는 능력으로 보았으며 이것을 위해 '이론이성' 개념을 사용하였으며 두 번째는 인간의 의욕 또는 실천의 문제에 관한 능력을 위해 '실천이성'이라는 개념을 활용하였고 마지막으로 개별적인 사례들을 통해 어떤 통일된 원리를 찾는 능력을 위해 '판단력'이라는 개념을 사용하였다.[11] 칸트는 우선, 유한한 인간이 무한한 신을 이성적으로는 인식할 수 없다는 점에서 경험주의 철학자 흄의 생각을 배재하지 않는다. 인간이 비록 무한자를 사유하고 거기에서 생겨난 관념이 무한한 것처럼 보인다고 해도 엄밀하게 보면 그 사유는 유한자인 인간이 무한자를 선험적으로 주어진 인식의 카테고리인 '시간'이나 '공간'의 형식에서 사유하고 있는 셈이다. 시간과 공간이라는, 유한자에게만 주어지는 선천적인 직관의 형식에서 아무리 무한자를 사유한다고 해도 그것은 무한자 자체를 사유한 것이 아니라 유한자가 생각하는 무한자에 대한 그림일 뿐이고 이런 연고로 인간의 사유는 유한성의 한계를 가진다. 이 유한성의 범위를 넘어간다면 철학은 그 정당성을 포기하는 것과 같다. 칸트의 이런 이성의 유한성의 자각은 사실 실존신학자들에게나 실존철학자들에게 직접, 간접으로 영향을 미쳤다. 왜냐하면 플라톤 이후 소위 관념주의자들은 이성이 외부의 경험이 없이도 영원한 관념을 만들어 낼 수 있다는 거창한 사변주의적 발상을 항상 고집하고 있었기 때문에 칸트의 이런 생각은 형이상학적인 주제들에 대해 상당한 겸손을 내포하고 있다. 즉 인간은 자신의 유한성을 겸손하게 인정하고 따라서 영원한 신에 대한 실재성에 의존해야 한다는 점이 부각된다. 인간 이성의 내부에서 이성이 아무리 영원한 것처럼 보이는 생각을 만들었다 해도 시간과 공간이라는 유한성의 원리 안

---

11   참고. 진교훈 외 다수, 인격, 서울대학교출판문화원, 2012, 96.

에서 일어나기 때문에 처음부터 인간은 시간적-공간적으로 제한된 존재자에 불과하다. 따라서 영원성과 신의 실재성 문제와 은총 문제는 인간이 찾아가서 만날 수 있는 것들이 아니라 신이 외부에서 인간에게 다가와야 한다는 것이고 그것은 인간에게는 선물로 주어지는 것이라는 여지를 충분히 보여주고 있다.

2. 그럼에도 우선 칸트는 회의론과 유물론에 빠질 수밖에 없는 경험주의자들의 이론에 대항하여 인간의 이성이 어느 정도의 능력을 가지고 있는지 비판한다. 여기서 "비판"이라 할 때 이 표현은 남을 정죄하고 꾸짖는 의미가 아니라 우리가 가지고 있는 능력의 한계를 검증한다는 면을 가진 개념이다. 즉 모든 인식에 대해 이성이 가지는 능력을 검증하는 것이고 나아가서 형이상학의 원천이나 한계 등을 정하는 것을 의미한다. 그의 순수이성비판(1781년 초판; 1787년 2판) 서문에서 철학은 독선주의자들의 폭군적인 형이상학에 의존해서도 안되고 학문의 혼돈 혹은 밤으로 부를 수 있는 무관심주의에 형이상학을 맡겨서도 안된다고 말한다.[12] 순수이성비판의 축약이라 부를 수 있는 "미래의 형이상학의 프롤레고메나" 서문에서도 독선적인 관념적인 형이상학과 경험주의의 결말인 회의주의 둘 다를 비판하고 있다. 특히 흄의 생각을 "선험적이고 개념들에서 어떤 연관성을 생각하는 것을 이성으로 하여금 불가능하게 만들었다. ... 그의 개념은 단지 상상력의 사생아 정도로 여겼으며 ... 이성은 일반적으로 스스로 일반적으로 연결점들을 사유하는 능력을 가지고 있지 않게 하며 ... 결국은 형이상학은 없으며 있을 수도 없게 되었다"고 비판한다.[13] 인식은 분명 경험에 의존하고 있고 인과율은 경험에서 생기

12　참고. I. Kant, Kritik der reinen Vernunft, Hamburg, 1958, 6.
13　I. Kant, Prolegomena zu einer jeden künftigen Metaphysik, Hamburg, 1969, 4.

기 때문에 소위 학문이라는 것은 개인의 보편적이지 않고 개별적인 신념에 달려있다는 점에서 형이상학을 사라지게 만드는 영국의 경험론자들의 생각을 칸트는 어느 정도는 인정하지만 그렇다고 모든 인식이 경험에 달려있다고 칸트는 믿지 않는다. 따라서 회의론에 빠진 형이상학을 구하기 위해 소위 분석적이면서도 선천적-종합적으로 판단하는 능력을 이성이 가지고 있음을 그의 순수이성비판이 제기한다. 여기서 분석적인 판단이란 단지 대상을 설명하는 판단을 가리키며 종합판단이란 그 대상을 확장시키는 판단을 가리킨다. "경험을 근원으로 가지는 후천적인 종합적 판단도 있지만 그러나 순수 오성과 이성에서 기인하는 선험적으로 확실한 판단도 있다"고 그는 못을 박는다.[14] 예를 들어 칸트는 경험이 필연성을 가지지 못할 수도 있지만 그 경험들이 서로 원인과 결과를 가지는 소위 인과율과 같은 법칙을 결코 만들지 못한다고 단언한다. 7+5=12 라는 간단한 산수의 경우를 들어도 선험적인 분석이 나온다. 7이나 5를 아무리 분석해도 그 합이 12가 되는 것은 경험에 의한 것은 아니다. "12라는 개념은 내가 단순히 하나의 그런 합계에 대해 나의 개념을 아무리 쪼개어 봐도 왜 그 합계가 12가 되는지 알지 못한다"고 그는 말한다.[15] 따라서 이 계산에서 그런 합계가 되는 것은 경험적이 아니라 선천적이라고 한다. 기하학에서도 마찬가지인데 두 점 사이의 선은 가장 짧은 거리인데 이런 판단은 역시 선천적이고 종합적이다. 이런 간단한 예를 들어도 우리의 경험적 판단 외에 스스로 제공하는 선천적인 요소가 있다고 말한다. 이 선천적인 혹은 선험적인 형식을 바탕으로 경험이 가능해진다고 보았다. 여기서 칸트는 형식과 재료를 구분하면서, 형식은 우리 정신이 선천적으로 가지고 있는 카테고리이고 재료란

---

14 위의 책, 15.
15 위의 책, 17.

대상을 가리킨다. 판단의 재료들은 인식에 필요한 질료 내지 자료들이며 그것들은 가공되지 않은 하나의 혼돈 상태에 있으며 수동적으로 움직인다. 이 재료들을 정신은 적극적으로 혹은 능동적으로 수용하여 조직적으로 혹은 종합적으로 판단하여 가공하여 개념을 만들어 낸다. 엄밀하게 말하면 판단의 재료들은 경험적이고 후천적인 것(aposteriori)이 분명하다. 그러나 이런 재료들을 종합적으로 수용하여 개념화시키고 질서 잡힌, 소위 "물(Ding)"로 만드는 것은 정신의 선천적이고 선험적인(a priori) 형식에 의해서이다. 인간 정신이 가지고 있는 선천적인 형식들은 시간과 공간이라는, 오로지 직관으로 파악되는 형식들도 있고 또한 감성과 오성이라는 요인들도 있다. 전자는 외부의 대상을 시간과 공간의 형식에 따라 정신 안으로 받아들이는 요인이고 후자는 그 대상을 관념으로 만드는 역할을 한다. 예를 들어 장미라는 대상은 인식하는 인간이라는 주체 앞에서 인식을 위한 자료들인 향기, 가시, 붉은 색 등과 같은 자료들을 보여준다. 인간 정신은 감성을 통해 이런 자료들을 받아들이고 오성으로 그 자료들을 재구성하여 그것을 "장미"라는 관념으로 만든다. 따라서 장미는 경험에서 주어진 대상이 아니라 인간 정신이 재현시켜 만든 창조적 개념이다. 단적으로 말해 장미가 스스로 우리 정신에게 장미로서 주어진 것이 아니라 "생각하는 나(cogito)"가 가지는 오성의 능력으로 장미를 창조한 셈이다. 이런 점에서 "오성만이 일반적으로 말해서, 인식의 능력이다. 이것은 대상에 주어진 상상들의 특정 관계에서 존재한다"고 그는 말한다.[16] 그러니까 어떤 대상을 인식한다는 것은 '생각하는 나'의 전제 하에 시간과 공간의 직관 형식에서 눈앞에 있는 대상을 감성으로 받아들이고 오성의 여러 능력들로 창조하는 것을 말한다. 오성

16　I. Kant, *Kritik der reinen Vernunft*, Hamburg, 1956, 147.

은 말하자면 대상에다 인간 정신의 법칙을 부여하는 능력인 셈이다. 그렇다면 오성이란 칸트에게는 무엇인가? "오성은 주관적인 인식능력으로서 자신의 적절한 법칙에서 동시에 객관성 자체의 근거를 놓는 것"이라고 하는 말이 틀린 말이 아닌 듯하다.[17] 이렇게 오성을 대단히 신뢰하였던 칸트는 더 나아가서 "오성은 자신의 법칙들(선천적인 법칙들)을 자연에서 창조한 것이 아니라 반대로 오성이 자연을 지시한다"고 말한다.[18] 이 주장을 순수이성비판에서는 더욱 노골적으로 표현하는데 "오성은 단순히 현상들을 비교하여 스스로 법칙들을 만드는 능력만이 아니라 오성 그 자체가 자연을 위해 법칙을 수여하고 있으며 오성 없이는 자연, 즉 현상들의 다양성을 규칙에 따라 제공하는 종합적 통일성도 없을 것이다"고 말한다.[19] 인식은 시간과 공간의 형식 안에서 감성에서 출발하여 오성으로 나아가는 과정에서 일어나는데 그렇다면 이성은 무슨 일을 하는가? 칸트에게서 이성이란 사고하는 오성의 능력 위에 있으면서 자연에 부여하는 법칙에 이념(Idee)을 만드는 능력이라고 할 수 있겠다. 간단하게 말하면 이성은 오성에 의해 만들어진 법칙들을 추론, 종합 혹은 통일하는 원리라고 할 수 있다. 예를 들어 특정인 소크라테스의 죽음을 추론, 종합, 통일하여 모든 인간들의 죽음을 이끌어내는 원리라고 보면 그다지 틀리지 않다. 그렇다면 과연 이성이 끌어내는 이념들은 어떤 것들인가? 칸트에게는 "신", "세계" 그리고 "나"라는 형이상학적인 존재들이 바로 그 중요한 이념들이다. 이 이념들은 논리적이고 이론적인 이성, 즉 오성의 대상이 되지 않는다. 이런 것들은 이성의 문제가 아니라 소위 신앙의 문제들이다. 그렇다면 이런 이념들은 어디에서 생겨날까? 칸트의

---

17 J. Hirschberger, Geschichte der Philosophie, vol.2, 291-292.
18 I. Kant, Prolegomena zu einer jeden künftigen Metaphysik, 79.
19 I. Kant, Kritik der reinen Vernunft, 186.

저서 "실천이성비판" 서문에서 다음과 같이 밝히고 있다: "신이나 불멸과 같은 이념들은 도덕적 법칙들의 조건들이 아니라 오로지 하나의 법칙을 통해 규정된 의지, 즉 단순히 우리의 순수이성의 실천적인 사용을 통해 필연적으로 대상이 되는 조건들이다"고 말한다.[20] 그렇다면 이론이성의 문제가 아니라면 이런 이념들은 어떤 근거로 실재성을 가지는가? 칸트는 이 이념들은 실천이성의 '요청적인 개념들'이라고 판단한다. 물론 이런 이념들은 주관적인 경향을 가지고 있지만 선천적으로 모든 인간들이 실천적인 이성에 의해 행위로 가져올 때만 비로소 요청되는 개념들이다. 결국 이성은 이런 형이상학적인 Idee와 관계하기 때문에 실제적인 능력을 가지기보다 오성을 규제하고 오성이 부여하는 법칙들을 추론하여 통일시키는 역할을 한다.

(2) 실천이성과 윤리학

1. 위에서 스케치하였듯 칸트는 대상들에 의해 인간 정신이 반응하여 지식을 만드는 것이 아니라 반대로 대상들이 정신의 작용에 반응하며 인간의 정신이 대상에게 자신의 고유한 법칙들을 부여한다고 하였다. 칸트의 말대로 "오성의 개념들은 경험 이전의 선험적이며 이 때문에 사유되며 현상들을 넘어서 반성의 통일이외의 어떤 것도 포함하고 있지 않다."[21] 이 말을 좀 음미하자면 우리가 '무엇을 안다'는 것은 인간의 이성적 능력이 가지는, 선험적인 자신의 고유한 법칙을 대상에게 부여하는 자신의 능력을 안다는 것을 뜻하기도 한다. 그러나 이 주장은 동시에 대상 자체(Ding an sich)를 안다는 것은 이성의 고유한 능력을 벗어난다는 것

---

20 I. Kant, Kritik der praktischen Vernunft, Hamburg, 1974, 4.
21 I. Kant, Kritik der reinen Vernunft, 347.

을 뜻한다. 인간이 안다는 것은, 대상이 인간 외부에 실재하지만 그것들이 우리의 감성과 오성의 법칙에 부여되어 우리 이성이 만들어 낸 소위 "현상(Phänomenon)"을 아는 것을 뜻하지, 실제로 우리 외부에 있는 사물 혹은 사물 자체를 안다고는 할 수 없다. 이것이 칸트 철학에서 맹점으로 남아있는, 소위 인간 인식의 한계이기도 하다. "감각계는 현상들 외에 아무 것도 포함하고 있지 않으며 현상들은 감각적으로 조건화된 단순한 상상들이다. 우리는 물 자체를 스스로 우리의 대상으로 가지지 못하기 때문이다…"고 칸트는 말한다.[22] 그렇다면 "나", "세계" 그리고 "신"이라는 존재들은 감각계에서 빚어지는 현상들이 아니다. 이것들은 이념들이기 때문이다. 이 이념들은 우선 어떤 특정 대상들로서 결코 경험될 수 없기 때문에 선천적인 존재들이 분명하다. 그렇다면 이 경험불가능하고 선천적인 존재들에 대한 인식은 어떻게 가능할까? 칸트는 이를 위해 근본적으로 의지의 자유를 전제로 한다. 의지의 자유에 대해 "인간의 의지는 비록 감정적인 의지(arbitrium sensitivum)이긴 하지만, 그러나 야만적이지 않고 자유로운 것(liberum)이다. 감각은 행위에 필연적이 아니라, 인간에게 감각적인 충동을 통한 필연성과 무관하게 자신에 대해 규정하는 능력이 첨가되어 있기 때문이다"고 말하면서[23] 동시에 "… 하나의 상태를 자신으로부터 시작하는 능력"으로 혹은 "경험에서 추출되지 않는, 그리고 그 경험의 대상에서 추출될 수 없는 순수 선험적인 Idee(eine reine transzentale Idee)이다"고 까지 주장한다.[24] 칸트가 여기서 "감정적인 의지"라는 표현을 사용한 것이 흥미로운데 마치 의지의 뿌리가 감정에 있음을 암시하는 듯하다. 그의 주장을 음미하면 인간이 자유로운 의지를 가

---

22 위의 책, 545.
23 위의 책, 524.
24 위의 책, 523.

지는 한, 자충족한 존재라고 하는 사상을 강하게 함축한다. 다시 말해 자발적인 자유의지로 수행하는 행위에 대해 소위 책임을 지는 것이 주어진다. 예를 들어 어떤 인간이 거짓말을 할 때 이 행위는 자발적인 자유의지의 산물이다. 그리고 자유의지로 행한 행위는 본인 스스로 양심의 가책을 가진다.

2. 그러면 이 자유의지를 이렇게 경험과 무관한 선험적인 것으로 간주하는 이유가 무엇일까? 여기서 칸트는 소위 정언명법(kategorischer Imperativ)이라 불리는 '보편적으로 마땅한 것' 혹은 '모든 이들에게 당연한 것으로 받아들이는 것'을 말하기 위함이다. 그가 보기에 당위성은 사물과 사물 간의 사이에서 일어나는 인과율이나 경험에서 기인된 것이 아니다. 오히려 이성은 자발적으로 Idee를 통해 스스로 어떤 조화나 질서를 만들어 낸다. 그렇다면 이성은 무엇을 원할까? 이 질문에서 칸트는 "세상과 구분되는 근원적 세계가 없다면, 세상은 처음도 없으며 근원자도 없고 우리의 의지도 자유롭지 못하며 영혼은 모두 똑 같고 물질과의 변화 또한 없다면 도덕적인 이념들과 모든 행복의 근본적인 것들을 상실할 것이며 이론적인 보호를 여는 선천적인 이념들은 붕괴된다"고 말한다.[25] 여기서 칸트는 이미 이성이 절대적이고 궁극적인 존재임을 염두에 둔 것이 분명하다. 어떻게 보면 칸트의 철학은 이미 세상의 창조자의 실재성을 근거하여 경험론자들의 이론들을 논리적으로 반박하기 위해 이성의 능력을 검증했다고 할 만한 느낌을 준다. "무조건적인 존재를 경험들의 근거로 놓는 이 방식은 자유롭게 사물 자체를 근원자로, 그럼에도 불구하고 조건들의 계열에 속하게 하고 그 인과율을 단지 지적으로 사유되

---

25 위의 책, 474.

게 했던 것과는 다르다. 필연적인 본질은 세상적인 것들을 넘어선 것(ens extra mundanum)으로서 감각계열 밖에 있다…"고 말함으로[26] 신의 존재를 말하려 하고 있다. 신이라는 이상은 모든 것의 원형(prototypon)이며 사물들은 모형들(ectypa)이다.[27] 소위 신은 실재를 단순히 현상에만 국한시키는 증명하는 행위의 대상이 되지 않는다. 이것은 순수이성 혹은 이론이성의 대상이 아니다. 그러나 그렇다고 칸트가 말하는 신이 고대 그리고 중세의 학자들이 말했던 인간을 초월해 있는 객관적인 존재를 의미한다고 생각하면 오해에 가깝다. 왜냐하면 칸트의 신은 하나의 선험적인 이념이지 실재(realitas)가 아니기 때문이다. 신을 이론이성으로 증명할 수도 없고 반대로 신이 없음도 증명할 수 없다. 적나라하게 말하자면 이념은 인간 이성의 산물이고 신은 이념이기 때문이고 당연히 신의 초월성은 부정되고 인간 이성이 가지는 내재성의 한 면 혹은 실천적이고 도적적인 면과 관계하는 존재에 불과하기 때문에 정통 기독교가 제시하는 '살아계시고 인격이신 하나님'은 아니다. 구체적으로 그렇다면 칸트가 말하는 신이란 누구인가? 비록 칸트는 무신론자는 아니라 할지라도 적어도 성경에서 가리키는 하나님을 가리킨 것은 아니다. "칸트에게서 신은 단지 하나의 개념에 불과하다"는 지적이 틀리지 않는다.[28] 그렇다면 소위 도덕적 법칙들은 어떻게 되는 것일까? 신이 하나의 개념에 불과하다면 왜 인간은 굳이 자신을 희생하며 도덕적으로 살아야 하는 것일까? 이런 문제에 대해 칸트의 대답은 상당히 형식적인 대답을 우리에게 준다. 즉 윤리적인 혹은 도덕적인 문제들은 자유의지와 당위성의 문제이기도 하다는 점이다. 이론이성이 알 수 있는 것은 의식하는 나 앞에 무엇이 있

26　위의 책, 545.
27　참고. 위의 책, 556.
28　J. Hirschberger, Geschichte der Philosophie, vol.2, 322.

으며 과거에 무엇이 있었고 미래에 무엇이 있을 것인가에 대한 지식들만 제공한다. 이론이성은 어떤 일이 생겨야 하는지에 대해서는 전혀 말해주지 않는다. 말하자면 도덕과 윤리의 문제는 당위성의 문제이며 이것은 실천적인 이성의 영역에 속한다. 칸트가 당위성을 자신의 윤리학의 기초로 삼은 것은 그가 모든 경험적인 것들과 인간학적인 것들에 속하는 그 자체들을 완전히 정화시킨 순수한 도덕철학을 우리에게 주려고 했다는 주장에 일리가 있어 보인다.[29] 사실 칸트는 순수이성을 펼치면서도 이 이성은 실천적인 문제를 위한 것이라고 말하고 있다. 그의 저서 실천이성비판에서 "순수이성은 스스로를 위해 오로지 실천적이며 우리가 윤리법칙이라 명하는 일반적인 법칙을 제공한다"고 밝힌다.[30] 이 말은 그의 순수이성이 인간 행위의 법칙을 위한 근거를 삼기 위함임을 보여준다. 사실 자유의지와 당위성은 상호 모순적으로 보인다. 내가 자유롭게 하고 있는 것이 반드시 보편적인 당위성을 가지는 것은 아니기 때문이다. 그럼에도 불구하고 칸트는 자유의지와 당위성을 순수한 도덕철학을 위한 전제로 삼는다. 칸트에 의하면 인간의 마음속에 있는 소위 '양심' 혹은 '내면의 법정'만큼 확실하고 분명한 것은 없었다. 여기서 나오는 법칙은 절대적이고 무조건적이다. 자신의 저서 "도덕형이상학"에서 "인간은 자신의 양심을 듣지 못하는 경우도 있고 마비시키는 경우도 있지만 … 왜냐하면 인간은 당위와 자유를 획득하는 것이 아니라 단지 가지고 있을 뿐이다. 그것들은 인간의 본질에 일체되어 있다"고 말한다.[31] 이 말을 음미하자면 인간의 이성은 본성적으로 도덕적이고 윤리적이며 실천적인 존재임을 말해준다. 그리고 도덕법칙도 그 자체로서 이미 주

---

29   참고. 위의 책, 338.
30   I. Kant, Kritik der praktischen Vernunft, Hamburg, 1974, 37.
31   J. Hirschberger, Geschichte der Philosophie, vol.2, 339.

어져 있다. 도덕적인 법칙들은 보편적이고 절대적으로 인간 영혼 혹은 마음에 소위 '당연히 행함'으로 각인이 되어 있고 이성은 이것을 행하도록 한다. 이런 식이라면 칸트의 "너의 의지가 원하는 규칙이 동시에 어느 때나 일반적인 법칙을 제공하는 것의 원리로 타당하도록 행하라"는 주장이 충분히 이해가 된다.[32] 이런 칸트의 윤리학은 당연히 이런 의문을 불러일으키는데 나의 자유의지에서 행하는 행위가 선과 악의 보편적인 기준이 될 수 있는가 하는 문제가 등장한다. 다르게 말하면 칸트의 실천이성은 인간의 자유의지로 양심에 이미 주어져 있는 선험적인 도덕법칙을 개인의 조건적이고 자기애(Selbstliebe)에 의존하는 준칙(Maxime)에 따르지 말고 보편적이고 모든 사람들이 행하는 방식으로 행하라는 명령이기도 하다. 즉 나 개인의 의지가 모든 사람들이 행하는, 보편적이고 무조건적인 원리에 일치하도록 행동하라는 말과 같다. 이 점을 분명하게 이해하기 위해 칸트의 생각으로 최근의 이슈가 되는 자살의 문제를 비추어 본다면, 칸트는 당연하게 자살을 해서는 안된다고 말한다. 왜냐하면 자살이란 살고자 하는 본능을 거슬리는 것이고 동시에 이 행위는 지구상의 모든 인간들이 원하는 바가 아니라는 점을 자살자의 양심이 먼저 알려주기 때문이다. 비록 자살하고 싶은 충동이 일어나도 이 행위가 나 개인의 조건적이고 상대적인 준칙에서 비롯되기 때문이고 모든 사람들이 가지는 원리인 '절대적이고 무조건적인 명령'은 '자살해서는 안된다'고 명령하기 때문에, 개인의 준칙에 따르지 말고 보편적이며 무조건적인 원리를 따라야 하기 때문에 자살해서는 안된다는 논리다. 그런데 이런 논리에 따르면 각 개인의 의지가 보편적이고 절대적이며 무조건적인 원칙에 일치해야 하는데 과연 각 개인의 자유의지가 보편적인

---

32 I. Kant, *Kritik der praktischen Vernunft*, 36.

원칙에 일치할 만큼 순수할까? 하여간 칸트는 실천이성이 최고의 선을 행할 수 있다고 장담한다. 이렇게 보면 칸트는 인간 양심 속에 선천적으로 주어져 있는 도덕법칙이 자유의지를 향해 절대적으로 그리고 무조건적으로 명령한다는 사실을 확신한 것으로 보인다. 이성은 양심에서 명령하는 법칙을 당연히 행함과 의무로 인정하고 비록 그것이 남에게 호감이나 반대로 비호감을 주는 행위라 할지라도 이 명령을 자신의 의무로 여겨야 한다. 여기서 의무에 대해 칸트는 이렇게 말한다: "어떤 경향에서 기인된 모든 규정근거들을 차단시키고 법칙(양심 속에서 각인된)들에 따라 객관적으로 실천적인 행동을 의무라 부른다."[33] 이 말은 소질이나 성향이나 개인적인 조건들을 떠나서 순수한 법칙에 따라 행하는 행위만이 도덕적이고 나아가서 선이 된다는 뜻이다. 절대적이고 보편적인 법칙을 개인의 성향이나 기질 내지 소질과 전혀 무관하게, 말 그대로 순수한 의무로 여기면서 행하는 것! 이것이 칸트가 원하는 참되고 선한 행위이다. 이런 점에서 칸트가 강조하는 도덕법칙이란 이성이 선천적으로 가지는 하나의 순수한 형식이다. 즉 왜 '그 행동을 당연히 해야 하는가?' 라고 묻는다면 칸트는 '그것이 보편적이고 무조건으로 마땅히 해야 할 행동이기 때문이다'는 식의 논리다. 단도직입적으로 말해 칸트가 말하는 도덕법칙은 무조건적으로 인간에게 주어진, 마땅히 해야 함의 법칙이며, 실천이성의 자율(Autonomie), 다르게 말해 형식적인 자유이다.[34] 이 형식적인 자유에 따라 선과 악도 결정된다. 칸트 자신의 말로 빌리자면 "어떤 것을 자신의 대상으로 만드는 의지, 이 의지가 철저히 이성법칙으로 규정되는 한, 선과 악은 이 의지와 관계한다"는 것이다.[35] 이렇

---

33 위의 책, 94.
34 참고. P. Tillich, Frühe Hauptwerke, vol. 1, 29.
35 I. Kant, Kritik der praktischen Vernunft, 71.

게 보면 선이란 자유의지에 따른 도덕법칙에 일치하는 행위이고 반대로 악이란 여기에 일치하지 않는 행위이다. 그러니까 선과 악의 척도는 자유의지인 셈이다. 그렇다면 여기서 의문이 제기된다. 즉 모든 인간들이 다 무조건적으로 당연히 행해야 한다는 명령에 따르는 것은 아니지 않는가? 때로는 인간이 자신의 악을 향한 경향성을 가지는 듯 보이는 행위도 있지 않은가? 자유의지의 결과가 항상 선으로 나타나는 것이 아니라 악으로 나타나는 경우도 있지 않은가? 이 의문은 칸트철학에서 소위 '근본악'에 대한 문제이기도 하다. '근본악'이란 신학적으로 말해 '원죄'라고 일컬어지는데 칸트에 의하면 근본악이 있다는 것을 시사한다. 무조건적인 도덕적 명령을 자유의지로 행해야 하지만 그렇지 못한 경우가 엄연히 있기 때문에 근본악, 즉 원죄를 칸트는 용인한다. 근본악이란 비록 자유의지로 소위 '마땅히 행해야 하는' 양심의 도덕법칙임에도 불구하고 그렇게 하지 못하는 자유의지에서 비롯된다. 이것을 칸트는 근본악이라 하였고 후에는 원죄와 관련되어 신학적으로 논쟁거리가 된다.

3. 그렇다면 신이란 칸트에게는 어떤 존재인가? 신은 이론이성으로 증명되지 않는 실재성이지만 그렇다고 없다고 그는 단언하지 않는다. 신은 무한한 존재인 반면 인간은 유한한 존재자인데 유한한 인간이 무한자를 인식한다는 것은 칸트에게는 이론적으로는 혹은 이론이성적으로는 불가능하였다. 단지 우리 양심 속에 무조건적으로 행해야 한다는 당연의 명령이 주어져 있기 때문에 신의 존재에 대해 말할 수 있을 뿐이다. 이 무조건적인 명령은 인간이 스스로 만든 것이 아니고 오로지 선천적으로 주어졌다. 선천적으로 주어졌기 때문에 결국 신이 주었다고 밖에 달리 말할 수 없다. 말하자면 신의 실재성은 오로지 요청적인 이념이 된다. 인간이 자신 속에 있는 보편적이고 절대적인 도덕법칙이 '당

연'과 '명령'의 형식으로 다가올 때 이 명령을 행해야 한다. 그러나 아무리 균형잡힌 행위라 할지라도 자기애나 어떤 경향 내지 외부의 조건에 전혀 무관하게 행하기란 어렵다. 그렇기 때문에 이 어려운 행위를 수행할 때 영혼의 행복과 그 행위를 할 만한 가치가 보증되어야 한다. 사실, 이 보증자가 없다면 손해와 이익 혹은 조건을 따르지 않고 순수하게 자율에 의한 행위로 무조건적이고 절대적인 도덕률을 행할 수가 있을까? 그럴 수 없을 것이다. 따라서 신은 요청(regulativ)되어야 한다. "그래서 최고선은 실천적으로 영혼불멸의 전제 하에서만 가능하고 나눌 수 없는 것으로서 도덕법칙과 연관되어 있고 이것을 순수하게 실천이성의 가정(Postulat) 혹은 요청으로 가능하다"고 그는 말한다.[36] 더 노골적으로 그는 "본성의 최고근원, 즉 그것이 최고의 선이라고 전제되어져야만 하는 한, 본성의 최고근원은 오성과 의지를 통해 본성의 근원, 즉 신이 존재한다. 따라서 최고선에서 기인된 가능성의 가정이며 동시에 최고로 근원적인 선의 실재성을 위한 가정이다"고 주장한다.[37] 더 나아가서 그는 분명하게 "불멸, 자유 … 신의 존재들은 가정들이다"고 단언한다.[38] 그의 이 말들을 약간 우리 식으로 말하자면 신이 최고로 선하고, 선한 신이 명령하기 때문에 내가 행동해야 하는 것이 아니라 내 안에 있는 도덕률이 선하기 때문에 그것을 실행해야 하고 그 행위가 최고로 선하다는 것을 신이 보증해 주어야하기 때문에 신이 존재하며 영혼이 불멸이어야 한다는 논리이다. 자율에 의해 인간 속에 있는 법이 선하다는 확신과 그것을 행하는 것이 당연하다고 여기면서 그 명령을 실천할 때 비로소 신이 실재함을 깨닫게 되는 셈이다.

---

36 위의 책, 141.
37 위의 책, 144.
38 위의 책, 152.

4. 그렇다면 기독론의 문제를 칸트는 어떻게 이해할까? 그의 저서인 "단순한 이성의 한계 안에서의 종교(Religion innerhalb der Grenzen der bloße Vernunft)"에서 그는 종교를 이성의 한계 안에서 규정해야 한다고 말한다. 이것은 이성의 한계 안에 종교가 있다는 뜻이 아니라 이성의 한계 안에서 종교가 이성적으로 숙고되어야 한다는 점을 말하고 있으며 "단순한"이라는 의미도 계시를 통해 조명되는 적극적이고 구체적인 신앙적 이성에 완전히 대립해 있음을 담고 있다.[39] 즉 신학의 가장 중요한 가르침 가운데 하나인 계시조차도 단순한 이성의 한계 안으로 집어넣은 것을 뜻한다. 흥미롭게도 종교와 관련하여 칸트의 서술방식은 "-한다면(Wenn), -그래서(Dann)"라는 문장방식을 항상 채택하고 있다. 예를 들어 칸트는 "종교의 실재성이 단순한 이성의 한계 안에서 종교로 이성의 자기비판 아래에 던져진 채로 고갈된다면(Wenn), 그래서(Dann) 종교는 순수이성의 이상적인 실천적 성격에 적합한 것이 된다"고 하는 식으로 주장하고 있다.[40] 이런 식의 서술방식은 종교가 이성이라는 범주 안에서 조정되고 판단되고 구조되어야 한다는 뜻이다. 이렇게 되면 당연히 종교적인 체험이나 신비 혹은 거룩함 등은 객관적인 실재로 인정받을 수 없고 하나의 미신이나 환각 내지 착각으로 간주된다. 종교가 이성 안에서 자신의 자리를 잡는다는 것은 종교가 가지는 신비가 완전히 껍질 채 벗겨진다는 것을 의미한다. 그렇다면 상식적으로, 기독교가 그리스도교라는 사실은 상식인데 칸트는 어떻게 이해할까? 예수 그리스도는 보통 전통적 신학에서 "계시된 하나님(Deus revelatus)"으로 고백하는데 칸트는 거의 이 고백적인 개념을 사용하지 않는다. 그러면서도 흥미롭게도 그는 기록론적인 교리에 관심이 많았다. 예수 그리스도를 "복음의 선생"이나 "교회

---

39 참고. K. Barth, Die protestantische Theologie im 19. Jahrhundert, Zürich, 1947, 250.
40 위의 책, 272.

의 창시자" 또는 "신으로부터 보내심을 받은 자"로 부르면서 선포의 내용을 통해 적법화된, 선포 아래에 놓인 하나의 선포자로, 동시에 인간 종족에서 "하나의 완전한 혁명"으로 간주한다.[41] 더 인상깊은 점은, 삼위일체에 대한 그의 이해도 사랑의 Idee와 관련시켰다는 점에 있다. 즉 신 안에서 사람에게 도덕적인 자비의 사랑으로 사랑하는 자를 성부라고 하였고 성부 자신에 의해 낳아지고 인간성의 사랑받는 Idee를 성자라고 간주했으며 이 아들이 성부의 조건을 성취하는 자들에게 성부의 자비를 향하는 지혜를 성령이라 이해하였고, 또한 성육신을 "우리로 하여금 도덕적 완성의 이념을 향해 노력하는 것"으로 규정한다.[42] 이런 식의 논리로 그가 "거룩한 것을 인식하기 전에 복음의 거룩한 것 자체는 우선 인륜적인 우리들의 이념들과 비교되어야 한다"고 말한 것이나 "신외에 선한 자는 없다. 최고선으로서 신의 개념은 어디에서 가지는가? 오로지 윤리적 완성에 대한 선험적인 이성이 제기하고 하나의 자유의지의 개념과 뗄 수 없는 관계에 놓여있다"고 말한 것도 그의 사유로 봐서는 이해할 만하며 신기하기까지 하다.[43] 이렇게 말하는 칸트에 대해 바르트(K. Barth)는 이런 주장이 예수를 "신에게 배려받은 생" 혹은 "하나의 자연적으로 잉태된 인간"이라는 생각을 가지게 한다고 따끔하게 지적한다.[44] 확실히 그렇다! 칸트에게 예수는 '말씀이 육신이 되신 자'가 아니라 인간성이 장차 완성되어야 할 하나의 추상적 모형에 불과하다. 예수가 행하신 일들은 신 앞에 지적인 인간이 도덕적인 행위를 하는 것에 불과하며 예수의 죽음은 선한 원리를 펼치는 것, 즉 인간성이 도덕적인 완성을 가

---

41   참고. 위의 책, 256.
42   참고. 위의 책, 256.
43   위의 책, 256-257.
44   참고. 위의 책, 257.

지는 것을 후대 시대에게 하나의 모범으로 보여주는 것 외에 다른 것이 아니다. 결국 예수를 믿는다는 것은 칸트에게는 자기 자신에게서 나온 도덕적 인간성에 스스로 신뢰를 가지는 것을 가리킨다.

(3) 요약 평가: "자기 의"로서 도덕률

1. 위의 내용들을 종합해 보면 다음과 같은 사항들이 정리가 된다. 우선, 인간 이성은 대상에서 직접 지식을 얻는 것이 아니라 반대로 대상이 부여하는 다양한 질료적 소재들을 이성의 선천적인 형식으로 판단하고 종합하고 개념화하여, 소위 창조하여 대상에게 부여한다. 대상은 하나의 질료이고 이성의 법칙은 형상인 셈이다. 비록 물자체는 인식할 수 없다 할지라도 단지 이성이 가지고 있는 고유한 법칙으로 대상과 똑같은 '상(imago)'을 구성하여 대상을 향해 부여한다. 좀 비약해 보자면 이론이성은 대상에서 제공하는 질료들을 형상화시키는 능력이다. 결국 이론이성은 물자체의 형상(ratio imago rei sui)인 셈이다.

2. 인간이 대상을 향해 고유한 자신의 법칙을 부여하는 것은 의지의 자유를 전제한다. 이 자유의지의 토대 위에서 이성이 자신의 고유한 형식을 가지고 사물이 부여하는 사물의 질료들을 받아들여 하나의 개념으로 만들어 사물을 사물답게 만든다. 이 능력은 행위의 규범도 설정한다. 순수한 실천이성은 인간 양심 속에 있는 도덕률을 조건 없이 그리고 절대적으로 행할 것을 요구한다. 자유의지는 이 요구를 하나의 신의 명령으로 여기면서 행할 수 있다. 행할 수 있는 능력이 있기 때문에 행해야 한다. 이럴 때 "선"이 성립된다. 여기서 신율(Theonomie)과 타율(Heteronomie) 그리고 자율(Autonomie)의 개념을 좀 더 명확하게 하는 것이 이해에 도움

이 되겠다. 신율이란 신이 법이라는 뜻인데 신의 의지가 인간의 문자로 표현된 법을 가리킨다. 윤리적으로 말해 '신이 선하기 때문에 그의 의지도 선하다'는 명제를 남긴다. 말하자면 신을 인격적으로 사랑하기 때문에 신의 의지가 담긴 법을 행하는 것을 의미한다. 그런데 '신이 법'이라고 해서, 반대로 '법이 곧 신'이라고 여긴다면 이것은 율법주의에 빠진다. 이런 경우는 '의지 자체가 선하기 때문에 신이라 할 수 있다'는 논리에 해당한다. 이 점에서 우리는 질문을 던질 수 있다. 과연 의지 자체가 선하기 때문에 신의 의지라고 해야 하는가? 칸트의 사유는 이 질문에 긍정을 표한다. 그러나 우리의 생각은 완전히 다르다. 즉 신이 법이어야 하지, 반대로 법이 신이 되면 그 법을 행하는 인간은 경직되고 완고한 율법주의 안에서 부자유를 정당화시킨다. 이런 경우를 예로 들자면 예수 시대에 바리새인들과 서기관들의 행위들이 대표적이라 하겠다. 거기에서는 신율의 극단적인 대립이 타율로 보인다. 타율이란 신과 같은 절대적인 존재의 의지가 반영된 법을 인간이 행하는 것이 아닌, 소위 '낯선 어떤 것'이 신과 같은 존재가 되어 그렇게 만들어진 법이 곧 신이 되어 인간의 의지가 거기에 종속되고 결국은 인간에게 부자유를 주는 경우를 가리킨다. 또 하나의 예를 들면 로마 가톨릭에서 특정의 종교 공의회를 열어 정경에 일치하지 않는 교리들이나 가르침들을 제정하여 사람들로 하여금 믿고 행하도록 한다든지, 정통 교리들을 벗어난 이단들이 자신들의 개인적 종교적인 신념들을 성경의 보증을 받아 절대시하면서 소위 '낯설고 이질적인 법'을 만들어 사람들을 미혹하게 하고 혼란하게 하는 경우들이 그것들이다. 이렇게 보면 칸트의 윤리학은 고대부터 강조해 왔던 신율 즉 신의 의지에 따라 인간이 행해야 한다는 정통 윤리학과 반대가 되며 또한 신율의 곡해인 타율과도 적대 관계를 가진다. 신율을 행하는 자들에게는 내가 행했지만 '책임'을 신에게 넘길 위험이 있다고 한다면 타율을 강조하는 자들은 특정인의 철학을 신격화하여 제정된 법으로 사람들로 하여금 행하게 하면서 거기에서 발생하는 책임은 행하는 개인에게 넘긴다. 다시 말해 신율은 행위의 책임을 신에게 넘기는 반면 타율은 인간에게 넘긴다. 그러니까 신율이나 타율에게서 나타나는 공통점은 인간이 신이건 '낯선 어떤 것'이건 항상 거기에 의존해야 하고 그 아래에 있어야 하는, 소위 미성숙한 존재가 된다. 미성숙은 자신의 행위에 대한 책임을 스스로 질 수 없는 자를 가리킨다. 그래서 이런 미성숙한 자들의 공통적인 양식은 미신을 맹신적으로 신봉한다던지, 그리고 특정인의 사상을 맹목적으로 숭배하는 우상 숭배의 형태를 가진다. 이런 맹점들을 잘 파악한 칸트는 자율, 즉 의지의 자유를 근거로 각 개인 속에 있는 양심의 법이 보편적이고 무조건적인 법이라고 확신하면서 이것을 각 개인 자신이 행하되 자신의 행위가 모든 사람들이 행하는 행위가 되도록 행하라고 강조한다. 그가 1784년 '계몽주의'에 대해 쓴 소논문에서 "계몽주의는 인간이 자신의 업보로 짊어진 미성숙에서 빠져나가는 출구"라고 밝히고 있는 것과[45] "의지의 자율은 모든 도덕적인 법칙들과 그것들에 적합한 의무들에 유일한 원리"라고 말하는 그의 생각이 이를 뒷받침하며[46] 그가 자율을 말하면서 얼마나 도덕률에 초점을 맞추고 있는지를 알 수 있다. 그리고 그 자율적인 행위의 책임도 행하는 개인 자신이 져야 한다. 칸트의 이런 철학을 긍정적으로 보면, 근본적으로 인간을 존중하는 사상으로 이어진다. 신율과 타율에서는 개인의 인격성이나 개성 그리고 실존이 무시 내지 간과되지만 칸트의 자율 개념은 인간이 스스로 자신을 존중하는 철학이 된다. 그가 자율을 강조함으로서 갖는 깊은 의미는 인간이 인간에게 그 어떤 수단으로 이용되거나 특정 목

---

45 K. Barth, Die protestantische Theologie im 19. Jahrhundert, 238.
46 I. Kant, Kritik der praktischen Vernunft, 39.

적에 종속되어서는 안된다는 의미가 강하게 들어 있다. 인간이 인간 자신을 존중하지 않으면 누가 인간을 존중하겠는가 하는 사상이다. 그의 저서 "실천이성비판"의 결론 부분에서 "자주 그리고 쉬지 않고 숙고해 보면 볼수록 두 가지가 항상 새롭고 점점 더해가는 경탄과 경외의 감정을 채우는데, 그것들은 내 위에서 빛나는 하늘과 내 안에 있는 도덕률이 그것들이다"고 말하는[47] 그의 명언에서 인간 자신의 존중과 인간 내면의 숭고한 가치를 지닌 자기 마음을 소중히 여기라는 충고가 함께 곁들여 있음을 알게 한다. 나 자신은 신의 법을 가지는 존재로서 소중하니 타인도 절대적으로 소중하게 대하라는 인간 존중의 엄숙한 명령이 가슴에 와 닿는다. 이런 측면에서 칸트철학이 현대 한국 개신교에 주는 메시지가 적지 않다. 적어도 필자가 보기에 한국 개신교는 신이 법이 되는 신율이 사라지고 동시에 인간 이성이 법이 되는 자율도 사라지고 남은 것은 '낯설고 새로운 것'이 법이 되는 타율(Heteronomie)의 지배하에 있는 세대로 보인다. 각종 새로운 이단들이 득세하여 어리석고 무지한 성도들을 미혹하는가 하면 정통이라는 간판을 달고서도 전통과 규범을 무시하고 인위적이고 자위적인 성경해석을 가지고 미성숙한 성도들을 유혹하고 있다. 그리고 소위 정통이라는 교회에서도 비록 일부에 해당하지만 배금주의가 난무하여 한국 개신교의 미래를 암담하게 하고 낙담하게 만든다. 한국 개신교는 스스로 정화시킬 능력을 이미 상실한 채 다원화와 감성화의 나락으로 곧장 떨어지고 있는 듯하다. 신율과 자율이 상실하고 남은 것은 타율인데 이 타율이 감성과 돈과 결합하면 그야말로 마귀의 무섭고 잔인한 계략에 종노릇할 수 있다. 계몽주의가 적어도 자율을 강조한 것은 이성이 진리의 척도가 되어 인간존중과 인간 개인의 무한

---

47 I. Kant, Kritik der praktischen Vernunft, 186.

한 가치를 인정하는 측면이 있는 반면, 포스트모더니즘의 지금은 이성보다 감성을 더 소중하게 여기고 보편성보다 개인성이 강조되면서 소위 '각 개인의 감성이 진리의 척도가 되는' 특징을 가진다. 이런 성향은 예술이나 교육과 같은 분야에서도 다양한 형태로 나타나는데 소위 '아이돌'이라는 그룹들의 음악성향이나 예술의 분야에서도 전통과 고전적인 방식에 대항하여 감성을 자극하는 형태의 활동이 대중의 인기를 누린다. 교회도 이에 합세하여 감성적이고도 개성적인 면을 신학적인 전통보다 우선시한다. 나중에는 돈과 맛 물리면서 예수의 가르침과는 점점 멀어지는, 소위 배금주의가 지배한다. 감성, 자유의지 그리고 돈이 함께 모여 그것이 '법'의 형태로 나타나면 인간의 영혼은 강퍅해지며 잔인해지고 타인의 인격을 무시하고 배려할 줄 모르는 미성숙이 된다. 나이는 어른인데 영혼이 미성숙이라면 이것은 정신병이나 광기와 같으며 마치 안전핀이 뽑힌 수류탄을 가지고 장난하려는 어리석은 아이들과 같다. 이런 점에서 칸트의 자율 개념은 인간성과 관련하여 어느 정도 긍정적인 면도 보인다. 그러나 아울러 칸트를 상당히 부정적으로 보는 밴틸(C. Vantil)의 주장을 소개하는 것도 의미가 있어 보인다. 우선 밴틸은 적어도 칸트를 잘 이해한 변증신학자로 여겨진다. 그가 칸트의 윤리학을 가리켜 기독교 윤리와 도저히 일치할 수 없다고 말하는 것이나 "칸트는 인간이 태초부터 이성적이며 감각적이라고 여기고 있다"고 과감하게 주장했으며[48] 칸트의 합리주의 사고를 "배교적인 합리론"이라고 규정하면서 "배교적인 사고의 합리론은 인간 자신에 의해서 개념적으로 묘사될 수 있는 그런 존재만이 인간에 의해 알려질 수 있다는 태도를 취하고 있다. … 따라서 모든 배교적인 사고는 결정론적이며 일원론적이다. 이것은

---

48 C. Vantil, Christian Theistic Ethics, 기독교 윤리, 위거찬 역, 서울, 엠마오, 1985, 336.

하나님이 인간의 창조자임을 인정할 수 없다"고 칸트를 고상한 어법으로 비꼬는 것도 일리가 있다.[49] 그리고 "칸트에게서 자율적인 인간은, 기독교 신학에서 하나님에게 주어지는 자리를 결국 취하게 된다"고 말하면서 칸트가 충실하게 그 일을 행하였다고 그는 말한다.[50] 이렇게 보면 밴틸의 주장이 어느 정도 일리는 있어 보인다. 칸트는 사실, 경건한 기독교적인 가정에서 자라난 기독교인이지만 그의 철학은 인간의 "타락"을 신학적으로가 아닌 철학적으로 이해하고 있기 때문에 소위 배교적인 합리주의자라는 표현이 상당히 일리가 있어 보인다. 그럼에도 불구하고 필자의 견해로는, 칸트는 감각을 버리지 않았지만 그렇다고 감각을 이성과 동일한 차원으로 두지는 않았다고 본다. 오히려 칸트는 감각을 올바르게 지배하는 이성을 강조하였다고 말하는 것이 적절하다. 그리고 밴틸이 칸트를 "배교적인 합리론자"로 간주했을 때 "배교적"이라는 용어가 무엇을 뜻하는지 모호하다. 반기독교적인 의미인지, 아니면 비기독교적 의미인지 아니면 세속적 기독교적 의미인지가 분명하지 않다. 칸트를 합리주의자로 보는 것은 맞지만 "배교주의자"라고 한다면 그 의미를 정확하게 설명했어야 한다. 그리고 칸트를 "결정론이며 일원론자"로 간주한 점은 칸트의 사상을 객관적으로 보기보다는 지나치게 기독교 변증학의 관점에서 보려는 노력에서 나온 과민한 주장같이 들린다. 칸트의 합리론은 결코 일원론적이지 않고 오히려 이원론적이라고 주장하는 학자들의 견해도 밴틸이 참고했어야 했다.[51] 그리고 "결정론적"이라는 표현도 대단히 애매하다. 칸트는 물자체와 현상을 합리적으로 뚜렷하게

---

49 위의 책, 340.
50 위의 책, 345.
51 이렇게 말하는 자들은 신학자들이 아니라 오히려 칸트를 전공한 철학자들의 공통된 견해로 알고 있다. 크로너의 칸트를 감싸는 견해만 가지고 밴틸이 칸트를 공격한 점은 학자의 중요한 무기인 합리성의 결여가 지적될 수 있다.

구분하였다. 비록 그는 신에게서 출발하지 않고 인간에서 출발하여 신 존재 증명을 도덕적인 입장에서 기술한 것은 어쩌면 합리성과 논리성을 무기로 하는 철학자가 취해야 하는 자연스러운 접근일 수 있다. 그 사유에서 신의 존재를 증명하여 당시의 경박하고 천박한 합리주의나 경험주의에서 사라진 "신"을 다시 끌어낸 점은 특기할만한 사항이 분명하다. 따라서 "결정론적으로 신이 인간의 창조자임을 인정하지 않고 있다"고 밴틸이 칸트를 비판한 것은 무리가 없지 않다. 소위 경건한 신학자는 신의 허락도 받지 않고 자신의 신앙을 토대로 자유롭게 신에게서 출발하겠지만 이성을 가지고 시작하는 철학자는 결코 신에게서 출발하지 못한다. 그 이유는 그들의 분석하고 종합하는 객관적인 이성이 용납하지 못하기 때문이다. 오히려 신들린 자처럼 자기가 아니면 기독교가 무너질 것이라고 믿는 과대망상증 환자처럼 일방적으로 "신"에게서 자신의 사상을 펼치는 것이 참된 의미의 개혁주의라고 믿는다면 논리적으로 자연은총은 사라져야 할 것이다. 그러나 자연은총을 버리면 얼마나 허망한 독백주의자가 되며 세속인들에게 설득력이 없는 천상의 소리를 지껄이는 자가 되는지를 깨달아야 한다. "칸트가 도덕법칙에 절대적이라고 이야기할 때, ... 자율적인 인간이 자신을 초월하는 입법자를 허용하지 않는다는 사실을 생각해야 한다"고 밴틸이 말했을 때[52] 마치 칸트가 인간을 초월하는 신을 부정한 것으로 들린다. 과연 그럴까? 서구의 정신사에 정통했다고 말할 수 없지만 필자가 틀리지 않았다면, 신학자들은 신 존재를 자신의 사유로 자유롭게 전제해 놓고 자신들의 신학적 사상들을 발전시켰다. 교리나 신조들을 믿기 때문이다. 그러나 철학자는 이런 식의 방식을 함부로 하지 못한다. 그들의 이성의 엄밀한 논리성이 허락하

---

52 C. Vantil, Christian Theistic Ethics, 346.

지 않기 때문이다. 따라서 칸트와 같은 자들이 배교적이기 때문이 아니라 그들 자신들의 사유의 한계가 철학이기 때문이다. 철학은 현상에서 물자체로 추론해 가는 과학적인 방식을 취하기 때문에 그들의 한계는 이미 정해져 있다. 철학자들이 말하는 "신"이 기독교 신학자들이 믿는 "하나님"이라고 생각하면 큰 오해이다. 이런 점에서 밴틸은 칸트의 "신"이 마치 기독교의 "하나님"이라는 전제 하에서 칸트를 비판적으로 보는 듯하다. 단언하건데 칸트의 "신"은 기독교의 "하나님"과 다르고 밴틸 자신이 말 한대로 "자족적인 인격성의 종교"이다. 그렇다면 칸트의 철학을 가지고 지나치게 신학적인 개념으로 부정적인 반응을 보인다면 오히려 역설적으로 칸트의 "신"이 기독교의 "하나님"이라는 심정적인 전제에서 나온 비판이 아닌가 하는 추측을 가지게 한다. 철학자들이 가지는 "신"이 기독교의 "하나님"과 근본적으로 다르다면 굳이 칸트를 과민하게 여기거나 원수로 여길 이유가 없다. 그렇게 과민하게 보면 역설적으로 철학자의 "신"과 기독교의 "하나님"과 같다는 강한 인상을 주고 나아가서 기독교와 세속과의 전쟁을 치루어야 한다는 생각과 아울러 세속에서 기독교를 보호, 변증해야 한다는 느낌을 갖게 한다. 칸트의 철학을 놓고 "법칙의 개념뿐만 아니라 사랑의 개념은 우선 창조와 타락과 구원의 흐름 속에서 해석되어야 한다"는 밴틸의 주장이 더욱 이런 의구심을 가지게 한다. 도대체 칸트 같은 철저한 합리주의적인 철학자가 왜 창조와 타락과 구원의 흐름 속에서 사유해야 하는 의무를 가져야 하겠는가? 밴틸의 글을 읽으면서 드는 생각은 '칸트 자네는 왜 신학자가 아니어야 하는가'를 밴틸이 따지는 듯하다. 비록 그의 좋은 글들이 있지만 다 읽고 나서 드는 생각은 '왜 칸트 너는 신학자가 안되었느냐' 라고 하면서 이미 죽은 칸트 앞에서 마치 홀로 따지는 말로 들린다. 칸트는 철학자로서 창조나 타락, 그리고 구원 그리고 창조주 개념조차 신조나 교리에 고백하는 신학적인 개념들을 펼쳐야 하는 것이 아니라 오히려 그의 철학은 타락한 인간이 가질 수 있는 자연스러운 사상을 펼쳤다고 해야 한다. 차라리 칸트를 보면서 타락한 인간의 자연성이 아무런 재제(예를 들어 거듭남)도 없이 펼쳐지면 이런 식으로 조직이 될 수 있다는 점을 교훈으로 삼는 것이 좋을 것이고 그리고 이런 철학자의 사상에 영향을 받아서 신학을 철학과 분리 없이 마음대로 사용하는 후대의 신학자들이 더 어리석은 기독교의 대적자들임을 알아야 한다. 밴틸의 이런 오해가 담긴 비판보다 차라리 칸트의 철학을 내용 없는 "형식 윤리학"이라고 간주하면서 칸트를 비판하고 있는 소위, "가치철학(Wertphilosophie)"을 외치는 헤센(J. Hessen)이나 쉘러(M. Scheler) 그리고 하르트만(N. Hartmann)의 비판들이 훨씬 설득력이 있어 보인다. 적어도 이들은 밴틸의 어설픈 신학적 비판보다 철학적인 비판을 가하기 때문에 객관적으로 더 설득력이 있다. 헤센은 '모든 이들에게 보편타당하니까 나는 그것을 의무로 행해야 한다'는 식의 칸트의 자율의 개념을 비판하면서 과연 '내가 어떤 근거로 그 의무를 행해야 하는가'를 묻는다. 예를 들어 칸트는 개인이 선한 행위를 해야 하는 근거를 '마땅히 행해야 하는 양심의 명령'이라는 형식적인 법을 들이대었지만 이 칸트의 대답에 대해 '내가 왜 모든 인간들이 선한 행위를 해야 할 것인가를 물어야 하는가'를 되묻지 않을 수 없다. 선한 행위를 모든 인간들이 원하기 때문에 행해야 한다면 왜 내가 굳이 모든 인간들이 원하는 행위를 해야 하는가 하는 질문을 던지면, 칸트의 대답은 상당히 궁색해진다. 왜냐하면 칸트의 자율 개념에는 행위해야 할 근거와 가치여부를 별로 따지지 않기 때문이다. 따라서 칸트의 자율의 개념은 엄숙주의이고 형식주의이고 단순히 의무주의일 뿐이다.[53] 쉽게 말하면 칸

---

53 참고. J. Hessen, Wertlehre, 가치론, 진교훈 역, 서울, 서광사, 1992, 201-207.

트의 자율개념은 그것이 보편타당한 명령이 되어야 하는 내용이 없다는 점이다. 헤센의 비판과 유사하게 쉘러 역시 칸트의 자율 개념이 하나의 "형식"에 지나지 않다고 간주하면서 그 형식을 채울 "내용"이 없는 자유 의지라고 비판한다.[54] 쉘러의 체계를 이어받은 하르트만 역시 칸트의 자율개념에 만족하지 않고 있다. "칸트의 실천이성은 자율적이 분명하다. 즉 이성이 스스로 자신의 율법을 제공하기 때문이다"고 말하면서[55] 실천이성이란 순수의지이며 이것은 동시에 개인의 주관이 자연법을 "당연"이라는 이름으로 명령하는 것이고 그 "당연"은 "자발성"으로서 자율을 결정한다. 이런 식이라면 자율이 과연 행위자에게 실제적으로 무슨 의미를 주는지를 하르트만은 묻는다. 즉 하르트만에 따르면 칸트의 자율은 실재적인 내용이 없는 하나의 "원리"에 불과한데 과연 이 원리가 인간으로 하여금 보편타당한 명령을 행하게 할 수 있을까 하는 의구심을 하르트만은 가진다. "당연"이라는 것은 항상 어떤 내용을 담고 있어야 그 실재성을 가지는데, 내용 없는 "당연" 혹은 소위 "가치"라는 어떤 내용을 가지고 있지 않는 명령이 과연 절대적인 효력을 가지겠는가를 묻는다. 왜냐하면 당연의 "내용"은 "의미"를 제공하고 원리로서 단지 순수한 형식이기 때문이다.[56] 형식이 아무리 고상하고 지고한 자율이라 해도 거기에 "내용"이 없다면 '왜 내가 그것을 반드시 행해야 하는가" 하는 의미문제에 답을 주지 못하기 때문이다. 이것이 칸트의 자율이 가지는 한계이자 맹점이라고 하겠다.

3. 철학자로서 칸트는 자신의 오지랍과 주제 넓은 성격 때문인가? 그것

---

54 참고. 위의 책, 107-108.
55 N. Hartmann, Ethik, Berlin, 1962, 99.
56 위의 책, 108.

은 그가 초월자의 문제를 취급하면서 인식의 대상이 될 수 없는 영혼의 신비와 신의 실재성의 문제에 대해서는 대단히 부정적인 면을 노출시킨다. 칸트가 말하는 자율이란 결국 이성이 대상과의 관계에서 가지는 형식인 셈인데, 신이 실재하고 또한 그 신이 거룩한 의지이기 때문에 내가 신의 의지에 일치해서 행동해야 하는 것이 아니라 오히려 내 안에 있는 도덕률이 최고선이기 때문에 그 법칙에 일치하여 행동해야 한다는 식이다. 이런 식의 사유는 인간의 행동을 기독교적인 방향과 전혀 다른 길로 인도할 수 있다. 즉 내 안에 있는 도덕법칙이 보편적으로 행해야 하는 법칙이 되도록 행동하라는 그의 말은 어떻게 들어보면 마치 하나님의 아가페 사랑을 생각나게 한다. 왜냐하면 개인의 이기성을 접고 모든 사람들이 원하고 바라는 것을 무조건적인 명령으로 여기고 실행하는 것은 특정 이기적인 혹은 욕망적인 조건에 의한 것이 아니라 순수한 행위일 수 있기 때문이다. 그럼에도 불구하고 하나님을 믿기 때문에 그 하나님의 명령에 일치하는 행위를 하는 것이 아니라 나의 양심에 박힌 도덕법칙에 따라 행동해야 하는 것이기 때문에 이 행위 역시 나 자신이 가지는 "도덕법칙"이라는 조건을 따르는 셈이 된다. 과연 이 세상에 "무조건적인 행동"이라는 것이 과연 가능할까? 그래서 철학은 소위 "죄" 문제를 전혀 취급하지 못한다는 근본적인 한계를 가진다. 아무리 위대하고 고상한 철학이라도 인간의 "죄" 문제는 이성의 논리나 전개로 증명되는 문제가 아니다. 이성이 스스로 자신을 죄인이라고 고백할 수 있겠는가? 인간 이성이 스스로 죄성을 드러내고 칭의를 말한다면 그것은 더 이상 철학이 아니고 종교이다. 칸트의 사유에서 강하게 나타나는 자율은 거듭나지 못한 인간(non regenitus)의 전형적인 모습, 자기 자신을 스스로 의롭게 여기는 "자기 의"를 보게 된다. 이 "의"는 그리스도 예수로 말미암지 않고는 결코 인정되지 않는 "의"이기 때문에 "그리스도의 의"를 철학자에게 기대할 필요가 전혀 없다.

4. 또 다른 문제는 칸트의 행위개념이 예수와 바울의 가르침과 정반대의 행위 개념이 된다는 점이다. 칸트의 실천이성은 하나님이 인간을 위해 무엇을 행하셨으며 자신의 법(신율)에 일치하도록 우리를 어떻게 인도하시는가는 전혀 관심없고 오히려 인간이 자신을 위해 무엇을 행해야 하는가에 초점이 맞추어져 있다. 마치 신은 인간의 양심에 도덕률이라는 신비하고 선험적인 법칙을 주시고 난 후 인간과 전혀 상관하지 않고 잠자고 있기 때문에 이제는 인간 스스로의 힘으로 신의 의지에 일치하는 행동을 해야 하는 식이다. 그렇다면 이런 행동은 '행위로 의로워지려는 것'과 별반 차이가 없어진다. 예수와 바울은 하나님이 원하시기 때문에 자신을 비우고 그 뜻을 따라 행하라고 가르쳤고 그것을 의롭다고 말했다면, 칸트는 내 속에 있는 도덕률이 원하기 때문이고 동시에 행할 능력을 가지고 있기 때문에 행해야 한다는 식이다. 이렇게 되면 의롭다고 말하는 자는 신이 아니라 자기 자신이 된다. 칸트의 실천이성은 인간 자신이 명령하는 행동을 함으로 인간 자신이 의롭다고 인정하는 판단 개념이다. 이것이 칸트철학의 자율 개념과 기독교가 일치할 수 없는 큰 맹점이라고 여겨진다. 그런데 이런 식의 자율 개념은 후에 18-19세기 신학자들에게 큰 영향을 미쳤다. 칸트의 이성의 개념을 소위 합리주의적인 신학으로 이끌려는 시도들이 그것들이다. 합리주의적인 신학의 방법론은 다름 아닌 "역사비평의 방식(historisch-kritische Methode)"이다. 이 방식으로 성경을 연구하려는 태도를 "역사비평"이라 부른다.[57] 여기에서

---

57 구약분야에서는 J. Astruc과 신약에서는 G.E. Lessing 그리고 J.G. Eichhorn이 최초로 문서비평을 주장하였다. 사실, 전통적으로 신학은 교의학과 동일시되었는데 칸트 이후 성경신학과 교의학은 서로 결별을 하게 되었으며 도리어 대립자가 되기도 하였다.

소위 "역사적 예수"문제가 대두되어 약 200년 동안 신학자들이 많은 에너지를 쏟아내기도 했는데 그 요점은 "나사렛 예수(Jesus von Nazareth)"와 "선포되는 그리스도(kerigmatischer Christus)"는 반드시 서로 같지 않다는 내용이다. 켈러(M. Kähler)는 역사적 예수와 교리적 예수를 구분하면서 이것들이 일치하지 않는다고 하였다. 성경기자들이 믿었던 예수는 고백된 그리스도, 즉 교리적 예수인데 역사비평의 방식으로 이 교리적 예수를 넘어 원래의 인간 예수를 찾고자 시도한 것이 소위 "역사적 예수" 문제라고 보면서 켈러는 이 문제에 대해 "사도들과 신약성경에 그 주장들을 믿어야 한다. 그리고 신학은 그 이상을 가져오지 못한다"고 말하면서 [58] "실제적인 그리스도는 선포된 그리스도이다. 선포된 그리스도는 믿어지는 그리스도이며 그분은 ... 예수이다"고 말한다.[59] 그만큼 칸트 이후의 합리적 이성주의는 신학의 핵심인 예수의 역사성까지 의심하게 하였다. 여기서 틸리히(P. Tillich)는 칸트의 종교철학에 대해 몇 가지 문제들을 지적해 낸다. 순수이성과 실천이성의 관점에서 종교를 이해하면 구약과 신약의 정신의 개념은 완전히 사라지고 그 자리에 빛바랜 사상이 대체되는데, 즉 신의 정신이 인간과 호의를 베푸는 사랑과 일치한다는 조건으로 제한되어버리고 기도 같은 행위는 인간이 자기 자신으로 향하고자 하는 소원을 담은 하나의 미신적인 환상에 지나지 않게 된다.[60] 기적이나 능력들, 각종 다양한 신비한 종교적 체험들은 착각에 불과해진다. 오로지 칸트의 신앙은 이성을 무조건으로 믿는 신앙, 구체적으로 말하면 이성이 선천적으로 가지는 도덕법칙을 믿는 신앙이 되면서 기독교를

---

58 M. Kähler, Der sogenannte historische Jesus und die geschichtliche, biblische Christus, München, 1961, 49: 역사적 예수의 문제는 H. Ristow/K. Matthiae가 편집한 "역사적 예수와 선포된 그리스도(Der historische Jesus und der kerygmatische Christus, Berlin, 1961)"가 중요한 참고도서가 될 것이다.
59 위의 책, 44.
60 참고. P. Tillich, Frühe Hauptwerke, vol. 31.

하나의 윤리적 종교로 만든다. 바르트(K. Barth)는 칸트 이전에는 이성을 무조건적이며 불확실하게 맹신한 반면 칸트에게서 새로운 것은 "이성의 비판적 자기긍정"에 있다고 평하면서도[61] 소위 하나님의 실재성을 취급하는 '신학'이라는 학문 자체의 붕괴를 염려한다. 칸트에게는 신학도 비판적 이성에서 요청되는 하나의 생각(Idee)에 불과하기 때문이다. 칸트가 신, 자유 그리고 불멸이라는 생각들의 인식은 요청적이고 가정적인 것들이라 했을 때 바르트는 단호하게 이것은 "이성의 자기몰이해이며 자기기만"이라고 규정한 것도 상당히 일리 있다.[62]

5. 칸트의 이런 주장들을 생각하면 그가 이해하는 종교는 이성의 법칙 안에서만 가능하며 종교적 진리들은 이성에 의해 반드시 검증을 받아야 한다는 것이 분명하다. 그렇다면 종교는 과연 인간 이성의 산물인가 하는 질문을 제기해 볼 수 있겠다. 물론 종교는 인간 이성에 의해 만들어진 인간의 창조물이 분명하다. 사실 하나님은 종교를 만드신 것이 아니라 사람을 창조하셨고 그 사람은 타락 후 하나님과의 인격적인 관계를 갈구하는 종교적인 존재자(homo religiosus)가 되었다. 즉 사람은 부패하여 하나님과의 인격적인 관계가 단절된 후, 잃어버린 하나님을 향하여 그 관계를 다시 가지기 위해 자신의 이성의 활성화된 능력으로 종교를 만들었다. 따라서 종교는 부패한 사람, 즉 인간이 만든 이성적인 행위가 분명하다. 그러나 그렇다할지라도 이성의 본질은 고유한 도덕법칙을 가진 능력자는 아니다. 오히려 이성(Vernunft)이라는 말은 어원대로 '무엇을 감지하는 것(vernehmen)'에 있다고 해야 한다. 이것은 나 밖에 "타자(der Andere)"가 실재함을 전제로 하고 있는데 이성은 원래 타자의 실재를

---

61 K. Barth, Die protestantische Theologie im 19. Jahrhundert, 242.
62 위의 책, 243.

감지하여 인간의 마음 안으로 "의미(Sinn)"라는 길로 가져오는 기능자이지, 스스로 법을 제시하고 행하도록 하는 능력자가 아니다. 자세하게 말하면 이성은 나 안에 있는 타자, 즉 하나님의 인격을 감지하고 그 인격이 말하는 "본연의 말들(verba naturalia)"에 응답하는 언어, 소위 "발명된 말들(verva inventa)"을 만드는 기능적인 존재자이다. 이런 기능적 존재자가 임의대로 만든 이념(Idee) 안에 신, 영혼불멸 그리고 자유가 있어야 한다는 것은 무엇인가 순서가 바뀐 듯하다. 기능자는 비록 능력을 가지고 있지만 그 능력으로 인해 생명의 주인이 되는 것은 결코 아니다.

6. 문제는 칸트의 자율의 개념이 위에서 잠시 언급한 대로 현대 신학자들에게도 큰 영향을 미쳤는데 젬러(J.S. Semler) 같은 이는 신의 말씀과 성경이 전혀 동일하지 않다고 주장했으며 성경의 모든 부분들이 다 영감된 것은 아니라고 한다. 암몬(F.v. Ammon) 같은 자는 레싱과 칸트의 철학을 가지고 소위 "철학적인 신학"을 제시하면서 구약보다 신약을 더 높이 평가했으며 가블러(J.P. Gabler)는 성경신학과 교의신학을 구분하면서 전자는 성경 저자들의 신학적인 문제를 취급하고 있고 후자는 특정 신학자의 사상이나 능력이 철학적으로 펼쳐진 것으로 보았다.[63] 드 베테(W.M.L. de Wette)는 칸트의 철학을 직수입하여 성경신학과 철학을 결합시키면서 기독교는 히브리 사상에서 신앙과 감정이 고차원적으로 발전하여 넘어온 종교적인 유전이라 규정한다. 그에게는 신약은 종교사의 한 현상에 불과하기 때문에 특수한 모든 것, 개인적인 것들은 벗겨져야 한다고 믿었다. 이런 역사비평적인 방식은 슈트라우스(D.F. Strauß)에게 와서는 칸트와 헤겔 철학을 신학적으로 종합하여 소위 복음서들은 초자

---

63 참고. G. Hasel, 신약신학, 권성수 역, 서울, 엠마오, 1994, 21-24.

연적이나 합리적으로 해석된 기록들이 아니라 신화적으로 해석한 기록으로 간주하였으며 다이스만(A. Deissmann)은 신약에 교리들을 포장해서는 안된다고 주장하였다. 브레데(W. Wrede)는 초지일관적으로 역사비평의 방식을 신약학에 적용하기를 고집하면서 성경은 더 이상 영감된 책이 아니라고 하였다.[64] 이러다가 성경이 하나님 말씀이라면 그 성경에서 과연 예수의 말(viva vox Jesu)이 있는지를 찾아보자는 시도로 발단된 소위 "역사적 예수" 문제가 그 후로 신학계를 흔들어 놓게 된다. 그 만큼 현대 신학은 칸트가 뿌려 놓은 자율과 이성의 능력을 자유롭게 사용하여 각자 취향대로 성경을 해석하며 결과적으로 교의학과 성경신학을 완전히 단절시키는 데까지로 이끌었다. 결국 칸트의 자율에 입각한 계몽주의는 인간존엄이라는 권리를 인간에게 스스로 부여하였지만 그 댓가로 하나님의 실재성의 문제와 인격의 고갈 그리고 성경의 영감설, 나아가서 나사렛 역사적 예수와 강단에서 선포되는 그리스도가 한 분이 아니라는, 신학적 무거운 짐들을 후손들에게 떠넘긴 장본인이 되었다고 하겠다.

3. 헤겔: 허공에 떠도는 신이 된 자율

1. 현대 신학자라면 헤겔의 철학을 읽지 않은 자 없을 것이고 그를 모르는 자 또한 없을 만큼 그의 철학은 막강하게 현대 철학사와 신학사에서 차지하는 비중이 크다. 특히 그 철학은 수많은 신학자들에게 직접, 간접으로 영향을 주었으며 이 책의 주제인 개신교 종교비판의 문제로 이어지게 하는 장본인이 되기도 한다. 그의 철학은 어떻게 보면 신학이기도 하고 그렇다고 신학적이라고 하기에는 철학적이다. 그만큼 그는 철학

---

64   위의 책, 29-50을 참고하면 좋겠다.

과 신학을 통합한 자였으며 엄밀하게 말하자면 철학의 기초에다 신학의 집을 얹어놓은 자라고 말해도 그다지 과하지 않다. 그의 철학의 주제는 "정신" 혹은 "신"이라고 해야 할 정도로 "신중심적 사유(Theozentrik)"를 펼쳐나갔다. 그런데 그가 말하는 "정신" 혹은 "신" 개념이 성경적이고 기독교적인 개념이 아니라는데 심각한 문제를 가지고 있다. 왜냐하면 그는 고대 헬라철학에서 주제가 되는 "존재"와 기독교가 말하는 "신" 그리고 칸트 이후의 계몽주의에서 줄기차게 이어오는 "이성"을 함께 범벅하여 자신의 사유를 펼쳐나가기 때문이다. 혹자는 헤겔을 가리켜 "헤라클리투스의 로고스 개념에서 플라톤과 아리스토텔레스, 아우구스티누스와 중세의 전성기를 넘어 스피노자의 명제인 '신 즉 실체 즉 자연(deus sive substantia sive natura)'에 까지 세계를 영원한 희망 아래에 두려는 시도를 헤겔은 스스로 성취했다고 느낀 자"라고 평가하기도 한다.[65] 그도 그럴 것이 1.5Kg 정도의 인간의 작은 뇌에서 나온 사유가 세상의 모든 것들을 이성적으로 조직화 혹은 체계화시켜 그 뇌 안에서 거대한 사유의 왕궁이 만들어지고 있다는 것을 헤겔에게서 발견할 수 있기 때문이다. 그러나 그 머리 속에서 거대하게 만들어진 왕궁은 실제로 사람이 살 수 없는 망상이라는 점이 그의 맹점이기도 하다.

2. 헤겔 철학의 출발점은 칸트의 이성 개념이고 포괄적으로 말하면 데카르트의 "생각하는 나(cogito)"이다. 칸트에게서 남아있던 물자체(Ding an sich)와 현상 개념은 헤겔에 오면 하나로 뭉쳐진다. 이것은 헤겔 당시의 시대적 배경을 안고 있는데 그 배경은 초자연주의적인 종교와 합리주의적인 이성의 갈등에 있었다. 그리고 종교는 정치와 맞물려 있었다. 영국

---

[65] J. Hirschberger, Geschichte der Philosophie, vol.2, 408.

에서는 헌법의 민주주의가 일어났고 프랑스에서는 대혁명이 일어났지만 독일은 여전히 군주들의 독재가 지배하였다. 이런 상황에서 그가 종교의 초자연 개념(기독교 진리들)과 합리주의의 이성 개념(계몽주의)을 하나로 종합하려했던 시도는 어쩌면 당연한 노력일런지 모른다. 칸트가 말하는 현상이란 헤겔이 보기에 물자체가 자신을 현현시켜 놓은 어떤 외연적인 것이고 물자체는 정신으로서 영원하며 활동적이고 또한 절대적인 존재로 이해된다. 따라서 그에게는 물자체와 현상을 따로 구분할 필요가 없었다. 칸트가 이성을 오성과 구분하여 사용했지만 헤겔은 그의 저서 논리학 서문에서도 "참으로 이성은 정신이며 정신은 (오성과 이성이라고 하는) 두 개보다 높은, 오성적 이성 혹은 이성적 오성이다"고 밝히고 있다.[66] 정신은 오성과 이성이라는 두 개의 실체로 구성되어 있지 않고 정신이라 불리는 실재가 가지는 두 면일 뿐이다. 이 말을 좀 더 포괄적으로 음미하면 인간의 이성적 활동은 곧 보이지 않는 정신이 자신을 내보인바 된 현실이라는 말과 다를 바 없다는 뜻이기도 하다. 이런 점에서 헤겔철학이 제시하는 "신은 철학자 안에서 철학하는 자"라고 규정하는 것은 그의 사상을 간단하고도 정확하게 요약한 말이라고 하겠다.[67]

3. 신은 헤겔철학에서 가장 중요한 개념이다. 신은 헬라어로 "테오스(θεος)" 혹은 영(πνευμα), 라틴어로 "스피리투스(Spiritus)", 영어로 "Spirit" 그리고 독일어로 "Geist"로 번역이 되는데 사실 고대인들이 사용했던 신의 개념이 지금 현대인이 이해하고 있는 개념과 상당한 거리가 있다는 것은 부정하기 어렵다. 그럼에도 불구하고 틸리히는 "Spiritus"가 마음(mind)과 힘(power)의 통일이며 창조와 생명력의 통일이라고 규정하면서

---

66 E. Metzke, Hegels Vorreden, Heidelberg, 1949, 69.
67 J. Hirschberger, Geschichte der Philosophie, vol.2, 411.

헤겔의 정신 개념이 이와 유사하다고 주장한다.[68] 그도 그럴 것이 헤겔의 정신 개념은 처음부터 성경과 신비가의 사유의 관심에서 그 독자적인 가르침을 제시한다고 딜타이(W. Dilthey)는 말하고 있다.[69] 헤겔은 신이 정신임을 분명하게 말하는데 "신은 여기서 존재하듯 열려져 있고 신은 그 자신에 존재하는 듯이 거기에 존재하며 신은 정신으로서 거기에 존재한다. 신은 오로지 순수한 사변적 지식으로만 도달가능하며 자신 안에서 그리고 그것 자체로 존재한다. 왜냐하면 신은 정신이기 때문이다"고 말한다.[70] 그만큼 그의 사상은 신과 관련하여 있고 또한 기독교와 관련되어 있다. 그가 25세 때 쓴 "예수의 생애"에서 "순수한, 모든 제약과 무관한 이성이 곧 신성 자체다"고 말한 것도[71] 기독교 사상에서 따온 개념이 분명하다. 마치 요한복음 1장에 나오는 내용과[72] 유사하게 "태초에 이념은 정신이었고 신이었으며 자연에서 육체를 입어 자신 밖에 있었고 세상의 빛이며 생명이며 모든 세계를 다시 자신 안에서 신으로 되돌아가길 원한다."고 쓰고 있다.[73] 그러나 우리가 기억할 것은 자신의 철학 시스템을 세우기 위해 그가 성경을 도구로 여겼지, 순수하게 성경적인 사상이라고는 결코 말할 수 없다는 점이다. 오히려 그의 사상은 '기독교적'이기보다 '그리스적'이다. 신앙과 종교를 이성 아래에 두려는 것은 그 이성이 절대적이고 순수한 신이기 때문이다. 과연 헤겔은 신이라 부르는 정신을 말하면서 무엇을 말하고자 하는 것일까?

---

68   참고. P. Tillich, 19-20세기 프로테스탄트 사상사, 148.
69   J. Hirschberger, Geschichte der Philosophie, vol.2, 416.
70   G.W.F. Hegel, Phänomenologie des Geistes, Hamburg, 1952, 530.
71   J. Hirschberger, Geschichte der Philosophie, vol.2, 416.
72   요 1:1; "태초에 말씀이 계셨다. 그 말씀은 하나님과 함께 계셨으니 그 말씀은 하나님이셨다."
73   J. Hirschberger, Geschichte der Philosophie, vol.2, 416.

4. 헤겔은 우선 "참된 것은 실체(Substanz)가 아니라 주체(Subjekt)로 파악하고 표현하는 것이 중요하다"고 선언한다.[74] 여기서 실체라 함은 관계나 동작을 하지 못하는 정적인 존재인 반면 주체라 함은 살아있음과 활동, 생명을 표현하는 용어다. "살아 있는 실체란 참으로 주체 혹은 실재적이라 부르는 존재인데 그것이 자기를 스스로 세우는 운동 혹은 자기 자신 안에서 자신이 다르게 되는 매개"라고 자신의 저서 "정신현상학" 서문에서 밝힌다.[75] 이 말을 쉽게 표현하면 모든 것은 살아있고 살아 움직이는 실재로서 유기체적으로 서로 관계하며 운동하며 변화하며 발전한다는 의미이다. 헤겔이 이렇게 말하는 이유는 칸트에게서 남아있는 소위 물자체, 즉 무엇인가 있으면서도 인간의 인식의 대상이 될 수 없는 어떤 실체의 문제를 해결하기 위함이었다. 칸트에 있어서는, 대상은 이성에게 인식을 위한 재료 내지 소재들을 제공하고 이성은 자신의 고유한 법칙에 따라 그 재료들을 실체로 만드는 하나의 형식이었다. 이성은 고유한 형식으로 대상에 대한 상(Imago)을 만들어 다시 그 대상에게 부여함으로 그 대상은 실재성을 가진다. 그래서 칸트의 생각에 따르면 인간의 이성은 대상에 대한 자신의 법칙만 알 뿐이지 대상자체는 알 수 없다는 논리이다. 이성이 대상을 향해 자신의 고유한 법칙으로 개념을 만들어서 부여함으로 결국 대상에 대한 인간 이성의 법칙, 즉 현상만 알 수 있다는 입장이었다. 헤겔은 이런 칸트의 물자체(Ding an sich)에 대한 생각에 반대하여 존재하는 모든 것은 다 알 수 있다는 확신을 가진다. 존재하는 모든 것은 모두가 정신의 산물이라고 여기기 때문이었다. 모든 것은 실체로 구성되어 있지 않고 주체들로 이루어져 있어서 이것들이 살아 있는 하나의 유기체적 전체를 형성하는 셈이다. 그의 명제인 "이성적인 것

---

74 G.W.F. Hegel, Phänomenologie des Geistes, 19.
75 위의 책, 20.

은 현실적인 것이고 현실적인 것은 이성적인 것이다"고 말하는 이유가 바로 여기에 있다.[76] 이 명제를 다르게 말한다면 '나타난바 된 것'은 보이지 않는 정신적인 것의 현현이라는 뜻이다. 좀 더 구체적으로 말해 정신은 자신을 의식하기 위해 특정의 대상으로 나타낸다는 의미이고 따라서 인식하는 정신과 인식의 대상은 구분이 되지 않으며 구분할 필요가 없다. 비약해서 말하면 정신과 물질, 육체와 영혼, 세계와 신은 더 이상 서로 구분되는 어떤 것들이 아닌, 오로지 정신의 드러난바 된 것 아니면 숨은바 된 것일 뿐이다. 헤겔의 "정신은 작품을 만드는 자(Werkmeister)로서 나타나고 정신의 행위로 인해 정신이 자기 스스로를 대상으로 가져온다. 그러나 자신의 사상을 아직 파악하지 못하는데 마치 꿀벌들이 그 집들을 짓는 것처럼 본능적인 운동이 곧 정신의 행위이다"고 말하는 것이 어쩌면 헤겔의 생각을 함축하는 말이 될 수 있겠다.[77] "정신은 순수한 실체의 형식에서 의식의 내용 혹은 순수한 의식의 내용"인데[78] 신이라 불리는 정신은 자신을 의식하기 위해 활동하며 실행한다. 말하자면 헤겔에게는 '실체'라는 개념은 이미 죽은 것의 개념이고 실재성은 주체라 불리는 형식으로 생명을 존속, 유지, 발전시키며 자신을 전개해 나간다. 정신은 영원한 본질이며 그렇다고 의미도 아니고 내적인 것도 아니며 오로지 실재적인 것으로서 자신에게서 나와서 자신을 부정하면서 나중에는 다시 자신에게로 돌아가는 존재이다. 헤겔의 정신의 개념은 마치 성경에서 "만물이 그분에게서 나오고, 그분으로 말미암으며, 그분께 돌아간다(롬 11:36)"는 말씀을 철학적으로 해석해 놓은 듯하다. 그렇다면 소위 '신'이라 불리는 정신과 '인간'이라 불리는 존재자는 어떤 관계에 있

---

76 E. Metzke, Hegels Vorreden, 125.
77 G.W.F. Hegel, Phänomenologie des Geistes, 486; 490.
78 위의 책, 533.

는가? 헤겔의 답은 여전하다. 즉 인간은 이성을 가지고 있고 그 이성은 절대자라 불리는 신의 본질에로 도달할 수 있다. 왜냐하면 신은 자신을 위하여 스스로를 자연 혹은 사물 나아가서 인간에게 나타내기 때문이다. 인간이 신을 생각한다는 것은 바꾸어 말해 신이 인간을 가지고 자신을 생각한다는 말과도 동일하다.[79] 헤겔에게서 이성이란 절대자의 자기의식이며 동시에 절대자는 곧 이성이다. 인간도 이성을 가지고 있기 때문에 이런 점에서 그는 인간의 이성으로 절대자의 깊이를 알 수 있다고 믿는다. 절대자가 이성이라 함은 곧 인간의 이성은 절대자를 알 수 있는 근거가 되며 단적으로 말해 인간 이성은 곧 절대자가 논리적으로 자신을 펼쳐나가는 절대자 자신이다.[80] 신은 활동하고 살아 있는데 이것을 어떻게 알 수 있을까? 창조된 모든 피조물이 그 증거인 셈인데 세계 전체는 하나의 살아 있는 유기체이고 유기체란 신이 자신을 나타내 보여주는 명확한 현현이다. 그렇다면 정신이라 불리는 '신'은 어떻게 세계라는 거대한 유기체로 자신을 내 보이는 것일까?

5. 여기서 세계에 대한 헤겔의 이해를 먼저 숙고하자. "세계는 일반적인 것들이 나란히 완성과 그 외적인 질서를 갖춘 정신일 뿐 아니라 정신이 본질적으로 자기(Selbst)이기 때문에 세계 속에서 이 자기가 현존하는데 세계란 거기에 존재하는 정신(der daseiende Geist)이며 개별적 자기이며 의식을 가지고 있으며 타자로서 혹은 세계로서 자신과 분리된 것"으로 헤겔은 규정한다.[81] 말하자면 세계는 순수한 정신이라는 신이 자신으로부터 분리시켜 소위 타자가 된 의식이며 그러면서도 자기를 가지고 있는

79　참고. N. Hartmann, 헤겔의 변증법, 박만준 역, 서울, 형설출판사, 1991, 16.
80　위의 책, 16: 하르트만에 의하면 헤겔의 논리학은 곧 절대자의 논리인데 "논리학은 자신의 규정에 따라 자기를 전개하는 절대자 자체이다"고 규정한다.
81　G.W.F. Hegel, Phänomenologie des Geistes, 537.

정신이다. 그런데 헤겔은 여기서 신의 창조물인 모든 것에 소위 생명을 불어넣으려고 하고 있다. 그 생명이란 창조자인 신과 피조물인 세계, 자연 그리고 인간 등에게 "의식"이라는 용어를 사용하여 인간 헤겔은 소위 생명의 기운을 불어넣는다. 따라서 그에게는 세계란 신과 무관한 실체나 정적인 존재자가 아니라 전체와 서로 관계를 가지면서 살아가는 실재성이다. 즉 세계란 개별적인 존재자들의 유기체적인 결합인데 헤겔에게는 개별적인 것이 의식일반의 의미를 가지지, 단순히 개별적이고 우연적인 의식, 즉 전체로부터 분리되고 독립된 의식이란 없다. "인륜적인 실체는 이런 규정에서 실재적인 실재, 즉 절대정신이 거기에 존재하는 의식의 다양성 속에서 현실화된다"고 그는 말하는데,[82] 이 말의 의미는 다양성이란 소위 절대정신의 통합된 한 부분이며 그 안에서만 고유한 자신의 실재성을 가진다는데 있다. 하르트만(N. Hartmann)의 말로 해석하자면 "절대자는 일체의 구체적인 특수성 이전에 이미 자기 자신 속에 내용적인 다양성을 갖추고 있다는 것을 의미한다"고 할 수 있다.[83] 헤겔도 "절대정신은 공유적본질(Gemeinwesen)이며 우리를 위해서는 이성 일반의 실천적인 형태로 (우리 안으로) 들어와서 절대적인 본질이 되었고 그 진리에 따라 자신을 위해서는 스스로 의식된 인륜적 본질로서 그리고 우리가 대상을 가지는 의식을 위해서는 본질로서 나타난바 된다"고 밝히고 있다.[84] 여기서 헤겔이 사용하는 용어인 "공유적본질"이란 마치 교의신학에서 신과 인간이 공통적으로 가지는 속성이라는 개념을 연상하게 한다. 그의 이 말을 분석하자면 신이라 불리는 절대정신은 자신을 위해서는 의식된 인륜적 본질로 존재하다가 우리 인간을 위해서는 이성의

---

82 위의 책, 318; "Die sittliche Substanz ist also in dieser Bestimmung die wirkliche Substanz, der absolute Geist in der Vielheit des daseienden Bewußtseins realisiert"
83 N. Hartmann, 헤겔의 변증법, 33.
84 G.W.F. Hegel, Phänomenologie des Geistes, 318-319.

형태로 자신을 나타낸다는 의미인 셈이다. 좀 확대시키면 절대정신은 자신을 세계로 현현시키다가 다시 자신에게로 되돌아가는 방식을 가진다. 쉽게 말해 세계 만물의 본질은 절대정신인 신적인 생명이 구체화되고 현실화되며 나타난바 된 것이다. 절대정신이 이런 식으로 자신을 전개시키고 발전시키면서 다시 자신에게로 되돌아오는 방식을 "변증법적 방식"이라 부를 수 있다.

6. 헤겔의 변증법은 무엇을 말하는 것일까? 헤겔의 변증법은 사유의 운동이라고 할 수 있겠는데, 그 전제가 신과 인간이 하나의 동일한 지평이 있다는 사실에서 출발한다. 신의 의지나 본질 혹은 속성들은 오로지 인간의 인륜성외에 다른 본질이나 의지를 가질 수 없다. 따라서 신은 인간의 인륜성 혹은 세계를 가지고 자신을 의식하며 자신을 발전시킨다. 왜냐하면 신은 자기 자신에게서 자신을 발견하지 못하고 자신이 만든 피조물, 즉 인간이나 세계를 통해서만 자신이 신임을 의식할 수 있기 때문이다. 변증법은 이런 신이 자신을 의식하기 위해 소위 인간 역사로 자신을 현현하는 과정을 담고 있는, 말하자면 신이 자신을 의식하기 위한 신의 자기전개인 셈이다. 이런 점에서 하르트만이 "(헤겔의) 변증법은 우리들에 있어서 신이 바로 자기 자신을 사유하는 것, 다시 말해서 우리들의 사유 속에서 자기를 실현하는 영원한 이성이다"고 말한 것은 헤겔의 변증법의 성격을 정확하게 집은 것으로 보인다.[85] 사유의 운동은 모순 속에서 전개되며 그 모순을 사유 속에서 극복하면서 대상과 하나가 되면서 동시에 그 대상보다 더 나은 발전을 거듭한다. 단적으로 말해 헤겔의 변증법은 절대자인 신이 자기 자신을 파악하는 운동이며 그 장소

85　N. Hartmann, 헤겔의 변증법, 82.

로는 자연, 인간 그리고 나아가서 세계가 된다. 이런 점들은 신적인 것과 인간적인 것이 만물 안에서 일치한다고 주장하는 니콜라스 쿠자누스(N. Cusanus)의 사상을 헤겔철학이 담고 있다.[86] 그러나 흥미로운 점은 신이 자신을 의식함에 있어서 자신 스스로의 의식에서는 불가능하고 항상 세계의 역사와 발달과정을 통해 그리고 인간을 통해 궁극적으로 자신에게로 귀환한다는 점이다. 특히 인간이 신을 의식하는 이성적 사유에서 신은 자신을 의식한다. 신에 대한 인간의 의식은 곧 신이 자신을 인간의 의식에서 의식한다는 뜻이며 이것을 사랑이라는 주제와 관련시켜 보면 이렇게 된다. 즉 신을 인간이 사랑한다는 것은 신이 인간을 가지고 자신을 사랑한다는 논리에 이른다.[87]

7. 헤겔철학에서도 특이한 점은 칸트와 같이 오지랖 넓은 그의 사변적 사유이다. 즉 종교적인 교리문제들을 취급하고 있다는 점이다. 종교에 대해서도 헤겔이 말하는 정신의 변증법적인 활동이 그대로 적용된다. "인륜적 정신의 종교는 종교의 실재성의 정신적 상승이며 정신의 진리에서 자기 자신의 순수한 지식으로 되돌아감이다"는 말이 이를 대변해 준다.[88] 신은 자신을 스스로 의식하지 못하고 자신이 만든 피조물인 인간이나 세계를 통해서 자신이 비로소 신이 됨을 의식한다. 그래서 신이 만든 소위 모든 자연은 신의 정신이 깃들어 있다. 그러나 그 자연을 만든 신의 입장에서는 자신으로부터 '소외' 혹은 자신의 '죽음'이 되지만 반대로 그 신으로부터 창조된 인간의 입장에서 보면 '타락'이 된다. 타락이란 정신의 소외와 동일한 개념이다. 신이 참된 자신의 본질을 실현하지

86　참고. P. Tillich, 19-20세기 프로테스탄트 사상사, 152.
87　참고. 위의 책, 150-151.
88　G.W.F. Hegel, Phänomenologie des Geistes, 490.

못했기 때문이다. 그럼에도 불구하고 소외 개념이 헤겔철학에서는 부정적으로 이해되지 않고 오히려 긍정적으로 이해가 되는 것은 신이 자기를 완전히 실현하기 위해 소외 또는 죽음은 반드시 거쳐야 한다는 점 때문이다. "소외는 자기 스스로 소외되면서 전체를 소외를 통해 자신의 개념으로 다시 취한다"는 그의 말이 이해가 된다.[89] 신은 자신에게서 빠져나와야 한다. 순수한 자신인 신은 자신에게서 빠져나와 순수하지 못한 자연으로 자신을 소외시켜 자신을 의식하려 한다. 그러나 순수하지 못한 자연을 통해 다시 순수한 자신으로 되돌아가는 한다. 이 과정을 헤겔은 '삼위일체'의 개념을 사용해서 설명하기도 한다. 말하자면 성부는 순수한 영이고 성자는 자연이 된 신이고 성령으로 다시 신 자신으로 되돌아가는 정신인 셈이다. 이런 점에서 인간을 포함한 삼라만상은 모두 신의 자기소외의 과정이며 바로 인간 편에서는 '타락'이 되겠지만 이 타락은 다시 '구원'을 위한 중요한 발화점이 된다. 예를 들어 놀랍게도 헤겔의 이 생각과 유사한 교리가 웨스트민스터 신앙고백 6장 1절에 "우리의 최초의 부모들은 …. 죄를 범했다. 이 죄를 하나님의 지혜롭고 거룩한 계획에 따라 허용하기를 하나님이 기뻐하셨다"고 고백되어 있다. 개혁주의 신학은 인간의 타락을 강조하지만 이 타락조차 하나님의 계획 가운데 있음과 궁극적으로 구원을 위한 하나님의 계획임을 교리로 가르친다. 그런데 헤겔철학은 이 교리를 절묘한 자신의 철학적 논리로 풀고 있지 않은가? 그렇다면 기독교의 가장 중요한 사건인 예수 그리스도의 문제는 헤겔이 어떻게 이해하고 있을까? 그리스도는 한 분의 개별적인 개인인 반면 절대정신은 전체적이고 보편적이며 조화를 추구하는 정신이라는 추상인데 어떻게 한 개인과 무한한 정신과 일치할 수 있을까? 헤

---

89 위의 책, 353.

겔은 쿠자누스의 주장에 동의하면서 '유한은 무한을 가진다(finitum capax infiniti)'는 등식을 고취시킨다. 즉 비록 인간과 신이 대립관계나 분리되어 있지만 신이라 부르는 무한은 예수라는 유한자 안에서 자신을 실현시킨다. 단적으로 말해 예수는 '무한의 중심에 유한이 있다'는 증거이며 동시에 절대정신의 자기표현인 셈이다.[90] 하여간 이런 식으로 철학과 종교를 통일시키려는 헤겔의 변증법적 논리는 멈추지 않고 계속된다.

8. 그렇다면 여기서 헤겔이 제시하는 정신의 발전과정을 살펴볼 필요가 있겠다. 인간은 하나의 피조된 정신, 즉 주관적인 정신이다. 이 단계에서는 당연히 심리학이 중요한 수단이 된다. 이에 반해 정신이 자신을 객관화시켜 사회나 국가 그리고 가정이라는 현실들을 만드는데 윤리학은 이를 유지하기 위한 중요한 수단이 되며 이것을 객관적인 정신이라 칭한다. 여기서 한 가지 집고 가야 할 것은 윤리학을 객관적인 정신으로 분류했을 때 선과 악의 문제이다. 선한 신이 만든 세계에 어떻게 악이 존재할 수 있는가 하는 신정론(Theodizee)의 문제가 대두된다. 헤겔은 '악이 선을 위해 필요하며 전체적인 조화의 측면에서는 악은 선과 대립하는 것이 아니라 오히려 전체를 신의 섭리나 의지에 일치하도록 하는 역할을 한다'는 라이프니츠(Leibniz)의 아이디어를 그대로 수용한다. 소위 세상에서 일어나고 있는 비극적인 사건들이나 기독교인들의 박해 그리고 악한 자들에 의한 선한 자들의 희생과 같은 것들도 신의 섭리 속에서는 다 조화가 된다. 악은 악이 아니라 사실은 신의 조화로운 섭리 가운데 있으며 궁극적으로는 전체의 조화를 위해 있는 셈이다. 그리고 국가의 문제에 대해서도 집고 넘어가야 할 점은, 헤겔이 말하는 국가는 보통

---

90 참고. P. Tillich, 19-20세기 프로테스탄트 사상사, 166.

우리가 이해하는 정치, 경제 그리고 문화의 총체가 아니라 지상에 현현한 신적인 존재 혹은 신이 성육한 형태이며 민족 속에 모든 공동체적인 활동이 종합적으로 통일되어 있는 존재로서 "교회"라고 말하는 편이 훨씬 적절하다. 이런 헤겔의 생각은 고대 그리스적인 폴리스 국가를 염두에 두고 그린 모습이 분명하다. 마지막으로 정신은 인간적인 신의 모습으로 자신을 절대화시키는 절대정신으로 표현하는데 이 단계에서는 예술이나 종교 그리고 철학이 이에 해당한다. 헤겔의 체계에서 특이한 점은 예술이 종교의 아래 단계에 있다는 점이고 그리고 최고 상위에 철학이 있다는 점이다. 특히 기독교는 다른 모든 종교들보다 고등종교로 철학 바로 아래의 위치를 차지하고 있다. 왜 종교가 철학보다 낮은 정신의 자리에 차지할까? 헤겔에 따르면 종교는 주로 상징들 혹은 상상력들을 사용하는 반면 철학은 그 상징들이나 상상력들을 논리적인 개념으로 만들기 때문이다. 즉 철학의 목표는 종교적인 상징들을 현실적인 언어의 논리로 개념화시키는 것에 있다고 하겠다. 헤겔의 이런 점 때문에 그의 철학을 "종교철학"이라고 틸리히는 규정한다.[91]

요약 평가와 비판

1. 헤겔의 철학은 언뜻 보기엔 너무도 신학적으로 비치는데 그렇다고 신학적이라고 하기에는 어딘가 석연치 않다. 그만큼 '신'이 그의 사유의 주제이기 때문이며 그의 사유를 신학적으로 해석해도 그다지 철학적이지 않다는 느낌이 강하게 든다. 그 출발점인 '신' 혹은 '정신'은 특이한 면을 가진다. 자신이 신인지 아닌지를 모르고 오로지 자신이 만든 피조물

---

91 참고. 위의 책, 159.

을 거울로 삼아 피조물을 통해서만 자신이 신이 됨을 의식하는 신이다. 신은 자신을 의식하기 위해 인간이나 세계를 창조하였으며 또한 이 피조물들을 가지고 자기완성을 실현하는 존재이다. 이것은 인간의 정신과 신의 정신의 서로 일치한다는 헤겔의 전제에서 나온 것이며 이 일치 혹은 통일을 이루는 것이 헤겔철학의 지향점이자 목표점이며 이를 위해 그는 사유의 운동인 변증법을 동원했다. 즉 신은 무한하지만 유한한 정신, 즉 인간을 통해 자신을 의식하고 사유하며 활동하고 창조한다. 우리가 사는 세계는 신이 활동하는 장소이고 신이 피조물과 다른 속성들을 가지고 있다. 하지만 그것이 현현(Erscheinung)할 때는 시간과 공간을 통해, 혹은 자연과 역사와 인간을 통해서 실현시킨다. 그러나 그 실현은 동시에 순수한 정신인 신의 죽음 혹은 자기 소외이기도 하다. 그러나 이런 죽음을 통해 다시 자신에게로 복귀하여 새로운 형태로 자연과 역사 그리고 인간에게 자신을 드러낸다. 그 과정은 우리 인간들에게는 소위 '역사의 발전'이라고 불려진다. 가다머(H.G. Gadamer)도 헤겔의 "정신현상학"에 대해 흥미있는 논평을 주는데, "참된 것은 전체이고 전체는 오로지 그 자체의 발전을 통해 스스로 완성하는 본질"을 제시하는 책이라고 하면서[92] 세계 철학사도 정신이 자기 스스로 완성해가는 길을 가는 것으로 헤겔은 생각했다고 한다. 세계사의 내용은 자유를 향한 의식의 발전이며 이성적이며 필연적인 세계정신의 작용이었다고 한다. 여기에서 그렇다면 헤겔이 제시하는 신을 신학적으로 숙고할 필요가 있겠다. 왜냐하면 그의 신 개념은 '이미 완성된 존재'가 아니라 '완성을 필요로 하는 신'이며 인간이나 세계를 창조한 목적이 인간 자체나 세계 자체를 위한 것이 아니라 신이 자신을 완성하기 위함이라는 점 때문이다. 즉 신이

---

92   H.G. Gadamer, Idee und Sprache, Tübingen, 1972, 119.

라 불리는 "정신"은 그 자체가 자유로우며 세계사의 과정은 정신이 자유를 스스로 아는 것으로까지 스스로 굴러가는 것이며 자기 자신 안에서뿐 아니라 자신을 위해서 그렇게 한다고 평가할 수 있다.[93] 그렇다면 헤겔의 정신이라 불리는 신은 인간이나 세계가 없어도 실재할 수 있는 '타자로서의 신'이 아니라 인간이나 세계를 절대로 필요로 하는 신이 된다. 이런 신을 과연 '신'이라 칭할 수 있을까? 이런 신을 말하기 때문에 그의 철학을 "자기신뢰의 철학"이라고 하는 비판이 정당하다.[94] 즉 인간을 초월해 있으면서 인간과 함께 내재하시는 균형 잡힌 신이 아니라 인간이 신의 자리에 앉으면서 그 자리에 깊이 도취하여 자신이 누구인지를 까맣게 망각한 채 스스로 신이 되어버린 인간 자신을 꼬집은 말이다.

2. 신이 자신을 의식하기 위해 인간의 능력, 특히 인간의 이성을 필요로 한다면 여기에서도 문제가 드러난다. 즉 인간의 이성이야 말로 신의 현현을 나타내는 능력자인 셈이다. 헤겔의 철학은 신에서 출발하여 신을 무한히 높이는 철학처럼 비치지만 결과적으로는 신을 의식하는 인간 이성을 오히려 무한히 높인 철학이 된다. 인간의 이성은 신의 정신이 소위 '절대정신'이 되는 중요한 수단이 되기 때문이다. 세계와 인간은 신 자신보다 순수하지 못하기 때문에 다시 자신을 신으로 되돌아가는 변증법적인 운동을 영원히 하게 된다. 이렇게 보면 인간이나 세계는 신의 자기소외로 볼 수밖에 없다. 그 소외는 전체적인 조화의 측면에서는 반드시 필요한 요소이다.

3. 헤겔이 정신을 분류하면서 개인을 주관적인 정신으로 보았는데 말하

---

93 위의 책, 121.
94 K. Barth, Die protestantische Theologie im 19. Jahrhundert, 349.

자면 개인은 절대정신의 하부구조에 해당된다. 반면 정신의 가장 상부구조에 해당하는 것은 철학인데 이것은 개인이 철학의 가장 하부에 자리 잡고 있다는 점이다. 철학은 보편성, 집단성, 조화, 신적 권위 혹은 신의 현현 등의 거창한 면을 가지지만 개인은 하나의 심리에 불과하다. 헤겔철학이 가지는 가장 큰 맹점이 이 점이라 하겠는데 개인의 무한한 가치와 신비 그리고 그 내면에 담겨져 있는 거룩한 신적인 비밀(numen) 등은 거의 간과되고 있다. 단적으로 말하면, 개인은 사회나 국가를 위한 하나의 조각 내지 작은 톱니바퀴에 불과하다. 가다머는 이런 헤겔 철학을 예리하게 통찰하면서 헤겔에게서 개인은 세계정신의 자기발전과 자기완성을 위해 죽어라고 열심히 종살이 하는 "임무를 수행하는 자"로 나타난다고 진단한다.[95] 세계는 개인을 위한 장소가 아니라 반대로 개인이 세계를 위해 존재해야 한다. 개인의 고유성과 가치를 세계정신이라는 거창한 사변에서 의미를 찾으려는 그의 사상은 훗날 실존주의와 인격주의 사상의 공격을 받아서 만신창이가 된다. 절대정신이라 불리는 거대한 신적 존재는 하나의 정신적인 상상에 불과한데 이것을 강조하면서 몸과 영혼을 가진 한 개인의 실재성에는 무심하다. 이 점 때문에 "헤겔의 철학과 같은 것은 정신적 이면의 자기현시이며 철학적으로 오만불손한 것이다. 심리학적으로 이것은 … 정신분열증적인 권력언어를 상기시키는데…"라고 평가하는 융의 말대로, 헤겔철학을 과대망상증의 증후가 있는 정신병적인 철학이라고 비판을 받는 이유이다.[96]

4. 헤겔은 객관적인 정신으로 사회와 국가 그리고 가정을 들었는데 위에서 잠시 언급했듯 국가는 지금의 우리가 생각하는 국가 개념이 아니다.

---

95 H.G. Gadamer, Idee und Sprache, 121.
96 C.G. Jung, 원형과 무의식, 서울, 한국융연구소, 1984, 27.

헤겔이 생각하는 국가는 교회를 염두에 두고 있다. 현실적으로 교회에서 설교자는 신적 권위를 가지고 말씀을 선포하며 성도들은 그 권위에 신앙으로 복종하는 것을 지켜 본 헤겔은 국가도 교회처럼 이런 식으로 유지되어야 한다고 본 것이다. 그래서 그에게는 국가야 말로 신이 자신을 객관화시켜 땅 위에서 현현한 곳이다. 그런데 문제는 교회의 설교자가 신적 권위를 가진다고 해서 국가의 지도자도 신적 권위를 가진다고 말할 수 있는가 하는 점이 문제인데, 만약 그 국가 지도자가 신적 권위를 가진다면 그 지도자의 통치철학은 신적인 권위를 가질 것이며 나아가서 그 지도자의 국가철학은 이데올로기로 이용될 위험을 당연히 가진다. 신은 특정 국가 지도자의 의지나 생각을 통해 자신의 뜻을 실현시키기 때문이다. 어떻게 보면 현실적으로 지상의 교회는 신이 자신을 땅에서 구체화시킨 몸이라고 성경도 간접적으로 제시하기는 한다는(참고. 마 16:18) 점에서 헤겔의 생각이 전혀 어긋났다고는 할 수 없겠는데 그는 이런 신학적인 교회관을 확대시켜 국가라는 체제 혹은 정치적 시스템으로까지 격상시켜 상당한 신성을 부여하고 있다는 점에 문제가 있다. 만약 국가가 교회와 동일시된다면 국가지도자는 교회지도자와 동일할 것이고 국가지도자의 생각은 곧 신의 현현된 의지가 된다. 그러면 신의 자기 의지가 현현된 존재로서의 국가 지도자가 만약 전쟁을 원한다면 논리적으로 그 전쟁은 신이 원하는 전쟁이고 신의 뜻이 된다. 이 점을 정확하게 간파한 포퍼(K. Popper)는 헤겔을 "현존하는 역사주의의 원조"라고 간주하면서 "헤겔은 나폴레옹 전쟁 이후 중세의 복구시기에 기름 부음을 받은 프로이센주의의 최초의 공적인 철학자가 되었다"고 말한다.[97] 사실 역사적으로 당시 독일은 국가에 의해 대학들과 대학교수들이 컨트롤되

---

97 K. Popper, The Open Society and its Enemies, vol.2, London, 1966, 29.

고 있었는데 국가를 우상시하는 플라톤을 헤겔철학이 답습하고 있으며, 그의 국가 총체주의 사상은 자유, 평등, 박애사상을 외치며 봉건주의에서 탈출한 프랑스 혁명 동안에도 당시 프러시아(독일) 왕이었던 프레드릭 윌리암 3세가 강하게 의존하고 있었던 국가 철학이었다. 그 왕의 사상은 국가가 모든 것이며 개인은 아무 것도 아니라는 생각을 가졌고 개인의 육체적, 영적인 모든 것들은 국가로부터 빚을 지고 있다고 여겼다. 그래서 포퍼는 플라톤과 윌리엄 3세와 헤겔의 공통점을 '모든 것은 국가에서 시작된다'는 사상을 가진다고 지적한다.[98] 국가가 신적인 이데아로서 땅에서는 현실화된다는 헤겔의 생각은 마치 교회 교주의 말이 신의 말이기 때문에 성도들의 생을 지배해야 한다는 생각과 유사하게 작용한다. 이것이야 말로 인간의 이데아(Idea)가 신의 말(Logos)가 되는 이데올로기가 아닌가? 그러나 분명한 점은 성경이 제시하는 참된 교회는 분명 눈에 보이는 가시적인 교회가 아니라 눈에 보이지 않는, 그리스도 예수를 믿음으로 의로워진 하나님의 백성들의 모임을 제시한다는 점을 헤겔이 완전히 간과하고 있다. 헤겔은 영적인 교회를 본 것이 아니라, 가시적이고 현상적인 예배당을 보았으며 그 예배당에서 행해지는 구체적인 신앙생활을 보고 자신이 꿈꾸는 망상을 정당화시켰지, 각 개인의 내면을 향해 자신의 인격을 계시하시는 성령의 역사를 전혀 보지 못했다. 정신 혹은 성령을 가장 많이 언급하면서도 정작 성령의 가장 중요한 역사인 개인의 내면을 치료하며 개인의 무한한 가치를 세우는 은혜를 전혀 보지 못한 맹인이 바로 헤겔이다.

---

98 참고. 위의 책, 31.

제 2 장

개신교를 향한 부정적인 비판

1. 포이엘바흐(1804-1872): 신은 인간의 형상!

1. 포이엘바흐의 종교비판 철학은 니체의 철학과 유사한 면이 있지만 약간의 차이도 가진다. 니체의 종교비판이 반신론적, 혹은 반기독교적(Antichristentum)이라면 포이엘바흐의 종교비판은 인간신론적인(anthropotheistisch) 입장에서 종교를 비판한 데 있다고 하겠다. 즉 니체는 힘과 권력에로의 의지가 인간 본성이라고 규정하면서 이것을 종교적인 위선이나 교리적인 거짓으로 가리고 인간을 피안의 세계로 인도하려는 기독교를 비판하려 했다면 포이엘바흐는 철저히 인간을 감각적인 존재자로 보면서 사변적으로 종교화되어 버린 기독교를 비판하는데 있다고 하겠다. 흥미롭게도 포이엘바흐의 처음 사상은 "신"이었는데 큉(H. Küng)의 말대로 젊은 시절의 그는 개신교 목사였으며 신학자였지만 그 다음

에는 철학자로 살다가 나중에는 무신론적 인간학자가 되었다.[99] 1823년 이후 헤겔의 영향을 받은 조직신학자 다우브(K. Daub)에게서 헤겔철학을 알았다. 포이엘바흐는 1804년 란트슈트(Landshut)라는 작은 촌에서 태어나 다우브(Daub) 대학에서 공부했으며 1872까지 넌베르크(Nürnberg) 근처에 있는 데서 사강사로 살다 죽었다. 그는 칸트의 명제인 "신은 외관의 본질이 아니라 단순히 우리와의 도덕적인 관계다"는 것과 헤겔의 주장인 "정신은 정신을 낳으며 정신의 탄생은 그 자체가 살아있다"는 것 그리고 슐라이엘마허의 '신의 존재는 우리에게서 알 수 있으며 세상 밖에서 혹은 신에게서는 결코 신의 존재는 알 수 없다'는 생각을 잘 흡수한다. 즉 이들의 공통적 신 개념인 "신은 절대적으로 사유의 대상이 되지 않는다"는 개념을 포이엘바흐는 적극적으로 받아들이면서 신의 개념과 종교의 근원을 오로지 '인간'에다 집중시킨다. 신학을 인간학으로 바꿔버리고 경건과 신앙의 현상들은 모두 심리적으로 해석한다. "신"이라는 이름과 생각은 인간의 심장에서 생겨났으며 인간 안에서 "신"과 같은 종교적이며 창조적인 인간 최고의 가치로운 보석들과 같은 생각들과 소원들이 일어났다고 본다. '신이 존재한다는 관심은 내가 존재한다는 것과 내가 영원히 존재한다는 것과 동일하며 이 관심이 인간의 종족 의식에서 일어났고 그 종족에서 나는 나를 체험하며 내가 신을 존재자로 그리고 그의 성취를 세운다. 신은 나의 은폐된, 분명한 실존이며 인간종족의 동반자로 존재한다'고 포이엘바흐는 말한다. 이런 주장을 보면 종교 혹은 신학은 모든 것을 규정하는 포이엘바흐의 확실한 테마였으며 그의 종교비판은 기독교나 신학역사의 큰 줄기에서 보면 '인간신론자' 계

---

[99] 참고. H. Küng, Existiert Gott? Stuttgart/Hamburg/München, 1978, 224-225: 포이엘바흐는 "신은 나의 첫 번째 사상이었고 이성은 나의 두 번째 사상이었으며 인간은 나의 세 번째이며 동시에 마지막 사상이었다"고 술회한다.

열에 해당되는 종교비판이었다고 할 수 있다. 보편적으로 신학의 주제가 신이라면, 그의 인간학은 신을 거꾸로 세워놓으면 인간이 된다는 관점을 가진다. 그러면서 신의 편에 서 있는 사변적 종교철학을 철저히 인간의 편에 서서, 특히 기독교와 종교를 비판했다고 하겠다. 그러나 그렇다고 기독교의 정체성을 허무는 짓은 무례하게 하지 않았는데, 예를 들어 바우어(B. Bauer)나 슈트라우스(D.F. Strauß)와 같은 자들이 신학자로서 기독교 신앙 자체를 파괴시킨 시건방진 짓들에 비하면 그는 철학자로서 종교적인 인간학의 형식 안에서 기독교의 본질을 비판하고 나아가서 그것을 보존하려고 노력한 사람이라는 점에서 긍정적인 측면도 전혀 없지 않아 있다. 신의 실재성을 말해야 하는 신학자들이 오히려 "역사비평"이라는 방식으로 신과 신앙 그리고 교회를 혼미하게 하는 것보다 차라리 철학자로서 기독교의 정체성을 비판하고 보존하려는 태도가 역설적으로 말하자면 오히려 신학의 정체성을 높이는 것으로 비친다. 이런 점을 포이엘바흐가 가지고 있음에 주목할 만하다.

2. 우선 포이엘바흐는 헤겔이 세운 '신'의 자리에 자신의 철학체계로 '인간'을 세운다. 이를 위해 그 역시 이성을 강조한다. 그는 1824년 헤겔의 강의를 들었는데 그 때 헤겔은 그에게 머리와 심장을 올바르게 맞추어주었으며 선생이란 무엇인가를 가르쳐준 유일한 자로 혹은 "두 번째의 아버지"로 그는 여겼다.[100] 헤겔을 통해 신학에서 철학으로 전환하게 된 동기가 되었음에도 불구하고 아이러니칼하게도 생을 경멸하고 무시하는 종교적 경건성과 피안의 세계를 동경하게 하는 사변주의 철학에 맞서면서 그는 인간의 욕구, 소원, 나와 너의 관계, 대화, 이웃 등을 자

---

100 H. Küng, Existiert Gott? 225.

신의 사유의 중요한 주제들로 삼는다. 헤겔이 변증법을 사용하여 '세상 만물은 신의 정신의 자기현현'이라고 했을 때 이 개념을 비웃으면서 그는 그것을 "혼자 지껄이는 것(Monolog)"이라 불렀다. 헤겔 사후 헤겔좌파들을 무신론자라고 공격했던 "하인리히 레오(Heinrich Leo)와도 논쟁을 펼쳤으며 후에는 헤겔철학을 직접적으로 공격하게 된다.[101] 헤겔은, 포이엘바흐가 보기엔 자기 자신을 대상으로 삼으면서 지껄였는데 남들이 보면 고독한 사상가의 독백이지만 정작 헤겔 자신은 그것을 대화로 오해하고 있는 셈이다. 그러나 참된 대화는 자기 자신과의 대화인 독백이 아니라 "나와 너"의 만남이고 거기에서 일어나는 말들이 대화이다. 그래서 사유란 본질적으로 사변적인 꿈과 같으며 자기상승 혹은 자기만족과 같다. 주어진 세계는 초월적인 세계가 아니라 대화하며 살아야 하는 세상이다. 세상은 "나와 너"라는 인격적 관계에서 주어지며 거기에서 인간은 먹어야 되고 마셔야 하며 그로 인해 행복할 수 있다. 특히 헤겔의 철학적 신학은 포이엘바흐의 예리한 비판의 덫에 걸린 살찐 멧돼지와도 같아 보인다. 엄청나게 먹어대어 큰 덩치와 몸집을 자랑하며 마치 세상의 모든 실재성이 헤겔의 3kg 정도의 뇌 속에서 조직화되고 체계화되어 논리적으로 설명되는 것에 포이엘바흐는 기독교의 몰락을 이미 예상하고 있었다. 헤겔의 사변주의 철학은 내용이 없고 공허한 공기로 가득 찬 하나의 고무풍선처럼 느껴졌으며 무딘 바늘 하나로도 한순간 사라지는 허공과 같았다. 왜 포이엘바흐에게 헤겔철학은 이런 철학이 되었을까? 사실 헤겔의 철학은 그 시대의 절대적인 철학이었다. 그리고 포이엘바흐가 꿈꾸었던 '인간이라는 종족의 실현'이 헤겔철학에 영향을 입은 기독교를 통해서도 느꼈다. 뢰비트(K. Löwith)의 말처럼 "헤겔이 기독교적인

---

101 위의 책, 227.

것을 항상 관념적으로 부풀리고 있는 곳 바로 거기에 사실상 그는 상상과 사상 사이에서 생긴 모순 아래로 기독교의 부정을 감추고 있었다"는 점이다.[102] 포이엘바흐는 이런 점을 예리하게 보면서 기독교와 인간의 어설픈 철학으로 화해시키려는 모든 노력에 반대한다. 내용은 없고 하나의 형식만 있으면서 그 안에서 잔뜩 부풀어진 사변이라는 공기를 제거하고 피와 살로 된 인간이라는 현실적인 존재를 세우려고 시도하려 하였다. 실재성이 철학을 위해 있는 것이 아니라 철학이 실재성을 위해 있다고 그는 믿었다. 실재성이란 그에게는 자연 혹은 본성이었다. 포이엘바흐는 1839년 "헤겔철학의 비판에로"라는 논문에서 헤겔이 이 자연을 빼먹었으며 "그의 머리에는 원래의 생이 결여되었다"고 비판하면서 "자연은 인간을 동물의 주인으로 만들었다. 그러나 자연은 인간에게 동물을 길들이기 위해 손들을 주었을 뿐 아니라 동물들이 찬탄하도록 눈과 귀를 주었다"는 멋있는 말을 적었다.[103] 그런데 헤겔철학은 이 자연적인 생을 전혀 고려하지 않고 논리적으로 모든 것을 펼치다보니 후에는 철학 자체가 생을 규정하고 진술하는 체계가 되어버렸다는 것이다. 그 예로 포이엘바흐는 기독교 종교를 들었는데, 역사적으로 교의적인 발달과정에서 기독교는 절대종교로서 규정되었으며 단지 이 목적으로 기독교 종교와 타종교와의 차이가 부각되면서 공동체적인 연합은 간과된 채 오로지 절대자로서 다른 다양한 종교들의 근거가 된다는 식으로 종교의 본성을 헤겔이 각인시켰다고 그는 비판한다.[104] 사실 그 19세기 당시의 역사적 정황에서 독일은 기독교가 국교였으며 이를 위한 시스템은 헤겔철학이었다고 해도 지나치지 않는다. 철학이나 신학도 헤겔학파를

---

102 H. J. Kraus, Theologische Religionskritik, 159.
103 L. Feuerbach, Zur Kritik der Hegelschen Philosophie(1839), in: Philosophische Kritiken und Grundsätze, Leipzig, 25.
104 참고. 위의 책, 26.

넘어서고 있지 못하였다.[105] 이렇게 극점을 달리든 헤겔학파는 기독교라는 종교를 결국 철학으로 대체시켜 버렸다. 포이엘바흐는 이런 상황에 살았으며 헤겔 좌파에 서 있었고 이런 연고로 인해 신학의 본질은 인간학이라고 선언하게 되었으며 "헤겔철학은 절대적인 실재성을 철학의 아이디어로 만든 것"으로 비판했다.[106] 그는 초월적이고 사변적인 신을 취급하는 신학을 구체적이고 현실적인 인간학에다 밀어 넣고 녹여서 '신을 인간으로 만드는 인간학'을 구상하였다.

3. 그의 저서 "기독교의 본질"에서 그가 이 책을 쓰는 이유 가운데 하나를 다음과 같이 소개하고 있다: "종교의 초자연적인 신비들은 단순하고 자연적인 진리들의 근거에 놓여있다는 것인데 그러나 동시에 종교를 다르게 자기 스스로 예상하길 원하지 않을 때 항상 철학과 종교의 본질적인 차이를 확립하는 것이 불가피하다(WCI.4)"고 말한다. 종교에서 등장하는 신은 인격적인 본질이기 때문에 따라서 "신학은 기독교 신화와 같이 신비한 실용주의로 취급하거나 혹은 사변적 종교철학처럼 존재론으로 취급해서도 안되며 오로지 심리적 병리학으로 다루어져야 한다(WCI.5)"고 지적한다. 그러면서 그의 관점을 분명하게 다음과 같이 세운다: "학문이 진리로 다가오고 동시에 진리가 되는 곳에 진리는 더 이상 학문이 되기를 포기한다. 진리는 학문이라는 경찰의 대상이 되는데 경찰은 진리와 학문사이의 한계이다. 진리는 인간이지, 추상성 속에 있는 이성이 아니며, 진리는 생이지, 종이에 머물고 종이에 있기를 원하는 사상과 일치하는 실존을 찾는 것이 아니다(WCI.12)"라고 천명하다. 이에 대한 증거로서 그가 누이동생에게 보낸 편지에서 "나는 하나의 역겨운 자

---

105 H. Küng, Existiert Gott?, 228.
106 참고. L. Feuerbach, Zur Kritik der Hegelschen Philosophie, 27.

유정신, 하나의 무신론자, 그래, 그것으로 충분하지 않고 육체적인 반기독인이 되는 향기에 취해 있다"고 말한다.[107] 이렇게 보면 포이엘바흐의 사상은 '신'에게서 출발하였지만 결국 '인간'에게서 종결지었다고 하겠다. 아니 더 정확하게 말한다면 신과 인간을 동일시하였다고 할 수 있겠는데 마치 헤겔이 유한자와 무한자를 동일시하였듯이 말이다. 헤겔철학이 인간이라는 유한적인 정신을 신이라는 무한적인 정신 안으로 끌어들인 철학이라고 한다면 포이엘바흐는 신이라는 무한한 정신을 인간이라는 유한한 정신 안으로 끌어내린 철학이라고 하면 적절한 표현이 될 것이다. "신학의 비밀은 인간학이다. 그러나 사변철학의 비밀은 신학 혹은 사변신학인데 이것이 일반신학과 구별된다. 사변신학이 여기에서의 두려움과 역사 저편에서 소외된 신적 본질의 몰이해에서 역사이편으로 잘못 가져다 놓은 것, 즉 과거화시키고 규정하며 현실화시킨 것이다"고 하면서 사변신학과 사변철학을 맹렬하게 비난한다.[108]

4. 그렇다면 포이엘바흐가 말하는 생이란 무엇일까? 그는 생이라는 용어와 존재라는 용어를 동의어로 사용한다. 존재라는 개념이 고대 헬라인들의 관심에서 출발하였지만 존재가 고유한 의미를 상실해 버리고 사변적 혹은 추상적인 개념으로 이해가 된 것을 키엘케가드나 마르셀, 하이데거나 야스퍼스 그리고 뢰비트와 같은 실존주의자들도 공통적으로 인정한다. 포이엘바흐는 필자가 보기에도 존재라는 용어와 생이라는 용어를 거의 동의어로 사용하고 있다고 여겨진다. 그가 "자신을 느끼는 존재 혹은 생의 근거가 무엇일까?" 라고 물으면서 "생의 욕구이다"고 대

---

107 H. Küng, Existiert Gott? 225.
108 L. Feuerbach, Vorläufige Thesen zur Reformation der Philosophie(1842), in: Philosophische Kritiken und Grundsätze, 169.

답하는 것도 이 점을 뒷받침한다(WCI.94). 그에게서 "존재"란 일반 관념론자들이 말하는 정신적인 사변이 아니라 인간의 "생"이며 세상의 존재는 이런 필요, 혹은 욕구 혹은 필연성에서 나온 것이다. 더 나아가서 "무에서 세상이 나왔으며 무란 세상이 없이도 존재한다(WCI.94)"고 말한다. 그러면서 세상이라는 존재의 필요성은 인간 이성의 필요성이라고 한다. 이성은 모든 실재성들의 핵심내용이며 필요불가결한 본질, 즉 가장 깊고 본질적인 욕구이기도 하다. 결국 포이엘바흐의 체계에서 존재는 생과 동의어이며 욕구는 생을 이루는 근본 본질이고 이성은 생을 현실화하는 핵심이 된다고 하겠다. 분명한 점은, 그의 종교비판은 학문적인 정신에 있다. 그럼에도 불구하고 "그의 종교비판은 자신의 비판적 종교철학"이라고 하는 것이 옳다. 철학 자체는 종교를 위한 것이라고 생각하기 때문이다. 슈티르너(M. Stirner)는 포이엘바흐의 철학을 "경건한 무신론자"라고 명명한다.[109] 왜냐하면 그는 오로지 종교적 술어의 주어인 "신"을 제거하려고 했지, 사랑, 지혜, 의, 구원과 같은 신적인 본질의 술어를 제거하길 원치 않았기 때문이라고 한다. 이 점에서 슈티르너가 잘 보았다고 여겨지는데, 사실 포이엘바흐의 저서들을 읽으면 신에게 돌아가야 할 몫을 빼앗아서 마치 인간에게 돌려주고 있는 철학이라는 심정적 교감이 독자들에게 강하게 전해 질 것이다. 신을 무한히 높이면서 인간을 멸시하고 간과하는 초월적인 신학이나 철학에서 찾아볼 수 없는 점이다. 그래서 필자 역시 그를 "경건한 무신론적 인간학자"로 평하고 싶다.

5. 기독교의 본질을 말할 때 신이라는 주제는 시종일관 그의 철학의 출발이고 중심이었다. 신이라는 이름과 신에 대한 생각은 인간의 가장 깊

---

109   H. J. Kraus, Theologische Religionskritik, 159.

은 내면에서 나왔다. 그의 말대로 "신을 의식하는 것은 인간이 스스로를 의식하는 것이고 신을 인식하는 것은 인간이 자신을 인식하는 것이다(WCI.51)"는 것이 그의 중요한 생각이다. 다시 말해 신이란 인간의 가장 깊은 내면의 본질을 드러낸 존재이며 인간이 스스로를 외화시키는 자기(das sich äußernde Selbst)이다. 여기서 말하는 "자기"란 물론 타자로서의 신이 아닌 인간 자신을 두고 말한다. 종교에서 인간은 자신의 가장 고유한 내면의 생각과 사상을 펼치는데 그것이 "신"이라는 이름인 셈이다. 고대의 종교에서는 이런 인간 내면의 본질이 외적인 형태로 드러났지만 현대에는 내적인 하나의 주관적인 것으로 발전이 되었다. 원래 종교는 인간성의 어린아이와 같은 본질에 기인한다. 아이는 자신의 본질을 항상 자기 밖에서 찾는다. 따라서 초기 혹은 고대의 종교에서는 주로 외적으로 나타난 형상들인 신들을 섬기는 형태로 인간 자신을 종교로 표현하였다. 이런 점에서 포이엘바흐는 종교의 발전이란 곧 인간 의식의 발전으로 동일시한다. 그렇기 때문에 종교 안에서 신적인 것과 인간적인 것이 서로 대립하고 신을 인간보다 우등하게 여기든지 인간을 신보다 열등하게 여기는 모든 종교적인 적대관계는 하나의 환상이며 이것은 사실 신과 인간의 대립이 아니라 인간적인 본질과 인간적인 개인 사이의 대립일 뿐이다. 단적으로 말해 기독교 종교의 대상과 내용은 철저히 인간적이다(WCI.53). 종교가 인간적이란 말에는 "모든 진리는 인간이지 추상성 속에 있는 이성이 아니며 생이지, 종이에 머물고 종이에 있기를 원하는 사상과 일치하는 실존을 찾는 것도 아니다"는 그의 주장대로 종교가 추구하는 진리는 인간이지 초월적이고 사변적인 철학 혹은 학문이 아님을 잘 설명해 준다(WCI.12). 신으로 간주되고 신으로서 요구되는 모든 것들은 그가 보기에 실상은 내면의 깊은 인간성의 어떤 것을 드러내는 것을 의미한다. 이런 전제 때문에 그는 신이 스스로 있다든지 혹은 신은 자신으로부터 존재한다(esse a se)는 식으로 신을 인간과 별개의 본질인 것처럼 내세우는 모든 시도들을 단호히 거부한다. 신이 인간에게 전적인 타자로 존재한다든지 오로지 신이 자신 안에 혹은 자신을 위해서 존재하는 것으로 이해하는 모든 태도를 그는 믿지 않는다. 오히려 신이 가지는 모든 속성들은 인간 자신이 가지고 있는 의식의 산물이며 인간 자신의 비밀을 밝히는 것들이다. 예를 들어 보통 우리가 사랑을 신의 속성이라고 말할 때 포이엘바흐에 의하면 사랑이 신의 속성이기 때문에 우리가 믿는 것이 아니라 우리 자신이 사랑하기 때문에 그렇게 믿는다는 것이다. 신은 지혜롭고 선한 본질이라고 믿는다는 것은 인간이 곧 선과 이해 외에 더 나은 것을 알지 못하기 때문이다. 신이 존재한다고 믿는 것은 전통적으로 이해하는 식의 '타자로서의 신이 인간 밖에 존재한다'는 의미가 아니라 인간이 실체 혹은 인격이라는 점과 인간이 실존하고 있다는 것 혹은 인간이 스스로 본질이라는 의미로 그는 이해한다. 신이란 그의 생각에 의하면 인간의 투사(projizieren)인 셈이다. 정확하게 말하면 신이란 인간 자신의 고유한 존재의식을 "종족(Gattung)"이라는 힘에 의한 의식에서 나온 말이다. 그래서 "인간과 동물이 차이는 의식 곧 자기감정에서 차이가 나며 거기에서 감각적인 구별하는 능력과 인지 그리고 외물에 대한 자기 판단에 따라 규정하는 감각적인 특성들을 가지고 있으며 그런 의식은 동물에게는 해당되지 않는다. 동물은 소위 종족이라는 의식이 없으며 오로지 인간만이 가지는데 학문이란 종족의 의식이다. 동물의 경우는 내적인 생과 외적인 생이 하나로 되어있지만 인간은 내적인 생과 외적인 생이라는 두 가지를 가지고 있다. 인간의 내적 생과 관계하는 것은 자신의 종족과의 관계이다(WCI,35)"고 그는 말하고 있다. 그러면서 사유하고 말하는 것은 인간이라는 종족만이 할 수 있는 행위들이며 이것들은 인간이 자기 스스로 "나와 너"의 관계를 가지는 종족의 표현이다. 그렇다면 무엇이 인간을 "종족"으로 만드는가에 대한 물음이 자연스럽게 드는데 이에 대해 그는 세 가지를 든다. 이성과 의지와 마음이 그것이다. 그 가운데서 마음에서 나오는 사랑을 대표로 든다. "오로지 사랑, 경탄, 경외, 간단히 말해 감정이 개인을 종족으로 만든다. 마치 우리가 아름다움과 하나의 인격을 사랑하는 가치에 의해 도취되어 그것은 아름다움이고 사랑이고 선 자체라고 부르는 것처럼 말이다"고 그는 말한다.[110] 사유의 힘은 인식의 빛이며 의지의 힘은 성격의 에너지이며 마음의 힘은 사랑이라고 간주한다. 이 세 가지는 인간의 절대적인 본질이다. 이성의 목적은 이성 자체이며 사랑의 목적은 사랑이며 의지의 목적은 의지의 자유이다(WCI.37). 인간은 참된 본질을 사유하면서 사랑하면서 의욕하는 본질이다. 이것은 개별적 인간을 넘어 마치 인간 속에 있는 신적인 삼위일체의 관계이며 이성, 사랑, 의지의 통일이다. 이 세 가지들은 인간이 가지는 어떤 힘들이 아니라 바로 인간 자체이다. 예를 들어 대상에서 인간은 자기 자신을 의식한다. 따라서 대상에 대한 인간의 의식은 인간의 자기의식이다. 자기의식이 주관적이라 한다면 대상이란 열려진 본질이며 참된, 객관적인 "나"이다. 대상이란 정신적일뿐 아니라 감각적인 대상이며 이것을 위해 사용하는 눈은 천상적인 자연이다(참고. WCI.41). 인간은 눈과 함께 땅 위에서 으뜸이다. 즉 눈이라고 하는 것, 하늘을 응시하면서 이론이 시작되기 때문이다. 사실 "이론(Theoria)"이라는 용어는 '눈으로 "보다'라는 용어에서 기인하는데 이런 점에서 최초의 철학은 천문학이라고 그가 주장하는 것도 일리가 있어 보인다. 여기서 흥미로운 점은, 그가 자신의 저서인 "기독교의 본질"에서 "이해(der Verstand)"와 "본질(das Wesen)"이라는 용어들을 아마도 가장 많이 사용하

---

110 L. Feuerbach, Zur Kritik der Hegelschen Philosophie, 27.

는 것으로 필자의 눈에 비치는데 "der Verstand"를 "오성"으로 해석하기 보다 "이해" 또는 "이성"으로 여기는 것이 그의 생각을 이해하기에 쉽게 만든다. 왜냐하면 그의 저서에서 이 용어를 "이성(die Vernunft)"과 혼용해서 사용하기도 하고 "상상력(Einbildungskraft)"으로도 사용하기 때문이다 (참고. WCI.92). 어쨌든 이해와 본질이라는 용어를 가장 많이 사용하는 그의 입장을 나름대로 살펴보면 종교의 본질은 인간이 가지는 의식 가운데 이해가 차지하는 범위가 가장 크다고 여기기 때문일 것이다. 동물과 달리 인간의 본질은 종교라는 근거와 종교의 대상을 가지고 있는데, 종교는 무한자를 의식하는 의식이라고 보통 말한다. 그러나 이런 표현은 인간 자신의, 그리고 유한한 것에 제한받지 않는, 오히려 무한적인 본질의 인간 의식이라고 그는 말한다. 인간의 무한자 의식은 인간 자신과 분리할 수 없기 때문에 인간이 신을 무한자를 의식한다는 것은 곧 인간 의식의 무한성에 대한 의식이다(WCI.37). 하여간 포이엘바흐는 인간을 종족이라는 특성적 본질로 규정하면서 거기에서 나온 산물인 종교를 검증한다. 이를 위해 그는 지금까지의 신을 믿는 신앙을 거부한다. 지금까지 신을 우리 인간은 무한하게 높이고 무한하게 풍요로운 자로 만들었다는 것이다. 그러나 이와 동시에 신을 부요하게하기 위해 인간은 가난해져 왔고 신이 모든 것이라는 점을 위해 인간은 아무 것도 없는 존재자가 되었다. 인간의 감각은 부정되었고 오히려 신에 의해 인간의 감각성이 희생제물이 되었다. 그래서 그는 신이 인간의 대상이 되어야 하는 것이 아니라 오히려 인간이 인간의 대상이 되어야 한다고 주장한다. 그렇다고 그 인간은 일반철학, 특히 관념주의철학에서 말하는 '사유된, 상상으로 이상적으로 그려진 인간'이 아니라 가장 실재적인 그것(ens realissimum)으로서 인간이다. 즉 전체적이고 감각적이며 육체적인 인간이다. 그렇다고 이성을 무시하는 것이 아니라 오히려 이성과 함께 의지와 심장을 가지고 느끼며 사랑하는 인간이다. 그 인간은 고독한 개인이 아니라 종족이라는 틀 안에서 서로 교류하는 인간이다. "나"라는 인간은 "너"라는 인간의 보충이며 "너"에 의해 채워져야 할 존재이며 이런 "나와 너" 사이의 관계를 가짐으로 나아가서 인간 전체와 관계하며 인간 종족을 이루는 바로 그 인간이다. 타인이란 단순히 물화된 그것이 아니라 '인간 일반' 혹은 전체 인간이라는 종족을 대표하며 진리의 기준이기도 하다.

6. 그렇다면 포이엘바흐에게서 신은 무엇인가? 그는 이렇게 말한다. "신이란 실현된 영혼의 거룩 혹은 무제한의 힘, 인간의 행복을 실현시키는 거룩이다(WCII.291)"고 선언한다. 신이란 인간의 행복과 생을 위한 힘이지, 여타의 초자연적이고 초인간적인 신이 아니라는 뜻이다. "인간의 감정이 자신 속에서 깊이 가라앉은 것이고 자신을 집중하는 것이며 자신 안에서 자신을 안정시키는 것이며 세상을 부정하는 것이며 세상과 자연 일반에 대항하여 이상적으로, 그리고 인간과의 관계에서는 실제적이며 자신의 필요한 내적인 거룩에 대한 욕구와 관련하는 본질 또는 감정이 신이다"고 그는 주저 없이 말한다.[111] 이런 신은 철학이나 사유나 상상의 대상이 아니라 인간의 실천적인 필요성을 가진 종교의 대상이다. 신은 무한자인데 무한자란 인간이 가지는 무한에 대한 인간 의식이다. 인간이 무한에 대한 의식을 가지면서 그 의식을 인간 자신 밖에 세우며 마치 그것이 인간 자신 밖에 존재하는 자처럼, 자신과 분리된 자처럼 보고 있다는 셈이다. 결국 무한한 인간 자의식을 외부에다 투사하여 놓고 그 존재를 "신"이라 명하고 있다. 이런 점에서 큉(H. Küng)의 말대로

---

111 위의 책, 292. 포이엘바흐는 "신(deus)"이라는 용어가 세상 안으로 들어오는 입구에 서 있는 하나의 파수꾼이라는 의미를 가진다고 말한다. 참고. L. Feuerbach, Zur Kritik der Hegelschen Philosophie, 28.

포이엘바흐의 신 개념은 "인간의 투사(Projektion)"이다.[112] 신은 인간 역사의 저편이나 내세에 있는 존재가 아니라 인간의식의 투사이며 인간의식이 자신을 스스로 혹은 구체적인 형상으로 현현한 존재이다. 소위 신의 속성이라 부르는 사랑, 진리, 의로움 등도 사실은 인간의 속성들이며 정확하게 말해 인간 종족이 가지는 일반적인 속성들이다. 이런 그의 생각들은 전통적인 신학의 뿌리인 신론을 완전히 거꾸로 해석하고 있음을 보게 된다. 이런 생각을 가진 그가 "신학은 나에게 있어서 모든 육체의 길 혹은 간(Leber)을 통해 가는 길을 가고 있다"고 말하는 것은 무리가 아니었다.[113] 전통적인 신론이 '신은 인간에게서 신이다(deus homini deus est)' 로 혹은 '신은 신에게서 신이다(deus deo deus est)'로 표현된다면 그의 인간학은 '인간은 인간에게 신이다(homo homini deus est)' 혹은 '인간이 있다. 그래서 신이 존재한다(homo est, ergo deus)'라는 등식이 성립하며 신을 거룩하게 하는 이론이 아니라 인간을 거룩하게 하는 가르침이 된다.

7. "종교란 신과 인간의 불일치(Zwiespalt)이며 대립이며 인간의 고유한 자신의 본질과 함께 둘로 갈라진 것들"이라고 그는 말하는데 이렇게 하는 본질은 지성 즉 이성 혹은 이해이다(WCI,82). 소위 자기분열이 극단적으로 이루어져 신과 인간이라는 의식들이 생겨난 셈이고 정확하게 말하자면 인간이 가지는 이해라는 본질이 그렇게 만든 정본인인 셈이다. 그래서 종교는 그런 이해의 이런 불일치에서 만들어진 산물이 된다. 신이란 순수하고 결핍이나 모자람이 없는 본질이지만 그렇다고 타자로서의 신이 그렇다는 것이 아니라 인간의 이해가 가지는 자기의식의 산물

---

112 H. Küng, Existiert Gott? 233.
113 L. Feuerbach, Das Pathos der Kritik und die Kritik der unreinen Vernunft, in: Philosophische Kritiken und Grundsätze, Leipzig, 91.

이다. 즉 신의 순수성, 완전성과 같은 본질들은 인간 이해의 고유하고도 완전함을 향한 이해(Verstand)의 의식이다(WCI. 82). 이런 점에서 이해는 인간의 본질이며 종교의 본질과 동일시될 수 있다. 그리고 그 이해는 순수하지만 애정이 없는 지성의 빛이기도 하다. 그것은 어떤 내용을 담고 있는 무엇이 아니라 하나의 카테고리이며 사실(Sache)로서, 사실의 의식이기도 하다. 예를 들어 법, 필연성, 규칙, 척도에 대한 의식이며 자기행위로서 사물의 본성의 법 혹은 필연성의 행위들이며 규칙들 중의 규칙이며 동시에 절대적인 척도이고 종족의 고유한 능력이라고 포이엘바흐는 주장한다. 이 불일치에서 신은 이해의 극단적인 긍정의 의식이고 인간은 부정의 의식이다. 이런 의식에 의해 신은 인간의 본질이 아니며 인간 역시 신의 본질이 아니라고 생각하게 된다. 말하자면 신은 긍정의 개념이고 인간은 부정의 개념인 셈이다. 이렇게 보면 결국 포이엘바흐가 말하고 싶은 신이란 인간 사유의 대상개념이 되는 셈이다. 즉 불일치에서 발생하는 인간적인 사유의 대상이 신이다. 그래서 과감하게 그는 "신은 사유의 힘과 행위의 대상적 본질이다. 인간 정신의 개념은 사유, 인식 그리고 이해의 개념이다(WCI. 84)"고 말하게 되고 나아가서 "신은 최고의 본질로서 스스로를 말하고 스스로를 긍정하는 이성이다(WCI. 85)"고 주장하게 된다. 그의 이런 주장의 내면에는 서구 형이상학의 맹점을 지적하기 위함인데 전통적으로 형이상학은 신을 인간과 별다른 형이상학적이고 정신적인 존재로 이해하는데 이것은 포이엘바흐가 보기에는 인간 지성이 자기 자신 안에서 그려놓은 상(Bild)일 뿐만 아니라 사실은 절대 본질로서 자기를 사유하는 지성 그 자체였다. 형이상학적인 신 개념은 그에게는 지성이라 부르는 것과 이해 또는 이성이라 부르는 인간 사유의 현현의 개념인 셈이다. 여기에서 포이엘바흐가 이성이라고 말했을 때 여타의 형이상학 철학자들이 사용하는, 논리적으로 분석하고 그 논리에 따라 신을 규정하는 이성이 아니라는 점에서 특이한 면을 보게 된다. 그는 전통 철학에서 말하는 것들은 사실 이성의 독백 혹은 독백하는 이성의 산물이며, 사상이라는 것도 오로지 사상가 자신에게 말하는 독백으로 간주한다. 포이엘바흐는 종교의 최고 대상인 신을 이성의 대상이라고 주장했지만 동시에 이성보다 감정을 종교의 본질적인 기관이라고 단정하기도 한다. "감정이 종교의 본질적인 기관이라면 신의 본질은 오로지 감정의 본질로 표현된다(WCI.46)"고 말하기 때문이다. 감정은 신적인 것들의 기관이며 최고로 고귀하며 탁월하고 인간 속에 있는 신적인 것으로서 그 감정에 의해 감지되는 신적인 본질은 자기 스스로 황홀이며 감정의 신비한 본질이라고 한다. 어떤 대상을 차가운 오성과 사유의 대상으로 삼지 않고 감정의 대상으로 삼는 한, 그 대상은 스스로 하나의 종교적인 대상이 된다고 한다. 그러니까 종교성은 추상적으로 사유하는 독백의 이성이 아니라 느끼고 직관하며 인격적으로 만나는 감정적 느낌이다. 그래서 그는 감정을 무한자의 기관이나 종교의 주관적인 본질로까지 높이고 있다. 포이엘바흐의 말대로 확실히 종교는 이성보다 감정에 많이 기우러져 있는 것은 부인할 수 없는 상식이다. 이런 상식에 그는 더욱 힘을 실어주는데 "감정은 가장 내면적인 동시에 너에 의해 구분되는 독립적인 힘이며 너 안에서 너 위에 있으며(in dir über dir) 너의 고유한 본질이고 너의 신이다(WCI.49)"고 까지 말한다. 그렇다고 포이엘바흐가 이성을 멸시하거나 경시했다고 생각하면 오판으로 보인다. 나중에는 이해 혹은 이성을 신과 동일한 차원으로 높이기 때문이다. 그의 종교 비판의 전제는 인간이 가지고 있는 이성이나 감정 그리고 의지에 그 어떤 여타의 한계를 지우거나 유한하거나 아무 것도 아닌 것들로 파악하는 것에 단호히 배격한다. 인간이 미완성이라든지 불완전한 존재라든지 하는 것은 문법상의 모순이라고 그는 생각하는데 그에게는 주어와 술어는 같아야 한다는 점에서이다. 인간이 만약 미완성이거나 불완전성인 존재라면 인간의 의식에서 나온 생각들, 예를 들어 완전한 신을 생각하는 것은 불가능하다고 본다. "미완성이 자신을 스스로 의식하는 것은 불가능하다. 의식은 특성상 하나의 완전한 본질의 제시다(WCI.42)"고 말하는 포이엘바흐의 주장이 이러한 그의 입장을 잘 표현해 준다. 인간의식이란 자기활동적이며 자기긍정이며 자기사랑이다. 그래서 인간이 가지고 있는 속성들은 사실은 신의 속성들과 일치하는 셈이다. 이것들을 제한시키거나 한계를 지우는 것은 기만이며 오류다. 이성이나 감정, 의지는 그 자체 그리고 그 자신을 위해서 무한하며 자신 안에서 최고의 본질이다. 이성 혹은 이해는 어떤 본질을 거시적으로 보는 시계(Geschtkreis)이며 거시적으로 보는 한, 인간은 신이다(WCI.45). 감정도 종교적인 본질인데 신의 본질이 오로지 감정의 본질로 표현되기 때문이다. 그에 의하면 감정은 신적인 것들의 기관이면서 최고로 고귀하며 탁월하고 한 마디로, 인간 속에 있는 신적인 무엇이다. 인간의 감정으로 감지되는 신적인 본질은 자기 스스로 황홀이며 신적인 신비한 본질이다. 여기에서 포이엘바흐의 근본 입장을 이해할 수 있겠다. 전통적인 신학이나 철학에서 인간이 신보다 열등하고 모자라고 부족한 존재라는 점들을 강조한 것에 그는 강한 반발을 하면서 신이 가지는 여러 속성들은 사실은 타자로서 신 자신이 가지는 속성들이 아니라 인간이 가지고 있는 무한한 잠재적인 속성들이고 신을 표현하는 모든 말들은 사실은 인간 자신의 본질을 표현하는 행위이다. 이렇게 보면 그의 논리는 마치 헤겔철학을 거꾸로 세워놓은 듯한 인상을 강하게 보여준다. 이렇게 생각하면 어떨까? 즉 인간과 신의 본질은 주어와 술어관계인데 술어가 없다면 주어는 당연히 부정된다. 인간이 신의 주어이며 신의 본질과 속성들은 술어에 해당한다. 그러나 술어가 부정되면 종교도 부정되고 무신론이 되는 셈이다. 보통 전통적으로 신중심적 사유에서는 인간과 별도로 신은 자충족하며 인간 없이도 실재하는 것으로 인식되어져 왔으나 포이엘바흐는 거꾸로 인간이 신의 주어이고 신은 인간의 술어로 보았다. 이런 그의 입장에서 보면 신이 종교를 만든 것이 아니라 인간이 종교를 만들었다. 신이 만물의 척도가 아니라 인간이 만물의 척도이다. 인간의 마음이 만약 악하고 이해가 부패되었다면 어떻게 인간이 거룩한 것을 거룩하다고 느끼며 선한 것을 선한 것으로 인지할 수 있겠느냐고 반문한다. 만약 인간이 죄인이라면 어떻게 신을 의롭고 거룩한 분이라고 알 수 있겠는가? 포이엘바흐에 따르면 둘 중의 하나인 셈이다. 신이 인간을 위해 전혀 존재하지 않든지 아니면 신이 인간에 의해, 인간을 위해 계시되었기 때문일 것이라고 말이다(WCI.73). 거룩이란 타자로서의 신의 거룩이 아니라 오히려 내가 나의 죄성을 배격하는 데서 일어나는 인간 나 자신과의 일치라고 본다. 이런 그였기에 "할 수 있음" 없는 "해야 함"은 웃기는 환상(ein Sollen ohne Können ist eine lächerliche Schimäre)이라고 말할 수 있었다. 죄란 타자인 신이 나를 보는 관계에서 생기는 것이 아니라 인간이 죄를 자기 자신과의 모순에서 발견할 때 일어나며 나아가서 인간 자신의 인격성이 자신의 본질성과 모순됨을 느낄 때만 발견된다. 죄의 개념이 그러하다면 인간의 전적부패 개념을 그는 어떻게 이해할까? 소위 근본적인 타락이란 인간이 선한 어떤 것도, 자기 자신에게서 혹은 자신의 고유한 힘에게서 어떤 무엇을 할 수 없음과 같은 뜻인데 인간적인 능력과 행위의 부정은 곧 인간이 신에게서 도덕적인 행위를 부정할 때만 가능해진다고 한다. 인간이 선한 것을 자기 스스로, 고유한 힘으로 할 수 없음을 의미하는데 이런 인간의 힘과 행위의 부정은 곧 인간이 신 안에서 도덕적인 행위 능력을 부정하고 있음을 의미한다. 이런 점에서 신의 행위와 인간의 행위는 서로 구분되지 않는다. 신은 인간의 고유한 본질이고 신을 통해 자기 자신을 목적으로 삼는다. 신은 인간과 함께, 인간을 통해, 인간을 위해 행하는 본질이며 인간의 거룩한 원리이고 본질이다. 이렇게 설명하면서 사실상 원죄나 전적부패 개념은 그에게서 완전히 도덕적인 행위의 개념으로 둔갑하면서 부정된다. 이런 관점에서 종교란 도대체 무엇인가? 포이엘바흐는 신에 대한 인간의 여러 다양한 표현들 중에 소위 인격적인 면을 유일한 술어로 간주한다. 즉 종교의 본질은 인격적인 것들에 있다. 신은 인격인데 율법을 주신 자이며 아버지이며 거룩한 자이시며 의롭고 자비로운 분 등과 같은 표현들인데 이런 설명들은 순수하게 인간적인 규정들이며 종교에서 주어가 되는 인간은 신과의 관계에서 이런 술어들을 상상에 의해 만든 것이 아니고 인간과 신을 구분짓는 것도 아니기 때문에 진리이며 실재성이라고 한다(참고. WCI.69). 종교의 주인 혹은 주어를 인간으로 세우고 그 대신 신을 손님 혹은 술어로 대체시키면서 포이엘바흐는 조직신학적으로 신학의 교리들을 말 그대로 인간학적으로 설파한다. 종교란 신과 인간의 대립이고 갈등인데 정확하게 말하면 인간의 고유한 자신의 본질이 둘로 갈라져서 생긴 대립이요 갈등이다. 이런 대립을 가져다주는 인간적인 본질은 이해(Verstand) 혹은 지성(Intelligenz)이다. 순수하고 완전한 신적인 본질이란 인간이 가지는 이해의 자기의식이며 인간 자신의 고유한 완전성에 대한 이해의 의식이다. 이해는 순수하지만 애정이 없는 지성의 빛이며 하나의 카테고리이며 사실을 사실로 의식하는 의식이다. 그것은 법이나 필연성, 규칙이나 척도의 의식이며 "종(Gattung)"에 대한 고유한 능력이기도하다. 또한 우리 각자에게 일반적으로 주어진 것이며 인간 안에 있는 본질성이다. 이런 이해를 통해 자기 자신과 주관적인 것과 인격적인 것을 구분하며 추상화시킬 수 있고 동시에 스스로를 높일 수도 있다. 신을 사유와 행위의 대상으로 삼는 학문들은 이런 이해의 무한하고도 신적인 행위의 산물이다. 그래서 그는 인간 정신을 사유, 인식 그리고 이해의 개념이라고 까지 정의한다. 신이란 인간본질이 최고로 나타나서 스스로를 말하고 긍정하는 이해 혹은 이성이며 동시에 이성의 계시인데 결국 그의 말을 빌리면 신이란 인간 사유의 욕구, 하나의 필연적인 사상이고 사유함의 최고의 단계, 즉 사유하는 힘이 최고로 발휘되고 성취된 것을 의미한다(참고. WCI.85). 학문이란 이런 이해의 무한하고도 신적인 행위의 산물이다. 그런데 포이엘바흐가 여기서 헤겔의 영향을 완전히 벗어버리지 못했다는 면을 보게 되는데, 신은 스스로를 말하고 긍정하는 이성이라고 하면서 신은 절대 타자가 자신을 계시하심이 아니라 인간 이성의 계시이며 나아가서 인간이 사유하려는 욕구가 실현되고 성취된 사상이며 사유하는 능력이 최고의 단계로 발휘되고 성취된 것으로 본다. 신을 보통 형이상학적인 존재라 하는데, 이것은 인간 자신 안에서 만족하는, 자신을 절대적인 본질로 사유하는 지성이 형이상학적으로 표현된 것을 뜻한다. 따라서 신이란 인간 사유에 의해 혹은 지성 혹은 이해에 의해 규정된 개념일 뿐이다. 그러니까 인간의 이해가 신을 창조한 셈이 되는데 포이엘바흐에 의하면 이해가 원초적이고 근본적인 본질이 되며 최초의 원인이라 부르는 신을 규정하고 그 신으로부터 모든 것들을 이끌어내며 자기 자신 안에서 근거와 의미의 목적을 설정한다. 그래서 그에게 이해란 "근원적인, 최초의, 세상 이전의 본질이며" 모든 최고의 실재성의 규범(ens realissimum)이다(WCI.89). 동시에 그는 이해를 자존적이며 독립적인 본질로 파악하는데 자기 스스로 즐기고 만족하며 절대적인 주체이다. 더 이상 다른 본질의 대상으로 내려 올 필요가 없는 본질이며 오히려 모든 대상들을 객체로, 모든 것들을 자기 자신에 의해 술어로 만들며 자신 안에서 파악하고 동시에 모든 것들에게서 자유롭다. 더욱이 이해란 그에 따르면 무한한 본질이며 통일성이며 다양성과 함께 유한성으로 세워지기도 한다. 그렇다면 구체적으로 이해란 그에게 있어서 도대체 무엇인가? 답은 이성을 가리킨다. "이해 혹은 이성은 필연적인 본질이다(WCI.93)"고 그가 말하기 때문이다. 필자가 보기에도 보통 "der Verstand"는 오성으로 번역이 되기도 하지만 포이엘바흐의 저서에서 많이 나오는 단어인 "der Verstand"는 칸트가 말하는 이론이성의 한 면인 오성이 아니라 "이해"로 번역되어야 할 것은 이 용어가 이성(die Vernunft)이라는 용어와 혼용해서 사용되고 그 의미도 근현대 철학에서 말하는 이성과 거의 동일하기 때문이다. 그러니까 이해 혹은 이성은 신이 인간에게 준 선물이 아니라 반대로 이해 혹은 이성이 신을 창조한 셈이 된다. 신은 이성의 산물이고 이성의 능력인 사유하는 힘이 만들어낸 최상의 산물인 셈이다. 이성을 이렇게까지 높이는 그의 사유는 사실상 헤겔의 영향에서 완전히 벗어났다고 할 수 없겠다. 헤겔 역시 인간 이성은 신의 자기현현이며 신의 입장에서는 절대정신이지만 인간의 입장에서는 이성이 되어버린 신을 말하는, 소위 범신론적 아이디어이기 때문이다. 그런데 이 점을 포이엘바흐 역시 스스로 인정하는 듯하다. 만약 신이 인간과 전혀 다른 전적인 타자의 본질이라면 어떻게 신 안에서 인간이 평화와 욕구를 채울 수가 있겠는가 라고 묻는다. 전능한 분은 전능하지 못한 나에게 스스로 전능이길 요구하지 않을 것이며 영원성을 속성으로 가진 신이라면 역시 영원하지 못한 인간에게 스스로 영원이길 요구하지 않아야 한다. 신의 본질이 만약 인간과 전혀 다르다면 그의 평화도 인간이 추구하는 것과 달라야 한다고 그는 생각한다. 그러나 평화란 인간 고유한 본질에서 발견하는 것이 아닌가 라고 물으면서 인간이 태어난 집이 곧 신성이라고 단언한다. 신성은 인간의 고향(Vaterland)이다(WCI.98). 인간이 신적인 아버지를 가지는 것이 아니라 인간이 인간 자신을 가지고 있다. 종교는 철저히 신을 인간적으로 표현한(anthropotheistisch) 본질이며 오로지 인간의 사랑에서 자기 자신으로 향하며 오로지 인간의 자기긍정과 주관적인 인간 본질에 기인한다. 신은 도덕적으로 완성된 본질이며 오로지 현실적인 생각이며 도덕성이 인격화된 율법이고 절대적인 본질로서 세워진 인간의 도덕적인 본질이다(WCI.99). 이렇게 주저 없이 내뱉는 그의 주장들을 깊이 음미하면 신이 인간을 만들고 종교를 만든 것이 아니라 반대로 인간이 신을 만들고 종교를 만들었다. 종교를 만든 중요한 요인들은 인간과 다른 신에게 있는 것이 아니라 신을 만든 인간에게 있는 셈이다.

8. 계속 그의 생각을 추적해 보기로 하자. 신이 인간과 다른 타자가 아니라면 신이 죄인을 용서하는 문제를 그는 어떻게 생각할까? 포이엘바흐에게 죄란 도덕적인 것 그 이상도 그 이하도 아니다. 따라서 신이 죄인을 용서해 주는 분이라고 생각하는 것은 신이 비도덕적으로 세워졌음을 뜻하는 것이 아니라 도덕적인 본질 이상의, 즉 인간적인 본질로 세워졌음을 의미한다(WCI.102). 죄를 제거하는 것은 추상적인 도덕적 의의 제거이며 반대로 사랑의 긍정은 자비와 감각을 긍정한다. 감각적인 것만이 자비로울 수 있는데, 자비란 감각성의 올바른 감정이다. 이런 관점에서 신은 자신 안에서 추상적인 존재의 신으로서 인간을 용서하는 것이 아니라 자신 안에서 인간으로서, 육체가 되심에서, 감각적인 신 안에서 인간의 죄를 용서한다. 신은 인간으로서 죄를 짓지 않지만 그는 죄를 안다. 그럼에도 불구하고 스스로 고통과 욕구, 감각의 필요를 취하는데 신학적으로 보면 이것은 성육신이 된다.[114] 그에게서 성육신, 즉 '신

---

114 포이엘바흐에게서 성육신이란 전통적인 신학에서 말하는 신이 역사적으로 육을 가지고 인간으로 오셨음이 아니다. 그는 오로지 인간신론적인 관점으로 성육신을 이해한다. 즉 성육신이란 신의 인간적인 본질에 의해 사실적으로, 감각적으로 나타나심이다(WCI.104). 인간의 필요, 욕구가 성육신의 근거이며(104), 자비로 신이 인간이 되었다는 것은 신은 이미 자기 자신 안에서 인간적인 신이었으며 실재적인 인간이 되셨음을 의미한다. … 성육신은 인간적으로 느끼는 그래서 본질적으로 인간적인 본질의 나타나심이다.(104). 인간되심의 신은 오로지 신이 된 인간의 나타나심이다(104). 신이 인간에게 내

의 인간되심'은 '신이 된 인간의 나타나심'이다. 인간을 사랑하여 인간으로 온 신이란 오로지 인간이 자기 자신을 향한 사랑이다. 결국 성육신이란 인간적으로 느끼는 심장의 현현 혹은 심장의 나타남이다. 오로지 인간적인 피를 신이 자비롭게 여기시고 자신의 분노를 가라앉힌다. 이 말은 신이 우리 이성의 산물인 한 우리의 죄는 사실 우리에게서 용서된다는 뜻이기도 하다. 우리가 추상적인 본질이 아니라 살과 피로 된 본질이기 때문에 죄란 우리에게서 용서된다(WCI, 103). 신이 육신을 입고 인간을 위해 고통당하셨다는 것도 이런 맥락에서 보면 쉽게 이해된다. 즉 신의 고통이란 인간적인 감정의 비밀인데 타인을 위한 인간의 고통, 즉 그런 감정 일반이 바로 신적이라는 의미가 된다. 그래서 "신이 고통한다는 것은 사실 오로지 신은 심장이라는 것 이외의 것이 아니다(WCI, 121)"고 그는 서슴없이 말할 수 있었다. 심장이라 함은 인간의 모든 고통의 진수이고 근원이다. 고통이 없다는 것은 심장이 없다는 말과 같은 말인데, 신이 고통받았다는 것은 인간 감정(Empfindung)이 가지는 비밀이다. 그러니까 신이 고통당했다는 것은 신이 감정적인 본질이라는 뜻이고 그 감정은 신적이라는 의미가 된다. 이런 신적인 감정은 결국 인간 심장에서 나오며 결국 인간이 남에 대해 가지는 모든 고통이 바로 신적인 고통이 된다.

9. 이런 인간신론적인 입장에서 선 포이엘바흐에게 "하나님은 사랑이다(요일 5:16)"는 말은 어떻게 해석이 될까? 전통적인 입장에서 인간과 본질이 다른 신은 자신의 신성에 따라 사랑이라고 하지만 그는 이 사실을 거

려오심은 곧 필연적으로 인간의 신에로 높아짐이기 때문이다.(104). 신이 인간이 되기 전에, 즉 신이 자신을 인간으로 제시하기 전에 인간은 신 안에서 이미 신 자신이 되었다(104). 종교의 진리에서 성육신의 근거란 종교의식에서 하나의 결과로 규정되는데, 인간이 신에게로 높아지는 것은 신이 인간으로 낮아지려는 결과이다(105). 신이란 인간을 신으로 만들기 위하여 인간화된 되었다. 성육신을 순수한 경험적인 혹은 역사적인 사실이라는 주장에다가 신학적인 계시 개념을 부과하기도 하는데 이것은 가장 어리석은 종교적 유물주의의 나타냄이다(106) 라는 식으로 설명한다.

꾸로 이해한다. 보통 "신"은 주어고 사랑은 술어로 해석하여 이해하는 반면 그에게는 사랑이 술어가 아니라 오히려 주어가 된다. 사랑은 소위 신성으로서 혹은 신성을 뛰어 넘어서 진리가 되었는데 신이 자신의 신적인 위엄을 희생할 때 그것이 인간에게 사랑으로 와 닿는다는 것이다. 즉 사랑은 그 자체가 진리도 아니며 그렇다고 신 자신도 아니다. 마귀도 사랑하지만 신과 다르다면 마귀는 오로지 자신을 사랑하며 이기적이고 자신을 증대시키며 자신의 힘을 넓히기 위함이다. 그러나 신은 인간을 위한 사랑이다. 그런데 여기까지는 별 문제가 없어 보이지만 포이엘바흐는 여기에서 사랑을 주어로 삼고 신을 술어로 사용한다. 즉 "사랑은 신이다"고 말한다.[115] 주어와 술어가 바뀌게 되다보니, 신이 사랑에서 높아진 존재자이다. 신이 사랑에서 신으로 높아진 것처럼 인간도 사랑에서 신을 높인다. 사랑이 주어가 되지 않고 술어가 될 때 사랑이라는 이름으로 소위 종교적이고 악한 광신주의(Fanatismus)가 생긴다고 한다. 신이란 인간적인 신이다. 인간이 하는 기도는 신이 인간의 몸을 입은 육화이다. 여기서 그가 흥미롭게도 기도를 특히 강조하는 점을 간과할 수 없다. 그는 감정으로 충만한 기도만이 참된 기도라고 생각하는데 기도는 종교의 본질적인 행위이며 전능하다고 까지 말한다(참고. WCII.302). 인간은 기도에서 직접 신에게 의존하며 이런 점에서 신은 기도하는 인간에게 직접적인 원인이며 성취된 기도이며 기도를 실현하는 힘이라고 규정한다(WCII.303). 포이엘바흐에게는 기도와 기적을 동일시하는 듯한 인상을 강하게 받는데 신의 행위는 인간의 기도에 의해서이고 그 결과는 기적으로 나타난다. 종교는 기적이라는 형식으로 모든 것을 설명하는 인간의 기도 때문에 생긴다. 기적이 항상 일어나지 않는 것은 인간이 항

---

115 H. J. Kraus, Theologische Religionskritik, 161.

상 기도하지 않는 것이고 기적이 항상 일어나지 않는 것은 종교의 본질을 벗어나 있는 셈이다. 그래서 그는 "종교가 시작되는 곳에 기적이 시작한다. 각각의 참된 기도는 기적이며 기적을 일으키는 힘의 행위이다(WCII.303-304)"고 말한다. 그러나 여기서 잊지 말아야 하는 점은 그가 기도를 강조한다고 해서 그가 초자연적인 신의 기적을 기도가 불러일으킨다는 뜻은 결코 아니다. 오히려 인간의 본질이 신성이기 때문에 인간이 가지는 신적인 기도를 통해 기적이 나타난다는 의미에 더 가깝다. 왜냐하면 신은 인간의 또 다른 "나"이며 인간의 어떤 상실한 절반이며 신 안에서 인간은 자신을 보충하며 신 안에서 인간은 완전한 인간이라고 말하기 때문이다(WCII.305). 이런 점에서 '신이 인간을 사랑한다는 것'은 인간 자신의 심장에서 나오는 힘을 믿는 것과 같다. 즉 인간 자신의 심장을 사랑한다는 말과 동일하다고 보면 되겠다. 그래서 그는 "신은 인간에게 심장이다(WCI.111)"고 말한다. 심장에서 나온 사랑이 신의 본질이다. 그러나 사랑은 단순히 종교적인 주제가 아니라 신적인 것으로서 인간적인 것의 총괄적 개념이다. 신은 인간의 신이며 인간에게 모든 인간적인 것들을 받아들이는 하나의 심장이다. 이렇게 보면 "신은 사랑이다"는 말은 인간의 심장이 사랑을 만들어내었고 그 사랑이 인간에게 신이 되었다고 하는 것과 같은 말이니까 인간의 심장에서 나오는 사랑이 신이 된다는 논리가 성립한다. 그래서 인간이 종교에서 스스로 신적인 대상을 가지는 것은 인간이 종교 안에서 오로지 인간 자신의 고유한 본질, 오로지 자기 자신과 관계하는 명백한 증거이며 그 증거가 인간을 향한 신의 사랑으로 표현되었다. 이런 시각에서 그는 "인간을 향한 신의 사랑은 인간의 신을 향한 사랑의 근거다. 신적인 사랑은 인간적인 사랑을 촉발시키며 일깨운다(WCI.114)"고 주장할 수 있었다. 이 주장을 음미한다면 신이 인간을 사랑한다는 것은 인간이 곧 신의 사랑의 내용에 해당되는 셈이다. 사랑은 신이기 때문에 신에게서 나오는 것이 아니라 인간의 심장에서 나왔으며 단지 그것을 신이라는 이름으로 표현되는 셈이다. 그는 단호하게 "사랑은 인간의 심장이다(WCI.115)"고 말한다. 내 심장에서 나오는 사랑의 본질이 곧 신의 사랑의 본질이 된다. 신의 사랑의 본질이 인간이고 동시에 인간의 심장이라면 신의 본질은 인간이 된다는 것과 같은 맥락이다. 이런 그가 "신이 인간을 사랑한다는 것은 최고자가 인간의 사랑이라는 것을 의미한다(WCI.115)"는 말도 할 수 있었다.

10. 그러면 전통적인 신론에서 핵심으로 취급하는 삼위일체문제는 포이엘바흐에게는 어떨까? 그에 생각은 여전히 인간신론적이다. 삼위일체란 성부와 성자라는 두 개의 인격들이 인간과 관계시키는 성령으로 통일된 개념이다. 이것은 인간 자신에 대해 자신의 전체성에서 나온 인간의 식을 가리킨다고 한다. 삼위일체란 지금까지 분리되어온 여러 규정들과 힘들을 하나로 모아서 소위 이해의 본질, 즉 신을 하나의 특별한 본질, 혹은 특별한 능력들을 끌어내린 개념이다. 정신(mens), 지성(intellectus), 기억(memoria), 의지(voluntas), 에로스와 아가페 사랑(amor oder caritas) 등인데 이런 인간의 능력들이 신이라는 이름으로 발휘된 개념이다. 성부는 "나"이고 성자는 "너"이다. "나"는 인간 이해이며 "너"는 인간의 사랑이다. 사랑이 이해와 함께하여 최초의 정신인 전체 인간이 된다. 포이엘바흐는 여기서 연합이라는 개념을 사용하여 삼위일체를 설명하려 한다. "연합하는(gemeinschaftlich) 생만이 참되며 자신에서 자유로우며 신적인 생이며 이 단순한 사상, 이것이 인간에게 자연적이며 선천적인 진리가 삼위일체의 초자연적인 신비이다(WCI.128)"고 말한다. 그러면 성령은 무엇인가? 성령은 하나님 자신과 인간과 함께 하는 사랑이다. 그 사랑으로 인간이 신을 사랑하고 또한 신이 인간을 사랑한다. 그러면서 전통적인 성

령에 대한 이해를 벗어나서 성령은 주관적인 측면을 대표하는데 인간 자기 자신 앞에서 느끼는 종교적 기분의 표현(Repräentation)이며 종교적 애정의 대표이고 종교적인 흥분과 인격화(Personifikation)시키는 것의 대표이며 종교 속에서 종교를 대상화시키는 힘이다. 그래서 성령은 신의 인격이 아니라 반대로 탄식하는 인간의 신을 향한 추구이다. 인간이 인간을 사랑하는 심장으로서 공동체적인(gemeinschaftlich) 생, 즉 따뜻한 인간적인 심장의 자기긍정이 삼위일체이다. 좀 세부적으로 이해하자면 차가운 이해는 감정이라는 본질을 심장에서 찾는데 이것은 마치 성부가 성자를 찾는 것과 같다. 차갑고 논리적인 이성이 따뜻하게 느끼는 감정과 연합하게 되는데 성부는 인간적인 심장이며 아들은 신적인 심장이 된다. 다르게 말하면 '나와 너'의 인격적인 연합을 가지게 된다. 삼위일체란 아버지와 아들의 연합을 두고 말하는데 아버지는 낳은 자요, 아들은 낳아진 자로서 하나의 가족의 삶을 이룬다. 그런데 포이엘바흐는 고대교회가 이것을 추상화시켜 복잡하게 만들었다는 것이다. 가족을 위해 아버지와 아들 사이의 사랑의 연합을 실재적으로 만들기 위해 여성적인 인격 혹은 모성애적인 본질이 요구된다. 포이엘바흐는 여기서 마리아라는 여성에 대해 개신교와 달리 후한 점수를 주고 있다. 마리아는 삼위일체의 카테고리 안에 적합하다고 본다. 그녀는 남자 없이 아들을 가졌고 아버지는 여자 없이 아들을 가졌는데 마리아는 아버지와의 필연적인, 인간내면에서 요구되는 대립이 된다. 성자는 온화하고 부드러우며 화해하는 여성적인 신적 감정이다. 성부가 아들을 낳은 자로서 남성적인 자기행위라면 아들은 여성적인 의존감이며 이 연합은 우리 인간에게 실제적인 여성적인 본질을 제공한다고 한다. 그래서 "아들은 … 아버지의 남성적인 본질과 어머니의 여성적인 본질 사이에서 중간본질이며 절반 남자이면서 절반 여자이다(WCI.133)"고 말한다. 어머니를 향한 아들의 사랑은 여성적인 본질을 향한 남성적인 본질의 최초의 사랑이다. 여자를 향한 남자의 사랑이나 처녀를 향한 동정을 가진 남자의 사랑은 그에게는 종교적인 면을 가진다. 아들의 엄마사랑은 최초의 갈구이며 여성 앞에서 남자의 최초의 겸손이다. 성자의 사상은 성모에 대한 사상과 분리되지 않는다. 아버지에게 아들이 출생하듯 아들에게서 엄마가 출생한다. 아버지에게서 아들은 어머니의 욕구를 대체시키며 아버지는 아들에게서 자신의 욕구를 대체시킨다. 아들에게 엄마는 필요불가결이다. 그렇다면 왜 성자는 여성에게서 인간이 되었는가? 전능자이기 때문에 다른 방식으로도 얼마든지 가능했을 것이다. 이 질문에 대해 포이엘바흐는 엄마를 향한 아들의 갈구이기 때문에 그의 여성적인, 온화한 심장은 오로지 엄마의 육체에게서 주어진다. 신에게서 어머니의 심장을 마주한다. 이런 점에서 가장 높고 깊은 사랑은 어머니의 사랑이다. 신의 사랑을 믿는 신앙은 신적인 본질인 여성적인 본질을 믿는 신앙이기도 하다 (WCI.135). 그런데 개신교는 이런 어머니의 사랑을 완전히 지워버렸다고 한다. 성모를 희생시키는 자는 신인동형동설 이론으로서의 신의 아들의 신비로 더 이상 나아가지 못하고 그것을 희생시켰다고 말한다. 개신교는 천상적인 여성을 향한 욕구를 가지지 못하고 오직 이 속세의 여성을 방패로 자신의 심장을 지키려하기까지 한다. 그러나 속세의 부모를 가지지 않는 자는 천상적인 부모를 가진다. 이런 맥락에서 삼위일체의 신은 오직 가톨릭의 신이라고 그는 단언한다(WCI.136).

11. 포이엘바흐의 흥미로운 상상은 계속된다. 그리스도가 말씀(로고스)이라는 교리에 대해서 그는 어떻게 생각할까? 말(로고스)이란 그에 의하면 추상적인 그림이며 상상에 의한 사실이거나 아니면 인간 사유의 힘에 의해 만들어진 혹은 상상된 사상이다. 말이란 인간 상상력의 사실이

다. 사상이 외적으로 현현시키는 힘은 상상력이고 이것을 달리 말하면 언어가 된다. 말의 힘은 상상력의 힘이다. 그러면 여기에서 기독교의 진수라고 할 수도 있는 '말씀을 믿는 신앙'은 어떻게 되는 것일까? 이 질문에 포이엘바흐는 역시 인간신론적인 답으로 응답한다. 말 자체는 인간 상상력의 본질이기 때문에 인간에게 마취시키는 작용을 하며 인간을 환상의 지배 아래로 가두어 버릴 수도 있다고 한다(참고. WCI.143). 신적인 로고스라는 것은 하나의 전설(Sage)이며 그러면서도 이성적인 긍정과 진리로 인정하게 한다. 인간이 환상을 대상화시키고 긍정하는 것은 동시에 언어의 본질을 긍정하고 대상화시키는 것과 같다. 인간은 사유하고 느끼고 현상을 만드는 필요성을 가지는 충동을 가지지만 동시에 말하는 충동 혹은 자신의 사상을 표현하고 함께 나누려는 충동도 가진다. 이런 충동은 신적이며 이 충동에서 기인된 말의 힘 역시 신적이다. 이런 점에서 말이 세상의 빛이기도 하다. 신의 말이란 구원하고 화해하고 남을 행복하게 해주며 또한 자유롭게 하는 인간적인 말의 신성이고 동시에 인간적인 말의 참된 본질이기도 하다. 인간의 말 자체가 특수한 본질을 가지는 것이 아니라 자신과 나누려 하는(mitteilen) 자기가 본질이다. 그러니까 우리가 로고스라고 부르는 신의 말씀이라는 것도 그에게는 인간이 자신의 상상력을 타인과 나누려는 인간의 신적 본성인 셈이다.

12. 신학에서 창조를 언급할 때 "무에서의 창조(creatio ex nihilo)"를 말하는 데 이 문제를 포이엘바흐는 어떻게 해석할까? 우선 창조라는 용어는 외적인 어떤 것들 혹은 자연을 만들었다는 개념이 아니라 내면적이고 의지로 인한 사상의 창조를 의미한다고 한다. 자연과 세상과 같은 것들은 사실은 "무"를 가리킨다. 마치 생성되었다가 소멸하는 사물처럼 세상은 무로 변하는 존재이다. 그런데 그 "무"라 부르는 것에서 세상을 창

조했음은 전능을 가리키는데, 여기서도 전능이라는 개념을 포이엘바흐는 타자로서의 신의 속성을 가리키지 않는다. 오히려 인간의 의지의 힘이 전능이다. 여기서 그는 섭리(Vorsehung)라는 표현도 사용하는데 그는 섭리와 기적(Wunder)을 같은 개념으로 이해하는 듯하다. 섭리는 자연의 일반적인 법칙을 부정하고 세상을 무에서 유로 확대시키는 전능한 의지이다. 섭리는 세상을 무에서 유로 세우는 전능한 의지이다. 그 섭리 혹은 전능은 본질적으로 인간과 관계한다. 종교적 섭리 혹은 종교적 기적의 중심은 언제나 인간이다. 섭리는 다른 존재자와 달리 오직 인간의 우월적인 면을 나타낸다. 그것은 인간 존재의 무한한 가치에 대한 확신이며 섭리를 믿는다는 것은 곧 자기 자신의 무한한 가치를 믿는 것과 동일하다. "…나의 고유한 관심은 신의 관심이며 나의 의지는 신의 의지이고 나의 고유한 최종목적은 신의 목적이며 나를 사랑하는 신의 사랑은 곧 내가 신격화되는 자기사랑이다(WCI.178)"는 그의 말이 세상을 무에서 창조했다는 기독교의 교리를 인간신론적으로 잘 말하고 있음을 보여준다. 그러니까 결국은 인간의 의지가 신이고 창조주인 셈인데, "기적을 행하는 자(인간)는 자신의 단순한 자신의 의지를 통해 사물들을 무에서 가져오게 하는 자와 똑같은 자, 즉 신이며 창조자이다(WCI.175)"는 그의 말은 인간 내면적인 의지에 대한 믿음이 무에서 세상을 창조했다는 교리를 의미한다. 간단하게 정리하면 '무에서의 창조'는 인간이 섭리 혹은 기적을 믿는 것과 같은 의미이며 섭리는 인간 내면의 의지력을 가리킨다. 인간과 세상이 이런 관계에 놓여있기 때문에 자연이나 세상과 같은 "무"에서 창조된 세상은 오로지 인간의 세상이며 인간을 위해 존재한다. 그리고 "창조"라는 개념도 어떤 무엇을 만들었다는 의미가 아니라 흥미롭게도 인격적인 관계로 그는 해석한다. 그에게서 창조란 인격적인 조건들이며 지성이나 이성의 대상이 아니라 감정의 대상이다. 인격적인 신이란 곧 인격적인 인간본질을 가리킨다. 따라서 창조란 식물, 동물과 여타의 구체적인 어떤 것들의 창조를 의미하지 않고 인격의 창조를 가리킨다. 신은 고독한 인격성 혹은 자충족적인 인격성이기 때문에 이 지루한 감정을 해결하기 위해 다른 인격적인 존재를 세운다. 그렇다고 신적인 인격성과 인간적인 인격성이 서로 별다른 차이를 가지지 않는다. 오히려 하나이다. 이렇게 보면 '무에서의 창조'란 단순히 "무"와 동일시되는 자연 혹은 세상에서 신의 인격성이기도 하는 인간의 인격성이 자신의 전능한 의지를 가지고 의미있는 혹은 인격적인 관계를 세우는 것을 뜻한다고 하겠다.

13. 오지랖 넓게도 포이엘바흐는 기독교의 교리들 대부분을 이런 식으로 설명하는데, 그리스도의 부활이란 어떤 의미를 가질까? 포이엘바흐에게 우선 그리스도의 부활은 그리스도라는 특정인의 부활을 의미하기보다 인간이 죽은 후에 자신의 인격이 불멸한다는 것을 직접 확신하려는 인간의 요구가 충족되기 때문에, 부활은 사실 인격적인 불멸을 뜻한다고 하겠다. 다시 말해 인간이 죽은 뒤에도 인간 자신의 인격이 계속 존재한다는 것을 확신하는 인간 욕구의 감정적이고 분명한 사실을 부활이 가리킨다. 다른 이교도 철학과 달리 기독교는 인격적이고 마음의 소원에 강한 확신을 가졌는데 그 보증이 육체의 부활이었다고 한다. 예수의 초자연적인 탄생도 하나의 독특한 주관적인 감정에 관계한다. 자연으로부터 소외된 인간이 자연의 도전에 두려움을 가지면서 마음이 만들어내는 환상에 빠진다. 그렇다면 인격의 불멸성이란 도대체 어떤 의미를 가질까? 그는 "하늘의 생"과 "인격적인 불멸성"을 구분하지 않는다. 인격적인 불멸성은 기독교에서 처음 발견되는데 다른 종교나 철학에서와 달리 기독교에서는 영혼과 인격, 종족과 개인의 분리를 없애고 직접

적으로 종족의 전체성에 속하는 것을 자기 자신 안에 세웠다. 종족과 개인성의 직접적인 통일성은 기독교의 최고의 원리가 되었으며 그래서 기독교는 개인에 대해 절대적인 본질의 의미를 부여하고 있다. 이 필연적인 원리의 결과가 바로 인격적인 불멸성이라고 그는 주장한다(WCI.270). 이 인격성이 제한을 받지 않는다면 그것을 "신"이라 부를 수 있다고 본다. 이 땅에서 사는 인간은 불가피하게 인격이 제한을 받고 살 수밖에 없기 때문에 신과 구분되지만 이 장벽이 무너진다면 우리 인간도 신들로 살 수 있다고 한다. 황당하면서도 인간학적으로 너무 잘 풀어가는 그의 논리에 독자들은 빠져들 것이다. 그렇기 때문에 포이엘바흐는 인간의 불멸을 말하는 것인가? 그의 철학에서 "인간의 불멸성에 대한 믿음이란 곧 인간의 신성을 믿는 믿음이며 반대로 신을 믿는 믿음이란 순수한, 즉 모든 장애들로부터 해방되고 그로 인해 불멸하는 인격성을 믿는 믿음이다(WCI.272)"고 말하는 것을 보면 인간 자체가 불멸이기 보다 인간의 마음에 담긴 인격성이 불멸인 것을 가리킨다. 그는 더 나아가서 인간의 마음에 담긴 인격성과 신이 가지는 인격성이 똑 같기 때문에 신과 인간을 구별하는 것은 하나의 환상이라고 까지 말하면서 인간을 신에게로 높인다. 아니, 오히려 신을 인간에까지 낮춘다고 해야 한다. 전자의 방법이든 후자의 방법이든 인간과 신은 서로 마주보고 있는 하나의 공동체적 관계이다. 만약 우리 인간의 인격성이 이 땅의 삶에서 완벽하게 발휘되고 제한받지 않는다면 우리가 신이 되는 셈이다. 그렇다면 신의 인격성은 인간의 인격성에 의존한다고도 말할 수 있지 않은가? 만약 그에게 이렇게 물으면 그의 대답은 '그렇다'이다. "신의 존재는 개인의 존재에 의존한다(WCI.272)"고 그는 말하고 있고 신이란 인간 "나"의 나타난 바 되고 확실한바 된 존재이다. 역사 이편, 즉 이 땅 위에서는 우리가 인간과 신으로 구분되지만 역사 저편에서는 신과 인간이 구분이 되지 않는다. "여기서는(현세) 우리가 인간들이고 저기서는(내세) 우리가 신들이다(WCI,271)"는 그의 말이 참 흥미롭다. 신은 인간 개개의 인격들에게 인격의 불멸을 확신시키면서 이 세상에서 이것을 실현하도록 하는 궁극적인 실재성이다. 영혼불멸성이란 그에게는 인간 인격의 불멸성을 가리키며 지금까지 종교가 이것을 때로는 곡해시켰다고 주장한다. 종교 안에서 인간이 자신의 인격성을 믿지 못하고(예를 들어 타락과 같은 개념 때문에) 자신이 무능하며 신의 인격성에 의존해야 한다고 가르쳤다면 이제부터는 인간 자신의 인격성에서 신이 나온 것을 깨닫고 신의 존재를 인간에게 의존시켜야 한다고 획기적으로 그는 생각한다. 인간의 인격성이 영원하지 않으면 신은 영원하지 않았을 것이고 인간의 인격성이 불멸이지 않았다면 신은 불멸하지 않는다. 인간에게 신이 있다면 불멸도 영원도 함께 있다고 한다. 이 말을 반대로 말하면 인간이 영원하고 불멸하지 않으면 신은 더 이상 신이 아니고 불멸이나 영원이 없다면 신도 없다는 식이다. 간단하게 말하면 인간의 불멸성은 곧 인간의 신성에 대한 것이고 불멸에 대한 신앙은 곧 인간의 신성을 믿는 신앙이다.

14. 내세의 문제는 어떻게 되는 것일까? 내세를 보통 '설명할 수 없음'으로 생각하는데 포이엘바흐의 생각은 다르다. 내세를 '알 수 없음'이라고 생각하는 것은 인간이 종교 안에 갇혀있거나 종교적인 율법이나 비종교성이 그렇게 인간에게 주입시켰기 때문이라고 하면서 그것을 종교적 회의주의의 산물이라고 규정한다. 신약성경에 보면 천국이 존재한다는 식으로 말하지 않고 천국이 어떤 성격을 가졌는지를 설명하는데 이것은 천국이 존재함을 전제로 말하고 있으며 단지 질적인 성격을 말하고 있다. 그가 말하는 질적인 성격이란 파손되지 않은 종교적인 마음을 뜻한다. 이 주장을 조금 다르게 표현하면 천국의 생이란 보통 죽어서 영

생을 누리는 전통적인 개념이 아니라 "생이 감정과 상상 그리고 생각과 모순으로 발견되지 않는 곳 그리고 이런 생각이 절대적으로 참이며 정당한 것으로 치부되지 않는 곳에서는 하나의 다른 천국적인 생을 믿는 믿음이 일어나지 않는다. 그 다른 생(내세)은 오로지 감정과 이 땅의 생과 모순된다는 생각과의 일치이다. 역사 저편이란 이 모순이 사라지고 감정에 일치하는 상태를 실현시키는 것, 그 안에서 인간이 자신과 함께 일치하는 것 외에 다른 것이 아니다. ... 역사 저편의 생이란 이미 알려진 생각의 실현, 하나의 의식된 욕망 그리고 소원의 성취이외에 다른 어떤 것이 아니다(WCI.278-279)"고 말함으로 그는 현실을 내세에 대체시킨다. 역사 저편의 생이란 현실에서 인격의 실현성을 방해하는 장애물이다. 그는 더 나아가서 인간이 사후의 생을 믿는 신앙은 단지 이 땅의 현실적인 참된 생을 믿는 신앙에 불과하다고 보는데 이 현실적인 땅 위의 생의 내용이 사후의 생이 가지는 내용과 전혀 다를 바가 없다고까지 주장한다. 그의 결론적인 주장인 "사후의 생을 믿는 신앙이란 다른 알려진 바 없는 생을 믿는 신앙이 아니라 진리, 무한 그리고 참된 생으로 이미 인정할 수 있는 생명이 계속되는 것을 믿는 신앙이다"는 말 속에는 현실을 천국으로 대체시키는 주장이며 유한성을 무한성의 대체로 만드는 인간신론주의의 뼈 있는 말로 들린다. 그렇다면 인간의 죽음을 육체와 영혼의 분리라고 보통 말하는데 이 문제를 그는 어떻게 이해하는 것일까? 이 문제에 관하여 그는 플로티누스와 유사한 주장을 펼친다. 차이가 있다면 플로티누스는 인간의 영혼이 신에게서 나와서 다시 신으로 귀환한다는 유출론을 말한다면 포이엘바흐는 원래 신성을 가진 인간이 인간으로 나와서 죽음을 통해 다시 인간 본래의 자신으로 되돌아간다는, 일종의 유출론의 변형처럼 들린다. 즉 인간은 이 땅에서는 신과 떨어져서 그의 인격성이 많은 제한과 억압을 받고 있다가 죽음을 통해 다시 자기 자신에게로 귀환한다고 그는 믿는다. 이를 위해서 현실에서도 자기 자신의 주변을 맴돌고 있다는 것이다. 처음에는 신과 멀리 떨어질수록 자신의 영원성이 제한을 받고 있지만 신과 가까울수록 신이 인간으로 보인다는 점이다. 하늘의 생과 땅 위의 생의 간격이 클수록 하늘의 생이 멀리보이고 초자연적으로 비치지만 종말이 다가올수록 하늘의 생과 현실의 생이 가깝게 나타나서 일체가 될 수 있다. 죽음으로 영혼과 육체가 분리되지만 신의 입장에서는 정신적인 죽음이며 사체는 인간적인 육체이다. 그러나 그 사체로부터 분리된 영혼은 신이다. "인간이 자신으로부터 멀어지면서 신 안에서 항상 다시 자기 자신으로 되돌아오려는, 항상 자신을 자기 자신을 중심으로 맴돌고 있는 것처럼 인간은 이생으로부터 멀어지면서 항상 다시 동일한 곳으로 되돌아온다. 외적이고 초인간적일수록 처음에는 신이 나타나지만 그럴수록 그 도중이나 종결에서는 신이 더 인간적으로 나타난다. 마찬가지로, 처음에는 혹은 멀리서는 하늘의 생이 초자연적으로 보이지만 그럴수록 종말 혹은 가까이에서는 하늘의 생이 자연적인 생과의 일치성이 더 많이 나타난다. 이 일치성은 육체에까지, 육체로까지 확장된다. 우선 신의 관점에서 본질과 개인과의 분리가 문제이듯 영혼과 육체의 분리가 문제가 된다. 개인은 정신적인 죽음을 죽는데 남아있는 죽은 육체는 인간 개인이며 거기에서 스스로 분리된 영혼은 신이다. 그러나 육체로부터 영혼의 분리, 개인으로부터 본질의 분리, 인간으로부터 신의 분리가 다시 제거되어야한다. … 영혼은 다시 자신의 잃어버린 부분인 자신의 육체를 그리워한다. 마치 신, 즉 분리된 영혼이 다시 실재적인 인간을 그리워하듯 말이다. 신이 다시 인간이 되듯 영혼은 다시 육체로 되돌아온다. 이리하여 역사 이편의 생과 역사 저편의 생의 완성된 일치성이 다시 세워진다(WCI.286)"는 포이엘바흐의 주장은 이를 뒷받침해주는 듯하다. 소위 우리가 부활한 육체를 언급할 때 포이엘바흐는 이 부분에 대해서도 흥미로운 주장을 제공한다. 부활한 육체를 빛으로 가득한 새로운 육체이며 경의스러운 육체이며 마치 신이 인간과 다르면서 같은 본질이듯이 이 육체도 지금의 육체와 다르지만 같은 육체라고 한다. 현실에서는 영혼과 육체의 관계가 서로 대립하지만 내세의 세계에서는 인격이 이런 제한이나 방해로부터 해방되어 비로소 영원성과 무한성을 가진다. 여기서 말하는 인격이란 종족으로서의 개념이 아닌 실존하는 개인으로서 가지는 인격을 의미한다. 이렇게 보면 결국 내세를 믿는 신앙이란 인간 자신에 대한 신앙이다. 현실을 떠난 신앙은 환상이며 환상에 대한 신앙을 떠날 때 진리가 찾아온다. 신에 대한 신앙은 인간이 가지는 마음의 진리와 무한성을 믿는 신앙이다.

15. 이런 언어유희와 같은 그의 이야기를 듣노라면 인간이 만약 이 땅에서 감정과 마음에서 기인되는 인격성이 제한받지 않고 방해받지 않는다면 굳이 천국이 필요 없으며 신도 필요 없다는 말로 들리는데 과연 이런 주장들이 실현될 수 있는 현실적인 생각인지는 의문의 여지가 너무 많다. 어떻게 보면 그의 철학은 또 하나의 꿈꾸는 사변주의 같기도 하고 그렇다고 일반 관념주의라고 보기에는 현실주의로 비치지만 그러나 이루어질 수 없는 꿈꾸는 현실주의 같다는 느낌도 든다. 포이엘바흐가 이렇게 말하는 자신의 내면의 심중은 비록 현실이 자신의 마음에 들지 않지만 그렇다고 그 현실을 내세로 돌리는 것은 더욱 그의 마음에 들지 않다는 것은 분명하다. 현실을 포기하고 내세를 믿게 하는 신앙을 오히려 현실을 내세로 믿게 하는 신앙으로 바꾸고자 하는 것이 그의 의도로 비친다.

요약 및 평가

1. 위에서 스케치했듯 포이엘바흐의 철학은 신학적 철학이라 하겠는데 그는 기독교의 진리들을 자신의 인간학적인 주제들로 삼고 한결같이 인간신론적으로 취급하고 있기 때문이다. 여기서 인간신론적이라 함은 인간을 신적인 본질로 여기는 관점을 뜻한다. 그의 주된 관심은 '신 앞에서 인간(homo coram Deo)'이 아니라 '인간성 앞에서 인간(homo coram humanitate)'이다. 그리고 그가 뜻하는 인간성이란 인간 개인이라기보다 "종족"으로서 인간이다. 개인은 우연적이고 변화무쌍하며 관계나 연합을 모른다. 이에 반해 '종족으로서의 인간' 혹은 '인간 일반'은 참되게 사유하는 존재자이다. "종족의 본질과 일치하는 것이 진리이고 그것과 대립하는 것은 그릇되었다(WCI.252)"는 그의 단호한 주장이 이를 잘 말해준다. 신적인 본질에서 인간의 본질을 이성으로 분리시키려는 시도를 한 자들은 그에게는 전부 초자연주의로 간주된다. 칸트나 피히테 그리고 헤겔도 예외가 없이 그에게는 초자연주의자인 셈이다. 그러면서 현실적인 인간을 강조하는데 그가 말하는 '현실적인 인간'은 "인간 육체의 전체성과 동일한 인간"이다.[116] 이런 식으로 설명하는 그를 가리켜 "신학을 궁극적으로 완전히 인간학으로 만들고 신의 친구를 인간의 친구로 만들고, 기도를 노동으로 만들며 내세의 회원들을 현생의 학생들로 만들며 기독교인들을 완전한 인간으로 만들면서 하늘에서 땅으로, 신앙에서 사랑으로, 그리스도에서 우리자신으로, 모든 것, 특히 초자연주의에서 현실적인 생으로 만들려고 원했던 자가 바로 루드비히 포이엘바흐다"고 말하는 바르트의 주장은 그다지 틀리지 않다.[117] 물론 바르트 자신은 신과 인

---

116 K. Barth, Die protestantische Theologie im 19. Jahrhundert, 484.
117 위의 책, 484.

간이 질적으로 무한한 차이가 있다고 주장하는 신학자이기 때문에 포이엘바흐의 인간학은 그와는 정반대인 셈이다. 나중에 바르트의 종교비판에 가서 자세히 취급하겠지만 인간을 신의 형상으로 보는 신학적인 입장에서 보면 '신이 인간의 형상이다'는 주장은 그야말로 반역적이고 패역적이고 대반란에 가깝다. 그러나 포이엘바흐의 눈에 비친 당시의 기독교는 헤겔의 사변주의와 별반 차이 없는, 소위 형이상학적으로 포장된 신학이었다. 인간이 신학을 발명하고 교리를 만들어 설명해 놓고는 그것을 신적인 것으로 우상시하고 그 틀 안에 "생"이라는 실재성을 가두어 버리는 종교였다. 확실히 광기어린 말로 기독교를 조롱하고 비웃는 니체와 달리 그의 차분하고 논리적인 비판은 상당히 설득력이 있어 보인다. 이런 포이엘바흐의 사상은 "신이 물리학적인 본질도 아니고 우주론적인 본질도 아닌, 오로지 심리학적인 본질"이라는 말로 정리해 볼 수 있겠는데 이런 관점은 현대 심리학에도 큰 영향을 주었다. 그의 영향을 받은 프로이트(S. Freud)에게 종교는 강박관념에 사로잡힌 노이로제이며 환상이었고 인간이 바라는 본질이었다.[118] 충동에 의해 조종되는 인간이 종교의 영역 안으로 안주하면서 쾌락의 원리를 따른다. 그래서 종교는 "유아기적 노이로제와 비교된다"고 주저 없이 말하며 신을 믿는 것도 아버지가 가장 강력한 역할을 하는 유아기를 보호하는 힘들의 공격적인 갱신이라고 까지 프로이트는 주장한다.[119] 인격적인 신을 믿는 것은 유아를 보호하는 아버지의 힘이 신적인 것으로 투사가 된 형태이며 그로 인해 신은 '높여진 아버지'가 된다. 유아가 무엇을 필요로 하는지를 잘 아는 아버지는 대단히 높여지고 그것이 인격이라는 시각에서 이해되어 기도나 간구와 같은 방식으로 그 아버지에게 도움을 구한다고 한

---

118 H.J. Kraus, Grundriß systematischer Theologie, Neukirchen, 1975, 235.
119 위의 책, 234.

다. 이런 이해는 융(C.G. Jung)에게도 부분적으로 나타나는데 융은 프로이트와 달리 종교를 인간 영혼의 깊은 심연에서 설명한다. 융에게는 형이상학적인 주장들은 영혼의 진술이다. 그 형이상학적인 주장들은 하나의 심리적인 측면을 가지는데 예를 들어 독생하신 신적인 창조주의 힘은 인간 영혼으로 하여금 형이상학적인 진술들을 하게 한다. 이 주장들은 형이상학의 실재를 이루는 조건일 뿐 아니라 그 주장 자체들이 곧 형이상학의 실재이다. 이렇게 말하는 근거는 융이 집단무의식을 말하면서 거기에 원형들(Archetypen)이 내재하는데 신의 개념은 원초적인 경험의 개념이다.

2. 이렇게 완전히 인간학적인 철학의 관점에 서 있는 포이엘바흐의 시각으로 만약 지금의 한국 개신교를 조망하면 어떨까? 그의 눈에 비치는 지금의 한국 개신교는 어떻게 비치고 있을까? 분명 많은 것들이 그의 눈에 거슬릴 것이다. 그 가운데 몇 가지만을 집어서 생각해 보기로 하자. 포이엘바흐의 사상의 핵은 종족으로서 "인간"이다. 그것도 육체를 통해 먹고 마시며 삶에 충실하게 살아가려는 의욕적인 인간이다. 이런 인간에게는 사실 종교가 불필요하게 보인다. 인간은 말 그대로 세상의 "신"으로서 살아가야 하며 자신을 스스로 창조하고 행복하게 살아가야 하는 존재자이기 때문이다. 그 가운데 행복과 만족을 주는 것이 종교인 셈이다. 종교 안에 인간이 아니라 인간 안에 종교가 있다. 인간은 종교를 만들었고 그 종교를 가지면서 행복, 구체적으로 말해 자유롭게 살아가야 한다고 그는 보았다. 이런 그의 시각으로 한국 개신교를 보면 지금의 우리 개신교가 참으로 기괴하게 보일 것이다. 종교를 가지면서 영적 자유는커녕 오히려 부자유하게 신앙생활하는 모습들, 그리고 종교라는 이름하에 영혼을 억압하고 구속하는 여러 다양한 현상들을 직접, 간접으로

우리는 직면하고 있다. 종교가 하나의 신이 되면서 인간의 본능을 억압하고 있다. 소위 교리나 율법으로부터 자유를 선언하고 기독교인의 자유를 강조했던 바울이나 중세의 종교 공의회에서 결정된 교리들이 신적인 권위를 가지면서 성도들을 그 교리 안으로 끌어들여 여러 가지 형태로 부자유하게 했던 로마 가톨릭의 교리들을 향해 '복음으로 인한 자유'를 재천명한 종교개혁자들의 신학사상들도 그 공통점이 기독교인의 내적인 참된 자유였다. 참된 자유는 외적인 억압이나 구속으로부터의 해방이라는 측면도 전혀 없지 않지만 무엇보다 인간 내면의 죄로부터의 자유였다. 참된 자유를 위해 가장 걸림돌이 되는 것은 율법이다. 율법 자체는 악하지 않고 오히려 초보적인 성도들을 복음에로의 자유로 이끄는 몽학선생이다. 복음은 결코 율법과 대립하거나 분리되지 않는다. 그러나 이 관계를 잘못 해석하거나 특정인의 철학이나 삶의 경험에 비추어서 복음과 율법과의 관계를 이해하게 되면 어느 한 쪽으로 기울어져 복음 아니면 율법 중 어느 한 개를 선택 혹은 간과하게 된다. 이런 경우를 '복음주의' 그리고 '율법주의'라고 부른다. 복음주의자들의 눈에는 율법을 고수하려는 자들이 율법주의자들로 보일 것이고 율법주의자들의 시각에는 마치 율법을 버리는 것들이 자유주의자들로 비칠 것이다.

3. 지금의 한국 개신교의 교회 강단들에서 선포되는 소위 '하나님 말씀'은 과연 복음적인가 하는 질문을 던지면 그 대답은 상당히 회의적으로 나타날 것이다. 신을 사랑하는 데는 엄청나게 공을 들이고 애정을 무한하게 퍼부으면서 정작 신을 사랑하는 "그 인간"은 얼마나 교회로부터 사랑받고 행복해하고 있을까? 기독교인들의 공통적인 마음은 교회에서 선포되는 말들이 "복음"이기를 간절히 믿고 싶어 하고 동시에 그렇게 믿으려고 애쓰고 있다. 그러나 과연 이런 성도들에게 개신교 교회들은 성

도들의 마음에서 일어나는 '하나님의 사랑으로부터 오는 행복'을 얼마나 느끼게 하며 부정한 자신을 전회하길 원하는 결단을 불러일으키고 있는가? 정확하게 말해 이웃으로부터 "너"라는 인격을 발견하고 "너"에게서 "나"를 찾게 하는 설교들이 얼마나 될까? 기독교는 하나님이 죄인을 향한 계시의 말씀을 복음으로 가지고 있다. 그 하나님에 의해 창조된 인간이 하나님 앞에서 죄를 지어 부패한 인간성을 가지고 있기 때문에 그리스도 예수를 통해 하나님은 인간에게 말씀하셨고 또한 말씀하신다. 무한자이신 하나님이 유한한 인간의 몸을 입고 시간의 제약과 삶의 고통과 사망의 괴로움을 겪으시면서 이것들이 죄인을 위한 하나님의 사랑이라고 복음은 말한다. 하나님이 죄인을 그리스도 예수를 통하여 구원하시려는 뜻은 "기독교"라는 종교가 만든 임의적인 교리가 아니라 생명의 실재성이다. 이런 점에서 기독교는 단순히 의식과 모임, 교리들을 가진다는 점에서 다른 여타의 종교들 중의 하나라고 여겨지겠지만 엄밀하게 말해 기독교는 인간의 부패한 종교심에 뿌리를 둔 종교가 아니다. 종교는 인간의 신을 향한 갈구, 욕구, 갈망, 그리고 무한히 신에게로 상승하려는 영혼의 에로스적인 산물이기 때문이다. 인간의 에로스의 산물임에도 불구하고 그 종교는 많은 율법들을 가진다. 그 율법들은 하나님이 정하신 것들도 있지만 대개는 인간들이 만든 소위 타율적인 법들이다. 이 법들이 기독교인들의 영혼으로 하여금 참된 자유를 가지는데 방해가 되게 한다.

4. 포이엘바흐의 견해에 따르면 교리나 교회의 법령들도 인간을 위해 혹은 인간에 의해 만들어졌으며 인간의 행복을 위한 것이어야 한다고 보았다. 이런 관점에서 보면 한국 개신교는 인간보다 교리나 특정의 도그마가 더 강조되고 있는 것처럼 보인다. 교리를 성경 위에 세워놓고 그

교리의 범주 안에서 생명의 모든 실재성들을 파악하려고 하고 판단과 심지어 생명을 정죄하려고 한다. 이런 모습들은 개신교 내부에서도 흔한 일이지만 지교회 안에서도 자주 일어난다. 검증되지 않은 신비적인 자신의 체험을 교인들에게 절대화시켜 소위 주관주의와 나아가서 교주주의 교회로 전락되는 사례가 많이 일어나고 있다. 목사는 하나님 앞에서 성도들을 섬기는 자(servus coram Deo)가 아니라 직접 계시를 받는 자로 스스로 착각하고 있으면서 수천년 동안 교회의 수많은 논쟁 속에 성도들을 위해 탁월한 신학자들이 모여 공의회를 열어서 만든 표준의 규범들을 벗어나서 알 수 없는 특정 개인의 체험의 세계로 성도들을 인도하는 교회들이 과거보다 부쩍 늘어나고 있다. 종교란 신이 만든 것이 아니라 인간이 만들었다는 포이엘바흐의 관점은 이런 면에서 한국 개신교를 향해 꾸짖을 만한 여지가 있어 보인다. 인간은 본질적으로 종교적인 존재로 창조되었지만 종교를 만든 것은 하나님이 아니라 그 인간이다. 여기서 "종교적"이라는 말 속에는 특정 종교의 기초를 쌓는 인간의 욕구를 표현하는 말이 아니라 하나님을 인격으로 만나려고 하는 인간의 본연적이고 근본적인 욕망을 담고 있다. 종교를 통해서 인간이 신을 믿는 것이 아니라 인간이 종교적인 존재이기 때문에 특정 종교를 만들어 자신의 '신을 향한 인격적 만남'을 실현하려고 한다. 따라서 종교는 인간 본성의 하나의 틀이고 그 내용은 인간의 종교성이다. 이 세상에 다양한 종교들이 있는 이유는 인간이 신을 향해 가지려는 인격적인 만남을 갈구하는 이 종교성 때문이다.

2. 니체의 기독교 비판: 기생충과 같은 개신교

1. 니체는 당시의 기독교의 타락을 직접 목도했으며 이에 대해 맹렬히

비난한다. 기독교를 공격하고 있다는 점에서 칼 막스(K. Marx)와 키엘케가드(S. Kierkegaard)와 유사하지만 그는 훗날에 키엘케가드를 알았으며 막스는 알지 못했다.[120] 막스가 경제적인 관점에서 지나치게 반기독교적으로 기독교를 비판했다면 키엘케가드는 실존주의적-기독교적으로 당시의 기독교 종교를 비판했다. 이에 반해 니체는 반신론적 관점에서 당시의 기독교라는 종교 자체를 비판한다. 사실, 니이체는 1881년 7월 21일에 보낸 자신의 편지에서 "기독교는 내가 실제로 알았던 이상적인 삶의 가장 최고의 부분이며 어린 시절부터 나는 기독교에 들어갔으며 내가 내 마음으로 기독교에 대항하여 있어 본적이 결코 없었다"고 말한 것이나 성경에 대해서도 "완전히 지금까지 성경에 대한 경외감이 유럽에서 올바르게 유지된 방식은 아마도 인륜의 훈련과 세련의 최상의 부분이며 그것은 유럽이 기독교에 감사해야 하는 것"이라고 말한 것이나 자신의 친가나 외가가 대부분 목사 가정이었다는 점에서 니체는 기독교가 자신에게 명예스러운 것이라고 말하는 것으로 보면[121] 그가 과연 반기독교인인지에 대한 상당한 해석이 요구된다. 그럼에도 불구하고 "목사"나 "교회"라는 용어 사용에는 엄청나게 부정적이었음을 보여주고 있고 다른 한편에서는 상당한 존경을 가지고 있음도 야스퍼스(K. Jaspers)는 지적한다.[122] 기독교에 대한 아주 상반되는 니체의 생각은 독자로 하여금 혼란에 빠트리기에 충분하다. 왜 이런 모순을 그가 가졌을까? 여기에 야스퍼스의 평가가 일리가 있어 보인다. 즉 니체는 "요구"와 "현실"이라는 괴리에 놓여있었다는 점이다. 자신이 개신교에 속해 있었고 기독교에 대한 신뢰 또한 경외심에 아주 가까웠으나 현실의 기독교는 완전히

---

120 참고. J. Hirschberger, Geschichte der Philosophie, vol.2, 501.
121 K. Jaspers, Nietzsche und das Christentum, Hameln, 1938, 6.
122 참고. 위의 책, 7.

기독교의 본질을 떠나 있었다고 믿었던 니체 안에서의 괴리감으로 보는 것이 좋은 대답이 될 것 같다.[123] 기독교와 아주 가까이 있으면서 동시에 기독교에 대한 엄청난 실망감은 극단적으로 그를 반신론자로 만들었다. 야스퍼스는 "기독교에 대한 니체의 싸움은 기독교를 단순히 포기하려는 것도 아니며 되돌리기 위함도 아니고 거기에서 떨어지려고 하는 것도 아니다. 오히려 그는 기독교를 극복하기를 원했으며 압도하고 오로지 기독교와 이 세상에서 발전시켰던 힘들과 함께 극복하고 압도하기를 원했다"고 평가한다.[124] 과연 야스퍼스의 지적대로 니체는 기독교를 존중하였으나 당시의 현실적인 기독교 상황에 대한 문제 때문에 반신론자의 길을 걸어갔을까?

2. 1844년에 목사 아들로 태어나서 1889년에 정신병에 걸려 1900년에 죽을 때까지 니체의 사상은 세 시기로 나눈다. 초기의 사상은 심미적이고 영웅적인 인간관을 추구하였는데 여기에 일치되는 인간이 바로 소크라테스 이전의 헤라클레이토스나 테오그니스, 아이스킬로스와 같은 헬라의 비극시인들이었다. 이 시기에는 쇼팬하우어의 철학을 가지고 헬라의 비극을 해석하려고 했는데 포인트는 다이내믹하고 생에 대한 강렬한 긍정과 찬양의 시기였으며 그의 이상형은 디오니소스라고 하겠다. 니체가 볼 때 헬라의 문화와 예술 나아가서 생을 여는 두 개의 위대한 정신적 상(Bild)들이 있는데 하나는 질서와 형식의 아폴론이고 다른 하나는 반대로 이것을 깨고 창조적이며 충동적으로 문화와 예술을 자유롭게 창조하는 디오니소스가 그것인데 니체는 디오니소스를 선택하였다. 그는 자신의 이런 이상적인 의지를 현실화하기 위해 음악가 바그너와 헤겔의

---

123 참고. 위의 책, 8.
124 위의 책, 9-10.

극좌파였던 포이엘바흐와의 교류로 당시의 기독교 중심점에 있는 그리스도의 자리에 디오니소스를 올려놓았다. 두 번째 시기는 인식론적으로 냉정을 찾으며 자유로운 정신을 소크라테스를 통해 발휘하는 시기라고 하겠다. 이런 시기는 길지 않았고 니체 자신의 내면에 솟구치는 충동을 소위 "권력에로의 의지"로 표현하는 세 번째 시기로 접어든다. 니체의 "권력에로의 의지"는 초인을 만들어내었고 기독교에 절대적으로 반대하는 시기였다.

3. 니체는 우선 도덕과의 전쟁을 일으켰는데 도덕이야말로 생을 죽이는 장본인이었다. 철학사와 기독교 역사는 특정의 도덕의 칼로 생을 죽였던 역사로 그에게 비쳤다. 특히 계몽주의는 니체에게는 의미가 있었다. "비신화적인 형식으로 진리를 얻기 위해 교리적인 예복을 입은 학문의 옷을 벗겼기 때문이다."[125] 이렇게 보면 니체도 계몽주의의 영향 하에서 기독교를 보고 있음이 분명하다. 맹신적인 신앙을 강요하였던 중세의 그늘을 벗어나서 이성을 중심으로 실재성을 보게 한 계몽주의의 논리적이고 합리적인 시각에서는 당연히 기독교도 그 비판의 대상이 되는 것이 당연하였다. 종교는 마음과 관계되는 것이고 마음의 자유를 성취하는 목적을 지닌다. 그런데 "마음을 가볍게 하기 위해 기독교가 생겨났지만 이제는 기독교가 마음을 가볍게 할 수 있기 위해 마음을 몰락시켰다"고 말함으로[126] 그의 눈에 비치는 기독교는 더 이상 마음의 종교가 아닌 셈이다. 오히려 "인간의 완전한 무가치, 죄성 그리고 인간 일반의 멸시를 너무 큰 소리로 가르쳐서 인간의 경멸이 더 이상 불가능할 만큼 된

---

125 F. Nietzsche, Menschliches allzu menschliches, Stuttgart, 1978, 101.
126 위의 책, 112.

것이 기독교의 문화개념이다"고 선언한다.[127] 기독교가 마음을 상실했다면 그것은 종교가 아니라 문화이며 그 문화는 인간의 가치나 존엄을 경멸하는 문화라는 뜻이다. 정통 기독교가 인간의 죄성을 강조하여 인간의 자연성을 피폐시키고 본성을 곡해했다면 니체의 선언은 인간이 무죄인이라는 선언이다. "인간은 자연 한 가운데서 항상 어린아이 그 자체이다. 어린아이는 한 때 힘들고 두려운 꿈을 꾸지만 자신의 눈을 떴을 때 그 꿈은 항상 환상 속에 있음을 본다"고 노골적으로 말한다.[128] 니체가 보기에 실재하는 것은 시공간이며 살과 피로 이룩된 이 세상에서의 삶이고 하나뿐이 현실인데 철학과 기독교는 특정 도덕이라는 것을 만들어서 이런 생을 부정하게 하고 피안의 세계로 사람을 이끄는 문화 활동을 하였다. "현대학문은 할 수 있는 대로 고통이 적게 그리고 할 수 있는 대로 오래 살도록 하는 목적을 가진다. 그래서 종교들의 약속들과 비교하여 소위 영원한 행복이라는 방식, 심지어 대단히 겸손하게 보이는 방식을 가진다"고 조롱한다.[129] 물론 여기서 말하는 "현대학문"은 기독교 신학을 두고 말하는 것이 분명하다. 신학자들이 기독교의 교리들을 영생이라는 주제에 초점을 두면서 학문이라는, 설득력있는 방식으로 인간을 유혹한다는 것이다. 그래서 마음을 상실하고 그 자리에 인간본성을 경멸하게 만든 종교의 기존 모든 도덕들을 뒤엎어야 한다고 강조한다. 왜냐하면 니체의 일관된 관심은 현실적인 "생"이었기 때문이다. 그리고 생이란 권력에로의 의지이다. 이런 전제로 윤리적인 문제인 선과 악도 기존 가치개념을 완전히 뒤집었다. 선이란 권력의 감정 혹은 권력의 의지 또는 권력 자체를 높이는 것을 가리키며 반대로 악이란 약함에서 생기

---

127 위의 책, 112.
128 위의 책, 114.
129 위의 책, 115.

는 모든 것을 의미한다.[130] "선은 무엇인가? 그것은 힘의 감정을, 힘에의 의지를, 힘 자체를 인간에게 고양시키는 모든 것을 말한다. 악이란 무엇인가? 약함으로써 유래되는 모든 것을 말한다"고 딱 잘라 규정한다.[131] 선과 악의 이런 이해에서 니체는 약하고 부실한 자들은 멸망해야 한다고 믿는다. 권력의 의지란 주인의 의식 혹은 니체가 이해하는 선의 의식을 뜻한다. 사실 니체 철학에서 말하는 선이란 전통적으로 이해하는 개념, 예를 들어 행위의 올바름이나 타인을 이롭게 하는 행위가 아니라 주인만이 가지는 뽐내고 자랑스러워하는 지배자 의식 혹은 힘세고 고귀한 자가 가지는 의식을 가리키는데, 무엇인가를 나누어주길 원하는 감정 예를 들어 충만한 감정, 높은 긴장의 행복감, 동정에서가 아닌 주인성(Herrlichkeit)에서 기인된 부(Reichtum)의 의식을 뜻한다.[132] 이런 것들에 반대하고 대립하는 것은 악이고 노예적인 도덕이다. 노예적인 근성은 자신들에게 위안이 되고 좋은 것은 선이라 말하면서 괴로움이나 겸손이나 비천함이나 친절 그리고 착함이나 동정과 인내 같은 마음씨 등을 가지게 된다는 것이다. 그러니까 주인이 가지는 것들, 예를 들어 고상함이나 힘, 아름다움이나 행복 등은 노예인 자신들은 가질 수 없으니까 권력자들이 가지는 것들을 나쁜 것이라고 스스로 기만하면서 자신들의 비천함을 정당화시키는 셈이다. 이런 맥락에서 비참한 자나 가난한 자 그리고 힘없는 자 혹은 권력 없는 자, 병든 자들은 하나님이 사랑하는 자들이고 축복하는 자들로 여기게 되고 반대로 힘쎈 자들이나 권력있는 자들은 하나님의 사랑을 받지 못하는 자들로 노예 자신들은 그렇게 믿고 있다는 것이다. 마치 포도가 높이 달려 있으나 그들의 손이 짧아서 먹을

---

130 참고. J. Hirschberger, Geschichte der Philosophie, vol.2, 508.
131 F. 니이체, 안티크리스트, 박준택 역, 서울, 박영사, 1976, 12.
132 J. Hirschberger, Geschichte der Philosophie, vol.2, 509.

수 없기 때문에 소위 "덕"이라고 간주하고 반대로 강한 자들을 악이라고 주장한다는 것이다.

4. 니체의 근본적인 생각은 "생"이었고 후기에는 거기에다 자연의 순수함을 덧입혀 놓았다고 하겠다. 그의 "생 자체란 성장, 존속, 여러 힘과 권력에 대한 본능이라고 나는 본다"고 말하는 데서 그의 전제가 어디에 있음을 알 수 있다.[133] 즉 모든 생은 생존하려는 본능에 따르며 그로 인한 자연의 순수한 생성이다. 본능과 자연에다 죄나 무가치와 같은 개념들로 채색을 하는 것은 니체가 보기에 커다란 죄악이었다. 그냥 있는 그대로 적자생존이나 거기서 강한 자가 약한 자를 죽이고 억압하는 것을 그대로 인정하는 것이 자연인 셈이다. 이런 점에서 니체의 "생"에 대한 입장은 운명에로의 사랑(amor fati)이라고 하겠다.[134] 이런 관점에서 볼 때 당시의 사변주의는 자연과 생을 기만하는 철학으로 니체에게 비쳤을 것이다. 사변주의나 합리주의는 이성을 맹신하면서 자연이나 인간의 본능, 즉 육체성이나 동물성을 무시하기 때문이다. 물론 니체는 이런 사변주의를 비난한다. 그런데 여기서 니체의 생각, 즉 생의 절대적 긍정이라는 그의 사상에 비추어보면 니체는 인간의 이성을 경멸할 것 같은데 오히려 이성을 긍정적으로 찬양한다. 즉 기존 이성의 개념이라 할 수 있는, 주어진 무엇인가를 추상화시키고 일반적 개념을 만들며 결론을 도출하는 능력이라는 이성의 개념을 찬양하는 것이 아니라 이성을 통해 인간 스스로와 미리 직관적으로 생과 관계하고 모든 충동을 올바르게 세워서 혼돈을 정리하며 생을 조화로운 전체로 파악하는 능력인 한 그러하다. 한 마디로 말한다면 힘을 얻기 위해서, 즉 자기 자신을 지배

133　F. 니이체, 안티크리스트, 18.
134　참고. J. Hirschberger, Geschichte der Philosophie, vol.2, 511.

하는 힘과 본능을 지배하는 힘을 얻기 위해 이성이 필요하다고 한다.[135] 니체는 이성 역시 인간에게 주어진 것들 가운데 심리적인 힘 이상의 큰 힘을 제공한다고 강조한다.[136] 그의 저서들에서도 고귀한 인간과 저급한 인간을 나누는 이성이 있다는 것은 단순히 임의적인 표현이 아니라 중요한 표현이었다. 이성을 미워하는 것은 사악하고 지적인 양심과 하나이며 비이성적인 것은 약함을 뜻하며 이성은 힘에의 제시로 간주된다.[137] 말하자면 이성에 의한 정신적인 인간이 니체에게는 가장 강한 자이다.

5. 니체는 특히 운명에 대한 사랑을 강조했는데[138] 이 의식은 소위 "영겁회기(die ewige Wiederkunft)" 사상에서 보다 잘 나타난다고 하겠다. 이 개념 역시 이해하기에 상당히 까다로운 개념으로 비친다. 문자대로라면 '같은 것이 영원히 회기한다'는 뜻이지만 그 의미는 단순하지 않다. 우선 '영원히 회귀함'이라는 뜻은 "운동"이나 "됨(werden)"의 뜻이지 정지나 고정된 어떤 것의 의미가 아니다. 그리고 '회귀하는 동일한 것'은 본질적으로 한 장소에서 고정된 어떤 존재자가 아니다. 세상은 유기체로서 혼돈을 전제한 말이며 이 혼돈이 영원히 동일하게 반복되면서 움직이며 변화한다는 의미를 가진다.[139] 그러니까 인간이란 혼돈이라는 유기체의 카테고리 안에서 영원히 회귀하는 존재자임을 가리킨다고 하겠다. 인간의 "나"는 인간 자신의 운명이고 인간의 자유는 필연성이며 인간의 의지는 시간과 존재라는 영원한 순환 속에 있으며 엄청난 힘을 가지고 거듭해

---

135 W. Kaufmann, Nietzsche, Darmstadt, 1982, 267.
136 위의 책, 267.
137 위의 책, 268.
138 위의 책, 283: "운명을 사랑하는 것(amor fati)은 나의 가장 내면적인 본성이다"고 니체는 고백한다.
139 M. Heidegger, Nietzsches Metaphysik, Frankfurt, 1990, 37.

서 회기하려는 의지이다. 이 강력한 힘은 증가되지도 않고 감소되는 법도 없으며 스스로를 창조하고 파괴하며 그렇다고 잃어버림도 없고 영원히 자신을 생성시키고 동시에 자신을 파괴시킨다. 그렇다면 인간의 의지 안에는 무엇이 있을까? 거기에는 니체가 스스로 말하는 바대로 "야만인이 우리 각자에게 활동하며 야생동물 역시 우리 안에서 활동한다"와 "경직, 폭력, 노예근성, 길과 마음에서의 위험과 은폐, 스토아적인 것, 유혹의 예술, 모든 악과 두려움, 폭군적인 것 그리고 육식적인 것과 인간 안에 있는 뱀의 성질이 인간의 종을 너무 좋게 높이는 것과 같은 방식의 악마적인 것" 등을 열거한다.[140] 인간의 마음에는 그야말로 생물학적인 본능이 자라잡고 있으며 그 본능은 궁극적으로 자신이 살기 위해 약한 자를 밟아야 하는 성질을 가졌고 따라서 이 성질을 은폐시키거나 포장하지 말고 그것을 운명으로 알고 받아들이라는 말로 들린다. 그러면서 여기서 니체는 초인의 개념을 제시한다. 과연 니체가 제시한 초인은 누구인가? 초인(Übermensch)이라 할 때 "초(Über)"의 개념은 지금까지의 인간을 거부하고 동시에 뛰어넘고 넘어가는 것을 가리킨다.[141] 따라서 초인이란 힘에로의 의지를 긍정하는 자이며 지금까지의 형이상학적으로 추상화되어 그려진 인간상을 뛰어 넘는 새로운 인간상이 분명한데 구체적으로 말하면 '하늘의 인간'이 아니라 '땅의 인간'이다. 그렇다고 이성을 부정하는 자가 아니라 형이상학적 이성의 능력을 자연적이고 생명이 움직이는 동물성(animaltas)에로 사용하는 자를 가리킨다.[142] 초인에 대한 니체의 표현을 직접 인용하자면 "초인은 나에게 마음에 놓여있으며 나의 첫 번째요, 유일한 자요, 그렇다고 인간이 아니며 이웃도 아니

---

140 J. Hirschberger, Geschichte der Philosophie, vol.2, 512-513.
141 M. Heidegger, Nietzsches Metaphysik, 41.
142 참고. 위의 책, 42.

며 가장 가난한 자도 아니며 고통하는 자도 아니며 최상의 사람도 아니다. … 내가 사랑할 수 있는 것은 인간 안에서, 즉 그는 넘어감(Übergang)이요 몰락함(Untergang)"이다.[143] 그런데 그 말의 의미가 상당히 애매모호하게 비쳐진다. "초인이란 넘어감이며 몰락함이고 하나의 다리며 피안의 동경이며 혀로 우리를 핥아주는 번갯불이며 인간들에게 주입되는 망상이며 최고의 호의성을 가지며 평균적 인간으로서 다른 생성하는 조건들과 유지조건들과 함께하는 유형이며 … 도덕적 명령의 폭압을 가질 필요가 없는 충분하게 강하며 절약이나 비굴할 필요가 없을 만큼 충분히 부유하며 선과 악의 저편에서 존재하는 자이다"고 니체가 명시했을 때[144] 초인은 어떤 구체적인 존재자라기보다 니체 자신이 꿈꾸고 그리고 싶어하는 이상적인 존재가 분명하다. 여기서 핑크(E. Fink)는 초인에 대해 이렇게 설명한다: "초인은 신의 죽음을 아는 자요 다시 말해 역사 저편의 세계를 상실한 사변주의의 종말을 아는 자이며 사변적인 내세에서 땅을 유토피안적으로 비춰보는 거울의 상을 아는 자이다."[145] 초인은 실재성이 역사 저편에 있다고 믿는 모든 믿음을 거부하면서 실재성은 오로지 이 땅에 있음을 깨달은 자이기도 하다. 그리고 하이데거(M. Heidegger) 역시 초인을 설명하는데 "초인은 초감각적인 이상이 아니다. 그렇다고 어떤 장소에서 스스로 고지하거나 어떤 곳에서 드러내는 인격도 아니다. 그것은 완성된 주체성의 최고 경지의 주체로서 힘에로의 의지를 향한 순수한 힘"이라고 다소 모호하지만 그렇게 규정한다.[146] 이렇게 니체의 다양한 전문가들 역시 초인에 대해 분명하게 정의하지 못하

---

143 J. Hirschberger, Geschichte der Philosophie, vol.2, 515.
144 위의 책, 516.
145 E. Fink, Nietzsches Philosophie, Stuttgart/Berlin/Köln/Mainz, 1986, 68.
146 M. Heidegger, Nietzsches Metaphysik, 51.

는 것은 그만큼 특정의 인간상이 아니라는 의미가 강하다. 사실 니체는 신의 죽음을 외치면서 그 자리에 초인의 탄생을 외쳤다고 볼 수 있겠는데 신은 인간에 의해 죽어야 하는 운명에 있고 동시에 초인은 그런 인간에 의해 탄생되어야 하는 존재라고 할 수 있다. 왜냐하면 인간은 땅으로 되돌아가며 인간의 자유는 땅에서 기원하고 있기 때문이다. 신으로의 자유도 아니고 그렇다고 무에로의 자유도 아닌 오로지 모든 것을 생성시키는 땅에로의 자유에 달려있다. 인간은 자기 스스로 극복할 수 있는 본질인데 자신 안에 있는 생의 일반적인 본질, 즉 힘에로의 의지를 알고 있고 알 수 있기 때문이다.[147] 이런 인간관을 가진 니체이기 때문에 신의 죽음과 동시에 초인을 신의 그 자리에 세울 수 있었던 것이다. 이런 니체에 대해 힐쉬베르거는 "그러나 그의 철학이 순수한 부정형이라는 것과 허무주의를 극복한 것이 아니라 더 크게 확대시켰다"고 말하는 것은 일리 있다.[148] 이런 초인의 개념으로 니체는 당시의 독일인의 정신도 혹독하게 비난하는데 "독일인은 순수한 인종에는 못 미치며 그 가슴에는 두 개 이상의 영혼이 살고 있고 파악할 수 없으며 뚱뚱하며 모순으로 가득 차 있으며 알 수 없고 측량할 수 없으며 잘 감탄하며 다른 어떤 민족보다 스스로 잘 놀라는 종족이다"고 말하면서[149] 독일의 거대한 제국주의의 오만하고 허망한 민족주의를 조소했다. 사실 니체가 이렇게 독일민족에 대해 야유를 퍼부은 속 내막은 역설적으로 힘과 권력이 강하고 아리안적인 독일민족에 대한 열망이 은폐되어 있다고 본다. 니체의 기독교에 대한 혐오는 바로 이런 맥락과 함께 한다고 할 수 있겠는데 독일민족이 가지는 고귀함과 주인의식 그리고 힘과 권력에 강한 민족임

---

147 위의 책, 69.
148 J. Hirschberger, Geschichte der Philosophie, vol.2, 515.
149 위의 책, 518.

을 상실해 버리고 약해져 버린 민족이 된 배경에는 기독교가 한 몫을 했다고 니체는 믿었기 때문이었다. 비유적으로 말해 기독교가 독일민족의 힘과 능력을 변질시키고 지하기도실로 끌고 가서 죄인을 만들고 그들로 하여금 부패시켰기 때문이었다. 기독교 이전의 게르만인은 헬라인의 정신으로 채워져야 했었는데 기독교가 이것을 방해했고 변질시켰다는 것이다. 이런 이유로 니체의 기독교 비판은 실로 잔인스러울 만큼 독설을 뿜어내고 있다. 기독교는 역사 이편에 있어야 할 "생"을 마치 천상에 있어야 할 것처럼 인간의 자연과 본능을 유린하였고 생이 가져다주는 환희와 디오니소스적인 즐거움을 빼앗아 버렸다는 것이다. 인간의 자연스러운 본능을 유대인의 발명품인 "죄"라는 족쇄를 채워서 오랫동안 인간으로 하여금 이 세상을 버리게 하고 피안의 세계로 이끌었다. 니체의 관심인 "권력에로의 의지"라는 면에서 보면 기독교가 가지는 여러 덕목들, 예를 들어 사랑, 온유, 겸손, 믿음, 자기희생 등은 힘과 강함 그리고 권력을 가지고 고귀하게 살아야 하는 주인의 도덕과 대립되는, 완전히 노예의 도덕이며 자연과 본능을 억누르는 압제였다. 기독교에서 말하는 "동정(Mitleiden)"은 권력에의 의지를 추구하는 고양시키는 감정을 억압하여 힘없는 자를 보존하게 하는 작용을 하며 나아가서 생을 도태시키며 생의 부정이며 허무주의의 실천이라고 한다.[150] 기독교는 바로 동정의 종교이며 이런 맥락에서 십자가에 달린 신은 "생"에 대한 저주이며 "생"에서 구원받으려는 손가락질이었다. 교회는 권력의 의지를 부패와 죄의 의지로 변질시켰으며 "생"의 가치를 무가치로 바꾸어 놓았다. 기독교는 근본적인 인간의 본능을 추방시켰으며 이 본능을 증류시켜 악과 악인, 즉 힘이 없고 무능하고 노예적인 존재자로 만들었다. 그러면서 강

---

150 참고. F. 니이체, 안티크리스트, 19–20.

한 자는 비난받아야 할 자들로 여기게 만들었고 항상 가난하고 비천한 자의 편에 서서 강한 정신성과 이성을 파멸시켰는데 그 한 예가 파스칼이라고 니체는 단정한다. 높은 자연과학의 정신성을 원죄라는 올가미를 죄어서 파스칼로 하여금 이성의 부패만을 믿게 하였다는 것이다.[151] 그래서 교회는 미치광이 혹은 커다란 기만과 자만을 신의 큰 명예를 위해서 신성시하여 왔던 정신병원이었다.[152] 신학자에 대한 니체의 저주 또한 꽤 매섭다. 소위 신학자들은 오만이라는 본능을 가지고 일종의 호의적인 경멸이나 오성, 감각, 명예나 과학을 무시하며 동시에 생에 해로운 것으로 간주하면서 영원성과 같은 순수한 정신을 겸손이나 빈곤과 같은 것들과 동일시하면서 그것을 신성한 것들로 여긴다. 신앙이라는 파토스를 가지고 있으면서 치료할 수 없는 허위의 모습에 괴로워하지 않기 위해 자기 자신에 대해 눈을 감는 자들이다. 더 나아가서 자신의 개인적인 입장을 "신"이나 "구원" 그리고 "영원성"의 이름으로 신성불가침하게 만든다. 니체는 단적으로 이렇게까지 말한다: 신학자가 진실이라고 느끼는 것은 반드시 허위가 분명하다고. 바우어(F.C. Baur)가 1826년 독일 튀빙엔 신학교 교수로 부임하여 시작된 역사비평적인 작업으로 발전된 튀빙엔 학파를 니체는 "교활한 신학"이라고 비웃었는데 이런 학파들이 독일 학자들의 신학자적 본성으로 유입이 되어 "현실을 가상이라고 믿게 했다"는 것이다.[153] 이런 식으로 개신교가 말하는 "신", "자아", "정신", "노예 의지", "죄", "구원", "은총", "벌", "죄사함" 등의 개념들은 공상적 개념들이며 그 결과는 자연을 증오하게 하는 원동력이 되었다는 것이다. 니체는 개신교의 "신"개념은 가장 부패한 신 개념이라고 단정한다.

---

151 F. 니이체, 안티크리스트, 17.
152 위의 책, 135.
153 위의 책, 27.

이 신은 유대인적인 본능의 산물인데, 유대인들은 자연에 반대하는 본능을 숭상해 왔으며 악착같은 생활력으로 자기보존을 하는 특이한 민족이었다. 이들의 역사는 모든 자연적인 가치를 박탈시킨 역사이며 그들이 만든 "여호와"라는 신은 권력을 쥐고 아무런 양심의 거리낌 없이 자기애에 대한 희망을 구현시켰다. 그런데 유대인들의 희망인 자유가 이루어지지 않자 유대인은 신의 개념을 변경시켜 "상"과 "벌"의 신으로 만들어서 반자연적인 인과율을 성립시켰다. 이들은 생을 영원의 반대로 퇴화시켰기 때문이다. 여기서 니체는 개신교 교수들의 정신을 혹평하면서 그들의 값싼 합리주의와 인간성이 그들 정신을 지배하고 있다고 보았다. 특히 루터는 만인제사장 이론을 만들어 교회의 수직성 제도를 제거해 버렸으며 소위 민주적인 공평이라는 사상을 끌어들여 교권의 권위를 없앴다고 니체는 저주했다. 니체가 보기에 루터는 말 잘하면서 가장 불순한 농부였으며 비난만 하는 마귀이고 경외와 존경으로 간격을 가져야 할 인간이 신과 직접 말하고 대화하려는 교리를 만든 건방진 인간이었다.

6. 거기에서 흥미로운 점은 니체가 예수에 대해서는 어떻게 보았을까? 니체는 성경을 가장 감명적인 하나의 승리를 축하한 책이라고 말하면서[154] 특히 복음서는 영웅적인 저항의 본능을 담고 있다고 보았다. 그리고 기독교는 나사렛 예수의 이름으로 벌린 반란적 운동이라고 말하는데 예수는 그 당시의 율법이라는 구실로 인간의 본능을 억압하면서 사람들로 하여금 착한 자들 혹은 올바른 자들로 만드는 유대교를 향해 반역한 자라고 이해한다. 그러면서 "예수는 자기 한 사람을 위해서는 전혀 아무

---

154 위의 책, 71.

것도 요구하지 않았다"고 말한다.[155] 예수는 심리학적인 특성을 가진 인간 유형인데 그는 새로운 지식이 아닌 새로운 생명의 실천을 실현시킨 자였으며 예수에게는 행복이 구원의 심리적인 실재였다고 한다.[156] 천국이란 어린아이들의 것을 강조했고 예수가 말하는 신앙은 싸워서 얻어진 신앙이 아니라 "바로 거기에 있는 것"이었다.[157] 여기서 니체는 "구세주의 삶이란 이런 실천이외의 아무 것도 아니었다. 그의 죽음도 역시 그것이었다. 그는 신과 교제하기 위한 아무런 형식이나 아무런 의식도 필요로 하지 않았다. 기도마저도 역시 필요로 하지 않았다. 그는 유대인적인 회개와 속죄의 가르침 전부를 청산하였다. 그는 사람들 스스로를 신적으로, 축복된 자로, 항상 신의 아들로서 느낄 수 있는 삶의 실천만이 회개이며 구속이라는 것을 알고 있었다"고 말하면서[158] "오직 기독교적인 실천만이, 즉 십자가 위에서 죽은 자가 살아있었던 것과 같은 삶만이 기독교적일 것이다"고 말하기도 한다.[159] 그러면서 결정적으로 예수에 대해 말하길, "워낙 예수는 자신의 죽음에 의해서, 자신의 가르침의 가장 강력한 시련과 증거를 세상에 주는 것 이외에 그 어떤 것도 바라지 않았다"고 주장한다.[160] 여기서 니체가 예수를 평가하는 전제를 먼저 알아야 이런 말들을 했다는 것을 이해할 수 있겠다. 니체는 기독교를 포함한 종교는 오로지 생의 실천이며 현존과의 관계이고 생을 평가하는 것이다. 이런 점에서 "그리스도는 생의 실천가이지 신의 아들이 아니다. 예수는 온유하고 온화한 사람이며 선한 자이며 하늘을 자신의 가슴에 담고 있

---

155   위의 책, 74.
156   K. Jaspers, Nietzsche und das Christentum, 17.
157   F. 니이체, 안티크리스트, 80.
158   위의 책, 85-86.
159   위의 책, 97.
160   위의 책, 102.

는, 감정에 약한 자이며 부드럽고 생의 의식이 약한 가슴에 하늘의 것을 담고 있는 자"였다.[161] 그런데 그를 따르던 사도들이 이 마음에 종교라는 색을 바르고 그의 희생을 유린했다고 한다. 특히 니체의 바울에 대한 비난은 잔인할 정도로 혹독하다. 예수의 조건없는 희생을 바울은 보복과 복수의 관점으로 해석하였다는 것이다. 예를 들어 선으로 악을 이기라고 말한 바울의 가르침에서 "네 원수가 주리거든 먹이고 목마르거든 마시게 하여라. 이렇게 하여 네가 숯불을 그의 머리 위에 쌓게 될 것이다 (롬 12:20)"는 구절이 나오는데 이 말은 예수의 가르침을 바울이 보복이나 복수의 가르침으로 변질시킨 것이라고 말한다. 신은 인간의 죄를 사하기 위해 조건 없는 희생으로 그의 아들을 주었는데 바울은 이것을 증오의 환상에 빠져서 구세주의 십자가 죽음마저 이용하여 복수의 가르침으로 바꾸었다는 것이다. 내세의 보상과 심판 그리고 영생이라는 권력의 의지로 대치시켰다. 이런 바울을 가리켜 자신의 이런 인생관의 목적을 위해 구세주마저 수단으로 이용한 자라고 규정하기도 하며 파렴치한 인간이며 나아가서 스스로 원시기독교의 한 역사를 발명한 자라고 단정한다.[162] 그러니까 원래 종교는 감사의 한 형식인데[163] 소위 그 당시의 기독교는 예수의 종교가 아니라 바울의 종교이며 예수의 원수사랑을 가르치는 종교가 아니라 영혼불멸, 심판, 영생이라는 도그마를 가지고 바울이 오히려 원수를 철저히 심판하고 보복하는 종교의 창시자라는 의미이기도 하다. 마가복음 9장 42절에 나오는 "누구든지 나를 믿는 이 작은 자들 중 하나라도 걸려 넘어지게 하는 자는 차라리 자기 목에 연자방아 맷돌이 달린 채 바다에 던져지는 편이 낫다"는 구절에 대해 평가하

161　E. Fink, Nietzsches Philosophie, 136.
162　참고. 위의 책, 107.
163　F. 니이체, 안티크리스트, 38.

길, 니체는 이것이 대단히 복음적이라고 칭찬하면서 바울은 이러한 예수의 가르침을 거짓말로 "우리가 천사들을 심판할 것을 너희가 알지 못하느냐?(고전 6:3)"는 식으로 무섭게 과장과 거짓말을 하였다고 한다. 니체는 이러한 바울을 "모든 복수의 사도 중에서 가장 큰 자였다"고 혹평한다.[164] 더 흥미로운 점은 구약성경 레위기 15장에는 불결과 부정에 대한 모세의 글들이 나오는데 "어떤 여자가 유출을 할 경우 … 그 여자가 생리할 동안 그가 누웠던 모든 것이 부정하며 그 여자가 앉았던 모든 것도 부정하다(레 15:19-20)"는 글과 "여자가 임신하여 아들을 낳으면 그 여자는 칠일동안 부정할 것이니…(레 12:2)"라는 구절과 "만일 그 여자가 딸을 낳으면 두 칠일 동안 생리할 때와 같이 부정하다. 그 여자는 육십 육일 동안 피를 정하게 해야 한다(레 12:5)"는 등등의 유대교의 관례를 바울이 그대로 기독교에 가져와서 예수의 가르침을 재해석하면서 자신의 신념을 극대화시켰다고 보았다. 그러나 비록 니체가 유대교에 대해서도 약간은 조롱하였지만 그로 하여금 기독교를 혐오하게 한 것은 구약을 가지고 신약적으로 해석하였던 신약기자들과 바울, 나아가서 고대 교부들이나 현대 신학자들에게 저주의 초점이 꽂혀있다. "니체는 (구약에) 하나의 특정 설명을 던졌다 하더라도 역사적 기독교의 특수한 어떤 형태와 전투를 벌인 것이 아니라 신약과 바울이 구원과 새로운 창조에 대한 가르침과 함께 세상을 미워하고 생명을 거부하는 비판을 하는 한, 근원적으로 신약과 바울의 기독교 자체와 전투를 벌였다"고 주장했다면 틀림이 없다.[165] 그래서 니체는 "신약성경을 읽을 경우 손장갑을 끼는 것이 좋으리라는 것이다. 그렇게도 심한 불결에 접근하고 있다는 것은 … 우리는 불결한 유대인에 대하는 것과 똑같이 초대 기독교도들과도 교제하

---

164 위의 책, 120.
165 H. Noack, Die Philosophie Westeuropas im 20. Jahrhundert, Basel/Stuttgart, 1962, 60.

는 것을 좋아하지 않을 것이다"고 직언하면서[166] 바울이 바라는 것은 기독교의 복음적인 가르침이 아니라 세상의 지혜를 욕하는 것을 가르쳤다고 한다.[167] 신약에서, 특히 바울신학에서 계시의 사상이 강조되는데 니체는 "계시"야 말로 세상을 경멸하도록 하는 것이고 피안의 세계로 도피하라고 공갈치는 것이고 초감각적이고 신적인 지하세계로 인간들을 부르는 것으로 보았다. 니체는 현실의 생을 위해 이런 피안적인 세계관, 신약과 바울의 신학을 향해 독설을 퍼부은 것이다.[168] 피안적인 세계관은 과학과 의학의 지혜를 저주하고 생리적인 본능을 "타락"이라는 안경으로 보도록 한다. 그래서 신의 죽음에 관한 니체의 폭탄과 같은 발언도 역시 이런 맥락의 연속선에 서 있다. 니체의 저서 "즐거운 학문"에서 등장하는 "우리가 신을 죽였다. ... 우리 모두가 살인자다. ...신은 죽었다! 신은 죽은 채로 남아있다! 그리고 우리가 그를 죽였다!"라고 말한 것은 [169] 기독교의 영원한 적수로 새겨질 그의 저주라고 느낄 정도이다. 그러나 놀랍게도 니체의 기독교를 향한 무서운 저주 이면에는 기독교에 대한 좋은 면들도 인정하고 있다. 특히 그는 개신교보다 가톨릭 교회에 상당히 후한 점수를 주었는데 그 이유는 로마 가톨릭이 신화를 가지고 있다는 점과 교회의 수직성 제도(Hierarchie der Kirche)를 유지하고 있다는 점이다. 가톨릭 교회의 이 제도에 대해서는 니체는 이렇게 말한다: "(가톨릭)기독교는 인간적인 공동체의 가장 멋있는 형태를 조각해서 만들었는데 그것은 보다 높고 최고의 가톨릭 정신성의 형태이다."[170] 왜냐하면 이 제도는 권력의지의 상징이기 때문이었다. 그는 개신교 자체를 독일철학

---

166 F. 니이체, 안티크리스트, 120.
167 위의 책, 125.
168 참고. H. Noack, Die Philosophie Wesreuropas im 20. Jahrhundert, 60.
169 S. Daecke, Der Mythos vom Tode Gottes, Hamburg, 1970, 20.
170 K. Jaspers, Nietzsche und das Christentum, 1938, 7.

의 원죄라고 비난한 반면 불교에 대해서는 상당히 후한 점수를 배분한다. 불교는 기독교보다 몇 백배 현실적이고 우리에게 제시하는 유일한, 진정한 실증주의적인 종교라고 본다. 불교는 기독교와 달리 죄에 대한 싸움이나 보복을 말하지 않고 철저히 현실을 중요시하며 고통을 받아들이는 능력이 기독교보다 훨씬 강하다는 점이다. 어떤 명령도 없으며 강제성도 없고 아무런 싸움도 하지 않기 때문에 복수와 증오와 원한이라는 감정에 빠뜨리지 않는 것이 훨씬 기독교보다 고상한 종교라고 그는 보았다.[171]

요약 및 평가

1. 니체는 자신의 전제인 "권력에로의 의지"라는 시각으로 기독교와 여타의 종교를 보았다. 그런데 정작 "권력에로의 의지"가 무엇이냐 하는 질문에 명백한 답은 거의 주어지고 있지 않다는 점이 문제이다. 카우프만(W. Kaufmann)은 두 가지로 설명하는데 하나는 이 개념을 정확하게 말할 수 없는, 하나의 노력(Streben)이라고 하면서 타인에 대한 공격성에로의 의지이든지 아니면 자기실현에로의 의지든지 둘 중의 하나라고 본다.[172] 그러면서 카우프만은 후자에 더 무게를 두는데 "자기 자신을 극복하며 완성시키려는 바로 그 노력이다"고 주장한다.[173] 사실 카우프만의 주장도 일리 있다고 본다. 니체의 저서 "짜라투스트라"에서 "탄생의 의지는 힘에로의 의지의 한 예로 간주된다"고 말하기 때문이다.[174] 물론 니

---

171 참고. F. 니이체, 안티크리스트, 46-49.
172 W. Kaufmann, Nietzsche, 289.
173 위의 책, 289.
174 위의 책, 290.

체의 사상 가운데 주인의 도덕의 개념은 힘이 약한 자에 대해 상당히 공격성이 강한 성향이 있기는 하지만 그의 전체적인 사상에는 인간의 본질 혹은 본성 자체가 힘에의 의지이기 때문에 타인에 대한 공격성은 그의 사상에서 나타나는 하나의 작은 열매로 보인다. 그 예로 니체는 자기실현에 속하는 고통을 강조했다는 점에서도 나타나기 때문이다.[175] 만약 힘에의 의지가 자기실현의 의지라고 한다면 여기서 니체의 "힘에의 의지"가 무엇인가에 대한 결정적인 대답을 찾을 수 있다. 카우프만의 주장대로 "그것은 이 충동이 자기 스스로 자신을 실현시키려는 에로스라는 사실을 의심 없이 허용한다"는 말에서 설득력을 찾는다.[176]

2. 여기서 특히 기독교를 저주한 것은 역설적으로 기독교에 대한 애정이 약간이라도 남아있었기 때문은 아닐까 하는 의문이 들기도 한다. 이런 의문에 야스퍼스(K. Jaspers)와 하이데거(M. Heidegger) 그리고 뢰비트(K. Löwith) 같은 이들은 긍정적으로 니체를 이해하려고 했다. 야스퍼스의 니체에 대한 입장은 니체 철학이 스스로를 극복하려는 철학이며 목포가 없는 불안의 철학이고 절대적인 부정의 철학이며 조직가로 살기 원치 않았고 고향이 없는 철학이라고 평가한다. 그러면서도 야스퍼스는 니체를 현대에 새롭게 해석해야 한다고 주장하면서 니체의 철학에 대한 긍정적인 면을 제시한다. 니체는 적어도 성경의 역할은 긍정했다고 한다. 목회자 가정이라는 경건한 부모들에게서 태어나서 성경을 통해 완성된 기독교인의 고귀한 인간방식을 니체도 보았다고 한다. "어떤 의미에서 진실함과 그것으로 인한 기독교를 만들었던 가정에서 태어난 것에 나는

---

175 참고. 위의 책, 293.
176 위의 책, 298.

영광스럽게 생각한다"고 말했던 니체의 말이 그 증거라고 한다.[177] 그럼에도 불구하고 목사를 "음험스러운 난쟁이"니 "기생충 같은 방식의 인간"이라고 혹평한 것이나[178] 기독교가 죽음을 원수로 여기는 것에서 니체는 교회가 인간의 모든 고상함을 땅으로 끌고 내려온 장본인인 것으로 보았다.[179] 사실 예수는 어떤 고정된 것에 무관심했는데, 고정된 것은 사람을 죽이는 것임을 잘 알았기 때문이었다. 예수는 자유정신을 가진 자로 가장 내적인 것을 말했다. 예수는 세상을 부정할 만한 이유를 가지고 있지도 않았으며 세상 교회라는 교회적 개념을 예감한 적도 없었다. 그리고 복음서는 죄나 형벌의 개념이 별로 없었고 오히려 축복이 유일한 현실이었다. 그런데 단지 사도들과 바울 그리고 이후의 교부들에 의해 실재성들이 유린되고 왜곡된 생에의 의지를 니체는 강하게 혐오하고 기독교를 비하하였다고 본다. 그래서 야스퍼스는 니체철학이 기독교의 근원을 추적했으며 새로운 세계관을 찾는 시도라고 보았다. 니체의 "아무 것도 참된 것은 없다. 모든 것이 허용된다"는 말을 가지고 야스퍼스는 적어도 니체의 사유가 단순히 자기파괴였다면 그리고 그 어떤 진리도 세상에 없다면 그 자체가 허무주의인데 반대로 니체의 의지는 오히려 이런 니힐리즘을 대항하는 운동이었다고 평가한다. 그리고 그렇게 혐오했던 기독교를 제거하거나 잊어버린 것이 아니라 오히려 그것과 함께 성숙하는 인간존재의 보다 높은 계열, 보다 나은 세계관을 요구했다는 것이다.[180] 그리고 신의 죽음을 선언한 니체의 선언도 사실은 기독교의 십자가 죽음으로 대변되는 신의 죽음을 의미하는 것이 아니라 신을

---

177 K. Jaspers, Nietzsche und das Christentum, 1938, 6.
178 위의 책, 6.
179 참고. 위의 책, 7.
180 K. Jaspers, Nietzsche und das Christentum, 69.

죽였던 인간을 저주한 것이었다. 그들과 니체 자신을 포함하여 "우리 모두가 그를 죽인 살인자"라고 했기 때문이다.[181] 당시의 퇴폐적이고 부패하였던 신의 상징을 겨냥하였고 특히 기독교 전통에 의해 형성된 그리스도의 상징들에 대한 비판이라고 말하는 자도 있다.[182] 이런 주장도 어느 정도 일리가 있는 것은 인간은 결코 살아계신 신을 죽일 수 없다. 그런데도 신이 죽었다는 것은 신 자체가 인간을 위해 조건 없이 스스로 자기 희생을 하였는데 그것을 가지고 인간이 소위 신학과 전통, 신앙고백 등으로 채색하여 그로 인해 자연으로부터 부여받는 인간 본능과 생을 희생시킨 자들이 신의 실재성을 사라지게 하였고 마치 일식으로 해를 가리는 것처럼 흑암의 세계로 이 세상을 만들었다는 의미가 강하다고 느껴진다. 하여간 "신이 죽었다. 그리고 기독교적인 신을 믿는 신앙은 불신적인 적이 되어버렸다고 하는 가장 큰 사건은 전율과 충격으로 하나님을 죽인 살인자, 모든 살인자 중의 살인자로 성립된다"는 주장 이면에는 신의 위치를 찬탈한 인간을 겨냥한 말이며 인간이 신의 자리를 빼앗았으면 차라리 스스로 신이 될 수 있는 인간의 의식된 자유를 가져야 한다는 것을 말하고 있는 것인지도 모른다.[183]

3. 하이데거(M. Heidegger)는 니체를 존재와 가치를 혼동한 자로 본다. 단적으로 말해 니체를 가리켜 형이상학을 전적으로 부정한 자로 간주한다. 신이라는 존재는 분명 형이상학의 주제인데 니체는 이것을 인간에게 유익한 어떤 특정의 "가치"의 문제로 전환시켰기 때문에, 니체 이후로 형이상학의 주제인 초감각적인 존재를 취급하는 형이상학이 인간정

---

181 S. Daecke, Der Mythos vom Tode Gottes, 21.
182 예를 들어 S. Daecke가 그와 같이 주장한다. 참고. 위의 책, 22.
183 참고. 위의 책, 22-23.

신에 이제는 뒤집고 들어갈 여건이 되어 있지 않는다고 보았다. 그래서 하이데거는 플라톤에서 비롯되어 니체까지의 이어온 서구사상, 즉 서구 정신사의 역사를 형이상학의 종말이라고 간주한다. 형이상학의 종말은 곧 허무주의인데 니체에 의해 유럽의 허무주의가 대두되었다고 본다. 하이데거가 니체를 어떻게 보았는지 알기 위해 우선 그의 관심을 알아야 할 것이다. 하이데거의 사유의 초점은 존재자와 존재를 구별하여 존재를 규명하는 것인데, 전기 사상은 실존이 존재를 향하여 의미를 찾는 것에 있다면 후기 사상은 반대로 존재가 실존을 향하여 자신을 비추는 데 있다고 하겠다. 그러나 그의 전체 사유는 존재와 "무"에 있으며 "무"는 존재의 심연 혹은 존재의 심장이었다. 그러니까 존재와 "무" 그리고 실존 사이의 삼각관계에서 생의 의미를 찾으려 했던 사유라고 규정할 수 있겠다. 이 과정에서 플라톤에서 출발하여 니체에 이르기까지의 철학은 존재자를 존재로 혼동한 철학의 역사이며 이로 인해 존재가 탈락해 버리고 그 자리에 존재자가 마치 존재인 것처럼 취급되고 사유되어 온 것이 서구 정신사이며 이는 곧 "존재상실의 역사"로 하이데거는 간주한다. 존재를 존재자로 오해한 사유의 출발점은 플라톤의 이데아론인데 거기에서 존재가 '인간에게 유용한 어떤 것'으로 시작하여 아리스토텔레스의 제일원인(causa prima)으로 발전하였으며 스콜라주의에서의 진리개념인 "참된 것은 확실한 것(ens verum est ens certum)"이라는 도식에서 존재가 '확실한 어떤 무엇'으로 변질되었다. 그러다가 데카르트에서는 '생각하는 나(cogito)'에 의해 규정되어야 할 어떤 것으로 발전하였으며 칸트에게 와서 인간 양심 속에 있는 어떤 율법적이고 명령하는 법(kategorischer Imperativ)으로 인간 속에 내주하게 된다. 그러다가 헤겔에게 와서 존재는 사유하는 주체와 동일시되면서 '절대정신'이라는 이름으로 추상화된다. 이런 과정 속에서 니체에 이르러 존재가 하나의 특정 가치로 동일시되면서 '동물성(animalitas)'으로 아예 땅에 내려앉았다고 하이데거는 진단한다. 이런 과정의 역사에서 니체철학의 신의 죽음은 서구 형이상학에 종지부를 찍었으며 이 과정을 하이데거는 존재상실의 역사로 간주한다.[184] 그러니까 니체야 말로 서구 형이상학의 마침표이며 종결이 된다. 기존 형이상학과 기존 기독교를 허물면서 새로운 가치를 찾기 위해 '권력에로의 의지'라는 카드와 '신의 죽음'이라는 카드를 니체가 사용했다는 것이다.[185]

4. 여기서 니체의 철학이 한국 기독교에 대해 무엇을 말해주고 있을까를 숙고해 볼 필요가 있겠다. 만약 니체와 한국 개신교와 무슨 상관이 있느냐고 묻고 의문을 가진다면, 서구 정신사에서 개신교의 몰락을 무심하게 보고 그 의미를 간과하겠다는 것과 같을 것이다. 한국 개신교의 현주소가 니체와 같은 냉혈한 비판가의 눈에 어떻게 비치는지를 알고 그들의 비판을 겸허하게 성찰하는 겸손도 가져야 하기 때문이다. 사실, 니체 당시의 기독교가 지금 한국의 기독교보다 더 불결해졌는지 아니면 깨끗해졌는지는 명확하게 규정할 수 없다. 그러나 시대와 상황이 변해도 변하지 않는 것이 있다면 죄인을 사랑하시는 하나님과 인간의 죄성은 그다지 별로 변하지 않는다고 우리는 믿는다. 니체가 만약 지금의 한국 기독교를 보았다면 무슨 말을 했을까? 우리는 니체가 '신의 죽음'을 주장했다고 그를 단순히 지옥의 자식이나 마귀라고 볼 수도 있을 것이다. 그래서 그의 종교비판, 특히 기독교 비판을 전혀 들을 가치조차 없다고 여긴다면 오히려 우리의 교만이 지나치다고 여겨진다. 물론 니체의 근본

---

184 참고. S.H. Han, Die Wirklichkeit des Menschen im Personalismus Martin Bubers, Ferdinand Ebners, Emil Brunners und Friedrich Gogartens, Hamburg, 2001, 28-39.
185 참고. J. Hirschberger, Geschichte der Philosophie, Freiburg/Basel/ Wien, vol. II, 1981, 525-526.

전제는 기독교 신앙이 아니라 인간적인 신념, 즉 힘에로의 의지이다. 살려는 욕구가 니체의 인간관의 핵심이라면 거기에서 나온 모든 말들도 분명 인간적일 수밖에 없다. 그렇다고 기독교를 저주했던 니체의 주장은 전혀 들을 가치가 없다고 할 수 있을까? 오히려 반대로 생각해 볼 수는 없을까? 즉 니체 같은 인간적인 눈에 보이는 지금의 한국교회는 과연 그가 그렇게 비판했던 비판의 대상에서 자유로울 수 있을 정도로 깨끗한가? 아니, 니체를 기독교의 마귀라고 정죄할 만큼 한국교회는 맑은가? 만약 한국교회가 순수한 하나님의 복음을 상실했다고 여겨진다면 신학자가 비판하는 것보다 반신론자인 니체의 비판이 더 정당하지 않을까? 신학자들과 목사들은 어차피 한국교회의 편에 서 있기 때문에 자신들이 기독교를 비판해도 그 비판은 한계가 있을 것이다. 우리 같은 신학자들이 기독교를 비판해도 우리는 이미 기독교화된 인간들이고 그 비판은 기독교적으로 비판할 수밖에 없는 한계를 이미 가진다. 즉 이미 객관성을 잃은 비판이라고 할 수 있겠다. 그러나 니체 같은 반신론자의 비판은 기독교적인 비판이 아니라 반기독교적인 비판이며 이것 역시 물론 자신의 주관적인 입장에서 비판하기 때문에 객관성을 가지지 못한다. 기독교적인 비판이나 반기독교적인 비판의 차이는 사랑이라는 점에서 차이가 있다. 전자는 사랑하기 때문에 비판하는 태도를 취하며 후자는 미워하기 때문에 비판한다. 그럼에도 불구하고 그 미움에는 과장은 있을 수 있지만 위선이나 거짓이 오히려 적을 수 있다. 사랑하는 마음에서 나오는 비판은 과장은 적을 수 있지만 잘못하면 위선이나 거짓이 될 가능성이 높다. 마치 연인들이 사랑하기 때문에 헤어진다고 말한다면 그것은 위선이나 거짓이다. 사랑하기 때문에 헤어진다는 것은 아무리 복잡한 사연이 있다 해도 언어의 유희이며, 과장은 없지만 위선이고 거짓이다. 그러나 미워하기 때문에 헤어진다고 한다면 과장이 있지만 위선과 거짓은 아니다. 밉고 싫기 때문에 헤어져야 한다면 어찌 그것을 위선이라 말할 수 있으며 거짓이라 할 수 있겠는가? 연인의 헤어짐은 미움이나 사랑 없음으로 인해서만 가능하다. 그것이 진실이고 정직이다. 이런 점에서 보면 니체는 기독교를 참으로 싫어했고 미워했다. 그는 무신론자가 아니라 신을 적대한 반신론자이다. 이런 그의 기독교 비판은 상당히 과장되어 있다는 것도 간과할 수 없다. 그러나 그의 비판은 적어도 위선적이고 거짓되지는 않다고 본다.

5. 최근 한국교회를 이끌어가는 대형교회 목사들이 취하고 있는 행위들은 대단히 위선적이고 거짓되다고 느껴진다. 특히 니체가 뜨겁게 강조했던 '권력에의 의지'를 유감없이 개신교 교회 목회 현장에서 여과 없이 드러내고 있다. 개신교 목사이고 니체를 저주의 자식이라고 치부하는 그들이 오히려 니체가 내세우는 '권력에의 의지'에 집착하고 있다는 모순이 지금 한국 개신교 목회자들 사이에 있다. 학위에 대한 콤플렉스로 인해 그것이 불법인 줄 알면서도 학위를 받거나 성전건축이라는 거창한 명분을 내세워서 각종 정치 이권에까지 상당한 영향력을 가지려 한다. 좋은 차와 좋은 집 그리고 많은 성도들이 모인 교회와 나아가서 많은 헌금이 나오는 교회를 목회자들은 내심으로 최고의 성공한 교회로 당연히 알고 있는 듯하다. 불법이라는 것을 알면서 수천억을 들여 예배당을 지으려고 하는 과정에서 1조원이 가까운 막대한 성도들의 헌금이 어떻게 사용되었는지 전혀 밝히지 않는가하면, 표절로 박사학위를 받고서도 그것이 정당하며 떳떳하다고 생각하는 목사도 있다. 자신의 명성을 이용해서 성도들의 피와 같은 헌금들을 자기 자식의 회사에 불법으로 넘겨주는 목사도 있다. 이들은 한결같이 자신과 성도들에게 반성은커녕 오히려 자신과 성도들을 기만한다. 과거에 외쳐대었던 그들이 말하는 복

음이 지금 그들이 행하는 행위들과 일치한다고 그 누구도 인정하지 않을 것이다. 그들 자신들만 인정할 뿐 불신자들과 성도들도 그렇게 믿지 않는다. 과연 이런 자들이 기독교의 하나님을 사랑한다고 할 때 우리가 감동을 받겠는가? 제단에서 입으로 나오는 모든 말들이 당연히 신의 말인 것처럼 독선적으로 외쳐대도 듣는 자의 신앙이 없다면 그것은 일종의 개인적인 철학강론에 불과하다는 것은 누구나 잘 안다. 그런데도 개인의 삶의 철학을 신의 말씀으로 스스로 믿기도 하고 동시에 남들로 하여금 그렇게 믿게 하면서, 위선으로 포장하여 교회의 개혁을 위해 목 놓아 외치기도 한다. 그런 위선자들이 목청을 돋우어서 기독교를 비판한다고 해도 그들의 비판은 기독교를 사랑하기 때문이 아니라 반대로 오히려 기독교를 미워하는 데서 나온 것이 분명하다. 인간이 하나님을 진정으로 사랑한다고 할 때 거기에는 비록 과장은 있어도 위선이나 거짓은 없을 수 있다. 하나님을 위선으로 사랑하는 자들은 그렇게 많지 않을 것이다. 그러나 권력을 사랑하면서, 다시 말해 니체의 반신론적 철학의 핵심인 권력에 집착하면서 하나님을 사랑한다고 스스로 믿거나 성도들로 하여금 믿게 하는 것은 위선이고 거짓이다. 니체가 개신교 목사들을 '음탕한 난쟁이'니 '기생충'이라고 저주했는데 이런 위선적인 한국 개신교의 목회자들에게는 니체의 비난이 별로 과장되었다고 보이지 않는다. 니체는 기독교를 미워하고 싫어했기 때문에, 표현에 있어서 과장은 했지만 그 표현은 위선과 거짓은 아니다. 그런데 니체가 음탕하고 기생충이라고 저주했던 그 방식, 즉 속으로는 권력과 힘에로의 의지를 추구하면서 겉으로는 목사로 혹은 신학교수로 기독교를 사랑한다고 한다면, 그야말로 니체보다 더 거만하고 위선적이다. 니체는 기독교를 미워했기 때문에 기독교를 저주했다면 지금 한국 개신교 상당수의 대형교회 목사들의 권력지향적인 그리고 힘에로의 의지 추구는 기독교의 하나님을 사랑한다 하면서 내용적으로는 기독교의 순수정신을 말살하는 행위이기 때문에 더욱 부정직하고 허구적이며 모순적이다. 사랑하기 때문에 저주하는 경우가 있고 미워하기 때문에 저주하는 경우가 있다. 전자는 비판 속에 올바르고 순수한 길을 인도하려는 사랑하는 마음이 담겨있지만 후자는 비판 자체가 곧 미움의 산물이다. 속으로는 힘과 권력을 추구하면서 겉으로는 기독교의 하나님을 높여대고 그리고 이를 위해 목의 힘줄을 세워서 외쳐대지만 오히려 그 정신은 기독교를 진심으로 사랑하는 마음에서 나온 것이 아니라 반대로 기독교를 미워하는 마음과 일치한다. 신학을 한다하면서 혹은 목회를 한다하면서도 복음의 순수함을 내버리고 오히려 그것을 권력을 세우는 도구로 삼으면서 거짓과 위선으로 아는 체 하며 권력을 지향한다면, 니체가 그렇게 혐오했던 저주의 말들, 즉 그들은 '음탕한 난쟁이'이고 '기생충과 같은 자'라는 지적이 그다지 틀리지 않는다. 이렇게 이해하면 이런 모순적인 도식이 생긴다. 지금의 한국교회를 이끄는 소위 종교지도자들이 속으로는 힘과 권력을 추구하면서 겉으로는 '주의 사자'와 같은 흉내를 내면서 거짓과 위선으로 이웃과 사회를 혼미하게 한다면, 이들의 행위들은 실상 기독교를 미워하는 마음에서 나온 행위들이라 할 수 있고 오히려 니체가 토해 내는 저주들은 차라리 기독교를 사랑해서 나온 말들이라는 모순에 빠진다. 물론 대다수의 목사들의 마음은 이런 특정의 목사들과 다르다는 것은 잘 안다. 그러나 소수의 대형교회 목사들의 힘과 권력에의 추구가 미치는 사회적인 영향력은 결코 적지 않다. 니체의 '신의 죽음'을 가지고 니체를 지옥의 자식이라고 저주하면서 영광의 신학(theologia gloriae)을 주절대는 이런 목회자들은 차라리 니체의 저주들이 담겨있는 니체의 저서들을 읽고 스스로 자신의 마음을 들여다보는 것이 하나님 앞에서 겸손한 태도로 비친다. 그러나 이런 겸손의 여지가 조금이라도 있었다면 니체가 저주했던 길을 가지는 않았을 것이다. 이것이 불행한 한국교회의 현실로 비친다. 개신교를 혹독하게 저주하였던 니체의 사상을 한국 개신교 종교지도자들이 속으로는 이미 가지고 있는 것이 아닌가? 과연 이 모순을 어떻게 풀 것인가? 한국 개신교 종교를 이끌어가는 종교지도자들의 영혼은 니체의 '권력에의 의지'의 사상을 가지고 있다. 그러면서 이들은 니체를 저주받은 자로 정죄할 것이다. 얼마나 모순적인가? 이 모순을 극복한다는 것은 곧 니체를 극복하는 것과 별반 차이가 없는 것처럼 보인다. 니체의 저주 아래에 있는 한국교회 개신교 교회들! 순수한 복음이 무엇인지는 제대로 알기나 할까? 알아도 실천할 수 있을까? 실천한다고 해도 자신을 완전히 희생할 만큼 낮아질 수 있을까? 성도들에게 머리를 숙이는 정도를 겸손으로 여기면서 내면으로는 니체가 가졌던 힘과 권력을 추구한다면 니체보다 더 사악한 야누스적인 태도가 아닌가?

제 3 장
개신교에 대한 신학적인 비판

1. 칼 바르트: 종교는 불신앙이다!

(1) 로마서 강해: 신은 하늘에! 인간은 땅에!

1. 20세기 신학을 논하자면 적어도 유럽에서는 바르트(K. Barth)와 불트만(R. Bultmann) 그리고 틸리히(P. Tillich)를 빼놓고는 해야 할 말이 크게 줄어든다. 그만큼 이 세 사람의 신학들이 직접적으로 혹은 간접적으로 20세기 신학사에서 차지하는 비중이 크기 때문이다. 그 가운데 바르트를 가리켜 "누군가가 20세기 개신교 신학에 대해 말하고자 한다면 그 출발점 이후에 더 이상 시도할 필요가 없는데, 그 출발점은 바로 칼 바르트와 함께 주어진다"는 말과 "칼 바르트와 함께 20세기 신학은 시작된다"

는 말은 빈 말은 아닌 듯하다.[186] 계몽주의 이후 칸트가 종교를 인간의 도덕성에서 찾았고 헤겔이 종교를 이성의 산물로 삼으면서 종교를 합리성의 산물로 여겼다. 19세기의 이런 합리적 사변주의에 대항하여 슐라이엘마허가 종교를 개인의 마음에 있는 감정과 그 감정에서 기인되는 경건성에서 찾았다. 20세기의 인물인 바르트는 당시의 자유주의를 상대로 기독교를 정통주의로 다시 복귀시키려고 했다. 이런 그의 신학을 가리켜 신정통주의라고 부르는데 이런 그를 신정통주의의 원조라고 해도 그리 과장되지 않는다. 이렇게 바르트가 신학사에서 중요한 인물로 취급되는 이유는 당시의 정치, 사회적인 면도 있다. 계몽주의를 이끌었던 칸트에게서 인간 이성의 신적 능력을 발견했고 헤겔에게서 인간의 정신이 신의 정신과 동일시되는 범신론과 이신론의 철학을 유럽은 이미 맛보고 있었다. 정신적으로는 역사 속에서 인간과 신이 하나라는 범신주의가 지배적이었으며 모든 학문들은 낙관적이고 사변주의 정신에 지배받고 있었다. 그 후 1914년에 1차 세계대전이 터졌는데, 1899-1900년 겨울학기에 베를린 대학의 교수였고 당시 "기독교의 본질"이라는 책을 써서 상당한 정치적 권력을 쥐게 된 하르낙(A.v. Harnack)과 그 자신의 동료들과 함께 가진 생각들은 낙관적인 관념주의 사상에 깊이 빠져 있었다.[187] 하르낙이 "기독교의 본질"이라는 자신의 강연저서에서 말하고 싶었던 점은 "오로지 역사적인 의미(im historischen Sinn)에서, 즉 역사학(die geschichtliche Wissenschaft)과 경험된 역사에서 수반되는 생의 경험의 수단과 함께 고양된다"는 말에서 잘 드러난다.[188] 역사나 신, 정신 그리고 종

---

186 H. Zahrnt, Die Sache mit Gott, Stuttgart, 1966, 15.
187 바르트의 스승들은 사실 헤르만(W. Herrmann)과 하르낙(A.v. Harnack)이었다. 독일 Marburg 대학에서 "잊지못할 선생"으로 헤르만을 들었고 베를린 대학에서 하르낙에게서 배웠는데 이 스승들로부터 의도적이기보다 무의식적으로 개혁주의적인 방향에 접목되었다고 한다. 그러다가 이런 자유주의 신학들에 회의를 가지게 된다. 참고. 위의 책, 19.
188 M. Greschat(Hrsg.), Theologen des Protestantismus im 19. und 20.Jahrhundert, vol.1, Stuttgart/

교, 문화, 신앙과 사유 등의 여러 정신적인 문제들에 대해 그들은 계몽주의와 이상주의적인 관념론에 젖어있었다. 대학들에선 역사에 대한 경외가 일어났었고 특히 역사비평적인 방식이 성경과 기독교의 여러 가르침들을 해석하고 있었고 점차로 이런 방식들이 하나의 세계관을 이루게 되었다. 이 시기에는 신약학이나 구약학도 오로지 역사적인 문제에 한정되어 설명되었고 더 나아가서 역사신학은 예전에 없는 전성기를 맞는다. 역사를 탐구하는 방법도 "역사비평의 방식"인데 이 방식이 성경신학까지 유입하게 되었다.[189] 헤겔의 제자인 슈트라우스(D.F. Strauß: 1808-1874)는 헤겔의 변증법을 신학에 도입하여 소위 복음서의 "신비"를 설명하면서 초자연적인 사건들의 역사성을 주장하는 정통적 초자연주의(테제)에서 예수의 생애를 자연적으로 파악하려는 합리주의(안티테제)로 흘렀다가 복음서에서 설명할 수 없는 것들을 "신비(종합)"라는 형태로 이해하려고 했다는 식으로 예수의 생애를 풀이한다. 오버벡(F. Overbeck: 1837-1905)는 자신의 저서 "예수의 생애"를 통해 슈트라우스와 정 반대로 기독교 신앙은 역사적인 지식에 의존하지 않는다고 하면서 신비란 이런 신앙의 표현수단이라고 밝힌다. 그러나 오버벡의 이런 주장도 역사비평의 방식에 따라 성경을 이해해야 한다는 데는 동의하는 점에서 슈트라우스와 큰 차이가 없다. 아이호른(A. Eichhorn), 부셋(H. Bousset), 그레슈만(H. Greßmann)을 중심으로 모인 소위 종교사학파와 그들의 수장이라고 불리는 궁켈(H. Gunkel)은 성경을 타종교들과 문화와의 관계 속에서 이해하려고 하였는데, 특히 그는 성경에 담긴 신비의 고유성을 현상학적으로 보면서 이스라엘의 신앙의 연속선에서 설명하였다. 창세기 1장의 창조를 바빌로니아 창조신화에서 유추하면서 상당한 논쟁을 일으켰는데 구

Berlin/Köln/Mainz, 1978, 207.
189 참고. E. Hübner, Evangelische Theologie in unserer Zeit, Bremen, 1966, 16-17.

약을 형식과 장르로 구분하여 성경의 신비들은 하나의 "전설(Sage)"로 간주하면서 소위 양식사학적 비평(formgeschichtliche Kritik)을 이끌었다. 그 외에도 바우어(F.C. Baur)는 신약을 헤겔의 변증법적인 방식으로 분류하면서 예수의 가르침은 신약의 전제에 불과하지, 신약 자체는 아니라고 주장하기도 하였는데 달리 말하면 신약은 예수의 육성(viva vox Jesu)을 가지고 있지 않다는 것이다. 켈러(M. Kähler)는 신약이 교회를 세우려는 설교의 집합이라고 하였으며, 1906년 "라이마루스에서 브레데까지 예수 연구사"라는 저서로 지금까지의 역사적 예수문제를 학문적으로 취급한 슈바이처(A. Schweitzer)는 복음서 기자들이 예수에 대한 연대기에는 관심이 없었으며 오로지 예수가 자신을 메시아로 의식했는가 하는데 관심을 가진다고 주장하면서 기독교의 역사는 파루시아, 즉 종말의 지연(Parusieverzögerung)에 기인한다고 하였다.[190] 이렇게 19세기에서 20세기 초까지는 성경이 역사비평의 방식으로 분해되고 조립되고 설명되는 시기였다. 역사–종교비평의 방식에 의하면 성경은 하나님의 말씀이 아니라 단지 인간의 신앙을 기록한 문서들이 되어 버리고 나아가서 다양한 사본들의 편집들로 이루어졌다고 하는 문서비평과 자연히 이어진다. 그러면 신학은 더 이상 하나님과의 인격적인 만남을 위한 학문이 아니라 하나의 종교학이 되어버린다. 바르트 당시의 신학은 이른 바 신학은 종교학이라는 등식이 성립되는 시기였다. 더구나 당대의 지성이라 불리는 하르낙과 바르트의 결정적인 차이는 "어떻게 기독교 신앙이, 어떻게 신학이 역사적 지식과 비평적인 숙고 없이 있을 수 있겠는가?" 하는 하르낙의 질문에 대해 신앙은 역사비평적인 지식과 무관하게 주어지는 계시

---

190 상세한 사항은 위의 책, 19–50까지 참고하면 좋겠고 G.F. Hasel, New Testament Theology: Basic Issues in the Current Debate, 신약신학: 현대논쟁의 기본이슈들, 권성수 역, 서울, 엠마오, 2001, 19–56을 참고하면 더 좋겠다.

의 하나님의 은총이며 신학은 그 은총을 숙고하는 학문이라는 바르트의 응답에서 분명하게 드러난다.[191] 무엇보다 하르낙은 당시의 황제의 부름을 받아 92명의 지식인들의 수장이 되어 독일이 일으키는 세계대전의 정당성을 서명하는, 소위 "지식인의 서명" 사건을 이끌어내었는데 아마도 그들의 생각에는 전쟁이 신의 자기실현을 위한 필요한 것이라고 생각했던 것 같다. 여기에 서명한 저명한 학자들로는 신학자 계열에는 헤르만(W. Hermann)과 다이스만(A. Deismann), 나우만(F. Naumann), 제베르크(R. Seeberg), 슐라터(A. Schlatter) 등이 있었고 철학자들 중에는 빈델반트(W. Windelband), 유켄(Rudolf Eucken), 분트(W. Wundt) 등이 여기에 가담했으며 역사가 중들에는 메이어(Eduard Meyer), 렘프레히트(K. Lamprecht), 뮐렌도르프(U.W. Moellendorff)가 있었고 렌트겐(W. Röntgen), 프랑크(Max Planck), 헥켈(E. Haeckel), 오스트발트(Wilhelm Ostwald), 클링어(Max Klinger), 하우프트만(Gerhart Hauptmann), 라인하르트(Max Reinhardt) 등과 같은 자연과학자들도 동조했는데 이런 지식인들의 국가주의 동조에 격분한 자들이 있었는데 야스퍼스(K. Jaspers), 틸리히(P. Tillich), 브룬너(E. Brunner)와 바르트(K. Barth)가 그들이었다.[192] 특히 바르트는 40년 후에 이 일을 기억하면서 92명의 저명한 지식인들이 황제 빌헤름 2세의 전쟁정치의 자문 역할을 했던 이것을 탄식하면서 그들의 윤리학과 교의학 그리고 성경해석, 역사의식에 더 이상 따를 수 없었음과 19세기 신학은 더 이상 미래가 없다는 것을 깨달았다고 술회하였다. 당시 스위스의 작은 마을 자펜빌(Safenwil)의 목사로 사역하였던 바르트는 학창시절 여러 대학교에서 배웠던 역사의 경외심을 역사비평방식으로 해결하려는 자유주의자들과 종교사학적인 학문들이 실제의 목회나 설교에 전혀 도움이 되지 않음을 절실하게

---

191 M. Greschat(Hrsg.), Theologen des Protestantismus im 19. und 20.Jahrhundert. 199.
192 H. Zahrnt, Die Sache mit Gott. 16.

깨닫게 된다. 그래서 바르트는 역사의 경외심을 '하나님의 말씀에 대한 경외'로 방향으로 바꾸기 시작한다. 이런 바르트가 극한 정치사회적인 분위기에서 종교사회주의 운동 쪽으로 동조하는 것은 지극히 당연했을 것이다. 그는 특히 헤겔철학이 국가주의 혹은 제국주의에의 기본 철학이 되는 위험을 항상 인식했으며 그 도구로 기독교가 사용되는 것을 늘 신학적인 통찰로 비판하려고 하였다. 그는 기독교의 진리가 사회적으로나 정치적으로나 국가통치의 철학으로 사용되는 것에 항상 예리한 눈으로 그 위험을 지적하려 했다. 그래서 그의 신학도 이런 바탕에서 형성되었으며 특히 종교에 대한 비판도 이런 맥락에서 부각된다. 기독교의 진리가 특정인의 아이디어와 결합하면 반드시 기독교의 진리는 특정 인간의 도구로 사용되며 복음이 특정인의 아이디어가 되는 한, 이데올로기의 성향을 반드시 가진다고 그는 확신하였기 때문이었다. 그래서 그는 그 어떤 형태의 국가 정치적인 이데올로기에 기독교가 도구로 전락하는 것을 묵과하지 않았다. 독재자의 국가 통치이념에 교회가 동조하였고 무엇보다 기독교 가르침들을 리드하는 종교인들이 앞장서서 세계대전을 정당화시키는 시녀가 되었다는 점에서 바르트는 엄청난 충격과 우려를 가졌다. 그래서 그는 독일 나치즘에 의해 뭉개지고 변질되고 있는 기독교의 진리를 무엇보다 올바르게 제자리에 세우려고 했으며 이와 동시에 독일 국가주의를 향해 맹공격을 퍼부었다. 그와 동시에 신학은 하나님의 말씀을 위해 신앙적이고 책임있는 학문이 되어야 한다고 확신하였다. 여기에 동조했던 바르트의 동료들 중에는 브룬너(E. Brunner)와 고가르텐(F. Gorarten) 메츠(G. Merz), 투루나이젠(E. Thurneysen) 등이 있었다. 바르트가 왜 신학적인 칼을 세워 국가주의철학과 관념적인 신학과 싸우려고 했는가를 누군가가 물어보았는데 이 질문에 바르트는 "설교자로서 자신의 사명을 해야 한다는 내적인 강한 압력을 느꼈다"고 말하였다.[193] 그는 이 사명을 꾸준히 실천하였으며 그의 대적들은 인간의 이성을 척도로 신학을 규제하려는 자유주의자들과 소위 형식과 위선에 가득 차 있는 종교가들이었으며 이들을 향하여 전투적인 자세로 투쟁한다. 바르트가 당시 나치의 도구로 전락한 개신교와 투쟁하던 중이어서 종교는 인간의 자만의 표현이며 그 자만으로 신적인 것에 도달하려고 하는 시도로 여기고 있었다. 그의 종교비판은 바로 이런 상황적 배경에서 기인한다고 할 수 있겠는데 이런 점 때문에 바르트의 신학이 소위 "신정통주의"라고 불림을 받는다.[194] 20세기 개신교 신학에 큰 영향을 준 바르트와 불트만은 사실 같은 동료로서 출발했지만 후에는 결별하게 되는데 골비처(H. Gollwitzer)가 불트만과 바르트의 차이를 흥미롭게 표현한다. 불트만은 신의 객관적인 실재성으로 향한 신앙고백은 기독교적인 의미에서 신앙의 필연적인 진술이 되는 것에 관심이 없었고 오로지 신앙의 진술이 가능한가 하는 문제에 집중하면서 신에 대해 오로지 간접적으로 인간과 관련하여 진술할 수 있다고 확신한 반면 바르트는 신학이 신에 대해 유일하게 직접적으로 묻는 교의학적인 학문으로 생각했다는 데서 차이를 말한다.[195] 말하자면 바르트 신학의 출발점은 교리적인 기독교의 유산들이 교의학적으로 교회를 위해 어떻게 사용되어야 하는지에 초점이 맞추어져 있다고 할 수 있겠다.

2. 바르트의 신학은 두 가지의 사상들에게서 형성되었다고 할 수 있겠다. 하나는 위기신학이라 불리는 신학적 맥락과 다른 하나는 신의 절대

---

193 위의 책, 17.
194 참고. P. Tillich, 19-20세기 프로테스탄트 사상사, 294.
195 참고. H. Gollwitzer, Die Existenz Gottes im Bekenntnis des Glaubens, München, 1964, 17-19.

적인 초월성에 대한 것이 그것들이다. 사실 이 두 가지도 하나의 큰 흐름에 달려 있다고 할 수 있는데 그것은 신의 절대적인 초월성의 사상이다. 이 전제는 위에서 설명한 대로 당시의 시대적 상황과 종교 그리고 신학적 배경에서 나온 것이다. 역사를 이성이라는 도구로 비평작업을 하는 당시의 자유주의 신학들에 대항하여 바르트는 인간의 그 어떠한 노력과 사유, 지식이나 에로스로도 신과 만날 수 없다는 점을 강조한다. 즉 인간이 가지고 있는 그 어떤 능력으로도 하늘에 계신 신을 인간으로 내리게 하지 못한다. 즉 신은 하늘에 계신 신이고 인간은 땅 위에 있는 인간이기 때문이다. 신학은 본질적으로 계시에 대한 문제를 취급하는 학문이며 반대로 종교는 신을 찾으려는 인간의 정신적 노력이기 때문에 바르트에게는 신학과 종교는 별개의 분리된 문제들이었다. 인간을 찾으려는 신의 정신과 신을 찾으려는 인간의 정신은 근본적으로 조화될 수 없으며 전자는 신학의 과제이고 후자는 종교의 과제라고 보았다. 따라서 종교는 신학의 대적자가 된다. 이것을 사랑이라는 용어와 관련지어 말하자면, 아가페는 아래로 향하려는 정신의 하향운동이고 에로스는 위로 향하려는 정신의 상향운동인데 이 둘은 교차점도 없고 접촉점도 없다는 셈이다. 계시는 전자와 관계하며 후자는 종교와 관계하는데 신학은 처음부터 계시의 문제에서 출발해야 한다고 바르트는 강하게 주장한다. "성경의 내용은 신에 관한 올바른 인간의 생각이 아니라 반대로 인간에 대한 올바른 신의 생각이다"고 역설적으로 그는 표현한다.[196] 이런 바르트의 생각은 1918년에 초판으로 나왔다가 1922년에 수정된 제 2판으로 출판된 그의 저서 "로마서 강해(Der Römerbrief)"에서 더 선명하게 잘 나타난다: "하나님, 순수한 경계이시며 우리가 존재하고 가지고 행하는

---

196 H. Zahrnt, Die Sache mit Gott, 21.

모든 것들의 순수한 시작이신 하나님은 인간과 질적으로 무한하게 다르며 모든 인간적인 것들에 대립해 계신다. 결코, 그리고 결단코 우리가 '신'이라 명명하거나 신으로 경험하고 알고 요청하는 것과 동일하지 않다. 하나님은 모든 인간적인 소요에 대립하여 무조건적인 중지이며 모든 인간적인 평안에 대항하여 무조건적인 앞섬이다! 우리의 부정에서 긍정이며 우리의 긍정에서 부정이다. 처음이요 마지막 그 자체이시며 인간이 전혀 인식할 수 없는 분이며 우리에게 알려진 중심에서 다른 것 가운데 하나의 크기가 결코 그리고 결단코 아니다. 하나님은 주인이시며 창조주이시며 구원자이시다. 이것이 살아계신 하나님이다(KR.315)." 이 주장이 어쩌면 바르트식의 표현이고 내면일지 모른다. 강력한 메시지를 담은 날카롭고 강한 칼로 사변적이고 관념적 이상주의 철학에 기초한 신학을 향해, 마치 적군의 심장을 향하여 단호하게 다가가는 것처럼 선포포고를 하고 있다. "타이탄과 같은 인간, 인간의 위대함 그리고 두려움 없음과 인간의 교만"에 대해 인간의 껍질을 벗겨내고 마치 적과 싸우려는 신학적 전쟁의 책이라고 부를 만큼 강력한 메시지를 담고 있다고 평가를 듣기도 한다.[197] 특이한 사실은 계몽주의 이후 인간의 자율성이 하나의 강력한 자석이 되어 모든 인간적인 그리고 심지어 신적인 능력까지 빨아들이고 있을 때 바르트가 취한 방식은 인간 자율성의 한계를 정하고 그 곁에 자명한 종교적인 서술들을 펼쳐나가는 소위 전통적인 변증적 태도 대신에 바르트는 신학을 자율성자체의 한 중심에다 세워 놓고 맞대결을 펼치려고 했다는 점이다. 그만큼 그는 당시의 자유주의와 인간의 자율성을 대항하는 신학적 전사로서의 심정과 신학적 무기를 가졌다고 느껴진다. 그러면 이런 바르트가 가질 수 있는 신학적인

197　T. Rendtorff, Theorie des Christentums, Gütersloh, 1972. 165.

칼은 어떤 칼인가?

3. 이 문제를 해결할 수 있는 유일한 방법을 바르트는 성경의 올바른 이해와 그에 따른 해석학적인 문제에서 출발해야 한다고 믿었다. 우선 그는 역사비평적 방식에 크게 염증을 느끼면서 비판한다. 무엇보다 교회는 설교를 중요한 사명으로 하고 있는데 역사비평의 방식은 신앙을 가진 성도들에게 별로 영적으로 도움이 되지 않을뿐더러 오히려 그 신앙을 고갈시키고 성경을 비판적으로 보게 만들 수 있다. 이것은 교회의 설교를 향한, 소위 목회를 향한 엄청난 손실을 입힌다. 따라서 당시 목회를 하던 바르트에겐 당연히 역사비평적인 방식과 종교사학적인 접근이 교회의 설교에 큰 부담을 줄 것이라고 자각했다. 그가 보기에 역사비평은 성경이라는 텍스트를 하나의 특정의 폐쇄적 역사관으로 진리를 인간 이성 안에서 찾고 하나님 말씀조차 이성의 처분에 두려는 교만으로 비쳤다. 이렇게 되면 당연히 신학은 신적인 로고스의 계시에 관한 학문이 아니라 인간적인 사상이 된다. 바르트는 이런 점을 통찰하면서 역사비평이란 사실 성경에 대한 하나의 형식적인 문제를 취급하는 방식으로 취급한다. 가장 중요한 점은 성경의 내용인데 그 내용은 예수 그리스도라는 하나님의 말씀이고 이것이 신학의 중심점이 되어야 한다고 믿었다. 따라서 성경이 어떻게 만들어졌는가에 관심을 가져야 할 것이 아니라 성경을 가지고 인간이 어떻게 하나님에 대해 말할 수 있는가에 바르트는 우선 강조한다. 여기서 흥미로운 사실은 역사비평의 방식으로 신학을 하나의 종교학으로 만든 하르낙의 영향을 받은 불트만도 처음에는 바르트의 "로마서 강해"에 상당한 만족을 가졌다는 점이다. 불트만은 철저히 성경에서 "사실"을 중시하는 학자였는데 바르트도 이것을 중요하

게 믿었다고 생각했기 때문이었다.[198] 그러나 성경과 하나님 말씀이 동일시되면서 바르트가 고대 신학의 전통에 따라 성경의 영감설을 인정하는 쪽으로 흐를 때 불트만은 그의 신학을 가리켜 "현대 영감적 교리(ein modernes Inspirationsdogma)"라고 비판했다. 그 때 바르트는 "내가 만약 역사비평의 방식과 고대 전통의 영감설 사이에서 하나를 선택하라면 나는 주저없이 후자를 택할 것이다. 영감설은 더 크고 더 깊으며 더 중요한 올바름을 가졌기 때문이다"고 말한다.[199] 그러나 바르트가 이렇게 말했다고 그가 축자영감설을 믿는다고 생각하면 큰 오해이다. 그는 성경이 하나님 말씀이라고 인정하지만 객관적인 면에서 신적인 권위를 가지는 것이 아닌, 하나의 주관적인 신앙에 의해서 성경이 하나님 말씀이 될 뿐이라는 입장이다. "성경이 하나님 말씀이라는 신앙은 성경이 스스로 하나님 말씀으로서 증명되고 그래서 우리는 그 자체를 그렇게 인식할 수 있고 인식해야 한다는 사실이 지배적이라는 사실을 전제한다(KD I/2, 561)"고 그가 말하기 때문이다. 즉 성경이 단순히 그냥 책상 위에 있다고 할 때, 그래도 그것이 하나님 말씀인가 라고 물으면 그는 단호히 아니라고 한다. 오로지 읽는 자의 신앙이 성경을 하나님 말씀으로 만든다는 논리다. 그래서 그는 성경이라는 용어대신 "하나님의 말씀의 증거"라는 표현으로 대신한다. 바르트가 말하는 소위 "증거"에서 분명한 사실이 드러난다. 즉 바르트에게는 인간이 어떻게 신에 관해 말해야 하는가가 성경이라는 증거의 중심점이 아니라 하나님이 우리에게 무엇을 말씀하시는가가 성경 증거의 중심점이며 우리가 신에게로 이르는 길을 성경 증거가 제시하는 것이 아니라 오히려 하나님이 우리에게 자신에로 이르는 길을 제시하셨는가를 성경이 증거하고 있다는 것이다. 그의 유명한

---

198 H. Zahrnt, Die Sache mit Gott, 25.
199 위의 책, 26.

명제는 이런 맥락에서 탄생한다. 즉 하나님은 말씀하셨다(Deus dixit). 그래서 여전히 지금의 우리에게도 말씀하신다(Deus dicit). "신학이라는 말은 하나의 특별한 학문으로서 하나님을 감지하고 이해하고 언어로 가져오는 것을 다루는 것"으로 바르트는 규정하고 있다.[200] 그러나 그가 보기에 유감스럽게도 '하나님'이라는 말은 너무 다양하게 사용되고 있고 그로 인해 다양한 신학들이 나왔다. 그러나 인간은 본질적으로 '신'이나 '신들'을 향한 깊은 내적인 욕구를 가지고 있고 관계를 원한다. 그로 인해 종교들이 생겨났다. 그러나 바르트는 이런 식의 종교들이나 사변적-관념적 아이디어에서 나온 신학적인 신은 '살아 있는 신'이 아니라 그 인간이 생각하는 사유의 투사이고 인간 자신이 상상하고 그린 신 개념이었다. 바르트는 자신의 신관을 이렇게 말한다: "복음적인 신학은 복음의 하나님과 관련하여 오로지 살아계신 운동 속에 있으며 그 운동 속에 머무신다."[201] 그러니까 그가 말하고자 하는 신은 '살아계신 하나님'이고 역사 속에서 행하시고 지금 여기서 인간에게 말씀하시는 하나님이었다. 그 하나님은 헤겔의 철학에서 나타난 바처럼 고독한 자기독백의 신도 아니고 자기 자신과 대면하여 자신을 의식하고자 하는 사변적인 신도 아니다. 그리고 칸트철학에서 나타난 것처럼 인간을 창조해 놓고 모든 것을 인간에게 맡기시고 인간에게 자신을 폐쇄시키는 신도 아니다. 그 하나님은 소위 '전능함'이라는, 인간이 만들어서 가져다 붙인 용어 속에 갇힌 분이 아니라 오로지 그리고 전적으로 인간에게는 타자이며 낯선 인격이며 본질이 인간과 완전히 다른 살아계신 하나님이시다. 전적인 타자이시고 본질이 인간과 질적으로 다른 인격이신 하나님은 인간에 의해 올림을 받는 분이 아니라 반대로 자신을 인간에게 향하셔서, 혹은 자신

---

200 K. Barth, Einführung in die evangelische Theologie, Zürich, 1962. 9.
201 위의 책, 16.

을 스스로 인간에까지 내리셔서 "인간의 하나님"이 되시고 동시에 인간을 자신에까지 올리셔서 인간을 "하나님의 인간"으로 세우시는 분이시다.[202]

4. 바르트의 신학은 "로마서 강해"에서 불붙기 시작하는데 후프트(Visser't Hooft)는 로마서 강해를 "동시대인들을 향한 전기충격"으로 비유했다.[203] 당시의 역사비평을 통해 기독교를 많은 종교들 가운데 하나의 고등종교로 간주하는 상황을 향해 바르트는 소위 "계시"의 사상을 들이댄다. 인간과 하나님의 질적 차이는 그 어떤 것으로 메울 수 없는 간격에 있다. 오로지 유일한 다리는 하나님이 인간을 향해 계시하심뿐이다. 사실 바르트가 인간과 신의 질적인 차이를 말했을 때 이 주제는 바르트 자신에게서 온 것이 아니라 키엘케가드(S. Kierkegaard)에게서 기인한다. "내가 하나의 조직을 가진다면 케엘케가드가 시간과 영원의 무한히 다른 질적인 차이라고 명명하고 그 자신의 부정적이고 긍정적인 의미에 내가 눈을 고정했다는 것뿐이다(KR. XIII)"고 "로마서 강해" 서문에서 바르트는 분명히 밝힌다. 따라서 바르트의 계시 개념은 원초적으로 키엘케가드의 사상에 뿌리를 두고 있다. 계시를 통해서만 인간과 하나님은 관계를 가질 수 있고 바로 이것이 성경의 주제라고 그는 믿는다. 이것을 가리켜 보통 "위기신학"이라는 말로 표현한다. 그래서 바르트의 위기신학의 이해를 위해 키엘케가드의 사상을 이해할 필요가 있겠다. 위에서 본 바 대로 헤겔에 의하면 인간은 논리적으로 신과 동일한 자리에 있다. 그러나 그 신은 사변적이고 관념적인 존재일 뿐 개별적인 인간과 별로 관계가 없이 스스로 자신을 의식하기 위해 변증법적으로 활동하는 정신이

---

202 참고. 위의 책, 18.
203 T. Rendtorff, Theorie des Christentums, Gütersloh, 1972, 161.

다. 헤겔에게는 개인은 그다지 중요하지 않고 오로지 절대정신의 보편성과 객관성이 그의 사유의 중심이었다. 키엘케가드는 이런 헤겔을 향하여 개인 혹은 '내면적인 나'라는 소위 "실존"의 개념을 가지고 헤겔을 비난한다. 절대정신을 향해 모든 것이 모여있는 헤겔철학과 달리 키엘케가드에게는 개별적인 나를 중심으로 모든 것이 모여있다. 이 '나'는 인격적인 존재이지만 비체계적이며 개념적인 존재가 아니라 제한된 시간안에 유한한 존재자이다. 단적으로 그에게는 보편성보다 더 중요한 것은 개별성이고 객관성보다 더 중요한 것은 주관성이었다. 신 앞에 단독자로 서야 하며 신과의 단절로 인해 부단히 비약해야 하는 존재자이다. 이런 '나'는 항상 마치 폭풍우가 미리 올 것에 대한 불안을 동반한다. 불안이라는 동인은 '나'로 하여금 신에게로 비약하게 한다. 키엘케가드는 진정한 '나'에 이르는 세 가지 단계를 들었는데 첫째는 미학적인 단계로서 순수하게 명상하는 길이다. 그러나 이 단계에서 참된 나가 발견되지 않는다. 그래서 두 번째 단계인 윤리적인 단계로 접어드는데, '나'와 다른 '나'를 만나면서 의무에 부닥친다. '나'는 다른 사람을 향한 의무와 책임의 관계를 가진다. 그러나 이 단계에서도 역시 신과의 인격적인 만남은 찾지 못한다. 마지막으로 종교적인 단계가 있는데 여기서는 개인적이고 인격적인 결단을 통해 비로소 신 앞에서의 절망을 체험한다. 인간은 신이 아니라 한낱 피조물에 불과하기 때문이다. 이 절망 앞에서 '나'는 모든 것을 포기하는데 바로 이 시점에서 신은 자신의 신성한 손을 내민다. 이 관계를 달리 말해 신앙적 관계라고 불리기도 한다. 영원한 신은 시간적인 유한자에겐 엄청난 역설이며 본질이 다는 "타자"이다. 타자로 불리는 신은 절망하는 유한자의 신앙 속에서 일방적으로 손을 내미신다. 따라서 신앙의 내용은 논리적인 이론이 아닌 오히려 역설이며 신앙의 형식은 절망이다. 그래서 이 말을 다르게 표현하면 역설적일수록 신앙적이며 절망적일수록 신앙적인 셈이 된다. 여기서 힐쉬베르크는 키엘케가드를 이렇게 정리한다: "키엘케가드의 신앙의 개념은 '일치하지 않기 때문에 나는 믿는다(credo quia absurdum est)'의 신앙이며 개신교의 근본적인 원죄를 전제하고 있으며 신과 세계 사이에 전혀 매개도 없고 존재론적인 유추(analogia entis)도 없으며 오로지 신은 완전한 타자이며 다시 역설인 변증법적 신학으로 살아난다"고 정리해 주고 있다.[204] 이런 케엘케가드가 국가를 교회와 동일시하면서 '국가를 땅에서 걸어 다니는 신'으로 본 헤겔의 국가철학을 맹비난하는 것은 당연하였다. 거기에서 교회는 신의 현현인 국가에게 종노릇하고 나중에는 교회가 앞장서서 독재자의 의지를 위한 시녀 노릇하는 것에 분노하는 것도 지극히 당연하였다. 바르트도 키엘케가드의 이런 생각과 종교관을 초기에는 상당히 받아들인다. 1963년 바르트는 키엘케가드가 활동했던 덴마크의 코펜하임에 갔을 때 키엘케가드를 "실제로 새 날의 여명을 알리는 닭이 우는 소리"로 간주했다.[205] 이렇게 초기의 바르트는 키엘케가드의 영향 아래 신과 인간은 절대적으로 다름을 소리 높여 외쳤다. 신은 하늘에 있고 인간은 땅에 있기 때문에 인간의 논리적 비약이나 상상으로 연결될 수 없다. 바르트 신학의 중심점인 계시는 일반 세계사 옆에 붙은 부록 정도도 아니고 신학적 역사비평의 사건도 아니다. 그것은 "원역사"이며 "비역사적인 사건"이며 "무시간적인 시간"이며 "무공간적인 공간"이고 "불가능한 가능성"이다.[206] 어둠에 비치는 빛 정도가 아니라 어둠에서 갑자기 번쩍이는 섬광이며 마치 성냥을 켤 때 일어나는 번쩍임과 같다. 계시를 말하면서 바르트는 칼빈(J. Cavin)의 말, 즉 "유한은 무한을 결코 담을 수 없다

---

204 J. Hirschberger, Geschichte der Philosophie, vol. II, 498.
205 H. Zahrnt, Die Sache mit Gott, 33.
206 참고. 위의 책, 34.

(finitum non capax infiniti)"를 인용한다. 한계자는 무한자를 파악할 수 없고 시간성은 영원성을 포함할 수 없다.

5. 그렇다면 어떻게 신과 인간이 관계를 가질 수 있는가? 우선 신과 인간 사이의 근본적인 간격과 이 간격을 뼈저리게 인식하는 데서 비로소 신의 현재성에 머물 수 있는 유일한 가능성을 발견할 수 있다. 바르트는 인간과 신이 만나는 유일한 지점을 하나님의 자기 계시인 "예수 그리스도"에게서 찾는다. 그리스도 안에서 하나님의 계시를 알 수 있고 오로지 거기에서만 가능하다. 그래서 바르트의 전체 신학은 거의 기독론적 신학으로 펼쳐진다고 해도 과언이 아니다. 하나님은 그리스도 안에서 자신의 신적인 실재성을 '위에서 아래로'의 방식으로 다가오시지, 결코 인간의 능력으로 신에게 가는, 소위 '아래에서 위로' 가는 상향 방식은 전혀 불가능하다고 그는 규정한다. 여기서 바르트는 소위 '위에서 아래로'의 하향운동의 계시 개념을 변증법적인 운동으로 전개한다. 이것 때문에 그의 "위기신학"을 또한 "변증법적 신학"이라 부르기도 한다. 바르트의 의도는 신과 인간이 질적으로 다르기 때문에 도무지 접촉점이 없다. 그래서 그 접촉점을 신의 계시라 불리는 "그리스도"를 말하면서 신과 인간이 하나가 되기 위해서는 신을 두 면으로 파악하는 길을 제시하는 셈이다. 여기서 변증법이라 할 때 위에서 말한 헤겔의 변증법을 연상해서는 안 될 것이다. 헤겔의 변증법은 신(정)이 자신을 위해 인간이 되었고 (반) 순수하지 못한 인간으로 머물 수 없어서 다시 자신으로 복귀(성령)하는 방식의 변증법의 방식을 택했다. 거기에는 정-반-합의 연속선이 뚜렷하게 보인다. 따라서 결과는 인간이 신과 동일하다는 범신론적 신관에 이르게 된다. 이런 점을 잘 알았던 바르트는 명제와 반명제를 끝 없는 대립으로 머물게 한다. 즉 "합(Synthesis)"이라는 타협은 전혀 없이 오로

지 하나님이라는 명제와 그리스도라는 반명제와의 끝없는 대립 혹은 모순으로 이끌면서 이 모순을 인간에게 부여한다. 마치 긍정은 부정 속에서만 반짝이고 부정은 긍정에서만 빛나기 때문과 같다. 그럼에도 불구하고 긍정과 부정은 근본적으로 타협이 불가능하다. 합을 만드는 것은 철학자의 머리에서만 가능할 뿐이지 실재는 그렇지 않다고 바르트는 믿는다. 예를 들어 신의 계시를 창조 속에서 말해야 한다면 동시에 이것은 계시 속에서 하나님 자신의 은폐되심에 대해 말하는 것과 같다. 하나님의 형상을 말해야 한다면 동시에 그 인간의 죄와 타락을 이야기해야 하는 것과 동일하다. 죽음과 허망함에 대해 말하는 것은 곧 죽음 저편의 완전히 다른 생을 말하는 것과 동일하다. 모세를 사랑하여 이스라엘 백성들의 지도자로 세우고 많은 기적들을 행하게 했지만 정작 그를 젖과 꿀이 흐르는 가나안 땅에 들어가지 못하게 하신 것과 같다. 신에 대해 신학적으로 말하는 것과 신이 말하는 것은 근본적으로 다르며 이것은 마치 어떤 타결점이나 종착지가 없는, 그럼에도 불구하고 영원히 대립으로 운동하는 방식이다. 신에로 이르는 길을 인간이 전혀 가지지 못하기 때문에 인간은 궁극적으로 절망에 치닫는다. 이런 방식이 바르트의 변증법의 예인데 신과 인간의 연속선은 없다. 인간의 긍정은 신의 부정 속에 숨어있는 의미이다. 인간은 이렇게 항상 위기에 놓인 실존이고 신학적으로는 신의 심판 앞에 놓인 인간이다. 그런데 역설적으로 여기서 신의 은혜가 숨어있다. 심판은 은혜를 위해 일어난다. 바르트의 "우리는 부정 아래에 서 있으며 부정을 신적인 긍정으로부터 외에는 들을 수 없으며 인간의 불경과 반항의 소리를 신적인 용서의 더 깊은 소리 외에 다른 것으로부터 듣지 못하며 인간의 저항을 신적인 저항의 평안한 조화로부터 간과되는 것 외에 다른 것을 듣지 못한다. 오로지 계시된 것이 무엇인지를 믿는 한 확실히 다른 어떤 것은 더 없다. 우리가 믿는 한 하나님으로부터 높이 들림을 받은 인간을 본다(KR.69)"고 주장하는 것에서 잘 나타난다. 완전한 절망 속에 비로소 신적인 은혜가 들리기 시작한다. 어떻게 보면 바르트의 변증법은 부정에서 긍정으로 혹은 긍정에서 부정으로 나아가는 듯하지만 결과적으로는 인간의 부정에 더 강하게 액센트가 있는 듯하다. 신적인 긍정은 오로지 그리스도뿐이다. 이런 점에서 믿음이란 신과 인간의 질적인 차이를 의식하면서 가지는 신을 향한 사랑 혹은 반성이 된다. 즉 그리스도 안에서 신적인 부정을 긍정 혹은 인정하는 것이 신앙인 셈이다. 신은 인간과 직접 만나지 않는다. 오로지 그리스도 안에서 만난다. 하나님이 인간에게 말하는 것은 반대로 그리스도가 인간에 대해 말하는 것과 동일하다. 하나님은 인간과 직접 만나지 않고 그리스도와 만난다. 그리스도가 인간의 대표자이며 선택된 신이면서 동시에 선택하는 신이기 때문이다. 이런 날카로운 바르트의 주장을 본 훼퍼(D. Bonhoeffer) 역시 상당한 감동을 받았다고 여겨진다.

6. 우선 바르트가 이해하는 종교란 무엇일까? 위에서 스케치한대로 신과 인간의 질적인 차이를 근거로 그는 종교를 이해한다. 그가 보기에 종교는 유한한 인간이 무한한 신과의 질적인 차이를 신의 도움으로 극복하려는 시도로 보였다. 성경에서 증거하는 역사는 신적 계시의 역사이지 인간의 이성이나 의욕 그리고 감정의 자의식에서 기인된 종교사가 결코 아니다. 신적 진리는 피조물인 인간에게는 '완전한 타자'이며 동시에 완전히 '새로운 것'이다. 인간의 종교사를 통해 발견되는 바, 과거에 그렇게 형성되고 따라서 미래에도 그렇게 형성될 전망이 가능하고 측정 가능한 어떤 것이 아니라 인간에게 전혀 낯설고 새로운 창조, 달리 말해 '무에서의 창조(creatio ex nihilo)'이며 그의 말대로 진리는 "우리 안에서 그리고 세상에서 실재적인 신적인 의의 창조(KR.76)"이다. 성경에서 증언

하는 역사란 바르트에게는 오로지 신의 자기 계시역사이지 인간이 신을 찾는 역사, 즉 종교사가 아니다. 따라서 역사비평이나 고고학적 연구방식으로 신적 계시를 발견할 수 없다. 인간은 신을 대항하여 종교적인 의식 속에서 죄의 노예가 된 상태이다. 인간은 신의 말을 듣지 않고 '너희도 신과 같이 되리라(eritis sicut Deus)'는 마귀의 유혹에 빠져 자신을 스스로 상실하였으며 그로 인해 시간을 영원으로 혼돈했으며 동시에 영원을 시간으로 착각하고 살아간다. 그 상태에서 "종교란 인간 자신이 신을 향해 손을 뻗어서 스스로 신을 강탈하고 그로 인해 우리 전체의 현존의 섬뜩한 기본 바닥을 형성하신 신으로부터 떨어져 나간 인간의 교활한 불손이다(KR.223)"고 말하는 그의 심정이 강하게 느껴진다. 종교를 통해 이 오만하고 불순한 인간의 행위는 이미 정해진 죽음이라는 한계선을 뛰어넘으려고 하며 궁극적으로 불멸의 신에게 도달하려고 시도하며 나아가서 자신의 존재의 한계를 상실하고 신을 자기 자신의 가장 가까운 근처에 두려고 노력한다. 자신이 신과 얼마나 엄청난 질적인 간격이 있음을 알지 못하고 엄청난 착각 속에서 자기 자신과 관계하며 신과의 불가능한 간격을 가능하게 하려고 시도한다. 이런 시도 속에서 살아계신 신을 이 세상에 있는 '하나의 물화된 존재'로 파악한다. 그 결과로 인간이 스스로 신으로 혹은 신과 같이 되는 문제로까지 이른다. 바르트는 그렇다고 종교 자체를 죄라고 동일시하지는 않는다. 비록 종교가 죄의 왕국의 한계 내의 최고의 단계로서 나타나지만 그렇다고 종교 자체가 죄는 아니다(참고. KR.224). 종교와 함께 죄가 명백해지고 경험되는, 모든 인간적인 가능성들을 하나의 위기로 나타내는 가능성이다. 여기서 "가능성"이라 했을 때 바르트의 종교비판을 향한 의도가 보인다. 그는 이 세상에 거짓된 종교가 있다거나 반대로 참된 종교가 있음을 말하고자 함이 아니라 왜곡된 인간의 종교성을 지적하기 위함이었다.[207] 그가 보기에 인간의 종교성은 그 자체가 창조주와 피조물의 간격을 뛰어넘으려는 노력이었기 때문이다. 그래서 피조물 인간이 창조주를 향해 자신의 한계를 상실하고 신에게로 직접 비약하려는 인간의 종교성은 종교를 만들고 그 종교 배후에는 신을 사랑하는 마음이 있는 것이 아니라 오히려 신을 경멸하는 마음이고 신을 믿지 않는 불신이 차지하고 있다. 인간의 정열과 이데아 그리고 고유한 이성의 능력과 감정의 위대한 능력들이 간과될 필요는 없지만 그렇다고 이것들로 인해 신의 실재성과의 만남이 이루어지지 않는다. 바르트가 보기에 이런 식의 기독교라면 문화 활동에 해당되지, 참된 생명이 넘치는 신과의 인격적 만남은 불가능하다. 나아가서 종교란 인간의 이데아나 이상적-관념적 사변에 뿌리를 두고 있는 한 신앙과 가장 극적으로 대립된다. 그의 종교비판은 오로지 "위기"에 근거해 있으며 그 위기란 모든 인간적인 것들과 인위적인 것들과 종교적인 것들을 심판하시는 신의 심판에 놓여있음을 뜻한다. 왜냐하면 이런 것들이 신의 계시를 무너뜨리고 나아가서 인간의 종교성마저 파괴시키기 때문이다. 성경은 종말론적인 그리고 마지막 시대를 직고하는 역사를 말하고 있고 여기에 완전히 새로운 신적인 계시를 우리에게 "말씀"으로 주셨으며 그 말씀은 예수 그리스도이다. 그리스도의 보내심은 처음 창조 안으로의 전회이며 옛 시대로부터 완전히 뒤돌아서야 함을 가리키는 말씀이다. 그런데 인간은 종교를 삶의 한 방식으로 여기면서 계시의 진리로부터 등을 돌린다. 이런 점에서 종교적인 인간이란 인간이라는 종족의 완악한 종류이다. 종교는 인간이 손을 뻗어 신에게로 도달할 수 있다고 믿는 가능성들의 꼭지점이며 신에 대립하는 인간적인 불가능성의 꼭

---

207 참고. N. Klimek, Der Begriff "Mystik" in der Theologie Karl Barths, Paderborn, 1990, 100.

지점이다. 이런 식의 종교의 의미는 마치 제우스에게서 불을 빼앗아 인간에게 준 프로메튜우스(Prometheus)의 불로서 이로 인해 제우스로부터 날마다 자신의 간이 독수리에게 먹히는 것과 유사하다. 이 불은 마치 연기를 내 뿜는 화덕과 같이 세계관이나 종교들, 그리고 종교들을 위한 신학적 시스템들이 인간성과 결합하여 대기를 오염시키고 영적 세계를 혼탁하게 만든다. 종교적으로 착색되고 세계관으로 채색된 그 연기는 궁극적으로 기독교를 무신론으로 아니면 신비주의로 이끌 것이다. 그러나 제우스의 불은 결코 기독교의 신의 불은 아니다. 종교란 "우리에게 세워진 죽음의 선을 넘는 것(Überschreiten der uns gesetzten Todeslinie)"이며 술 취해 간격을 잃어버리고 휘청거리는 것이고 낭만적인 직접성으로 방향을 잡는 것이며 인간을 신으로 격상시키고 신을 인간으로 격하시키는 방식이다. 종교는 인식의 대상이 될 수 없는 하나님에 의해 일어날 수 있는 것들을 마치 미리 알고 있는 것처럼 선취하는 행위이다. 종교는 인간의 노예상태이며 신처럼 존재하길 원하는 그래서 시간과 영원성을 뒤바꾸어서 영원성을 시간으로 만드는 행위이다.[208]

(2) 교회 교의학: 종교는 불신앙이다!

1. 로마서에서 나타나는 위기신학은 바르트의 주저인 "교회 교의학(Die kirchliche Dogmatik)"에서 더욱 구체적이고 체계적으로 나타난다. 특히 교회 교의학 I/2 권 17장의 주제인 "종교의 제거로서 신의 계시"에서 상세하게 설명된다. 그럼에도 불구하고 "로마서 강해"에서보다는 종교비판이 약간 후퇴했다는 점도 보인다. 위의 설명대로 칸트의 자율사상과 그

---

208 참고. H. Zahrnt, Die Sache mit Gott, 43.

기초 위에 세워진 헤겔의 '신 즉 인간'이라는 범신론적 사변철학은 세계대전의 일으킨 국가철학으로 사용되었고 지식인들은 거기에 시녀노릇하게 되었다. 바르트는 이런 상황에서 신학이 이성과 자율의 범주에서 체계화되면 종국적으로 이데올로기가 될 수 있는 위험을 느꼈고 교회에서 선포되어야 할 말씀은 역사비평에 의해 난도질된 고갈된 인간의 이데아만 '하나님'이라는 이름으로 선포되어 성도들의 영혼 역시 고갈시킨다는 점을 정확하게 파악했다. 그래서 그는 키엘케가드의 '절망'의 개념을 신학적으로 도입하면서 '합'이 없는 즉 인간과 신이 영원토록 평행선을 가지는 변증법적 방식으로 자신의 신학을 체계화시킨다. 신과 인간이 본질적으로 다르기 때문에 인간이 만든 그 어떤 것으로도 신에게로 이르지 못함을 바르트는 "로마서 강해"에서 분명히 명시하였다. 이 생각은 바르트의 전 사상에서 거의 변하지 않고 통일성있게 일관된다. 그럼에도 불구하고 여기서 중요한 점은 초기 바르트가 종교를 극렬하게 비판한 것은 사실은 종교자체라기보다 참된 종교인 기독교를 말하기 위함이고 기독교의 칭의 개념을 위한 것이라는 평가도 있다. 인간은 모든 것이 부패했고 그 종교성마저 오염되었기 때문에 그 종교성에서 기인된 종교는 모두 올바르지 못하다. 바르트는 여기서 "그리스도"라는 하나님 말씀을 제시하면서 그로 인한 칭의를 강조하기 위한 시금석을 놓기 위함이라는 주장도 있다.[209] 하여간 바르트에게는 사변주의란 인간이 자기 스스로를 폐쇄시키는 인생관이며 세계관으로서 마치 몽학선생과 같은 신의 율법(참고. 갈 3:24)과 같은 것이다. 그리스도가 오시기 전까지 유용하게 인간을 훈육시키는 긍정적인 의미도 있지만 그리스도가 오시고 난 후에는 폐기되어야 할 무엇이었다. 그런데 폐기되고 이제는 복음으로

---

209 참고. 위의 책, 100.

일어나야 할 그 말씀이 그리스도가 오신 후에도 여전히 인간의 정신을 지배하여 종교를 만들어 내었다고 그는 생각한다. 여기서 주지할 것은 바르트가 종교 자체를 비판하였다고 해서 종교는 완전히 불필요하다고 말하는 것이 아니었다. 그가 비판하는 종교는 소위 "종교"라는 이름하에 펼쳐지는 공허하고 일반적인 개념 아래 생명의 실재성을 두는 것을 비판하였다. 오히려 그는 성경적인 계시 사건에서 출발하여 근원적인 의미에서 성경이 증거해 주고 있는 "기독교적인 종교"의 고유한 형태를 지향하였다고 말하는 자도 있다.[210] 이렇게 종교를 계시에 빗대어서 날카롭게 대립시켜 비판하는 바르트에게는 자칫 "계시가 종교에 종속되는 것이 아닌 오히려 종교가 계시에 종속될 수 있다"는 지적도 일리가 있어 보인다.[211] 그만큼 계몽주의와 이신론의 영향 아래에서 계시가 종교라는 문화적 현상 아래에 놓이고 비판되고 평가절하 되는 것을 바르트는 참을 수 없었다. 그래서 종교라는 체계 안에서 계시를 분석하고 쪼개고 정의하는 행위를 비판한 것이다. 그래도 하여간 위기신학에 기초하여 종교를 극단적으로 날카롭게 비판한 "로마서 강해"와는 달리 그의 교의학 저서인 "교회 교의학"에서는 소위 이런 위기의식은 약간 사라지고 '살아 계신 신'에 대한 주제에서 종교를 비판하고 있다는 점에서 약간의 차이를 발견하게 된다.

2. 바르트가 종교를 비판하는 관점은 기독교의 "계시" 개념이다. 우선 그의 계시개념을 설명할 필요가 있다고 본다. 바르트에게서 계시란 "신의 자신을 드러내심과 자신을 펼쳐나가심으로서 행위이다(KD I/2.335)." 이 행위를 통해 하나님은 인간을 은혜에서 은혜로 자신과 인간과 화해

---

210 H.J. Kraus, Theologische Religionskritik, Neukirchen, 1982, 17.
211 위의 책, 19.

하신다. 계시란 신에 대한 근본적인 가르침이며 동시에 불경하고 거룩하지 못한 자들인 우리들과의 화해를 위해 신이 스스로 손 내미신 신의 도움이다. 말 그대로 땅에서의 실존인 인간이 하늘에 계신 신을 위해 애쓰는 노력이 아닌, 하늘에서 땅으로 내려오신 신의 도우심이다. 인간은 스스로를 도울 수 없기 때문이다. 신은 인간을 자신의 형상으로 만들었지, 신에게 대항하라고 창조하지 않으셨다. 신의 구체적인 계시는 예수 그리스도이다. 그리스도를 만나지 않고는 인간이 자신을 알지 못한다. 신의 계시로서 그리스도는 신의 자기 나타나심이고 자기를 펼쳐나가심이다. 그리스도를 통해 우리를 의롭다 칭하시고 거룩하다 하시고 전회시키시고 구원하시는 사건이 일어난다. 그가 우리를 위해 신을 상실한 자가 되시고 우리는 그로 인해 신을 다시 얻은 자가 된다. 이 교환(Austausch) 개념, 즉 거룩(satisfactio)과 예수 그리스도의 매개(intercessio Jesu Christi)가 바르트의 계시개념이라고 할 수 있겠다(참고. KD I/2. 336). 이와 반대로 종교는 인간의 신을 향한 노력인 셈인데, 자기 스스로 의로워지기 위해 혹은 거룩해지기 위해 자기 스스로 행위하고 강해지려고 마치 예술을 행함으로 아니면 권력이나 생을 장악하려는 욕구이며 인간의 어두운 욕구다. 이 노력과 욕구가 환상을 만드는데 최고의 환상은 가장 깊이 가라앉은 노력으로 발현된다. "종교적인 인간으로서 인간은 신과 대립해 있고 이제 나아가서 신과 대립해 서 있다. 신과의 직접성에 대한 기억에서 이 직접성을 상실한 존재는 사건이다. 죽음으로 향한 병이 터진다. 종교는 완전히 인간적인 문화체계의 의문문이 된다(KR.226)"고 그는 말한다. 종교는 일종의 문화행위이며 이것은 근원적으로 죄에 기인한다. 그래서 창조주 신과 피조물 자신과의 질적인 차이를 간과한 채 신과 마주서는 것은 죄이며 이것이 종교의 엄청난 인간적 가능성이다(참고. KR.231). 바르트는 초기 저서인 "로마서 강해"에서 종교를 이렇게 강렬하게 비판을 했지만 그의 "교회 교의학"에서는 약간 온건해진 면도 없지 않아 있지만 여전히 종교는 신의 계시개념과 각을 세우면서 제기된다. 종교를 비판하는 바르트의 관점은 "계시"라는 관점이다. 그에게서 계시란 "사건으로서만 선포되고 우연적인 단회성의 사건이며 위로나 아래로나 더 이상 판단의 척도가 없는 사실이다."[212] 그 계시는 그 자체 진리이며 인간을 향한 은혜이다. 신이 인간을 향해서 혹은 인간에게로 향할 때 인간은 그것을 만날 수 있지, 인간이 만나려고 노력하고 애쓰기 때문에 만나는 것이 아니다. 그러나 종교는 신이 행하는 자리에서 인간적인 건물을 지으려는 것과 유사하다. 이런 바르트의 생각은 "신의 계시는 신의 현재이며 세상 속에서 인간적인 종교의 은폐이다"고 말하는데서 그의 종교비판을 대변해 주고 있는 듯하다.[213] 말씀이 육신이 되셨음(요1:14)은 바르트에게는 신의 계시이며 동시에 "신의 말씀"이다. 이 신의 계시 혹은 말씀이 인간의 종교라는 형태 안으로 들어오게 되었다. 성경은 이 사실을 증거한다. 성경이 증거하는 바의 계시는 단호하게 인간과 대립하는 날을 세운 말씀이다. 그 계시는 전체적인 인간의 생 혹은 노골적으로 말해 죽고 사는 문제를 말하는 하나님 말씀인데 종교라는, 인간적인 실존을 반영시키는 것과 직접적으로 관련되어 있다. 바르트는 여기에서 "기독교" 혹은 "기독교적인 종교"라는 용어를 사용하는데, 만약에 기독교가 인간적이고 문화적인 차원이나 역사적 관점에서 취급되거나 나아가서 타종교와의 비교에서 나타나는 종교현상들만을 본다면 "계시"라고 하는 '하나님의 인간을 행한 말씀'은 사라지고 거부된다고 본다. 물론 "계시" 역시 다양한 종교들 가운데 하나의 종교로서 이해할 수 있겠지만 바르트는 여러 종교들 가운데 하나인 종교로서 이해되는 기독교 종교

---

212 위의 책, 18.
213 위의 책, 17.

와 기독교라는 계시의 근거에 의해 주어진 것과는 차원이 다르다고 믿는다. 바르트에게서 중요한 점은 신의 계시인데 그것은 신의 현재이고 동시에 이 현재는 인간적인 종교의 세상 속에서는 유감스럽게도 은폐되어진다는 점이다. 이 주장은 특히 당시의 종교사학파를 겨냥한 말이기도 한데 하르낙(A.v. Harnack)이나 슈트라우스(D.F. Strauß) 같은 이들은 성경에서 종교적인 형태들과 행위들의 다양한 유형들을 끄집어내어 그것들을 가지고 하나의 일반적인 종교현상학으로 이해하는 자들이었다. 특히 하르낙은 소위 계시를 언급하면서 기독교를 아는 자는 모든 종교들을 아는 자들이며 기독교 종교는 계시의 측면에서 모든 다른 종교들과 구분되어야 한다고 주장한다. 이런 그에게 기독교란 많은 다양한 종교들 가운데 하나의 고등종교에 불과하다. 이런 식의 방식은 종교가 계시에 대해 이해하는 것이 아니라 반대로 계시가 종교에 의해 이해되는 방식이라 하겠는데 바르트는 이런 종교사학파 학자들을 향해 제단에서 할 수 있는 준엄한 비판을 내 뱉으며 기독교 계시가 과연 다른 종교들 가운데 하나의 종교적 현상으로서 이해되어야 하는가를 회의적으로 묻는다. 만약 이렇게 되면 인간을 향한 신의 계시가 가지는 "계시의 인간성(Menschlichkeit der Offenbarung)"이 완전히 부정된다고 바르트는 믿는다(KD I/2.309). 종교를 가지고 혹은 종교 안에서 신의 계시를 이해하겠다는 모든 시도들은 17-18세기 개신교 역사에서 이미 볼 수 있으며 이 시도들은 문화, 철학, 자연사 혹은 세계사를 객관적으로 연구하듯이 하는 방식이기 때문에 엄밀히 보면 신학의 독자성도 사라지고 오로지 종교사만 남게 된다. 바르트는 이런 시도들을 현대 개신교의 재난이라고 까지 간주한다(참고. KD I/2.320). 이렇게 비판하면서 신학적으로 계시를 논해야 한다면 교리문답이 가지는 의미에서 시작해야 한다고 지적한다. 계시란 인간을 향한 하나님의 주권적인 행위이며 인간 편에서는 완전한 타자이다. 계시란 인간의 이데아도 아니고 인간이 가정해 놓은 가설도 아니다. 계시의 관점에서 비쳐진 인간은 오로지 신학적으로 취급되어야 하는 인간이다. 이 인간을 향한 신의 계시와 신앙에서부터 인간의 실재성 안에서 종교는 무엇을 보여주는가에 그는 문제를 삼아야 한다고 믿는다. 그래서 그는 이렇게 말한다: "신은 자신을 계시하면서 이 신적인 특이함이 하나의 인간적인 일반성에서는 은폐되어지고 신적인 내용은 인간적인 형태에서는 사라지고 신적인 고유성은 인간적으로 단순한 속성들 속에서는 은폐된다(KD I/2.307)." 성령의 쏟아부으심 그리고 말씀의 육체되심과 같은 것은 신의 계시, 즉 신의 말씀인데 이것은 인간을 향한 계시이고 인간을 위한 신의 자기계시지만 인간이 종교적인 형태 혹은 종교적인 현상들 그리고 종교적인 관찰들이나 경험들이나 형태에 매여 있는 한 이 생명의 계시는 드러나는 것이 아니라 도리어 은폐된다고 한다. 이렇게 계시를 강하게 말하면서 종교를 비판하는데 과연 바르트에게는 계시와 종교가 양립할 여지가 없는가? 그는 "종교를 이해할 수 있고 계시를 통해 종교를 제거하는 것에서 구분할 수 있는 종교의 내면적인 문제성 밖에 없다(KD I/2.343)"고 딱 잘라 말한다. 소위 종교적인 인간은 이론적이고 동시에 실천적인 길로 정확하게 갈 수 없고 항상 인간 자신의 고유한 방식과 참된 신의 생명과 혼동하기 때문에 신들을 섬긴다든지 아니면 행위로 의로워지려는 노력을 끝임없이 하다가 결국은 신비주의가 아니면 무신론주의로 종결되는 경우가 종교사에서 비일비재하다고 한다. 이와 더불어 "문제가 되는 것은 하나님이 현재적이라는 것을 인지하는 것이 중요하다. 계시와 종교의 개념 사이들에서 질서가 다음과 같은 방식으로 세워지는 것이 중요한데, 즉 계시와 종교가 신과 인간 사이에서 일어난 역사과 동일시되는 것으로서 이해되는 방식이 그것이다. 그 역사 속에서 신은 신 즉 인간에게 스스로 향하시고 오로지 그를 의롭게 하시고 거룩하게 하시는 주인이시며 인간의 주권자이시다는 것과 인간은 신의 인간, 즉 신의 엄격함과 선하심으로 인해 신에 의해 취함을 받기도 하고 버림을 받기도 하는 인간이다. 육체를 취하심에 대한 기독론적인 가르침을 기억하면서 그리고 이 가르침을 의미있게 사용함으로 우리는 종교의 제거함으로서 계시에 대해 말한다(KD I/2.324)"고 바르트는 주장한다. 계시는 다시 말해 신 자신이 인간을 향해 부어주시는 은혜롭고 자유로운 자기전달인 반면 종교는 인간 자신의 고유한 힘으로 신적 계시를 인간 자신 아래로 끌어내리려는 시도이기 때문에 모순이 일어난다. 인간은 자신의 생을 외적으로 표현하면서 '종교'라는 이름을 사용하기도 하고 '종교의 본질'이니 '고등종교'니 혹은 '하등종교'와 같은 용어들을 마음대로 사용하면서 종교를 분류하기도 한다.

3. "종교는 불신앙이고 하나의 일거리이다. 잘라 말한다면 종교는 신을 상실한 인간의 일거리이다(KD I/2.327)"고 바르트는 힘주어 말한다. 이 말은 언뜻 들으면 상당한 오해를 불러일으킨다. 현실적으로 보면 인간이 신을 만나기 위해 종교를 가지고 있으며 적어도 종교를 가지는 자는 신을 믿는 자가 아닌가? 그런데 바르트는 이것을 완전히 뒤집어 놓는다. 신을 가지지 않거나 신을 상실한 인간이 하는 짓거리가 바로 종교라고 했다. 바르트가 보기에 신의 계시는 종교적인 의식이나 행위와 무관하였다. 이것은 심지어 종교적인 욕구와도 무관하다. "종교적인 욕구는 그 욕구 안에서 그 욕구를 가지면서 만족을 가지려고 한다. 그래서 종교적인 욕구와 신의 계시를 믿는 신앙에서의 인간의 욕구는 구분되어야 한다(KD I/2.344)"는 말이 그의 생각을 강하게 뒷받침한다. 이 종교적인 욕구는 소위 율법이라고 간주하는 것에 따라 자기 스스로 의로워지려고 하고 거룩해지려고 하면서 그리고 거기에 만족하려 하면서 종교적

으로 무엇인가 '할 수 있음'을 스스로 믿고 있고 동시에 그렇게 믿으면서 만족하려 하고 또한 만족을 추구한다. 소위 종교생활을 통해 이 종교적인 욕구를 해소하고 만족하려 하면서 율법을 연습하고 실행한다. 바르트는 이런 식의 종교연습에서 인간 영혼의 생기를 빼앗고 기력을 쇠잔시키는 특정의 탈진(Schwäche)을 발견한다. 그에 의하면 시대의 고유한 변화에 직면하여 지금까지 한 번도 이 욕구가 해소되어 본적이 없다(참고. KD I/2.346). 이 욕구가 경직되고 응고되어 자신의 율법으로 착색되면서 매 시대마다 시대의 상황에 일치하는 신이 나름대로 인간에 의해 그려지는 노력들의 연속이 종교사였다. 인간의 사유들과 행위들 그리고 불신앙의 행위들이 신들을 섬기는 행위들로, 그리고 행위로 의로워지려는 노력들로 나타난 것이 종교라고 바르트는 믿으면서 "계시가 없이는 확실히 인간의 종교의 절대적인 위기가 찾아온다(KD I/2.346)"고 그는 단언한다. 반면 계시는 신이 인간을 만나는 로고스 혹은 말씀이고 동시에 그 말씀을 믿는 신앙에 기초해 있어야 한다. 이런 점에서 종교는 인간의 행위에 기초해 있고 그 행위는 인간 자신을 믿는 행위 즉 불신앙이라는 의미이다. 종교는 불신앙에 뿌리박고 있으며 거기에서 기인된 힘들과 능력들은 신을 알게 하지도 않고 또한 신을 믿게 하지도 않는다. 종교는 그 어떤 것이든지 신의 자기계시와 무관하다. 바르트에게서 신의 계시란 오로지 진리이신 신 자신이 우리에게로 향하여 오시는 것을 뜻한다. 이 진리는 신과 인간의 혼합적인 행위나 타고난 인간적인 어중간한 성향이나 취향도 아니다. 그것은 인간을 향한 신의 근본적인 행하심이고 운동하심이며 자기를 주심이다. 이런 계시에서 보면 종교는 인간의 알량한 능력이나 경건에 의존하여 신을 자신의 손아귀에 거머쥐려고 하고 파악하려 하고 인식하려하는 행동으로서 기만이다. 이런 행위는 바로 신이 없는 혹은 신을 상실한 인간이 행하는 전형적인 행위이며 자기가 만든 길에서 신을 만나려 하는 오류를 범하고 있다. 신에게로 가는 길을 잃어버리고 그 대신 자신이 만든 길에서 신을 만나려는 하는 욕구에 가득 차 있다. 신을 상실한 인간이 소위 대체요법으로서 종교적으로 자신의 신-상실을 극복하려고 노력하는 셈이다. 이렇게 보면 종교를 통해 인간은 밖에서 안으로 되돌아가는 양상을 보이는데 소위 "상대적으로 종교의 새로운 길"이라는 이름하에 구체적으로 두 가지의 형태를 가진다. 하나는 신비주의(Mystik)이고 다른 하나는 무신론주의(Atheismus)라고 바르트는 찍어 말한다. 신비주의는 보수적인 자들의 길이고 무신론주의는 경솔하고 철없는 어린이 같지만 그래도 궁극적으로 힘있는 형태이다. 신비주의 역시 종교적인 욕구를 만족시키려는 노력의 한 형태인데 이 형태는 자신의 밖에서 오는 은혜에 대한 것과 관련하여 비판적인 태도를 취하면서 오히려 자신의 내면을 향한 영혼의 운동을 통해 영혼의 깊이에로 자신을 깊이 침잠시켜 명상한다. 객관적인 교리나 교의적인 가르침에 관심이 적고 이런 성향은 자신의 외부에서 오는 은혜를 망각한 채 오로지 자기 자신의 영혼의 깊이에로 몰두한다. 신비주의는 내면적이고 정신적이며 생명적이긴 하나 형식이 없고 행위가 없는 내면의 공간의 실재성과 연관되어 그것을 추상적인 현실이라는 점을 이해하길 원하지 않는다. 이에 반해 무신론주의를 바르트는 분별없고 철없는 형태라고 규정한다(참고. KD I/2.350). 우리에게 주어질 수 있는 신비 혹은 비밀이나 자유를 비판적으로 일탈하여 그것들을 남김없이 까발려서 종국적으로 실증적이고 실용적인 지식으로 만든다는 점에서는 신비주의와도 같지만 내면성의 자아로 심취하는 신비주의와 달리 무신론의 종말은 종교의 완전한 부정이다. 중국의 도교나 인도의 "Tat twam asi"나 헤겔철학의 절대정신을 바르트는 무신론주의적 종교형태라고 단정한다(참고. KD I/2.350).

4. 그러나 바르트에 따르면 인간을 향하여 자신을 주시는 신의 계시의 길과 그것을 욕구하고 갈구하며 희구하는 신을 향한 인간의 에로스적인 길은 완전히 다르다. 신을 잃어버렸고 또한 신에게로 나아가는 길을 잃은 인간이 자신의 이런 처지를 극복하려고 하는 모든 짓거리는 경건한 신앙이 아니라 오히려 불신앙이다. 이런 바르트의 주장에 대해 루터도 유사한 말을 한다. 루터는 베드로전서 1:18절 이하를 설교하면서 "그래서 인간적인 경건함은 오만스럽게 신을 경멸하는 것이며 인간이 행하는 가장 더러운 죄다"고 말한다.[214] 인간이 신을 향해 벌리는 경건이라는 손은 깨끗한 손이 아니라 피묻은 손이며 더러움을 은폐한 채 신을 사랑하려는 죄악으로 루터 역시 이해했다. 성직자들이 거룩이라는 이름으로 행하는 예배나 세상에서 보기 좋은 여러 다양한 의식들도 사실은 신앙이 아닌, 신에게는 오히려 분노를 일으키는 행위가 된다. 궁극적으로 인간이 신을 아는 것이 아니라 반대로 신이 인간을 아시는 것이 중요함을 강조한 말이다. 인간은 "하나님께 알려진 사람이다(고전 8:3)"는 말처럼 인간은 신에 의해 알려지고 파악되는 존재자이지 그 반대가 아니다. 그리고 이 진리를 제시하는 것이 성경이다.

5. 그렇다면 여기서 칭의론의 문제가 자연스럽게 일어난다. 만약 바르트의 말대로 종교가 불신앙이고 신을 상실한 인간의 정신적 갈구에 불과하다면 불경건한 자의 칭의문제(iustificatio impii)는 어떻게 되는 것일까? 상식적으로 바울이나 루터, 칼빈과 같은 개혁주의자들의 칭의사상은 하나님을 아는 자에 대한 문제가 아니라 하나님을 상실한 자가 신의 은혜로 의롭게 되는 것을 말하고 있다. 위에서 언급한 대로 성직자들의 예

---

214 H.J. Kraus, Theologische Religionskritik, 22.

배행위나 의식들, 소위 인간의 경건성은 모두 죄라고 한다면 도대체 무엇이 의로운 것인가? 하나님 앞에서 그리스도의 피를 통해 은혜에 이르지 못한 모든 자들은 하나님의 진노 아래에 있다고 루터는 강조한다. 루터도 종교적인 경건성이 인간의 고유성이나 소유에서 기인하는 한 하나님 앞에서 단 한 사람도 의로운 자가 없으며 오히려 은혜로운 하나님을 경멸하는 것이고 하나님을 진노하게 한다고 생각했다. 바르트는 종교비판에서 이런 루터의 생각에 공감하면서 칭의를 취급한다. 바르트는 "인간이 종교 속에서 원하는 것, 즉 자신의 고유한 행동으로 칭의함이나 거룩함을 원하는 곳에는 아무리 신을 사유하고 신을 형상으로 원초적으로 혹은 두 번째로 중요하게 여기든 인간을 자신의 더 높은 길로 이르게 하려는 목적을 이룰 수 있는 신의 길로는 갈 수 없을 알게 된다(KD I/2.338)"고 딱 잘라 말한다. 바르트에게는 종교의 본질이 신을 상실함 혹은 불신앙임이 표명된다. 종교를 가지고 혹은 종교를 통해 혹은 종교적으로 신이나 계시를 움켜쥐려는 인간의 욕구가 살아계시는 신에 대한 상 혹은 그림을 만들어낸다. 따라서 종교란 이런 인간이 만들어낸 장소이다. 인간을 향해 자신을 주시면서 다가오시는 하나님을 움켜쥐려고 하고 조건없이 스스로 자신을 주시려 하시는 하나님의 계시를 조건적으로 차단시키며 하나님 자신을 인간 자신이 꿈꾸는 상 혹은 그림으로 정형화시키려 한다. 이것은 마치 우상과 형상을 만들지 말라는 제2계명을 범하는 죄와 같다. 신을 형상화하는 것은 인간이 역사 저편의 것 혹은 자신의 고유한 실존에서 고유한 것, 궁극적인 것, 결정적인 것을 취하는 데서 기인되는 '사유된 실재성'이며 거기에서 인간은 다시금 그렇게 세워지고 특정화되고 응고된 것을 위해 자기 스스로를 유지한다(KD I/2.330). 인간이 종교적으로 꿈꾸면서 그리고 있는 신의 형상 혹은 그림, 예를 들어 신이나 선 그리고 전능함에 대한 그림들은 종교라는 의식으로 투사된 인간 자신의 욕구일 뿐이다. 이것들은 계시의 측면에서 보면 오로지 인간적인 종교이며 이런 행위는 믿지 않는 행위다. "믿으려면 들어야 될 것이다. 그러나 종교에서는 인간이 오로지 말하려 한다(KD I/2.330)"고 바르트는 직언한다. 들으려 하지 않고 말하려 하고 자신을 내맡기지 않고 도리어 어떤 것을 취하려 하는 것! 움켜쥐려는 것은 정신적인 그리고 사유로 인해 생긴 투사일 뿐이며 신을 그리는 인간의 상상이다. 이것이 종교이다. 종교는 성경과 루터의 "들음으로 일어나는 신앙(fides ex auditu)"과 정반대이다. 그러나 여기서 주의할 점이 있는데 바르트가 종교를 불신앙으로 간주하는 종교비판은 사실 종교의 본질에 관해 하나의 일반적이고 부정적인 종교학적이거나 종교철학적인 판단이 아니라는 점이다.[215] 그것은 오로지 하나님의 판단에서 그러하다. 이 판단은 종교일반이 가지는 진리나 선 그리고 아름다움에 대한 모든 인간적인 가치를 향한 정죄가 아님을 바르트는 밝힌다. "종교가 불신앙이라는 신적인 판단을 말하자면 우리는 인간적인 것들, 하나의 특정의 무가치나 부정으로 이해될 수 없고 오히려 특정의 무가치나 부정의 형태 속에서 보이게 만들지라도 모든 인간적인 것을 향한 신적인 판단으로 이해해야 하며 그렇게 간주되어야 한다(KD I/2.328)"는 그의 주장이 뒷받침한다.

6. 그렇다면 바르트는 종교 자체를 완전히 부정하는 것인가? 이 질문에 크라우스(H.J. Kraus)에 따르면 바르트는 "종교 속의 인간" 혹은 "교회 속의 종교"를 항상 생각하였다고 평가한다.[216] 이 평가는 바르트가 인간을 종교적인 존재(homo religiosus)라는 상식을 포기한 것이 아니라 오히려 기

---

215 참고. H.J. Kraus, Theologische Religionskritik, 24.
216 위의 책, 28.

독교라는 종교 안에서만 의미가 있을 뿐이며 기독교는 교회 공동체와 직결되어 있음을 언제나 잊지 않고 있음을 뜻한다. 사실 바르트의 교회 교의학에서 수많은 표현들이 나오지만 종교 자체를 부정한다는 말은 단 한 번도 없으며 종교부정에 대한 그 어떤 표현도 없는 것은 사실이다. 그럼에도 불구하고 그가 종교를 비판하는 것은 신의 계시가 아닌 종교는 종교를 빙자한 인간이 세운 종교이며 인간이 만들어낸 이데올로기에 불과함을 강조하기 위함이었다. 실제로 종교에 대한 자신의 입장을 그는 "참된 종교"라는 주제 하에 약간은 장황하게 서술하고 있다. 그에게서 참된 종교는 "의롭다 칭함을 받는 죄인"에 대한 종교와 동일하다(KD I/2,356). 종교란 그 자체가 오로지 신의 인식과 경외 그리고 인간과 신과의 화해를 다루는 것이며 이것은 "계시"라는 관점에서만 설명된다. 위에서 설명한 대로 신의 계시는 자기-펼침이며 신과 인간 사이에서 신 자신에 의해 종결된 평화의 행위이다. 인간 자신의 내면적 힘이나 능력이 아닌, 오로지 타자로 부터 의롭다고 칭함을 받는 것 즉 은혜의 피조물과 직결한다. 은혜란 신의 계시이며 죽음의 심판 하에 놓인 인간을 향한 신의 자기계시이다. "계시를 통해 종교를 제거한다는 것은 단순히 종교의 부정이나 종교가 불신앙이라는 판단만을 의미하지 않는다(KD I/2,357)"는 그의 주장이 이를 말한다. 종교는 계시에 의해 유지되고 계시 속에서 은폐되며 계시를 통해 의로워지며 거룩해진다. 계시가 종교에서 나온 것이 아니라 종교가 계시에서 나왔다. 특히 계시를 중심으로 하는 기독교는 그에게는 참된 종교였다. "의롭게 되어진 죄인이 있듯 참된 종교가 있다. 우리가 엄격하게 그리고 정확하게 이 유추 속에 머물고 있으면서 -그것은 유추 이상이며 포괄적인 의미에서 사건 자체이다- 우리는 다음과 같이 말하는 것을 주저해서는 안된다: 기독교 종교가 참된 종교이다(KD I/2,357)"라고 명확하게 규정한다. 참된 종교란 신의 계시를 오로지 듣는 것이며 신앙 속에서 그리고 신앙을 통해 계시가 역사하는 것을 인정하고 반성하는 것을 가리킨다. 그것은 성령의 부어주심, 정확하게는 교회의 존재와 신의 자녀됨 속에서 예수 그리스도 안에 있는 신의 은혜의 행위의 사건에 기초한다. 교회와 함께 신의 은혜에 의해 신의 자녀됨은 참된 종교의 장소이며(KD I/2.379) 신을 알고 신을 경외하며 그의 가르침과 문화 그리고 삶 속에서의 예배가 인간의 사유와 의지 그리고 행위를 통해 이루며 모든 인간적인 곡해됨을 올바르게 만드는 것에 있다. 여기서 바르트는 "신의 은혜를 통해서"는 곧 "예수 그리스도의 이름을 통해서"와 동일한 뜻이라고까지 말한다(참고. KD I/2.379). 그러니까 바르트에게는 신의 은혜와 예수 그리스도의 이름은 참된 종교를 창조하는 동인이고 근거이다. 기독교 종교는 예수 그리스도라는 이름에 대한 술어이며(KD I/2.381) 그리스도 없는 기독교란 주어를 상실한 문장과 같다. 종교적인 인간은 참된 종교 안에서 인간이며 그 종교는 교회 속에서만 실재성을 가진다. 그러니까 종교에 대한 바르트의 입장은 이렇게 말할 수 있겠다. 신이 없는 죄인이 신으로부터 주어지는 "의롭게 되는 칭의"라는 은혜를 계시라는 형태로 구현시키는 종교는 그리스도가 주체가 되는 기독교 종교뿐이고 이 진리는 그리스도의 몸인 교회에서만 가능함을 말하고 있는 셈이다. 이렇게 본다면 루터가 "기독교인의 전 생애는 오로지 전회에 있어야 한다"는 말과 바르트의 '신 없는 죄인이 의롭게 되는 은혜'에 근거한 종교비판은 어느 정도 유사한 점을 가지고 있다는 평가는 일리가 있어 보인다.[217]

(3) 요약, 비평과 평가

---

[217] 위의 책, 29.

1. 바르트는 칼빈의 "유한자는 무한자를 담을 수 없다(finitum non capax infiniti)"를 인용하면서 한계자는 무한자를 파악할 수 없으며 시간은 영원을 담을 수 없다는 사상에서 자신의 변증법적인 사상을 이어간다. 시간이 영원을 담을 수 없다 할지라도 하나님의 계시가 비시간적인 시간(unzeitliche Zeit)으로 혹은 순수한 시간으로서, 마치 키엘케가드의 "순간"처럼 반짝이는 순수한 사건이며 이전에도 없었고 이후에도 없다는 느낌은 바르트의 "로마서 강해"와 "교회 교의학"을 읽은 자라면 한 번쯤 느낄 수 있는 그의 강렬한 메시지로 들릴 것이다. 위에서 본대로 바르트의 종교비판은 "로마서 강해"에서 날카롭게 비판하는 것과 "교회 교의학"에서 비판하는 것과 상당한 연속선에 서 있음을 알 수 있다. 그의 비판이 얼핏 보기엔 비록 종교 자체에 대한 비판처럼 보이지만 사실은 종교가 가지는 다양한 방식들에 대한 비판임을 알 수 있다. 즉 종교가 가지는 다양한 상 혹은 그림들에 대한 것이라고 할 수 있겠다. 이 그림들이 소위 "종교"라는 이름으로 인간에게 부과되어 인간을 옭아매는 완악한 족쇄가 되었으며 이제는 벗어버릴 수 없는 부자연스러운 것이 되었다. 종교는 치명적이고 운명적으로 마치 인간에게 부과된 필연성처럼 되었으며 인간 안으로 기어들어온 불행과도 같다. 그 불행과 어두움 아래에서 인간은 자유하지 못하고 눈 뜨고 있지만 장님처럼 살고 있다. 바르트가 보기에 종교는 한 편으로는 황혼의 빛처럼 비치는데 신과 같이 되기를 원하는 인간의 반란이고, 다른 한 편으로는 인간과 신 사이에 있는 신과의 관계의 주관적인 측면이다. 신과의 관계에 대한 주관적인 측면은 그 자체 필연적으로 죽음의 법 아래에 놓여있다. 이 반란에서 인간은 결코 빠져 나갈 수 없다. 인간은 신을 향해 경배, 찬양, 헌금, 봉사, 기도, 성찬과 같은 종교적 행위들을 하면서 신을 따르는 것이 아니라 반대로 신을 향하여 반란하고 있는 셈이다. 이 반란의 근거는 인간

과 신과의 본질적인 차이와 간격을 인정하지 않고 연장선에 있다고 착각하는데 있다. 바르트는 이에 대항하여 이 연속선을 완전히 끊어버리려고 인간과 하나님의 질적인 분리를 강조하는데 이 근거를 신의 내재적인 자기구분의 삼위일체 사상에 두면서 자신의 교의학을 펼쳐나갔다. 신의 자기구분은 신에게만 해당하는 것이 아니라 인간과 하나님, 창조주와 피조물, 타자를 위하는 신 자신과 자신을 위하는 자신으로 분리하였다.[218] 그러나 참된 종교는 인간이 신을 행해 손을 뻗는 행위가 아니라 반대로 신이 인간에게 자신을 계시하는 은혜에만 주어진다. 이런 바르트의 신중심적 사유에 대해 크래머(Hendrik Kraemer)는 자신의 저서 "종교와 기독교 신앙(1959)"에서 바르트 신학이 인간의 사상을 계시 아래에 두기가 어려웠고 현대 상대주의와 현대인의 오만함의 다양한 형태를 근본적으로 박살냈다는 점에서 당시의 상황에서는 사도하기 힘든 일을 수행하였다고 칭찬한다. 그러면서 "종교는 불신앙"이라는 바르트의 전제에도 동의한다. 그러나 바르트가 성경의 신중심적 사유를 지나치게 강조하고 자연성(자연은총)을 완전히 무시함으로 인해 성경 말씀을 죄인이 받을 수 있는 인격적인 통로마저 차단시켰다고 평가한다.[219] 신이 스스로 자신을 성부와 성자 그리고 성령으로 구분하신 주권성은 인간과의 관계에 있어서도 "신은 그리스도 안에서 선택하는 신이고 동시에 선택된 인간이다"는 주권성이 그대로 적용된다. 선택함과 선택됨의 분리는 오로지 신 자신에 의한 행위이다. 이런 바르트의 생각은 신의 절대적인 주권성을 세우기에 너무나 당연한 논리이다. 신의 절대적인 주권성은 피조물의 자율성도 완전히 덮어버린다. 이런 극단적인 사유는 완전한 긍정 아니면 완전한 부정이라는 두 개의 선택 앞에 인간을 세운다. 즉 부

---

218 T. Rendtorff(Hrg), Die Realisierung der Freiheit, Gütersloh, 1975, 17.
219 참고. H.J. Kraus, Theologische Religionskritik, 35.

패한 죄인은 신의 완전한 부정으로서 직접 신을 만날 수도 없고 관계할 수도 없다. 그래서 바르트의 기독론의 문제는, 신의 주권으로 인간과 신의 분리를 가졌다면 그 분리된 존재를 인식하지 않고 어떻게 신이 타자를 위한다고 말할 수 있겠는가 하는 데 있다. 다시 말해 신이 마음대로 자신과 인간을 절대적으로 분리시켰다면 그렇게 분리된 인간 없이 어떻게 신이 자신을 신으로 인식할 수 있을까? 이런 점을 지적하면서 바르트의 기독론을 가리켜 "분리의 수단에 의해 주어지는 신의 논리의 복사(die Kopie der Theo-Logie im Medium des Unterschiedes)"라고 규정하는 것도 틀리지 않는다.[220] 그러나 성경은 비록 부패한 인간이지만 인간은 "신을 알 만한 것(롬1:19)"을 가지고 있으며 그것으로 우상으로 만들고 신처럼 섬기지만 그럼에도 불구하고 특별계시인 성경의 말씀을 듣고 마음에서 성령의 도우심으로 믿음과 회개 그리고 성화의 길을 갈 수 있다고 증거한다. 그러나 바르트는 일반은총을 완전히 부정하기 때문에 인간은 그 어떠한 노력이나 자연으로는 신과 접촉할 수 없다. 단적으로 말해 인간은 신 앞에서 더 이상 인간이 아니라 어쩌면 짐승으로 남게 될 수도 있다. 물론 바르트도 "자연은총" 혹은 자연신학에 대해 자신의 입장을 "교회교의학 II/1권" §26과 §27에서 독자로 하여금 짜증날 정도로 장황하게 설명하고 있다. 인간이 자연적으로 신을 아는 것에 대해 바르트는 "인간의 인식은 스스로 안에서 그리고 그 자체로 선과 악에 대한 힘있는 인식이 아니라 대단히 무능하고, 거룩한 인식이 아니라 대단히 불결한 인식이다. 이런 인식으로 인간은 곧바로 비참으로 떨어지기 위해 그리고 하나님의 은혜에 소외되기 위해 신과 같이 되려했다(KD II/1.144)"고 말하는데 이 주장은 자연성으로 참다운 신을 아는 것이 불가능하다고 하는

---

220 T. Rendtorff(Hrg), Die Realisierung der Freiheit, 18.

칼빈의 자연은총론과 유사하게 비친다. 그러나 여기서 멈추지 않고 바르트는 자연은총이 근본적으로 신을 향한 인간의 폐쇄성이고 종교적인 자기 힘의 과시이며 은혜의 원수라고 규정한다(참고. KD II/1.145). 자연신학은 "인간 그 자체로서의 실재성과 가능성에서 신의 은혜를 향해 여는 것과 계시일반 속에서 신의 지식을 위해 준비하는 것을 결코 볼 수 없는 사실을 표현하는 불가피한 신학적 표현 그 이상도 그 이하도 아니다(KD II/1.150)"고 말하는데 이 표현은 자연신학이 신적 은혜의 원수라는 말과 다를 바 없다. "자연신학은 오로지 인간의 가시적인 실재성과 가능성에 그 근원을 두고 있고(KD II/1.151)" 또한 "자연과 함께하는 은혜는 … 더 이상 분명히 신의 은혜가 아니라 인간에게 자기 자신을 통해 말하는 은혜일뿐이다(KD II/1.154)"고 말함으로 자연은총을 완전히 거부한다. 바르트는 자연은총과 완전히 단절한 채 "신은 오로지 신을 통해 인식된다"는 신학의 출발점을 확립한다. 바르트를 잘 이해했던 그의 제자인 베버(O. Weber) 역시 신의 은폐성에 대해 바르트는 지나치게 자연은총을 거부하였다고 정리해 주고 있다.[221] 바르트주의자인 쉘롱(D. Schellong) 역시 "바르트는 (자연은총의) 수용에 따르는 조화로운 기본 생각을 받아들일 수 없었다. 그는 인간을 지나치게 신의 은혜의 대적자로 보았다"고 규정한다.[222] 단정적으로 말해 바르트는 자연은총이 신의 은혜를 받는데 장애가 되고 원수로 보았는데, 신의 은총이 인간에게 주어지기 전까지는 좀 비약하자면 인간은 짐승과 별반 차이가 없게 된다. 짐승은 신의 말씀을 전혀 받아들일 수 없고 인간은 짐승으로서 신 앞에서 완전한 단절된 존재자로 남게 된다. 이런 단절의 상황을 만들어 놓고 바르트는 삼위일체론을 통해 계시의 주체와 화해의 주체는 오로지 신 자신이라고 거듭 강

221　참고. O. Weber, Karl Barths kirchliche Dogmatik, Neukirchen, 1977, 59.
222　F.W. Marquardt(Hrsg), Karl Barth: Der Störenfried? München, 1986, 35.

조한다. 신과 인간 사이의 접촉점이 전혀 없다고 주장하는 바르트에 반대하여 구원을 위한 신적인 접촉점이 있다고 말하면서 "인격"이라는 이름하에 그 접촉점을 주장하는 브룬너(E. Brunner)는 다음과 같이 주장한다. 즉 "인간 정신은 특별계시 없이도 그리고 심지어 분명한 필요성에 의해 신의 관념이나 절대자 의식 혹은 초월적인 통일성과 그러한 유형들을 스스로 만든다. … 인간은 믿기를 원하든 그렇지 않든 절대자의 관념을 형성한다는 것은 타락한 인간 역시 신의 영이 머물러 있음으로 인해서 비록 그가 신과 소외되었다 할지라도 여전히 신과 관계한다는 증거이다. … 인간 정신은 살아계신 신과의 소외에서도 우리가 지금 인간 이성이라고 알고 있는 그것이다"고 주장하는데[223] 이 말은 타락한 인간이 비록 곡해된 신의 관념이라 할지라도 어느 정도는 가지고 있고 동시에 불신자가 신의 말씀을 듣고 회개할 수 있는 어떤 통로가 주어져 있는데 이 길은 타락과 무관하게 여전히 남아있다는 주장이다. 브룬너가 인간을 신의 형상으로 간주하면서 타락 이후에는 그 인간이 어떤 상황이냐에 대한 대답을 주는데 그는 내용적인 형상(Materiale Imago Dei)과 형식적인 형상(Formale Imago Dei)을 구분하여 타락 후에는 내용적인 형상은 상실해 버렸지만 그래도 형식적인 형상은 남아있어서 이것으로 인해 죄인이 신의 말씀을 듣고 회개와 믿음에로 이를 수 있다고 한다. 타락 후에도 소위 남아있는 형식적 형상이 신과 인간의 접촉점이 되어서 신과 인격적 관계를 가질 수 있다고 주장한다.[224] 이런 브룬너의 시각을 향해서도 바르트는 역시 강력하게 비판하기도 했다. 신과 인간의 완전한 분리를 세워놓고 바르트는 바로 그 분리에서 신의 유일한 계시인 그리스도를 들이댄다. 이것을 정리하면, 그리스도만이 자신의 아버지를 계시한

---

223 E. Brunner, Der Mensch im Widerspruch, Zürich, 1941, 242-243.
224 H. Zahrnt, Gespräch über Gott, Zürich, 1968, 134.

다(제1명제). 그러나 그리스도 자신의 아버지는 신이다(제2명제). 아버지를 계시하는 자는 신을 계시한다(종합명제)는 식이다.[225] '신은 자신을 스스로 계시한다는 근거에서 신을 계시하는 자는 곧 신이다'는 방식이 바르트의 계시개념이다. 그러니까 소위 인간에게 남아있는 "종교의 씨"라고 불리는 자연성 혹은 종교성은 그에게는 전혀 의미가 없는 쓰레기가 된다. 하여간 바르트에겐 특별계시 이외엔 다른 은총은 없기 때문에 신과 인간이 직접적으로 그 어떠한 관계도 가질 수 없다. 이런 바르트의 종교비판을 "칭의론의 깎아지른 날카로움"으로 표현한 크래머의 평가가 틀리지 않다.[226]

2. 비록 바르트의 종교비판이 "로마서 강해"와 "교회 교의학 I/2"에서 펼쳐지고 있다지만 엄밀하게 말하면 그의 "교회 교의학" 전체에서 이해되어야 한다.[227] 따라서 그의 종교비판은 "교회 교의학" 전체의 사상인 '선제한 그리스도로 인해서 의롭지 못한 죄인과 자신을 주시는 신과의 화해'에서 살펴보아야 한다. 칭의론은 근본적으로 신이 없는 죄인이 위로부터 주시는 신의 은혜로 의롭다고 인침을 받는 가르침인데 이것은 신학역사에서 하나의 응고되고 체계화된 학문적 연구의 교리가 아니라 항상 현재화로 가져와야 하는 요구이다.[228] 인간의 본성은 예수 그리스도의 이름이 없는 죄인이며 그가 없이도 우리에게 은혜롭게 행하신다고 믿는다. 이런 인간의 본성은 신 앞에서 자기 스스로 의롭게 하려고 노력하는 본성이며 거기에서 인간은 자기 마음에서 그림들을 만든다(참고.

225　T. Rendtorff(Hrg), Die Realisierung der Freiheit, 19.
226　H.J. Kraus, Theologische Religionskritik, 36.
227　위의 책, 30.
228　참고. 위의 책, 31.

KD I/2.808). 이런 그림들이 참된 종교인 기독교를 곡해하고 일탈시킨다. 결국 바르트의 종교비판의 최대 목적은 종교가 필요 없다는 무신론주의가 아니라 반대로 사실은 기독교와 교회를 향해 있다. 그가 근본적으로 종교비판을 통해 세우고자 한 것은 신을 믿지 않는 죄인의 죄를 정점에 세우기 위함이었다고 하겠다. 즉 바르트의 종교비판은 거짓된 종교나 참된 종교를 말하고자 함이 아니라 근원적으로 보면 왜곡된 기독교 종교를 지적하고자 함이었다.[229]

3. 이런 바르트의 의도는 이해가 충분히 가지만 몇 가지 문제들도 뚜렷하게 보인다. 우선 그가 계시에 입각해서 종교를 비판했는데 그에 의하면 계시는 성경과 밀접한 관계를 가지고 있다. 그런데 성경의 영감설과 관련하여 생각해 본다면 계시하시는 신의 말씀이 성경과 반드시 동일시되지는 않는다는 점이다. 그는 성경과 계시를 분명하게 나눈다(KD I/2.512). 그러면서 성경은 계시를 담은 하나의 증언이지, 성경 그 자체가 신의 말씀이라고 생각하지는 않는다. "성경은 신탁의 책이 아니다. 그것은 신의 직접적인 전달의 기관도 아니다. 그것은 실제적인 증언(Zeugnis)이다(KD I/2.562)"라고 그는 단호하게 말하는데 단적으로 말하자면 성경보다 신의 실재성은 크다는 입장이다. 바르트의 이런 주장은 성경의 영감설에 관한 문제로 이어질 수밖에 없다. 통상 전통적인 의미에서 성경의 영감설을 말할 때 고대 교부들은 성경기자들이 사용한 용어들에게까지 심지어 개념의 문법적인 의미에 까지 성령이 역사하셨다고 믿었다. 특히 "내가 진정으로 너희에게 말하니 하늘과 땅이 없어지기 전에는 모든 것이 이루어지기까지 율법의 한 점 한 획도 결코 없어지지 않을 것이

---

229 N. Klimek, Der Begriff "Mystik" in der Theologie Karl Barths, 100.

다(마 5:18절)"는 말씀을 인용하면서 클레멘스 알렉산드리우스는 자신의 저서 "프로트레피쿠스(Protrepticus)"에서 주님의 입 즉 성령은 성경의 일점일획 모두를 말씀하셨다고 했다. 이와 유사하게 오리게네스는 시편 주석에서 신의 지혜가 신의 말씀의 수종자들의 각각의 개별적인 문장들에게 흔적을 각인시켰다고 주장하기도 하였다. 그레고르 폰 나지안(Gregor von Nazianz)은 성령의 정밀함에 의해 성경의 일점일획도 다 영감이 되어 완성되었다고 하였다. 특히 아우구스티누스는 예수 그리스도 혹은 성령에 의해 마치 성경저자들이 받아쓰기를 했다고 주장했으며 2세기 경 아테나고라스(Athenagoras)는 성령이 선지자들의 입들을 자신의 기관으로 마치 피리부는 자가 자신의 피리를 부는 것처럼 사용했다고 말한다(참고. KD I/2,575). 이들의 공통점은 성경의 축자영감설을 옹호하고 있다는 점이다. 그러나 바르트는 이런 전통적인 축자영감설에 의문을 가지면서 그 영감이 저자들의 증거에 있어서 중요한 부분들만 혹은 단어들에게만 한정되는지 혹은 거기에서 저자들의 견해들이나 사상들을 영감하셨다면 상당히 임의적일 것이라고 생각한다. 그러면서 축자영감설에 대해 바울이 그 어디에서 말하고 있으며 바울이 축자영감설을 함축하고 있는지를 바르트는 반문한다. 즉 바울은 영감에 대해 말하였지(딤후3:16), 축자영감설에 대해 결코 말하지 않았다고 주장한다. 더 나아가서 축자영감설이 유대인이나 이방인들로 하여금 신의 실제적인 말씀을 낯설게 하기 위함이라면 교회에서도 주장되어서는 안된다고 단언한다(참고. KD I/2,575). 그러면 바르트에게는 성경은 무엇인가? "성경의 신성(Theopneustie)은 … 성경이 우리 앞에 놓여있고 우리가 성경을 읽으면서 우리 앞에 놓이는 것은 아니다(KD I/2,563)"라는 주장과 "성경이 신의 말씀이라는 신앙이 성경은 스스로 신의 말씀으로서 증언되었다는 데서 이 힘이 시작된다는 것을 전제하며 거기에서 우리는 그것을 그렇게 인지할 수 있고 그렇게 인지해야 한다. … 성경이 단순히 거기에 있다든지 하나의 대상으로 인지하는 우리의 능력과 함께 성경에 마주하여 우리가 단지 거기 앞에 있다는 것은 성경이 신의 말씀이라는 증언의 실재성이 결코 아니고 단지 가능성에 불과함을 의미한다(KD I/2.561)"는 그의 주장들은 그가 전통적인 축자영감설을 부인하고 있음이 분명하다. 그에 의하면 신앙이 인간을 실존을 만들어서 신의 계시가 현재적으로 임하기 전까지는 성경은 잠재적으로 신의 말씀일 뿐이다. 성경은 신앙에 의해서만 하나님의 말씀이 된다. 그의 "교회 교의학" I/2권 § 19 (신의 말씀으로서 성경)에서 장황하게 늘어놓은 설명을 읽으면 마치 이런 느낌을 준다. 성경은 지금부터 수천년 이전의 성경기자들이 하나님의 영감으로 쓴 말씀이 아니고 지금 여기서 신앙을 가진 자들에게 현재적으로 선언되고 선포되는 하나님 말씀인 한 성경이 신의 말씀이 되는 셈이다. 이 말은 성경 저자들의 "당시"와 지금 현재 읽는 자들 사이의 시간적인 간격은 사라지는 셈인데, "당시"에 신의 계시는 신앙으로 실존이 되어 살아 있는 신의 말씀으로 들었고 지금의 우리 역시 신앙으로 실존이 되어 신의 말씀이 된다면 성경은 신의 말씀이 되는 셈이다. "신앙에서 신과 성경이 더 이상 두 개가 아니라 하나이다(KD I/2.568)"는 그의 생각은 성경이 신의 말씀이기 때문에 믿어야 하는 것이 아니라 신앙이 그것을 신의 말씀으로 증언한다는 식이다. 그리고 "성경이 하나님 말씀이라고 우리가 믿을 때 중요한 점은 하나님 말씀이라는 개념이 더 중요하게 밑줄을 쳐야 하며 특히 고려되어야 한다(KD I/2.568)"는 주장을 하는데 이것은 그가 성경보다 신의 현재적인 계시에 더 포인트를 두고 있음을 보여준다. "성경이 신의 말씀이라는 문장은 성경이 하나님 말씀일 수 있는 속성 외에 다른 속성들을 가지고 있음을 말하지 않는다(KD I/2.569)"고 하며 "신은 성경을 지배하는 주인이며 성경 속에서 주인이다(KD I/2.569)"

고 말하기도 하고 "성경이 신의 말씀이라는 문장은 신의 말씀이 성경에 매여 있음을 말하지 않고 오히려 반대로 성경이 신의 말씀에 매여있음을 의미한다(KD I/2.569)"고도 말한다. 더 나아가서 바르트는 축자영감설에 대해 비판을 하면서 "축자영감설은 인간적인 말로서 언어적이고 역사적이며 신학적 성격에서 성경적인 용어의 무오류성을 뜻하지 않는다(KD I/2.592)"고 말하는가 하면 "축자영감설이란 오류가능하고 오류가 있는 인간적인 말이 지금 그 자체로 신에 의해 섬김으로 취해졌음과 그 자체 인간적인 오류에도 불구하고 취해질 수 있음과 들을 수 있음을 뜻한다(KD I/2.592)"고 까지 말한다. 결국 이런 주장들을 숙고하면 바르트는 신 자신의 말씀과 성경의 기록된 말씀과 동일하지 않다는 것을 말하고 있으며 성경이 객관적으로 성령에 의해 축자영감되었다는 것을 믿지 않는다는 것을 보여준다. "신 자신의 말씀의 현재, 자신의 실제적인, 현재적인 말씀하심과 들음은 성경이라는 존재 자체와 동일시하지 않다. 오히려 현재에서 성경이라는 책 속에 그리고 책과 함께 어떤 것이 일어난다. ... 성경은 신의 행위의 하나의 도구이며 신적 계시의 증언이다(KD I/2.589)"고 말하고 있다. "우리가 성경을 신의 말씀으로 가진다는 것은 성경 속에 있는 신의 존재와 신의 역사에 대한 문장에서 그리고 성경을 통해서 성경 그 자체에 관한 문장에서 성경이 신의 말씀이라는 문장을 의미하는 것을 정당하게 하는 것이 아니다(KD I/2.585)"고도 말한다. 결국 바르트에게는 성경과 신의 자기계시는 동일하지 않다는 점과 신의 계시가 성경보다 더 크며 더 위에 있다는 점 그리고 신앙이 인간을 실존으로 만들어 성경을 신의 말씀으로 만든다는 점은 분명하다.

4. 이런 바르트의 성경관은 문제가 없는가? 바르트의 주장대로 신의 계시가 있고 신앙이 있어서 성경이 신의 말씀이 된다면 왜 하필 성경이 이

를 위한 도구가 되어야 할까? 이 질문에 대해 그는 자신의 교회론을 가져온다. 성경의 영감을 믿는 신앙은 교회의 구체적인 생과 교회의 지체가 실제적으로 성경의 주해에 의해 지배되는 삶이라는 데 뜻을 같이 한다(KD I/2.593)고 주장한다. 바르트의 주장대로라면 왜 하필 성경에서 신이 자신을 계시하는 것일까? 그의 논리대로라면 불경이나 코란경에서도 만약 신의 계시와 신앙 그리고 신의 현재가 일어나고 교회가 인정한다면 그것 역시 신의 말씀이 되는가? 계시와 신앙 그리고 신의 현재가 일어나는 장소가 왜 굳이 성경이어야 할까? 만약 성경이 "축자영감(Verbalinspiration)"이라는 전통적 신학적 경계가 주어져 있지 않으면 계시나 신의 현재가 굳이 성경에만 일어난다는 말을 할 수 없다. 칼빈도 성경 자체에 신적인 어떤 무엇이 불어주고 있음을 말하고 있다.[230] 성경 자체에 신적인 무엇이 불어주고 있다는 것은 성경 자체도 신적인 비밀을 스스로 가지고 있으며 작용한다는 의미이다. 그렇지 않다면 평소에는 단지 하나의 어떤 책으로 있다가 읽는 자의 신앙으로 인해 비로소 신적인 계시의 현재가 일어난다는 식의 입장은 반드시 성경이 하나님의 말씀일 필요가 없다는 것과 다를 바 없다. 불경이나 코란경도 그렇게 할 수 있기 때문이다. 바르트의 이런 식의 성경관은 역사비평의 방식을 완전히 무시하고 하나님으로부터의 일방적인 계시를 지나치게 강조하여 성경이라는 텍스트와 성경을 읽고 있는 지금 현재의 우리 사이에 놓인 역사적 간격인 2015년이라는 시간은 사라지고 오로지 현재 지금 만나는 실존적인 관계만 중심점으로 삼았던 결과로 빚어지는 한계를 가진다.

---

230 InIII. 72: "… ut promptum sit, perspicere, divinum quiddam spirare sacras Scripturas, quae omnes humanae industriae dotes ac gratias tanto intervallo superent: 신적인 어떤 분명한 것이 인간적인 행위의 모든 가치들과 모든 은혜들과 완전한 간격으로 초월하는 성경을 숨 쉬게 한다는 것을 아는 것이 필요하다."

5. 또 하나는 바르트의 종교비판에서 계시를 강조하면서 계시와 대립하는 종교를 비판하였다. 그가 말하는 계시는 "선포되는 말씀"과 "기록된 말씀" 그리고 "계시된 말씀"으로 나누었는데 성경은 기록된 말씀이다. 그런데 그의 성경관이 전통적인 축자영감설을 따르지 않고 신앙에 의해서 신의 말씀이 된다는 실제영감설(Realinspiration)을 따른다면 성경이 정경이라는 근거가 어디에서 찾을 수 있는가? 이 질문에 바르트는 성경을 정경으로 정한 것은 공의회라는 형식으로 된 교회가 만든 것이 아니라 오히려 교회는 이미 내려진 결정을 다만 인정할 뿐이라고 한다. "교회는 카논(정경)을 그 어떠한 개념의 의미로도 스스로 줄 수 없었고 줄 수 없다. 마치 신학적으로 무지한 역사가가 하는 짓거리로 말하는 것처럼 교회는 카논을 창조할 수 없다. 교회는 이미 창조된 그리고 교회에게 주어진 카논을 나중에 최고의 지식과 양심에 따라 그리고 신앙의 판단에 모험과 순종 속에, 그러나 인간을 신에 의해 열려진 진리의 인간적 인식의 완전한 상대성 속에서 확정된다(KD I/2.524)"고 바르트는 주장한다. "신이 성경을 자신의 말씀이게 하는 한, 신이 성경을 통해 말씀하시는 한, 성경은 신의 말씀이다(KD I/1.112)"는 주장이나 "성경은 스스로 그 자체로 신의 일어나는 계시가 아니다. … 오히려 신의 말씀으로서 우리에게 말씀하시고 우리가 듣는 성경은 일어나는 계시를 증거해 줄 뿐이다(KD I/1.114)"는 이 말들은 교회가 성경의 정경성을 만드는 것이 아니라 이미 만들어져서 주어진 정경을 교회가 단지 신앙의 판단으로 인정하는 것에서 성경의 권위나 신의 기록된 말씀이 된다는 뜻이다. 그렇다면 하늘에서 이미 성경을 정경으로 정해놓은 것을 땅에서 교회가 받아들이는 모습인데 과연 이것이 논리적으로 납득이 가능할까? 도대체 신이 하늘에서 이미 성경을 정경으로 정해놓았다는 논리는 근본적으로 성경의 정경성을 신에게로 넘기는 것인데 성경을 정경으로 이미 정해놓은 그 신은

도대체 어떤 신인가? 그 신이 굳이 예수 그리스도의 아버지 신이 될 필요가 있는가? 만약 코란경을 가지고 신이 말씀하신다면 코란경이 기독교의 정경이 되는가? 선지자들과 사도들의 가르침과 공의회의 인정에 기반을 두지 않고 그 권위를 신 자체에게 돌린다면 그가 말하는 신도 어떤 신인지 의문을 가지게 한다. 예를 들어 헤겔의 절대정신이 성경을 가지고 자신을 계시할 수도 있지 않겠는가? 그렇다면 그 절대정신은 헤겔의 3kg 정도밖에 안되는 머리에서 나온 그림인가 아니면 살아계신 신의 실재성인가? 이렇게 바르트가 계시의 초월성을 강조하면서 모든 것의 권위를 신에게로만 지나치게 떠넘기는 바람에 그가 말하는 신이 굳이 예수 그리스도의 아버지이어야 할 이유가 그만큼 사라진다.

6. 바르트의 종교비판에서 유난히 강조되는 것은 계시된 하나님 말씀인 예수 그리스도이다. "성경이 우리의 관점들과 사상들을 모으고 신으로 인식하는 하나의 점이 누구이며 무엇이냐고 우리가 더 정확하게 보고 묻는다면 … 눈이 성경의 제시를 향해 머물고 성경의 제시를 향해 사유가 실제로 매여 있어야 하고 매여 있는 것이 당연한 점에 대해 다시 한 번 묻는다면 그것은 시작에서 끝까지 자신의 백성을 향한 신적인 결단과 자기 스스로 그들의 주와 목자로 정하신 그리고 이 백성을 자신의 백성으로 그리고 자신의 초장으로 인도하는 인간적이고 역사적인 사건으로서, 그로인해 지나간 전체 이스라엘의 역사의 실체로서 또한 따라오는 전체 교회사의 소망으로 인식되었던 예수 그리스도라는 이름으로 우리를 인도할 것이다(KD II/2.56)"고 참 장황하고도 약간은 설교식으로 말한다. 이 말은 사변적이고 추상적인 어떤 신적인 계시에서 사유의 출발점을 삼는 것이 아니라 구체적인 존재인 예수 그리스도가 신학의 시작이고 종결이기도 하다는 뜻이다. 좀 더 비약하자면 신이 누구며 인간

이 누구인지를 물을 때 신의 전능함이나 힘 혹은 인간을 사랑하는 사랑을 말하는 것이 답이 아니라 신이 그리스도 안에서 계시된 아버지나 전능자나 힘 혹은 사랑이어야 한다는 뜻이다. 결정적으로 바르트가 "그리스도의 신성에 대한 신약적인 문장과 달리 그리스도의 신성에 대한 교회적인 도그마는 오로지 이것 외에 다른 어떤 것을 말하지 않는다: 즉 단순한 전제, 이 전제에서 신약학적인 문장이 기인하는데 예수 그리스도가 신의 아들이기 때문에 신의 아들이라는 그 전제에 있다. … 이 전제에 그 어떠한 숙고도 근거지울 수 없고 그 어떤 숙고도 이 전제에 의문을 가할 수도 없다. … 그리스도의 신성의 문장은 다른 어떤 문장에서 기인된 문장이 아니라 근본문장으로서 이해될 수 있다(KD I/1.436)"는 이 주장을 숙고하자면 예수가 신이라는 사실은 교의학의 근본전제이기 때문에 이 전제에 대해 문제를 제기해서도 안 되고 이 전제 뒤로 들어갈 수도 없으며 숙고나 반성 혹은 비판할 수 없다는 점을 강하게 시사한다. 그러나 이 사실이 교의학의 근본전제라고 바르트 자신이 못박을 때 과연 그는 어떤 권위로 그렇게 할 수 있는가? 혹시 그렇게 하고 싶은 바르트 자신의 개인적인 소신이 아닌가? 그렇다면 그 문장을 절대화시키는 바르트 자신의 소신이 그 문장 위에 군림하는 셈인데 뒤집어 말하면 그리스도의 신성이 교의학의 근본전제라고 믿는 바르트 자신의 신념이 절대적인 권위를 가지는 꼴이 아닌가? 이렇게 보면 한마디로 말해, 바르트의 "교회 교의학"은 그리스도 중심적 사유(Christozentrik)의 집대성이다. 그리스도론 외에 그의 전체 신학에서 다른 주제가 없다고 하는 것도 적절하다.[231] 이렇게 그리스도론에 그의 전체 사상이 집중된 것은 기독교 모든 교리는 철저하게 하나님 말씀인 그리스도에 대한 것이어야 한다고

---

231 H. Zahrnt, Die Sache mit Gott, 126.

주장하는 안셈(Anselm von Canterbury)의 영향이었으며²³² 바르트의 삼위일체론은 헤겔의 제자였던 도르너(I.A. Dorner 1809-1884)에게 영향을 받았다. 도르너는 인간이 의롭게 되는 것은 삼위일체의 신앙에 의해야 하며 하나님의 인격성에 의해 가능하다고 주장하였는데 바르트는 이 사상을 의미있게 받아들인다.²³³

7. 은혜에 지나친 강조를 담은 이런 그의 신학을 기독론적 보편주의(Der christologische Universalismus)라고 부르는 자도 있다.²³⁴ 이 입장은 전통적인 신학에서처럼 창조에서 타락 그리고 그리스도 안에서의 구원으로 나가는 관점이 아니라 처음부터 창조를 그리스도 안에서의 신의 은혜로 보게 한다. 단적으로 말해 "신은 인간의 구원을 신의 계획안에서 첫 번째로 원했었고 창조는 두 번째로 원했다. 신은 은혜를 위해 세계를 창조하셨지, 반대로 세계를 위해 은혜를 부여하지 않았다"는 찬트(H. Zahrnt)의 지적은 바르트 신학의 정곡을 찌른 셈이다.²³⁵ 그렇다면 구원을 위해서 인간을 창조했다면 인간과 세계는 무엇이란 말인가? 흥미롭게도 바르트는 "그들은(인간과 세계) 신의 영광의 연극장(theatrum der gloria Dei)의 불빛이며 진리들이다. 그것은 오로지 신에 의해 창조된 세계의 존재와 실존의 의미이다. 즉 연극장인데, 대단한 행위들이 나타나기에 적절한 공간이며 그 속에서 신은 자기 스스로 즉 자신의 인간을 향한 자유로운 넘치는

---

232 이 점에 대해 흥미로운 논문이 있다. "창조와 구원"이라는 교의학을 쓴 R. Prenter에게 바르트가 안셈의 저서를 가리키며 엄청나게 열광하면서 말하길, 안셈의 저서는 놀라운 길을 제시해 주고 있으며 자신이 그를 따라가기를 원했다고 한다. Prenter는 바르트의 신학적 방법이 안셈의 방법으로 해석하고 있다고 주장한다. 참고. R. Prenter, Glauben und Erkennen bei Karl Barth, in: Kerygma und Dogma(2 Jahrgang Heft 3), Göttingen, 1956, 176-177.
233 참고. W. Pannenberg, Problemgeschichte der neueren evangelischen Theologie in Deutschland, Göttingen, 1997, 248; 한수환, 신의 죽음과 하나님의 실재성, CLC, 2003, 107.
234 참고. H. Zahrnt, Die Sache mit Gott, 128.
235 위의 책, 129.

사랑을 발휘하시고 알게 하시며 인간과 함께 가지는 관계의 기초를 놓으시며 보존하시고 시행하시고 완성하신다(KD IV/3-1.173)"고 태연스럽게 말한다. 이 말을 분석하면 신은 죄인을 구원하는 은혜를 위해 인간과 세상을 창조하셨는데 인간과 세상은 신의 은혜가 성취되는 하나의 연극장(theatrum)이라는 뜻이다. 과연 인간과 세계를 창조하신 신의 목적이 바르트의 말대로 죄인의 구원을 이미 전제로 한 창조이고 세계는 이것을 보게 하는 연극장이라고 할 수 있는가?

8. 죄인에게는 신의 완전한 은혜만을 주시고 자신의 아들에게는 완전한 유기와 버림을 행한 신은 어쨌든 인간에게는, 특히 죄인들에게는 그야말로 은혜의 신이다. 신이 행하는 모든 것은 인간에게는 이미 영원에서부터 예외없이 오로지 은혜이다. "창조된 자연의 존재, 그 본질 그리고 그 상태에서 은혜로 되지 않은 것은 아무 것도 없으며 그 존재, 그 본질 그리고 그 상태는 오로지 은혜로 다시 인식될 수 있다. 죄나 죽음 그리고 마귀나 지옥 역시 신의 강한 지식과 의지의 허락하심의 사역과 동시에 부정하시는 사역을 예외없이 행하셨다. 신의 지식과 의지는 허락하신다는 의미에서 부정하심으로 강한 은혜이다. … 신은 자신의 은혜없음에 있어서도 은혜이다. 오로지 은혜를 통해 은혜 없음이 그 자체 다르게 인식될 수 있다(KD II/2.99)"고 바르트는 장담한다. 그러니까 신은 인간에게는 무조건 혹은 처음부터 은혜이며 인간에게 은혜가 아닌 것으로 비치는 것도 사실은 신의 은혜라는 말이다. 이런 은혜의 신은 구원을 위한 은혜이며 구원을 위한 은혜 때문에 세계를 창조하셨다는 뜻이다. 여기서 바르트의 예정론을 상세하게 이해할 필요가 있겠다. 바르트의 신학이 "말씀신학"이라고 한다면 그것은 곧 "선택신학"이라고 해야 한다고

말하는 글뢰게(G. Gloege)의 주장은 틀리지 않기 때문이다.[236] 선택과 유기의 문제를 소개하는 바르트의 예정론은 그의 "교회 교의학"에서 장장 600 페이지가 넘도록 많은 말들을 하고 있는데 분명 독자들은 그의 생각을 이해하기 위해 그의 현란하고 화려한 수사법에 마주할 것이며 그로 인해 상당한 인내가 요구될 것이다. 하여간 요지는 다음과 같이 정리될 수 있겠다. 여기서 흥미로운 점은 바르트가 "예정(Prädestination)"이라는 개념 대신에 "은혜의 선택(Gnadenwahl)"이라는 개념을 도입하여 설명하고 있다는 점이다. 이 용어 선택 속에는 하나님이 어떤 자를 선택하시고 어떤 자를 유기하신다는 전통적인 예정론을 따르지 않는다는 전제일 수도 있다. 중요한 포인트는 인간의 죄가 아무리 악해도 그 죄는 하나님의 이미 정해놓으심 안에서 일어나고 있고 근본적으로 선택과 유기는 인간이 판단하고 가질 수 있는 몫이 아니라 은혜와 사랑의 하나님이 가지는 절대적인 자유의 권리이다. 하나님의 절대적인 자유에 따라 선택되고 동시에 버려진다. 이 점을 강조하면서 바르트는 예정론을 기독론 안에서만 설명하려는 시도를 하고 있다. 위에서 언급한대로 '그리스도는 선택하는 하나님이고 동시에 선택된 인간'이라는 기독론의 대명제에서 시작한다. '그리스도 안에서 선택되었다'는 것은 '우리 인간 안에서 선택되었다'는 뜻이 결코 아니다. 이렇게 인간에게 은혜만 주시려는 신 앞에서 유기된 자는 그리스도뿐이며 결국 인간의 회개와 무관하게 모든 자들이 구원을 받는 셈이다. 그런데 이 은혜라는 문제에서 바르트 신학의 맹점이 드러난다. 신이 만약 바르트의 말대로 구원의 은혜를 위해 인간을 창조했다면 모든 인간의 모든 죄악과 그리고 유기된 자들은 사실상 없고 모든 인간들은 자신들의 죄와 무관하게 모두 은혜의 구

---

[236] G. Gloege, Heilsgeschehen und Welt, Göttingen, 1965, 79.

원에 이르는 셈이 된다. "죄인이 그리스도 안에서 의롭게 되는 것은 예정론의 내용이며(KD II/2.182)" "유기란 인간의 몫이나 인간의 문제가 될 수 없다. 그것은 골고다에서 일어났던 교환이며 거기에서 신은 죄인의 십자가를 자신의 면류관으로 선택했고 거기에서 인간이 겪어야 할 것을 신의 아들이 겪었고 … 따라서 신의 예정론을 믿는 신앙이란 자신 안에 그리고 자신을 통한(per se) 것이며 인간의 유기가 아니라는 신앙이고 인간의 유기를 믿지 않는 신앙이다(KD II/2.182)"고 바르트는 분명하게 말한다. 그렇다면 도대체 유기된 자는 누구인가? "유기된 자는 인간이 아니라 신과 자신의 아들과의 영원한 결정 안에서 신 자신이다. … 예정론은 인간의 유기가 아니며 그것은 신의 아들의 유기됨이기 때문에(KD II/2.182-183)" 바르트에게서 유기되는 자는 죄인이 아니라 죄인을 위해 스스로 십자가의 죽임을 선택한 신 자신이며 동시에 신의 아들로 선택된 그리스도이다. 그리스도는 선택하는 신이고 동시에 선택된 신이기 때문에 그리스도 안에서 선택과 유기가 결정된다. 그런데 유기와 관련하여 신은 그리스도만을 유기하면서 모든 죄인을 은혜로 인도하신다고 한다. 죄인에게는 은혜만 주시고 그리스도에게는 고난과 죽음을 주시는 신은 어떻게 보면 은혜의 신이 분명한 듯 보인다. 그러나 이 말은 사실상 전통적으로 인정되는 가르침, 즉 신 앞에서 선택된 자들과 유기되는 자들이 인간들이라는 것과 그 인간들을 심판하시는 가르침은 사라진다. 물론 바르트도 죄와 불신이 세상에 있음을 잘 안다. 그럼에도 불구하고 불신 역시 신이 은혜로우며 은혜롭지 않기를 원치 않으시는 신의 근원적 결단에서 기인한다. 신의 은혜를 믿지 않는 자는 마치 자신의 주관적인 인식이 아직 객관적인 실재성에 따라가지 못하는 데서 기인할 뿐이다. 그러면 바르트에게서 심판은 어떻게 이해될까? 그는 심판이 있음도 거부하지 않는다. 그러나 은혜가 심판을 이긴다. 그러니까 결국은 죄인과 의인의 분리가 사라지게 되는 셈이고 그 종결은 만인구원론을 제시하게 되는 셈이다. 적나라하게 표현하자면 바르트의 신학과 종교비판은 신이 죄인을 은혜로 의롭게 하시는 활동을 인간은 단지 두 눈만 가지고 구경하고 감상하게 하는 신학인 셈이고 죄인을 구원하시는 신의 은혜를 세계라는 공간에서 쳐다보고만 있으라는 신학인 셈인데 과연 이런 그의 창조론과 구원론 그리고 예정론이 성경적일까? 이런 바르트의 교의학을 가리켜 "오로지 신의 은혜의 위대한 찬송"이라고 평가하는 것은 과언이 아니다.[237] 그리고 이런 바르트의 신학을 바르트의 70세 생일에 독일의 일간지 "프랑크푸르터 알게마인 신문(Frankfurter Allgemeine Zeitung)"에서 "하늘의 재발견"이라는 제목으로 소개한 적이 있었다. 그 제목이 시사해 주듯 달리 말하면 바르트 신학은 오로지 "하늘"뿐이라는 점을 강하게 말해준다.[238] 그러나 성경은 분명히 선택된 자와 유기되는 자에 대해 언급하고 있으며 이들은 그리스도가 아니라 분명히 죄인인 인간들이다.[239] 그리스도가 유기되었다고 말하지 않고 오히려 그분은 죄인들의 대속의 제물이 되었으며 오로지 그를 믿는 자들이 의롭다고 가르친다. 비록 하나님이 예정과 유기를 창세 전에 택하신 하나님의 섭리에 있지만 그 섭리의 혜택은 그리스도에게 있는 것이 아니라 오히려 구체적인 죄인들에게 주어진다(참고. 엡 1:4).

9. 그런데 바르트가 그토록 강조하여 말하는 계시 혹은 신의 말씀인 예수 그리스도가 과연 역사적 예수인 "나사렛 예수"인가 하는 의문이 다시금 당연히 제기된다. 바르트가 "예수 그리스도"를 자신의 존재론적 기

---

237   H. Zahrnt, Die Sache mit Gott, 148.
238   참고. 위의 책, 153.
239   막 16:15-16; 마 22:14; 요일 2:19; 요 3:16; 벧후 1:10; 눅 16:23; 마 25:46; 벧후 2:9; 롬 2:6-8; 살후 1:9 등.

록론 신학의 중심점으로 삼고 자신의 신학을 펼쳤을 때 그가 말하는 예수 그리스도가 과연 역사적 예수(historischer Jesus)로서 "나사렛 예수(Jesus von Nazareth)"인가 하는 문제를 만나게 되는데 바르트에게는 그리스도가 반드시 역사적인 존재자가 아니라 인간의 타락이전에도 이미 선재하시는 신일뿐이다(참고. KD IV/1.70). 사실 바르트의 "교회 교의학"에서 말하는 예수 그리스도가 정말 누군가를 알기까지는 짜증이 날 정도로 사변적으로 묘사하기 때문에 파악하기가 쉽지 않다. 단적으로 말하기가 어렵지만 바르트가 말하는 신의 계시로서 하나님 말씀은 곧 그리스도와 동일하다고 할 수 있다. 그런데 문제는(적어도 신학적으로 대단히 큰 문제이다) 바르트가 제시하는 그리스도가 "나사렛 예수"라고 하는 역사적 예수인가 하는 문제인데, 바르트가 제시하는 그리스도는 2015년 전에 팔레스타인에서 태어나서 때로는 울기도 했고 탄식했던 역사적 예수라는 인물이 아니라는 점이다. 비록 그가 "예수 그리스도의 이름이 완전히 기독교 종교를 창조하며 그가 없이는 참된 종교는 존재하지 않을 것이다(KD I/2.380)"라고 말하지만 "그러나 그것은 단지 역사적일 필요는 없으며 실제적으로 그리고 현재적으로 이해되어야 한다(KD I/2.380)"고 주장한다. 딱 잘라 말하면 그리스도는 나사렛 인간 예수가 아니라 처음부터 하늘에서 신의 아들로 그리고 삼위일체의 신으로서 두 번째 인격이라는 점이다.[240] 바르트가 말하는 그리스도란 역사적 인물이기보다는 역사 이전에 소위 선재한 그리스도이고 나아가서 역사 이전에 계셨던 신 자신이다. 따라서 바르트가 예정론을 말하면서 "그리스도는 선택하는 신이며 동시에 선택된 인간이다(KD II/2.110)"고 분명히 밝히는 이유는 그리스도는 선재하시는 신이며(der praeexistierende Gottmensch Jesus Christus) 인간을

---

240 참고. H. Zahrnt, Die Sache mit Gott, 127.

선택하시는 신이면서 동시에 신으로부터 선택된 그리스도를 나타낸다. 그러니까 신은 부패한 인간과 직접 관계하지 않고 오로지 선택하는 신으로서 자신과 그리고 선택된 인간으로서 그리스도와 관계하는 신이다. 말하자면 신은 신 자신과만 관계하여 죄인인 인간에게는 의롭다고 인치는 은혜만 주시고 신 자신인 그리스도는 유기된 자신으로 모든 인간의 죄를 대속하는 신이 되는 셈이다. 신은 자기 스스로를 유기하시길 원하시고 우리 인간에게는 유기하기를 원하지 않으신다. 따라서 신으로부터 버림받은 혹은 유기된 자는 오로지 아들 그리스도뿐이다. 이런 바르트의 그리스도 중심의 신학을 가리켜 알트하우스(P. Althaus)는 "그리스도 독백주의"라고 표현했고 발트하저(U.v. Balthaser)는 "기독론적으로 구겨 집어넣음"이라고 평가한다.[241] 그리고 틸리케(H. Thielicke)는 다음과 같이 그의 신학을 평가한다. 즉 "그리스도의 선재라는 명제는 스스로 구약에서도 이미 그리스도가 있었다는 테제를 성립시킨다. 그 뿐만 아니라 성육신은 새로운 사건도 아니며 새로운 관계를 여는 빗장도 아니고 새 시대의 역사적인 전환도 아니며 오로지 사건의 반복이며 그 사건을 명확하게 혹은 분명하게 하는 것뿐이며 구약의 구속사의 일어났고 이미 성취가 된 완료형의 사건이 되며 혹은 시간 이전을 과거완료형으로 만들게 한다"고 정확하게 꼬집어 말한다.[242] 바르트의 예정론이 이렇게 신과 신 사이에서 독백하는 사건이 되어 죄인이든 의인이든 모든 인간이 사실상 구원이라는 은혜가 주어진다면 죄는 도대체 무슨 의미를 가지겠는가? 죄란 단지 신의 은혜 안에 있는 작은 흠집 정도이며 은혜가 워낙 커서 죄는 무시하고 스치고 지나갈 정도의 어떤 작은 결함정도로 인식되지 않겠는가? 바르트의 이러한 종교비판을 향해 틸리케는 모든 종교를

---

241 위의 책, 154.
242 H. Thielicke, Theolologische Ethik, I, Tübingen, 1981, 204.

사실상 평준화 내지 일반화시키는 관점이라고 비판하면서 이런 식으로 모두 싸잡아서 몰아세우는 관점을 가리켜 "바르트의 종교비판이 가지고 있는 씁쓸한 결과"라고 비웃는다.[243] 그리고 선재하는 그리스도의 강조는 역사적 나사렛 예수와 당연히 마찰을 일으키는데 만약 역사적 예수인 나사렛 예수와 바르트가 말하는 선재하시는 예수 그리스도와 일치하지 않는다면 "그리스도"라는 자리에 굳이 "예수"가 들어갈 필요가 있을까? 굳이 "예수"가 아니더라도 초자연적인 능력과 행위를 발휘하는 이상적인 익명의 그 누군가가 바르트가 말하는 "예수"가 되어 "그리스도"가 될 수도 있지 않겠나? 나사렛 예수가 아니고 선재하시는 신이라면 누구든지 "예수"의 자리에 "그리스도"로 선택될 수도 있지 않겠나? 이런 점에서 예수 그리스도를 가장 많이 사용했고 신의 은혜를 가장 많이 표현했던 바르트지만 사실상 역사적 예수, 즉 하나님의 인간되심에 대해서는 그는 아무 것도 알지 못했다고 말하는 비판이 설득력이 있으며[244] 이런 비판 외에도 바르트가 "그리스도"를 말하면서 항상 함께 사용하는 "선재(prae)"라는 용어를 가지고도 "이 선재가 예수 그리스도의 이름을 운반하고 있으며 이 선재라는 용어가 예수 그리스도의 인격이다"고 까지 말하면서 적어도 이 용어에 대하여 역사적이고 신학적인 타당성의 증거를 가져오기 위해 조직적이고 비판적인 기능도 할 수 있는 포괄적인 노력이 필요하다고 말하는 글뢰게(G. Gloege)의 평가 역시 적절한 말로 보인다.[245]

---

243 H. Thielicke, Der evangelische Glaube, III, Tübingen, 1978, 440.
244 H. Zahrnt, Die Sache mit Gott, 34.
245 G. Gloege, Heilgeschehen und Welt, Göttingen, 1965, 132.

별도연구: 동정녀 탄생에 대한 바르트와 브룬너의 논쟁

참고도서 약어:

   M: E, Brunner, der Mittler, Tübingen, 1927.
   DII: E. Brunner, Dogmatik II, Zürich, 1972.
   MW: E. Brunner, Der Mensch im Widerspruch, Zürich, 1941
   KD: K. Barth, Die kirchliche Dogmatik I/2, Züich, 1948.
   W: K. Barth, Weihnacht, Göttingen, 1957.

1. 자연은총을 완전히 무시하는 바르트의 사상은 동시대의 신학자 브룬너(E. Brunner)와의 신학적 논쟁에서도 선명하게 나타난다. 특히 동정녀 탄생에 대한 교리를 가지고 바르트가 가졌던 생각을 상고하는 것은 더욱 그를 이해하는데 도움이 될 것이다. 예수의 동정녀 탄생의 교리는 기독론의 중요한 진리 가운데 하나라는 사실은 분명하다. 그런데 동정녀 탄생의 교리가 신학적으로 문제가 되는 것은 그것이 과학적으로 입증할 수 있는 것인가 아니면 입증 불가능하기 때문에 하나의 풀 수 없는 신비로 생각하고 논리적인 이성의 대상에서 완전히 배제시켜 오로지 신앙의 대상으로 여겨야 하는지에 대한 신학적 논란 때문이다. 바르트와 그의 친구였던 브룬너 사이에 있었던, 그러나 보이지 않는 신학적 자존심의 문제가 상당히 흥미를 끈다. 우선 이 문제를 해결하기 전에 참고할 자료들은 브룬너가 1927년 첫 출판했던 "중보자(der Mittler)"와 1950년 출판했던 그의 주저인 "교의학(Dogmatik II)"과 "모순 속에 있는 인간(Der Mensch im Widerspruch, Zürich, 1941)", 그리고 바르트의 "교회 교의학(KD

I/2)"과 1927년에 소책자로 발행된 "성탄(Weihnacht)"이라는 책들인데, 필자는 이 다섯 권의 책들을 가지고 이 문제를 취급하고자 한다. 우선 브룬너의 "중보자" 초판의 내용과 1930년 2판의 내용이 별로 차이가 없기 때문에 초판을 사용하기로 한다. 바르트는 자신의 "교회 교의학 §12, 200-201"에서 브룬너의 동정녀 탄생에 대한 주장을 아래와 같이 요약해 주고 있다.

2. 브룬너에 대한 바르트의 주장은 다음과 같다: 브룬너가 슐라이엘마허 이후로 주장되어진 이 동정녀 탄생의 교리의 내용을 소개하면서 브룬너 자신의 주장을 소개하는데, 동정녀 탄생의 가르침을 성육신과 같이 "기적의 생물학적인 해석"으로 이해했으며 나아가서 "하나의 생물학적인 호기심"을 의미한다고 하였다(KD I/2,200). 신적인 기적은 "어떻게 그것이 일어날 수 있는가"라는 점에서 설명되어져야 한다고 하면서 이것을 생물학적으로 설명할 수 없으니까 그냥 "일어났다는 사건" 자체로 만족해야 한다고 브룬너가 생각했다는 것이다. 브룬너는 동정녀 탄생이 시공간에서 벌어지는 과정이며 인지적 사실이고 따라서 신앙이 없이도 그 현실성을 알 수 있기 때문에 그 사실에 대해 무관심하게(für indifferent) 설명되어야 한다고 했다. 이에 대해 주석적으로도 설명할 수 있다(디벨리우스). 즉 성육신의 생물학적 설명은 신약에서도 그러하고 신조에서도 그러하듯 동정녀 탄생의 가르침이 아니다. 동정녀 탄생 교리는 생물학적 과정 자체로는 언급이 되어있지 않고 사실 앞에서 아니면 사실 뒤로 돌아가면서 제시하고 있는 것에 만족한다. 이 사실은 생물학의 문제에 속하는 그 자체이다. 그러나 거기에 대해 말할 수 있는 것은 생물학의 영역에서 무엇이 일어났는가 하는 것은 오로지 "신호(signum)" 혹은 말할 수 없고 모든 인간적인 관찰의 한계를 짓는 계시의 실재성의 "증표", 즉 "참

으로 하나님이며 참으로 인간"이라는 증표이다. 증표를 사실에서 분리할 수 없다면 그 증표는 사실이 아니다. 그 어떤 사람도 정경적으로 그리고 교리적으로 진술이 형성되던 시대에 허용되던 혹은 허용되지 않던 호기심과 같은 어떤 것을 가지고 동정녀 탄생을 그 증표로 인정되는데 있어서 분명히 보다 깊게 사유하지 않았는데, 증표자체가 설명가능하게 되었기 때문이고 무엇보다 증표 자체가 최소한도 사실을 설명하지 않았기 때문이며 오히려 의도적으로 비밀과 같은 성질의 것으로 드러내었다는 것이다. 브룬너의 주장을 위에서와 같이 이렇게 요약하면서 바르트는 브룬너가 생물학적인 영역에서 그 증표를 해석하려는 점을 참으로 기묘하다고 비웃는다. 바르트는 이 사건이 시공간의 역사라는 영역이 아니라면 어떻게 그리고 어디에서 그 증표가 있겠는가라고 되묻는다. 물론 계시의 증표를 신앙이 없이도 알 수 있다. 그러나 신앙 없는 이런 지식은 분명히 부활의 기적에 대해서도 환상이나 기만이라고 할 것이며 마찬가지로 성탄의 기적도 하나의 전설로 간주할 것이다. 초기 기독교가 소박한 초자연주의의 세계관에 의해 신앙이 없이도 알 수 있다고 했다. 그러나 바르트는 신앙이 없이 아는 지식은 잘못되었으며 그릇된 지식으로 간주되어야 한다고 비난한다. 그러면서 신앙 없는 지식으로 아는 동정녀 탄생의 교리를 논하는 브룬너의 주장은 결코 좋은 시도가 아니라고 혹평하면서 브룬너의 기독론 전체가 "희미한 불꽃"이라고 풍자적으로 비판한다. 그와 동시에 바르트는 베르자예프(N. Berdjajew)의 "나는 브룬너의 책이 사고의 긴장과 날카로움, 종교적인 파토스를 느꼈기 때문에 그 책을 상당한 관심을 가지고 읽었다. 그럼에도 불구하고 나는 브룬너가 예수 그리스도의 동정녀 탄생을 믿지 않거나 혹은 최소한 무심하게 대면하고 있다는 것을 고백하는 지점에 도달했을 때 슬픈 마음이 되었으며 그 사건은 심지어 지루해졌다. 왜냐하면 마치 모든 것이

지워지게 된 것처럼, 마치 모든 것이 더 이상 계속하는 것이 목적을 상실한 것처럼 보여졌기 때문이다"는 탄식을 빌려서 이 탄식이 바르트 자신의 탄식이라고 느낀다고 하면서 브룬너가 "모순 속의 인간"이라는 책에서 이 사실에 대해 첨부한 것이 너무 약해서 바르트 자신은 오로지 침묵의 입장을 취한다고 상당히 은근하고도 깔보는 듯한 인상을 남기면서 브룬너를 과소평가했다. 과연 그럴까? 여기서 필자는 브룬너가 동정녀 탄생을 믿지 않았다고 단정하고 있는 바르트와 베르쟈예프의 지적이 과연 적절했는지 브룬너의 저서들을 자세하게 읽었다.

3. 브룬너의 입장을 필자가 그 저서들을 꼼꼼하게 읽고 다음과 같이 정리하겠다: 우선 "중보자"라는 저서 288-292 페이지를 요약해 본다. 이 동정녀 탄생의 가르침은 고대 교회에서부터 내려오는 무거운 짐이었지만 기독론의 논쟁사에서는 그다지 큰 역할을 하지 못했다. 사모사타 바울과 같은 이단도 이것을 믿었다. 처녀생식은 신약에서 설명하기가 상당히 난처했다. 그런데 이 교리는 바울이나 요한에게는 별로 중요하지 않았다. 무엇보다 마1:18-25과 눅1:35에서만 동정녀 탄생에 대해 언급되어 있을 뿐 신약의 다른 곳에는 없다. 그래서 이 동정녀 탄생은 예수의 부모에 의해 공동체에 전승된 역사적인 보도이지, 동정녀 탄생에 대한 생각은 고대 교회에서는 고려되지 않았다(M.289). 그러나 그렇다고 하는 확실한 증거 역시 없다. 따라서 이것은 상당히 후에 전승된 것으로 역사적인 지식이 아니라 교의학적인 동기에서 나온 것이 분명하다(M.289). 이 교리는 강력한 근거들을 최소한도 말해주지 않았다면 거의 포기되었을 것이다. 첫째 근거는 자연적인 출생이 인간됨의 사실에 대한 신적인 의미와 대립한다는 점이다. 우리가 신인의 성육신의 신적 기적을 동정녀 탄생으로 생각하느냐 혹은 아니어야 하는가? 절대적인 신

인의 기적이 일어났다는 것을 우리는 안다. 그러나 이 기적이 생물학적인 요소를 취함을 통해, 즉 남자의 씨 없이 여자의 몸에서의 탄생을 통해 설명한다는 것은 곧 기적의 생물학적인 해석으로 논쟁이 흘러간다. 기적에 대한 브룬너의 전제는 두 가지인데, 하나는 신적 기적은 우리가 부분적으로 설명하는 것을 허용하지 않는다는 것이다. 즉 "그것"으로 충분하다는 것이다. 비밀의 "어떻게"는 신적인 비밀이다. 다른 하나는 신인은 완전한 인간성을 취하셨는데 시공간의 영역에서 일어난 인간적인 것이라는 점이다(M.290). 동정녀 탄생의 기적은 자웅동체의 증거라는 생물학적인 이론을 통해 약간은 설명될 수 있다. 처녀생식의 생각은 성육신의 기적을 설명하려는 시도이다. 만약 처녀생식의 방식으로 예수가 이 땅에 오게 됨에 무심하다면 도케티즘의 성격을 따르는 것이 될 것이다. 분명 설명이라는 무가치한 방식으로 신의 아들이 이 세상에 오셨다는 것은 성경의 계시사상의 근본이다. 처녀생식의 가르침은 신적인 조각이 자연적인 것 안으로 들어앉은, 초자연적인 사실이지만 신앙 없이 알 수 있는 인지적 사실이다. 우리는 신적인 기적의 "어떻게"에 대해 설명하고자 하는 것이 아니라 호기심적인 생물학적인 생각들과 무관하게 경이감으로 그 사실 앞에 서 있다. 우리는 그 증거의 기적이 가능하지 않기 때문에 유지하는 것이 아니라 이 생물학적인 호기심을 "사실"로 속하게 한 사도의 증거가 올바르게 준다고 판단하기 때문이다. 그래서 우리는 이 가르침을 우리 편에서 그것과 싸우지 않고 거부한다. 우리가 싸우지 않는 것은 그 가르침이 충분히 유일하고, 신인에 대한 말을 고유한 신약학적인 의미를 현대의 비고유한 말로부터 분리하는 단순한 수단이었기 때문에 싸우지 않는다. 인간되심의 기적에 모든 것이 온다. 진행의 "어떻게"라는 방식으로는 전혀 아무 것도 오지 않는다.

4. 이번에는 브룬너의 "교의학"에서 브룬너가 말하는 것을 다음과 같이 정리하겠다: 누가와 마태는 다른 기자들과 달리 영원한 신의 아들의 인간됨의 "어떻게"가 아니라, 잉태의 "어떻게"를 제공한다. 즉 어떻게 신의 아들 예수 그리스도가 잉태되었는지를 말한다. 이에 반해 영원한 신의 아들의 인간됨에 대해서는 요한이나 바울에게서 잘 나타난다. 그런데 이 두 종류는 예수의 비밀을 의미하는데 있어서 서로 무관한 시도들이다(DII.374). 누가와 마태는 비록 보도의 필요성은 알았지만 영원한 신의 아들의 인간됨에 대해 잘 몰랐다(DII.375). 마태와 누가는 신의 아들이 "어디에서"에 관한 예수 그리스도를 진술할 필요를 이미 알았었다. 처녀생식은 그들에게는 예수가 어디에서 왔는지에 대한 질문의 시도였다. 처녀생식의 생각은 예수의 "나는 왔다"의 시도, "어디에서 왔느냐"의 질문에 대한 답변의 시도였다. 동정녀 마리아의 몸에서 오신 예수는 인간의 아버지 없이 하나님에 의해 성령을 통해 잉태했음을 가리킨다. 이것은 영원한 아들이 어떻게 인간이 되었는가 하는 방식을 말하고자 함이 아니었다. 마태와 누가는 처녀생식을 말하면서 신의 아들이 어떻게 잉태되었는지를 취급한다. 그들은 영원한 신의 아들이 인간되심의 가르침의 대안을 말했지, 인간됨의 가르침에 대한 더 정밀한 파악은 아니었다(DII.375). 고대 교회는 이 가르침을 취하지 않았고 오히려 그 의미를 임의로 해석(umdeutet)했다. "잉태된" 이라는 개념은 아리우스적인 개념이었다. 만약 아타나시우스적이라면 그것은 단순한 하나의 허상(Schein)이었다. 마태와 마가에 따르면 예수 그리스도는 신에 의해 시간에서 동정녀의 자궁에서 탄생되었다. 이것은 처녀생식에 대해 문자적으로 이해된 보도의 신학적인 내용이다. 잉태가 시간에서 창조가 아니라 "육체를 취하심(assumptio carnis)"을 뜻한다고 주석하는 것이 과연 가능한가? 사도들과 바울, 요한의 설교에서 그리고 여타의 신약기자들에게

이 생각은 전혀 아무런 의미가 없었다(DII.376). 동정녀 탄생은 신약교회의 케리그마에 해당하는 것이 아니었다. 하나님의 아들을 사도들이 설교하고 가르칠 때 그들은 동정녀 탄생에 대한 그 어떤 것도 언급하지 않았다(DII.376). 따라서 동정녀 탄생이 사도들에게 생소했던 것이거나 아니면 그들에게 그다지 중요하지 않았거나 심지어 올바르지 않았다고 여겼기 때문이라고 해야 한다(DII.376). 바울이 롬 1:30절에 "다윗의 씨에서 육체에 따라 나셨다"고 했을 때 요한복음의 서론을 기록했던 자는 신의 아들의 인간되심에 대해 썼지만 동정녀 탄생의 생각을 언급하지 않았다는 것은 그가 몰랐기 때문에 혹은 그가 그것을 알았지만 인정하지 않았기 때문에 언급하지 않았는지는 우리가 확실히 결정할 수 없다. 비록 요한복음에서 예수가 요셉의 아들로 명명되었다는 사실임에도 불구하고 말이다. 동정녀 탄생이 신약교회의 척도가 되는 말씀으로 알려지지 않았거나 아니면 그들에 의해 무시되었거나 어쨋든 사도들의 선포에서 전혀, 역시 최소한의 역할도 하지 못했다는 사실이 소위 사도신경에서 취함을 받고난 후 교회 가르침의 표준의 한 부분이 되었고 교회 선포와 가르침의 자명한 진리로 정해졌다(DII.377). 이에 반대해서 동정녀 탄생이 신약의 중심적 가르침을 위해, 그리고 성육신의 가르침을 위해 특별한 보물이 되었다는 견해는 증명이 부족한 오류이다. 모든 그릇된 기독론적인 가르침, 예를 들어 사모사타 바울의 양자주의(Adoptianismus)와 아리우스주의는 그 교리와 밀접하게 관련시키고 있으며 그들 중 누구도 그 교리가 하나의 보호를 형성하는데 반대하지 않았다. 그리스도의 신성을 부정하는 자들 역시 동정녀 탄생의 교리를 믿었다(DII.377). 그러나 그 교리는 예수의 신성을 믿는 참된 신앙의 표준을 만드는데 그 어떠한 경우도 권리가 없다. 영원한 신의 아들되심의 의미에서 마태나 누가 자신이 말하는 것처럼 동정녀 탄생 때문에 예수의 신성을 믿는 것이 아니라 동정녀 탄생의 가르침에도 불구하고 믿는다(DII,377). 그러나 동정녀 탄생은 신의 아들의 인간되심의 가르침과도 갈등 속에 있을 뿐 아니라 예수의 참된 인성의 가르침에도 있다. 아버지 없이 태어난 자가 참된 인간인가?(DII,377). 예수에게는 다른 사람같이 태어난다는, 완전한 인간으로의 본질적인 것이 빠졌는가? 이런 생각에는 강한 가현론적인 면이 있고 성경적 창조신앙보다 헬라적 금욕주의적인 사상에 일치하는, 잉태 그 자체의 부정적인 의미가 있다. 그 가르침은 금욕적이고 성을 적대시하는 요구에 항상 기여하게 되었고 성경과 완전히 대립하는 마리아 숭배의 주테마가 되었다. 동정녀 탄생이 역사적 사실이라면 사도들의 생각들은 무엇을 의미해야 하는가? 동정녀 탄생은 남자의 수단 없이 태어났는지 아닌지를 가장 잘 아는 예수의 어머니의 보도로 되돌아가야만 하는가? 이런 이유 때문에 신학적인 숙고를 침묵해서는 안 될 것이다. 마태나 누가의 보도가 비역사적으로 증명할 수 있다고 말할 수 없다면 그것이 역사적인 증인들과 함께 좋게 선다고 말해야 한다(DII,378). 여기서 바르트가 브룬너 자신이 동정녀 탄생을 거부하는 것으로 이해한 베르자예프의 말을 인용하면서 비판한 것에 대해 베르자예프가 동정녀 숭배, 마리아 숭배에 기초가 빠졌기 때문에 그가 너무 격렬하게 반응했다는 것이 분명하다는 베르자예프의 계속적인 구절을 바르트가 간과했다고 변명한다. 동정녀 탄생이 하나의 역사적 사실이라면 이 모든 숙고들이 무엇을 의미하는가? 그것이 그렇다면 자신의 아들이 남자 없이 태어났는지 아닌지를 오로지 알고 있는 예수의 어머니의 보도로 되돌아가야 한다. 그것이 두 복음서 기자들이 보도하는 것이다. 믿을 만한 역사적 신빙성과 함께 그러나 우리가 그녀 편에서 신학적 숙고를 침묵하는 것은 현실적으로 그렇지 않다. 두 기자의 보도가 역사적으로 증명할 수 없다고 말할 수 없다면 역사적 증인들과 함께 그 가르침이 좋게 서 있지 않다고 말해야 한다. 예수가 남자로 태어난 예수의 뿌리, 예수의 가족관계에 대한 연구할 수 없는 보도, 그리고 모든 성경적인 증거의 침묵, 이사야 7장이 LXX에서 번역되는데 들어간 거짓된 개연성, 바울의 "육체에 따라 다윗의 씨에서 나셨다"는 말 등은 두 개의 과정을 보여주는데 하나는 신약에서 동정녀 탄생이 전설적인 것으로 제시되었거나 한편으로는 마가에 의해, 다른 한편으로는 요한에 의해 이 전승이 빠졌음인데 역사적 판단을 위해 의미있는 부정적인 간접증거들은 학문적인 역사가들을 어렵게 만든다. 그러나 그 어떤 경우에도 말할 수 있는 것은 보도의 역사적인 신빙성 때문에 모든 신학적 숙고들이 빠진다는 점이다. 우리는 예수의 신성을 믿지만 영원한 신의 아들의 인간되심을 마태와 누가의 증거임에도 불구하고 그 어떤 경우라도 이 두 지점들 때문에 믿는 것은 아니다. 우리는 이 두 지점들을 영원한 신의 아들의 인간되심과 일치시킬 때까지 해석할 이유는 없다. 사도들이 선포하는 위대한, 분명한, 상상할 수 없는 기적은 하나님의 아들이 처녀의 아들로서 태어났다는 데 있는 것이 아니라, 영원으로부터 아버지의 하체에 계셨던 인간되신 영원한 신의 아들이 창조되지 않았고 하나님 자신의 본질에서 나오셨고 인간이 되셨으며 그가 영원한 하나님의 인격적인 말씀이며 우리의 육체와 피로서의 그리스도 예수 안에서 우리의 주로서 만난다는 것, 우리를 자신의 존재에서 아버지의 존재를 알게 하시고 구원자로, 그 안에서 우리가 신과 화해와 자유롭게 교제하는 것 그리고 참된 하나님의 지식을 얻을 수 있기 때문이다. 그럼에도 불구하고 처녀생식이라는 생각에서 중요한 신앙적 흥미가 표현되는 것은 부정할 수 없는데, 예수는 "본성적으로" 신이며 자신의 신적 권위를 신적 영감에서가 아니라 자신의 본질에서 가지고 있다(DII.379). 이런 점에서 이 교리는 예수의 인격의 비밀을 해석하는 원시기독교의 최초의 시도로서 경의로운 가치를 보존-거룩한 작용에 수행하고 기여했다. 그 가르침에 대항하는 전쟁은 대부분 예수의 신성을 믿지 않으려는 자들, 자유주의자라고 하는 현대의 양자주의자들에 의해 시작되었다. 우리의 거부는 이것과 무관한 것이 아니라 오히려 대립하는 지점에서부터 우리의 주장이 분명하게 되어야 한다. 이렇게 필자가 이 정도로 충분히 브룬너의 생각을 정리할 수 있겠다. 그리고 바르트가 브룬너의 주저인 "모순 속에 있는 인간"에서 발견했던 동정녀 탄생에 대한 첨가물이 어떤 내용인지도 알 필요가 있다. 필자가 확인한 바로는 그 책 405페이지에 "… 각 인간은 남자의 씨와 여성의 세포에서 된다. 여기에서 가지는 것, 즉 소우주적 만큼이나 작다는 점 때문에 이전 수세기동안 인정받지 못했고 그래서 잉태에서 여성의 역할이 단지 수동적으로 받아들이면서 보호되는 존재로 이해되어졌고 성의 동등함의 문제와 관련하여 그 어떤 작은 차이의 없음이 무엇을 의미하는지도 이해되지 못했다"고 브룬너가 말하면서 각주란에 "이 세계관 역시 예수의 동정녀 탄생에 대한 고대기독교적인 세계관의 전제를 형성한 것이 분명하다. 그리스도의 어머니는 신적인 영적 씨를 받는 순수한 수동적인 그릇이다"고 부언했는데 바르트는 이 설명과 각주를 보고 브룬너의 지식이 빈약하다고 생각했다고 본다.

5. 그러면 바르트의 동정녀 탄생에 대한 입장은 어떠한가? 바르트는 자신의 독특하고 산만한 수사법으로 천천히 그리고 약간은 모호하게 자신의 주장을 장황하게 소개한다. 자신의 "교회 교의학 I/2" § 15 "계시의 비밀"이라는 주제 하에서 동정녀 탄생을 설명하고 1927년에 출판된 "성탄"이라는 소책자에서 취급한다. 우선 분명한 점은, 바르트의 전제는 기독론이 신의 계시를 "비밀(Geheimnis)"로서 취급하는 학문으로 본다는 점이다. 동정녀 탄생 역시 신의 비밀에 속한다. "마리아로부터 우리가 들

은 바, 나는 주님의 여종입니다. 주님의 말씀대로 내게 이루어지기를 바란다는 말과 같이 인간은 그 어떤 상황들에서 그리고 그 어떤 방식으로도 거기에 참여할 수 없다"고 바르트는 선언한다.[246] 즉 동정녀 탄생은 오로지 신의 주권에 의한 기적의 사건이며 신 자신에 기초하고 듣게 하는 사랑의 기적이기 때문에 인간에게는 이 사건이 비밀로 비친다. 그런데 이 비밀이 생리학적인, 신비주의적인 아니면 마술적인 이해에 의해 곡해되고 있다고 보았다. 이렇게 본다면 고대 기독론은 현대의 기독론과 달리 이 비밀을 풀지 못했다. 왜냐하면 이 사건은 신적인 비밀의 사건인데 마치 인간이 이해할 수 있다는 식의 인식이론적인 방법으로 접근하였기 때문이다. 그러나 바르트에게는 동정녀 탄생이 인식이론적이거나 개념적으로 파악될 수 없는 것으로 간주된다(KD I/2.189). 이 사건은 오로지 인간 인식 밖에서 혹은 위로부터 규정되고 지배되기 때문이다(KD I/2.189). 이런 진리는 오로지 신이 신을 통해 행하셨고 역시 신이 신을 통해 인식되기 때문에(KD I/2.193) 인간이 인식해야 할 진리가 아니라 단지 인간에 의해 받아들여지고 승인되고 고백되어야 하는 진리이다. 따라서 왜 일어났고 어디에서 왔으며 어떻게 일어났는지에 대한 질문들을 던져서는 안 되는 문제이다. 질문이 되지도 않지만 질문을 던진다고 해도 그 대답 역시 '이렇게 되어서 그것이 가능하다'는 식으로 되어서도 안된다. 동정녀 탄생의 대답은 오로지 "신이 자신과 함께 스스로 시작한다(KD I/2.194)." 바르트는 이렇게 이해함으로서 예수의 인간성을 간과하는 가현론적인 그리고 예수의 신성을 간과하는 에비온적인 가설들로부터 자유로울 수 있다고 말한다. 바르트에게는 이 가르침은 신의 계시의 비밀이고 교리는 단지 이 비밀을 증거할(bezeichnen) 뿐이다. 이

---

246 K. Barth, Weihnacht, Göttingen, 1957, 17.

기적은 "피조된 세계의 영역 안에서 개념의 총체성, 물리적인 것과 생리적인 것과의 통일과 시간과 공간에 인지적인 실재와 존재적인 실제에서 일어난 사건이며 … 그 자체로서는 이 세상에서 여타로 일어나는 사건과 연속점이 없으며 그리고 사실적으로도 이 연속점에 기초하지 않으며 … 단지 신 자신에 의해 그리고 오로지 신 스스로에 의해서만 직접적으로 작용된 자유의 제시이며 직접성이고 신의 행위의 비밀의, 다가오는 신의 왕국의 선취하는 제시이다(KD I/2.198)"고 바르트는 말한다. 그러면서 동정녀 탄생과 빈 무덤은 같은 기적에 해당한다. 동정녀 탄생에서 신이 인간성 안으로 비하하셨고 자신을 은폐하셨다면 빈 무덤에서는 신이 어떤 인간적인 능력도 필요 없으며 인간의 모든 자의적인 것으로부터 자유로우신 분임을 제시하셨다. 바르트는 여기에서 "동정녀에서"는 남성의 생식과 무관하다는 점을 "성령으로 잉태하사"에서 찾는데 이것은 신의 실재성과 인간의 실재성의 하나됨을 뜻한다(KD I/2.202). 바로 이 두 구절이 "말씀이 육신이 되셨다"는 성육신의 비밀이 가지는 신의 주권성의 행위이다. 이런 식으로 그 계시의 비밀을 신에게 넘기고는 바르트는 동정녀 탄생이 인과적인 관계를 뜻하지 않는다고 말한다(KD I/2.207). 그러면서 이 비밀을 형식과 내용으로 구분하여 설명하는데 "동정녀에게서" 태어나셨다는 것은 계시의 형식에 속하고 "성령으로 잉태하사"는 계시의 내용에 해당한다. "동정녀에게서(ex virgine)"는 "성령으로 잉태하사(conceptus de Spiritu sancto)"의 형식으로서 후자가 없다면 전자는 내용 없는 하나의 빈 껍질과 같고 후자는 전자의 근거이고 핵심이다. 이 때 성령은 신 자신이며 주님이 되신다. 따라서 그 어떠한 과학적인 노력, 생물학적이고 자연과학적인 인식으로 이해하려는 모든 시도들은 제거되어야 한다(KD I/2.216). 이 말은 곧 성령과 마리아 사이에 마치 인간과 유사한 어떤 결혼과 같은 것이 발생하지 않았음을 뜻한다. "동정녀에게서"라는 제시에서 인간의 창조와 죄인과의 화해의 신을 발견할 수 있으며 "성령으로 잉태하사"에서 이 신의 의지가 성취되었다. 특히 전자에서는 인간의 아버지가 필요없다는 사실인데 다르게 말하면 "의욕하는, 완성하는, 창조적인, 주권적인 존재로서 신의 행위에 인간이 전혀 참여자가 되지 않는다(KD I/2.212)"는 신의 제시를 표현한다. 즉 어떠한 인간적인 노력이나 행위 그리고 욕구도 완전히 차단되고 오로지 신 자신의 은혜의 계시임을 뜻한다. 동시에 죄인의 역사와 무관하게 주어졌지만 이런 기적을 통해 죄인의 세계와 신적 본성이 하나가 되려는 신적 제시이기도 하다. 여기서 바르트는 "나사렛 예수 인간은 그가 성령으로 잉태되고 동정녀에게서 나셨기 때문에 신의 참된 아들인 것이 아니라 그가 신의 참된 아들이고 그것은 개념으로 파악할 수 없는, 그 자체로 알려지기를 원하기 때문에 그가 성령으로 말미암아 동정녀에게서 나셨다(KD I/2.221)"는 흥미로운 주장을 내세운다. 육체가 되신 말씀은 자유로운 주권적인 하나님의 말씀인데 이것은 육신이 말씀이 되었거나 혹은 인간이 신이 되었음을 뜻하지 않는다. 이런 점에서 바르트는 예수를 종교적인 영웅으로 믿는 개신교나 마리아를 숭배하는 가톨릭 신앙을 일단 배척한다. 비록 그가 마리아는 '신의 어머니'로 간주되는 것은 큰 잘못이 아니라고 보지만 그러나 마리아론으로 절대화시키는 것은 잘못이라고 단언한다. 은혜를 받은 마리아라는 한 사람의 피조물이 마치 신의 속성을 가진 존재(analogia entis)로 묘사되면 창조주와 피조물의 절대적 간격을 없애는 자연신학의 결과를 가져오기 때문이다. 말씀이 육신이 되었다는 것은 바르트에 의하면 신적인 판단과 심판의 증표 혹은 제시이다. 인간의 전적인 타락이라는 전제하에서 동정녀 탄생은 그리스도가 우리의 본성과 완전히 일치함을 뜻하며 우리 죄인과 똑같은 존재자로 세상에 나셨음을 뜻한다. 그럼에도 불구하고 그분에게 죄가 없으신데 이것은 그분이 초인간적인 방식으로 인간이 되셨음을 뜻하지 않고 오히려 아담과 똑 같은 존재로 서기 위함이었다. 즉 신과 같이 되기 위함이 아니라 신의 심판을 그분이 죄인을 대신하여 받기 위해 나셨음을 가리킨다. 그렇다면 그리스도의 신성과 인성의 통일성(unio hypostatica)은 어떻게 설명할 수 있는가? 바르트에 의하면 고대 교회는 "어떻게" 그것이 가능한가에 초점을 맞추었다고 한다. 바르트는 이런 식의 접근과 완전히 달리 "완전히 성취된 사건"이며 동시에 "지금도 일어나는 사건"으로 본다. 다시 말해 신의 완전한 자유의 존엄 하에서 일어난 완전한 사건이다. 동정녀 탄생이란 이러한 신의 자유에 의해 인간에게 기적으로 증언된 사건이다. 따라서 학문이나 과학적인 논리로 풀 수 없다. 이 기적의 제시는 인간에게 어떻게 이런 일이 일어날 수 있는가에 있지 않기 때문이다. 따라서 그 비밀을 과학적으로 푸는데 있지 않다. 동정녀 탄생의 가르침은 참된 신이요, 참된 인간이신 자의 무한한 은폐성이고 비밀이다. 이 사건은 특별하고 고유한 증거로서 부활이라는 하나의 병행적인 사건의 연속선에 있다. 부활과 동정녀 탄생은 기적으로서 예수 그리스도의 존재를 인간적이고 역사적인 실존의 사건으로 간주해야 하며 거기에서 신 자신만이 직접적으로 주인이 되신다는 증표이고 그 시간적인 현실에서 영원한 실재적 신의 현실이 불려나오고 창조되고 조건화된다. 따지고 보면 성탄의 기적은 인간의 기적에 해당하는 실재성이 아니다. 동정녀라는 인간은 주권적인 신적 존재의 대상이며 동정녀 탄생은 신인협력설(Synergismus)이나 단신론주의(Monismus)를 근본적으로 차단시킨다. 마리아는 결코 신의 사역에 협력한 존재가 아니다. 그럼에도 불구하고 마리아라는 존재가 의미가 있는 것은 불순종의 인간성에서도 신적 은혜가 비밀로서 임하신다는 것이고 신의 은혜에 대해 인간인 그녀가 전혀 어떤 무엇을 할 능력을 가지고 있지 않았다는 점을 가리킨다. 동정녀 탄생은 제시 혹은 증표

(Zeichen)로서 성(sexus)의 한계와 인간을 정죄하는 판단이고 동시에 신의 은혜의 심판이기도 하다. 인간은 동정녀 마리아라는 형태에서 원치 않는, 성취할 수 없는, 창조적이지 않는, 주권적이지 않는, 단순히 받는 존재임을 알게 되며 단순히 준비하는 존재에 불과하고 단순히 인간 자신에게서 일어날 수 있는 형태임을 말해준다.

6. 위에서 본 대로 "동정녀 탄생"에 대하여 바르트와 브룬너의 입장이 상당히 차이가 난다는 것은 간과할 수 없다. 바르트는 "위에서 아래로의 관점"을 가지고 접근했고 브룬너는 "아래에서 위로의 관점"으로 다가갔다. 그런데 그 결과는 상당히 흥미롭다. 바르트는 신적인 계시는 신만이 아는 사건이기 때문에 굳이 인간이 알 필요가 없다는 생각을 가지게 한다. 인간이 이런 신적인 계시를 신의 은혜로운 제시로 알고 오로지 신앙으로 이해하면 된다는 식이다. 그래서 "이해하기 위해 믿어라(crede, ut intelligam)"가 바르트의 방식이다. 반면 브룬너는 신앙이 없어도 이런 사건은 자연과학의 도움으로 얼마든지 이해할 수 있다는 생각을 가지고 있다. 즉 필자가 보기에 바르트는 동정녀 탄생을 신적인 비밀이라는 이름하에 신에게로 넘겨버렸다면 브룬너는 성육신의 사건이 왜 굳이 동정녀 탄생이라는 독특한 기적의 방식과 연관되어야 하는지에 의문을 가하고 있으며 그리고 동시에 동정녀 탄생은 의학이라는 일반은총의 조명을 통해서도 설명된다는 점을 말하고 있다고 여겨진다. 만약 그렇지 않으면 예수를 가현론자의 견해에 따른 자로 만드는 꼴이 된다. 비록 바르트나 베르자예프는 브룬너가 동정녀 탄생을 믿지 않았다고 단정하지만 [247] 필자가 브룬너의 저서들을 살펴본 바에 의하면 어느 구절에서도 명

---

247   흥미롭게도 램(Bernard Ramm)도 브룬너가 동정녀 탄생을 부정했다고 단적으로 찍어 말한다. 소위 학자가 출처나 원저서를 통해서가 아니라 다른 학자들의 자료를 가지고 그렇게 단정하는 것은 필자

확하게 동정녀 탄생을 믿지 않는다고 주장하는 구절은 없었다는 사실이다. 단지 브룬너의 글들을 다 읽고 통합적으로 숙고하면 그가 동정녀 탄생을 신앙의 대상이 아닌 일반적인 지식으로도 납득할 수 있는 수준의 사실이라고 생각한 것만은 분명해 보인다. 아리우스주의자들이나 가현론자들의 주장에 변증하려면 오히려 동정녀 탄생은 더 걸림돌이 된다고 그는 생각했던 것 같다. 사실 20세기 초기의 자연과학, 당시의 과학의 수준과 달리 21세기의 유전공학의 발전은 처녀생식이 굳이 신앙이 없어도 알 수 있다는 정보를 제공한다. 예를 들어 황우석 교수의 배아연구 조작사건에서 서울대학교가 황 교수의 허위연구를 지적하면서 처녀생식의 가능성을 제공하였다. 즉 여성의 난자에서 인위적으로 핵을 제거하고 그 자리에 그 여성의 찌꺼기 세포가 들어가도 세포분열이 일어나서 생명의 탄생이 가능하다는 사실을 서울대학교는 발표하였다. 다만 난자의 핵을 인위적으로 빼고 그 자리에 그 여자의 남아있는 세포를 집어넣음으로서 가능하다는 점이 중요한데 만약 누군가가 난자의 핵을 빼고 남은 세포를 그 자리에 집어넣으면 세포분열이 일어나고 그로 인해 사람이 된다는 것이다. 단지 이것은 실험실에서나 인위적으로 할 수 있을 뿐이다. 그렇다면 "누군가"를 우리는 성경의 기록대로 "성령께서"로 이해할 수는 없는 것일까? 성령께서 마리아의 난자에서 핵을 제거하고 그 자리에 마리아 자신의 나머지 세포를 넣어서 잉태가 가능했다고 말할 수는 없을까? 바르트처럼 소위 과학적 비평 작업 없이 신앙으로만 기독교의 신비를 해결하라고 하면 자칫 예수 그리스도를 지금의 우리와 전혀 다른 신적인 존재나 전설로 상상하게 만들고 이런 태도는 고대에 있었던 가현론자의 태도와 전혀 다를 바가 없을 것이다. 그리고 가현

가 보기에 일종의 무고죄에 해당한다고 여겨진다. 참고. B. Ramm, 변증학의 본질과 역사, 김종두 역, 서울, 나단, 1993, 130.

론이나 아리우스주의자들을 반대하여, 동정녀 탄생을 굳이 성육신 사건에 결부시키는 것을 부정했던 브룬너의 신학은 자칫 예수의 신성을 파괴시키는 위험부담을 안고 있다. 예수의 완전한 인간성을 주장하기 위해 성경이 분명 동정녀 탄생을 제시하는데도 불구하고 하나의 성으로 탄생되는 신비를 성육신 사건에 결부시키기를 주저했던 브룬너의 신학 역시 지나치다. 분명 모든 진리가 신앙으로만 해결되어야 하고 일반은총의 도움은 전혀 필요 없다는 식의 바르트 신학은 이런 점에서 "독백하는 망상증" 혹은 "홀로 천상에 거닐며 주절대는 신학"으로 비친다. 풀기 어려운 모든 사건들은 모두 신에게 넘겨버리고 모든 것을 신이 알아서 이해시키며 신의 행위이며 죄된 인간의 이성은 부패했으니 알 필요 없고 따질 이유가 없다는 식으로 주장한다면 과연 기독교 신학의 올바른 태도인가? 자기가 아니면 기독교가 무너진다고 여기고 모든 사건들을 신에게 넘기고 나서 오로지 신앙이 아니면 안된다는 식의 주장이 현대의 다양하게 발전하는 학문들과의 관계를 단절시키는 독선이 될 가능성이 농후해진다. 이 태도는 신을 높이는 태도가 아니라 오히려 모든 책임을 신에게 넘기면서 책임은 전혀 지지 않으려는 사악한 인간의 오만과 옹고집으로 비친다. 그렇다고 기독교의 신비한 진리들이 과학으로 다 설명된다고 믿는 것도 웃기는 발상이다. 하나님이 세상을 가지고 있지, 세상이 하나님을 가지고 있지 않기 때문에 세상은 하나님에 대해 근본적으로 한계를 가진다. 인간이 하나님을 가지는 것이 아니라 하나님이 인간을 가지기 때문에 인간의 지식은 하나님의 불가해성을 인정하지 않을 수 없다. 이런 의미에서 하나님은 인간을 향해 "계시된 하나님(deus revelatus)"의 면도 있지만 인간에게 "숨은 하나님(deus absconditus)"의 측면도 있다. 일반은총의 영역은 죄의 인간을 의롭게 여기지는 못하지만 신적 비밀을 설명해주는 일종의 도구의 역할은 할 수도 있다. 그 도구로 인해 신앙이 더욱 견고하고 하나님의 실재성이 확실히 내게 다가온다면 자연은총은 말 그대로 칭의된 자에게는 또 하나의 은혜가 된다. 자연은총은 구원의 은혜는 아니지만 그렇다고 신앙의 은혜에 전혀 무익하다고 말할 수 없다. 바르트의 화려하고 거창하고 박학다식하며 수려한 표현방식들이 사뭇 매력을 느끼게 하지만 다 읽고 나니 필자의 마음이 왜 이다지도 허망한지 모르겠다. 그저 이빨가면서 하이에나처럼 좌충우돌하는 모습이 보이고 자신의 먹이 때문에 친구와 적을 구분하지 않고 무조건 물어뜯는 외로운 수컷 표범이 상상되며 혼자서 하늘을 향해 미친 듯이 울어대는 늑대와 같은 광기만 보이며 한쪽 편으로 기울면서 바다 안으로 서서히 침몰해 가는 타이타닉의 배가 연상되는 것은 필자만의 느낌인가?

2. 디트리히 본훼퍼: 종교 없는 신앙!

(1) 종교: 기계적으로 도와주는 신(deus ex machina)을 믿는 신앙

1. 본훼퍼는 바르트의 종교비판에 큰 영향을 받았다. 바르트야 말로 신학적 종교비판의 의미와 진지함을 너무 잘 알았고 가장 가치 있게 지적한 첫 번째 사람이었다고 그는 기꺼이 인정한다. 1944년 8월 6일 한 방송국에서 하임(K. Heim), 알트하우스(P. Althaus) 그리고 틸리히(P. Tillich)가 참석한 가운데서 자유신학이 제시하는 종교에 대한 비판이 있었는데 거기에서 바르트가 종교를 반대하면서 예수 그리스도의 신과 육체에 반대하는 프뉴마를 펼쳤다고 본훼퍼는 높이 평가하였다.[248] 그러면서도 바르트의 종교비판은 그의 눈에 충분하지 않다고 지적한다. 1944년 5월 5일

---

248 참고. H.J. Kraus, Theologische Religionskritik, 32.

에 본훼퍼는 다음과 같이 썼다. 즉 바르트는 종교비판의 포문을 연 최초의 신학자였다고 평가하면서도 그의 종교비판은 마치 "새야 쪼아 먹든지 아니면 죽어버려라"라는 식이라고 본훼퍼는 비판하였다.[249] 이 비판은 바르트가 말하는 모든 신학적 교의들을 인간들이 받아들이든지 아니면 죽어야 하든지 밖에 없다는 식이라는 것이다. 동정녀 탄생과 삼위일체 그리고 그가 말하는 부분적인 교의들은 전체와 서로 밀접하게 얽혀 있어서 각 부분은 바르트 교의학 전체와 같고 이것을 인간이 통째로 꿀꺽 삼켜야 한다는 식이라는 것이다. 본훼퍼는 이런 바르트의 종교비판이 비성경적이라고 간주하면서 "인식의 단계와 의미의 단계가 있다고 생각한다. 즉 신비의 원리가 항상 재발견되어져야 한다고 믿는다. 그로 인해 기독교 신앙의 비밀들이 세속으로부터 보호된다. 그러나 계시긍정주의는 신앙의 전체를 지향하면서 우리를 위한 선물(그리스도의 성육신)을 찢어 갈기는 짓을 너무 쉽게 한다"고 비판한다.[250] 그리고 바르트는 윤리학이나 교의학에서 신학적인 개념들의 비종교적인 해석에서 구체적인 길을 제시하지 못했다고 평가한다. 바르트가 비록 자신의 스승이긴 하지만 바르트에게 가르침을 받지 않았던 본훼퍼는 바르트의 종교비판을 고도로 신학적으로 문제화시켜 끄집어낸 "계시긍정주의" 혹은 "계시실증주의(Offenbarungspositivismus)"라고 단정한다. 에벨링(G. Ebeling) 역시 "바르트 자신은 그에게 주어진 계시긍정주의자로서의 특징에 대해 헝클어진 머리의 혼란에 무심하면서 비종교적인 해석이 의미하는 문제를 위해 하찮은 것으로 여기고 거기에 확실한 이해를 가져올 수 있었지만 그

---

249 참고. WE. 143: "바르트는 최초의 신학자로서 –그리고 위대한 기여자로 남을 것이다– 종교비판을 시작했다. 그러나 그는 그 종교비판의 자리에 실증주의적인 계시를 덮어놓았다. 거기에는 새야 쪼아 먹든지 아니면 죽어라는 식이다. 동정녀 탄생이나 삼위일체 혹은 항상 본질적인 것들이 전체적인 것의 동일한 의미이거나 필연적인 부분이며 마찬가지로 부분은 전체로서 삼켜지거나 아니면 전적으로 아니라는 식이다. 이것은 성경적이지 않다."

250 H.J. Kraus, Theologische Religionskritik, 34.

이해는 자신의 고유한 느낌을 근본적으로 이해하지 못했다"고 지적하기도 한다.[251] 바르트의 종교비판은 신학적 개념들을 비종교적으로 해석하는 가운데서 윤리학이나 교의학에서도 구체적인 제시를 제공하지 않았다고 본회퍼 역시 그렇게 보았다. 바르트처럼, 대조되는 반대개념이 제시되지 않고 일방적으로 종교를 비판한다면 종교를 비종교적으로 만들려는 해석은 대조되는 형태가 아니라 그렇게 언급된 계시가 하나의 실증주의 내지 긍정주의라는 극단의 한 방향으로만 나아가게 되는 과정이 된다고 본회퍼는 보았다. 행위가 없고 단순히 추상적이고 사변화된 교의학은 계시를 실증주의로 만드는 것임을 바르트 신학의 중요한 맹점으로 그는 지적하였다. 계시긍정주의 혹은 계시실증주의는 본회퍼에 따르면 계시를 통해 주어진 것을 하나의 통일적인 시스템으로 파악하려는 노력을 하게 되고 나아가서는 만들어진 그 자체가 초자연주의적인 도그마가 되어버린다. 이를 예리하게 본 판넨베르크(W. Pannenberg)도 바르트에게 강하게 남아있는 초자연주의적인 요소를 비판하면서 바르트가 말하는 계시란 초자연주의적으로 이해된 계시긍정주의라고 규정했다는 점에서 본회퍼와 유사하다. 그래서 본회퍼는 계시가 주는 메시지를 비종교적인 인간, 즉 '종교가 없는 세상 인간들'을 향한 길로 방향을 틀어버린다. 단적으로 말해 계시긍정주의는 종교가 없는 인간들에게는 맞지 않는다는 것이다. 그래서 우선 본회퍼는 교회라는 공동체에 각별한 초점을 둔다. 그는 비록 대단히 지적이고 신학의 학문성을 잘 인지하였지만 개인적인 체험을 바닥에 깔고 있었으며 타협점이 없는 행동의 신학으로 종교의 방향을 틀었다고 평가된다. 그래서 그는 고백교회의 불법적인 신학자 모임에 가입하여 결국은 나치 정권의 정치적인 반역자로서

---

251   G. Ebeling, Wort und Glaube, I, Tübingen, 1962, 92.

군인의 길로 갔으며 그 후 체포되어 1945년 미군이 유럽을 해방하기 바로 직전에 처형되었지만 그때까지 테겔 감옥에서 새롭고 참신한 신학적인 사상을 확립시켰다. 에벨링(G. Ebeling)은 그의 처형에 교회가 감사해야 하며 교회를 향한 정열적인 그의 헌신은 한 사람의 신학자에게는 결코 당연한 것이 아니었다고 높이 평가한다.[252] 신학은 교회와 세상과 밀접한 관계에 있다고 보는 본훼퍼의 학문적인 출발은 그의 박사학위 논문 "성도들의 교제(Sanctorum Communio)"에서 출발하는데 이 저서는 간단하게 말해 교회의 사회참여에 대한 교의적인 연구라고 보면 되겠다. 즉 그의 학문으로서 신학의 관심은 하나님의 창조였지만 세속적으로 변화된 세상의 실재성과 기독교 신앙과의 관계의 문제였다. 교회라는 존재는 인간의 생명을 결정한다. 그렇다고 그는 기독교 신앙을 위해서 세상적인 것을 무시하지 말아야 하며 역사 저편의 문제를 위해 역사 이편의 문제를 간과해서는 안 되며 소위 경건을 위해서 세속적이고 인간적인 면들을 손상시켜서도 안 된다고 보았다. 오히려 이 땅에서의 완전한 삶 속에서 신앙하는 법을 배워야 한다고 믿는다. 이런 점에서 기존 자유주의자들이 예수가 어떻게 메시아 의식을 가졌으며 어떻게 신의 아들이 될 수 있으며 혹은 어떻게 그리스도가 될 수 있느냐를 연구하는 방식을 떠나서 신학적인 질문은 근본적으로 "그리스도가 누구냐?"를 물어야 하며 나아가서 지금 여기에 사는 인간 "나"를 위해 그리스도가 누구인가를 물어야 한다고 자신의 신학적 질문을 규정한다. 어떻게 보면 자유주의의 신학자들이 지배했던 당시의 신학들에 대항하여 성경적이며 개혁적이고 루터신학에 입각한 실존적인 신학을 펼쳐나갔다고 할 수 있겠다.

---

252 위의 책, 294.

2. 사실 본훼퍼의 사상을 조직적으로 이해한다는 것은 쉽지 않다. 그의 중요한 작품들이 감옥에서 쓰여졌고 후에는 베트게(Eberhard Bethge)에 의해 정리가 되어졌기 때문이다. 그럼에도 불구하고 그의 저서 "윤리학"은 그의 신학의 중요한 출발점이라고 대부분 학자들이 인정하고 있고 본훼퍼 자신도 신학적 과제는 윤리학이라고 베트게에게 자주 이야기했다.[253] 그렇다면 그의 윤리학을 이해해야 하겠는데 우선 그의 윤리학을 이루는 두 개의 기둥을 생각해야 한다. 크라우스(H.J. Kraus)는 본훼퍼의 윤리학을 떠받치고 있는 두 개의 기둥을 "그리스도의 실재성"과 "세계성"이라고 단언한다. 종교비판은 이런 맥락에서 나오기 때문에 따라서 우선 그리스도의 실재성의 문제를 이해하는 필요하겠다. 그런데 사실 이 문제는 본훼퍼의 기독론의 문제라고 하겠다. 그리스도의 실재성은 본훼퍼에게 있어서 부활과 그리고 살아계셔서 지금 현재에도 여전히 자신을 드러내시는 힘을 보여주시는 것에 있다. "이 사람을 보라! 신에 의해 취함을 받고 신에 의해 심판받으며 신에 의해 새 삶을 일깨우는 그 사람은 부활하신 자이시며 인간을 향한 신의 긍정이 심판과 죽음을 통해 자신의 목적을 가지졌다(E.83)"는 그의 말은 단순히 신학적인 경구가 아닌 마음에서 나온 고백으로 들린다. 그리스도를 강조하면서 더 흥미로운 점은 본훼퍼가 부활하신 그리스도를 옛날뿐 아니라 지금 현재의 인간성에도 직접 연관시키고 있다는 사실이다. "부활하신 그리스도는 자신 안에서 새로운 인간성을 가진다. 새로운 인간을 향한 신의 마지막 거룩한 긍정이다. 그 인간성은 옛날에도 있었지만 옛날을 지나 이미 지금 죽음의 세계에도 있다. 심지어 죄의 세계에도 살아있다. 그러나 죄를 넘어서 있다. 밤은 아직 지나지 않았지만 날은 이미 밝았다(E.84)"고 말한

---

253 참고. H.J. Kraus, Theologische Religionskritik, 62.

다. 말하자면 그리스도의 사건에 비추어보면 모든 초자연적인 혹은 모든 인간적인 노력들과 인간 자신을 과대하게 맹신하고 높이는 행위들은 우상이라고 말하고 있는 셈이다. 여기서 강조된 "새로운 인간성"이란 신의 인간되심과 동일한 의미이며 이 길을 가는 것은 소위 종교적인 행위들을 포기하는 것을 뜻한다. 그리스도는 참된 인간이며 동시에 세상 속에서 인간의 형태(Gestaltung)를 취하셨다. 이 인간성이 바로 그리스도 안에서 신에 의해 새롭게 창조된 새로운 인간성인 셈이다. 그리스도에게서 그가 보았던 것은 곧 이런 새로운 인간성을 본 것을 뜻한다. 본훼퍼가 여기서 말하는 "형태"란[254] 교리적이거나 신학적 이론적인 형태의 개념이 아니라 예수 그리스도의 형태, 즉 인간이 되셨고 십자가에 죽으셨고 부활하셨던 그리스도의 유일한 형태와 동일하게 되는 것을 가리킨다(참고. E.85). 그리스도의 실재성에 관련하여 그는 성육신과 십자가 고난 그리고 부활을 통해 지금 현대를 살아가는 인간인 "나"와 어떤 관계가 있는지를 펼쳐나간다. 그리스도가 지금 이 세상에 사는 인간 "나"와 무관하다면 이것은 형이상학적인 하나의 우상 내지 이상적인 그림이 되어 버릴 것이다. 그리스도가 인간 "나"를 위한다는 것은 무엇을 의미하는 것일까? 우선 첫째로 신이 인간이 되셨음에 대해 생각해 보자. 본훼퍼에게는 신을 향한 인간이 가지는 아이디어, 그림, 상상, 임의적으로 채색된 소위 종교적 형태들은 인간의 참된 형태가 아니다. 오로지 그리스도의 형태만이 유일한 형태이다. 이 형태는 우리 인간들이 예수를 닮으려는 종교적인 노력으로 얻는 것이 아니라 반대로 그리스도의 형태

---

254 여기서 "형태"라고 했을 때 사실 본훼퍼의 원문 저서에서 사용되는 "Gestaltung"이라는 독일어를 번역한 용어이다. 그러나 이 단어는 "형태"라는 뜻도 있지만 "형상(imago)"이라는 의미로도 사용된다. 본훼퍼가 "Imago"를 사용하지 않고 "Gestaltung"을 사용했기 때문에 본 책에서는 우선 "형태"로 사용한다. 그러나 저자가 생각해 볼 때 "형태"라는 용어로 이해되어도 좋고 "형상"이라는 용어도 이해해도 좋다고 본다.

가 예수 자신에게서 우리에게로 들어와 활동하며 우리의 형태를 자신의 고유한 형태에 따라 각인시킴으로 얻을 수 있는 형태의 인간성이다(참고. E.85). 이 말 속에는 비기독교인들이 자신들의 생각들을 가지고 세상을 본뜨지만 그리스도는 인간들을 자신과 동일한 형태로 본뜬다는 의미가 담겨있다. 그러니까 본훼퍼가 강조하고 싶은 것은 그리스도가 우리와 같은 현실적인 인간이며 참된 인간으로서 이 세상에 오셨음은 그리스도가 자신의 형태로 우리를 닮게 하신다는 의미이다. 인간이 되셨던 그분과 같은 형태가 되는 것, 즉 실재적으로 인간되는 것은 신이 실재적인 인간이 되셨음을 가리키며 신은 이런 실재적인 인간을 사랑하신다(참고. E.86). 두 번째로, 십자가에 달리셨던 자와 동일한 형태가 되는 것에 대해 말하자면, 이 형태는 신에 의해 죽음의 심판을 받은 인간이며 동시에 죄 때문에 날마다 그리스도와 함께 신 앞에서 죽어야 하는 인간성을 말한다(참고. E.86). 그분은 죄가 때린 상처와 흔적을 겸손하게 짊어지고 있으며 자신을 그 어떤 다른 인간보다 높이지 않았으며 신에 대해 상이나 그림을 스스로 만들지 않으시고 오히려 스스로를 가장 큰 죄인이라 알고 있고 비록 다른 인간의 죄를 사해줄 수 있지만 정작 자신의 고유한 것은 용서하지 않으며 주어진 고난을 자신의 의지가 죽고 그 대신 신을 자신 위에 올바르게 세우게 함으로서 짊어지는 그리스도의 인간성이다(참고. E.87). 세 번째는 부활하신 자와 같은 형태와 같이 되는 인간성을 본훼퍼는 소개한다. 이것은 새로운 인간인 것을 뜻하는데 비록 죽음과 죄 그리고 심판 나아가서 옛 자아(아마도 육신)의 한가운데서 살지만 새로우며 그의 비밀은 세상에는 은폐되어 있고 오로지 그리스도 안에서만 산다. 이 새로운 인간은 다른 이들처럼 세상 속에 살고 있고 세상인들과도 별반 차이 없이 살고 있다. 그러나 자신을 내세우려 하지 않으며 형제를 위해 오로지 그리스도만 높이려 한다. 비록 그는 부활한 자의 형태로 변화되었다 해도 여전히 십자가와 심판의 증거를 가지고 있고 동시에 증거를 기꺼이 짊어지며 성령을 받고 예수 그리스도와 함께 비교할 수 없는 사랑과 연합으로 하나가 된 자이다(참고. E.87). 그런데 여기서 간과하지 말아야 하는 점은 위에서 소개한 세 가지 사실들, 즉 성육신과 십자가 죽음 그리고 부활은 본훼퍼의 기독론에서 절대로 분리되지 않는 것들이고 오히려 이 세 가지를 하나로 통일시켜 자신이 나타내고자 하는 새로운 인간성을 기초로 삼고 있다는 점이다. 특히 성육신 사건은 그의 기독론에서 상당히 중요한 위치에 있으며 인간의 인간성과 세상의 세상성을 강조하는데 대표적인 개념이다. 성육신과 십자가의 죽음 그리고 부활은 그가 궁극적으로 펼치려는 사상의 핵심인 '그리스도 안에서 신의 실재성이 세상의 현실 안으로 들어온다'는 주장을 위해 통일되어 있음을 기억하면서 그의 신학적 사유를 이해하면 어렵지 않을 것이다.

3. 이런 요약된 이해를 가지고 우선 그의 윤리학이 가지는 첫 번째 기둥인 "그리스도의 실재성"에 대해 정리해 보기로 한다. 그의 저서 "윤리학"에서는 그리스도를 "신인(der Gottmensch)"으로 규정하는데, 신과 세상 사이의 중간에 계시며 세상 모든 사건들의 중심에 계신다고 말한다. 이런 그리스도의 모습에서 신의 실재성이 나타나고 동시에 세상의 실재성이 환하게 드러난다. 그런데 이렇게 말하면 본훼퍼의 말이 상당히 추상적으로 들리지만 섬세하게 숙고하면 한 마디 한 마디가 그의 기독론의 골자를 정교하게 드러내고 있다. 성육신이란 세상을 사랑하시는 신이 실재로 사람이 되셨는데 이것은 신이 지금의 "나"와 무관한 초월적인 존재로 자신을 신으로 믿기를 원하신 것이 아니라 신이 "나"에게 예수라는 사람처럼 이런 사람이 되기를 바라시는 말씀이라는 점이다(참고. E.76). 우리가 우리의 척도로 세상을 정죄하고 심판하는 자가 아니라 신 스스

로가 실재적인 인간이 되시면서 죄인의 동시대인으로서 우리를 이끄시며, 신 스스로 심판자가 되는데 우리가 "걸림돌(ad absurdum)"이 되게 하신다. 이 말을 좀 적나라하게 풀어보자면 신이 사람이 되신 것은 자신이 신이신 것을 우리에게 선포하시기 위함도 아니고 자신과 인간의 연결점을 선언하신 것도 아니며 그리스도로서 위대하고 숭고한 신임을 나타내기 위함도 아니다. 예수는 세상을 고발하는 자도 아니고 심판하는 자도 아니며 이상적인 자도 아니다. 오로지 실재적인 인간을 향한 신의 긍정이며 고통을 함께 하는 자의 자비로운 긍정이다(참고, E.77). 그의 말을 직접 빌리자면 "예수 그리스도는 하나의 인간이 아니라 바로 그 인간이다(E.77)." 이 말이 주는 의미는 본훼퍼가 가지고 있는 기독론의 핵심처럼 보이는데, 전통적인 생각처럼 그리스도를 신으로 무한하게 높여 종교적인 대상으로 그리스도를 보지 않고 현실적인 인간인 지금의 "나"와 직결시키려 하고 있다는 점을 가리킨다. 즉 그리스도에게서 일어나는 모든 사건들은 신만이 관계하는 사건들이 아니라 지금 현실에서 살고 있는 우리의 사건이며 우리에게도 일어나는 혹은 일어나야 하는 사건이다. 그의 저서 "윤리학"에서 거듭 강조되고 있는 것이 바로 이 점인데 즉 그리스도에게서 일어났던 것들은 모든 인간들에게서 일어나고 있다는 것이다. 그리스도는 우리의 우상이나 초월적인 신성을 가진 자가 아니라 우리와 똑같은 인간이지만 그럼에도 불구하고 "바로 그 사람"이며 창조주 신이 우리에게 가리키는 "보라 이 사람이다!(Ecce homo!)"이다. 여기서 자칫하면 본훼퍼가 예수의 신성과 인성 가운데 어느 한 개를 간과 내지 강조한 것처럼 비치는데 내용을 살펴보면 그것이 아님을 알 수 있다. 그가 말하고자 하는 것은 예수 그리스도를 놓고 교리적으로 혹은 신학의 학문적인 범주 안에서 역사적인 인물인가 아닌가 하는 것은 그에게는 전혀 의미가 없다. 비록 그가 자유주의의 영향을 받은 것을 인정하지만 성경의 편집설이나 성경의 무오류성과 같은 교의학적인 체계에는 거의 관심이 없는 것으로 비친다. 필자가 보기에 지금까지의 본훼퍼 자신 이전의 신학들이 그리스도를 놓고 인간이냐 아니면 신이냐 혹은 역사적 인물이냐 아니면 성경저자들의 '선포된 그리스도'이냐 아니면 신앙고백의 산물이냐 하는 등과 같은 학문이론적인 문제들에 매달렸고 이로 인해 그리스도를 무한히 신으로 높이든지 아니면 이상적인 인간으로 무한히 낮추든지 했던 시도들로 인해 교회역사에서 신학자들의 많은 시간들이 사용된 것에 본훼퍼는 그다지 달가워하지 않는 듯하다. 이런 시도들을 그는 완전히 무시하지는 않지만 그가 보기에 신학의 출발점은 그리스도와 세상과의 관계이어야 한다고 본 것이다. 즉 세속적으로 세상이 성숙하게 변해 가는데 소위 이런 성숙한 세상에 대해 그리스도는 어떤 의미를 가져야 하는가에 초점을 맞추었다. 이런 점에서 그의 신학의 출발은 교의학이 아니라 윤리학이라고 해야 한다. 이것은 그리스도의 초월성을 지나치게 강조하여 기독론을 '천상에서 독백하는 학문'으로 만든 바르트와 완전히 다르게 본훼퍼는 그리스도의 내재성에 우선권을 손에 쥐고 이것을 세상에게 내어 주었다고 하겠다.[255] 물론 그리스도가 초월적인 존재라는 점을 본훼퍼는 당연히 인정하지만 이 사실은 증명될 수 없는 사실이지만 그럼에도 불구하고 그의 기독론의 전제조건이다. 사실 "초월성"이라 한다면 인간에 의해 전혀 사유가 되지 않음을 뜻한다. 사실, 그리스도가 세상을 초월해 있다고 한다면 세상 안에서 그리고 세상적으로 사유하는 우리 인간들의 사유대상이 전혀 되지 못한다. 인간의 사유는 근본적으로 이성이 '자신을 사유하는 것(cogito me cogitans)'에 뿌리

---

255 Bonhoeffer Auswahl, Bd, 2, Christologie, in: Gegenwart und Zukunft der Kirche, Gütersloh, 1977, 44: "기독론은 기독론의 대상(그리스도)의 초월성을 제공하는 그 어떤 증거를 가지고 있지 않는다. 초월성에 대한 문장, 즉 로고스, 인격, 사람이라는 것은 기독론의 전제이지 증명의 대상이 아니다"

를 두기 때문에 초월성을 말할 수 없고 논할 수도 없다. 따라서 그리스도를 이해한다는 것은 그리스도와 직결되는 구체적인 존재, 즉 교회와 관련지어 이해해야 한다고 그는 보았다.

4. 기독론에 대해 우리가 물어야 하는 질문은 그가 어떤 분인지를 물어야 하는 것이 아니라고 본훼퍼는 본다. 우리가 그분에 대해 "어떻게?"라고 묻게 되면 그분은 세상을 초월하신 신으로 혹은 반대로 인간 내면성을 완성한 이상형으로 우리가 만들게 된다. 본훼퍼는 그리스도가 인간이든지 아니면 신이라고 할 만한 객관적인 증명이나 추론이 불가능하다고 단정한다. 그리스도에 대해 알 수 있는 것은 오로지 그분이 우리에게 계시를 통해 말씀하시고 행하신 것 외에 다른 것들은 없다. 오로지 계시를 통하여 나타난 예수는 자신만이 스스로를 증명할 수 있으며 자신이 누군지 우리에게 알게 한다. 예수 그리스도는 행위와 인격이 분리될 수 없는 분이기 때문에 그분의 행위를 통해서 인격을 알 수도 없고 반대로 인격을 통해서도 행위를 알 수도 없다. 오로지 그리스도 자신이 우리에게 자유롭게 나타내시는 계시의 방법 외에 그분을 아는 길이 없다는 기독론의 방법을 전개한다. 즉 기독론은 그리스도의 자기계시에 의한 방법뿐이다. 그런데 여기서 특이한 점을 발견하는데, 전통적으로 기독론을 구원론과 관련짓는 것에 본훼퍼는 반대한다. 오랜 전통에 따르면 기독론은 구원론과 동일한 영역으로 이해되었다. 그러나 본훼퍼에게는 오히려 기독론이 구원론보다 우선권을 가진다고 할 수 있다 (참고. Ch.54). 그에 의하면 기독론이 원래 그리스도론으로서 출발하였는데 교회사에서 차츰 구원론으로 변질되었으며 나중에는 구원론에서 기독론이 파생된 것처럼 오해되어 왔다고 한다. 그래서 여기서 본훼퍼는 "기독론은 구원론이 아니다(Ch.51)"에서 선언하고 있고 나아가서 "구원

론적인 질문에서 기독론적인 질문을 분리시키는 것이 신학적 방법으로 필요하다(Ch.54)"고도 분명하게 말한다. 그러면 기독론이 구원론과 관계가 없다면 기독론은 본훼퍼에게는 무엇을 말하는 것인가? 그에게서 기독론은 구원론이 아니라 오히려 교회론(Ecclesiologie)과 아울러 인간의 실재성을 말하고 있다고 할 수 있겠다. 즉 그리스도는 교회에서 인격적으로 실재한다. 이 말은 그리스도가 누구인가 하는, 예수라는, 객관적인 어떤 유대 청년에 대해 물어야 하는 질문이 아니라 그 질문을 던지는 인간 "나가 누구인가?"를 묻는 질문이다. '실재한다'는 뜻은 '지금 여기서 같은 시공간에 있다'는 뜻이다. 이 용어는 '현재로 지금 여기서 나와 함께 계신다'는 말과 동일하다. 사실 실재성(Wirklichkeit)이라는 개념이 그의 저서에서 흔치 않게 나오는데 도대체 실재성이란 무엇을 의미하는 것일까? 이 개념은 인간이 선해지고 그로 인해 세상이 선해지며 점차로 나아지는 어떤 상태를 뜻하지 않는다. 그렇다고 눈에 보이는 시각적인 그리고 공간적인 현실계를 뜻하지도 않는다. 그에게 실재성이란 오로지 신과 함께 사용되는 개념으로서 이것은 궁극적인 것이고 마지막의 것(das Letzte)이라고 해도 좋을 것이다. 신 자신이 궁극적인 실재성이고 인간에게는 이것이 마지막의 실재성이기 때문이다.

5. 과연 본훼퍼에게서 그리스도란 누구인가? 그리스도가 신일 때는 영원하시지만 인간이실 때는 시공간에 우리와 함께 계신다. 이런 점에서 그리스도는 신인(der Gottmensch)이다. 신은 인간 예수 안에 계시는 신이다. 이 신은 '선포되는 그리스도'로 나타난다. 그런데 신이 인간으로 오신 것은 신의 차원에서 보면 모욕이고 낮아지심에 대한 수치이고 고통스러운 수욕이다. 그러나 우리 인간 측에서 보면 계시이다. 신인이신 분이 인간과 같은 모습으로 계신다는 것 자체가 그분의 모욕이고 낮아지

심이고 겸손이다. 그렇다면 본훼퍼가 말하는 "그리스도의 실재성", 즉 지금의 "나"와 어떤 관계로 현존하고 계시는가? 그는 "그리스도의 실재성"을 말하면서 세 가지의 방식으로 그리스도가 실재하심을 말한다. "말씀선포"와 "성례" 그리고 "교회"라는 공동체가 그것들이다. 여기서 그가 이 세 가지를 통해 현실적으로 실재한다고 주장하는 것은 신인이신 분이 "나를 위해(pro me)" 이렇게 실재한다는 사실을 말하고 싶어서이다. 그리스도는 그 자체로는 그리스도가 아니라 오로지 '나를 위해' 그리스도가 된다는 의미이다. 그리스도의 실재성은 그 자체로는 증명이 불가능하고 오로지 나와의 인격적 관계에서만 증명이 된다. 즉 그리스도의 인격과 행위는 오로지 인간 "나"를 위한 관계에서만 참되고 진실한 의미를 알 수 있다. 그렇다면 우선 말씀선포에서 그리스도가 실재한다는 것은 무엇을 뜻하는가? 본훼퍼에게는 영(Spiritus)과 말씀(Logos)은 같은 말이다(참고. Ch.55). 그리스도는 영 혹은 말씀으로 실재하는데 어떻게 인간 "나"와 함께 할 수 있는가? 그의 답은, 인간이 로고스를 가지고 있고 그리스도는 로고스이기 때문에 같이 할 수 있다고 한다. 로고스와 관련하여 인간과 그리스도는 접촉점이 있지만 그렇다고 이것들이 동일하다고 하지 않는다. 인간의 로고스는 신적인 로고스가 아니고 인간은 단지 로고스를 가지고 있다. 본훼퍼는 이 말을 하면서 신적인 로고스가 '살아 있는 말씀'인 반면 인간의 로고스는 소위 "생각(Idee)"이라는 형태의 언어를 가진다. 이런 점에서 인간이 그리스도를 생각하는 것은 무시간간적인 그리스도이고 생각 속에서 그려지는 하나의 이상적인 그림에 불과하다. 그러나 실재의 로고스, 즉 그리스도는 이런 형태가 아니다. 그러면 인간의 생각과 실재의 그리스도는 어떻게 접촉할 수 있는가? "그리스도 안에서 신적 로고스는 인간의 로고스 안으로 들어오신다(Ch.55)"고 그는 말한다. 그리스도는 무시간적인 존재가 아니라 구체적인 순간에 선포되는 진리이며 우리를 신 앞에 세우는 진리이다. 그리스도는 "말 거심(Anrede)"이며 교회의 말씀선포 속에서 현재적일 뿐 아니라 교회의 말로서 역시 현재적이다. 직언하자면 설교에서 선포되시는 로고스인 셈이다. 설교 안에서 신의 말씀과 인간의 말은 상호 배타적인 관계가 아니다. 설교는 단순히 신의 말을 부분적으로 가지고 있는 인간의 말이 아니다. 설교란 신의 말씀이 인간의 말이라는 형태로 무한히 낮추셔서 나타나신 말씀인데 이것은 마치 성육신과도 같이 신적 로고스가 인간의 말로 자신을 완전히 낮추시며 겸손하게 그리고 능욕을 참으시고 인간 안으로 들어오시는 말씀이다. 달리 말하면 신이 겪는 모욕이고 치욕이다. 설교에서 신은 자신을 인간의 언어 아래에 스스로 구속시킨다. 신이 자신을 인간의 언어로 무한히 낮추시고 인간에게 들어오신다. 심판과 용서라는 내용의 말씀으로서 선포되는 신의 로고스가 인간의 언어로 자신을 무한히 낮추면서 인간의 마음 안으로 직접 들어오신다. 여기에서 인격적인 관계가 성립이 되고 그리스도는 "나를 위한(pro me)" 로고스가 된다. 이와 동시에 "말 거심"이란 인간을 책임으로 향하게 하는 신의 인격적인 부르심이다(참고. Ch.57). 책임이란 인격적인 응답과도 동일하다. 이렇게 말하면서 본훼퍼는 "내가 신의 말씀을 말하는 것을 알지 못한다면 나는 설교할 수 없고 내가 신의 말씀을 말하지 못한다는 것을 알지 못한다면 나는 설교할 수 없다(Ch.58)"는 명언을 남긴다. 두 번째는 성례에서 인간은 그리스도의 실재성을 만난다. 본훼퍼에 의하면 성례는 비밀이나 어떤 상징적 행위도 아니고 "말씀의 대리(Repräsentation des Wortes)"도 아니고 오로지 말씀을 통해 거룩하게 되고 해석된 행위로서 신적 로고스가 인간에게 다가가려는 구체적인 형태이다. 빵과 포도주로 신은 자신을 스스로 거기에 구속시켰으며 거기에서 그리스도의 신성과 인성이 다 드러난다. 즉 성례는 신인이신 그리스도가 자신을 빵과 포도주로 무한히 낮추신 행위이며 인간 "나"를 위해 스스로 물화시키신 행위이며 곧 모욕과 수치의 행위인 셈이다. 설교가 신이 인간을 사랑함으로 자신을 스스로 모욕시킨 행위라면 성례 또한 빵이나 포도주라는, 물화된 어떤 것으로 스스로를 모욕시키는 신적 행위이다. 그런데 여기서 부활, 승천하신 그리스도가 성례라는, 시간과 공간적으로 2천년 이상의 간격에서 현실적으로 인간 "나"를 어떻게 만나는가 하는 질문이 당연히 생긴다. 일반적으로 개혁주의자들은(칼빈주의자들 포함) 성례 때 그리스도는 육체와 다른 어떤 신적인 모습으로 현존한다고 생각했지만 루터는 그리스도의 육체가 성례 시 그대로 현존한다고 믿었다. 칼빈주의자들은 그리스도가 승천하여 하나님 우편에 계시기 때문에 성례에서는 그리스도가 직접 계시지 않는다고 믿었다. 따라서 성례는 재림하실 그리스도를 기념하는 상징적인 행위이고 장차 오실 그리스도를 기대하는 의미를 가진다. 이와 달리 루터는 신성과 인성이 하나의 육체에 상호 교류한다는 소위 "속성들의 교류(communicatio idiomatum)"라는 교리를 들어서 성례 때에도 그리스도가 공동체의 현실에 실제로 임하신다고 주장하였다. 즉 예수의 육체는 변화된 육체로서 시공간에 전혀 제한을 받지 않으시며 비록 실재하지만 측정되거나 손으로 만질 수 없는 양식(repletive)으로 실재하기 때문에 성례 때 그리스도의 현존이 가능하다고 주장했다.[256] 본훼퍼는 루터의 이런 입장을 부분적으로 인정하면서도 그리스도가 어떻게 성례 때 실재하는지를 묻는 것은 대답할 수 없는 질문이라고 간주한다. 오히려 질문은 성례 때 실재하시는 분이 "누구인가?" 하는 질문이 되어야 한다고 믿는데, "말씀 속에서 그분은(그리스도) 스스로 우리 인간적인 로고스에 봉사하시고 성례에서 스스로 우리의 육체에 봉사하시며 만질

---

256 참고. 한수환, 인간의 영혼, 그 신비, 서울, 영성, 100-103.

수 있는 본성의 영역 속에서 현존하신다(Ch.62)"고 주장한다. 다시 말하자면 성례 때 그리스도는 신적인 육체가 아니라 반대로 피조물로서 우리와 나란히 계시고 형제와 함께 형제로서 우리 가운데 계신다.[257] 그러니까 그리스도는 새로운 피조물로서 우리가 영적으로 그리고 육체적으로 완전히 회복된 피조물로 성례 때 우리와 함께 계신다는 의미이다. 회복된 피조물이신 그리스도는 사실 빵과 포도주가 전혀 필요 없기 때문에 오로지 지금 여기서 세상에 사는 우리를 위한 것일 뿐이다. 세 번째로 공동체에서 그리스도의 실재성을 만난다고 본훼퍼는 말한다. 말씀과 성례에서 그리스도의 현재를 만나는 것처럼 공동체에서도 그러한데 "그리스도는 자신의 '나를 위한 존재'를 위해 공동체이다(Ch.63)"고 말한다. 이 때 본훼퍼가 말하는 공동체는 예수의 승천과 재림 사이에 있는 공동체로서 신의 로고스가 공간과 시간적인 확장 속에서 정신적으로 그리고 육체적으로 공동체 안으로 들어와 현존하시고 계신다. 그렇다고 이것은 단순히 교리가 아니라 강력한 창조하는 말씀이라고 강조한다. 공동체는 그분의 계시의 말씀을 단순히 받는 정도가 아니라 공동체 자체가 계시이고 신의 말씀이다. 공동체가 계시의 수령하는 자이면서 곧 말씀이 공동체 안에 있다. 공동체가 계시인 한 그리고 말씀이 창조된 육체의 형태를 가지는 한, 말씀은 스스로 그리스도의 육체인 공동체이다. 여기서 그가 사용하는 "육체"라는 개념은 은유나 비유가 아니며 그리스도를 대표하는 말도 아니며 기능적인 표현도 아니다. 그것은 그리스도의 높아지심과 낮아지심의 방식으로 현존하시는 실존방식의 포괄적이고 중심적인 개념이라고 밝힌다(참고. Ch.64). 여기서 그는 그리스도가 인간 "나"의 중심이라고 단정한다. 죄인인 인간의 한계에서는 심판이면서 동시에 그

---

257 Ch. 62: "성례에서 그리스도는 피조물로서 우리 곁에, 우리 중심에, 형제와 같이 형제로 계신다(Im Sakrament ist Christus neben uns als Geschöpf, mitten unter uns, Bruder mit Bruder)."

를 따르는 자에게는 새로운 존재의 시작이고 중심이다. 만약 위에서 스케치 한 대로 말씀, 성례 그리고 공동체 개념들이 인간 "나"를 위한 그리스도의 현재를 가리킨다면 나아가서는 그리스도는 교회와 국가라는 형태로도 실재하신다. 루터의 말대로 '국가는 신의 왼손의 통치'인데 교회는 국가의 중심점이 되며 교회가 존재하는 곳에서 국가가 있다고 말한다. 그렇다고 본훼퍼가 현재 독일의 소위 '국가교회(Landeskirche)'를 두둔하는 것 같지는 않고 오히려 독립교회를 가리킨다고 느껴진다. 하여간 그는 국가의 의미가 교회에 있음을 강조하고 있다. 그러나 여기서는 국가와 교회의 관계는 취급하지 않기로 한다.

6. 그리스도의 실재성을 인간이 만나면 인간 "나"는 새로운 인간성을 가지게 된다. 여기서 본훼퍼의 인간론이 설명될 필요가 있겠다. 그는 인간론에 대해 상당히 흥미로운 점을 드러낸다. 인간이 인간인 것은 본질적으로 자신의 고유하고 자명한 형태를 가졌기 때문이 아니라 오히려 그리스도가 빌려준 모습이라는 주장이다. 그렇다고 인간이 단순히 그리스도를 "모방이나 반복의 형태를 가지는 것이 아니라 인간의 형태에서 얻은 자신의 고유한 형태(E.87)"라고 말한다. 이 주장을 숙고하면 인간이 그리스도인의 형태로 변하는 것은 인간과 완전히 다르고 낯선 형태 혹은 신의 형태로 바뀌는 것이 아니라 원래 인간 자신이 가졌던 모습으로 바뀐다는 뜻이다. 단적으로 말해 새로운 인간이라고 해서 신이 되는 것이 아니라 신 자신이 인간을 자신의 모습으로 바꾸기 때문에 새롭다는 의미이다. "신이 인간이 되었기 때문에 인간은 인간이 된다(E.88)"는 말이다. 다시 말해 인간은 처음부터 신 앞에서의 인간인 셈이다. "그리스도의 형태는 하나이고 동일한 것으로 존재하지, 일반적인 이념으로 존재하지 않는다. 오히려 인간이 되셨고 십자가에 달리셨고 부활하신 신

으로 존재하며 바로 이런 그리스도의 형태를 위해 실제적인 인간의 형태가 보존되어 남아있고 그래서 그 실제적인 인간은 그리스도의 형태를 받는다(E.91)"고 그는 말한다. 이 주장에서 흥미로운 점은 인간의 모습이 원래 "인간"이라는 이런 저런 모습을 가진 것이 아니라 처음부터 그리스도의 형태를 위해 우리가 인간이 되었다는 의미가 강하게 담겨있다. 우리가 "인간"이기 때문에 그리스도가 인간으로 오신 것이 아니라 그리스도가 본래의 인간 혹은 실재의 인간이시기 때문에 우리가 지금의 인간성에서 그리스도의 모습으로 변할 수 있다는 말이다. 우리 인간의 인간성의 근원은 우리 자신에 있는 것이 아니라 그리스도의 인간성에 있으며 그리스도의 형태와 동일하게 되기 위해 우리 인간이 이런 저런 모습을 하고 있다는 사실이다. 단적으로 말하자면 현실의 우리 인간은 그리스도의 형태와 동일하게 되기 위해 존재하고 있고 또한 존재해야 한다는 의미로 느껴진다. 본훼퍼의 이런 주장은 새로운 인간이란 그리스도와 동일한 인간성, 즉 신이 인간이 되셨던 겸손과 오로지 신의 뜻에 순종하여 자신의 의지를 꺾고 십자가에 기꺼이 달리는 순종과 신이 부활시키시면 거기에 자신을 온전히 내맡기는 인간성을 가리키는 듯하다. 그렇다면 이런 인간성을 모든 인간들이 가질 수 있을까? 여기에 대해 그렇다고 모든 인간들이 다 이런 새로운 모습을 얻는 것은 아니고 또한 종교적인 행위로도 불가능하다고 본훼퍼는 보면서, 인간성이 구원자의 형태를 아는 것은 신비라고 주장한다. 그에게는 인간성의 근거로 오로지 그리스도의 실재성을 말한다. 이 궁극적인 실재성은 인간 세상에게 주어진 것이지, 인간의 노력이나 경건이나 승화로 만들어지는 고상한 인격도 아니고 그렇다고 소위 영혼의 상향운동인 에로스적인 일반 종교학적인 개념에서 추출된 그림도 아니다. 단적으로 말해 살아계신 신 자신의 자기계시를 우리 인간이 신앙으로 받아들이는 긍정이기도 하다(참고.

E.201). 비록 인간과 세상이 선하지 않으며 이들의 악한 행위들로 인해 위험에 직면한다고 해도 신이 자신을 스스로 선으로 증명하시며 나타내 신바 된 것을 가리킨다. 그 개념 속에는 인간이나 세상이 자신을 승화 나 종교적인 착색으로 고상하게 만들어서 신을 생명 혹은 실재로 만드 는 것에 있지 않는다. 오히려 반대로 신이 궁극적인 실재성으로서 자신 을 증거하시며 자신을 계시하시는 것에 인간이 인정하는 것을 가리킨다 (참고. E.201). 즉 신의 계시 혹은 살아계신 신의 자기 증거가 인간의 신앙 에 의해 긍정되는 것을 뜻한다고 하겠다. 이것을 본훼퍼는 "최초의 실재 성이고 처음이고 마지막이며 알파이고 오메가(E.201)"라고 규정한다. 한 마디로, 인간과 세상의 실재성을 논하기 전에 신의 실재성을 논하지 않 으면 전혀 의미가 없다는 뜻이다.

7. 현존하는 세상의 실재성은 오로지 신의 실재성으로 인해 그 실재성 의 의미를 가진다. 그리고 신의 자기계시인 실재성의 해답은 그리스도 안에서만 제대로 답이 주어진다. 그러니까 본훼퍼에게 실재성이란 그리 스도 안에서 자신을 계시하시는 신의 실재성이다. 참된 실재성이신 신 이 인간과 세상에게 손을 내 미신 사건, 즉 계시는 오로지 그리스도에게 있다. 그래서 그리스도를 통해서만 신의 실재성과 세상의 실재성이 연 합될 수 있다. 본훼퍼가 제시하는 그리스도의 실재성은 자신의 신학적 핵심일 뿐 아니라 종교비판의 기초가 된다고 할 수 있겠는데 그리스도 는 그 어떤 이론이나 교의적인 시스템 안에 갇혀있는 자로 설명될 수 없 고 동시에 종교적 혹은 신학적인 사유의 산물이 아니다. 이에 대해 "시 스템으로 설명하려는 기독론적인 존재론을 붕괴시킴에서부터 본훼퍼의 종교비판은 기초한다"고 마이어(R. Mayer)는 단정하면서 "그리스도의 실 재성이 세상의 현실성을 완전히 포함하고 있기 때문에 세상의 종교 없

음은 역설적으로 그리스도의 실재성을 위한 하나의 기능으로 이해될 수 있다"고 말하는 것은 일리 있다.[258] 본훼퍼에게 그리스도는 종교적인 문제가 아니라 새로운 인간 실존의 지평을 여는 윤리적인 문제인 셈이다. 분명 그리스도의 문제는 그에게는 윤리적인 문제이기도 하며 동시에 교회론적인 문제이기도 하다. 그래서 "기독교 윤리학의 문제는 그리스도 안에서 신의 계시의 실재성이 자신의 피조물에게 실현되어 가는 것(E.202)"이라고 그는 말한다. 칸트나 보통의 윤리학자들은 실재성을 당연(Sollen)이나 존재(Sein) 혹은 관념이나 동기나 인과율의 결과를 통해 선을 규정하는 것으로 그치지만 본훼퍼가 말하는 윤리학은 실재성(Wirklichkeit)과 실재로 됨(Wirklichwerden)이 주제가 된다. 소위 "선"이라는 것도 도덕적인 혹은 인륜적인 나아가서 가치적인 의미가 아니라 오로지 신의 실재성에서 참된 의미를 가진다. 그리고 인간이 선할 수 있는 유일한 길은 이러한 실재성에 참여할 때 비로소 선의 한 몫을 가진다(참고. E.203). 이런 점에서 본훼퍼에게는 선과 참됨 그리고 실재성은 거의 동일한 의미를 담은 개념들이라고 해도 과언이 아닐 것이다.

(2) 종교: 세상과 신의 분리

1. 그렇다면 그의 윤리학의 두 번째의 기둥인 "세상의 실재성"은 어떤 것인가? 여기서 흥미로운 점을 간과할 수 없는데 본훼퍼에게는 인간의 실재성이란 세상의 실재성과 뗄 수 없는 관계에 있다는 점이다. 그는 인간에 대해 다음과 같이 말한다. "인간은 개별자로서 자신의 인격과 행위에서 분화되지 않는 전체이며 인간 공동체와 그가 서 있는 피조물 공동

258　H.J. Kraus, Theologische Religionskritik, 68.

체의 지체이다(E.205)"는 그의 주장 속에는 인간이 각 개인이면서도 그가 인격이고 행위하는 존재자인 한 이웃과 창조주 신과 분할될 수 없는 전체의 한 부분이라는 사상이 담겨있다. 각 개인이 개별자로서 전체라는 점은 "창조"면에서 그러하고 이렇게 창조되어진 목적은 "신의 나라"에 있기 때문이다. 단적으로 말하자면 신의 창조와 신의 나라는 그리스도 안에서 신의 자기계시의 내용이며 이것으로 인해 우리 인간이 실재적인 인간이 된다는 것이다. 그러니까 본훼퍼에게는 신 아니면 세상이라는 식의 이원론이 사라지고 신의 자기계시인 그리스도 안에서 근원적으로 신과 세상이 하나가 되며 동시에 하나가 되어야하는 윤리적 과제를 가지고 있다고 하겠다. 이 하나됨은 신의 실재성과 세상의 실재성이 서로 하나가 되는 그리스도의 실재성에서 실현 혹은 성취된다고 하겠다. 신의 실재성과 세상의 실재성이 그리스도 안에서는 나눌 수 없고 분할할 수 없는 통일성을 가진다. 본훼퍼는 "두 개의 공간"을 말하는데 세상과 그리스도가 그것들이다. 세상이란 자연의 나라이고 그리스도는 은혜의 나라이다. 종교 역사에서는 중세에는 후자가 강조되어 전자가 배척되었고 근대에 와서는 서로가 대립 혹은 갈등으로 나타나 투쟁을 이루었다. 그러나 이 과정에서 두 개의 그 본질적인 관계가 훼손되었다고 그는 진단한다. "그리스도와 세상이 두 개로서 서로 투쟁하고 서로 대결하는 영역들로 사유되는 한 인간에게 다음과 같은 가능성만 있다: 실재성 전체를 포기하고 두 개의 영역 중 어느 하나에 서는 것, 세상없는 그리스도 아니면 그리스도 없는 세상을 원할 것이다(E.210)"고 그는 말한다. 그러면서 이 두 개의 영역 중 어느 한 개를 선택하는 것은 자신을 속이는 것이라고 규정한다. 그렇다면 본훼퍼는 무엇을 말하는가? 그는 두 개의 영역은 사실은 하나의 실재성을 의미하고 있을 뿐이라고 생각하는데 "그것은 세상 현실에서 그리스도 안에서 나타난바 된 신의 실재성이다(E.210)"고 단언한다. 인간은 그리스도 안에서 동시에 신의 실재성 속에 있다. 그리스도의 실재성은 세상의 현실을 그 안에 가진다. 그에 의하면 세상은 그리스도 안에 있는 신의 계시로부터 독립된 실재성을 가지지 못한다. 그리스도 안에 있는 신의 실재성이 없는 세상이란 인간의 이념이나 상상 혹은 그림이나 사변적 추상이나 다양한 형태의 종교심의 표현을 우상으로 나타내는 그릇된 실재성일 뿐이다. 따라서 그리스도 아니면 세상이라는 두 영역이 아니라 오로지 그리스도 안에 있는 신의 실재성 안에서 세상은 현실을 가진다. 이런 점에서 신의 실재성과 세상의 현실이 그리스도의 실재성으로 통일되는 하나만 있을 뿐이다. 그러나 여기서 간과하지 말 것은 본훼퍼가 신과 세상이 그리스도 안에서 통일된다고 해서 "신 즉 세상(deus sive mundus)" 혹은 "세상 즉 신"이라는 범신론적인 이상향을 주장하고 있다고 오해하지 말아야 한다는 점이다. 그의 전체적인 사유의 윤곽에서 보면 그의 생각은 범신론도 아니며 그렇다고 바르트 신학처럼 "그리스도만을 독백하는 천상의 신학"도 엄밀히 말해 결코 아니다. 바르트가 자연은총 혹은 자연신학을 완전히 거부했기 때문에 그 신학의 결과는 구원사가 신과 신끼리 대화하는 사건(인간 편에서 보면 신의 독백하는 사건)으로 펼쳐졌지만 본훼퍼는 만약 자연성을 부정하면 이런 식의 '신의 독백'인 그리스도의 나라만 가질 수 있는 결과로 이어짐을 이미 간파했다. 그래서 바르트와 달리 그는 자연성을 상당히 중요하게 취급한다. 본훼퍼 신학에서 그리스도의 실재성이 가지는 중요한 두 개의 중심점은 "창조"와 "신의 나라"인데 이것이 그리스도 안에 있는 신의 실재성의 내용이고 이것이 세상 안으로 들어옴에 있다. 그러나 이 신의 은혜가 세상 안으로 들어오기 위해 자연성 혹은 자연신학을 전제로 하지 않으면 안된다. 자연성이란 부패한 세상임에도 불구하고 신에 의해 보존, 유지되는 인간 삶의 형태인데 이로 인해 그리스도를 통해서 비로소 의롭게 되고 구원과 전회가 가능해진다. 본훼퍼에 의하면 자연성은 형식적인 면과 내용적인 면을 가진다. 형식적인 것은 신이 세상을 보존하려는 의지와 세상을 그리스도로 향하도록 하는 것에 있다면 내용적인 것은 인간의 이성과 의지로 수행되는 현실적인 삶의 형태이다. 특히 이성은 부패했다 할지라도 세상 속에서의 삶을 살도록 인간의 판단에 의미를 부여하는 기능을 수행한다. 의지 역시 부패했지만 세상 속에서 인간이 살아가도록 도와준다. 그러면서 본훼퍼는 "자연적인 것을 파괴하는 것은 곧 생명을 파괴하는 것을 의미한다(E.157)"고 주장하기도 하고 "자연적인 삶을 사는 권리는 타락한 세상에서 신의 창조의 영광 가운데서 빛나는 섬광이다(E.161)"고까지 말한다. 그만큼 본훼퍼에게는 그리스도 안에 있는 신의 생명이 세상을 향해 오려면 자연이라 불리는 영역을 통해 오기 때문에 자연성이 중요하다. 그리스도로 인해 주어지는 생명은 자연적인 삶이라는 통로를 통해 세상을 향해 다가간다. 따라서 그리스도와 세상은 뗄 수 없는 관계이며 포괄적으로 보면 그리스도 안에 있는 신의 생명 안에 세상의 현실이 있다. 본훼퍼의 자서전에서 보면 "그리스도 안에 있는 세상과의 통일성은 로마 가톨릭 교회가 주장하는 것처럼 동의어가 아니며 … 그 통일성은 마법적-우주론적으로 실제가 아니라 그리스도의 대속을 통해 역동적으로 합당하게 되고 실제적인" 통일성이라고 주장한다.[259] 이 말은 그리스도의 성육신과 대속의 은혜는 반드시 세상의 현실 안으로 들어왔으며 그래서 기독교는 오로지 세상적일 수밖에 없다는 의미로 이해해야 한다. 그리스도 안에서 신의 은혜는 초자연의 경지나 세상과 무관한 영역에서 그 사역과 죽음 그리고 대속의 은혜로 성취된 것이 아니라 오로지 세상 안에서, 혹은 세상과

259　H.J. Kraus, Theologische Religionskritik, 66.

더불어 나아가서 세상적으로 성취되었다. 말하자면 자연성 안에서 일어난 초자연성이고 세속성 안에서 벌어진 거룩성이고 인간 이성적인 것 안에서 역동적으로 혹은 역설적으로 반전된 계시성이다. 이런 본훼퍼의 통일성의 생각이 점차로 종교비판의 터전이 되고 있는 셈이다. 즉 거룩성은 세속성과 세계성의 대립이 아니라 오히려 그 쪽을 향해 있다. 분명히 기독교적인 것은 세상적인 것과 동일하지 않다. 오히려 기독교적인 것은 세상적인 것을 향해 혹은 세상 안으로 들어가는 사건이다. "그리스도의 몸 안에서 신은 인간성과 하나가 되었으며 인간성 전체는 신에 의해 취함을 받았고 세상은 신과 화해된다. 예수 그리스도의 몸 안에서 신은 모든 세상의 죄를 취하시고 짊어지셨다. 그것을 잃어버렸건 신이 없건 예수 그리스도 안에서 신에 의해 취함받지 않고 신과 화해하지 않는 세상이라는 조각은 없다(E.218)"고 본훼퍼는 대담하게 말한다. 이 주장은 바르트의 생각과 상당히 유사한 점이 많다고 느껴지는데, 바르트의 주장에 의하면 신의 은혜가 너무 크기 때문에 인간의 그 어떠한 죄도 용서받지 못할 죄가 없으며 신은 타락한 인간에게 은혜를 베푸시기 위해서 세상을 창조했다고까지 말하는 바르트의 생각과 많이 닮아있다. 신앙으로 그리스도의 몸을 바라보는 자는 세상이 상실되었다든지 혹은 세상이 그리스도와 분리되었다든지 아니면 더 이상 교권적인 거만 속에 세상과의 분리를 결코 말할 수 없다. 극단적으로 세상은 그리스도에게 속하며 오로지 그리스도 안에서만 세상이 된다고 말할 수 있으며 세상은 그리스도 자체 외에 그 어떤 작은 것도 필요하지 않는다고 본훼퍼는 말한다 (참고. E.218-219). 그리스도의 실재성이 없는 세상은 세상이 지향해야 할 올바른 길을 상실하고 우상의 길을 옳은 길로 오해하며 나아간다. 다르게 말하면 신 없음(Gottlosigkeit)에서 신과 화해된 세상의 길로 간다. 그래서 "그리스도 십자가의 선포 없는 혹은 그 선포에 대항하는 거기에는 세상에 신이 없다는 인식도 그리고 세상이 신을 버렸다는 인식도 없고 오히려 세상적인 것이 항상 스스로 신격화하려는 멈추지 않는 욕구에서 해방하려고 시도하며(E.315)" 이 욕구가 후에는 세상적인 것이 자신의 고유한 위치를 상실하고 도리어 자신을 무한히 상승시켜 신의 위치에 끌어올리게 하며 종국에는 스스로를 율법으로 세워서 숭배의 대상으로 만든다. 이러한 그의 생각에서 따르면 세상에서 그리스도 자신 외에 그 어떤 교리나 교권 그리고 여러 가지를 부과하고 성도들에게 부담을 지우는 모든 것들은 전부다 불신앙이고 비기독교적이며 반기독교적이라고 까지 해도 그다지 과언이 아닐 것이다. 실제로 그는 "항상 가볍게 곁들여진 교권주의의 냄새를 가진 아주 잘 생각해낸 교육적인 기초들은 확실히 세상에 그리스도보다 못한 것을 주려고 하는 것이며 그것은 불신앙 외에 다른 어떤 것도 아니다(E.219)"고 선언한다. 좀 풀어서 설명하자면 본훼퍼에게는 그리스도의 성육신과 십자가 죽음 그리고 육체적인 부활이라 불리는 "그리스도의 몸" 외에 다른 어떤 것들을 교회가 세상에게 준다면 그것들이 아무리 경건하고 우아하고 거룩하고 자비롭고 고상하게 보여도 전부 불신앙이며 불경건이며 비기독교적인 형태의 종교성에서 비롯된 우상이고 신 앞에서 뒤틀어지고 냄새나는 인간성의 산물인 셈이다.

2. 그렇다면 참된 혹은 선한 인간성, 즉 그리스도의 형태를 인간 안에서 실현하는 것은 어떻게 가능한 것인가? 본훼퍼는 이런 질문에 바르트처럼 "은혜"를 말하면서 불의한 자가 신으로부터 의롭게 되는 칭의론(Rechtfertigung)를 언급한다. "하나의 궁극적인 것, 결코 인간적인 존재나 행위 그리고 고통에 의해 파악되지 않는 것이며 신비스러운 것이며 내적으로 외적으로 차단되어 항상 더 깊은 심연과 탈출구를 상실한 인생

의 어두움이 신의 말씀이 안으로 비쳐지는 힘으로 찢겨진다. 인간은 최초로 구원하는 빛으로 인해 신과 이웃을 알게 된다. 지금까지의 자신의 삶의 미로는 완전히 무너진다(E.128)"고 그는 말하면서 "이 모든 것은 그리스도가 인간을 향해 나타나실 때 이 모든 것이 일어난다(E.129)"고 단언한다. 그러니까 본훼퍼가 말하는 새로운 인간성이란 신의 말씀의 힘인 그리스도를 만남으로 인해 주어지며 이 만남은 인간에게는 갑작스런 사건이고 신의 순전히 은혜이다. 이 사건이 진정으로 참되며 실재적이며 거기에서 "그리스도의 현재(Gegenwart Christi)"를 체험하며 더 이상 상실한 삶이 아닌 의롭게 된 오로지 은혜로 의로워진 삶을 가진다.

3. 그러면 새로운 인간성은 인간의 어떤 근거에서 주어지는가? 본훼퍼는 이 질문에 "신앙"을 말한다. 이것은 사랑이나 소망이 아닌 오로지 신앙으로만 가능하다(참고. E.129). 본훼퍼가 이해하는 신앙은 인간의 생을 새로운 근거에 기초를 놓는 것인데 여기서 새로운 근거란 내가 신 앞에서 살 수 있는 터이고 자세하게 말하자면 이 근거는 곧 예수 그리스도의 생과 죽음 그리고 부활이기도 하다. 이 근거 없이는 인간은 결코 의롭게 되지 못한다. 아무리 인간이 신을 향한 사랑이 극심하고 신을 위한 사유나 이념이 강렬해도 이 터가 없으면 마치 모래 위에 집을 짓는 것과 유사하다. 싸잡아서 말하자면 이 터가 없다면 모두 죽음과 저주 아래에 있다. "예수 그리스도의 생과 죽음 그리고 부활을 향한 생이 신 앞에서 한 생명이 칭의된다. 신앙은 이런 근거를 찾는 것이고 유지하는 것이며 거기에 정박하는 것이며 그에 의해 보존된다. 신앙은 생을 나 자신 밖에 있는 근거에 기초를 짓는 것이며 영원하고 거룩한 근거, 즉 그리스도에 기초를 놓는 것이다(E.129)"라고 신앙에 대해 본훼퍼는 정의한다. 신앙은 자신에게 생의 기초를 놓는 것이 아니라 오로지 그리스도에게 기초

를 놓는 것이며 그로 인해 자유하는 것을 뜻한다. 가장 확실한 것은 인간의 이성이나 감정이나 내면에 있는 도덕률도 아닌 밖에서 안으로 은혜라는 형태로 받은 신앙뿐이다. "신앙 외에 내 생을 의롭게 할 다른 길은 없다(E.130)"는 말로 그는 확신한다. 이렇게 본훼퍼가 신앙을 생명의 근거로 정의한다고 해서 사랑이나 소망과 같은 덕목들을 그는 간과하지 않는다. 신앙은 그리스도의 현재를 만나는 장소라는 점에서 사랑과 소망도 함께 동반된다. 사랑과 소망이 없는 신앙은 헛된 교리이며 거짓이다. 그리스도를 지금 여기서 만나는 신앙이라는 터 위에서만 당연히 사랑과 소망이 참다운 의미를 가진다. 그렇지 않다면 자신의 행위나 공로로 의롭다고 스스로 여길 것이며 자신이 가지는 가능성을 연역, 추론해서 신을 상상 혹은 추상하여 사변화시킬 것이며 가능성을 실재성으로 오해하여 거짓된 것에 자신을 내맡기게 된다. 그런데 본훼퍼가 말하는 신앙이란 단순히 특정 신앙고백을 고백하는 것을 뜻하지 않는다. 오히려 신앙이란 전체적인 어떤 것이며 모든 것을 포괄하는 총체적인 삶의 행위이다. 반면에 종교는 이런 신앙을 개별적이고 제한된 영역으로 국한시키도록 율법화한다. 그래서 본훼퍼는 자신이 생각하는 신앙과 소위 종교가 가르치는 신앙 사이에서 늘 문제를 제기한다. 신앙은 삶을 전체적으로 전망하고 그리스도 예수 안에 있는 신비의 문제를 속화된 세상에 드러내어 삶을 근본적으로 변화시키는 것인데 종교는 신앙을 말하면서 오히려 종교가 마련한 율법이라는 틀 안에서 신앙을 강조한다. 이 점에서 본훼퍼는 인간이 종교에서 출발하는 소위 신앙이라고 명명된 형태의 율법적인 것 혹은 응고되고 고착된 것이 과연 필요한지 질문한다. 이것은 종교라는 이름으로 된 우상으로 본훼퍼는 규정한다. 신앙을 가지고서 부나 행복이나 소원하는 바를 요구하는 것은 전적으로 비성경적이라고 단정하고 이런 행위는 종교를 도덕으로 만드는 행위(Moralisierung)

이다. "우상들은 늘 인간의 기도를 받는다. 그리고 우상 숭배는 인간들이 어떤 것을 요구하는 것을 전제로 한다(WE.178)"고 말한다. 그러니까 인간은 자신들의 종교적 감정에서 기인된 신앙을 이기적인 행복의 방향으로 틀어서 우상이라는 신들에게 항상 "어떤 것들"을 요구하고 청구하고 달라고 닦달하고 악착스럽게 매달린다. 이것을 전적으로 비성경적이라 그가 본 것이다. 그렇다면 본훼퍼는 이 신앙으로 신에게 무엇을 기도해야 할까? 그는 딱 잘라서 "우리는 우상에게 전혀 어떤 것도 요구하지 않는다. 거기에서 우리는 현실적으로 허무주의자이다(WE.178)"라고 말한다. 그러면 신앙으로 인한 구원을 본훼퍼는 어떻게 이해할까? 그는 구원이라고 할 때 염려나 긴급상황, 고통스러운 것들 그리고 온갖 욕망들 나아가서 세상보다 더 나은 저 세계에로 향한 죽음에서의 구원을 비판한다. 이런 식의 구원은 그리스도나 바울이 말하는 구원이 아니라고 단언한다. "그리스도인은 구원의 신화를 믿는 자들과 같이 여타의 해결해야 할 문제들이나 어려움들에서 영원에로의 탈출구가 아니라 그는 그리스도와 같이 현재의 삶을 완전히 감내하고 그것을 오로지 짊어지면서 십자가에 달리신 자와 그와 함께 부활하신 자이며 동시에 그리스도와 함께 십자가에 달리고 부활된다(WE.179)"고 말함으로 여타의 조건들이나 필요에 의해 제시된 구원이 아닌 오로지 그리스도와 같이 사는 삶에서 구원이 이루어진다고 말한다.

4. 새로운 인간성을 가지는 것은 그리스도라는 생명의 실재성의 터 위에 기초를 놓는 신앙이라는 신의 은혜에서 시작된다. 그러면 이런 인간성은 모든 인간들에게 주어지는가? 본훼퍼는 그렇지 않다고 믿는다. 그는 이런 형태를 가지는 것이 모든 인간들 중에서 소수만 그러하다고 하면서 이것을 예수 그리스도의 형태 혹은 신약에서 그리스도의 몸이라

고 부르는 "교회"라고 칭한다. 여기서 본훼퍼는 "교회는 그리스도를 높이 숭배하는 종교적 공동체가 아니라 인간의 형태가 되신 그리스도(der unter Menschen gestaltgewordene Christus)이다(E.88)"라고 말한다. 말하자면 교회란 신의 형태가 아니라 반대로 인간성의 형태이다. 교회에서 일어나는 것은 모든 인간을 위해 모형적이고 대표적으로 일어난다. "교회는 그리스도가 형태를 실제적으로 얻었던 인간성의 조각이외에 다른 어떤 것이 아니다(E.89)"고 그는 말하기도 한다. 교회란 인간이 되시고 심판받으시고 그리스도 안에서 새로운 생으로 깨어난 인간이다. 이런 본훼퍼의 주장대로라면 교회는 종교를 가진 집단 혹은 종교적인 기능을 수행하는 인간들의 모임 혹은 신을 종교적으로 무한하게 숭배하는 단체가 아니라 오로지 그리스도의 형태를 지닌 인간의 공동체라고 할 수 있다. "교회에서 중요한 점은 종교가 아니라 그리스도의 형태와 인간의 단체 하에 그의 형태가 되는 것이다(E.89)"고 그는 단호하게 못 박는다. 인간의 종교심을 위해 교회가 있지 않다는 점에서 그는 바르트와 상당히 유사하게 비친다. 바르트가 참된 종교냐 아니면 불신앙으로 뭉쳐있는 거짓된 종교냐를 극단적으로 대비하여 말하는 것과 같이 본훼퍼 역시 인간이라는 집단으로 뭉쳐진 종교냐 아니면 그리스도와 같은 형태로서의 교회인가를 극단적으로 대비시켜 말한다. 그리스도를 닮는 형태가 아니라면 소위 종교적인 세계관 혹은 종교적인 삶의 형태에 빠지는 것 외에 다른 대안은 없는 셈이다. 결국 본훼퍼가 말하는 교회란 세상의 본보기로서의 교회가 아니며 인간의 종교심으로 뭉쳐진 인간 집단도 아니며 종교라는 이름하에 모인 소위 경건한 인간들의 단체도 아니다. 오히려 인간성이 참된 형태를 향해, 인간성이 그 형태에 속하고 인간성이 그 형태를 이미 받았지만 그렇다고 해서 인간성이 그 형태를 이론적으로 파악하거나 선취하지 않으며 오로지 그리스도의 형태를 향해 언급되어지고 구체화되는 곳이 바로 교회이다. 그리고 교회는 세상과의 격리가 아니라 그리스도의 몸과의 연합으로 세상을 교회로 불러들이는 곳이다. 여기서 본훼퍼는 "교회"라는 말을 사용할 때 보통 일반적으로 사용하는 독일어인 "키르케(Kirche)"라는 용어도 쓰지만 "공동체(Gemeinde)"라는 용어를 많이 사용하고 있다는 점을 유의해야 한다. 그가 말하는 교회란 일정한 공간이라는 장소를 점유하고 있고 다양한 인생관들을 가진 자들이 자신들의 종교적인 다양한 감정들을 유지와 해소하기 위해 소위 형식적으로 혹은 보기에 좋은 식의 의식절차들을 만들어서 신이라는 존재자에게 자신들의 종교성에서 기인되어 바치는 의식적인 행위들이 있는 인간 집단이 아니라는 점에서 그는 교회를 공동체라고 부른다. 공동체란 "그리스도의 몸과의 연합(Gemeinschaft des Leibes Christi)"으로 인해 주어지고 생기며 드러나는 모임을 가리킨다. 이런 점에서 교회라는 공동체는 비록 세상 속에 있지만 세상과 구별된다고 한다(참고. E.219). 세상의 의미는 교회 공동체에서 드러나며 세상이 가야하는 참다운 길은 교회가 제공하고 있다. 이런 공동체는 세상적이긴 하지만 역설적으로 세상에 이질적이며 세상 속에 있지만 오히려 세상에서 대단히 낯선 어떤 연합체이다.

5. 그렇다면 위의 이야기들을 토대로 본훼퍼가 말하는 "종교"를 고려해 볼 수 있겠다. 그는 고대에서 자신이 살았던 시기까지는 적어도 기독교 선포와 신학이 "종교적인 아포리즘"에 매여 있었다고 진단하면서 이런 연고로 기독교가 항상 하나의 종교의 형태로 변질되었다고 규정한다.[260] 그러다가 어느 날 이 아포리즘이 더 이상 존재하지 않고 오로지 역사적으로 인간의 조건화된 지나간 표현형식이라는 것을 깨닫게 되면 그리

260　D. Bonhoeffer, Über die Relogionslosigkeit, in: Glauben heute, Hamburg, 1965, 213.

고 인간이 현실적으로 근본적으로 종교 없는 자가 되면 어떻게 될까? 그렇게 되면 아마도 지금까지와는 완전히 다르게 소위 종교 없는 반작용이 일어나지 않을까? 이런 지경에 이르면 과연 기독교는 무엇을 의미할까? 도대체 어떻게 그리스도가 종교 없는 자들의 주가 될 수 있을까? 이것이 소위 현대인으로 살아가는 세상을 향해 본훼퍼가 던지는 질문이었다. 그리고 위에서 본 대로 본훼퍼의 기독론의 질문도 '오늘날 나를 위해 그리스도는 누군가' 하는 질문에 대한 해답으로 구성되어 있는데 이런 점에서 종교의 분석과 종교 없음에 대한 그의 생각은 그의 사상의 전부였지 결코 하나의 부속품은 아니라고 하겠다. 그의 저서 "윤리학"에서 비쳐진 종교 개념은 신의 인간되심을 통해 역동적으로 제시된 인간성과 세계성이 완전히 대립하고 있는 것은 부정할 수 없다. 종교란 인간의 자기구원의 행위이고 동시에 세상으로부터 스스로를 극복하려는 인간적인 시도이다. 세상에서 종교적인 형태들을 만들고 짓는 모든 시도들은 실재성 혹은 생명의 상실이고 곡해이며 나아가서 우상 숭배로 이어진다. 그렇다면 기독교는 도대체 무엇을 의미하는가? 지금의 우리는 실제적으로 종교가 없는 시대에 살고 있지 않는가? 현대인은 더 이상 종교적이지 않지 않는가? 그리고 그들이 종교를 가졌다고 해도 현실적으로 그들이 사용하고 이해하는 종교라는 개념조차 얼마나 다양하게 이해하고 있지 않는가? 2015년 이상을 기독교는 종교라는 형식으로 존재해 왔다. 종교라는 이름하에 기독교 역시 소위 경건이라고 불리는 형태로 인간의 자기 표현형식으로 종교적인 활동을 하고 있지 않는가? 기독교가 종교라는 의복을 입은 것이 된다면 그리고 이 의복이 매 시대마다 다양하게 비쳐졌다면 위급이나 긴급 그리고 여러 한계상황에 직면할 때 인간은 자신의 약함을 신의 전능으로 대체시켜 소위 종교적인 인간으로 만족하고 있지 않는가? 과연 이런 식으로 종교생활을 하는 것이 진실인가? 누구나 한 번쯤은 질문을 하지만 본훼퍼는 좀 더 신학적으로 진지하게 묻는다. "우리가 모든 것을 원하지 않을 때, 우리가 기독교의 서구의 형태를 완전히 종교없음의 전단계로 판단해야 한다면 우리를 위해 그리고 교회를 위해 어떤 상황이 생겨날까?(WE.139)"를 감옥에서 묻는다. 나아가서 그리스도가 어떻게 종교 없는 자의 주인이 될 수 있을까? 과연 종교가 없는 기독교인이란 가능할까? 기독교는 단지 종교라는 겉옷은 아닐까? 이런 가운이나 의식의 예복처럼 종교가 다양하게 나타난다면 종교 없는 기독교도 가능할 수도 있지 않을까? 구약에는 도대체 영혼의 거룩에 대한 질문이 있는가? 무엇보다 칭의와 땅에서의 신의 나라가 중심점이지 않는가? 역사 저편이 중요한 것이 아니라 오히려 다양한 법들에 매여 있는 이 세상에서 화해와 갱신을 위한 복음이 더 중요하지 않는가? 이런 식의 질문들을 던지면서 우선 "세상 넘어 있는 것은 복음 안에서는 세상을 위한 것이다(WE.143)"고 본훼퍼는 못박는다. 본훼퍼는 여기에서 종교없음의 기독교의 가능성을 묻고 있는데, 이런 점에서 본훼퍼는 바르트의 종교비판을 높이 평가한다. 하지만 바르트는 종교의 옳은 방향만 제시했지만 궁극적인 끝장까지는 도달하지 못했고 마지막에는 마치 레스토랑에 앉아서 모든 책임을 신에게로 돌렸다고 그는 단정한다. 종교가 없는 인간들에게 바르트의 입장은 결정적인 어떤 해답을 주지 못했기 때문이다. 오히려 바르트의 계시중심주의는 성경의 가르침 위에 자신이 만든 신앙의 율법들을 세워놓고 궁극적으로 우리에게 주어진 은혜, 즉 그리스도의 육체로 오심을 파괴시켰다고 본다 (참고. WE.143) 그래서 본훼퍼는 교회, 공동체, 설교, 예배의식, 신앙생활들이 종교가 없는 세상에서 무슨 의미가 있는가를 묻는다. 정확하게 말하자면 우리가 세상적으로 신에 대해 어떻게 말할 수 있는가? 우리가 어떻게 종교가 없는 세상적인 기독교인일 수 있는가? 이런 질문들은 기독교 신학에서 보면 대단히 차원 높고 고급스러운 질문들이며 동시에 현실적이면서도 대단한 지식인들이 던질 수 있는 근본적인 질문들로 비친다. 본훼퍼에게는 그리스도가 종교의 대상이 아니라 현실적으로 세상의 주이다(WE.140). 따라서 종교의 대상이 아닌 그리스도에 대해 말하는 것은 그리스도에 관한 이론이나 사상이나 교의적인 가르침을 말하는 것이 아니라 그리스도가 세상에 오신 의미를 신학적으로 숙고해야 한다고 그는 믿는다. 이런 점에서 "종교의 자리에 교회가 서는 것, 이것 그 자체가 성경적이다(WE.144)"고 그는 확신한다. 본훼퍼의 주장을 다르게 말하면 바르트나 전통적인 신학에서처럼 신학이 삼위일체 혹은 신론에서 출발해야 하는 것이 아니라 그리스도가 이 세상에서 죄인들에게 행하신 사역(회개, 믿음, 칭의, 거듭남, 거룩 등)에서 출발해야 하며 이 사역들은 "세상적인" 사역이었으며 따라서 세상을 숙고하는 가르침, 즉 신학은 교회론에서 출발해야 한다는 뜻이기도 하다. 그러나 세상은 종교를 가지고 있지만 그 종교들에게서 기인된 여러 종교행위들의 의미를 묻지 않을 수 없다. 종교적인 의식이나 기도들은 도대체 무엇을 의미할까? 바울이 말한 바 할례로부터의 자유는 곧 종교로부터의 자유를 의미한다. 종교적인 자들은 인식의 마지막을 만날 때 인간의 능력이 바닥을 드러낼 때 풀 수 없는 문제를 푸는 자로 혹은 인간 능력의 한계에서 능력을 주는 자로 신을 그린다. 이 신을 본훼퍼는 위에서 이미 말한 바 "기계장치의 신(deus ex machina)"이라 칭한다. 종교의 특징은 인간이 어려운 일을 당했을 때 예상치 못한 시간에 비합리적으로 보이는 어떤 신비의 기적이 나타나서 인간의 곤경을 돕는, 소위 "기계장치의 신"을 믿는 신앙을 가진다. 이런 점에서 종교는 인간 전체 상황의 한계이다. 종교는 인간의 한계상황에서 신을 제시하며 그를 경외하게 하고 동시에 신이 한계상황을 돕는 자로 내 보인다. 종교는 항상 역사 저편을 향하게 하고 인간의 한계

상황 저편에서 신적인 힘과 관계시키려 한다. 종교적인 인간은 초월자를 향해 고함지르고 도와달라고 외친다. 그러나 성경은 우리 위에 무한히 높이 있는 신을 제시하지 않는다. 오히려 신은 우리 인생의 중심에서 저편에 계신다고 해야 한다. 그래서 본훼퍼는 "나는 한계에서 신에 대해 말하고 싶지 않다. 오히려 중심에서 신에 대해 말하고 싶다. 약함에서 신에 대해 말하고 싶지 않고 반대로 힘 안에서 말하고 싶고 죽음이나 죄책감에서 신에 대해 말하고 싶지 않고 오히려 생과 인간의 선함에서 신에 대해 말하고 싶다. 한계상황에서는 나는 침묵하는 것이 더 낫게 보이고 풀 수 없는 것을 풀리지 않는 상태로 내버려 두는 것이 더 좋게 보인다(WE.141)"고 고백한다. 그러니까 본훼퍼에게 "역사 저편(Jenseits)"이란 곧 "인간 삶의 중심(mitten unter uns)"을 가리킨다. 특히 그의 저서 "대립과 헌신(Widerstand und Ergebung)"에서 "신은 간판용 해결사가 아니다"는 말과 "신은 우리 생 한 가운데 있다"라는 말이 자주 등장한다. 즉 신은 우리 인생의 한계나 극한 상황에서 등장하는 가능성이 아니라 언제나 우리 생의 중심에 있으며 그 중심에서 신은 우리에 의해 알려진다. 그래서 "우리가 아는 것에서 우리는 신을 찾아야 하지, 우리가 모르는 것에서 신을 찾아서는 안된다. 해결되지 않은 문제에서 신을 찾아야 하는 것이 아니라 해결된 문제에서 신은 우리에 의해 붙잡힐 것이다(WE.162)"고 흥미로운 말을 그는 던진다. 예를 들어 신은 삶에서 알려지지, 죽음에서 알려지지 않으며 건강이나 힘이 있을 때 알려지지, 고난이나 행위 나아가서 죄 속에서 알려지지 않는다. 그 예가 그리스도인데 그분은 삶의 중심에 있지, 우리에게 해결되지 않는 질문에 대답하려고 오신 분이 아니다. 이렇게 보면 인식이론적으로 신에 대해 말하는 종교적인 모든 말들은 사실은 진정으로 신의 초월성에 대해 말하는 것이 아닌 셈이다. 그것은 인간의 종교성이 인간 자신을 투영시켜 신을 그리고 싶은 대로 형상화시키는 일종의 형이상학일 뿐이다. 인간 자신의 내면성에서 기인된 종교성의 구체화된 잡다한 양태들에 소위 "종교적 인간(homo religiosus)"이 뿌리를 내리며 거하고 있는 셈이다. 본훼퍼가 보기에 종교와 형이상학은 공통적으로 "신"에 대한 인간의 그림을 가진다. 부활신앙을 믿는다고 해서 죽음의 문제가 해결되는 것을 뜻하지 않으며 신이 역사 저편에 계신다고 해서 우리 인간 인식 능력이 역사 저편에 있음을 뜻하는 것이 결코 아니다. 인식의 초월성은 신의 초월성과 동의어가 아니라고 말하면서 오히려 그는 "신은 우리 생의 한 가운데서 역사 저편에 계신다(WE,141)"고 강하게 고백한다. 교회는 인간적인 능력이 좌절되는 한계상황에서 존재하는 것이 아니라 단순히 마을 한 가운데 존재해야 한다. 본훼퍼에게는 기적이나 예수의 하늘에 올라가심과 같은 신화적인 개념뿐 아니라 종교적인 개념들도 문제시되어야 하는데 기적과 신이 동일시되어야 하는 것이 아니라 오히려 이 두 개는 "비종교적(nicht-religiös)"으로 해석되어야 하고 선포되어야 한다(WE,142)고 본다. 이런 점들을 교회는 정확하게 집어야 한다. 이런 그의 주장들을 곰곰이 숙고하면, 엄밀하게 말해서 본훼퍼에게는 종교 자체가 문제가 아니라 종교라는 이름하에 인간의 오만함이 그리스도를 다양한 형태로 만드는 행위에 있다고 하겠다. 종교는 그리스도의 생명을 인간이 만든 감옥에 가두는 것과 유사하다.

6. 그렇다면 성숙한 세상이라는 상황에서 성경적인 개념들을 비종교적으로 해석하는 것은 무슨 뜻인가? 이 질문은 단순히 설교에서 설교자가 이해하는 성경의 해석학적인 문제로 국한시킨다면 본훼퍼의 의도를 파악할 수 없을 것이다. 본훼퍼가 이런 질문을 던지는 것은 소위 인간이 비참이나 스스로 문제해결을 할 수 없을 때 신을 찾는 소위 "기계장

치로서의 신(deus ex machina)"을 배격함에 있었다. 이런 신은 인간의 실존과 전혀 무관한, 단지 스스로 전능, 전지함을 내비치는 신일뿐이다. 그러나 성숙한 세상은 인간이성이 신이 되어 자충족한 진리의 척도가 된 세상이기 때문에 과거처럼 무엇인가 필요에 의해 요청되어 인간의 필요를 충족시켜주고 곤경을 해결해 주는 신은 더 이상 요구하지도 않고 더구나 믿지도 않는다. 소위 종교가 없는 시대가 현대이다. 여기서 "성숙"이라는 의미를 이해할 필요가 있겠는데 본훼퍼에게서 "성숙"이란 근대 이후의 인간의 자율성이 고조된 상태를 뜻하며 거기에서 자발적으로 사역하는 신은 사라지고 그 신이 하나의 가치개념으로 응고된 형태로 존재하여, 신에게 더 이상 권위를 요구할 수 없게 된 상태를 가리킨다.[261] 따라서 소위 이런 성숙한 세상에 성경적인 개념을 해석해 주어야 한다. 그러면서 세상에 있는 여타의 종교들과 결정적인 차이를 여기에서 찾는다. 즉 성경의 신은 성숙한 현대인이 생각했던 신과 달리 연약하고 무능하며 자신에게 죄를 지은 자를 용서하고 죄인처럼 십자가에 죽으신 신으로 계시하고 있다는 점이다. "성경은 인간에게 신의 무능과 고난을 제시한다. 단지 고난받는 신이 도울 수 있음을 보여준다. 그래서 세상으로 인해 그릇된 신의 생각과 함께 씻겨나가는 세상의 성숙에로 기록된 발전은 성경의 신을 위해 세상 속에서 자신의 무능을 통해 힘과 영역을 얻는 관점을 자유롭게 한다(WE.192)"고 말한다. 그는 이런 해석을 "세상적인 해석"이라는 표현으로도 사용한다. 여기에서 본훼퍼는 더 나아가서 말하길 "우리가 신 없는 삶과 함께 완성되는 그 자체로 살아가야 한다는 것을 우리에게 신은 알게 한다. 우리와 함께 하는 그 신은 우리를 버리신 신이다(막 15:34). 일하시는 신이라는 가설 없이 우리를 이 세상에서

---

261 참고. H. Thielicke, Theologie des Geistes, Tübingen, 1978, 441.

살게 하는 신은 우리가 계속 마주하는 신이다. 신 앞에서 신과 함께 우리는 신이 없이 산다. 신은 자신을 세상에서 십자가로 이끌었고 신은 이 세상에서 무능하고 힘이 없다. 그럼으로 인해 신은 우리와 함께 있으며 우리를 도우신다(WE.191)"고 말한다. 본훼퍼의 이런 주장은 자칫 무신론적인 신관을 설파하는 것 같이 들리지만 사실은 오히려 정반대 일 수 있다. 그는 성경이 전능함으로 인간을 돕는 신을 소개하는 것이 아니고 신이 인간이 되신 모욕을 당하고 십자가에서 죄인처럼 죽으시고 그 후 부활하신 신을 소개하고 있다는 것을 예리하게 본 것이다. 따라서 성숙한 세상에서는 전통적으로 이해되어온 특수한 신적 능력들이 세상의 위기를 구해주는 것이 아니라 오히려 신의 모욕, 고난, 죽음과 무능과 같은 것들이 오히려 세상을 구할 수 있음을 제시한 셈이다. 신의 무능과 약함 그리고 무지와 같은 개념들은 도대체 어디에서 근거한 개념들인가? 본훼퍼는 그리스도에게서 그 근거를 찾는다. "마태복음 8:17절에 분명하게 말하는 바 그리스도는 자신의 전능에 의해 우리를 돕는 것이 아니라 자신의 약함과 자신의 고난으로 우리를 돕는다(WE.192)"고 말함으로 그리스도를 근거로 제시한다.

7. 지금까지 전통적으로 기독교의 교회는 신과 종교와의 관계를 어느 정도는 충족시켜 왔다. 그러나 세상과의 관계에서는 개신교 기독교는 손을 완전히 놓고 있었다고 본훼퍼는 진단한다. 예를 들어 하임(K. Heim)같은 개신교 신학자는 세상 사람들에게 절망하든지 아니면 예수를 찾든지 하라는 식으로 천상적 그리스도와 패역한 세상으로 대립시켜 "마음"을 얻으려고 했으며 알트하우스(P. Althaus) 같은 이는 루터의 신학의 계열을 따라 세상에 루터식의 가르침과 루터식의 의식(교회의 직분은 하나의 공무원처럼 활동하는 것)을 뿌리면서 세상 자체를 간과했고 틸리히(P. Tillich)는 세

상 자체의 발전을 종교적으로 해석하여 종교를 통해 세상의 형태를 제공하려고 노력했다고 본훼퍼는 평가하면서도 이런 틸리히의 시도는 꽤 용기있는 시도였지만 세상 자체가 자신을 이해하는 꼴이 되어 마치 중심에서 벗어나서 외로이 홀로 기독교에서 계속 떨어져 나가버리는 결과를 가져왔기 때문에 "종교적"이라 할 수 없다. 무엇보다 바르트(K. Barth)는 이런 자유주의적인 오류를 감지하여 종교의 자리에 예수 그리스도의 신이라고 하는 계시를 세웠지만 이 세상 속에 혹은 이 세상과 대립하고 있는 종교의 여지를 제거해 버렸으며 그래서 신학적인 개념들을 "비종교적"으로 해석하는 데는 실패하여 구체적인 대안을 제시하지 못하였고 단지 거대한 교의적인 신학적 체계만 덩그러니 만들어 놓았기 때문에 소위 "계시"가 실증주의적인 방식으로 흘러가서 신의 말씀을 인간이 "듣든지 아니면 거부하든지" 하라는 식으로 세상에게 따뜻한 온기를 주지 못했다(참고. WE.172-173). 반면 불트만(R. Bultmann)은 기적과 신을 분리시키지 않은 소위 "탈신화화(Entmythologisierung)"을 주장하면서 세상과의 관계를 가지려고 했지만 은혜 속에서 지나치게 자유주의적으로 흘러갔는데 그렇다고 전통신학에서 너무 멀리 간 것이 아니라 오히려 너무 적게 나간 것이라고 본훼퍼는 평가하기도 한다. 불트만은 탈신화화를 말하면서 기적과 부활, 승천과 같은 것들은 비종교적인 사람들에겐 이해될 수 없기 때문에 제거해야 한다고 하여 결국에는 신과 신앙을 분리시켰으며 이로 인해 기독교의 신비적인 요소를 완전히 제거해 버렸다. 본훼퍼는 신학이 "그리스도가 지금의 우리를 위해 도대체 누구인가를 물어야 한다"고 지적하면서 "어떻게 그런 기적들이 가능한가"만 물었던 이런 불트만에 반대하여 기독교는 소위 신비적인(=신화적인) 부분이 분명히 존재하며 신약은 신화로 착색된 옷을 입은 것이 아니라 "신비 자체(예를 들어 부활)"라고 부르짖는다(참고. WE.174). 단지 이 개념들이 신앙의 조건으로서의 종교를 전제로 하는 방식으로 해석되어서는 안된다. 그러면 본훼퍼는 기독교의 신비들을 어떻게 해석해야 한다고 믿는가? 세상이 스스로 자신을 이해하는 것보다 훨씬 나은 방식인데 곧 복음인 그리스도에서부터 해석되어야 한다고 강하게 주장한다. 여기서 본훼퍼는 "세상의 성숙"의 개념을 가져온다. 그는 "신은 항상 성숙하게 된 세상의 영역, 우리의 인식과 삶의 영역에서 밀려났으며 칸트 이후 아직도 여전히 경험적 세상의 저편에서 그 공간을 차지하고 있다는데서 나는 출발한다(WE.181)"고 말한다. 이 말은 신학이나 신도 이 성숙한 세상의 저편으로 밀려났으며 그로 인해 이런 세상의 성숙함에 대항하여 변증적으로 기독교를 변호하려 했거나 아니면 인간의 필요나 한계에서 도움을 주는 "기계장치의 신" 정도로 취급되어 왔다. 이런 상황에서는 신은 결코 인간에게 자신을 드러낼 수 없다. 예수는 인간의 병 치료나 행복이나 단지 죄 사함만을 위해 오신 것이 아니라 크게 보면 오로지 자신을 위해 그리고 신의 나라를 위해 인간 전체의 생들을 요구하셨다. 그래서 그는 "예수 그리스도를 통해 성숙하게 된 세상을 요구하는 것(die Inanspruchnahme der mündig gewordenen Welt durch Jesus Christus)"을 말한다(WE.182). 성숙하게 된 세상에서 그리스도라는 복음은 비종교적으로 해석되어야 한다. 본훼퍼가 말하는 성숙된 세상은 당시의 자유주의자들이 말하는바 인간의 내적인 능력인 이성이나 도덕률을 진리의 척도로 삼고자 하면서 신으로부터 주어진 계시마저도 이성의 판단 아래 둘 수 있다고 믿는 오만한 성숙의 개념은 아니다. 본훼퍼 역시 바르트처럼 세상과 신 사이에는 그 어떠한 접촉점이나 연결점이 없다는 것을 강하게 인정한다. 신과의 관계가 단절된 인간의 세상은 그 자체의 법칙으로 성숙되어 더 이상 신을 필요로 하지 않고 신에게 의존하지 않으며 신에게 기대하지 않는 성숙한 세상이 되었다. 소위 신이 없이 스스로 성숙하게 된 현대세상에서 혹은 현대인에게서 밀려난 신은 단순히 인격적이거나 개인적인 혹은 내면적인 영역이라는 자리에 고착된다. 인간은 그런 신을 사적이고 개인적인 필요에 따라 종교적인 형태로 부르고 종교적으로 숭배하고 심지어 신을 종교적인 '영적 상담가' 정도로 추락시켜 정치, 사회적 문제나 재정적인 해결사로 만든다. 이런 식의 싸구려 종교적인 행위를 본훼퍼는 비꼬는 말로 "(신이여!) 용서하세요, 그러면 나는 (돈으로) 약간 비싸게 지불할 수 있겠네요(WE.184)"로 적나라하게 표현한다. 이런 종교적인 행위들은 성숙한 세상에서는 분명 값싼 은혜가 분명하다. 그는 값싼 은혜와 비싼 은혜를 대조한다. "값싼 은혜는 …덤핑으로 파는 물건, 헐값에 던져진 용서, 헐값에 매매되는 위로, 헐값주고 얻는 성례로서의 은혜를 가리킨다. 천박한 손으로 생각 없이 그리고 무한정 채워지는 교회의 무한한 비품 창고로서의 은혜이다. 가격도 없고 지불도 없는 은혜이다. … 값싼 은혜는 가르침, 원리, 시스템이며 일반적 진리로서의 죄용서이며 기독교적인 신에 대한 생각으로서의 신의 사랑이다. 그것들을 인정하면 이미 자신의 죄들을 용서받는다. … 그 은혜는 살아계신 신의 말씀을 거부하며 신의 말씀이 인간이 되심을 거부한다(N.13)"고 본훼퍼는 비꼰다. 다르게 표현하면 값싼 은혜는 습관적이고 형식적이며 기독교라는 간판 아래에서 진정한 내면적인 전회가 없고 단지 시간이 지남에 따라 자연스럽게 신자가 되고 천국의 회원이 되는 조직체계로서의 교회가 주는 은혜를 상징하며 회개를 수반하지 않는 용서를 설교하는 것과 공동체의 징계가 없는 세례 그리고 죄의식과 죄의 고백 없이 성찬에 참여하는 행위이며 종국적으로 예수를 따라가는 결단이 없는 은혜, 십자가 없는 은혜, 예수 그리스도의 인간되심에 대한 깊은 숙고 없는 은혜를 제공하면서도, 죄인을 의롭다고 인정하는 가르침 대신에 오히려 죄를 의롭다고 인정하는 가르침을 제공한다. 반면 진정한 은혜는 마치 밭에 감추인 보화를 발견하고 자신의 전부를 팔아 그것을 사는 은혜와 같은데 항상 다시 찾는 복음으로서 그리스도가 부르기 때문에 예수를 따르기를 결단하는 것이다. "은혜가 인간에게 생명을 부여하기 때문에 그리고 은혜가 먼저 인간에게 주셨기 때문에 비싸다. 은혜가 죄를 정죄하기 때문에 비싸며 그것이 죄인을 의롭게 하기 때문에 은혜이다. 무엇보다 은혜가 신에게 값지기 때문에, 신이 자신의 아들의 생명을 은혜로 지불하셨기 때문에 –그것은 비싸게 얻었다–, 신에게 비싼 것은 우리에게 결코 값싸지 않기 때문에 은혜가 비싸다. 신이 자신의 아들을 너무 비싸기 때문에 우리의 생명을 위해 은혜가 아니라 우리를 위해 그 아들을 바쳤기 때문에 비싸다(N.15)"고 본훼퍼는 말한다. 그리스도가 속세인들을 제자들로 부르실 때 그들은 자신의 모든 것들을 포기하고 그리스도를 따랐다. 따라서 그리스도를 따른다는 것은 그의 제자가 되는 것을 뜻하고 제자의 삶 중앙에는 예수를 신의 그리스도로 고백하는 신앙의 결단을 가리킨다. 그러나 성숙한 세상에서는 이런 값비싼 은혜가 상실된다. 세상은 기독교화되었고 그리스도의 생기였던 그 은혜는 기독교내에서도 하나의 "일반적으로 좋은 것"으로 되어 버렸다(N.16). 루터는 이런 성숙한 세상에서 값싸게 취급되고 있는 은혜를 다시 귀한 보배로 발견했는데 그것은 루터가 수도원 안에서가 아니라 오히려 수도원에서 세상으로 나오면서 그것을 발견하였다. 세상을 저주하는 수도사는 모순적으로 세상을 가장 사랑하는 자일 수 있었다. 그래서 루터는 예수의 제자가 되는 것이 탁월한 공로를 개별자로서 수도원 안에서 가지는 것이 아니라 세상에서 이루어짐을 깨달았다. 본훼퍼에 따르면 "루터는 수도원을 떠나서 세상으로 되돌아갔다. 세상 자체가 좋고 거룩하기 때문이 아니라 수도원이 오로지 세상이었기 때문이었다(N.18)"고 말한다. 예수의 제자가 되는 것은 세상 중심에서 살아야만 된다고 본훼퍼는 확신한다. 특히 성숙한 세상 한 가운데서 예수의 제자인 기독교인들은 예수처럼 살아야 한다. 죄인이 의롭게 되는 은혜는 개혁주의 신학의 비밀이고 진수이며 값비싼 은혜가 분명한데 세상을 초월하여 세상과 거리를 가진 교회가 그 은혜를 값싸게 만들었으며 어설픈 종교적인 행위들로 얻게 만들었다. 그런데 이런 식의 행위들은 "세상 안에서 죄인이 의롭게 되는 것이 오히려 죄와 세상이 의롭게 되는(N.20)" 결과를 가져왔으며 "값비싼 은혜에서 벗어나 (예수의) 제자가 되지 않고도 받는 값싼 은혜가 되었다(N.21)"고 본다. 그러니까 죄인이 은혜로 의롭게 되는 기독교의 가르침이 반대로 죄와 세상이 의롭게 되는 결과를 가져온 것은 세상을 상실한 기독교의 책임이 분명하다. 특히 성숙한 세상 안에서는 더욱 그러하다. 여기서 본훼퍼가 성숙한 세상이라 말할 때 분명 긍정적인 의미로 사용된 용어는 아닌 듯하다. 성숙은 근원에서 앞으로 끝임없이 나아가는 것을 의미하며 소위 '발전'이라는 이름 하에 목적도 없는 끝을 향해 문화와 종교 그리고 과학기술이 변화함을 뜻한다. 그러나 근원이라는 관점에서 보면 앞으로 나아가는 세상 문화의 방향은 근원에서 점점 멀어지는 방향이며 그것은 변질이라고 할 수 있다. 우리는 이것을 세속주의(Säkularisation)라고 부르는데 발전이란 우리 인간들이 만드는 세상적인 관점에 해당하는 것이고 근원 혹은 원점 혹은 출발 내지 시작이라 불리는 신의 관점에서는 발전이 근원의 변질이고 부패이고 변형이고 왜곡이다. 이에 동력을 제공하는 결정적인 문화가 종교이다. 종교란 생을 하나의 문화로 표현한 것이다. 이렇게 보면 크라우스가 말한 바 "본훼퍼의 종교비판은 곧 문화사의 비판적인 성찰"이라고 보는 것이 그다지 틀리지 않다.[262] 세상은 급속도로 세속화되어 간다. 문화로 둔갑한 종교는 세상을 세속화시켜 생명의 실재성을 그

---

262 H.J. Kraus, Theologische Religionskritik, 74.

리스도와 세상과 분리시켰고 그리스도와 세상을 서로 싸우게 하였고 나아가서 둘 중의 어느 한 개를 선택하라고 한다(참고. E.209-210). 예를 들어 그리스도와 세상이라는 "두 왕국론"을 주장한 루터를 잘못 이해하여 마치 그리스도를 택하고 세상을 버리든지 아니면 세상을 택하면 그리스도를 버리는 것처럼 오해가 생겼다. 그러나 본훼퍼가 이해하는 루터의 "두 왕국론"의 핵심은 그리스도와 세상의 분리가 아니라 오히려 그리스로의 실재성에서 기독교와 세상이 통일되는 것에 있다고 보았다. 중세의 스콜라신학이 그리스도와 세상을 분리시켜 어느 한 개를 택하길 표방했을 때 루터는 "두 왕국론"을 주장하면서 세상적인 것 위에 기독교적인 것을 말했는데 기독교와 세상이 서로 대립 투쟁하는 것이 아니라 "오로지 그리스도의 실재성, 즉 궁극적인 실재성을 믿는 신앙 안에서 주어지는 통일성(E.212)"을 말하고자 함이었다. 그리스도 안에서 초자연과 자연, 이성과 계시 그리고 기독교적인 것과 세상적인 것이 하나가 된다. 그러나 시대를 거치면서 성경적이고 개혁주의적인 사상이 세속화의 과정을 겪으면서 소위 성숙된 세상은 허무주의, 즉 신이 없는 길로 나아가고 있다. 신이 없는 허무주의란 특히 서구를 강하게 지배하는 사상인데 그리스나 인도나 중국의 철학에서와 같이 단순히 신 존재의 이론적인 부정이 아니라 '신을 적대시하고 대항하는 종교'의 형태를 뜻한다. 세속화의 과정에서 중요한 점은 하나의 문화가 되어버린 종교가 세속주의의 주역을 담당했으며 종교가 도화선이 되어 현대의 '신이 없는 세상'을 만들었다. 어떻게 보면 본훼퍼는 세속화 신학을 표방했던 고가르텐(F. Gogarten)보다 그리고 다른 어떤 학자들보다 더 급진적으로 역사적인 분석을 종교의 현상에 맞추었으며 그 노력의 결론은 "종교의 종말(Ende der Religion)"이었다고 하겠다. 그는 인간적인 종교와 신적인 계시의 무한한 차이를 강조하면서 종교를 과격하게 비판한다. 그의 종교비판은 종교현상의 역사적 상황을 예리하게 분석함으로 종교의 끝을 선언한 가장 과격한 면을 가지고 있다. 그 역시 바르트와 같이 인간적인 종교와 계시적인 종교의 본질적인 차이를 강조한다. 그러나 바르트가 종교비판을 대체로 교의적이고 신학적인 테두리 안에서만 감행했다면 본훼퍼는 구체적인 역사적 상황을 더 중요시하였고 따라서 종교비판은 단순히 교의적인 측면에만 머물러야 하는 것이 아니라 급진적이고 실천적인 면까지 나아가야 한다는 신념을 가졌다는 점에서 차이가 있다고 하겠다. "신학적이든 혹은 경건한 말이건 모든 것이 인간에게 말씀을 통해 말할 수 있는 시대는 지나갔다"[263]는 말은 본훼퍼의 정확한 진단이다. 이 말은 종교 일반의 시대는 사라졌다는 의미이고 이제는 완전히 종교 없는 시대에 직면할 것이고 인간은 더 이상 종교적이지 않다는 진단이기도 하다. 그가 이렇게 단언하는 시대는 세계 제2차 전쟁을 두고 하는 말이기도 하다. 왜 특히 세계 제2차 대전인가를 놓고 이렇게 말하는 것은 세계 제1차 대전을 포함한 모든 다른 전쟁들에게서는 전쟁의 정당성을 종교가 직접적으로 관여하지 않았고 종교가 직접적이든 간접적이든 무관하였다는 차이 때문이었다. 그러나 세계 제2차 대전은 종교가 중심이 되어 그 정당성을 제공했고 그 중심의 핵심에는 신학자들의 산학이 직접적으로 도구가 되었기 때문이었다. 그 종교와 신학자들은 모두 기독교라는 형태의 종교성을 가진 자들이었다. 이런 점을 정확하고 예리하게 보았던 본훼퍼는 서구 기독교의 형태는 말하자면 "종교없음(Religionslosigkeit)"의 바로 전 단계로 간주될 수 있었다. 그는 기독교 진리가 세상 문화와 함께 하면서 생기는 세속화와 전쟁의 이데올로기의 수단으로 사용되는 종교를 향한 비판, 즉 "종교없음"을 밀접하게 연관시키면서 이것은 전통

---

263 H. Zahrnt, Die Sache mit Gott, 184.

적으로 물려받은 종교를 상실함과 동시에 어떤 인위적이고 임의적인 종교적 행위로 바꾸어 놓은 것을 뜻하는 것으로 보았다. 그러나 분명한 것은 "어떤 무엇을 위한 전제로 한 은혜는 가장 값싸고 오로지 결과로서 은혜만이 비싼 은혜이다(N.22)"고 말한 본훼퍼의 말은 소위 성숙한 세상에서 변질된 기독교의 진수인 "칭의" 사상을 지적한 말이다. 신의 현재와 신과 단절되어 자충족적으로 발전해 가면서 더 이상 신을 필요로 하지 않는 성숙한 세상에서 과연 기독교는 어떤 의미를 가질까? 본훼퍼는 "기독교적인 삶은 내가 이 세상에 살고 있고 세상과 같이 살고 있고 – 은혜를 위해– 나를 세상과 분리시켜서는 안되는데 있고 나로 하여금 내 죄의 용서가 분명하도록 주어진 시간에 세상의 영역에서 교회의 영역으로 내가 들어가는 것에 있다(N.21-22)"고 과감하게 말한다. 이 주장은 그리스도인이 그리스도를 따르는 삶을 가리킨다.

8. 그렇다면 그리스도를 따르는 삶이란 무엇인가? 본훼퍼는 "자기포기"를 해답으로 내민다. "그리스도를 따르는 자의 자기부정은 궁극적인 것으로서 경건한 것들의 정신적인 자기주장을 스스로 드러낸다(N.18)"는 말과 "그가 가졌던 모든 것을 포기하면서 예수를 따르는 것을 보는 자만이 은혜들에서만 그가 의롭게 된다고 말할 수 있다(N.22)"는 그의 주장이 이를 뒷받침한다. 그리스도의 제자가 되는 길은 신앙의 순종에서 시작한다. "예수는 선생이나 롤모델로서가 아니라 신의 아들 그리스도로서 제자로 부르신다(N.28)"는 말은 예수의 부르심에 대한 순종이 곧 신앙에로의 길임을 가리킨다. 따른다는 것은 어떤 목적이나 본받을 만한 이상을 따르는 것이 아니며 또한 따름으로 인해 개인적인 보답을 얻는 것을 뜻하지 않는다. 그것은 지금까지의 삶의 방식에서 완전히 나와야 하는, 말 그대로 "실존하는 것"을 뜻하며 동시에 자신을 헌신하는 것을 가

리킨다. 본훼퍼 자신의 말을 빌리자면 여타의 예상된 프로그램이나 이상과 율법성 등을 깨트리고 "오로지 예수 그리스도의 인격에 매이는 것 (die Bindung an die Person Jesu Christi allein)"을 말한다(N.30). 그리스도를 따른다는 것은 말 그대로 예수가 유일한 내용인 삶이며 예수 외에 다른 내용들이 없는 삶을 뜻하며 그를 인격적으로 순종하며 따르는 제자됨이기도 하다. "살아계시는 예수 그리스도가 없는 기독교는 필연적으로 제자됨이 없는 기독교로 남게 되며 제자됨이 없는 기독교는 항상 예수 그리스도가 없는 기독교이며 하나의 이상이며 신화이다(N.30)"고 외친다. 마치 그물과 집 그리고 모든 것을 버리고 예수를 따랐던 베드로처럼, 인간성에 따르면 도저히 믿을 수 없는 상황에서 오로지 그리스도로 인해 믿게되는 상황으로 전회된다. 그리고 전회란 그리스도의 부르심에 신앙으로 순종하는 것을 가리킨다. 이런 점에서 신앙과 순종은 불가분의 관계에 있으며 신앙은 순종의 전제이기도 하며 반대로 순종은 신앙의 전제이기도 한데 이 둘은 내용적으로 같다. 이것은 세상 속에서 기독교인이 되는 것을 뜻한다. 세상에서 소위 '기독교'라는 종교적인 방식을 나타내는 삶이 아니라 반대로 세상에서 그리스도의 길을 가는 것을 말한다. 그러니까 제자란 기독교라는 종교를 세상에서 알리는 자들이 아니라 오히려 세상에서 그리스도처럼 신의 고난에 참여하는 자이다. 이 표현을 좀 비약하면 참으로 기독교적이라 함은 참으로 세상적이라고 말할 수 있음을 말해준다. 세상에게 신의 전능이나 신만이 할 수 있는 능력과 기적을 나타내는 자가 아니라 반대로 예수 그리스도처럼 신의 말씀에 순종하여 자신을 비우고 인간이 되신 겸손과 죄인처럼 십자가에 달리는 것과 부활의 신을 나타내는 자이다. "기독교인은 신과 함께 자신의 고난 속에 있다. 그것이 이방인과 기독교인을 구분한다. 한 시간이라도 나와 같이 깨어있을 수 없느냐 라고 그리스도는 겟세마네에서 물었다. 그것은 종교적인 인간이 신으로부터 기대하는 모든 것들의 전회이다. 인간은 신의 고난이 신이 없는 세상에서 함께 고난받도록 부름을 받았다. 인간은 정말 신이 없는 세상에서 살아야 하고 세상의 신 없음을 어떤 식으로든 종교적으로 덮어서도 안 되고 미화시켜서도 안 된다. 우리는 '세상적'으로 살 수 있다. 즉 모든 그릇된 종교적인 구속들과 방해들로부터 자유할 수 있다. 기독교인이라 함은 특정의 방식에서 종교적으로 살면서 그 근거에서 어떤 방식이 자신에게서 만드는 것(죄나 회개 혹은 거룩)이 아니라 오히려 하나의 인간유형이 아닌 인간존재, 즉 그리스도가 우리 안에서 인간을 만드는 인간존재이다. 종교적인 행위가 기독교인을 만드는 것이 아니라 세상 속에서 신의 고난에 참여하는 것이 기독교인이다(WE.192-193)"라는 장엄한 고백을 선언한다. 세상 속에서 신의 고난에 참여한다는 것은 무엇을 의미하는 것일까? 여기서 결정적으로 본훼퍼가 하고 싶었던 의도로 비치는 말이 나온다. 기독교인이란 단순히 종교적인 자들이 아니라 세상에 속해 있으면서 동시에 세상으로부터 부르심을 받는 자들이다. 즉 세상 속에서 기독교인이라 함은 곧 그리스도의 길을 가는 제자의 삶과 동일하다는 점이다(참고. WE.193). 그리스도 안에서 신의 고난에 참여하는 것이 바로 신앙이다. 이 신앙은 종교적인 방식도 아니고 종교적인 행위도 아니다. "신앙이란 전체적인 것, 삶의 행위이다(WE.193)"는 것이 그의 주장이다. 본훼퍼가 믿는 예수는 새로운 종교를 만들라고 우리를 제자로 부른 것이 아니라 이 세상의 삶으로 우리를 불렀다. 이 삶은 성숙하게 되어버린 이 세상에서 예수의 제자로 사는 삶이다.

9. 그러면 어떻게 이 삶을 볼 수 있는가? 본훼퍼는 여기에서 "이 세상에서 신의 무능함의 한 몫을 취하는 삶(das Leben der Teilnahme an der Ohnmacht Gottes in der Welt)"을 말한다(WE.193). 그런데 문제는 여기에 대해 충분한

설명이 없이 그는 처형을 당했다. 따라서 우리는 이런 본훼퍼의 사상에서 유추해 보자면, 단지 이에 대해 그가 서술한 부분은 신에 대해 '비종교적'으로 말하길 원한다는 그의 의도인데, 그 의도는 이렇게 설명될 수 있겠다. 즉 "세상에 신이 없는 것이 어떤 식으로든 덮이는 것이 아니라 오히려 환하게 드러나야 하며 바로 거기에서 이 세상을 향해 놀라운 빛이 떨어진다는 점이다. 성숙한 세상은 신을 잃은 세상이며 그렇기 때문에 미성숙한 세상보다 신과 가까이 있다(WE.194)"는 그의 주장과 일치하는 것으로 비친다.

10. 기독교가 세상 안으로 깊게 들어온다는 것은 전통적인 기독교를 포함하여 세상 모든 종교인들이 상식으로 알고 있는 패러다임인 '인간은 종교적인 존재자(homo religiosus)'라는 이해가 본훼퍼에게는 의미가 없음을 말해준다. 오로지 예수 그리스도가 인간이었던 것처럼 인간은 그리스도인이다(WE.194). 과거 한 때 프랑스 목사와의 대화를 본훼퍼는 소개하면서, 그 목사는 자신이 거룩해지고 싶다고 하면서 이를 위해 어떻게 해야 하는지에 대해 토론했는데 본훼퍼 역시 오랫동안 고민했다고 말하면서 자신이 내린 결론은 거룩과 세속은 두 개의 별다른 것들이 아니라 하나의 세상이 가지는 두 면일 수 있음을 암시했다. 그러면서 거룩으로 향한 길의 끝으로서 자신의 저서인 "나를 따르라(Nachfolge)"를 썼다고 말하면서 자신이 그 길을 가고 있음을 분명히 말하였다고 한다(참고. WE.195). 비록 그것이 거룩한 자이든 변화된 죄인이든 단순히 교회에 다니는 자이건 혹은 의로운 자이건 불의한 자이건 아니면 병든 자이건 건강한 자이건 간에 본훼퍼는 인간이 자기 스스로 어떤 것을 행하기를 완전히 포기할 때 이것을 "세상 속에 사는 것(Diesseitigkeit)"이라 명명했으며 신을 가난한 자에게 내보내는 삶이며 동시에 이 세상에서 자신의 고

유한 생을 취하지 않고 오히려 신의 고난에 참여하는 자라고 말한다(참고. WE.195). 바로 여기서 인간은 겟세마네의 그리스도를 보는 것이며 이것이 전회 혹은 참된 변화(메타노이아)라고 불리는 신앙이라고 칭한다. 이런 자가 바로 본훼퍼가 그리는 그리스도인이다. 이런 점에서 골비처(H. Gollwitzer)의 말대로 본훼퍼의 계시신학은 이기적인 인간의 관심과 세상에의 섬김과 제자도에 대한 관심 사이에는 연속선이 전혀 없고 오로지 신의 말씀의 능력에 따라 "전회"만 있을 뿐이라고 하는 지적이 틀리지 않다.[264] 그런 그리스도인은 소위 "소망(Hoffnung)"조차도 가지길 원치 않는 듯하다. 이런 생각은 분명 본훼퍼 자신의 체험적인 고백이 분명한데, 소망이란 어쩌면 환상(Illusion)일런지 모르기 때문이다. 삶에 있어서 소망은 과소평가되어서는 안 되지만 그럼에도 불구하고 기독교인은 "근거가 있는 소망"을 가지는 것이 중요하다. 그 근거는 오로지 그리스도일 뿐이다. 그러면서 이런 식의 철저히 그리스도를 따르는 삶을 본훼퍼는 "무의식적인 기독교(das unbewußte Christentum)"라는 특이한 용어를 사용한다. 루터가 "직접적인 신앙(fides directa)"과 "반성된 신앙(fides reflexa)"을 구분하였듯, 본훼퍼는 비록 자신의 그 용어를 개념으로까지 충분하게 펼치지는 못했지만 아마도 이 개념은 "어린아이 신앙(der Kinderglaube)"과 유사하다고 말할 수 있겠다(참고. WE.199).

11. 다가오는 자신의 처형을 앞두고서도 본훼퍼는 끝임없이 신학적인 사유를 토해낸다. 제자로서의 삶은 곧 자유에의 길이기도 하다. 그러면서도 고난을 항상 빼놓지 않는데 그가 가리키는 자유란 단순히 어떤 고통의 끝이 아니라 새로운 시작과도 같은 것이다. "… 행위뿐 아니라 고난

---

264 H. Gollwitzer, Krummes Holz-aufrechter Gang, München, 1971, 36.

도 자유에의 길이다. 그 자유로움은 고난 속에서 자신의 사건을 완전히 자신의 손에서 놓고 신의 손에 두는 것에 있다. 이런 의미에서 죽음은 인간 자유의 절정이다(WE.200)"고 말한다. 보통 상식적으로 죽음이란 역사 저편의 것으로 생각하지만 본훼퍼는 반대로 역사 이편의 것으로 생각한 듯하다. 그에게 있어서 역사 저편의 것은 세상과 무한하게 먼 것이 아니라 세상과 가장 가까운 것이기 때문이다. 그의 단편 "자유에로의 길을 향해 가는 죽음은 최상의 축제다(WE.202)"는 말은 기독교인만이 가지는 고백으로 비친다. 이 말은 성숙한 세상에서 그리스도의 삶을 따라 사는 자만이 비로소 죽음으로부터의 자유, 즉 새로운 시작을 가질 수 있음을 뜻한다.

(3) 타인을 위해 거기에 있는 것: 성경적 개념의 비종교적 해석

1. 마지막으로 본훼퍼가 종교와 관련하여 고심했던 문제는, 즉 성숙한 세상에 살고 있는 인간에게 성경적인 개념을 비종교적(nicht-religiös)으로 해석하는 것이 가능할까 였다. 사실 어떤 문제나 사건을 만나면 종교적으로 해석하면 간단하고 편리하며 때로는 명확하게 들린다. 모든 것을 신과 관련시키고 인간의 타락이나 죄의 문제로 교의적인 해석을 내리는 것은 쉬운 일이다. 그러나 반대로 성숙한 세상에서 일어난 어떤 현실적인 사건을 성경적인 개념을 가지고 비종교적으로 해석하는 것은 결코 쉽지 않다. 이런 심각한 문제를 본훼퍼는 나름대로 윤곽을 제시한다. 인간이 성숙하게 된다는 것은 과거처럼 운명이나 우연으로 돌렸던 때와 달리 이제는 인간 삶의 확실성을 세우려는 행위이다. 자연은 인간 정신을 통해 극복되어가고 거기에서 기술적인 조직이 운명이나 우연으로 돌렸던 사건들을 과학적으로 분석하고 설명하려 한다. 그러나 지나

치게 과학적 혹은 학문적 체계가 조직화되면 도리어 인간은 자신의 운명을 거기에 맡기게 되고 의존하게 되는 것은 자명하다. 이런 성숙한 세상의 조직적 체계 안에서 인간의 영적인 힘은 점차로 나약해져 가고 결국은 망가진다. 이와 함께 신은 인간 행위의 가설로 전락하거나 응급처치를 위해 등장하는 존재가 된다. 이런 상황에서 교회는 경건을 표방하는 하나의 종교단체로 자신들의 신조나 교리를 고집하게 된다. 결과는 개신교 교회를 포함하여 교회는 인격적 그리스도를 믿는 신앙을 상실하고 거기에서 예수는 하나의 교회단체 안에서만 우상시되고 사회나 이웃 그리고 세상을 향해서는 그 어떤 역할도 하지 않는, 말 그대로 하나의 종교적인 집단적 이기주의를 가진다. 그래서 본훼퍼는 감옥에서 이 문제를 고심하였다. 도대체 신은 누구인가? 적어도 본훼퍼는 전능한 신을 우리에게 제시하지 않는다. "신의 전능은 참된 신적 체험이 아니라 세상에 의해 결재된 조각이다(WE.205)"고 그는 못 박으면서 "예수 그리스도와의 만남, 여기에서 모든 인간적인 존재의 전회가 주어지는 경험은 예수가 오로지 타인을 위해 거기에 있다는 것을 말한다(WE.205)"고 말한다. 그의 마지막 신학적 주제가 이 문제에 초점을 맞추고 있는 것으로 비친다. "타인을 위해 거기에 있는 것(Für andere dasein)"이 바로 신적 체험이고 인간 자신으로부터의 자유이며 그 자유에서 죽음에까지 전지, 전능, 편재가 기인한다. 우리가 전통적으로 신의 속성이라고 교리적으로 알고 있는 것들이 타인을 위해 거기에 있는 삶이 될 때 비로소 현실성을 가진다. 신과 우리의 관계는 소위 "종교적"이라는 용어로 제한시킬 수 없다. "… 신과 우리와의 관계는 타인을 위해 거기에 있는 것에서 새로운 생이고 이것이 예수의 존재에 참여하는 것이다(WE.205)"고 본훼퍼는 선언한다. 무한하고 도달할 수 없는 신적 존재에게 도와달라고 손을 내밀며 숭배하는 말들을 쏟아내면서 만들어 내는 인간의 모든 언어들은 단지 종교적인 언어들일 뿐이다. 땅에 살고 있는 인간이 신을 초월자로 만들어 놓고 무한성과 편재성 그리고 전능성과 같은 신적 속성들을 그에게 들이대면서 소위 종교적인 숭배라는 형태로 그를 무한히 높이는 것은 종교적인 해석이다. 그러나 본회퍼의 "비종교적"이란 순간 순간 나에게 주어진 이웃이 바로 초월자이며 전능한 자로 이해하는 것이기도 하다. 신은 하늘에 있는 존재가 아니라 세상에서 가장 가깝게 나에게 있는 자, 즉 "인간의 형태로 있는 신(Gott in Menschengestalt)"이라고 말한다(참고. WE.205). 예수는 인간과 가장 가까이 있는 신이다. 예수가 타인을 위해 가장 가까이 거기에 있었던 것처럼 그리스도인도 역시 그러해야 한다. 바로 여기에 성경적인 개념의 비종교적 해석이 있다고 본회퍼는 말한다. 한 마디로 말하자면, 그것은 종교라는 이름하에 자기 자신만을 위한 존재자로 사는 생에서 완전히 전회하여 타인을 위해 거기에 있는 생으로 향하는 것을 뜻한다고 하겠다. 성경에서 예수의 말처럼 이웃을 자유롭게 하고 구원으로 인도하는 언어야 말로 그가 뜻하고자 했던 성경적인 개념의 비종교적인 해석인 셈이다. 그래서 성경적인 개념의 비종교적인 해석이란 "타인을 위해 거기에 있는 것"이라고 단정해도 그다지 과하지 않다고 보인다. 이 해석은 인간의 완전한 전회 혹은 거듭남(메타노이아)의 부르심을 함축하고 있으며 그 안에서 교회는 자기 이해관계, 자신을 고집하고 높이는 행위, 소위 자신을 종교적인 존재라고 칭하면서 자신을 찬미하는 모든 이교도적인 생각을 포기할 것을 요구받고 있다. 본회퍼가 보는 종교란 이러한 "전회"를 방해하는 행위와 유사한 형태인 셈이다. 교회란 신을 세상에 드러내면서 신의 이름으로 정죄하고 비난하며 비기독교인들에게 신을 찬미하는 행위를 하는 곳이 아니라 비록 비기독교에 속한 일이라 할지라도 사회질서에 무조건적으로 제물이 되어야 하는 곳이다.[265] 이렇게 보면 본훼퍼에게는 신학적 이론과 이웃을 위한 행위는 사실상 하나가 된다. 이론 속에 행위가 담겨져 있고 행위 속에 이론이 표출된다. 적나라하게 표현하자면 이론은 행위의 은폐이고 행위는 이론의 드러남이라고 할 수 있겠다.

2. 위에서 언급했듯 본훼퍼의 신학은 이론과 행위가 통일되어 구체화된 형태로 표현된다. 그가 종교를 비판한 것은 성경의 개념들이 신학적 사유로 인해 행위와 무관한 이론으로 머물고 있는 것에 기인한다고도 하겠다. 신학은 타인을 위한 교회론이지, 그리스도가 어떻게 신성과 인성을 가지며 그가 어떻게 메시아 의식을 가졌는지를 밝히는 사변적인 교의학이 아닌 셈이다. 즉 신학은 그리스도가 나를 위해 누구이며 내가 그리스도와 같이 살아야 함을 제시하는 교회론이고 동시에 윤리학이다. 목사와 신학자는 자신을 위해 성경을 연구하는 자가 아니라 반대로 타인을 위해 성경을 해석하는 자, 즉 소위 성숙한 세상에서 아직도 그리스도의 성육신과 고난 그리고 부활이 여전히 복음이 됨을 가리키는 행위자이다. 여기서 "타인을 위한 교회"의 개념이 그의 사상에서 상당히 중요한 개념으로 비친다. 그러니까 "타인을 위해 거기에 있는 존재"는 결국 그리스도를 가리킨다고 할 수 있고 기독교인은 그리스도처럼 살아가야 한다는 뜻이기도 하다. 기독교인은 어떤 규범이나 원리들 혹은 가르침들에 따라 행하면서 그 대가로 내세를 바라거나 현세의 행복을 청구하는 자들이 아니다. "교회는 타인을 위해 거기에 있을 때 교회다. 하나의 출발을 위해 교회는 모든 소유를 가난한 자들에게 주어야 한다. 목사는 오로지 공동체가 자유롭게 주는 것에 의해 살아야 하는데 결국 하나

---

265 H.J. Kraus, Theologische Religionskritik, 98.

의 세상적인 직업을 수행해야 한다. 목사는 인간 공동체 생활의 세상적인 과제에 참여해야 하되 그러나 지배하려는 것이 아니라 도와주고 섬겨야 한다(WE.206)"는 말은 과연 본훼퍼다운 주장이다. 그에 의하면 교회란 단순히 특정 공간을 차지하는 건물이 아니고 서로 다른 세계관을 가진 자들이 하나의 친목을 위해 모인 집단도 아니며 어떤 목적이나 사명이나 이상을 실현하게 위해 모인 단체도 아니다. 오히려 "개인"이라는 인격들과의 관계에서 영적으로 형성되는 공동체이다. 본훼퍼에게서 "인격"과 "신" 그리고 "사회적인 존재"라는 개념들은 뗄 수 없는 관계에 놓여있다. 이 관계를 극명하게 보여주는 자가 곧 그리스도이다. 본훼퍼는 자신의 박사학위 논문 "성도들의 교제(Sanctorum Communio)"에서 교회를 인간 인격적 관계의 공동체(Sozietät)의 원형이라고 규정하였다. 그에게 인격이라는 개념은 단순히 "개별적 개인"이라는 의미가 아니라 사회적인 관계 혹은 인격주의에서 자주 말하는 "나와 너의 관계"에서 일어나는 실존적 존재를 의미한다. 그의 사용하는 인격의 이해도 에브너(F. Enber), 부버(M. Buber), 고가르텐(F. Gorarten), 브룬너(E. Brunner), 바르트(K. Barth) 등의 신학자들에게서 흔하게 사용되는 개념으로 비치는데 말하자면 정확하게 규정한다면 기독교적인 실존의 개념과 유사하다.[266] "인격과 신 그리고 사회적 존재가 서로 어떻게 관계하는가 하는 문제가 여기서 중요하다. 오로지 너에게서 나가 생겨난다...(SC.32)"는 주장은 그가 생각하는 인간의 이해는 인격주의 사상에 이미 근거하고 있음을 알게 한다. "나와 너는 단순히 상호교차 되는 개념이 아니라 특수하게 다양한 체험적인 내용을 포괄한다(SC.31)"고 말하면서 "나 자신은 나에게 체험의 대상이 될 수 없으며 또한 나를 스스로 너로 체험할 수 없다. ... 나의 나는

---

266 신학적 인격주의 입장을 이해하려면 필자의 저서 "기독교인을 위한 인간학(지평, 2004)"을 참고하면 좋겠다.

너의 형식(Duform)으로서 오로지 다른 나에게 체험되며 나의 나는 나의 형식(Ichform)으로서 오로지 나에게 체험된다. ... 그래서 너의 형식은 나를 윤리적인 결단 속에 세우는 타자로 정의된다(SC.31)"고 주장한다. 이 말은 인간의 본성 내지 본질은 타자의 인격, 즉 "너"라고 불리는 인격에 의해 존재하며 이것으로 인해 소위 "나와 너"라는 인격적 관계가 성립이 되고 이 관계가 참된 사회적 관계를 가지는데 이런 관계가 성립하는 공동체가 교회라는 이름으로 성립이 된다는 의미이다. 오로지 "너"에게서 "나"가 생기며 "너"라고 불리는 존재는 인간을 "나"로 불러내며 그 부름으로 인해 나는 "책임"을 가지는 존재자가 된다. "너"라는 말은 그 자체의 어떤 존재자에 관한 무엇을 뜻하는 것이 아니라 오로지 인간 나에게서 고유한 "나" 혹은 인격을 불러내는 요구다. 인간은 자신의 능력으로 타자를 "너"로 만들 수 없고 또한 윤리적인 책임을 의식하는 인격으로 만들 수 없다. 그렇다면 누가 인간의 "나"를 "인격"으로 만드는가? 본회퍼는 신 혹은 성령을 가리킨다. "신 혹은 성령은 구체적인 너로 나타난다. 오로지 그의 작용에 의해 타자는 나에게 너가 된다. 거기에서 나의 나가 생겨난다. 즉 각각의 너는 신적인 너의 모형이다(SC.33)"고 말한다. 이 말을 조금 설명하자면 인간은 자기 자신을 위해 책임을 지는 자가 아니라 창조근원적으로 타자의 요구에 응답하는 책임을 가진다. 그러나 이런 인격이 되는 것은 나의 능력이 아니라 오로지 신이며, 신이 만든 모든 자는 인간의 "나"에게 "너"가 된다는 의미로 이해할 수 있다. 신은 인간 "나"를 위해 나와 관계하는 모든 타인들을 "너"로 만들며 신이 "너"로 만드는 한 나는 "너의 나" 혹은 "너 앞에서 나"가 된다. 따라서 신 안에서만 타자의 요구가 기인한다. 타자에게 이르는 길은 곧 신에게로 이르는 길과 동일하다. "타인의 너는 신적인 너이다(SC.34)"라고 과감하게 그는 말한다. 그렇다면 인간 "나"는 타자를 항상 "너"로 인지하는 것일까? 이 질문에 본훼퍼는 "순간"을 가리킨다. "개별자는 순간 속에서 타인을 통해 항상 인격이 된다(SC.34)"고 말한다. 신과의 인격적 관계는 동시에 타인과의 관계이며 사회적인 관계이다. 신과 관계 그리고 사회성은 사실 인간이 인격이 되는 데 뗄 수 없는 조건들이다. 이런 인격적 관계의 인간학을 바탕으로 교회는 성립한다. 교회란 성경에서 그리스도의 몸으로 표현되는데 본훼퍼는 "그리스도는 교회라는 공동체로 존재한다(SC.127)"고 해석한다. 그에게는 그리스도 안에 있다는 것과 공동체 안에 있다는 것은 동의어이다(SC.127). 교회라는 공동체는 그리스도를 따르는 자들의 인격적인 관계성이고 세상을 위한 공동체이기도 하다. 본훼퍼는 교회 공동체의 인격적 관계를 설정한 뒤 성숙한 세상을 향한 사명을 제시한다. 그것은 그리스도의 고통과 모욕, 저주받음과 죽음과 같이 교회는 신의 전능을 말하는 대신 오히려 무능을 선언해야 하며 이 세상이 가지는 세상성(Weltlichkeit)을 충분히 이해하면서 그리스도처럼 이 세상에서 살아가야 할 것을 제시한다. "교회의 인격적인 통일성은 공동체로서 존재하는 그리스도이다. 그리스도 자체가 교회라고 바울 역시 말했듯 말이다(SC.133)"고 말하는 그의 마음이 이해된다. 그런데 이런 생각을 가지고 있는 그의 관점에서는 교회는 부귀와 호사를 누리며 사회적 귀족계급이 결코 될 수가 없다. 막말로 말해, 교회는 부유해서는 안 되고 오히려 가난해야 한다는 것과 똑같은 말이다. 타인을 위해 기도하며 타인을 위해 헌신하는 공동체일 수밖에 없다. 예를 들어 본훼퍼는 타인을 위한 기도는 인간적인 행위이며 동시에 신적인 의지로 간주한다(SC.124). 나아가서 "인간은 그가 하는 중보기도 속에서 이웃에게 하나의 그리스도가 된다(SC.125)"고 까지 주장한다. 전통적 신학에서는 교회를 무형교회 아니면 유형교회로 구분하는데 본훼퍼가 제시하는 교회는 이런 교회들과 무슨 관계가 있을까? 교회는 그리스도의 몸으로서 성도들의 공동체이다. 설교와 성례로 이루어진 모임인데 이 모임은 전적으로 성도들의 모임이다. 흥미로운 점은 그가 이 모임을 "우리들의 어머니(SC.156)"로 혹은 "그 자체의 공동체적 형태(Gemeinschaftsgestalt sui generis, SC.185)" 혹은 "정신의 공동체(SC.185)"라는 말들로 규정하고 있다는 점이다. 이 말들에 대해 구체적인 설명을 하지 않고 있지만 이 말은 어떤 원형이나 근원을 암시하는 것으로 보인다. 그러니까 성도들의 모임은 인간 모든 형태의 모임의 원형이나 근원이라는 것으로 보면 이해가 될 수 있겠는데 그가 얼마나 교회에 초점을 맞추고 있는지 알 수 있다.

(4) 정리와 평가

1. 본훼퍼의 종교비판은 현대인이 점점 성숙해가면서 신을 더 이상 필요하지 않고 또한 종교를 더 원치 않는 시대가 올 것이라는 상황을 예언하면서 이런 상황에서 과연 기독교가 어떤 의미를 이 성숙한 세상에게 줄 수 있는가를 숙고하면서 나온 신학적 진단이다. 과연 종교 없이 신에 대해 말할 수 있을까? 테겔 감옥에서 하루에도 수 없이 떨어지는 폭탄과 공습경보 속에서도 그가 꾸준히 숙고한 문제는 '성숙한 세상에 그리스도가 어떤 의미의 말씀이 되는가?' 하는 문제였고 그 해답은 종교와 기독교는 일치하지 않는다는 진단을 내린다. 에벨링은 이런 특수한 상황에서도 이런 신학적 사유를 할 수 있었던 본훼퍼의 사유에 놀라면서 그의 종교비판을 "무엇보다 세상의 일상적 삶에서는 고양시킬 수 없는 묵상적인 집중이 강제적으로 차단되고 빼앗길 수 없는 것을 기대하게 되었을 때 가지는 열매"로 간주하면서,[267] 특히 옥중서신이라 불리는 "대항

267　G. Ebeling, Wort und Glaube I, Tübingen, 1962, 94.

과 헌신(Widerstand und Ergebung)"은 본회퍼에게는 신학적인 것과 인간적인 것이 아주 밀접하게 결합되어 전개되고 있다고 한다.[268] 세상은 계몽주의 이후의, 소위 자율과 분석과학의 발전으로 신의 도움 없이도 스스로 발전해 가며 변화하는데 전통적인 신학에서처럼 무엇인가 어려울 때 도움을 주던 식의 신 개념과 종교는 더 이상 설득력이 없다는 것이 그의 결론이다. 스스로 힘을 가지고 성숙해 가는 이런 세상에서 전통적인 신과 종교의 개념, 즉 힘, 전능, 전지와 같이 무엇인가 도움을 주는 장치로서의 신(deus ex machina)과 그것이 안 되면 내세로 도피하거나 역사 저편으로 생을 넘겨주려는 태도는 더 이상 복음적이지도 않고 나아가서 무용지물이다. 이런 비종교적이고 자율적인 성숙한 세상에서 기독교의 복음은 도대체 무엇이 되어야 하는가를 그는 죽을 때까지 고민하였다. 그가 내린 해답은 그리스도의 삶이다. 그리스도가 자신을 무한히 낮추어서 세상에 의해 태어났고 세상적으로 죽고 세상에서 부활하신 것처럼 신의 전능함이 아니라 그리스도 앞에서 신의 무능함, 약함, 종교없음 나아가서 신 없음으로 세상을 섬겨야 한다는 결론이다. 여기서 자칫 오해하면 본회퍼가 무신론을 말하려 하는 것처럼 오해하기 쉬운데 오히려 그의 사유의 초점은 신이 없는 세상 인간들에게 그리스도의 강함이 복음이 아니라 반대로 그리스도의 약함이 참된 복음이 될 수 있다는 가능성을 열어놓으려는 시도라는 점이다. 이런 점에서 에벨링의 "정확하게 통찰하자면 본회퍼에게는 근본적으로 종교없음의 도래가 아니라 오히려 오늘날 종교 현상이 고유한 문제라는 관점 때문이다"는 주장이 일리가 있다고 본다.[269] 소위 세속화 신학자며 본회퍼의 사상을 상당히 수용하여 세속적인 세상에 일치하는 세속적인 신학을 주장하는 뷰렌(Paul M.

---

268 위의 책, 95.
269 위의 책, 128.

van Buren)은 본훼퍼가 신학자로서 그리고 성도로서 자신의 고유성을 유감없이 펼치고 살다간 사람이라고 평가한다. 신학자로서 본훼퍼는 당시의 무력했던 자유주의 신학의 맹점을 극복하기 위해 자유주의의 종교적인 주관성에 갇힌 전통적인 신학의 핵심인 '그리스도 예수 안에서 활동하시는 신'을 성경적이고 전통적 기독교 신앙에 따라 올바른 길을 제시하였으며 성도로서 본훼퍼는 자신이 더 이상 신을 필요로 하지 않는 성숙한 세상에 살면서 예수 그리스도를 믿는 신앙을 어떻게 고백해야 하는지의 길을 제시했다고 호평한다.[270] 하여간 본훼퍼의 신학과 삶은 분명 세속화되어 가는 세상에서 기독교인이 되는 것이 무엇인가를 나름대로 제시했다는 점은 공통적으로 인정하고 있다. 과연 본훼퍼는 종교를 어떻게 이해했기에 성숙한 세상에는 더 이상 종교가 없어야 한다고까지 주장하게 되었을까? 우선 "성숙한 세상"이라는 본훼퍼의 개념에 대한 오해부터 제거되어야 할 필요가 있겠다. 본훼퍼가 이 개념을 사용했을 때 이런 그를 향해 "신의 죽음"이나 "거룩한 세상성"이나 "종교 없는 기독교"를 가져온 장본인이고 심지어 그를 "기독교 무신론자"로 간주하는 비판들은 있었는데 이런 주장들은 분명히 본훼퍼를 잘못 이해했음에서 나온 것이 분명하다.[271] 이들의 공통적인 비판은 본훼퍼의 이 개념으로 인해 기독교인의 역할은 이제 본질적으로 하나의 윤리적으로 무엇을 해야 하는 행위개념이 되었다고 오해한 점에 있다. 그러나 본훼퍼에게서 "성숙한 세상"의 개념은 기독교인이 신이 없이 혹은 신의 도움 없이 무엇을 해야 한다는 것을 가리키는 개념은 최소한 아니라고 본다. 이 개념은 기독교인의 신앙과 세상의 필연적인 관계를 강조하는 개념이고

---

270 참고. P.M. van Buren, Reden von Gott in der Sprache der Welt, Zürich/Stuttgart, 1965, 7–8.
271 본훼퍼를 그렇게 보는 자들 중에는 미국의 바렛(W.W. Bartlet) 3세, 틸리히(P. Tillich), 니버(R. Niebuhr) 그리고 헤밀턴(W. Hamilton) 등이 포함된다. 참고. E. Bethge 외 3인, Glaube und Weltlichkeit bei Dietrich Bonhoeffer, Stuttgart, 1969, 37.

세상 없는 신앙이나 신앙 없는 세상은 실재성이 없는 환상임을 제시함에 있었다.[272] 실재성을 상실한 형태가 바로 종교라고 하겠다. 말하자면 본훼퍼는 종교가 형이상학적인 요소와 내면성이라는 두 개의 특징을 가진 것으로 보았다. 형이상학이란 세상이라는 현실을 떠나서 꿈과 같은 천상을 잡으려는 인간 사유의 산물이기 때문에 본질적으로 그는 거부한다. 그리고 종교의 다른 측면인 내면성 역시 종교사에서 보면 종교는 근대 이후에 하나의 후천적인 성향을 가지는 것으로 바뀌면서 무엇인가 인간의 노력으로 획득할 수 있는 완전성의 의미로 변질되었다. 이런 점들을 예리하게 본 본훼퍼는 이런 형태의 종교는 종교가 필요없을 만큼 자충족하게 성숙해져 버린 현대인들에게는 더 이상 의미가 없다고 본 것이다. 그에게는 기독교 신앙은 종교와 완전히 다른 종류인 셈이다. 그렇게 본다면 본훼퍼의 종교비판은 형이상학과 그릇된 내면성의 완성을 위해 후천적으로 인간 능력들을 동원해서 무엇인가를 이룩해 보려고 노력하는 거짓된 종교들(religiones falsae)와 참된 종교(religio vera)의 분리를 위한 시도는 아닐까? 틸리케는 "본훼퍼에게서 복음의 독점성은 인간 주관성과 자존성의 충동과 지향성들에 대항하여 스스로 말씀하시는 신의 진리의 독점성이다 그것은 인간이 만든 거룩이라는 공간과 프로젝트에 대항하여 그리스도 안에서 그리고 그리스도를 통해서 활동하시는 성령의 역사의 독점성이다"고 말함으로 본훼퍼의 종교비판의 가치를 의미있게 평가해 주고 있다.[273]

2. 본훼퍼의 강조점은 유난히 세상에 있었다. 마쉬(W.D. Marsch)도 이 사실을 인정하면서 "세상과 인간의 성숙을 단순히 인정하고 인간 자신의

---

272 참고. E. Bethge 외 3인, Glaube und Weltlichkeit bei Dietrich Bonhoeffer, 45.
273 H. Thielicke, Theologie des Geistes, 448.

세상에서 인간을 구더기로 만들지 말고 인간을 가장 강력한 위치에서 신과 대면하도록 하는 것을 위해 본훼퍼는 성경적인 언어세계와 의미세계를 직접적으로 현재 안으로 집어넣는 것에 있다"고 평가한다.[274] 고전적이고 전통적인 신학에서는 인간의 죄성과 이로 인한 세상의 부패성을 집중적으로 강조하면서 복음과 하나님의 은혜를 이 세상에서는 전혀 없는 '새로운 어떤 것'으로 세워놓았다. 간단하게 말하면 세상과 그리스도라는 하나님의 은혜를 나란히 세워놓고 그것들을 비교시키면서 하나님의 은혜를 집으라고 강조했다고 해도 과언이 아니라고 본다. 이런 교회사의 흐름을 본훼퍼는 통시하면서 부패한 인간이 사는 현실과 그리스도의 은혜의 복음은 결코 분리시키거나 뗄 수 없음을 깊이 통감하였고 오히려 그가 취한 방식은 이 두 개를 나란히 세워놓고 하나님의 은혜를 집으라고 하는 식이 아닌, 오히려 이런 부패한 인간의 죄와 세상에서 하나님의 은혜를 직면하고 이 사실을 긍정적으로 인정하고 거기에서 참다운 그리스도인이 되는 방식을 말하였다. 신은 세상 없이는 결코 신일 수 없으며 그 세상은 동시에 신인이신 그리스도를 통해 비로소 그 실재성을 가진다. 소위 종교인들은 세상을 버리고 신을 택하지만 참된 그리스도인은 그 종교인들이 버린 세상에서 참된 신을 만날 수 있다. 종교적인 신은 세상을 초월해 있지만 참된 신은 세상으로 들어오시는 인격이다. 즉 세상에서 신을 만나야 한다. 세상으로 들어오시는 신은 인간이 종교적인 신이 없이도 살 수 있는 존재자로 살아야 한다는 점을 그리스도를 통해 가르쳐 주셨다. 비종교적인 세상에서 비로소 참된 그리스도인이 될 수 있다. 이런 본훼퍼는 자신의 남은 생애도 자신의 소신대로 산 것 같다. 1945년 4월 9일 플로센뷔르크(Flossenbürg)에서 39세의 나이로 처

---

274 W.D. Marsch, Plädoyers in Sachen Religion, Gütersloher, 1973, 32.

형을 당했던 본훼퍼가 남긴 마지막 말이라고 하는 "이제 끝이다. 그러나 나에게는 생의 시작이다(WE.227)"이라는 말 속에는 단순히 처형당하는 어떤 한 사람의 신음이 아니라 오히려 새로운 신학을 예고하는 예언적이고 묵시적인 말로 들린다. 그의 저서들, 특히 "나를 따르라(Nachfolge)"와 "생의 공동체(Gemeinsames des Lebens)" 등과 같은 책들은 종교가 무용하다는 것과 세상과 역사 이편의 현실을 적극적으로 강조한 책들이다. 사실 본훼퍼의 사상에서 강조되는 세상 개념은 기독교가 현 시대에 맞는 복음을 전해야 한다는 말로 이해가 되기 때문에 상당히 일리가 있어 보인다. 고전적인 개혁주의나 초월적인 신학들에서는 세상의 개념이 상당히 약화내지 간과되고 있다는 것은 사실이다. 만약 신학이 가지는 두 개의 실재성들을 들라 하면 하나님과 세상의 실재성들이 분명하다. 이 두 개의 실재성들 사이에서 "균형"과 "조화"를 이루는 것이 무엇보다 중요하다고 보는데 참된 균형이란 우선권의 문제이고 조화란 관계성의 문제라고 하겠다. 다시 말해 하나님과 세상이 균형이 되어야 한다고 할 때 이 두 개가 통일이 되어야 한다는 말도 아니고 그렇다고 분리되어야 한다고 말해서도 안 될 것이다. 하나님은 세상을 창조하셨다고 성경이 말씀하는 바대로 하나님은 세상이 아니며 그렇다고 세상을 떠나 존재하시는 인격도 아니다. 세상 속에서 활동하시고 창조하시는 인격이신데 그 우선권이 하나님에게 있다는 점이다. 세상은 죄인인 인간이 만든 문화적 시공간이다. 따라서 세상에 의해 하나님이 결정되는 것이 아니라 하나님에 의해 세상이 결정된다는 점에서 우선권은 하나님의 실재성에 있다. 이것이 하나님과 세상의 균형이다. 전통적이고 초월적인 신학들은 하나님에게 우선권을 두지만 세상을 무시하거나 간과하는 경향이 뚜렷하다. 이것은 세상 없는 하나님이거나 하나님 없는 세상으로 가는 잘못을 범하고 있음을 가리킨다. 하나님의 은혜는 그 자체로 천상에 머무는 것이 아니라 분명 세상으로 들어오셨고 또한 들어오신다고 해야 한다. 균형이란 반드시 두 개의 실재성들이 있어야 말할 수 있다. 이런 점에서 하나님 없는 세상은 교만이고 세상없는 하나님은 신의 자기독백이다. 하나님의 우선권 하에 세상의 실재성이 인정될 때 비로소 참된 균형이 주어진다. 또 하나는 하나님과 세상의 조화 문제이다. 조화 문제는 곧 관계성의 문제이기도 한데 하나님의 인격은 반드시 세상적으로 표현된다는 점이다. 자신이 창조한 세상과 무관한 신이라면 이신론의 신이다. 하나님의 말씀은 반드시 인간적인 언어로 선포되고 그 선포는 인간의 마음에서 신앙에 의해 비로소 "살아 있는 말씀(viva vox)"이 된다. 만약 신이 신 자신의 특수한 말로 인간에게 말한다면 인간은 수납하지 못할 것이고 또한 이해하지 못한다. 그렇게 되면 아무리 천상적이고 신적인 말이라 해도 부패한 우리 인간에게는 단지 '울리는 꽹가리'나 다를 바가 없다. 하나님은 죄인이 만든 세상을 사랑하셔서 자신을 그리스도로 오신 것이 아니라 죄인의 마음을 사랑하셔서 죄인처럼 오셨다. 그 관계성은 전적으로 인격적이며 동시에 영적이다. 즉 하나님이 인간을 자신의 편으로 무한히 높이시지 인간 편으로 무한히 낮추는 조화의 개념이 아니다. 하나님은 자신을 인간으로 오신 것은 인간을 다른 피조물에로까지 낮추시기 위함이 아니라 우리 인간을 하나님과 같은 위치로 무한히 올리시기 위함이었다(참고. 시8:4-8). 하나님의 겸손은 인간의 고양이고 상승이다. 그러나 인간 스스로 고양되고 상승되는 것은 결코 아니다. 하나님이 인간을 섬기시는 겸손으로 인해 우리는 신처럼 다른 피조물보다 고양되어 있으며 상승해 있다. 이렇게 하나님과 세상의 "균형"과 "조화"라는 측면에서 본회퍼의 신학을 조명하면 그의 사유는 약간 세상 쪽으로 기울어진 듯하다. 신에게 지나치게 무게를 둔 전통적인 신학과 바르트의 신학의 극복이라는 측면에서 다소 긍정적인 면이 있지만 세상을 하나님과 대체하는 면을 그의 신학에서 간과하기 힘들다. "세상"의 강조는 원하든 원치 않든 인간의 종교성을 비하하고 폄하하는 방향으로 나아간다.

3. 사실 본회퍼의 기독론은 여타의 전통적인 기독론과 차이를 가진다. 즉 그에게는 교회론과 윤리학이 함께 한다는 점인데, 보통 교회론은 그 내용이 윤리학은 아니다. 윤리학이 교회론의 전제나 출발점은 될 수 있어도 이 두 영역이 하나가 된다는 것은 참으로 특이한 신학일 수밖에 없다. 교회론의 내용은 윤리학이고 윤리학의 형식은 교회론이라는 형태를 가지는 것이 본회퍼 신학의 특이점이다. 이런 점을 그 자신도 분명히 밝히고 있다. "기독교 윤리학의 출발점은 그리스도의 몸이요, 교회의 형태 속에 있는 그리스도의 형태이고 그리스도의 형태에 따른 교회이다. 교회에서 일어나고 있는 것은 사실 전체 인간성에 유효한 것이고 형태의 개념은 -간접적으로- 모든 인간을 위해 그 의미를 가진다(E.89)"는 그의 강한 메시지가 윤리학과 교회론의 통일을 가리키고 있다. 교회론과 윤리학의 이런 관계에 대해 크라우스(H.J. Kraus)는 본회퍼가 바르트의 강한 영향력을 받았음을 뜻한다고 평가하기도 한다.[275] 그런데 여기서 집고 넘어 갈 것은 과연 기독론이 교회론이어야 하는가 하는 물음이다. 본회퍼 자신의 말대로 기독론이 구원론과 무관하다면 우리 인간이 왜 하필 그리스도인이 되어야 하는지가 근본적으로 문제시 된다. 우리가 그리스도인으로 처음부터 태어났는가? 그렇기 때문에 그리스도인이 되어야 하는가? 본회퍼의 주장대로 기독론이 교회론이라면 그리스도가 누구인가 하는 문제는 우리가 그리스도처럼 살아야 한다는 과제를 던져주고

---

275 H.J. Kraus, Theologische Religionskritik, 64.

있다는 면에서는 사사해 주는 바가 많다. 그러나 그 교회론이 "구원"이라는 면을 가지지 못한다면 과연 기독교의 정체성은 무엇일까? 그의 말대로 세상에서 그리스도인으로 살아간다는 것이 무엇을 위함일까? 처음부터 우리 인간이 그리스도인으로 태어났고 그래서 그리스도인으로 살아가야 한다는 말인가? 이런 질문들을 던지면 본훼퍼의 기독론은 너무 차갑고 매섭다. 비기독교인이 기독교인으로 되는 것은 구원이라는 측면을 분명히 가진다. 전회가 구원과 무관하다면 도대체 어디에서 어디로의 전회인가? 이런 점을 간파한 마쉬(Marsch)가 본훼퍼의 교회론을 가리켜 "교회는 이렇게 고통당하는 수난의 사회적 형태이다(Sozialform)"라고 말하는 것은 과하지 않는 평가로 보인다.[276] 사실, 본훼퍼가 요구하는 수준은 비기독교인들에게는 마치 너무 높이 서 있는 농구골대가 아닐까? 땅에서 아무리 던져도 들어갈 수 없는 골대라면 과연 그 골대가 어떤 가치를 가질까? 직설적으로 말하면 기독론이 교회론이라 한다면 선교는 더 이상 의미가 없어진다. 종교적인 감정은 종교 없는 자들의 감정과 관계하는 것이 아니라 종교 없는 자들과의 형제적인 감정과 관계하기 때문에 사실상 선교의 의미는 사라진다고 보는 비판도 일리 있다.[277]

4. 본훼퍼의 기독론에서 특이한 점은 그리스도의 실재성이 강조되어 있지만 정작 예수의 동정녀 탄생에 대해서는 그의 주장은 약간의 문제를 가진다. 그는 그리스도의 실재성을 말할 때 성육신에 대해서 말해서는 안되고 성육신하신 분에 대해서만 말해야 한다는 주장이 그것이다. "엄밀하게 보자면 인간되심에 대해서 말하는 것은 중요하지 않다. 오로지 인간되신 자에 대해 말해야 한다(Ch.69)"고 말하는 것은 그리스도가 어

---

[276] W.D. Marsch, Plädoyers in Sachen Religion, 32.
[277] 위의 책, 92.

떤 방식으로 오시든 간에 기독론에서 취급할 필요가 없다고 말하는 듯하다. 즉 동정녀 탄생의 문제와 성육신하신 자와는 별개의 관계라는 입장을 취한다. "동정녀 탄생에 대한 가정은 … 역사적으로 혹은 교의학적으로 문제가 된다. 이것(동정녀 탄생)에 대한 성경적인 증거는 불확실하다. …동정녀 탄생의 가르침은 신의 인간되심을 표현해야 하는 것이지, 인간이 되셨다는 사실이 아니어야 한다(Ch.69)"라는 그의 주장은 동정녀 탄생의 역사성을 부인하는 것을 나타낸다. 동정녀 탄생은 오히려 그리스도가 우리와 같은 인간이 아니라는 점을 강조하고 있는 것이기 때문에, 우리 인간이 그리스도와 동일하게 살아가야 한다는 자신의 주장에 걸림돌이 되어서일까? 이런 점에서 바르트의 신학을 알트하우스(P. Althaus)가 "그리스도 단신론(Christomonismus)"이라고 비판했는데 본훼퍼도 이 비판에서 벗어나기 힘들다고 말하는 에벨링의 평가는 일리 있다.[278] 본훼퍼가 얼마나 그리스도 단신론에 집중했는지를 알 수 있는 그의 고백 중에 "예수 그리스도가 인간들을 짊어질 수 있는 가치가 땅에 있었다고 한다면, 한 인간이 예수와 같이 살았을 때 그래서 그것은 우리 인간을 위해 하나의 살 의미를 가진다. 만약 예수가 살지 않았다면 우리가 알고 있고 존경하며 사랑하는 모든 사람들임에도 불구하고 우리의 생은 의미가 없다(WE.210)"는 말은 따지고 보면 그리스도가 이 땅에 살았기 때문에 우리가 생의 의미를 가지며 그리스도가 땅에서 살지 않았다면 아무리 우리가 이 땅에 살았어도 전혀 삶의 의미가 없다는 말로 비치는데, 이것이 본훼퍼가 가지는 기독론의 강조점이기도 한다면 바르트의 사상과 상당히 유사하다. 이런 그의 말은 에벨링의 말대로 "예수가 없다면 나는 무신론자이다"라고 말할 수밖에 없다.[279] 과연 이렇게 이해하는 것이 성경

---

[278] 참고. G. Ebeling, Wort und Glaube I, 99.
[279] 위의 책, 99.

적(biblisch)인가? 아니면 그리스도 단신론적(christomonistisch)인가? 인간의 모든 생의 가치와 의미를 오로지 이 세상 안으로 그리스도가 오셨다는 사실로만 설명하려 한다면 과연 이것이 성경적일까? 아니면 좀 지나친 것은 아닐까?

5. 그리고 본훼퍼가 말하는 신의 실재성 이해와 신앙의 이해도 상당히 인상 깊다. "신은 누구인가? 우선 신의 전능함 등과 같은 것을 믿는 일반적인 신의 신앙은 아니다. 그것은 참된 신의 경험이 아니라 세상의 연장된 단편이다. 오로지 예수 그리스도와의 만남뿐이다. 여기서 모든 인간적 존재의 전회가 주어진다는 경험은 예수가 오로지 타인을 위해 거기에 있다는 점에 달려있다. 예수의 타인을 위해 거기에 있음은 선험적인 신앙이다! 자기 자신으로부터의 자유와 죽음에 까지 이르도록 타인을 위해 거기에 있음에서 전능성, 전지성 그리고 편재성이 기인된다. 신앙은 예수라는 이런 존재(인간 되심, 십자가, 부활)의 한 몫을 가지는 것이다(WE.205)"고 말하는 그의 생각에서 우리가 일반적으로 신을 믿는 신앙과 상당한 차이를 가진다. 일반적인 종교에서 신은 인간의 고통, 무능, 무지, 시간성 안의 제한성 등과 같은 자신의 유한성에서 신을 찾는다. 그러나 본훼퍼에게는 이런 식의 신앙은 기독교적인 신앙이 아니라 오히려 종교적인 신념 혹은 종교라는 틀에 박힌 신앙이다. 그에게서 신앙은 예수와 같은 삶을 사는 행위와 동일하다. "신과 우리의 관계는 종교적으로 사유되는 지고적인 혹은 전능한 그리고 도달할 수 없는 과제가 아니라 매번 주어지고 접근할 수 있는 이웃이 바로 선험적인 존재이다(WE.205)"고 선언한다. 마쉬가 설명하듯 "특히 그리스도 안에서 신의 고통의 한 몫을 가지는 것은 (본훼퍼의) 핵심적인 카테고리이며 신앙과 동

의어이다."[280] 간단하게 말하면 그에게서 신앙이란 예수와 같이 사는 것이고 예수처럼 고난당하고, 고난을 자발적으로 행해야 하는 것은 오로지 이웃을 위해서이다. 이웃은 내가 예수를 믿는 전제인 셈이다. 예수를 사랑하기 위해 이웃을 사랑해야 하는 것이 아니라 이웃을 사랑해야 하기 때문에 예수가 있다고 할 수 있다. 아우구스티누스처럼 이웃 안에 신이 있기 때문에 이웃을 사랑해야 하는 것인가? 본훼퍼의 이웃 사랑은 이웃이 곧 신의 현현이기 때문에 사랑해야 한다는 의미이다. 그러니까 그에게는 신과 이웃은 근원적으로 선험적인 존재들이다. 단적으로 말해 본다면 신은 은폐된 이웃(deus absconditus proximus)이고 이웃은 나타난 신(proximus revelatus deus)이라고 하면 적절할지 모른다. 이런 관계에 있기 때문에 신앙이란 예수처럼 오로지 이웃이라는 타인을 위해 거기에 있는 것을 뜻한다. 그러나 과연 이런 생각도 성경적일까? 예수께서는 하나님 사랑과 이웃 사랑의 두 가지 사랑들을 구분하였다(참고. 마22:37-40;막12:30-31;눅10:27). 이웃 사랑을 하나님 사랑 안으로 끌어들이지 않았고 반대로 하나님 사랑을 이웃 사랑 안으로 밀어 넣지도 않았다. 이런 점에서 본훼퍼의 신앙 이해는 분명 후자에 치우쳤다고 하겠다. 사실, 전통적이고 보수적인 개신교 교회가 이웃 사랑과 하나님 사랑을 조화시키지 못한 것은 사실이다. 이런 점에서 본훼퍼의 이웃 사랑은 하나의 큰 자극이 된다. 그가 "교회는 타자를 위해 거기에 있을 때 비로소 교회다. (이런 교회를) 시작하기 위해 교회는 모든 소유를 가난한 자들에게 나누어주어야 한다. 목사들은 오로지 공동체가 자발적으로 주는 것으로 인해 살아야 한다. 결국은 세상적인 직업을 가져야 한다. 그들은 인간의 공동체 생활의 세상적인 과제에 참여해야 하지만 지배해서는 안되며 반대로 도

---

280 W.D. Marsch, Plädoyers in Sachen Religion, 32.

와주고 섬겨야 한다(WE.206)"고 말했을 때도 이런 의미를 담고 있기 때문에 설득력이 있다고 보여진다. 그럼에도 불구하고 이것이 과연 성경적일까? 오히려 성경적인 의미와 일치하려면 본훼퍼가 말하는 "교회가 타인을 위해 거기에 있는 것"이 아니라 "그리스도 안에 계시는 하나님이 타인을 위해 거기에 계시는 것"이 아닐까? 만약 본훼퍼 말대로 교회가 타인을 위해 거기에 있어야 한다고 한다면 가난하고 소외된 이웃을 섬기는 사회 복지사들이나 상처받은 자들의 마음을 치료해 주는 정신과 의사들도 일종의 교회가 되어 버린다. 심지어 정치인들이 선거 때 돌리는 라면 몇 박스도 가난한 이웃을 위한 행위로 간주될 수 있으니 이것역시 교회가 된다. 그러나 과연 이런 행위들을 하는 곳이 교회인가? 오히려 교회란 그리스도 안에서 역사하는 하나님을 인간의 언어로 설교하고 선포하는 것에 있지 않은가? 타인을 위해 교회가 거기에 있어야 하는 것이 아니라 "그리스도 안에서 하나님이 거기에 있도록 하는 것"이 참된 교회의 근거일 것이다.[281] 선포를 상실한 교회가 이웃을 위해 거기에 있는 것 보다 차라리 병원이나 요양원, 양로원, 사회복지사들이 거기에 있는 것이 정상적이다. 그러나 선포가 있는 교회라면 그리스도 안에서 역사하는 하나님이 타인을 위해 거기에 계시도록 돕는 역할을 할 것이다.

6. 본훼퍼가 특이하게 제시하는 개념인 "성경적인 개념의 비종교적인 해석"을 숙고할 필요도 있다. 위에서 충분하게 설명하였듯이 그의 성경적인 개념의 비종교적인 해석은 그의 신학의 기본이고 근거인 기독론의 문제이다.[282] 여기서 에벨링은 본훼퍼의 이 시도가 근대 이후의 세속화된 상황(Säkularismus), 즉 학문, 정치, 예술, 문화, 도덕뿐 아니라 종교

---

281 참고. G. Ebeling, Wort und Glaube I, 118.
282 위의 책, 100.

에 까지 광범위하게 인간 영혼의 능력이 고양되면서 그 영혼이 세상적으로 속화되는 상황인데 특히 종교라는 핵심의 신학이 전쟁이라는 암울한 현실을 위해 노예가 되어 전락한 비참한 당시의 상황 때문이었다고 평가한다. 본훼퍼는 종교의 시대는 지나갔고 완전히 종교 없는 시대의 도래를 예감했다.[283] 마쉬(W.D. Marsch) 역시 이 개념이 나오게 되는 배경을 다음과 같이 표현한다: "신학은 … 발전된다 그리고 신은 소위 deus ex machina로서 마지막 질문에 부닥친다. 즉 신은 생명의 문제에 대한 대답으로서, 생의 결여와 생의 갈등의 해결로 부닥친다. 인간이 그런 식으로 것들을 결코 제기하지 않는 곳에 혹은 인간이 스스로 이런 것들에 들어가거나 연민을 가지게 하는 것을 포기하는 바로 거기에 인간은 신을 위해 무엇인가를 요구하지 않게 되거나 그것은 사람에게 생의 질문 없이 입증되어진다. 그리고 사실 인간은 그런 질문들, 필요들, 갈등들에 깊이 꽂혀서 그것 없이는 자신을 고백할 수 없으며 혹은 그것을 알려한다. 그것이 성공하려면 … 인간은 신을 향해 요구해야 할 것이며 성결주의는 자신의 승리를 축하할 것이다. 그러나 성공하지 못하면 인간은 자신의 행복을 자신의 불경건으로 자신의 건강을 자신의 질병으로 자기의 생명력을 절망으로 간주하는 지경으로 인간을 인도한다. 신학은 어찌할 바를 모르게 된다."[284] 이 말은 당시의 상황을 반영하는 말이기도 한데 전쟁이라는 암울한 상황에서 인간이 신에게 도움을 구할 수밖에 없는 처지에서 종교는 하나의 우상 숭배와 같은 형태가 되어버렸다. 여기서 본훼퍼는 단호하게 우상에게 더 이상 기대할 것도 없으며 기대해서도 안 된다는 점을 상기시켰다. 우상에게 무엇을 기대하는 것은 허무주의라는 것을 담보로 신을 우상에게 팔아넘기는 행위와 같다. 사실 우상

---

283 참고. G. Ebeling, Wort und Glaube I, 124.
284 W.D. Marsch, Plädoyers in Sachen Religion, 32.

이란 인간이 인위적인 혹은 자의적인 의식행위를 만들어 놓고 그리스도 혹은 신이라는 이름을 가져다가 붙이면서 소위 "종교"라는 성직자 운을 입은 형태로 신을 드높이는 행위이다. 본훼퍼가 보기에 이런 행위들이 매 시대마다 다양하게 사제복장을 바꾸면서 변화의 과정을 거치고 있음을 교회사를 통해 깊이 통찰했다. "종교"라는 이름 하에 나타나는 의식에는 "위에서 아래에로 향하는 신적인 은혜의 계시"가 있고 다른 하나는 "아래에서 위로 혹은 세상에서 하늘로 향하는 인간의 욕구의 산물인 종교"가 있다. 이런 측면에서 본다면 계시는 종교와 근본적으로 다르다. 계시가 종교적이 되면 세속화라고 부를 수 있겠고 종교를 계시와 동일시하면 우상 숭배와 다를 바 없다. 본훼퍼는 바르트와 같이 철저히 계시의 관점에서 종교를 비판하였다. 그에게는 기독교가 하나의 종교로 전락하는 것은 역겨움 그 자체였을 것이다. 그래서 성경적인 개념들을 비종교적으로 해석하는 것이 가능한지를 물었다. 이런 그의 생각은 비기독교적이거나 반기독교적이기보다 오히려 참기독교적임을 찾고자 하는 정열에서 나왔다고 봐야 한다. 이런 점에서 본훼퍼의 "성경적인 개념의 비종교적인 해석은 예수 그리스도에 대해 의심하는 것이 아니라 오히려 예수 그리스도를 믿는 신앙이다"고 평가해 주는 견해는 틀리지 않다.[285] 그런데 여기서 하나의 문제가 대두될 수 있다. 그것은 이런 해석을 하는 자들은 결코 다수가 아닌 절대 소수에 불과하다는 데 있다. 적어도 이런 문제를 생각할 수 있는 사람들은 찬트(H. Zahrnt)가 "자신의 지적인 성실성, 그리고 자신의 역사적인 상황, 그리고 세상의 성숙성의 인정, 단순한 자와 건강한 자, 무엇보다 단순한 경건성의 잡담을 향한 역겨움과 침묵감(Stilgefühl), 그리고 신의 말씀의 지배적인 힘에 대한 사랑

285　G. Ebeling, Wort und Glaube I, 100.

과 자유의 반성과 같은 것들은 당시 그의 동시대인들에게는 없었던 것들이었다"고[286] 말하는 것처럼, 적어도 극소수의 지적 수준을 가진 자들이다. 대부분의 기독교인들은 계시와 종교를 동일시하면서 스스로 자기 자신과 관계하는 종교성을 그다지 심각하게 반성하고 비판하지 않는다. 그렇다면 본회퍼가 추구하는 길은 아주 힘들게 살아가야 하는 기독교인의 삶의 여정이라고 볼 수 있다. 대부분의 기독교인들은 계시를 종교로 동일시하면서 스스로를 반성하지 않고 목회자에게 단순히 의존하며 세상과 적당한 타협으로 종교생활을 하길 원할 것이다. 그렇게 사는 것이 편하기 때문이다. 따라서 본회퍼처럼 이렇게 고난과 고통을 감내하면서 그리스도처럼 세상에 살려고 하는 자가 내미는 이론이 저들에게는 너무 고상해서 또 하나의 이상적인 이론으로 보이지 않을까? 예를 들어 질병이나 감당하기 어려운 고통 혹은 통증, 위급한 상황이나 도울 사람이 없는 상태에 대한 염려 그리고 죄와 사망과 같은 인간의 극단적인 한계상황에서 인간의 마음은 실존이 될 수밖에 없다. 이런 상황에서는 인간 자신의 고유한 능력이나 생의 의욕적인 리비도도 더 이상 정상적으로 활동하지 못한다. 이런 경우들이 닥치면 인간은 자연스럽게 신이나 교회에 의지하게 되고 기복적인 기도를 한다. 본회퍼는 이런 경우를 "아스팔트의 길을 편안하게 여행하려는 가장 사악한 행위"로 간주하지만[287] 과연 이렇게 신앙 생활하는 자들을 경멸하거나 멸시 또는 천박하다고 말할 만큼 인간의 능력이 그리스도와 같을 수가 있을까? 성경적인 개념의 비종교적인 해석이 결국 "타인을 위해 거기에 있는 것"에 있다면 이미 그리스도가 된 상태가 아닌가? 본회퍼가 내미는 카드는 '기독교인이 되는 길을 적은 카드'가 아닌 '이미 기독교인이 된 인간'의 카드를 세

---

286 H. Zahrnt, Die Sache mit Gott, 191.
287 위의 책, 188.

속화되어 가는 우리들에게 보여주고 있지 않은가? 이렇게 되면 죄와 부패한 세상에서 자신의 죄와 싸우면서 근근이 살아가는 죄인인 우리들에게는 참으로 이상적이고 좋게 보이지만 막상 잡으려고 하면 결코 손에 잡을 수 없고 먹을 수 없으며 감히 딸 수 없는 금지된 선악과와 유사하지 않는가? 종교가 없는 자들에게 성경을 비종교적으로 해석하는 문제에 있어서 또 하나의 문제는 과연 종교를 가지지 않는 자들에게 성경을 비종교적으로 해석하는 것이 가능한가 하는 문제이다. 성숙한 세상에서 종교를 가지지 않는 자들은 사실 종교가 없는 것이 아니라 자신을 종교로 섬기고 있다고 해야 한다. 반신론자(Antichtist)는 있을 수 있어도 엄밀하게 보면 무신론자는 없다고 할 수 있지 않을까? 무신론자는 단순히 신을 가지고 있지 않는 자들이 아니라 자신을 "신"으로 여기고 있는 자들이다. 인간은 인정하든 인정하지 않든 모든 인간은 자신의 마음속에 종교적 감정(numen)을 가진다. 비록 이 감정이 곡해되고 왜곡이 되어 살아계시는 하나님을 섬기는 것이 아니고 사람이나 새나 짐승이나 동물의 형상으로 바꾸어서 섬기고 있다(참고 롬 1:23). 그럼에도 불구하고 인간의 마음에는 "하나님을 알 만한 것(롬 1:18)"이 있다. 이것이 곡해되어 종교를 만들기도 한다. 이런 자들은 자신의 세계관으로 모든 것들을 판단하고 하나님도 곡해한다. 이런 자들을 통상 "종교 없는 자"라고 칭하기도 한다. 그런데 이런 종교 없는 자들, 즉 자신을 신으로 믿고 사는 자들에게 성경을 비종교적으로 해석하는 것이 가능할까? 오히려 이렇게 말해야 하지 않을까? 성경을 비종교적으로 해석하는 것은 근본적으로 신앙을 전제로 한 해석이라고 말이다. 종교가 없는 자들에게 아무리 그리스도인들이 자기를 낮추고 비워도 때로는 그것을 참된 겸손이라고 받아들이지 못할 가능성이 더 크다. 즉 기독교인으로 전회하는 것은 결코 쉽지 않다. 전회란 근본적으로 하나님의 선물인 신앙이 이미 전제가 되어야만 가능하다. 따라서 본훼퍼의 생각은 이미 신앙을 전제로 해야 가능해진다. 신앙이 없는 자에게 아무리 기독교 복음을 겸손으로 나타내어도 그것이 그들에게 복음이 될까? 모든 인간들이 그만큼 본훼퍼 자신처럼 수준높은 그리스도인인가? 더구나 종교다원주의 사회에 사는 한국 개신교 교인들에게 이런 식의 삶을 살라고 요구한다면 얼마나 효과가 있는지 궁금해진다. 개신교 신앙이 없거나 다른 종교의 신앙을 가진 자들에게 "성경적인 개념의 비기독교적인 해석"을 들이댄다면, 마치 한 폭의 아름다운 그림이나 아름다운 사랑의 드라마를 감상한 후 '참 아름답다!'고 소감을 가지게 했지만 다시 척박하고 비기독교적이며 비성경적인 참담한 현실에 복귀하며 현실을 살아야 하는 한국 개신교 교인인 우리에게는 이상과 현실의 괴리감만 느끼게 한다. 본훼퍼의 그 개념은 반드시 기독교 신앙을 전제로 해야 하는 개념이다. 따라서 "비종교적인 해석이란 신앙의 해석이다"고 말하는 에벨링의 생각은 틀리지 않는다.[288]

---

288   G. Ebeling, Wort und Glaube I, 121.

제1부의 결론: 요약과 전망

1. 위에서 우리는 개신교가 하나의 종교가 되는 것을 현대 신학자들이 왜 그렇게 날카롭게 비판해야 했는지를 충분히 살펴보았다. 상식적으로 개신교는 프로테스탄트교를 뜻한다. 원래 프로테스탄트는 성경과 종교 공의회를 통하여 결정되는 전통에 신적 권위를 부여하고 있었던 중세기의 영적 흑암기를 대항하여 전통을 존중하되 공의회에서 결정된 건전한 신앙고백들의 도움으로 오로지 성경의 권위에만 신적 권위를 부여하자는 취지에서 시작된 운동이었다. 프로테스탄트주의자들은 성경이 그리스도 안에서 항상 살아계신 하나님의 말씀임을 의심하지 않았다. 반면 공의회에서 결정된 많은 교리들이나 가르침들이 정경이 아닌 외경이나 인위적인 여타의 규정들에 의해 소위 신적 율법이 되어 많은 영혼들을 혼미하게 하는 것을 직시한 개혁주의자들은 이런 행위들이 살아계신 하나님의 말씀을 오히려 응고시키는 오류를 범하고 있음을 보았다. 그래서 화석화되고 율법으로 응고된 종교적인 가르침을 반대하여 "지금 여기서(hic et nunc)" 여전히 인간의 마음을 직접적으로 역사하는 '현존하는 그리스도' 혹은 '살아계신 그리스도(vivus Christus)'를 오로지 복음으로 규정하고 이것을 위해 종교개혁을 일으켰다. 이런 점에서 프로테스탄트교는 그리스도교를 하나의 종교로 고착시키려는 중세기의 응고된 영성에 대한 강한 도전이었고 항쟁이었다. 종교개혁주의자들에게 그리스도교는 다른 종교들 중 하나가 결코 아니었다. 그리스도교의 강력한 힘은 우리 밖에서(extra nos) 그리고 우리 위에서(ultra nos) 내려오시는 신적 계시의 능력과 그것을 믿는 신앙이었다. 그들에게는 계시가 이해되기 때문에 믿

는 것이 아니라 믿기 때문에 계시가 이해된다고 신앙을 강조하였다. 그러나 계몽주의를 거치면서 인간의 이성이 가지는 무한한 신적 능력을 논리적으로 발견한 합리주의자들은 그 능력을 가지고 도리어 개신교의 계시와 신앙을 투사했으며 그로인해 개신교에서는 이성의 범위 안에서 기독교 종교의 정체성을 추구하자는 움직임이 대두하였고(칸트처럼) 다른 한편에서는 이런 합리주의에 반대하여 인간이 가지는 종교심을 무한히 고양시키고 상승시켜 신과 일치할 수 있는 모티브를 감정에서 찾으며 감정에서 기인하는 종교심을 이성의 참된 극복이라고 믿기도 하였다(슐라이엘마허). 이 과정에서 개신교를 하나의 종교로 보면서 아예 무차별적으로 저주하고 비난하는 사상들도 대두하였다(니체, 포이엘바흐). 이성과 감정의 무한한 고양이 기독교의 복음의 정체성을 곡해하였고 이런 과정에서 개신교가 또 다시 하나의 종교로 응고되는 결과를 가져왔다. 계몽주의의 자율정신은 인간존중과 인간에게 강한 책임감을 부여하는 긍정적인 면도 있지만 이성의 능력을 무한히 상승시켜 이성의 법칙이 곧 신의 법칙과 동일하다는 지경으로까지 나아갔으며 종국에는 인간의 이성이 곧 신의 정신과 동일하게 되었다(헤겔). 그러나 이런 이성의 능력을 비웃으며 개신교의 중심이 이성이 아니라 감정이라고 보았던 슐라이엘마허의 신학에 직접 혹은 간접으로 영향을 입은 현대 신학자들이 등장하여 개신교의 정체성에 새로운 의미를 부여하였다. 바르트와 본훼퍼의 신학들은 개신교의 정체성을 나름대로 정립하려고 애를 쓴 신학적 시도들이었다. 그들은 계시에 초점을 맞추고 다시 종교개혁가들의 사상을 전수하려고 노력하였다. 바르트는 칼빈으로 회귀하려고 하였고 본훼퍼는 루터로 돌아가려고 시도한 신학으로 비친다. 그러나 바르트는 계시 실증주의, 즉 '계시가 아니면 다 죽어라'는 식으로 자연은총마저 부정하여 성경과 칼빈을 넘어가 버렸다. 본훼퍼 역시 루터의 계승자로 자신의 신학의 방향을 잡았으나 루터의 "십자가 신학(theologia crucis)"에 깊이 침잠하여 '부활신학'이 가지는 경이로움과 신비에는 다소 무심했다는 인상을 지울 수 없다. 예수처럼 사는 것에 중심점이 실리다 보니 부활이 가지는 하나님의 은혜의 신비를 살피는데 인색하였다. 그 결과 원하든 원치 않든 그의 신학이 미국으로 건너가서 "사신신학" 혹은 "신 없는 종교"와 같은 무신론적 신학이라는 모순적인 결과를 낳았다.

2. 서구 유럽의 계몽주의와 그 이후의 신학들을 살펴보면서 한국 개신교의 현재를 생각하지 않을 수 없다. 과연 한국의 개신교는 그리스도의 복음에 올바르게 서 있는가? 교회는 사회와 민족 그리고 국가와 뗄 수 없는 관계에 있다. 좁게는 구체적으로 나와 만나는 이웃과 관계하지만 넓게는 사회와 국가라는 거대한 공동체들과도 관계해야 한다. 사회나 민족 그리고 국가가 잘못되면 단순히 국가나 사회가 잘못되었다고 우리는 비판하기 쉽다. 그러나 이 거대한 공동체 안에서 그리스도인들은 한 사람의 그리스도로 살아야 하는 책임이 주어져 있다. 따라서 사회나 민족 그리고 국가가 잘못되었다면 그 책임을 직접적으로 맡은 공직자들에게만 물을 수 없다. 오히려 세상의 소금과 빛으로 부름을 받은 그리스도인에게 묻는 것이 더 정확하다. 마음에 할례를 받지 않은 불신자들이 공직자들이 되고 정치인들과 국회의원들이 되어 자신들의 본성에 따라 공직을 수행하고 있다. 그 공직의 수행들에서 과거에도 그러했고 지금도 그러하지만 엄청난 부패와 비리들 그리고 각종 사고들이 우리들의 마음을 피곤하게 만들고 낙심하게 한다. 청년들의 실업문제, 최고의 이혼율과 최고의 자살률 그리고 수많은 교통사고들과 각종 안전사고들로 하루에도 수많은 생명들이 사망하고 있으며 그로인한 고통과 절망을 경험하고 있다. 분명 과거보다 국민소득은 높아졌고 소위 IT 산업은 세계 최고의

수준임을 자타가 공인하고 있다. 그러나 신속이라는 지참금을 챙겼지만 정작 인간에게 가장 중요한 인격과 창의성을 잃어버리고 있지는 않은가? 편리함을 누리는 대신에 "인격적 관계"라는, 인간이 결코 상실해서는 안 되는 소중한 영적 관계성을 잃어버리고 있지 않은가? 2015년 2월에 있었던 헌법재판소에서의 "간통법 폐지"의 판결은 사회를 위해야 하는 기독교 개신교의 사명을 일깨운다. 이 사회가 이 지경이 되도록 한국 개신교는 무엇을 하고 있었는가 하는 의문이 일어난다. 한국 개신교는 지교회 우상주의나 탈지상교회주의에 빠져 있는 듯하고 그로 인해 교회 밖에서 무슨 일들이 일어나는지 깊은 애정과 관심을 얼마나 가지고 있는지가 의심스럽다. 한편에서는 교회우상주의가 대두하고 있고 다른 한편에서는 지상교회의 우상 숭배와 귀족적 목회직 혹은 성직에 대한 혐오들로 인해 탈교회 현상들과 무교회주의자들이 서로 각을 세우고 있지 않은가? 아니면 개신교 교회보다는 편안하고 자유로운 다른 종교들로 기독교인들이 개종하고 있지는 않은가? 아니면 그릇된 이단들에 심취하여 자신들의 영혼을 교주들에게 맡기며 살고 있지 않은가? 각종 사건들은 대부분 개신교와 무관하지 않은 것으로 비친다. 지금 우리는 그리스도를 잘못 고백하고 있지는 않은가? 우리가 믿고 있는 기독교는 우리 자신이 만든 또 하나의 우상이 아닐까?

3. 역사를 아는 자라면 이성이 지배했던 근대와 계몽주의 정신이 오히려 지금의 한국 개신교를 이끈다면 더 좋을 것이라고 혹시 생각하지는 않을까? 이성의 시대는 합리성과 보편성 그리고 객관성이 나름대로 있었다. 이 성질들이 하나님 앞에서 얼마나 사악한 죄인가를 우리는 잘 안다. 그럼에도 불구하고 감성이 지배하는 현재의 한국 개신교를 보면 차라리 이성의 지배를 받는 편이 낫다는 생각을 세상 사람들이 오히려 할

수 있지 않을까? 이성이 보편적이고 합리적이며 객관성을 추구하는 정신이기 때문에 최소한 거기에는 인간존중의 사상이 있다. 그러나 감성주의는 '각 개인이 진리의 척도다'는 신념을 가진다. 감성은 개인적이고 주관적이며 비합리적이다. 그래서 최근의 일어나는 많은 대형 사건들은 이성보다는 감성에 의해 일어나고 있다. 특히 성과 관련된 범죄들이 그러하다. 따라서 감성이 법이 되는 것보다 차라리 이성이 법이 되는 것이 어쩌면 사회, 민족 그리고 국가 공동체의 존속을 위해 더 바람직할런지 모른다. 그런데 한국은 종교, 문화, 예술 등 다방면에서 감성이 우리 정신의 주인이 되어있지 않은가? 우리가 감성의 지배를 받으면 개인적으로는 이기주의, 개인주의 혹은 감성주의 등으로 자신을 표현하지만 사회적으로는 지역감정과 지역차별주의 혹은 지역우상주의의 형태로 발휘된다. 나아가서 국가는 지나친 애국주의, 민족이라는 이름 하에 모든 것을 이념화시키는 특정인의 사상에 종속될 우려가 높다. 종교 역시 감성의 지배를 받으면 종교적 감정주의와 비판 없는 맹신주의 그리고 교주주의 등을 불러일으킨다. 비합리적이고 비이성적인 종교임을 잘 알고도 이단에 빠지는 경우가 그 예가 되겠다. 이성과 감성이 하나님의 인격을 상실하면 그들은 스스로 자신들을 신적인 법으로 세우려 한다. 이성주의가 "자율"이라는 형태로 발전하고 감성주의는 "타율"이라는 형태로 변질하는데 이것들은 "신율"의 심각한 곡해가 분명하다. 그러니까 하나님의 인격을 접촉하지 않는 이성과 감정은 인간의 영혼을 신으로 세우면서 "율법"을 만들어 자신뿐 아니라 타인도 구속시킨다.

4. 그리스도께서는 우리를 죄에서 구속하셔서 우리를 자유롭게 하셨다. "하나님께서 우리를 위하시면 누가 우리를 대적하겠느냐? 자신의 아들을 아끼지 않으시고 우리 모든 사람들을 위하여 내어주신 분께서 어찌

아들과 함께 모든 것을 우리에게 은혜로 주지 않으시겠느냐? 누가 능히 하나님께서 택하신 자들을 고소하겠느냐? … 누가 정죄하겠느냐? … 누가 우리를 그리스도의 사랑에서 끊겠느냐(롬 8:31-35)"는 바울의 선언을 음미하면 성도가 하나님 앞에서 얼마나 위대하며 아버지 하나님의 무한한 사랑을 받고 있는지를 깨닫게 하며 구원의 깨달음은 심장의 전율마저 느끼게 한다. 한국 개신교는 다시 종교개혁자들의 개혁의 의지를 발견해야 하며 다시 개혁을 시도해야 한다. 비록 스스로 깨끗하게 할 능력을 상실한 것처럼 비관적으로 비치지만 그럼에도 불구하고 우리 각각의 그리스도인은 자신을 하나님의 인격 앞에 의존해야 하며 영적 관계를 위해 뼈를 갈아내는 회개와 성령의 도우심을 구해야 한다. 우리는 단 한 방울의 선한 요소를 가지고 있지 않다. 오로지 위에서 주시는 은혜 외에 다른 길이 없다. 아들까지 주신 하나님이 왜 우리에게 모든 것을 은사로 주시지 않겠는가? 왜냐하면 "다른 어떤 피조물이라도 우리를 그리스도 예수 우리 주 안에 있는 하나님의 사랑에서 끊을 수 없을 것이라(롬 8:39)"는 믿음이 우리에게 주어졌기 때문이다.

5. 필자는 이 책의 2부에서 종교개혁가들의 종교개념을 연구하려 한다. 물질만능주의와 배금주의 그리고 권력지상주의의 부패와 함께 기독교가 하나의 종교로 전락하고 있는 현 시점에서 대안을 종교개혁가들의 사상에서 찾기 위함이다. 특히 루터와 칼빈의 기독교 이해를 통해서 한국 개신교가 소생할 길은 없는지 살펴 볼 것이다. 독자들의 지속적인 관심을 부탁드린다.

2부

루터와 칼빈의 종교이해와
종교로부터의 자유

제 4 장
개혁주의자들의 종교이해

본 책의 제 1부에서 스케치한 대로 종교는 기독교와 연합관계 아니면 대립관계에 놓이게 되었다. 계몽주의 이후에는 기독교와 종교가 분리되고 나아가서 신학은 종교를 강렬하게 비판하게 되었다. 기독교가 하나의 종교로 이해하게 되는 배경에는 근원적으로 고대 교회에까지 올라가지만 무엇보다 아우구스티누스와 같은 교부들의 종교이해가 지대한 역할을 했다. 그들의 사고에는 '인간이 종교적인 존재자'라는 인식에 대해서 전혀 비판적이지 않았다. 그러나 계몽주의 이후 신을 떠난 자율성을 인간의 이성이 스스로 취득하면서 종교와 기독교 사이에 서서히 금이 가기 시작하였고 바르트와 본훼퍼에게는 완전히 상호 대립관계에 놓이게 되었다. 사실 "종교"라는 용어는 라틴어 "religio"에서 기인하는데, 고대 로마시대는 여기에 분명한 뜻을 규정하지 않았지만 대단히 흔하게 사용했던 용어로서 종교가 사회적인 일반성의 모멘트로서 정치, 경제, 문화와 구별되는 사회의 영역으로 이해되었다. 키케로(Cicero)는 "religio" 라는 용어를 라틴어 동사 "멀어지다(relegere)"에서 유추하는데 신들에게 항상 새롭게 마주하여 섬기는 경외감을 나타내는 의미로 이해하였고 반면 락탄츠(Laktanz)와 아우구스티누스는 "다시 묶다(religare)"에서 추론하는데 그 의미는 신과의 관계를 다시 확고히 묶는 관계를 표현하는데 있었다. 그러나 특히 아우구스티누스는 "다시 찾다(reeligere)"에서 "religio"를 추론하기도 하면서 신이 인간을 떠난 후에 인간이 신을 위해 다시 결단하는 행위를 나타내는 용어로 사용하기도 했다.[289] 성경 사도행전에도 소위 "종교(데이시다이모니아: δεισιδαιμονια)"라는 용어가 나오는데 이 뜻은 "신을 두려워하는 것"에 있지만 자주 그릇된 종교 혹은 "미신"을 표현할 때 사용했다.[290] 사실 종교라는 용어가 어떤 용어에서 기인했는가는 그다지 중요하지는 않지만 그래도 그 용어들의 기원이 그렇다면 종교라는 용어 속에는 인간을 어떤 초월자에 매어 놓는 힘에 대한 의식이라는 의미가 함축하고 있다고 해야 한다. 그래서 문화적인 의식이 경건(pietas)으로 표현되기도 한다. 그러나 고대 로마시대에서는 지금처럼 종교를 개인적이고 인격적인 의미로 이해하지 않았고 단지 국가나 사회의 공동체의 생존을 위해 신들에게 제물들을 마땅히 바치는 문화적이고 집단적인 의식이 강했다. 그리고 고대 기독교는 당시의 헬라와 로마의 종교 개념과 상당히 교류했고 이 교류는 거의 강요에 가까울 정도였다고 하겠는데 이로 인해 변증가들은 철학을 기독교의 변증을 위해 수단으로 사용했을 뿐 아니라 기독교를 "참된 지혜(sapientia vera)"라고까지 주장하였다. 헬라의 로고스 개념을 그리스도와 비교하고 동일시까지 하면서 고대 기독교는 종교의 완성으로까지 상승하게 된다. 기독교를 고대철학과 관계시키려는 변증가의 태도에서 말하자면 기독교에서 표방하는 로고스

---

289 참고. F. Wagner, Was ist Religion? Gütersloher, 1986, 20.
290 S. Lorenz, Religion, in: Historisches Wörterbuch der Philosophie vol. 8, Basel, 1992, 631.

와 철학에서 말하는 세계이성이라 불리는 이교도적인 로고스와의 동일시가 일어나고 그로 인해 기독교가 비기독교적인 종교와 연합하는 시도를 보게 되며 나아가서 기독교는 많은 다른 종교들 중의 '하나의 종교'라는 의식이 자리 잡게 된다. 기껏해야 기독교의 독특성을 "우리들의 종교(nostra religio)" 또는 "신의 종교(religio dei)"로 인식되었다면 다른 종교들은 "너희들의 종교(verstra religio)" 혹은 "신들의 종교(religio deorum)"로 부를 정도였다.[291] 이런 상황에서 신앙과 종교의 구분이란 불가능했고 기독교와 이방종교들과의 관계에서 락탄츠는 기독교를 참된 종교이며 이방 종교들을 거짓된 종교라는 식으로만 구분하였다. 예를 들어 콘스탄틴 대제와 테오도시우스는 종교를 정치적으로 활용하였는데 기독교는 로마 제국의 성스러운 전통의 유산이라고 간주했다. 그나마 아우구스티누스는 참된 종교로서 기독교의 독특성을 로마 전통이나 거룩한 의식에서 찾는 것이 아니라 삼위일체 하나님과의 관계에서 오는 인간의 지복이나 영생 등에서 찾았다. 여기에서 비로소 기독교적인 의식과 이론의 조직의 필요성을 절감하게 되었고 개인의 경건과 예배행위의 중요성이 대두되었다. 그리고 신약과 구약에 의해 제시된 하나님은 일반적으로 철학이라는 학문에서 사용되는 신 개념이 아니기 때문에 기독교의 진리를 방어한다는 차원에서 아우구스티누스는 계시의 하나님과 일반 철학에서 사용되는 신 개념과의 엄격한 차이를 강조하면서 전자의 하나님은 참된 종교(vera religio)의 신 개념이고 후자는 거짓된 종교(falsa religio)의 신이라고 완전히 분리했다. 그러면서 기독교의 고유한 사랑의 개념인 아가페(Agape)와 헬라종교의 구원론을 이끄는 핵심인 에로스(Eros) 개념을 종합하여 자신의 독특한 사랑의 개념인 카리타스(Caritas)를 창조적으로 고안

291　F. Wagner, Was ist Religion? 23.

하여 이른바 기독교를 카리타스의 종교로 만들었다. 그러나 카리타스는 아가페도 아니고 그렇다고 에로스도 아니라고 학자들은 평한다. 아우구스티누스는 기독교의 계시개념인 아가페를 얻기 위해 헬라의 신플라톤주의자들이 말하는 에로스를 버리지 않았고 오히려 아가페와 에로스를 혼합하여 인간 영혼이 가지는 에로스가 부패한 것으로 여기지 않았다. 그로인해 기독교의 계시는 소위 종교와 혼합하게 된다. 그가 비록 기독교와 종교를 분리시켰지만 이러한 분리는 인간학적으로 자연적 인간(homo naturalis)으로서의 인간개념이 기독교 진리들의 가르침과 혼합을 야기시켰고 결국 인간이 "종교적인 인간(homo religiosus)"으로 규정되기에 이른다. "기독교 종교라고 불리는 사태 자체는 이미 구약에 있었고 그리스도가 육체로 나타나실 때까지 인간종족의 시작에서부터 항상 주어졌다. 거기에서 우리는 이미 있었던 참된 종교를 기독교 종교라고 명명하기 시작했다"고 아우구스티누스가 주장하는 것도 이를 반영한다.[292] 말하자면 인간을 소위 "종교적인 존재"라고 칭함에 있어서 아우구스티누스가 결정적인 역할을 했다고 하겠다. 쯔빙글리(Zwingli)도 참된 종교 혹은 경건성은 한 분이시고 유일하신 하나님에 달려있다고 하면서 인간적인 법에서 혹은 인간이 발견하여 얻은 것은 거짓된 종교라고 주장하여 아우구스티누스의 입장을 답습하였다. 이런 입장은 칼빈과 루터에게도 공통적으로 나타난다. 칼빈이 자신의 저서인 『기독교 강요(Institutio christianae religionis)』를 타이틀로 삼았을 때 거기에서도 "종교"라는 용어를 사용하였는데, 그의 『기독교 강요』는 정확하게 번역하면 "기독교 종교 강요"이다. 그러나 칼빈이 이 용어를 사용하였다고 인간과 신 사이의 접촉점이나 연속선을 인정하는 종교성을 강조하기 위함이 아니라 반대로 계시의 절

---

292 H.J. Kraus, Theologische Religionskritik, 118.

대성을 표현하기 위함이었다고 해야 한다. 이런 점에서 그의 저서를 종교철학적인 서론 정도로 취급해서는 안되고 오히려 종교신학이라고 하는 것이 바람직하다고 하는 주장이 틀리지 않다.[293]

1. 루터의 종교이해

1. 사실 종교개혁가들도 자연적인 이성과 거기에 기초한 자연적 신인식이라는 전통에서 종교를 이해하고 있다고 하겠다. 특히 루터는 하나님과 말씀을 동일시하면서 오로지 말씀(로고스)만이 하나님의 현재이고 활동이라고 한다. 예수 그리스도 안에서 우리에게 들어오시는 자신의 말씀 외에 그 어떤 신도 이 세상에는 없다. 그분은 어두운 세상의 빛이고 생명이다. 그런데 여기서 루터가 "하나님의 말씀"을 말했을 때 그것은 신에 대한 인간적인 말들, 예를 들어 신에 대해 설명하고 간파하며 신을 파악하려는 인간적인 말들을 가리키는 것이 아니라 "그리스도"라는 로고스를 가리킨다. 하나님은 예수 그리스도 안에서 계시된 하나님(Deus revelatus)이다. 그것은 형이상학적이고 초시간적인 무엇이 아니라 구체적이고 인간을 인격으로 만드는 힘이다. 루터가 말하는 하나님 말씀은 소위 전통적으로 이해되어온 "성경은 하나님 말씀(sacra scriptura est verbum Dei)"이라는 교리식의 "거룩한 책들"이라 불리는 성경 자체도 아니며 어떤 종교적인 보고서나 경건성에 의해 해석된 명언집도 아니다. 성경은 하나님이 자유로운 자기전달을 기대하고 기억하는 인간의 "증거"이다.[294] 이런 하나님 말씀은 복음과 율법으로 되어 있다. 여기서 루터는 복음과 율법과의 관계와 구분을 강조한다. 왜냐하면 "율법과 복음과의

---

293 위의 책, 136.
294 위의 책, 122.

구분에서 기독교 선포가 무엇인지가 드러나기 때문이다"고 생각하기 때문이다.[295] 이 구분에서 루터가 "오로지 성경으로만(sola scriptura)"을 내세웠을 때 성경자체가 로고스라고 말하고 싶은 것이 아니라 신적 로고스의 자유로운 자기전달을 인간이 기대하고 기억하는 증표임을 말하기 위함이었다. 이런 의도에서 당시 모든 종교적인 권위로부터의 자유를 외쳤고 이를 위해 성경을 직접 독일어로 번역하고 해석하였으며 또한 규범으로 세웠으며 삶에 적용시키려 하였다. 하나님의 말씀은 자유롭게 자신을 전달하는 하나님의 자기전달이며 복음이다. 이 복음은 "들음"에서 나오며 그것을 마음으로 듣는 것이 신앙이다. 이렇게 루터는 하나님 말씀 곧 복음을 말하면서 종교문제를 율법과 복음과의 관계에서 이해하려 한다. 루터가 "율법과 복음을 올바르게 잘 구분하는 것을 아는 자는 신께 마음으로 감사할 것이며 한 사람의 신학자로 잘 있을 수 있다"고 말한 것은 그 만큼 복음의 깊이를 알기 위해서 율법과의 구분이 필요하다고 느낀 것으로 봐야 한다.[296] 또한 시편 강의에서 "성경 속에서 영을 문자로부터 구분하는 것은 최고의 일이다. 그것이 한 사람을 참으로 신학자로 만들기 때문이다"고 말한 것도 같은 맥락이다.[297] 루터가 강의하면서 "기독교의 가르침을 두 부분으로 나누는 것, 즉 율법과 복음으로 나누는 이 방법을 따르는 것 외에 순수한 가르침을 전승하고 유지하는 더 나은 방식은 없다는 것을 당신들은 이미 자주 들었다"는 말을 한 것도 역시 그의 신학에서 이 구분이 얼마나 중요한 위치를 차지하는지를 반영한다.[298] 그러나 여기서 중요한 사실은 루터가 "구분(Unterscheidung)"

---

295 E. Kinder/K. Haendler(Hrsg), Gesetz und Evangelium, Darmstadt, 1968, VII.
296 F. Brunstäd, Theologie der lutherischen Bekenntnisschriften, Gütersloh, 1951, 85.
297 G. Ebeling, Luther Einführung in sein Denken, Tübingen, 1964, 121.
298 위의 책, 122.

을 말하고 있지, "분리(Trennung)"를 말하고 있지 않음을 알아야 한다. 그렇다면 율법과 복음의 구분은 루터의 기독론, 칭의론, 나아가서 교회론, 다시 말해 그의 전체 신학을 대변하고 있다고 해도 과언이 아니다. 복음과 율법의 구분은 "하나님의 피조물인 인간과 그 인간이 믿음으로 의롭게 되는 것을 구성하고 정의하는 것"과 직결되기 때문이다.[299] 루터의 이런 사상 때문에 바울과 루터의 유사함을 주장한다 해도 그다지 과한 말로 들리지 않는다. "바울과 루터는 … 본질적으로 복음의 이해에서 동일하다"고 알트하우스(P. Alrhaus)가 말하면서 루터가 "나는 그리스도를 스콜라 신학을 신봉하는 자들에게서 잃어버렸고 이제 바울에서 다시 그리스도를 얻었다(Ego Christum amiseram illic in Theologia scholastica, nunc in Paulo reperi)"는 말에서 그는 바울을 상당히 닮아갔다.[300]

2. 어떻게 보면 루터의 종교개혁은 당시의 교회에서 바울신학을 다시 부흥시키려는 시도라고 해도 수긍이 가기도 한다.[301] 물론 당연히 여기에 대한 반대도 적지 않다. "루터는 기독교가 지닌 최고의 비밀로서 은혜론을 독창적으로 창조한 자이고 그의 교회론은 기독교적이 아니라 바울적이다"고 말하는 자들이 있어서 루터가 단순히 바울주의를 따라갔다는 점에서 다소 비판적으로 보는 시각도 완전히 무시할 수 없다. 특히 루터의 '복음과 율법의 강한 구분'은 바울의 사상과 아주 닮았지만 그럼에도 불구하고 바울과 루터의 차이도 분명하다. 가톨릭 신학자 바르트만(B. Bartmann)은 "개신교 신학은 바울에게 기울어졌고 그를 개혁주의 전체의 신앙론의 출발점과 기준점으로 만들었다"고 주장하면서 "바울은 가

---

299 E. Kinder/K. Haendler(Hrsg), Gesetz und Evangelium, VIII.
300 P. Althaus, Paulus und Luther über den Menschen, Güterloh, 1963, 13.
301 이를 위해 알트하우스(Althaus)의 저서 "Paulus und Luther über den Menschen" 13-30까지를 요약 정리하기로 한다.

톨릭적으로 가르쳤고 가톨릭 교회는 바울적으로 가르쳤다"고 말하여 바울과 가톨릭의 닮은 점을 말한다. 베른레(P. Wernle) 같은 이는 "개신교 교회사를 보면 타락을 통해 가톨릭이 원시기독교에서 생겼고 종교개혁은 단순히 근원적인 바울주의의 대립"이라고 하면서 가톨릭은 바울에 의해 신학적으로 살았고 상당히 바울을 계속 발전시켰다고 주장하기도 한다. 바울에게는 그리스도를 통한 칭의에서 인륜적인 삶의 보충을 찾기 위해 믿는 자의 인륜적인 행위의 미완성이 전혀 숙고되지 않았다고 믿는 리츨(A. Ritschl)이 또한 바울과 루터의 공통점을 말한다. 바울에게는 인간이 칭의된 후에도 오로지 인간 자신에 대한 불만족이 강조되었는데 그것이 루터로 하여금 그리스도를 통한 칭의를 결정적으로 믿는 동기가 되었다고 리츨은 평가한다. 즉 바울에게 인간 자신이 칭의되었다는 확신은 죄된 자신을 계속적으로 의식하는 자의식에 달려 있다고 그는 보았다. 바울에게서는 거듭난 자라 할지라도 인륜적으로는 완성할 수 없다는 것과 유사하게 언제나 죄인으로서 기독교인의 자기비판의 루터식의 진리를 증명하는 것은 불가능하다고 그는 주장한다. 하이트뮐러(W. Heitmüller) 역시 베른레와 같이 루터식의 기독교는 원시기독교, 특히 바울의 기독교의 갱신이라고 하면서 루터의 복음은 바울이 이해하였던 복음과 중요한 점들, 특히 고대와 중세와 구별되는 점들에서 상당히 많이 벗어났다고 한다. 단적으로 말해 바울은 많은 면에서 종교개혁의 아버지일 뿐 아니라 심지어 고대와 중세 교회의 아버지였다고 평가한다. 하이트뮐러는 더 나아가서 루터의 기독교는 바울의 기독교를 다시 세우는 것에 있지 않고 더 나아가서 가톨릭 교회의 기초가 되는 바울의 것들을 제거하기까지 했다고 한다. 예를 들어 바울식의 성례전 이해나 초자연적인 구원성을 가진 교회관 역시 루터가 제거했다고 한다. 그럼에도 불구하고 루터는 바울에게서 모든 것을 배웠으며 바울과 하나였다고 하면서 "루터라는 옷을 입은 독일 영혼은 바울주의에 포함된 예수의 능력을 고유하게 그리고 강력하게 파악한 것"이라고 말하면서 "바울주의를 넘어서서 루터는 예수 자신에게서 열린 종교적 원천으로 가는 길을 찾았고 단순히 그 길을 지나친 것이 아니라 계속 나아갔으며 더 깊이 걸어 나갔다"고 평가하는데 말하자면 루터가 바울보다 더 복음적이었다고 주장하는 셈이다. 브레데(W. Wrede)는 루터의 칭의론이 기독교인 각자의 인격적인 질문에 대한 해답이지만 이에 반해 바울에게는 칭의론이 인간성을 위해 구원을 얻는 것에 대해 객관적으로 말한 이론이었다고 한다. 이 주장은 루터가 구원을 인격적으로 체험했고 그 체험을 바탕으로 바울을 읽었지만 바울은 실제적인 체험이 없이 이론적으로만 칭의론을 소개한 것에서 차이가 있다는 의미이다. 종교사적으로 루터와 바울을 취급한 리츨과 달리 신학이론적으로 숙고한 슐라터(A. Schlatter)는 몇 가지로 차이를 소개한다. 우선, 루터와 칼빈에 있어서 하나님의 구원행위는 단순히 "죄용서"에 있다면 바울에게 칭의는 용서 이상의 것으로서 하나님과의 관계 안으로 적극적으로 들어가는 것과 나아가서 하나님과 함께 사는 것에 있다고 한다. 이것이 바울에게는 "하나님의 의"였다고 한다. 이 개념이 종교개혁가들에게 하나님의 자비 정도로 여겨졌다. "루터와 칼빈이 인간과 하나님의 교제가 어떻게 일어나는가를 말한다면 하나님의 의는 완전히 그 색이 바래진다"고 슐라터는 말하면서 종교개혁가들에게 하나님의 의와 사랑은 하나님의 소극적인 하나의 의지로 묘사되어 단순히 위기를 제거하는 것, 즉 죄와 허물을 제거하는 정도로 이해되었다고 한다. 그러나 바울에게 하나님의 자비는 소극적인 의지가 아니라 선과 의를 창조하는 적극적인 하나님의 의지라고 한다. 또 하나는 루터와 칼빈이 말하는 하나님의 의는 인간중심적인 구원론인 반면 바울에게는 신중심적인 구원론이었다는데 차이를 둔다고 슐라터는 말한다. 미묘한 차이지만 "개혁가들에게 우리의 위기는 하나님이 우리에게 이끄시는 무엇인 반면 바울에게는 하나님의 사역이 하나님의 사역에게서 일어난다"는데 차이가 있다고 한다. 심지어 개혁가들에게는 구원이 신인협력설의 요소도 약간 남아있다고 하는데, 예를 들어 하나님은 죄와 허물이라는 상태에 있는 인간과 관계한다고 개혁가들이 말할 때 하나님은 구원을 위해 마치 인간의 죄와 허물이라는 상태에 작용한다는 느낌을 준다. 그러니까 인간의 죄와 허물은 하나님의 구원사역의 부정적인 요소인 셈인데 부정적인 요소지만 구원을 이루는데 하나님과 협력했다는 느낌을 갖게 한다는 것이다. 이에 반해 바울은 이방인든 헬라인이든 절망하는 자이든 선을 행하는 자이든 모든 인간이 하나님의 구원의 상대였다. 또 다른 차이는 개혁가들이 아우구스티누스를 지나치게 옹호하면서 인간에게는 결코 선한 요소가 없음을 주장하였으나 바울은 우리의 선이 우리의 악을 변명하는 것을 단호히 거부하면서 우리 스스로가 의로워질 수 없음과 동시에 우리가 완전히 악만 행하지 않는다고 하였다. 이런 차이는 개혁가들이 아우구스티누스에 상당히 의존하여 인간이 율법을 행하는 것 자체도 죄로 여겼다면 바울은 오히려 율법을 행하는 것이 반드시 죄가 아님을 말하고 있다는 것이다. 죄란 죄인이라는 개인의 행위지만 죄가 죄의 행위는 아니기 때문이다. 마지막으로 개혁가들과 바울의 차이는 기독교인의 죄의 문제에 관한 것이다. 개혁가들은 그리스도와의 교제에서 새로운 인간이 됨을 확신하였는데 인간이 그리스도로 거듭난 후에도 여전히 죄가 남아있다고 생각하였다. 그래서 루터는 이런 이중의 상태의 기독교인을 "의인이면서 동시에 죄인(simul peccator et iustus)"이라는 사상을 강조한다. 바울 역시 기독교인도 죄를 지을 수 있다는 점을 고려했지만 믿는 자가 날마다 다양하게 죄를 짓는다는 주장은 바울에게는 상당히 낯설다는 것이다. 어쨌든 이렇게 신학자들이 바울과 루터의 공통점과 차이를 설명하는 것은 바울과 루터의 사유에서 분명히 차이가 있음을 말하기 위함이었다. 그러나 루터가 바울을 잘못 이해하였음을 지적하기 위함은 아니라고 본다. 바울의 시대와 루터의 상황은 비슷한 면도 있지만 문화, 관습, 언어, 인종적으로 차이를 가진다. 바울은 자신의 상황에서 그리스도 예수를 신학적으로 소개하였고 루터 역시 자신의 상황에서 예수 그리스도를 선포하였다. 그리스도가 신학의 고유한 텍스트(Text)라면 그리스도를 해석하는 신학적 사유는 콘텍스트(Kontext)이다. 전자 없이 후자 없으며 후자 없는 전자는 구름타고 홀로 비파를 타면서 감격해 하는 자기도취와 다를 바 없다. 그러나 전자는 규범을 만드는 바로 그 규범이고(norma normans) 후자는 만들어진 하나의 규범(norma normata)이다. 전자에 벗어난 후자는 아무리 고색창연한 색깔로 포장하고 있어도 권위가 주어질 수 없다.

3. 이렇게 신학자들이 바울과 루터를 비교했지만 분명한 점은 루터가 성경의 하나님을 결코 무시하지 않았다는 사실이다. 하나님이 말씀이기 때문에 성경이 위대하지, 그 반대가 아니다. 루터에 따르면 하나님의 말씀은 인간을 율법과 복음으로 만난다. 아마도 루터 신학의 이해는 율법에 대한 이해에 달려있다고 하면 다소 과장이 되겠지만 그다지 지나치다고 여겨지지 않는다. 여기서 율법이라고 했을 때 구약을 상상하기 쉬운데 루터에게는 구약이 반드시 율법이 아니다. 그렇다고 신약이 복음을 나타낸다는 뜻도 아니다. 우선 루터에게서 빼놓을 수 없는 개념인 "율법"의 이해가 필요하겠다. 루터는 자신의 저서 "로마서 서문"에서 "너는 율법이라는 단어를 마치 마음이 없을지라도 율법에 따라 작업과 함께 충분히 행하는 인간적인 율법들처럼 작업을 위해 무엇인가를 행하고 또한 행할 수 있는 가르침인 것처럼 그런 인간적인 방식으로 율

법을 이해해서는 안된다"고 못을 박는다.[302] 행위를 위해 마음도 없이 행하는 율법은 법률적인 개념이지, 성경적인 개념은 아니다. 하나님의 율법은 마음에서 이루어지며 영적이다. 따라서 마음에서 나오지 않는 행위개념은 성경의 하나님의 말씀으로서 율법이 아니다. 자발적으로 해야 하며 두려움이나 강제성을 가져서도 안되고 진정으로 행해야 하는 개념이다.[303] 루터는 "율법의 작업을 행하는 것과 그 율법을 성취하는 것은 완전히 다른 것"이라고 주장한다.[304] 율법이 요구하는 바를 행하는 것이 반드시 율법을 성취하는 행위는 아니다. 비자발적이고 마음에 없는 행위는 아무리 작업을 잘했다고 해도 율법의 성취는 아니다. 율법과 마음의 관계는 곧 율법의 성취가 영적으로 이해되어야 함을 뜻한다. 율법은 우선 마음의 죄를 드러낸다. 마음에서 성령으로 요구하기 때문에 성령이 마음에 역사하지 않는다면 인간의 마음의 죄는 드러나지 않는다. 즉 율법이란 인간의 마음에서 영적으로 요구되는 어떤 무엇을 행위로 이루는 인격적인 무엇이다. 여기서 루터는 죄와 율법과의 상관관계를 주장한다. 루터가 "죄"라고 말할 때 육체의 외적 작업을 뜻하지 않는다. 오히려 모든 힘들로 그런 작업을 불러일으키는 마음의 근거가 죄이다.[305] 인간이 이런 마음의 근거에 복종하여 그 마음의 요구대로 행하는 모든 것이 죄이다. 그리고 마음의 근거는 "불신앙"인데 타락 후 아담에게 일어났던 경우를 가리키며 그 뿌리에서 죄가 나온다. 즉 불신앙이 죄의 원인이다. 이렇게 보면 루터는 고대 전통에 따라 죄의 유전설을 따르는 듯하다(이 문제는 별도연구에서 취급하기로 한다). 그러면서 루터는 바울처럼 율법

---

302 Martin Luther, Die Hauptschriften, Berlin, 1951, 362.
303 참고. 위의 책, 363.
304 참고. 위의 책, 363.
305 위의 책, 364.

을 나쁘다고 말하지 않고 오히려 옳고 선하다고 하는데 다만 우리 마음이 율법을 적대하고 미워한다고 한다. 우리 마음은 부패한 종교성으로 독한 향기를 항상 뿜어대면서 율법을 미워하기 때문이다. 그래서 루터는 우리 마음이 율법을 속박이나 구속으로 여기면서 그 요구를 억지로 작업하는 것은 완전히 헛되다고 믿는다. 오로지 신앙으로 인해 의롭게 된 마음에서 비로소 자발적이고 기쁘게 우리의 마음에 요구하는 율법을 행함으로 율법을 성취할 수 있다. 성령은 율법의 진정한 목적과 거기에서 오는 참다운 행복을 제공한다. 율법의 올바른 이해는 신앙에 달려있다. 그렇다면 "신앙"이란 무엇인가? 루터는 우선 신앙에 대한 그릇된 이해를 지적하면서, 구원을 얻기 위해 올바른 행위를 하지 않는 인간적인 환상이나 나름대로의 개인적인 체험을 가지고 신앙이라고 스스로 믿고 있는 꿈과 분리시킨다. 그는 "그러나 신앙은 우리 안에서 일하시는 신적인 작업이며 우리를 변화시키고 하나님으로부터 새롭게 태어나는 것이고 옛 아담을 죽이고 마음, 생각, 의미와 모든 힘들에서 우리를 완전히 다른 인간으로 만드는 것이며 자신과 함께 성령을 가져온다"고 규정한 후 "신앙은 행해야 하는 선한 작업들이 있는지를 묻지 않고 오히려 그렇게 묻기 전에 선한 작업들을 이미 행하며 항상 행위 속에 있다"고 주장한다.[306] 여기서 중요한 점은 루터가 신앙을 언급하면서 신앙과 행위가 일치함을 제시한다. 즉 이런 식으로 행하지 않는 자는 신앙이 없는 자이다. 성령은 신앙을 통해서 작업하기 때문이다. 이 작업은 인간을 자발성과 기쁨으로 선행하도록 이끈다. 루터는 이런 신앙을 "의(Gerechtigkeit)"와 동일시한다. "의는 이런 신앙이며 하나님의 의 혹은 의라고 부른다. 이 의는 하나님에게 타당하다. 하나님이 주시고 우리의 구원자 그리스도를

---

[306] 위의 책, 365.

위해 의로서 간주하시고 각 인간에게 그가 지고 있는 것을 주시도록 인간을 거기에 가져오시기 때문이다"고 한다.[307] 이렇게 보면 루터는 율법, 마음, 신앙, 의, 행위가 사실은 별다른 것들이 아니라 성령 안에서 하나가 됨을 말하고 있는 것이 분명하다. 성령이 없이는 이것들이 각각 따로 분리가 되어 인간으로 하여금 그릇된 한 개를 취하게 하지만 성령으로 인해서는 이것들이 인간의 마음에서 하나가 되어 구체적인 행위로 표현됨을 말하고 있다. 그러나 성령으로 말미암지 않고는 그 어느 누구도 율법을 기쁨이나 자발적으로 성취할 수 없기 때문에 도리어 하나님의 진노를 불러일으킨다. 율법은 분명 인간에게 선하지만 성령의 도움이 없다면 도리어 율법을 행하면서 하나님의 진노를 가져오게 한다. 그러나 율법이 인간에게 어떻게 작용하는가에 따라서 하나님의 심판을 불러 오지만 이로 인해 오히려 그리스도를 간절하게 필요로 하게 만들며 우리의 부패한 본성을 변화시켜 우리를 구원하실 하나님의 은혜를 절실하게 필요하게 만드는 역할도 한다.[308]

4. 율법이라 할 때 구약에서도 복음과 같은 율법을 만나게 되며 신약에서도 율법보다 못한 복음을 만나기도 한다고 루터는 생각한다. 그렇다면 율법과 복음의 구분이 필요해진다. 따라서 복음과 율법의 구분은 신학적 사건이며 이로 인해 죄인이 자신을 직시하며 동시에 죄된 자신에게서 나올 수 있다고 루터는 생각한다. 그래서 어떤 이는 루터의 이 구분은 전적으로 신학적이며 동시에 인간학적인 사건이라고 이해하기도 한다. 즉 이 구분에서 하나님 자신과 인간 자신이 마주하게 되는데 그 만남에서 하나님은 인간의 하나님이 되시고 인간은 하나님의 인간이 될

307　위의 책, 365.
308　참고. 위의 책, 368.

수 있다.[309] 따라서 이 구분을 지어야 하는 이유는 루터에게는 하나님이 자신을 지시하시고 은혜를 베푸시는 분이심을 죄인인 인간이 만나야 하는데 있었다. 구약성경은 은폐된 방식으로 복음을 담고 있고 신약 역시 율법을 요구하고 있기도 하다. 특히 루터는 구약에서 첫 번째 계명을 대단히 중요하게 생각했는데 그것은 모든 자연법을 포함하여 모든 계명들의 요약이라고 판단했다.[310] 그 내용은 하나님을 경외하고 사랑하며 신뢰해야 한다는 데 있다. 이런 내용을 전제로 대한다면 "너는 내 앞에서 다른 신들을 두지 말라"는 첫 번째 계명은 하나님 자신을 향하게 하고 하나님의 약속이 이해하는 복음, 다시 말해 하나님이 우리들의 하나님이 될 것이라는 약속과 인간은 자신의 행위들로는 절망할 것이며 오로지 하나님의 자비를 신뢰해야 살 것이라는 약속이 담겨있는 복음이다. 비록 그 계명이 율법의 성질을 가지고 있지만 그 정신은 복음인데 그리스도가 그 신적인 계명 속에 약속이라는 율법의 정신을 밝혀주기 때문이다. 신약의 "하나님은 죽은 자들의 하나님이 아니라 살아 있는 자들의 하나님이다(마 22:32)"는 가르침에서 비추어 보면 그리스도가 첫 번째 계명의 고유한 의미를 잘 드러내어 준다. 이렇게 보면 신약은 구약에 은폐되어 있고 비밀스러운 문자들이 가지는 고유한 의미를 비추어주고 해석하고 이해시키는 말씀이 되는 셈이다. "신약은 구약의 입이고 계시 외에 다른 것이 아니다(das Neue Testament ist nichts anderes denn eyn auffthun und offenbarung des alten testaments)"고 말하는 루터의 생각을 짐작하게 한다.[311] 그러나 신약도 역시 율법을 가지고 있다. 예를 들어 신약에서 산상수훈과 같은 교훈들이 그러한데 그러나 이런 율법은 근원적으로 하나님의

309　E. Kinder/K. Haendler(Hrsg), Gesetz und Evangelium, X.
310　B. Lohse, Martin Luther, München, 1982, 164.
311　위의 책, 165.

뜻이 담겨있는 계명에 기인한다. 특히 그리스도의 십자가 자체는 신적인 아가페의 제시일 뿐 아니라 인간의 죄를 향한 엄청난 심판을 제시하는 복음이다. 이런 점에서 신약은 구약의 의미를 드러낸다. 그러니까 구약과 신약은 그리스도를 통해 복음과 율법으로 구분된다. 구약은 신약에 의해 그리고 신약은 구약에 의해 하나님의 거룩한 뜻이 해석, 설명, 해명된다. 율법과 복음의 구분으로 인해 성경이라고 하는, 선지자들과 사도들의 서신들이 이해가 된다. 율법 속에서 복음이 은폐되어 있고 복음 안에서 율법이 유지되고 지향된다. 이런 점에서 루터는 서슴없이 "성경은 인간이 허무라는 사실과 오직 그리스도만이 모든 것들이라는 사실 이외에 다른 식으로 해석되어서는 안 된다(Scriptura non debet aliter gedeut werden, quam qoud homo nihil sit, et solus Christus omnia)"고 말하는 것이 이해가 된다.[312]

5. 1518년 4월 26일 독일 하이델베르크에서 루터는 자신의 신학적 논제 28개를 발표했는데 그 첫 번째 조항에서 "생명의 가장 거룩한 가르침인 하나님의 율법은 인간을 의로 가져갈 수 없으며 오히려 의에 길에 대한 방해이다"고 하며 23번째 조항에는 "율법은 하나님의 진노를 일으키며 그리스도 안에 있지 않는 모든 것을 죽이고 정죄하고 송사하며 심판하고 저주한다"고 하였고 26번째 조항에는 "율법은 이것을 행하라고 말하지만 그것이 결코 성취되지 않는다. 그러나 은혜는 이것을 너가 믿어야 한다고 말하는데 모든 것이 그렇게 행해진다"고 루터는 말한다.[313] 달리 말하면 율법을 지켜 행함으로는 죄인이 결코 의롭게 되지 않는다는 그의 생각을 분명하게 보여준다. 의롭게 하시는 분은 하나님이시다. 그

---

312 위의 책, 165.
313 M. Luther, Die reformatorischen Grundschriften, Bd.1, München, 1983, 31-34.

런데 칭의가 하나님의 은혜의 행위라는 사실을 아는 자는 율법과 복음이라는 하나님의 두 개의 행위에 달려있다. 바로 이 구분을 종교개혁의 가장 위대하고 가장 분명한 빛(magna et clarissima lux der Reformation)으로 칭하기도 한다. 율법은 문자를 통해 죽이고 저주를 설교하고 있으며 복음은 모든 자들을 복되게 하고 신앙으로 이끄는 하나님의 힘이다. 이런 점에서 계명은 죄를 용서하지도 않으며 우리를 새롭게 하는 성령을 동반하지 않는다. 그럼에도 불구하고 계명은 저주가 아니라 호의적인 아버지 하나님의 제시이다. 새롭게 거듭난 인간(homo novus renatus)을 위해 생명을 주시는 것이 아니라 어떻게 우리가 새로운 생으로 변화되어야 하는지를 제시하면서 이미 주신 생을 잘 유지하도록 한다. 율법은 복음을 통해 성취되며 동시에 죄를 벌하고 선한 행위를 가르치는 직분자(Amt)의 역할을 수행한다. 그러나 죄 용서와 생명, 그리고 새롭게 됨과 영적인 복은 오로지 복음으로 가능하다. 그러면 율법과 복음의 구분은 어디에서 가능한가? 루터에 따르면 하나님 말씀 안에서 가능하다. 그리고 복음을 믿는 자는 이 구분을 알 것이며 불신자에게는 오로지 율법만이 있다. 그렇다고 신앙이 이 구분을 행하지 못한다. 신앙이 복음을 움직이게 하는 것이 아니라 복음이 신앙을 가능하게하기 때문이다. 그러면 율법의 의미는 무엇인가? 위에서 이미 잠시 취급하였듯, 율법이란 하나님의 의지와 인간의 의지의 대립, 모순을 담고 있는데 이 모순을 루터는 "죄"라고 칭한다. 반면 복음은 하나님께 대항하는 인간의 투쟁을 제거하고 극복하는 하나님의 의지이다. 복음에서 보면 율법은 죄인을 유지하고 나아가서 거룩으로 이끄는 사랑의 계명이 된다. 즉 사랑은 율법의 성취($\pi\lambda\acute{\eta}\varrho\omega\mu\alpha$ $\tau o\upsilon$ $\nu\acute{o}\mu o\upsilon$)가 된다. 이런 점에서 십계명은 "나는 너의 하나님 주인이다"는 하나님의 말씀을 담고 있는데, 여기서 하나님이 우리의 주인되심이라는 용어가 바로 율법 속에 있는 복음이다.[314] 하나님의 율법은 루터에게는 성경에 기록된 계명들인데 이것은 인간의 마음 판에 새겨진 자연적인 율법과 일치한다. 자연의 율법은 코스모스인 세상의 질서이면서 동시에 인간의 마음에 있는 율법이기도 하다. 모세에게 주신 두 돌판들은 하나님의 계명 혹은 "Decalogus(데칼로구스)"로서 하나님의 의지이기도 하며 자연의 율법에서 분명하게 드러난다. 첫 번째 돌판의 기초 위에 두 번째 돌판이 서 있다. 그리고 그 율법 전체는 "영원한 율법(aeterna lex)"이라고 칭하는 첫 번째 계명 아래에 놓인다.[315] 여기서 루터가 율법의 정신이 무엇인지를 말하고 있는데, 율법은 우리에게 무엇을 행하도록 하는 어떤 것이 아니라 우리 자신, 우리의 마음, 즉 우리의 행위와 율법의 문자와의 일치뿐 아니라 마음의 전부를 요구하신다는 점이다. 율법은 "의롭지 못한 자들에게 교육시키는 자로서 놓여있으며 하나님은 육체적인 것들을 저 공적인 가르침과 묶여있기를 원하시고 이런 보존해야 하심으로 율법들, 문자들, 가르침과 선생들과 형벌들을 주셨다; 즉 몽학선생을 주셨다(iniustis posita als paedagogus: Vult enim Deus coerceri carnales illa civili disciplina, et ad hanc conservandam dedit leges, litteras, doctrinam, magistratus, poenas; Zuchtmeister)"는 루터의 말이 그 의미를 살려준다.[316] 이 주장은 소위 율법이 죄인을 조정하고 보호하는 "율법의 교육적 기능(usus politicus legis)"를 뜻한다. 율법은 하나님과 인간 사이의 대립 투쟁을 뜻하며 동시에 죄인의 죄를 위해 작용한다. 그러나 동시에 인간 속에게 다시 하나님의 의지를 올바르게 세우심으로 율법 안에 은폐되어 있는 은혜로우심을 굳건히 한다. 나아가서 율법은 우리의 죄를 밝혀내고 하나님의 뜻을 행

---

314 F. Brunstäd, Theologie der lutherischen Bekenntnisschriften, 87.
315 위의 책, 89.
316 위의 책, 89.

하기에 무능함을 제시하는 기능인 "율법의 정죄하는 기능(usus elenchticus legis)"도 가진다. 율법이 복음의 도움 없이 자신의 사역을 하면 죽음뿐이며 인간을 절망으로 이끈다. 그러나 복음으로 인해 율법의 의미가 올바르게 이해된다. 율법은 죄를 향한 하나님의 진노를 보여주며 진노는 인간을 완고하게 하며 도무지 거기에서 자유로울 수 없음을 가르친다. 여기서 루터는 "바울은 전체 율법, 즉 계명들과 의식들에 관한 인간의 생각을 덮개로 이해한다. 분명히 위선자들은 외형적이고 드러내는 행위들이 하나님의 율법에 만족하게 한다는 것과 행해진 행위들로부터 희생과 의식이 하나님 앞에서 의롭게 한다고 생각한다. 그러나 이 덮개는 우리에게서 벗겨진다. 즉 이 오류가 제거된다. 왜냐하면 하나님이 우리들의 마음에게 우리들의 더러움과 죄의 큰 덩어리를 향해 이의를 제기하셨기 때문이다. 왜냐하면 하나님이 우리들의 마음에 있는 우리들의 더러움과 죄의 큰 덩어리를 보게 하셨기 때문이다(Velamen intelligit Paulus humanam opinionem de tota lege, Decaloge et ceremoniis, videlicet quod hypocritae putant externa et civilia opera satisfacere legi Dei et sacrificia et cultus ex opere operato iustificare coram Deo. Tunc autem detrahitur nobis hoc velemen, hoc est eximitur hic error, quando Deus ostendit cordibus nostris immunditiem nostram et magnitudinem peccati)"고 말하면서 그가 이해하는 율법의 중요한 기능인 죄를 정죄하고 벌주며 깨닫게 하는 율법의 특수한 기능(usus praecipuus legis)을 말한다.[317] 하나님의 진노는 십자가에서도 드러난다. 십자가는 하나님의 무서운 진노와 우리를 회개로 이끄시는 부르심이며 율법과 복음의 구분과 대립 속에서 통일되는 하나님의 은혜를 보여준다. 비록 율법과 복음이 서로 대립하는 것으로만 비치지만 사실은 마치 대립과 화해와 같이 율법과 복음은 서로에게

---

317 위의 책, 91.

속한다. 대립이 있는 곳에 화해가 있는데, 화해란 하나님이 자신의 요구 혹은 계명을 따르는 것에서 일어나는 것이 아니라 반대로 하나님이 죄인을 용서하시면서 자신의 계명으로 이끄시는데 "그리스도의 십자가 죽음"이 바로 그것이다. 십자가는 우리에게서 죄를 끌어내고 그 죄에 노하시는 하나님의 심판을 예고하는 율법의 설교이다. 그러나 동시에 사랑으로 그 죄를 용서하신다는 강력한 복음의 메시지이기도 하다. 십자가 신학(theolgia crucis)이 여기서 강조가 되면서 그것은 "화해는 칭의의 근거가 된다"는 루터의 말이 이 사실을 압축해 준다.[318] 율법과 복음의 구분과 대립 그리고 그리스도 십자가 안에서 통일되는 이 신비를 가르치는 자가 루터에게는 올바른 신학자이다.

6. 루터는 여기에서 인간 이성의 이해를 소개한다. 흥미롭게도 1536년 루터가 "인간에 대하여(disputatio de homine)"라는 제목의 선언을 한 적이 있는데 거기에서 "철학, 즉 인간적인 지혜는 인간이 이성과 육체의 감각적 동물이라고 정의한다"고 제1항에서 선언하고 2항에서는 "모든 것들의 이성은 여타의 남아있는 것들 이전에 이 생명의 최상의 것이며 신적인 것과 동일하다는 것은 합리적으로 사실이다"고 말하고 있으며 제3항에서는 이성이 가지는 이런 장점 때문에 인간이 동물들과 다른 사물들과의 본질적인 차이를 말한다.[319] 그러나 아담의 타락 이후 하나님은 자신의 거룩성을 이성에게서 빼앗은 것이 아니라 오히려 더 강하게 확고하게 하셨다고 5항에 밝힌다. 그럼에도 불구하고 자기 스스로 거룩함이 되어 이성 자체는 하나님의 거룩성을 선천적으로 아는 것이 아니라 후천적으로 알게 되었다고 6항에서 말한다. 9항에서는 이성을 주인으로

---

318 위의 책, 92.
319 M. Luther, Disputatio de homine, in: Evangelische Theologie(Heft 2/3), München, 1946, 167.

하는 철학은 하나님의 활동을 알지도 못하며 하나님의 활동의 목적도 알지 못한다고 했고 15항에서 비로소 신학에 대해 말하면서 신학이 자신의 지혜의 충만함에 의해 통합적이고 완전한 인간을 규정한다고 말한다. 그 이유는 인간이 하나님의 창조물, 즉 육체와 영적인 영혼을 가지는 존재이며 번성하기 위해 그리고 다른 피조물들을 지배하기 위해 처음부터 하나님의 형상으로 죄 없이 지어졌다고 말한다. 이런 루터의 주장들을 고려하면 그는 이성 자체를 경멸하거나 거부하지 않았다. 단지 부패한 후의 이성은 하나님의 참다운 지식을 얻기에 근본적으로 한계를 가진다. 여기서 루터의 이성의 개념이해를 위해 루터의 인간이해를 먼저 살피는 것이 좋겠다. 루터에 의하면 인간은 육과 영으로 되어 있다. 그러나 육을 도덕적으로 더러운 존재로 여기거나 영은 오로지 마음과 관계하는 이분법적인 판단은 그릇된 것이라고 그는 규정한다. 오히려 "육체에서 태어난 모든 것, 육과 영혼 그리고 이성과 모든 감각들을 가진 전인(der ganze Mensch)"으로 인간을 규정한다.[320] 그런데 하나님의 은혜를 받지 못하면 소위 육에 치우쳐서 율법적인 인간이 되거나 '육체적인 인간'이 되고 죄와 직결되며 신앙과 무관한 인간이 된다. "육이 인간인 것은 그 인간이 내적으로 그리고 외적으로 육체에 복종하며 시간적인 삶에 섬기며 살고 활동하는 자이며 영적 인간이란 내적으로 그리고 외적으로 영과 미래에 섬기고 살며 활동하는 자이다"고 그는 말한다.[321] 인간을 이렇게 규정했을 때 은혜를 받지 못한 이성은 근본적으로 신을 알기에 부적격하다. 물론 부패한 인간이라도 소위 이성은 가지고 있어서 신을 알려고 하는 시도는 멈추지 않는다. 비록 부패하였지만 모든 인간들이 이성이라는 자연의 빛을 소유하고 있기 때문에 신을 어느 정도

---

320   Martin Luther, Die Hauptschriften, 366.
321   위의 책, 366.

는 알 수 있다고 루터도 주장한다.[322] 자연인 혹은 비기독교인들이 가지고 있는 이성도 신을 알 수 있다. 그러나 그들의 이성은 자신들이 알고 싶은 신을 알뿐이다. 그들의 이성도 기독교인처럼 신의 선하심과 진노하심 혹은 의로우심 그리고 심지어 신의 계명 등과 같은 지식들을 가진다. "이성은 놀라게 하시고 진노하시는 인도자라고 신에게 칭하는 것을 행할 수 있다. 그 인도자는 이성에게 세상이 머물러야 할 곳이 없게 하여 세상과 지옥을 아주 가깝게 만든다(Soviel kan vernunft wol thun, das sie yhn(Gott) einen schrecklichen, zornigen richter heysset, der yhr die welt und dazu die hell zu eng machet, das sie nicht weys, wo sie bleyben sol)"고 루터는 말한다.[323] 이성은 비록 부패하였지만 인간으로 하여금 무엇이 옳으며 무엇이 그릇된 것인지도 알게 하며 심지어 본성적으로 죄지은 자는 하늘에 갈 수 없다는 사실도 알게 하며 신이 모든 것을 다스린다는 진리조차도 인간의 마음판에 새겨짐으로 이성은 잘 알 수 있다. 그래서 이러한 이성의 자연성을 토대로 신을 경외하는 어떤 종교적인 성향을 이용하여 자연스럽게 그들 나름대로의 종교를 만들어서 신을 세우고 경배하게 한다. 루터는 인간에게 주어진 자연적인 이성은 특정의 종교를 만들고 나아가서 종교적인 형태와 의식을 갖추면서 그들이 필요로 하는 신을 섬길 수 있다고 말한다. 마치 '자연은 신의 선물(natura est donum dei)'이라는 로마의 격언처럼 자연적인 능력인 이성은 기독교인이나 이방 종교인들이나 마찬가지

---

[322] F. Wagner, Was ist Religion? 28: "루터는 항상 강조하기를, … 모든 세상은 신에 대해 말할 수 있고 자연적인 이성은 신이 어떤 다른 것들을 위해 어떤 위대한 존재가 됨을 잘 알고 있다. … 따라서 자연적인 이성은 모든 선한 것이 신에게서 나온다는 것을 고백해야 한다는 것이 자명하다. … 그러는 한 이성의 자연적인 빛은 그것이 신을 선하고 은혜로우며 자비가 풍부하고 온유함을 상기시킨다. 그것이 그 빛이다(So betont Luther immer wieder, … Alle Welt weys von der Gotheyt zusagen und natürliche Vernunft kennet, dass die Gotheyt etwas Großes für allen andern dingen … Daraus folgt weyter, das natürliche Vernunft bekennen mus, das alles Guts von Gott kome. … soweyt reicht das natürlich Liecht der Vernunft, das sie Gott für einen gütigen gnedigen, bamhertzigen, milden achtet; das ist eyn Liecht.)"

[323] B. Lohse, Martin Luther, 166.

로 신을 경외하고 신을 믿는 방식에는 별다른 차이가 없다고 본다. 그러나 루터는 이성의 다른 측면, 즉 부정적인 측면을 강조한다. 즉 이성은 하나님에 대한 참된 지식이나 지혜를 가질 수 없다는 점이다. 이방 종교인들이 가지는 이성과 그 이성이 창조한 신의 경외는 부패한 인간의 산물로서 참된 기독교 종교와는 분리된다고 루터는 그 한계를 분명하게 정한다. 이성은 신에게로 나아가야 한다는 사실은 잘 알지만 하나님에게로 올바르게 가는 일을 알지 못한다. 이성은 신이 최고의 본질이며 만물의 근원이라는 하나의 객관적인 사실을 알고 또한 그 신에게 어울리는 속성들을 부여하기는 하지만 단지 부패한 이성은 신에 관한 정보들이나 하나님의 인격과 무관한 객관적인 사실들만 알뿐이다. "네가 이성에 기대고 의지하려고 하면 할수록 신으로부터 계속 멀어진다(Je mehr du versuchst, dich auf die ratio zu stützen, umso weiter kommst du von Gott fort)"고 루터는 말한다.[324] 이성은 마치 착색된 안경이나 선글래스처럼 우리의 눈을 덮고 있어서 이성이 보는 모든 것은 사실은 이성 자신이 착색된 색깔로 볼 뿐이다. 이 착색된 선글래스를 끼고 인간은 그 색깔에 일치하는 신을 만들고 종교를 만들며 거기에서 희망을 가질 수도 있다. 그러나 이성이란 살아계신 하나님에게로 올바르게 나아가는 길이 전혀 될 수 없다. 따라서 신이 있다는 사실과 신을 인간 자신의 인격적인 하나님으로 체험하는 지식은 별개의 관계이다. "결국 이성은 신이 무엇인지는 파악하지는 못하지만 신은 무엇이 아니라는 사실을 가장 분명하게 파악한다(Non enim capit ratio, quid sit deus, certissime tamen capit quid non sit deus)"고 못박는다.[325] 루터가 보기에 인간의 이성에게는 하나님은 절대적으로 파악될 수도 없고 접촉불가능한 '은폐된 하나님'이다.

---

324 위의 책, 167.
325 위의 책, 167.

7. 루터는 이성의 도움으로 참된 신이신 "하나님"에게로 이르는 길을 완전히 차단시켰다. 이성이 자주 사용하는 "확정"의 개념은 루터에게는 잘못되었다. 이성에 대한 이런 생각을 가지고 있는 루터에게 철학은 그야말로 신학의 대적자인 셈이다. 그러나 엄밀하게 말하면 루터가 경멸했던 것은 철학 자체가 아니라 철학에 의존하여 빌붙어 사는 신학의 행태라고 해야 한다. 루터도 플라톤이나 신플라톤주의 그리고 스토아 철학을 잘 알았기 때문이다. 1517년 루터가 95개 조항을 작성한 바로 그 해 그는 "스콜라 신학에 대항하는 논의(Diaputatio contra scholasticam theologiam 1517)"를 97개 항목들로 작성했는데 거기에서 흥미로운 주장들이 나온다. 당시 철학은 신학의 시녀라고 인식되었고 당연히 신학이 철학의 방법에 의존하여 기독교의 교리들을 철학적 방식으로 설명하려 했던 스콜라주의 신학을 향하여 루터는 다음과 같이 자신의 경멸감을 노골적으로 표현한다. 그 가운데 41조 항목에는 "어쩌면 아리스토텔레스의 모든 윤리학은 가장 악하며 은혜에 적이 된다(Tota fere Aristotelis Ethica pessima est gratiae inimica)"고 했으며 그 비판의 수위는 점점 강해지고 높아간다. 42조에는 "아리스토텔레스의 덕에 관한 문장을 가톨릭 교의에 추방하지 않는 것은 잘못이다(Error est, Aristotelis sententiam de foelicitate non repugnare doctrinae catholicae)"고 했으며 43조에는 "아리스토텔레스 없이는 신학자가 되지 않는다고 말하는 것은 잘못이다(Error est dicere: sine Aristotele non fit theologus)"고 하다가 "더욱이 아리스토텔레스 없이는 그것이 되지 않는다면 신학자가 되지 못한다(Immo theologus non fit nisi id fiat sine Aristotele)"고 했고 45조에는 "신학자는 괴물과 같은 이교도의 논리학자가 아니다. 그(아리스토텔레스)의 말은 괴물이며 이교도적이다(Theologus non logicus est monstrosus haereticus, Est monstrosa et haeretica oratio)"고 말했으며 47조항에는 철학자들이 사용하는 삼단논법에 대해 "삼단논법의 그 어떤 형태

는 신적인 용어들을 조종하지 못한다(Nulla forma syllogistica tenet in terminis divinis)"고 철학과 신학의 한계를 분명하게 긋다가 48조항에는 "따라서 삼위일체적인 방식의 진리는 삼단논법적인 형태를 거부함을 추론할 수 있다(Non tamen ideo sequiter, veritatem articuli trinitatis repugnare formis syllogisticis)"고 항변한다. 그러면서 49조항에는 "만약 삼단논법의 형태가 신적인 것들을 조종한다면, 삼위일체의 방식은 논증적인 것이지 신앙적인 것이 아닐 것이다(Si forma syllogistica tenet in divinis, articulus trinitatis erit scitus et non creditus)"고 했으며 50조항에는 폭탄을 터트린다. "간단하게 말한다면, 신학에 대한 아리스토텔레스의 모든 것은 빛의 감추임이다(Breviter, Totus Aristoteles ad theologiam est tenebrae ad lucem)"고 선언했고 51조항에는 "아리스토텔레스의 문장이 라틴(신학자) 가운데 있는지(이해가 되었는지) 대단히 의심스럽다(Dubium est vehemens, An sententia Aristotelis sit apud latinos)"고 주장했으며, 52조항에는 아리스토텔레스의 "범주론"을 신학에 끌어다가 쓴 포르피리우스를 향해 "만약 신학자들을 위해 포르피리우스가 그의 보편적인 (이론들)과 함께 태어나지 않았다면 교회에 좋았다(Bonum erat ecclesiae, si theologis natus non fuisset Porphirius cum suis universalibus)"고 했으며 54조항에는 "은혜로 인한 병존이 공로들의 행위로 충분하던지 아니면 그 병존이 아무 것도 아니든지 하다(Ad actum meritorium satis est coexistentia gratiae aut coexistencia nihil est)"고 규정한다. 철학이 제시하는 인간은 죽음과 마귀의 역사 아래에서 죄의 노예로 살아가는 인간이지, 예수 그리스도에 의한 구원을 전혀 담고 있지 않는다. 이렇게 철학의 방법론에 신학이 기대어 기독교 진리를 곡해하는 것에 루터는 엄격하게 비난한다. 그렇다고 루터가 철학을 완전히 거부한다고 생각해서는 안 되며 다만 철학의 한계를 강하게 지적하고 있음을 알아야 한다. 위에서 본 대로 루터는 당시의 가톨릭 교회 교의학의 토대를 정확하게 알고 있었으며 특히 아리스토텔레스의 철학적 방법론이 신학의 교리에 응용되고 있음도 잘 알았다. 그런데 비록 루터가 이성의 한계를 지적했지만, 이성의 개념은 당시 철학자들이 자주 사용했던 논리적인 삼단논법 정도로 그가 이해하고 있었다고 여겨지는데 물론 근대철학적인 의미의 자율성이라는 이성의 개념은 아니었고 단지 부패된 자연성으로서 신앙에 의해 올바르게 회복될 수 있다는 소박한 의미의 개념이었다. 이성이 인간의 부패성으로 인해 하나님을 올바르게 알기에는 맹인이지만 그럼에도 불구하고 하나님에 의해 조명되고 신앙이 이성을 지배하고 정화시킬 때 이성은 인간에게 중요한 역할을 한다는 점에는 루터도 공감한다. 그러니까 이성보다 신앙이 더 위에 있으며 계시는 신앙에 의해 지배를 받는 이성에 의해 설명될 수 있다고 보았다. 따라서 이성의 갱신이 신앙에 의해 요구된다. 칭의에 의한 은혜는 신앙에 의해 갱신되는 이성에게도 적용된다고 해야 한다. 루터는 그리스도인에게 이성은 한편으로는 이성으로 인해 신앙에 도달할 수 없다는 사실을 잘 알았기 때문에 신앙과 이성 사이의 대립관계가 성립한다고 믿었다. 그러나 다른 한 편으로는 신앙은 인간을 전회시키는 운동을 하는데 이 운동에 의해 이성 역시 당연하게 새롭게 전회된다고 믿었다. 그렇다면 새로운 이성이란 무엇인가? 루터는 자연적 인간의 이성과 거듭난 이성의 엄격하고 질적인 구분을 하지 않았다. 단지 새로운 이성은 더 이상 자기 스스로 의로워지려는 노력을 하지 않고 하나의 기능하는 존재로 있게 된다. 바로 이 점 때문에 루터는 신앙과 이성을 단순히 대립시키지도 않았으며 그렇다고 이성을 내던져 버리지 않았다. 엄밀하게 말하면 이성과 신앙은 나란히 가면서도 서로를 위하는 방식으로 함께 속한다. 마치 복음과 율법과의 관계처럼 그리고 거기에서 정립된 인간의 개념인 "의인인 동시에 죄인(simul iustus et peccator)"의 개념처럼 그렇게 함께 가는 관계이다.

8. 신앙에 의해 지배되지 않은 이성에서 만들어진 일반 종교는 죄인이 의롭게 되는 칭의와는 전혀 무관한 인간이 만든 하나의 종교적인 관습일 뿐이다. 자연인은 율법 아래에 있는 자이다. "율법 아래에" 있다는 것은 자연인들의 종교적 성향이 "율법성"이라는 특징을 가진다고 해도 틀린 말이 아니다. 율법성이란 율법에 대한 인간의 반응인데 여기에서 행위로 의로워지려는 노력이 나온다. 마치 하나님과 인간이 친구이며 인간은 자신에게서 그리고 하나님으로부터 의롭다고 믿게 된다. 그러나 루터가 보기에 이 율법성의 치명적인 위험은 복음을 오해하게 하고 복음을 버린다는 점에 있다. 달리 말하면 자연인은 복음을 율법 안으로 끌어들여서 복음을 율법적으로 오해하는 자가 된다. 이런 인간 역시 종교를 가진다. 그러나 비록 그들의 종교에서 신을 가지고 있고 거기에서 신에 대한 경외는 있지만 칭의의 은혜가 없는 종교는 하나의 문화나 단순한 지혜, 힘이나 우정과 영광만을 가지는 형태이다. 이런 힘으로 참되시고 살아계신 하나님을 안다는 것은 루터에게는 불가능하다. "우리가 존엄을 사변에서 끊기 위해, 그 사변이라는 것은 우리에게는 육체적으로 영적으로 부패할 수 있는 것인데 따라서 존엄을 파헤치는 자는 영광으로부터 압사될 것이다(Ut abstineamus a speculatione Maiestatis, die und leiblich und seelisch nur verderblich sein könne; scutator enim Maiesatis opprimitur a gloria)"고 말했으며 "신을 직접 알기를 원하는 것은 행위로 의로워지려는 것이고 행위로 의로워지려는 것은 루시퍼의 타락과 절망을 뜻한다(KD I/1.175)"고 루터는 강하게 말한다. 보편적으로 모든 인간들이 신을 경외하는 것은 율법에서 나온 신에 대한 인식 때문이다. "이성이 율법의 인식을 가지고 있고 신의 계명을 가지고 있으며 나아가서 무엇이 옳고 그르다는 것을

가지는 한 이성은 신을 인식하게 된다"고 루터는 말한다.[326] 이렇게 보면 모든 인간은 부패한 이성을 가지는 한 인간의 이성은 율법에 사로잡혀 있게 되고 그로 인해 종교적 감정이 곡해되어 그릇된 종교를 만든다는 논리다. 그래서 율법 아래에서 주어지는 '신에 대한 경외'가 복음으로 변화되어야 한다고 루터는 말한다. 그래서 "신에 대해 율법적인 인식으로는 결코 참되고 유일한 하나님에로 이를 수 없다"고 루터는 강하게 외친다.[327] 율법에 의한 신 인식은 인간 자신의 주장이며 자기 스스로 의롭다고 믿는 신앙의 산물이기 때문이다. 단적으로 말해 율법에 매여서 무엇인가 의무적으로 신을 인식하고 신을 경외하는 모든 행위는 루터에게는 오히려 하나님을 상실하는 행위이다. 루터는 여기서 결정적인 선언을 하게 되는데 "참된 기독교 종교에서 벗어난 모든 종교들은 행해진 행위에서부터(ex opere operato) 만들어진 것이다, 즉 내가 행하기 원하는 것을 신이 기뻐한다는 식이다. 그러나 그 규칙은 이렇다. 각각의 행위는 (인간에 의해) 만들어진 신들을 향한 예배일뿐이다"고 힘주어 선언한다.[328] 그러나 각인된 신적 감정이 곡해되어 소위 율법으로 만들어진 여러 종교적인 행위들은 복음과 완전히 대립한다. 복음이란 '성취된 율법(lex impleta)'으로서 예수 그리스도이며 이 복음 속에서 신은 믿는 자들에게 자신을 전달하시고 성령을 통해 사역하신다. 예수 그리스도는 '성취된 율법' 혹은 '율법의 완성'으로서 신의 의이며 오로지 복음에서 나타나며 우리 밖에서 주어지기 때문에 죄인에게는 오로지 은혜이다. 죄인이 의롭게 되는 것도 바로 이 복음으로 인해서이며 이런 복음은 '우리 안에 있지 않고 그리스도 안에 있으며 신 안에서 우리 밖에 있다(Non in nobis, sed

---

326 F. Wagner, Was ist Religion? 29.
327 위의 책, 29.
328 위의 책, 30.

in Christo, extra nos in Deo)'고 루터는 믿는다. 여기서 루터가 사용하는 말인 "우리 밖에서(extra nos)"라는 개념은 "우리 안에서(in nobis)"보다 훨씬 더 선호되는 개념인데 이것은 "나라는 존재의 극복 속에서 칭의가 열리는 것을 발견하는 것"을 뜻한다.[329] 이 개념은 겸손(Demut)의 표현이며 하나님 자신과 하나님이 주시는 선물 사이를 명확하게 구분할 줄 아는 자를 가리킨다. 겸손한 자들은 "하나님 자신과 하나님의 선물 사이를 구분하며 확고하게 하나님을 향한 고백을 선하게 받아들이면서 그리고 자신의 악한 본성들에서 자신을 인정하면서 섬기며 그래서 항상 자신에게 그 어떤 것도 없는 자들이다(distingunt inter se et dona dei et sic constanter servant confessionem deo in bonis acceptis et agnitionem sui in malis suis habitis, et ita semper sibi nihil sunt)"는 루터의 말이 이를 대변한다.[330] 이런 자들에게 그리스도는 복음의 살아 있는 음성(viva vox evangelii)이며 성령에 의해 사역하시는 살아 있는 신의 의가 되신다. 이렇게 되면 예수 그리스도 안에서 행하시는 하나님의 행위인 복음은 "모든 종교들의 위기"가 된다. 왜냐하면 복음만이 참된 종교이고 인간 안에서 생성되고 기획된 모든 경건성은 거짓된 종교인 셈이다. 단적으로 말한다면 기독교 신앙은 참된 종교이다. 그런데 사실, 종교는 율법과 뗄 수 없는 관계에 있다. 그렇다고 율법이 나쁘다고 할 수 없는 것은 율법으로 인해 복음이 복음임을 알게 되기 때문이며(usus elenchticus legis) 자연적이고 종교적인 의무나 요구 혹은 질서 등으로 표출된다. 그러나 율법은 인간으로 하여금 어떤 행위를 하게하고 그 행위는 인간이 무엇을 행해야 의로워진다는 자기 의에 기초해 있기 때문에 이런 의를 거룩하다고 보증해 줄만한 존재, 즉 신이 필요해진다. 그 과정에서 만들어진 신은 행위로 의로워지려는 인간에게 여러 가

---

329 H.J. Iwand, Rechtfertigungslehre und Christusglaube, München, 1966, 28.
330 위의 책, 29.

지 의무들은 부여하게 되고 그 과정에서 소위 '종교적인 형태'를 가진다. 그렇게 만들어진 종교는 인간에게 자유가 아닌 소위 '신을 위한 의무'라는 이름하에 속박과 구속을 주며 거기에 등장하는 "신"은 결국 인간 자신이 창조한 신에 대한 상상일 뿐이다. 이런 점에서 루터에게는 복음과 율법과의 관계는 곧 종교와 복음과의 관계라고 할 수 있다. 특히 그의 신학의 슬로건이라 불리는 "십자가 신학(theologia crucis)"은 스콜라 신학이 제창하는 "영광의 신학(theologia gloriae)", 즉 신에 대해 사변적이고 철학이론적으로 신을 무한히 높이고 펼치는 소위 교의적인 신학과 완전히 대립한다. 십자가 신학은 복음의 메시지이다. 십자가는 인간을 향한 신의 화해의 행위의 복음인데 이 행위의 필연성을 통해 인간 자신의 죄가 올바르게 인식되기 때문이다. 루터가 보기에 신의 참된 힘은 인간의 경건이나 신학적 체계나 교리적인 혹은 윤리적이고 소위 종교적으로 채색된 지식에서 나오는 것이 아니라 오히려 신의 무능함에서 나오고 십자가의 낮아지심에서 자신의 주되심이 나타난다. "내가 약할 때 오히려 강해진다. 신비주의자들은 존재와 비존재 저편으로 무한히 상승하면서 이 길을 어둡게 만든다. 그러나 그들에게 (그리스도의) 십자가와 죽음과 음부로 내려가심의 고난이 간과되면서 그들 자신의 고유한 훈련을 신뢰할 때 나는 그들 자체가 옳게 이해했는지 잘 모른다. 십자가만이 우리의 신학이다"고 루터는 강하게 주장한다.[331] 이렇게 보면 루터에게서 그리스도인들은 그리스도의 수난으로 들어가는 자들이고 거기에 한 부분을 가지는 자들이다. 그들은 소위 종교적인 자들이 아니라 이 세상에서 고난을 짊어지는 자들이고 신의 무능을 이해하는 자들이고 거기에 자신들의 삶의 의미를 두는 자들인 셈이다. 신학과 교회도 마찬가지인데 그리스도

---

331 H.J. Kraus, Theologische Religionskritik, 125.

안에서 신의 고난에 참여함으로 교회는 참된 복음을 전할 수 있다. "신학자는 삶으로, 물론 죽음과 저주받음으로 되는 것이지, 인식함으로, 책을 읽음으로 그리고 사유함으로 되지 않는다(Vivendo, immo moriendo et damnando fit theologus, non intelligendo, legendo aut speculando)"는 말은 루터의 십자가 신학다운 명언이다.[332] 반면 종교들은 스스로 의로워지려는 인간 의지에서 생기는 소원들 혹은 행복들을 제공한다. 종교에서 제공된 신들은 인간의 종교적인 의식의 산물이다. 이 의식에서 설명되는 신은 항상 보편성과 일반성을 주장한다. 그러나 복음은 이런 보편성과 일반성을 거부하고 구체성과 인간을 신 앞에 세운다. 종합적으로 말하면 루터에게는 종교와 기독교는 그 관계가 율법과 복음과의 관계이기도 하다. 율법과 복음이 물론 상호배타적인 관계는 아니지만 그럼에도 불구하고 지평이 다른 것처럼 종교와 기독교 역시 상호배타적이라고 할 수는 없지만 지평이 다르다. 따라서 기독교를 하나의 종교로 이해하는 것을 루터는 신학적으로 비판해야 한다고 믿는다. 율법의 기초 위에서 종교가 성립이 되고 복음의 기초 위에서 기독교가 서 있기 때문이다. 신학은 이러한 거짓된 종교들에서 복음이 내용인 참된 종교를 변증하고 살려내는 사유이다. 신학은 "하나님이 우리에게 아들 안에서 말씀하셨다(Deus locutus est nobis in filio)"는 복음을 가리키며 동시에 소위 '종교적'이라고 하는 것을 멈추게 하고 중단하게 하는 이론이다.[333] 종교는 인간의 종교적인 의식의 반영 내지 표현이기 때문이다. 복음에 뿌리를 가지고 있는 기독교는 비록 종교라는 용어를 사용할 수밖에 없지만 종교라는 용어를 굳이 사용한다면, "참된 종교(vera religio)"라고 할 수 있겠다. 이런 점에서 "진리가 어디에 있는가? … 그리스도 안에, 신 안에서 우리 밖에 있다

---

332 위의 책, 125.
333 위의 책, 121.

(Ubi veritas? ... In Christo, extra nos in Deo)"는 그의 주장은 거짓된 종교와 참된 종교의 결정적인 차이를 가리킨다. 루터에게는 진리란 그리스도 안에서 자신을 전달하는 신의 의이며 신의 계시의 핵심이고 내용이다. 이것은 그리스도로 인해 우리 밖에서(extra nos) 주어지지, 우리가 스스로 만들어 내지 못한다. 우리가 만들어 내는 것이란 율법이며 비록 이 율법이 인간의 경건한 영혼의 활동으로 인해 만들어졌다 할지라도 결과는 이 율법이 생명의 진리를 응고시켜 소위 종교를 만들 뿐이다. 이런 점에서 루터의 복음의 개념을 가지고 "위기의 진술이며 최고의 구체적인 종교비판"이라고 평가한다면[334] 그다지 과하지 않다고 생각한다. 종교가 인간이 신을 의롭게 여기는 율법적인 행위라면 참된 종교인 기독교는 신이 인간을 의롭게 여기는 복음인 셈이다. 인간이 신을 의롭게 여기는 율법이란 바꾸어 말해 인간이 자신을 의롭게 여기면서 그 보증으로 신을 들이대는 율법적인 행위이다. 신학이건 철학이건 신을 들이대면서 자신을 의롭다고 여기는 율법적인 행위는 세상 속에서 만연하다. 철학자는 신의 위대성을 내세우면서 자신의 실존은 신 뒤에 숨어버리며 마찬가지로 신학자도 신의 거룩성을 드높이면서 자신의 사악함을 신 뒤에 은폐시키면서 마치 죄가 없는 것처럼 떠들어 댄다. 루터에게는 이런 모든 행위는 신이 없는 행위와 같다. 여기에는 근본적으로 인간 자신을 정죄하는(accusator sui) 죄의식이 일어나지 않기 때문이다. 스스로 의롭다고 여기기 때문이고 신을 들이대면서 그 의를 응고시키는 율법이기 때문이다. 더 강하게 말하면 루터에게는 죄에 대한 자기정죄가 없는 신학이나 철학 그리고 그들이 만든 종교들은 모조리 신이 없는 자들이 만든 자기우상이다. 그러나 복음은 인간 밖에 계시는 신의 의가 인간 안으로 들어오

---

334 위의 책, 128

시면서 그 인간을 의롭다고 여기기 때문에 원래 인간 속에 내재해 있는 죄와 부패된 마음이 밖에서 주어진 새로운 신적 은혜와 당연히 충돌을 일으킨다. 그 충돌로 인해 인간은 자신을 스스로 정죄하게 되며 자신을 불의한 자로 여기게 된다. 따라서 "의로운 자는 근본적으로 자기 정죄이다(Iustus enim in principio est accusator sui)"라고 말하는 루터의 주장이 이를 뒷받침한다.[335] 자기 의에 입각한 종교는 더 이상 구원이나 희생, 고난이나 지혜를 필요로 하지 않는다. 세상의 죄가 이미 제거되어졌고 극복되어졌다고 믿는 자는 신이 없는 자이며 십자가에 달린 하나님(그리스도)을 부정하는 자이며 단적으로 말해 그것은 신앙이 아니라 종교일 뿐이다. 성경은 의인을 하나님이 의롭다고 선언하는 것이 아니라 죄인을 하나님이 의롭다고 선언하기 때문에 루터의 칭의론은 인간이 종교적인 존재자(homo religiosus)라는 패러다임에서 펼쳐진 것이기보다 "의인이면서 동시에 죄인인 인간(simul iustus simul peccator)"이라는 패러다임에서 그 의미를 찾는 것이 적합하다고 본다. 이를 위해 구체적인 설명이 필요하겠다. 루터에게는 의인과 죄인 개념은 대립하는 차원이 아니라 동시적으로 함께 하는 차원이다. 믿는 자는 이 두 개를 함께 가지고 있는 자인데 말하자면 자신의 생명은 죄와 죽음에서 상실한 죄인이고 동시에 하나님은 그 죄인의 죄를 자신의 새로운 의로 그리스도 안에서 부여하셨고 의롭다고 여기셨기 때문에 영생을 현실적으로 누리는 자이다. 이런 점에서 그리스도의 십자가의 죽음은 칭의된 자에게는 "죽음을 대항하는 죽음(mors contra mortem)"이며 하나님의 새로운 의를 믿는 자는 비록 그 자체 죄인(peccator in re)이지만 동시에 소망 가운데 있는 의인(iustus in spe)이다[336] 참된 신앙이란 인간이 스스로 의롭다고 여러 가지 정신적 혹은 종교적 행

---

335 위의 책, 128.
336 위의 책, 129.

위가 아닌 순수하고 단순한 하나님의 은혜에서 기인되는 계시 즉 죄인을 하나님의 자유로 용서하시고 자신을 닮아가게 하는 것을 믿는 신앙이다. 신앙이 일어나는 장소는 이성이 아니라 양심이다. 여기서 양심이라고 할 때 일반적으로 이해하는 인륜적인 의식의 기관을 뜻하지 않는다. 양심이란 하나님과 인간의 관계를 운반하는 장소인데 양심 속에서 인간은 복음의 위로를 받는다. 하나님의 말씀은 양심을 사로잡는 힘인 셈인데 이 때 양심은 인간이 자신의 행동에 대해 판단하고 스스로 의롭다고 여기는 기관이 아니라 행위에 관해 단순히 판단하는 능력을 가리킨다.[337] 신앙의 길을 이런 식으로 제시한 루터의 관점에서는 전통적으로 내려오는 '종교적인 인간'이라는 개념은 사실상 사라진다. 죄인을 의롭게 여기는 하나님의 칭의는 불경한 인간을 하나의 경건한 인간 혹은 종교적인 인간으로 만드는 것이 아니라 참된 인간, 즉 죄인과 의인이라는 이중성을 가진 존재자로 만들기 때문이다. 인간을 '종교적인 존재자(homo religiosus)'로 본다면 인간은 자신이 고유하게 가지고 있는 종교성으로 특정의 신을 만들고 그 신을 떠받드는 종교의식을 만들어서 그 행위들로 인해 자신이 의롭다는 것을 증명할 것이다. 이런 점에서 루터의 신학은 전통적으로 내려오던 패러다임인 "인간은 종교적이다(homo religiosus)"라는 개념을 철저히 신학적으로 해석하여 종교로 포장된 인간적이고 거짓된 종교를 비난하고 있는 셈이다. 모든 인간이 자연적인 빛인 이성을 통해 신을 인식하고 있다. 그래서 신이 세상을 창조하였고 거룩하시며 신을 믿지 않은 자들을 심판하신다는 사실도 이성은 선천적으로 알고 있다. 그럼에도 불구하고 부패한 이성으로 알 수 없는 것은 인간이 죄와 죽음에 매여 있으며 거기에서 자유하는 길을 전혀 알지 못한

---

337 B. Lohse, Martin Luther, 169.

다. 말하자면 이것이 종교인 셈이다. 인간이 자신의 종교성이라는 선천적인 그 무엇을 신학적으로 혹은 성경적인 비판이나 성찰이라는 여과장치 없이 본성 혹은 자연성 그대로 발휘하여 자신이 상상하고 그리는 신들이나 죽은 우상들을 만들고 거기에 신적인 자신의 고유한 법을 부여하여 응고시키고 물화시켜 완고하고 강퍅한 마음이 되어 가시적인 성전과 예배를 만들고 나아가서 인간의 마음을 지배하려 한다. 생명의 하나님과 그것을 창조적으로 묵상하고 사색하여 만든 신과는 엄격한 의미에서 동일하지 않는데, 만약 이것을 동일시한다면 하나님의 자리에 인간이 자리를 깔고 앉는 죄이다. 따라서 루터에게는 인간이 신에게로 상승하려는 영혼의 모든 활동은 모두 죄이고 잘못되었다. 오로지 "그리스도 안에서 십자가는 참된 신학이며 신의 인식이다"고 다시 한 번 과감하게 말한다.[338] 결국 루터는 부패한 이성의 자연적인 신 인식의 자리에 인간이 되시고 십자가에 달리신 하나님의 계시의 은혜를 믿는 신앙을 세웠다. 이 신앙은 인간의 행위가 아니다. 그러나 자연적인 신 인식은 거짓된 방향으로 가는 인간의 영혼을 이끈다. 오로지 그리스도 안에서 계시된 하나님의 진리만이 이것을 역전시킬 수 있다. 그러니까 종교적인 존재자(homo religiosus)라는 패러다임 속에는 결국 인간이 스스로 의로워지려는 자기애(amor sui)가 뿌리이며 이 뿌리에서 종교를 만든다. 하나님의 은혜는 우리를 무한히 높이시고 동시에 자신을 죄인으로 무한히 낮추시는 은혜이다. 그래서 "우리가 신앙을 통해 살고 있는 그분의 인간성과 그분의 육체의 지배를 통해 그분은 불행하고 교만한 신들과 달리 참된 인간을 만들면서 다시 말해 그분의 비참과 그분의 죄 속에서 우리를 자신과 유사하게 만들며 우리를 십자가에 못 박는다. 우리는 아담 안에서

---

338 H.J. Kraus, Theologische Religionskritik, 132.

신의 형상으로 무한히 상승되기 때문에 우리 자신의 인식을 되돌리기 위해 그분은 우리와 같은 모습으로 무한히 내려오신다. 즉 그것이 성육신의 의미이다. 그것이 그리스도의 십자가가 지배하는 신앙의 왕국이다. 우리가 곡해하여 그 왕국을 죽였으며 불필요하게 여겼으며 우리가 곡해하도록 내버려 두셨던 인간성과 간과된 육체의 약함이 다시 회복된다"고 루터는 말한다.[339] 사실 이 말은 상당히 충격적으로 들릴 수도 있다. 인간의 종교성의 연장선에서 보면 신을 높이는 것이 중요하겠지만 기독교의 신앙은 우리를 하나님 자신처럼 높이기 위해 오히려 하나님이 인간으로 무한히 자신을 낮추셨다. 이런 계시의 은혜는 결코 종교적이지 않다. 이런 루터의 주장에 대해 "하나님과의 만남에서 오는 인간의 인간성은 인간이 종교적으로 되는 것이 아니라 반대로 아담의 교만과 신 없음에 있는 종교적인 인간을 신앙으로 십자가에 헌신하도록 하여 그리스도의 인간성의 한 몫을 가지도록 하는데 있다. 인간은 인간적인 인간, 즉 참된 인간이 된다"고 평가하는 것이 타당하다.[340] 루터의 이런 사상은 위에서 언급하였듯이 그리스도인은 곧 그리스도와 같이 고난과 죽음과 십자가를 지는 것으로 본 본훼퍼의 제자도와 그리고 거기에서 파생된 종교비판과 상당히 유사함을 간과할 수 없게 한다.

9. 율법과 복음의 구분은 그리스도를 믿는 신앙에서 오로지 가능하며 율법과 복음이라는 두 가지의 방식으로 자신을 전달하는 하나님의 말씀은 인간에게는 모순이다. 그러나 사실은 하나님의 말씀이 모순이 아니라 인간이 모순이다. 인간은 율법으로는 죄인이며 복음으로는 의인이기 때문이다. 모순 속의 인간을 설명하면서 루터는 여기서 그리스도인의 자

---

339 위의 책, 130.
340 위의 책, 130.

유를 소개한다. "그리스도인은 완전히 모든 것을 다스리는 자유로운 주인이며 그 누구 아래에 있지 않다. 그리스도인은 오로지 완전히 섬기는 종이며 모든 자들 아래에 있다"고 루터는 모순적으로 보이는 자신의 명제를 밝힌다.[341] 그리스도인이란 영적으로 새롭게 거듭난 존재인데 바울이 "우리의 겉사람은 낡아질지라도 우리의 속사람은 날로 새로워진다(고전4:16)"고 말했을 때 그 속사람을 가리킨다. 인간은 영적인 본성과 육적인 본성을 가지는데 이것은 동일한 한 사람 안에서 일어나는 대립이고 모순이다. 루터는 그 어떤 것도 인간의 영혼을 변화시키지 못한다고 확신한다. 오로지 하나님의 말씀인 복음으로만 변화 된다. "영혼은 하나님의 말씀을 배제하고는 모든 것이 부족하다. 하나님의 말씀이 없이는 그 어떤 것으로도 영혼을 도울 수가 없다"고 말하는 것이 이해가 된다.[342] 영혼의 변화는 인간 행위로는 전혀 불가능하고 오로지 그리스도를 믿는 신앙으로만 가능하다. 오로지 행위없는 신앙만이 의롭고 자유를 주며 구원된다. 비록 율법이 우리가 마땅히 행해야 할 것들을 요구하지만 인간은 그것을 행할 능력이 없는 무능한 자신을 뼈저리게 느낀다. 이런 절망에서 비로소 그리스도의 은혜가 복음으로 와 닿는다. 이것이 행위 없이 믿음으로 의로워지는 방식이다. 그리스도인의 영혼은 신앙과 말씀으로 지배되는 자이다. 다소 극단적인 표현이지만 루터는 말하길 그리스도인에게 신앙이 모든 것을 충족시키며 의롭게 되기 위해 그 어떤 행위도 필요없다고 단언한다.[343] 행위가 필요없으면 율법이 필요없을 것이며 율법이 소용없다면 그리스도인은 자유롭다. 믿음만이 하나님을 기쁘시게 하며 모든 율법의 성취가 된다. 이 자유로운 영혼은 기꺼이 오로지

---

341 M. Luther, Die Freiheit eines Christen(1520), in: Die reformatorischen Grundschriften. Bd.4, München, 1983, 9.
342 위의 책, 12.
343 참고. 위의 책, 16.

하나님 말씀에 순종한다. 이 순종의 행위는 하나님의 영광을 위해 행하게 된다. 루터에게는 인간이 무슨 종류의 행위들을 행하느냐가 중요한 것이 아니라 그 행위를 하는 자가 누구냐가 중요하다. 즉 율법에서 자유로운 자요, 하나님의 말씀에 자발적으로 순종하는 그리스도인이 행하는 행위가 하나님을 기쁘시게 한다. 그리스도인은 더 이상 다른 것이 필요하지 않으며 신앙만이 그를 거룩으로 이끌기에 충분하기 때문이고 신앙은 그리스도인에게 무한한 힘이고 자유이다.[344] 그는 자유인이며 그 어떤 행위들을 필요하지 않는다. 루터는 선행으로 의롭게 된다면 마치 고기를 입에 물고 가는 개가 물속에 비친 고기의 모습을 보고 입을 벌림으로 고기를 잃어버리는 것과 같다고 풍자한다.[345] 완전한 자유를 얻은 그리스도인은 이제는 모든 사람의 종으로 사는 삶을 산다. 자유와 관계하는 한 행위하지 않지만 타인의 종인 한 행위하는 자가 그리스도인이다. 자발적으로 하나님과 이웃을 위해 행동하고 유익한 행위를 하는 것은 그리스도인의 직분이기도 하다. 그러나 이런 행위를 했다고 해서 하나님 앞에서 의롭다 여김을 받는다고 생각하면 큰 오판이라고 루터는 강조한다.[346] 오히려 이런 행위들을 통해 자신의 영혼이 맑아지며 깨끗하게 된다. 따라서 하나님 앞에서 타인을 위해 선행들을 하지 않으면 안된다. "선행을 행하기 원하는 자는 행위에서가 아니라 인격을 선하게 만드는 신앙 안에서 행하라"고 루터는 말한다.[347] 행위가 그리스도인을 만들지 못하며 인간을 의롭게 하지 못하는 것과 같이 선행도 불신자를 구원으로 이끌지 못한다. 이런 논리로 보면 "그 어떤 악한 행위도 불신자를

---

344 위의 책, 23.
345 참고. 위의 책, 23.
346 참고. 위의 책, 27.
347 위의 책, 30.

악하거나 저주로 빠트리지 못한다. 오히려 인격과 나무를 악하게 만드는 불신앙이 악하고 저주스러운 행위를 만든다"고 주장하는 것은 루터 사상의 맥락에 맞다.[348] 따라서 선행은 말하자면 하나님의 은혜로 구원받은 자의 자발적인 참여의 행위이고 구원의 열매인 셈이다. 이런 루터의 생각을 스케치하다 보면 속사람, 복음, 자유, 신앙과 의는 루터에게는 거의 일직선상에 놓여있는 듯하고 반면 겉사람, 율법, 선행, 행위, 불의는 마치 다른 반대편 선에 있는 것과 같다고 하겠다.

---

348 위의 책, 30.

별도연구: 율법에 대한 성경적–신학적 의미

1. 루터가 복음을 율법과의 관계에서 찾아야 한다고 했는데 그렇다면 근본적으로 "율법"에 대한 이해가 필요하겠다. 우선 구약에서 제시하는 율법의 의미를 숙고할 수 있다. 구약에서 율법에 대한 이해는 딱딱하고 완고하며 응고되어 무거운 짐과 같은 것으로 생각하는 우리의 상상과 달리 대단히 은혜로운 측면이 많음을 결코 간과해서는 안 된다. 율법과 은혜가 대립관계에 있지 않다고 구약학자들은 주장한다. 예를 들어 "내가 인애와 공의를 노래하겠습니다(시 101:1)"에서 인애는 은혜를 의미하며 공의는 율법을 가리키는데 은혜와 율법이 조화로운 하나님의 말씀을 찬미한다는 시편기자의 고백을 나타낸다. 또한 "즐거운 소리를 아는 백성은 복이 있습니다. 여호와시여 그들은 주님의 얼굴 빛 가운데 다닙니다(시 89:1)"에도 은혜와 진리가 하나님의 얼굴에서 나온다는 교훈이고 "내가 네게 영원히 장가들되 의와 공평과 인애와 긍휼로 네게 장가들 것이며(호 2:19 이하)"에서도 하나님은 마치 불순한 인간과의 결혼을 빗대어서 인간을 향하여 은혜와 긍휼 그리고 의로 자신을 나타낸다고 기록되었다. 여기서 집고 넘어가야 할 것은, 구약에서 "율법"이라고 할 때 "토라"라고 칭하는데 이것은 강제적으로 무엇을 인간에게 부여하여 괴롭게 하는 무엇이기보다 오히려 은혜로운 장치로 이해하는 것이 적절하다. "...주님의 법을 은혜로 내게 가르쳐 주소서(시 119:29)"라고 시편기자가 노래했을 때 토라는 은혜의 장치임을 강하게 암시한다. 슈미트(H. Schmid)는 율법과 은혜가 함께 속하며 더 나아가서 율법을 은혜로 이해

하는 것이 좋다고 까지 말한다.[349] 토라는 "야라((jrh): 교훈을 던지다"라는 동사에서 기인된 용어라고 하지만 여전히 논쟁의 여지가 있는 듯하다. 그 의미는 "제시하다", "가르치다", "교훈을 주다"에 있으며, 예를 들면 잠언에서 아버지가 아들에게 교훈을 주는 것(잠 3:1 이하)이나 욥의 친구들이 욥을 가르치려 한 것들이나 혹은 제사장이 젊은 왕 요아스에게 교훈을 주려한 사건(왕하 12:3)이나 그 외에도 여러 가지의 가르침을 제시하는 것을 의미한다.[350] 그리고 구약에는 "모세의 토라(수 8:31; 23:6; 왕상 2:3; 왕하 14:6 등등)"라는 용어들이 나오는데 모세가 시내 산에서 받은 야웨의 음성을 해석하였고 이스라엘 백성들에게 선포하였다. 엡센(A. Jepsen) 같은 이는 계명에서 "야웨의 말씀"과 "선지자들의 말"을 구분하면서 선지자들의 말은 직접적인 신의 말에 해당하지 않는다고 하였다. 그에 의하면 신명기서나 다른 모세의 저서에서 등장하는 계명들과 금령들 그리고 율법들은 모세의 의해 선포된 "야웨의 말씀" 아래 두었는데 모세를 "야웨의 토라"의 중보자로 간주한다.[351] 그렇다면 "야웨의 토라"라는 생각은 어디에서 기인하는 것일까? 모세가 레위에 대하여 복을 비는 사건(신 33:9 이하)에서 "그들이 주님의 말씀을 준수하고 주님의 언약을 지키기 때문입니다. 그들이 주님의 법도를 야곱에게, 주님의 율법을 이스라엘에게 가르치고…"라고 기록되어 있는데 이것은 레위인들이 제사장과 사건의 판결을 결정하는 직분을 맡았음을 가리키며(신 17:9 이하) 백성들로 하여금 올바른 길을 가르치는 임무를 맡았음을 뜻한다. 이런 근거로 "야웨의 토라"가 법전으로 되었던 여러 선례들에 대한 올바른 결단에

---

349 R. Brunner(Hrgb), Gesetz und Gnade, Zürich, 1969, 5.
350 참고. 위의 책, 12-13.
351 참고. 위의 책, 14.

서 기인한다고 슈미트는 주장한다.[352] 레위인의 가계를 이은 모세는 레위인들의 토라를 모세 자신이 받은 야웨의 토라와 관련지어 사용하게 되었으며 후에는 다윗 왕에게는 하나의 척도가 되었고(왕상 2:3) 그 후에도 왕들은 올바른 결단을 행함으로 왕족의 계보를 이어갔는데 왕족의 성립은 곧 하나의 거울로서 토라가 중심이 되었다. 하여간 구약에서는 율법이 은혜와 대립관계가 아니었으며 본질적으로 의로우시며 은혜로우신 하나님에게서 근원을 둔다. 토라는 이런 하나님에 근거한 이스라엘 공동체와의 영적인 관계를 세웠으며 모세에 의해 선포된 야웨의 토라는 공동체를 지키고 유지하는 질서이면서 동시에 이질적인 문화나 의식들을 단호히 금하게 하는 방어벽이면서 야웨의 백성들을 다른 자들과 다르게 구별하려고 하였던 하나님의 의지였다. 구약에서 율법이란 "야웨의 뜻 전부를 인간을 향하여 엄청나게 압축하여 윤곽을 그리려는 노력에 그 존재가 달려있다"고 라드(G.v. Rad)가 말한 것은 일리 있어 보인다.[353] 그래서 이스라엘 공동체는 이스라엘을 향한 야웨의 뜻 전부를 풍부하게 윤곽을 그림으로서 율법이 형식과 내용에 따라 보편적이고 일치가 되기까지 이스라엘 공동체는 율법에 오랫동안 머물게 되었다. 그러면 이스라엘 공동체를 향한 야웨의 뜻이란 무엇일까? 그것은 하나의 절대적인 척도가 되어버린 율법 자체에 있는 것이 아니라 율법에서 호소하는 이스라엘의 선택을 실현하는데 있었다.[354] 종살이 하던 이스라엘을 이집트에서 해방시킨 행위는 곧 그 백성들을 야웨가 다시 사들이는 행위(Losgekaufen)였다. 고대 이해에 따르면 신과의 특별한 관계에 들어가기 위해서는 반드시 특정의 질서들을 받아들이고 인식해야 한다고 믿어왔

352　참고. 위의 책, 15.
353　G.v. Rad, Theologie des Alten Testaments Bd.1, Berlin, 1963, 204.
354　참고. 위의 책, 205.

다. 따라서 야웨는 이스라엘 공동체에 관해 자신의 지존의 권리를 불러내셨고 이스라엘은 이 지존의 권리를 받았다. 이스라엘을 향하여 야웨의 신적이고 올바른 자신의 뜻을 외치심은 이스라엘에게 던져진 그물이었으며 궁극적으로 야웨와의 일치의 성취였다.[355]

2. 야웨께서 이스라엘 백성들에게 율법을 주신 것은 거룩한 사건으로 이스라엘 공동체에게 이해되어졌다. 율법에는 명령과 관계개념이 담겨있기 때문이다. 이스라엘 공동체에게 내려진 모든 율법들은 야웨와 이스라엘 사이에서 성취되는 공동관계와 거룩한 직관이 전제되어 있다. 전제되어 있다고 해야 하는 이유는 이 거룩한 질서 자체를 만드는 율법은 없기 때문이다. 율법이란 질서 자체를 정하고 규정하는 율법이 아니라 이스라엘과 야웨 하나님 사이에서 일어나는 인격적인 관계를 위한 율법이기 때문이다. 라드는 여기서 흥미로운 점을 말하는데, 계명이 이스라엘에 의해 하나의 절대적인 도덕적 인륜법으로 결코 이해되지 않았다고 하면서 역사의 특별한 시간에 그들에게 향하신 야웨의 의지의 계시라고 이해되었고 그 뜻을 통해 생명의 거룩한 선이 제시되었다고 밝힌다.[356] 신명기에서 나오는 여러 율법들은 오래전에 주어진 이러한 근본생각을 부단히 변형시킨다. 즉 야웨는 명령들과 함께 자신의 백성에게 생명을 주셨고 그 명령들을 듣는다는 것은 이스라엘에게는 곧 생명과 죽음의 결단 안으로 들어오는 것을 뜻하였다. 구약에서 율법의 개념은 도덕적인 삶을 위한 어떤 지침이나 규율이 아니며 삶을 적극적으로 규범화하는 것도 아니다. 율법이란 야웨께 속한 자들이 반드시 새겨들어야 하는 어떤 "제시"와 같은데 그 율법을 받는 자는 세속적인 단체나 사회 혹

---

355 위의 책, 205.
356 참고. 위의 책, 207.

은 국가가 아니라 오로지 야웨 하나님과의 인격적인 관계를 통해 그분과 하나가 되며 일치하는 "야웨 공동체"였다. 이런 점에서 율법이란 구약에서는 단순히 십계명만을 뜻하는 것이 아니라 '신적으로 올바른 뜻을 계시하신 것'이며 선택의 보증이며 이스라엘의 최고의 것이었다.[357] 율법은 형태상으로 야웨 하나님의 명령으로 되어있지만 사실은 이스라엘에게 하나님의 음성이 선포되는 표현인 언약(Bund)이다. 이 언약은 사변적이고 이론적인 면을 가지고 있지 않고 하나의 생생한, 활동적인 의무를 뜻한다. "여호와 우리의 하나님께서는 호렙에서 우리와 언약을 맺으셨으니 이 언약은 우리의 조상들과 맺으신 것이 아니라 오늘 여기에 살아 있는 우리들 모두와 맺으신 것이다(신 5:2-3)"고 모세가 선포했을 때 이 언약은 육체로 인한 민족의 틀에서 개인적인 의무를 가리킨다고 루비(K. Hruby)는 주장한다.[358] 언약이 가지는 본질적인 내용은 그 언약을 제안한 분이 제시하는 어떤 고정된 틀에 있는 것이 아니라 그 틀을 통해 말하는 메시지에 있다고 해야 한다. 하나님은 피조물과 같은 어떤 존재자가 아니라 창조주 영이시기 때문이다. 영이신 하나님이 피조물 인간에게 율법이라는 언약의 틀을 주셨을 때는 그 틀 안에 구속되기를 원하시는 것이 아니라 오히려 그 틀을 이해하고 그 정신을 마음으로 받아들이는 것, 즉 "성숙한 순종"이 분명하다.[359] 성숙한 순종이란 자발적인 인격적 관계로 표현할 수도 있겠는데 이렇게 본다면 율법이라는 하나님의 명령들은 사실상 율법이 아니라 각 세대가 야웨로부터 매 순간 지금 여기서(hic et nunc) 다시 체험하고 자신을 그에게 마주 대하는 인격적인 순종이다.

---

357 위의 책, 209.
358 R. Brunner(Hrg), Gesetz und Gnade, 32.
359 G.v. Rad, Theologie des Alten Testaments Bd.1, 211.

3. 신약에서도 역시 율법의 개념이 전혀 나오지 않는다고 생각하면 오해일 것이다. 비록 예수께서 율법학자들과 대립하였지만 율법을 잘못되었다고 말씀하시지 않았다. 그렇다고 이 말은 예수께서 하신 말과 그 제자들 그리고 바울이 한 모든 말들, 즉 신약 전체가 복음이라고 규정할 수도 없다는 말이다. 사실 예수가 싸우신 대상은 "모세의 토라"라고 불리는 율법이 아니라 613개까지 율법을 명령과 금령으로 분해해 놓은, 소위 '토라의 해석(할라카)'이라 불리는 바리새적 유대교의 율법들이었다. 이것으로 당시의 우매한 사람들을 무겁게 하였고 예수는 이것들과 각을 세워 대립하시게 되었다. 큄멜(W.G. Kümmel)은 이 유대인들이 해석한 토라의 해석들이 모세의 율법, 즉 토라의 정신에 따라 해석되지 않았기 때문에 당시의 서기관, 바리새인들과 충돌하였다고 주장하고 이에 반해 불트만이나 그의 제자인 브라운(H. Barun)은 예수께서 토라를 급진적으로 해석했기 때문이라고 주장하기도 한다.[360] 이런 주장도 있지만 BC 20년의 힐렐(Hillel)이 스토아적인 개념을 취하여 유대인이 되려고 하는 이방인들에게 율법을 "황금률이 기록된 율법들의 총체"라고 간주했는데 예수께서 힐렐의 가르침을 취하였다는 주장도 있다.[361] 그러나 힐렐의 개념은 단순히 이웃에게 해를 입히지 말 것과 대접을 받고자 하는 자는 그 만큼 남을 대접하라는, 상당히 소극적인 면이 있지만 예수께서는 엄청나게 적극적으로 사랑의 표현을 강조하셨는데 "그러므로 너희 아버지께서 인애로우신 것같이 너희도 인애로운 자가 되어라(눅 6:36)"고 말씀하신 것처럼 이웃을 향한 하나님의 엄청난 사랑을 나타내라고 요구하셨다는 점에서 예수가 율법 개념을 힐렐에게서 가져왔다고 하는 것도 한계가 있어 보인다. 그러나 분명한 점은 예수 당시의 유대교 바리

---

[360] L. Goppelt, 신약신학 I, 박문재 역, 서울, 크리스챤다이제스트, 2007, 137-138.
[361] J. Jeremias, Neutestamentliche Theologie I, 204.

새인들은 자신들이 해석한 할라카와 토라의 권위를 동등한 자리에 앉혀 놓았다. 여기에 대항하여 예수께서는 분명한 선을 그었으며 이 할라카를 "사람의 계명"이나 "사람의 유전"등으로 간주하면서 소위 외형적으로는 율법에 열중해 있으면서 마음으로는 하나님의 말씀을 교묘하게 비껴가는 유대교 종교지도자들 마음을 통찰하시고 그들을 심판의 대상으로 여겼다. 예수에게는 할라카는 사람의 음성을 하나님의 말씀으로 중얼거리는 것이지, 생명의 하나님의 말씀이 아니었다. 예를 들어 "무엇이든지 사람 밖에서 그 안으로 들어가는 것은 그를 더럽게 할 수 없고 다만 사람 안에서 나오는 것들이 사람을 더럽히는 것들이다(막 7:15)"고 예수께서 말씀하셨을 때 이것은 당시 유대교의 정결에 대한 율법에 대립하는 가르침이다. 당시 유대인들은 더럽혀진 음식을 먹기보다는 차라리 고문을 받고 죽는 것을 택할 만큼 할라카에 절대적이었다. 그들은 레위기 11:13-19과 신명기 14:12-18에 나오는 것들을 더러운 것들이라고 간주하였는데 사실 이런 문자적인 해석은 하나의 예에 불과하였다.[362] 안식일에 대한 예수와의 논쟁(막 2:23-28)에서도 유대인들의 엄청난 궤변에 예수는 안식일에 오히려 사람들의 병을 고쳐주는 것이 옳다고 대답함으로서 그들과 단호하게 반대하였다. 안식일에 이삭을 꺾는 일에 대한 예수의 허용과 아울러 오히려 안식일의 주인이 자신이라는 것(막 2:23-28)과 성전을 자랑으로 여겼던 유대인들과 달리 예수는 성전을 청결하게 하셨으며(막 11:15-19) 나아가서 성전은 장사하는 곳이 아니라 본래의 의미는 만인이 기도하는 집이 되어야 한다는 진리를 제시하시면서 성전의 멸망도 예고했다(막 13:2). 동시에 성전을 헐라고 하시면서 사흘

---

[362] 레 11:13-19: "새 가운데 너희가 혐오스럽게 여겨야 할 것은 이러하다. 이것들은... 독수리와...학과 각종 황새와 오디새와 박쥐이다"; 신 14:12-18: "정결한 새는 어느 것이든지 너희가 먹을 수 있으나 ... 너희는 먹지마라."

안에 새로 일으키시겠다는 말씀(요 2:19)과 "내가 너희에게 말하니 성전보다 더 큰 이가 여기있다(마 12:6)"는 말씀은 분명히 유대교적 바리새인들의 율법 이해와 첨예한 대립이었다. 심지어 모세의 계명조차도 예수께서는 새로운 지평을 열었는데 그 계명들을 하나님 사랑과 이웃 사랑으로 요약하셨다(마 12:29-31). 천국과 부자청년에 대한 사건(막 10:17-22)에서도 처음에는 계명들을 다 지켜야 한다고 말씀하셨지만 어릴 때부터 계명들을 다 지켰다는 그 청년의 대답에 청년이 가진 모든 재산들을 팔아서 가난한 자에게 주고 자신을 따르라는 말씀도 분명 구약의 계명의 범위를 넘어가는 말씀으로 비친다. 신약에서 결정적인 계명은 사랑의 율법이라고 볼 수 있다. 강도만난 자의 비유(눅 10:30-37)에서 예수는 "인간의 책임의 한계는 어디까지인가"를 물은 것이 아니라 "인간은 어디에서 하나님의 의무를 수행해야 하는가"로 구약의 계명의 방향을 바꾸어 놓으셨다. 즉 계명은 하나님에 대한 인간 책임의 한계를 설정해 놓은 율례가 아니라 역사적 상황에서 개인에게 찾아오는 하나님의 뜻을 어떻게 성취해야 하는가를 말씀하신 것으로 예수께서는 이해하셨다.[363]

4. 예수의 행위들과 가르침에서 율법은 단순히 무엇을 해야 한다(Imperativ)는 명령이나 인간의 책임의 한계를 지적하는 무엇이 아니라 하나님 앞에서 어떻게 행해야 하는지를 보여주는 하나님의 말씀이었다. 바리새인들이 너무 실용적인 목적으로 율법을 쪼개어서 그 율법을 행함으로 의로워지려는 의도로 이해했다면 예수는 하나님의 영적인 뜻을 이해하여 아가페라는 하나님의 사랑이 사람의 구체적인 행위를 통해 실현되어야 한다고 가르쳤다. 특히 "내가 율법이나 선지자들을 폐하러 온 줄

---

363 참고. L. Goppelt, 신약신학, 150.

로 생각하지 마라 내가 폐하러 온 것이 아니라 성취하러 왔다(마 5:17)"의 예수의 말씀은 적어도 유대인들의 표현이 아니라 종말론적인 시대에 살고 있는 인간을 향한 예수 자신의 율법의 새로운 구성으로 비친다. 여기서 "성취하다"는 용어가 신학적으로 숙고되어야 한다. 자칫하면 상당한 오해에 빠지기 때문이다. 우선 여기에 대한 좋은 책은 밴센(G. Bahsen)이 쓴 "기독교 윤리학에서 신율(Theonomy in Christian Ethics)"이 되겠다. 밴센은 "성취하다(πληρόω: fulfill)"가 잘못 사용되는 경우를 소개하면서 자신의 이해를 보여준다. 우선 잘못된 경우는 "성취하다"를 "끝내다(put an end to)"로 해석하면 예수는 구약의 율법을 끝내고 새로운 율법을 주신 것으로 오해하게 한다. 그러나 예수께서는 구약의 율법을 끝내었다고 말씀하신 적이 없다는 점에서 "끝내다"는 해석은 좋은 해석이 아니다. 다른 하나는 "대신하다(replace)"로 해석하는 오류인데, 여기에는 구약이 잘못되었다는 것을 암시하고 그래서 예수께서 구약을 폐기시키시고 자신의 것으로 대체시키셨다는 상상을 불러일으킨다. 그러나 예수는 구약이 잘못되었다고 한 번도 말씀하신 적이 없다는 점에서 이 해석 역시 잘못된 해석이다. 그 다음으로 잘못된 해석은 "보충하다(supplement)"로 해석하는 것인데 이것 역시 구약이 무엇인가 모자라거나 부족하다는 것을 암시하고 있다. 그러나 시편에는 율법이 완전하다고 기록되었다(시 19:7; 119:128). 따라서 이 해석 역시 바람직하지 못하다. 또 잘못된 해석은 "수행하다(carry out, obey)"로 상상하는 것인데 이것 역시 문제가 있는 해석이다. 왜냐하면 율법을 수행한 자라고 한다면 그 당시 바리새인들이나 서기관들이야 말로 율법을 수행하고 지킨 자들의 표상이라 하겠는데 그럼에도 불구하고 예수께서는 그들을 "독사의 새끼들아"와 같은 저주로 비난하였다는 점에서 이것 역시 좋은 해석이 아니다. 매튜 헨리(Matthew Henry) 같은 이는 "재설정하다(re-establishment)"로 해석하는데, 그러나 이것 역시 문제가 있다. 즉 예수께서는 단지 구약의 율법을 다시 세우기 위해 오셨다고 하기에는 구약의 율법을 넘어가는 새로운 계명들이 상당히 있다. 사랑의 "새 계명" 같은 것이 그것인데 이런 예수의 가르침에는 단순히 구약 율법의 재설정을 넘어서는 영적인 무엇을 "재설정하다"는 해석이 간과했다고 여겨진다. 밴센은 이렇게 "성취하다"의 잘못된 해석들을 열거하면서 자신은 "확정하다(confirm)"는 개념으로 이해하는 듯하다.[364] 이렇게 밴센이 자세하게 설명한 이유는 "성취하다"는 의미가 가지는 용어가 가지는 다양한 사례들과 그로 인해 빚어질 수 있는 상상들과 그 결과들은 예수의 율법에 대한 가르침을 곡해하기 때문으로 사료된다. 그러나 밴센이 "성취하다"라는 용어를 "확정하다"로 해석한 것도 무엇인가 모자란 듯 느껴진다. 예수가 단지 구약의 율법을 확정하기 위해 오셨다고 단정하기에는 당시 유대교적 가르침과 상당히 다른 그리고 영적이고 인격적인 면들을 많이 담고 있기 때문이다. 그래도 하여간 예수의 율법 이해는 단순히 구약의 율법을 확정한 것이 전부가 아니라 사랑의 율법, 즉 "새 계명(참고. 롬 13:8-10)"을 주셨다는 것은 분명하다. 확정이란 또 다른 노모스, 즉 생명의 응고를 담은 표현이기 때문에 예수의 율법 이해에서 생소하다. 그래서 여기서 우리는 이렇게 말할 수 있지 않겠나? 예수의 계명들은 '내가 지켜야 할 율법'이 아니라 '내가 누군가를 드러내는 복음'이라고 말이다. 그러나 아무래도 율법을 잘 설명하는 자는 바울로 비친다. 예수께서는 유대적인 율법을 그 전통적인 해석에 따라 하나님의 뜻으로 인정하고 동시에 율법을 성취한다고 설명하면서 율법에서 비치는 하나님의 뜻을 실제로 일치시키는 율법의 해석을 선포하신 반면 바울 역시 율법을 기독교인을 위한 하나님의 요구로 인정했으나 율법의

---

[364] 참고. G. Bahsen, Theonomy in Christian Ethics, New Jersey, 1979, 39-77.

때는 예수로 인해 끝났으며 다만 하나님의 영을 소유하고 있는 기독교인들이 그 신적인 의미에서 율법을 실제로 이해할 수 있다고 주장한 점에서 차이를 가진다고 한다. 이런 점을 가지고 바울은 예수를 넘어갔다고 할 수도 있다고 주장하기도 한다.[365] 그러나 바울은 율법을 가지고 인간과 죄의 관련성을 더 깊이 파헤쳤으며 율법의 기능에서 하나님의 뜻이 스스로 작용한다고 보았다. 그러니까 율법과 죄의 관련성은 예수에게는 상당히 낯선 것으로 비치지만 그럼에도 불구하고 하나님을 향한 인간의 관계성이 율법의 고유한 의미라는 점에서는 일치한다. 따라서 예수와 바울의 연속선을 끊어버리는 자유주의 신학자들과 달리 우리는 바울이 이런 예수의 율법 해석을 교회론적으로 혹은 이방인의 선교라는 차원에서 예수의 율법 이해의 터전 위에서 더 확장시켰다고 말하는 것이 옳다고 여겨진다.

5. 복음이 곧 율법이라는 의미는 아니며 반대로 율법이 동시에 복음이라고 할 수 있는 것도 아니다. 신약은 율법과 복음의 대립관계를 말하지 않는다. 오히려 율법은 오로지 복음과의 관계에서만 올바로 이해된다고 하겠다. 복음이 없을 때는 율법 자체가 복음으로 오해될 수 있었으나 복음이 우리에게 주어진 후 율법은 복음과의 연관성에서 참다운 의미를 우리에게 제시한다. 신약에서는 우리의 죄를 위해 하나님의 독생자 아들을 하나님이 그리스도로 보내셨는데 그리스도를 어떻게 이해하는가에 따라 율법과 복음으로 이해될 수 있다. 말하자면 예수 그리스도는 인간, 즉 죄인을 향한 하나님의 말씀으로서 율법과 복음이라는 두 개의 방식으로 말씀되어진 로고스이다. 참으로 하나님이면서 동시에 참으로 인

365　W.G. Kümmel, Die Theologie des Neuen Testaments, Göttingen, 1976, 221.

간이신 그리스도(Christus vere Deus vere homo)는 스스로 우리 죄인의 자리에서 율법 아래 놓이심으로 우리 죄인이 겪어야 할 율법의 저주와 형벌을 겪으셨다. 그로 인해 율법을 완성 혹은 성취하셨으며 또한 우리의 자리에서 심판받으시는 율법의 재판장으로서, 율법의 저주에서 구원자가 되셨다. 또한 스스로 의롭다고 믿으면서 은혜를 거부하는 불신자에게는 심판자가 되시고 반대로 하나님으로 인해서만 의롭다고 믿는 은혜를 받아들이는 믿는 자들에게는 구원자가 되신다. 율법과 복음의 대립은 그리스도 안에서만 드러나는데 죄인의 자리에서 그가 성취하신 율법의 저주를 감당하셨기 때문에 이제는 더 이상 대립이 아니라 통일을 이루셨다. 그럼에도 불구하고 율법과 복음의 통일을 이해하는 것은 오로지 신앙으로 가능하다. 그리스도는 율법과 복음의 대립을 푸시고 통일하셨으며 하나님이 복음 안에서 자신을 스스로 우리의 이웃에게 하나님의 사랑을 행하기를 원하시는데 이런 점에서는 복음은 하나의 행해야 하는 사명, 즉 율법의 측면을 가진다. 복음 안에서 율법이 하나님의 율법으로 이해되는 거기에 율법이 복음과의 대립에서 벗어나 복음과의 통일을 이루게 되어 비로소 진정한 의미를 발견하게 된다. 자신이 거룩하시기 때문에 자신의 형상으로 창조하신 인간이 또한 거룩하기를 원하시는 하나님의 계시를 그리스도 안에서 율법으로 이해한다. 그리고 그리스도 안에서만 율법은 인간이 모든 것보다 하나님을 사랑하고 자기 자신을 사랑하는 것처럼 이웃을 사랑하면서 하나님의 형상으로서 그리고 하나님 앞에서 자신의 생명을 생각하라는 사랑의 계시가 된다. 율법은 하나님 사랑과 이웃 사랑이라는 이중의 방식으로 요구하시는 하나님의 거룩한 뜻을 고지하는 계명으로서 이러한 고유한 하나님의 뜻을 나타내는 계시이다. 결국 율법과 복음은 하나님이 죄인의 인간성 안으로 오시고 그가 죄인인 것을 깨닫게 하시며 동시에 자신의 형상으로 지으신 거룩한 뜻을 실현하라는 진리들이다. 오로지 그리스도 안에서만 율법은 하나님 사랑과 이웃 사랑을 요구하시는 하나님의 말씀이 되며 복음은 그 명령을 주신 하나님의 말씀이라고 하겠다.[366] 그러나 복음이 없는 율법은 그것이 세상 율법이든, 교회의 신권을 위임받은 노회가 임의적으로 세운 율법이든 "율법으로는 결코 사람을 구하지 못하지만 그러나 인간이 왜 구원받을 필요가 있으며 구원받은 후 어떻게 살아야 하는지를 보여준다"는 주장은 그다지 틀리지 않는다.[367] 이렇게 율법에 대한 전반적인 신학적 소찰들을 정리하면 루터의 율법 이해가 표준에서 그다지 벗어나지 않았음도 깨닫게 된다. 비록 그의 율법이해가 성경학자들의 시야에서 다소 비약된 점도 없지는 않지만 역시 바울을 철저하게 따라가고 있음을 알게 된다. 단지 아쉬운 점은 루터의 율법이해는 예수의 가르침보다 바울에게 약간 더 치우쳤다는 느낌은 지울 수 없다. 물론 바울 이후의 모든 신학들 역시 그러하지만 예수의 율법이해의 바탕에 서서 교회론적으로 발전시킨 것은 사실이다. 그러나 바울과 예수의 가르침을 놓고 보면 바울은 예수의 "하늘나라의 임재"라는 엄청난 신적비밀의 계시를 받기 위한 인간의 마음의 정화를 위해서 율법을 소개했고 그 후의 신학자들은 이런 바울의 율법개념을 따라갔다고 여겨진다. 이에 대해 칼빈도 역시 율법을 언급하였는데 그의 이해는 상당히 실존적이다. 즉 그는 율법이 모세 당시에 이스라엘 백성들에게만 주신 하나님의 요구가 아니라 "모세의 손을 통해 하나님으로부터 모든 인간들에게 전해 진 종교의 형식"이라고 규정한다(InIII.326). 그것은 하나님의 선택된 백성이 그리스도의 오심을 위해 준비하고 기대와 열심을 내도록 하기 위해 허락된 말씀

---

366 참고. H. Vogel, Gesetz und Evangelium, in: Kerygma und Dogma: 2 Jahrgang, Göttingen, 1956, 73-75.

367 G. Bahsen, Theonomy in Christian Ethics, 127.

이다. 특히 1536년 만든 제네바 요리문답(Genf Katechismus)에서도 율법을 "삶의 규율"로 정의했는데 선지자들과 사도들의 모든 경고들, 계명들은 이 율법의 해석이다.[368] 내용적으로 보면 율법을 통해 그 당시 이스라엘 백성들로 하여금 "하나님에게 왕국의 사제들로 삼기 위함(InIII.327)"이었다. 이것이 가능한 이유를 칼빈은 구약의 율법에서 소위 '그리스도에 대한 약속'이 담겨있음을 믿었기 때문이다. 분명히 율법을 완전히 지키면 하나님에게 의로운 자가 되는 것은 분명하지만 칼빈은 이것이 부패한 죄인인 우리에게는 불가능하다고 보았으며 "율법에서 우리는 아주 분명한 죽음을 감지한다(InIII.329)"고 주장한다. 여기서 칼빈은 인간이 율법을 완전히 지킨다는 것이 불가능하다고 하면서도 이 불가능은 인간의 능력에도 한계가 있지만 "하나님의 정하심과 결정에 의해서 부과되어지는 것(InIII.330)"으로도 보았다. 그러니까 인간이 율법을 완전히 지킨다는 것은 두 개의 요소들, 즉 인간의 무능함과 아울러 하나님의 작정과 결정에 의한 것으로 칼빈은 보았다. 이것은 아마도 구원의 주권에 있어서 인간의 행함과 하나님의 은혜가 서로 협력한다는 펠라기우스 사상을 거부하고 "우리가 이 육체 속에서는 하나님에게 일치하는 사랑을 결코 가져올 수 없다(InIII.331)"는 아우구스티누스의 입장을 취한 것으로 보인다. 이렇게 소개한 후 칼빈은 율법의 기능을 세 가지로 설명한다. 하나는 인간의 죄와 부패를 정죄하고 밝혀내고 드러내는 기능과(참고. InIII. 332) 율법이 가지는 형벌의 저주(formido poenarum)를 통해 죄를 억제하는 기능(참고. InIII. 335) 그리고 하나님을 믿는 자들로 하여금 순종하는 마음을 불러내어 성령과 함께 하나님의 의를 이루도록 하는 기능(참고. InIII. 337)으로 칼빈은 이해한다. 율법이란 우리가 육체에 있는 동안에만

---

368   참고. W. Elert, Ein Lehrer der Kirche, Hamburg, 1967, 53-54.

적용되며 비록 죄인으로 하여금 죄를 정죄하고 하나님이 형벌이 가한다는 위협적인 요소들도 있지만 궁극적으로는 하나님의 백성들에게는 성령과 함께 믿음의 순종으로 이끌어내며 하나님의 의를 이끄는 기능들을 한다는 점이다. 물론 칼빈은 세 번째 기능을 가장 중요한 기능으로 생각하였다.

6. 그러나 바울이나 루터 그리고 칼빈의 이해보다는 여기서 간과할 수 없는 점은 예수의 가르침을 눈과 귀로 직접 들은 베드로에게서 율법의 의미를 신학적으로 숙고하는 것이 중요하지 않다고 할 수는 없겠다. 어쩌면 베드로의 이해는 바울의 율법개념보다 예수의 가르침에 더 가까이 하고 있기 때문일 수 있다. 사실 예수의 가르침을 직접 들은 베드로에게 율법이란 바울처럼 중요하지 않은 것으로 비친다. 쿨만(O. Cullmann)에 의하면 베드로도 신학적으로 바울과 그렇게 멀리 떨어져 있지 않다고 주장한다.[369] 바울이 선교라는 주제 하에서 보편주의를 가졌다면 베드로 역시 바울과 같이 보편주의에 무관하지 않았다. 하나님의 구원의 은혜가 유대인에게만 국한되지 않는다는 사실도 바울과 베드로는 잘 알았다. 보통 바울이 "십자가 신학의 창조자"라고 믿고 있지만 쿨만은 오히려 이 신학이 베드로에게 돌아가야 한다고 주장한다.[370] 왜냐하면 "사도 베드로의 기독론은, … 아마도 야웨의 종이라는 개념에 의해 지배되었기 때문이다."[371] 그는 예수를 야웨의 종으로서 고난받는 종으로 이미 잘 알았고 예수로부터 십자가의 의미를 생생하게 듣고 깊이 숙고했을 것이다. 바울이 "칭의"문제에 초점을 맞추었다면 베드로는 이 "칭의"가

---

369 O. Cullmann, Pertrus, Zürich/Stuttgart, 1967, 69.
370 참고. 위의 책, 71.
371 위의 책, 73.

예수의 복음인 "하나님 나라"와 무관하지 않다는 것과 나아가서 이것이 기독교인의 전부가 아니라 오히려 기독교인의 시작임을 깨달았다고 해야 한다. 그는 단지 율법이나 칭의 문제보다는 그리스도인이 어디에까지 성숙해야 할 것인가에 더 깊은 관심을 가졌기 때문이다. 특히 "이로써 보배롭고 지극히 큰 약속들을 우리에게 주셨으니 이는 너희가 이것들로 말미암아 세상에서 정욕으로 인하여 썩어질 것을 피하여 신의 성품에 참여하는 자들이 되게 하시려는 것이다(벧후 1:4)"에 말하면서 "그러므로 너희는 더욱 힘써 믿음에 덕을, 덕에 지식을, 지식에 절제를, 절제에 인내를, 인내에 경건을, 경건에 형제우애를, 형제우애에 사랑을 공급하여라(벧후 1:5-7)"고 말한 점은 바울신학에서 다소 낯설게 느껴진다. 베드로는 그리스도인이 단순히 믿음으로 구원받는 사건에 초점을 두지 않고 궁극적으로 신의 성품에 참여하는 자가 되는 것을 요구하였다. 여기서 사용된 표현인 "신의 성품에 참여하는 자(θείας κοινωνοί φύσεως)"라고 했을 때 고대 라틴어는 "신적 본성에 참여하는 자들(divinae consortes naturae)"로 번역하였고 영어로는 "신적 본성의 동역자(partakers of the divine natura)"로 그리고 독일어로는 "신적 본성을 부분적으로 가진 자(theilhaftig der göttlichen Natur)"로 번역되었다. 사실 한글로 "성품"이라는 표현이 얼마나 적절한지는 의문이 들지만 여자적인 뜻은 "본성"이다. 그러니까 "신적인 본성에 참여하는 자들"이라고 이해할 수 있겠는데 신학적으로 이 의미를 말하면 "신적인 자들(theosis)"과 "신이 만드는 것(deificatio)"과 사실상 동일한 것으로 비치는데, 그로 인해 역사적으로 보면, 우선 오리겐은 이 구절을 "그리스도를 모방하여 신적인 본성에 참여하는 것"으로 해석하였고 아타나시우스는 "창조되지 않은 그리스도의 신적 본성"이라고 해석했으며 바실리우스는 "하나님과 유사하게 함"으로 해석했다.[372] 헬라 교부들의 영향 하에 있던 아우구스티누스, 힐라리우스, 보나벤투라 그리고 아퀴나스까지 "신이 만드는 것"이라는 식으로 이해하였는데 인간을 거룩하게 만드는 하나님의 은혜의 사역을 강조하였기 때문이다. 그러나 인간과 신의 질적인 차이와 그리스도인의 양자됨과 중생 등의 개념들을 고려한 신학자들은 다소 신중하였다. 특히 칼빈은 이 개념을 수동형으로 이해하여 "신에 의해 되는 것(deificari)"으로 해석하면서도 스콜라신학에 젖어 칭의의 기능을 인간으로 하여금 신으로까지 무한히 상승시키는 기능으로 해석하는 오시안더(Osiander)에 반대하여 이 본문을 상세하게 설명하기를 거부하였고 루터 역시 "하나님의 본성에 참여하는 자는 영생과 영원한 평화와 만족 그리고 기쁨을 가지며 마귀와 죄와 죽음에 대항하여 순수하고 의로우며 전능하다"는 정도로 설명하는데 그쳤다.[373] 바르트 역시 "성육신 안에서 신적 본성과 연합된 것(KD I/2.213)"으로 해석하면서 좀 더 진지하게 "그의 육체 안에서 모든 육체가 일어나는 은혜로운 것들의 교류(communicatio gratiarum), 즉 신적인 본성과의 교류로 인간 본질이 높여지는 것(KD IV/2.114)" 정도로 해석한다. 그러나 하여간 예수의 생생한 육성을 직접 들은 베드로는 그리스도인이 믿음으로 의롭게 되는 은혜에 단순히 그치는 것이 아니라 "사랑"이라는 최고의 승화된 경지에 이르도록 하나님이 인도하시며 이끄신다고 분명하게 말한다. 우리는 교의사적인(dogmengeschichlich) 상황에서 그럴 수밖에 없는 당시의 신학자들의 한계를 인정하고 느끼면서도 지금의 상황에서 베드로가 선언하고 있는 예수님의 가르침을 가감 없이 듣기를 원한다. 그것은 하나님이 그리스도인을 칭의라는, 값비싼 은혜로 의롭게 하신 것에서 멈추고

---

372 참고. A. Vögtle, Der zweite Petrusbrief(EKK), Neukirchen, 1994, 146-147.
373 참고. 위의 책, 147.

종결짓는 것이 아니라 오히려 거기에서 출발하는 복음을 계시하시고 있다! 그리스도인이란 그리스도와 같은 본성을 가지도록 하시는 하나님과 성령의 강력한 도우심이 머무시고 계신다! 그리스도인은 자신을 하나님으로 여기지 않지만 하나님이 그리스도인을 자신의 눈과 마주치게 하시며 자신의 얼굴을 직시하게 하심을 잘 안다! 그리스도인은 율법을 불가피하게 등에 앉고 살면서 감히 하나님의 빛나는 광체가 자기에게 임하기를 기대하지 않지만 하나님은 이런 그리스도인의 마음을 아시고 복음으로 분명히 그리스도의 광채가 나타나는 아들로 만드시고 거룩한 하나님 자신을 보게 하신다! 그리스도인은 하나님 앞에서 자신을 감히 높일 수 없는 한계를 날마다 느끼기 때문에 겸손으로 자신의 얼굴을 숙이지만 하나님은 그런 그를 자신의 위치에 세우시고 그와 나란히 마주하시며 그의 언어를 배우시고 그의 언어로 말을 거시며 동시에 그의 언어로 대답하신다! 한국어를 따로 배우시며 한국어를 따로 습득하셔서 한국인 우리에게 대화하시기를 원하신다! "자신의 아들을 아끼지 않으시고 우리 모든 사람을 위하여 내어 주신 분께서 어찌 아들과 함께 모든 것을 우리에게 은혜로 주지 않으시겠느냐?(롬 8:32)"고 선언하시는 하나님은 오로지 그리스도인의 아버지이시다. 그 하나님은 "하나님"이라는 신명으로 우리에게 명명되기를 원하지 않으시고 오로지 "아버지"로 불림을 받으시길 원하신다. 이런 아버지 하나님 앞에서 우리는 그분의 본성에 참여할 수 없겠는가? 그리스도인은 자신의 죄 때문에 참여를 꿈꾸지 않지만 하나님은 우리를 자신의 본성의 한 부분을 떼어 내어 사랑의 사람이 되게 하신다. 말씀이 육신이 되어 우리에게 사랑으로 다가오시는 그리스도에게서 우리의 천한 본성이 변한다. 물은 반드시 물이지만 그 물을 가지고 포도주로 만드시는 분은 창조하시는 하나님이시다!

2. 칼빈의 종교개념

1. 뤼케르트(H. Rückert)의 말대로 칼빈은 루터의 가장 위대한 제자로 간주될 수 있는데 루터가 가지고 있는 관점을 분명하고 통일적으로 굳건하게 세웠다는 점에서 뿐 아니라 루터의 개혁적인 시도를 가장 깊이, 가장 진지하게 보존하였기 때문이라는 그 평가는 지나치지 않다고 본다.[374] 루터가 성경에 의존하여 스콜라신학의 영광을 부수었다면 루터보다 26년 어린 프랑스 파리 출신의 법학전공인 칼빈은 더 나은 개혁가로서 그리고 새로운 주석으로 성경을 해석하여 개혁주의의 길을 탄탄하게 만들었다. 프리드리히(G. Friedrich)는 말하길 "루터는 항상 복음의 살아있는 음성을 말하였다면 칼빈은 성경의 의미를 죄인의 용서와 칭의의 메시지에 집중하지 않고 전체의 성경이 신적인 지혜, 의 그리고 사랑의 계시임에 집중시켰으며 성경을 가장 포괄적인 방식에서 하나님의 말씀임을 중요하게 여겼다. 그는 성경의 형식적인 권위를 강조했으며 이런 연고로 오로지 성경으로(sola scriptura)를 강조하였다"고 말하는 것도 그다지 틀리지 않는다.[375] 그런데 여기서 칼빈의 성경관이 논쟁거리가 될 수도 있겠다. 성경 영감설에 대해 슈툴마허(P. Stuhlmacher)나 헤페(H. Heppe)는 칼빈이 "성경이 실제로 하나님의 계시사실을 보도한 것"이라고 말한 것이나 "성경의 제시 이전에 있는 계시의 원천"으로 보고 있고 성경이 "오랜 시간동안 구두로 전승되었다"고 말한 것이나[376] 니이젤(W. Niesel)이 "칼빈이 성경기자들을 성령의 손 안에 있는 도구처럼 생각하고 그들은 성령이 그들에게 구술하는 것을 받아쓴 것에 지나지 않다고 이해하

---

[374] P. Stuhlmacher, Vom Verstehen des Neuen Testaments, Göttingen, 1986, 105.
[375] 위의 책, 105-106.
[376] 위의 책, 106.

는 것으로 추측되는 칼빈 자신의 일련의 발언이 있다"고 하면서도 "칼빈은 성경의 말씀이 자자구구를 단순히 연결시키는 그러한 성경해석을 미연에 방지했다"고 말한 것이나 "칼빈이 그의 성경론을 전개하는 그 장소에서 놀라지 않을 수 없는 것은 영감론에 관해서 한 마디도 말하고 있지 않다는 사실이다. 실로 영감설에 대한 적극적인 교리는 한 마디도 없다"고 주장하면서 칼빈은 축자영감설을 주장하지 않았다고 단정하기도 한다.[377] 또한 브룬너(P. Brunner)에 의하면 '칼빈은 성령이 성경을 도구로 사용했지, 성령과 성경을 동일시하지 않았다'고 말하면서 "그리스도를 그것에(성경) 유일한 목적으로 삼지 않는다면 성경 전체는 뒤틀리고 왜곡될 수밖에 없을 것이다. … 그것들 자체는 죽은 글자이다 그것들이 증거하는 사물자체만이 이 글자를 살아나게 한다. 이 사물자체란 예수 그리스도이시다"고 말하면서 "이 말을 우리가 칼빈으로부터 듣는다면 (칼빈이) 축자영감설의 대표자라고 말한다는 것은 얼마나 잘못된 것이라는 점을 우리는 시인한다"고 하여 그 역시 이 입장에 서 있다.[378] 여기에는 이미 위에서 소개한 바 있는 바르트도 속한다고 하겠다. 그러나 이런 입장들에 반박하는 견해도 있다. 칼빈이 성경을 "주의 입"이라고 한 점을 가지고 "칼빈에게서 중요한 것은 기록된 그대로가 하나님의 말씀이라는 것이다"고 주장하는 자도 있다.[379] 이러한 다양한 견해들의 차이에도 불구하고 분명한 점은 성경이 칼빈에게는 영감된 말씀이었다고 해야 한다. 그 말씀은 오로지 우리의 신앙에 의해 이해되고 받아들여진다. "참된 종교가 우리에게 비치기 위해 반드시 하늘의 가르침에서 생겨나야만 하는 것이고, 성경의 제자가 되지 않는 자는 그 어느 누구도 그리고

---

377 W. Niesel, Die Theologie Calvins, 이종성 역, 서울, 대한기독교서회, 1980, 30.
378 위의 책, 32.
379 안명준(편집), 칼빈신학 2009, 서울, 성광문화사, 2009, 19.

그 누구에게도 올바르고 건전한 가르침의 손짓을 감지할 수 없다는 점을 알아야 하는 것처럼 또한 거기에서 역시 하나님이 자신에 대해 그 장소에서 약속하시기를 원하셨던 것을 우리가 경외하면서 받아들일 때 참된 이해의 원리가 나타날 것이다"는 칼빈의 신념은 인간의 경건과 겸손으로 성경을 하나님의 말씀으로 받아들일 때 비로소 계시의 비밀이 이해됨을 말하고 있다.[380] 성경의 원천이 하나님이시기 때문에 성경이 권위가 있으며 성령은 성경의 문자에 어떤 내용이 들어가야 하는 것과 단어의 선택에서도 미친다는 것은 분명해 보인다. 그러나 그렇다고 그가 기계적 영감의 입장을 취했다고 단정하기에는 상당한 한계가 있어 보인다.[381] 그리고 칼빈의 『기독교 강요』뿐 아니라 바로 위의 이 문장에서도 사용된 "참된 종교(vera religio)"라는 말도 비록 다른 종교들에게서도 일반적으로 많이 사용되는 개념이긴 하지만 필자의 눈에는 기독교의 독특성인 '그리스도 안에서 계시하시는 하나님의 자신을 증거하는 성경을 믿는 기독교의 종교성'을 표현한 것임에 분명하다. 요한 2,3서와 요한계시록을 제외하고 대부분의 성경을 주석한 칼빈의 저서들은 대부분 설교집이거나 강의집에 해당하는데 그래도 가장 체계적으로 서술한 책은 『기독교 강요』일 것이다. 이 책 때문에 칼빈이 '신학의 조직가'라는 말도 있지만 이 주장에 대해서도 의문의 여지가 전혀 없지 않으며 성경의 형식적인 권위 때문에 "오직 성경으로"를 강조했다는 슈툴마허의 주장도 다소간 논쟁의 여지가 있어 보인다. 어쨌든 칼빈도 루터와 같이 성경을 계시의 증거로 이해하였고 성경의 영감설을 믿었으며 이로 인해 역사와 상

---

380 InIII.63: "Sic autem habendum est, ut nobis affulgeat vera religio, exordium a caelesti doctrina fieri debere, nec quenquam posse vel minimum gustum rectae sanaeque doctrinae percipere, nisi qui Scripturae fuerint discipulus; unde etiam emergit verae intelligentiae principium, ubi reverenter amplectimur quod de se illic testari Deus voluit."

381 참고. D. McKim(Hrsg), Historical Handbook of Major Biblical Interpreters, 성경해석자 사전, 강규성/장광수 역, 서울, CLC, 2003, 304.

황을 떠나서도 성경의 진리는 변하지 않는다고 확신하였다.

2. 칼빈의 신학의 출발점은 하나님의 영광(gloria Dei)과 개별자 죄인의 자의식을 변화시키고 다스리는 하나님의 통치에 있다고 하겠다. 무엇보다 고대전통과 특히 아우구스티누스의 신학을 적극적으로 수용하면서 신 중심적 사유를 펼쳐 나가지만 그렇다고 전혀 철학적인 요소를 배재하지는 않고 스토아적인 요소와 플라톤적인 성향이 남아있다고 주장하는 사람이 있다.[382] 플라톤의 철학이 고대교부들의 신학 사상에 큰 영향을 준 것은 누구나 다 잘 아는 상식이다. 특히 그의 철학은 필로(Philo), 오리겐(Origen) 그리고 누구보다도 아우구스티누스에게 말할 수 없는 영향력을 행사하였다. "어떤 방식으로든 직접적으로 혹은 간접적으로 플라톤에게 빚지지 않은 신학적 체계를 부른다는 것은 거의 불가능할 것이다"는 말은 결코 과하지 않다.[383] 종교개혁 이후에도 에라스무스, 루터, 멜랑크톤과 칼빈도 예외가 아니라고 할 수 있겠는데 그들은 플라톤과 아리스토텔레스 철학의 차이를 누구보다 잘 알았으며 특히 플라톤주의와 기독교 사이의 밀접한 관계도 강조했었다. 에라스무스는 그리스도와 아리스토텔레스 사이의 연관성을 보았고 아우구스티누스는 아리스토텔레스보다 플라톤과 피타고라스를 더 선호하였으며 루터는 아리스토텔레스보다 플라톤 철학을 선호하였고 멜랑크톤은 플라톤과 아리스토텔레스 둘 다를 찬양하였다. 아우구스티누스가 기독교와 플라톤주의에로의 귀환을 거의 동시적으로 강조하다가 후에는 열광주의적인 플라톤주의자가 되었다면, 칼빈은 플라톤을 철학자들의 소리 가운데 하나 정도로 보았다. 그럼에도 불구하고 그도 플라톤을 철학자들 중 가장 맑고 종교적

---

382 A. Ganoczy/J. Schmid, Schöpfung und Kreativität, Düsseldorf, 1980, 90.
383 Ch. Partee, Calvin and Classical Philosophy, Leiden, 1977, 107.

인 자로 생각하였다.[384] 비록 칼빈이 플라톤의 철학을 자신의 신학의 근원으로 삼지는 않았지만 플라톤이 "거룩"에 대한 어떤 것을 잘 알았다고 좋게 평가하는데 이런 점을 보면서 칼빈이 당시의 다양한 철학적 흐름, 특히 플라톤과 스토아철학에 의해 영향을 강하게 입은 것은 분명하다고 주장하는 자도 있다.[385] 칼빈과 플라톤의 관계를 보이셋(Jean Boisset)은 "칼빈이 가장 빈번하게 언급하는 신학자가 아우구스티누스라면, 플라톤은 가장 자주 인용되고 거의 그 쪽에 거의 총애를 받는 철학자이다"고 말하면서 그 근거를 몇 가지 들고 있는데, 예를 들어 플라톤이 감각적인 영역과 지적인 영역을 구분하였는데 이 구분을 칼빈은 가시적 교회와 불가시적 교회라는 개념으로 응용하였으며 플라톤의 "공유(participation)"의 개념을 칼빈은 교회와 성례에 직접적으로 응용했다고 한다.[386] 보이셋과 아울러 맥던넬(Kilian McDonnell) 역시 "칼빈을 향한 플라톤의 영향은 단지 막연하게 플라톤적인 분위기로 제한시킬 수 없다. 칼빈은 플라톤에 의해 직접 영향을 받았으며 이 영향력은 해가 가면 갈수록 증가되었다"고 말하면서 "플라톤주의가 체계 이상으로 영적이기 때문에 그것은 칼빈이 취했던 방법론이었다"고 평가한다.[387] 여기에서 좀 설명이 필요하겠다. 플라톤에 의하면 실재성은 형상과 질료로 구성되어 있는데 형상은 질료 안에 어느 정도는 내재하고 있지만 근본적으로는 질료를 초월하고 있다. 질료는 그래서 형상과 관계하기 위해 형상을 공유해야 한다. 따라서 "공유"의 개념을 형상과 질료 사이의 틈새를 매우는 개념으로 사용하려고 하였다. 그러나 질료는 형상과 너무 멀리 떨어져서 공유

---

384 참고. 위의 책, 110.
385 참고. 위의 책, 111.
386 위의 책, 111.
387 위의 책, 112.

할 수 없다. 이런 점 때문에 플라톤의 철학은 이원론에 빠진다. 플라톤의 저서 "파에도(Phaedo)"에서 그는 질료는 스스로를 아름답게 만들지는 못하지만 단지 아름다움이라는 이데아의 현존(파루시아: παρουσία)과 공유(코이노니아: κοινωνία)가 이것을 가능하게 한다고 하면서 형상과 질료의 관계를 "파루시아"와 "코이노니아"의 관계로 불렀다. 이 사상이 칼빈의 교회론과 성례전으로 흘러갔다고 어떤 이는 주장한다. 그러나 플라톤의 "파루시아" 개념이 칼빈의 "그리스도의 다시 오심(παρουσία)"과 성도들의 교제(κοινωνία) 개념으로 응용되었는지는 사실 의문을 제기하는 자들도 있다. 칼빈이 플라톤뿐 아니라 키케로와 아우구스티누스의 사상에 많이 길들여 진 것은 사실이다. 바르트도 이 점을 인정하면서 "중세의 스콜라주의와 1600년 이후 개신교 정통주의자들 역시 분명하게 아리스토텔레스의 선명한 개념성을 고유하게 만들었다면 그들 중에는 루터와 칼빈도, 철학적으로 숙고하면, 분명히 플라톤주의자들이었다: 루터는 신플라톤주의자였으며 칼빈은 고전적인 플라톤주의자였다(KD I/2.817)"고 선언한다. 또 하나는 칼빈과 스토아철학과의 관계이다. 스토아철학은 인간 구원을 위한 소위 철학적 노력이라고 할 수 있겠는데, 신과 자연은 하나이며 그 신은 모든 것을 알며 지배하고 인간을 사랑한다. 특히 실천적인 면과 덕과 의무의 개념들을 강조하며 모든 것들을 초월하여 얻어지는 마음의 평정 혹은 무관심(아파테이아: apatheia)을 강조하여 스토아철학은 상당히 종교적인 색채를 가진다. 특히 스토아철학은 신이 모든 것을 예정한다는 사상을 중요한 특성으로 하고 있는데 바빙크(H. Bavinck)도 "예정론에 있는 신앙을 위해 무엇보다 스토아주의는 고대 세계에 서 있었다"고 주장한다.[388] 우주는 신의 예정에 의해 지배된다. 스토아 철학자

---

388 Ch. Partee, Calvin and Classical Philosophy, 116.

키케로는 "신의 행위가 인간사에 무엇이건 통제하지 않고 믿는 철학자들이 있어왔으며 지금도 있다. 그러나 만약 그들의 의견이 참되다면 어떻게 경건, 존경 혹은 종교가 존재할 수 있겠는가?"라고 묻는다.[389] 키케로에 깊은 관심을 가졌고 자신의 처음 저서가 "세네카"에 대해 썼던 칼빈이 비록 스토아주의가 가지는 범신론과 평정과 같은 개념들은 부정하지만, 신의 주권이나 자연을 높이는 사상이나 이성과 사회적 본성에 대해 주장하는 스토아철학을 받아들이는 것은 어쩌면 자연스럽게 보인다. 특히 칼빈의 예정론은 스토아철학의 그것과 상당히 닮아있다고 파테(Ch. Partee)는 단언하면서, "이 가르침에 혐오를 가지길 원하는 자들은 그것을 (예정론) 스토아의 운명에 대한 가르침으로 중상모략한다"고 칼빈 자신의 말을 그는 주지시킨다.[390] 사실 칼빈은 스토아철학자들이 말하는 "운명"이라는 용어는 기독교에 적합하지 않다고 생각하였고 운명과 예정은 같은 것이 아니라고 믿었다. 전자는 인과율에 따른 필연성의 의미가 있는 반면 후자는 그리스도의 은혜 안에서 하나님의 자유로운 결정에 의한 것이기 때문이었다. 그래도 스토아주의자들이 말하는 신의 예정을 칼빈은 기독교적으로 응용하여 사용하면서 하늘과 땅, 모든 피조물과 모든 인간들의 삶과 죽음은 하나님의 예정 가운데 지배되고 있다고 믿었다. 신이 모든 것들을 예정하고 지배한다는 스토아철학의 가르침에 비록 칼빈이 감사를 하지만 동시에 그는 하나님의 자유를 부정하는 인과율적인 운명론에는 비판적이었다. 스토아철학의 운명적 예정론대로라면 인간의 악은 운명적으로 나올 수밖에 없는 것이기 때문에 당연히 신에게 책임이 돌아가야 한다. 그러나 칼빈은 악이 필연성에 기인하는 것이 아니라 자발성에 기인하기 때문에 인간의 책임이라고 단언한다. 하여간 칼

---

389   위의 책, 117.
390   위의 책, 120.

빈은 고대의 고전들을 전혀 무시하면서 기독교의 진리를 설명한 것이 아니라 고대철학의 도움을 받았지만 성경과 그리스도 안에서 주어지는 하나님의 은혜가 철학을 넘어간다고 믿었기 때문에 철학 안으로 기독교 교리들을 집어넣지는 않았다. 그리고 또 하나는, 칼빈을 어떻게 해석하는가도 중요하지만 정작 칼빈 자신은 신학의 체계를 세운 자는 아니라고 주장하는 칼빈연구가 중 한 사람인 니이젤(W. Niesel)의 주장을 새겨놓을 필요가 있겠다. 바우케(H. Bauke)는 칼빈을 이해하는 세 가지 특징을 말하고 있는데 합리주의, 대립하는 것들을 합치는 것 그리고 성경주의라고 주장하면서 "교의학은 성경의 자료들을 설명해야 하는 원리"로 칼빈이 이해했다고 한다.[391] 사실 칼빈을 연구하는 자들의 주장들은 다 일리가 있다고 본다. 칼빈 본인도 1536년『기독교 강요』의 서문에서 "단지 (나의) 정신은 어떤 방향으로든 종교의 노력에 접목되어 있는 자들에게 참된 경건으로 형성되는 그 어떤 시도를 전달하는 것이었다"고 밝히면서 자신의 책이 "가르침의 단순하고 소박한 것(InI.21)"이라고 겸손하게 밝힌다. 그가 볼 때에 당시의 신자들은 그리스도를 알기위해 애쓰지만 거기에 적절한 해설이나 설명서들을 가지고 있지 않았다. 이런 겸손과 아울러 칼빈의 성격과 기질이 표출되는 표현은 불건전한 교리에 대한 단호함에 있다. "무리 속으로 그 어떤 섬뜩한 가르침들이 확산되는데 만약 이것들이 사실이라면 그들은 그 댓가로 자신들의 저서들과 함께 수천 번의 불들(화형을 뜻하는 것 같음)과 십자가들로 처형당하는 것이 마땅하다고 세상은 판단할 것이다(InI.22)"고 칼빈은 말한다. 기독교 진리에 대항하고 그릇된 교리로 어지럽히는 자들에게 칼빈은 거의 전투사와 같은 태도를 취한다. 한 예로 비록 불가피하다는 주장도 있지만, 삼위일체

---

391   W. Niesel, Die Theologie Calvins, 11.

를 부정하여 신성모독죄를 범한 스페인의 세르베투스를 화형에 처하도록 칼빈이 동의한 점은 현대에 사는 우리에게는 상당히 낯설다.

3. 칼빈의 생각은 처음부터 "위에서 아래로" 향하는 접근, 즉 신중심적 사유를 꾸준하게 유지한다. 이 사유는 근본적으로 "아래에서 위로 향하는" 그 어떤 접근으로는 신을 알 수 없다는 선언이기도 하다. 어떻게 보면 칼빈의 사유는 분명 신학적 사유가 분명하지만 그렇다고 순수한 성경신학이라고 간주하기에는 상당한 교리적인 사유들이 담겨있다. 따라서 그의 사유를 단순히 일반 순수철학이나 혹은 종교철학이라고 규정하기에는 전혀 적절하지 않고 오히려 기독교철학이라고 하는 것이 과히 틀리지 않다고 본다.[392] 인간이 자신의 능력으로 하나님을 아는 것은 우매한 일이며 어리석으며 또한 하나님께 다가갈 수 있다고 생각하는 것은 처음부터 불가능한 일이다. 단적으로 말하면 인간을 알기 위해 인간 자신을 연구하고 살펴야 되는 것이 아니라 반대로 하나님을 알고 하나님에 대해 살펴야 한다. 하나님을 안다는 것은 곧 인간 자신을 아는 것과 같다. 그리고 하나님을 안다는 것은 인간 자신의 내면의 본질에 의해서가 아니라 인간과 관계하시는 하나님과 그 하나님을 향한 인간의 응답으로서의 신앙에서만 하나님을 알 수 있다. 이런 진리를 성경만이 제시한다. 성경의 제시에서 인간이 질문하고 해답을 찾지 않으면 구원이라는 심오한 신적 행위에 대해 그 어떤 단편도 얻을 수 없다. 여기서 플라톤의 생각과 유사하게 칼빈도 인간 이전에 하나님은 세상을 아름답고 선한 질서로 만들어 놓으셨고 따라서 만물을 통해서도 창조주 하나님의 존엄이 반영되어 있다고 믿는다. 특히 인간의 영혼에게 하나님 자신

---

392 참고. W. Niesel, Die Theologie Calvins, 23.

의 모습 혹은 형상을 담아두셨고 이것이 마치 작은 불씨처럼 인간에게 비춰주고 있다. 창조주 하나님은 모든 것을 오로지 인간을 위해 창조하셨다고 말할 수 있겠는데 만들어진 모든 피조물들은 인간에게는 은혜의 선물이 된다. 그러나 불순종 이후 인간은 죄로 인해 참된 하나님을 알지 못하게 되었다. 칼빈의 종교개념은 여기에서 시작된다. 칼빈도 루터의 생각과 유사하게 종교를 생각한다. 그에게는 종교이해가 우상 숭배와 직결하는 것으로 간주된다. 자연적인 이성의 개념의 바탕 위에서 발전하며 신과 인간이 함께 속해 있다는 근거에서 종교는 성립한다. 기독교인이 아니더라도 신에 대한 의식이 있는데 소위 자연적인 본성이 그것이다. 이런 신의식에서 인간은 종교적인 성향을 가진다고 칼빈은 이해하였다. 물론 이런 종교적인 성향은 인간의 부패로 곡해되어 율법이나 특정의 가르침 안에 자신을 속박시키게 된다. 칼빈은 "소수인들이 가지는 더러움과 간사함에 의해 종교가 있으며 이런 방식으로 단순한 사람들을 의무로 연결시킨다고 어떤 자들에 의해 그렇게 말해지고 있는 것은 얼마나 허망한지 모른다(InIII.38)"고 말하면서 신적인 감정(divinitatis sensus)이 인간 정신에 깊이 각인되어 있기 때문에(InIII.39) 모든 인간에게는 비밀스러운 본질로 신을 인지하는 능력(sui numinis intelligentiam)이 주어져 있다. 따라서 신이 없다고 말할 수 있는 자는 아무도 없다고 할 수 있다. 종교의 씨라 불리는 이 신비는 야만인이든 헬라인이든 모든 자들의 마음속에 주어져 있다. 따라서 종교는 특정의 소수가 만드는 하나의 작품이 아니다. 다만 기독교와 종교들과의 차이는 참된 경배냐 아니면 거짓된 경배냐 하는 도식에서 결정되며 참된 예배는 그릇되고 미신적인 신앙과 절대적인 거리를 가진다고 한다. 칼빈에 의하면 "신에 대한 감정"은 결코 없어지지 않으며 이것으로 인해 종교가 일어나지만 이런 종교에서는 인간의 부패성으로 인해 하나님에 대한 참된 경배가 주어질 수 없다는 의미이다.

2. 사실 아우구스티누스를 통해 기독교가 종교로 응고되었고 아퀴나스(Thomas von Aquino)는 신학의 대상을 자주 기독교 종교(christiana religio) 혹은 신앙의 종교(religio fidei)라고 명명했다. 물론 아퀴나스가 일반적이고 도덕적인 종교의 덕목과 특별한 승려적인 종교와 구분을 하긴 했지만 이 구분은 비기독교적인 종교에서 기독교 종교의 특별성을 강조하기 위함이었고 기독교 종교가 다른 일반 종교들과 나란히 놓이는 것을 반대하였다. 물론 칼빈도 전통을 존중하여 기독교를 "기독교 종교"라는 용어로 사용한다. 그럼에도 불구하고 이 개념은 중립적이거나 인간적인 개념이 아니라 신의 경외(timor Dei)에 관련된 믿음이며 그 경외와 자발적인 의지(voluntas)를 자신 안에 포함하여 그리고 율법에 기록된 것과 같이 바른 예배를 수행한다고 바르트는 칼빈의 종교개념을 평가한다(참고. KD I/2.310). 신을 경외하고 자발적으로 자신을 경배로 드리는 예배의 개념이 그가 뜻하는 기독교 종교개념이다. 그러면서도 그는 법학자답게 율법을 간과하지 않는데, 올바른 예배란 율법에 기록된 것에 일치하는 인간의 경외심의 행위이다. 여기서 율법이란 성경이 제시하는 하나님 말씀이며 이것은 인간의 규범이 된다. 즉 일반적으로 인간의 자발성과 무관하게 구속하는 율법은 자발적으로 인간 자신을 구속하는 율법과 다르다. 전자는 종교와 관계하고 후자는 계시와 관계한다. 칼빈에게는 종교와 계시는 대립관계에 있으며 단적으로 말해 계시는 종교가 아니다. 비록 칼빈이 부패한 인간성에게도 종교적인 씨앗이 남아있다고 바울의 말을 인용하여 말했지만 이 씨가 정상적으로 자라서 계시라는 열매를 거두지 못한다고 믿는다. 그가 종교라는 용어를 사용하면서 사용목적은 기독교의 계시의 내용을 위해 사용하였다. 무엇보다『기독교 강요』에서

도 비록 종교라는 단어를 사용하고 있는데 그 용어가 비록 이교도적인 개념이지만 그럼에도 불구하고 칼빈에게는 이 개념이 기독교 계시의 개념을 가리키는데 적당하다고 보았고 그래서 사용하고 있다고 보면 되겠다. 무엇보다 칼빈은 바르트와 달리 자연은총을 인정한다. 칼빈에게 "자연이란 인간이 하나님을 인식할 수 있는 일종의 도구, 무대 또는 장(field)에 해당되는 것으로 생각한다"는 말이 틀린 말은 아니다.[393]

3. 인간이 본성적으로 '신을 알만한 것' 혹은 '종교의 씨'가 모든 인간 마음에 주어졌지만 이 씨는 부패한 인간 안에서는 결코 자라지 못하며 열매를 맺지 못한다. 칼빈은 이것이 오히려 우상을 만드는 주범이라고 단언한다. "거기에서 인간의 창조적인 정신이 영속적으로 우상들을 만드는 공장임을 추론하는 것이 허용된다(Unde colligere licet, hominis ingenium perpetuam, ut ita loquar, esse idolorum fabricam: InIII.96)"고 주장한다. 특히 "하나님을 알만한 것"에 대해 기록된 로마서 1:19의 주석에서 칼빈은 "하나님이 자신의 전부를 우리의 이해에 의해 결코 파악할 수 없게 하신 것이 아니라 인간들이 자신을 유지해야 할 정도로만 남아있고 자신에 관해 증거하신 하나님을 우리는 아주 작은 정도로 파악한다. 하나님이 누구인가에 대해 알기를 갈구하는 자는 뻔뻔한 바보다"고 설명한다.[394] 왜 이것이 우상을 만들까? 칼빈은 계속해서 "인간의 정신이 높아짐과 분별 없음으로 가득차서 신을 자신의 머리를 위해 상상하기를 시도한다(mens hominis, ut superbia et temeritate est referta, Deum pro captu suo imaginari audet: InIII.97)"고 하는데 우리에게 주어진 종교성이 죄와 부패로 인해 교만과 분별을 상실하여 자기 자신을 위해 신을 상상하고 꾸준히 만든다는 것

---

393 이신열, 칼빈신학의 풍경, 서울, 대서, 2011, 42.
394 J. Calvin, Auslegung des Römerbriefes und der beiden Korintherbriefe, Neukirchen, 1960, 34.

이다. 말하자면 종교의 씨가 부패한 인간 본성에서는 신을 대항하는 반역으로 나타나서 참된 신을 분별하지 못하고 미신이나 그릇된 신을 만든다. 따라서 이 세상에는 참다운 의미의 종교적인 경건성이란 있을 수 없다. "그래서 우리가 생명에서부터 죽음으로 떨어져 들어간 후 (우리가 토의했지만) 창조주 하나님의 전체의 그 지식은 믿음이 우리에게 그리스도 안에서 하나님 아버지를 명확하게 보여주면서 다가오지 않았다면 무용하게 되었을 것이다. 이 자연적인 질서는 세상의 공장이 우리에게 배워야 하는 경건으로 이끄는 학교였다. 거기에서 영생과 완전한 축복으로 전환이 될 것이다. 그러나 타락 이후 우리는 눈들을 오로지 곡해시키고 위로든 아래로든 하나님의 저주만 일어났다. 그 저주는 무죄한 피조물들을 우리의 허물로 점유하고 덮어버리면서 우리의 영혼 또한 절망으로 빠지게 된 것은 필연적이었다(InII.320)"고 칼빈은 말한다. 타락 이전에는 자연과 피조물을 통해서도 하나님을 향한 경건과 경외감을 가졌고 그분의 지식을 가졌으나 타락 후 인간의 죄로 인해 인간과 모든 피조물까지도 하나님의 저주 아래에 있게 되었는데, 적나라하게 말하자면 타락 후 인간은 하나님을 알기는커녕 오히려 피조물을 보면서도 절망하게 되는 존재자가 되었다. 하나님은 자연과 피조물을 통해 자신을 알게 하셨고 그 지식으로 하나님을 경외하도록 하셨으나 인간의 부패는 인간과 자연 나아가서 모든 피조물과의 관계에도 저주 아래에 놓이게 되었다. 여기서 칼빈이 자연 속에서도 하나님을 알 수 있다고 했을 때 인간이 가지고 있는 종교적 성향 때문에 가능하다고 말하고 있는 것이 아님을 알아야 한다. 오히려 그만큼 하나님을 알 수 있는 능력을 가졌다는 것을 강조하기 위함이라고 본다. 이렇게 인간의 능력이 위대한 반면 타락 이후에는 그 위대한 능력과 완전히 반비례하여 무지와 저주의 대상이 되고 하나님의 올바른 지식에로 결코 나갈 수 없음을 뜻한다. 즉 능력이 위대한 만큼 반비례하여 그 능력이 이제는 하나님의 저주와 분노, 심판의 대상이 되었다. 종교의 씨는 오류와 맹목, 미신과 어리석음과 교만 그리고 신을 향한 반역과 저항으로 표출된다. 단적으로 말해 종교 속에서 인간은 신의 계시와 절대적으로 대립하고 있으며 계시의 자리에 종교를 집어넣고 있고 신을 자신의 유익의 수단으로 경배할 뿐이다. "그래서 그들은 신이 자신을 계시하는 것을 이해하지 못하고 오히려 그들 자신의 분별없음을 위해 그렇게 만든 신을 상상한다(Itaque non apprehendent qualem se offert, sed qualem pro sua temeritate fabricati sunt, imaginantur: InIII.41)"고 말한다. 자연적으로 혹은 본성적으로 인간에게 주어진 신적인 감정은 부패한 이성에 의해 만들어진 신을 우상으로 높이고 상상한다. 따지고 보면 우상의 근원은 우리에게 선천적으로 주어진 자연성인 신적인 감정(divinitatis sensus)이며 단지 이것이 부패한 인간에게는 우상으로 표출되는 셈이다.

4. 그러면 우상은 인간의 종교성의 의지가 담겨있지 않는 자연적인 결과인가 아니면 인간의 의지의 산물인가? 종교성이 부패한 인간의 이성으로 하여금 우상이라는 형태의 종교를 만든다고 한다면 우연적인 결과인가? 칼빈의 대답은 의외로 간단하다. 우리의 본성에서 하나님이 계심을 빛으로 비추지만 "많은 자들이 죄의 파렴치함과 습관으로 완악해 진 뒤에도 불구하고 그들에게 자연의 감각의 길로부터 자발적으로 일어나는 신에 대한 모든 기억을 악랄하게(furiose) 제거하려는 것을 우리는 본다(InIII.41)"고 주장한다. 그러니까 칼빈에 의하면 비록 부패하였지만 희미하게나마 인간에게 남아있는 자연적인 감정(naturae sensus)이라는 통로로 하나님이 인간에게 자신을 비추지만 인간은 이것을 억지로 혹은 자의적으로 악독하게 변형시켜 하나님과 인간과의 원초적인 관계의 기억

을 말살한다는 의미이다. 나아가서 이 자연성 혹은 종교성으로 두려움을 가지지 않고 신을 대항하여(contra Deum) 열정적으로 거부하고 맹목적인 충동으로 휩싸여서 종국에는 하나님을 상실하는 어리석음에 빠진다고 한다(InIII.42). 칼빈의 이런 생각에 의하면 인간의 부패로 인해 곡해된 종교성이 적극적인 열정과 함께 하나님을 대항하는 반역으로 나타난다. 그러니까 무의도적으로 하나님을 부정하는 행위란 없으며 오로지 하나님을 향한 인간의 적극적이고 자의적인 의도로 하나님을 거역하는 셈이다. 그렇다면 여기서 불신자들이나 타종교인들 그리고 심지어 그리스도가 오시기 전의 인간들에게는 하나님이 어떻게 나타나셨는가 하는 질문이 생길 수 있다. 이에 대해 칼빈의 태도는 상당히 차갑게 느껴진다. 즉 이방인들, 불신자는 물론이고 타종교인들 그리고 그리스도가 오시기 전의 모든 인간들도 오로지 그리스도로 인해서만 하나님에게로 이를 수 있다. "왜냐하면 나는 길이요 라는 말씀은 특수한 세대와 특정한 민족에게만 적용되는 것이 아니라 오히려 모든 것이 그를 통해서만 신에 도달할 수 있는 길을 가르쳐 주었기 때문이다"고 말한다.[395] 칼빈의 그리스도 중심의 사상은 타협없는 불연속까지 몰고 간다. 이방인이든, 불신자든, 그리스도 이전의 모든 인간까지도 오로지 그리스도로 인해서만 하나님의 참된 계시의 진리를 알 수 있다는 것은 그리스도를 떠나서는 여타의 그 어떠한 인간에게든 하나님의 계시는 결코 나타나지 않는다는 입장을 시종일관 유지한다. 그럼에도 불구하고 이들이 하나님을 인식한다면 하나님이 성육신의 은혜와 아주 유사한 형태의 진리를 그들에게도 허락하셔서 그것을 통해서만 하나님에게로 이르게 하실 것이라고 하면서 하나님의 주권에 넘긴다. 그래도 하여간 이런 점에서 칼빈에게는 자연인 혹

395　W. Niesel, Die Theologie Calvins, 50.

은 비신앙인은 무신론자와 다를 바가 없고 나아가서 반신론자들인 셈이다. 그 어떤 자이건 자연적인 본성에 의해서는 결코 하나님의 생명을 만날 수도 없고 발견할 수도 없다. 인간은 하나님의 실재성에 관한한 전적으로 무능한 존재자이다. 이런 인간에 의해 출발하는 종교는 처음부터 죄이다. 사실 이렇게 따져보면 종교비판의 근원적인 발상지는 바르트에게 있는 것이 아니라 오히려 칼빈에게 있다고 봐야 한다. 비록 바르트가 종교를 불신앙으로 간주했지만 내용적으로는 칼빈의 생각에서 이미 뿌리를 두고 있는 셈이고 칼빈의 이런 생각은 바울의 생각(참고 롬 1장)에서 나온 생각이라 하겠다. 한 마디로 말해 종교는 인간의 죄라고 단언할 수 있겠다.

5. 그렇다면 우상을 만드는 이 종교성 혹은 자연성은 사라질 수도 있는 것인가? 칼빈은 이 질문에 단호하게 말한다. "이 씨(종교의 씨)는 그럼에도 불구하고 그 뿌리에서 그 어떤 방식으로든 제거될 수 없음이 드러나며 어떤 방식으로든 신적인 것은 남아있다. 그것이 썩었던 것이기 때문에 그 스스로에게서 대단히 악한 열매를 생산하지 않을 수 없다(InIII.44)"고 말한다. 말하자면 종교의 씨라고 불리는 인간의 부패한 종교성은 완전히 제거되지 않고 언제나 거기에 남아있으며 동시에 그곳에서 우상이라는 악한 열매를 맺는다. 비록 타락한 인간에게도 신의식이 완전하게 사라지지 않고 남아있어서 그것을 통해 하나님을 인식할 수는 있다. 본성적으로 우리에게 주어진 종교의 씨는 결코 사라지지 않고 우리 영혼에서 활동하는데 이것은 참된 하나님을 만나는 것이 아니라 우상이라고 하는 종교를 만드는 동인이 된다. 심지어 칭의된 자들에게도 이 종교성은 완전히 깨끗하게 사라지지 않는다. 한 마디로 인간을 '우상을 만드는 공장'으로 비유해도 칼빈의 생각을 넘어가지 않는다. 따라서 그 어느 누

구도 하나님을 알지 못한다고 변명할 여지가 없게 된다. 이런 관점을 가지고 있기 때문에 칼빈은 소위 '종교철학자'들을 대단히 경멸하며 비난한다. 비록 그들이 세련되고 재치있는 언변으로 기분을 좋게 하지만 항상 인간으로 하여금 올바른 하나님을 아는 지식으로 이끌지 못한다. 모든 인간들은 이런 인간의 본성, 즉 종교성에서 결코 자유로울 수 없으며 나름대로의 종교성으로 우상이라는 다양한 형태의 종교를 만든다. 이런 칼빈의 주장은 자칫 죄의 주범이 하나님이라는 문제, 즉 신정론의 문제를 야기할 수 있다. 하나님은 인간을 잘못 창조하신 것인가? 칼빈에 의하면 하나님은 자연 속에서도 하나님을 알게 하셨지만 불순종이라는 타락을 통해 이것이 완전히 무효가 되었고 그 책임은 인간에게 있다. 결국 칼빈에게는 종교란 인간의 부패한 이성이 하나님의 생명을 발견할 수 없고 그 대신에 스스로의 능력과 활동으로 인하여 악한 열매로서 만들어 놓은 산물인 셈이다. 단적으로 말하면 인간이 있는 거기에는 인간의 본성인 종교의 씨가 자의적이고 악랄하게 하나님과 대항하면서 자라서 소위 "종교"를 만들고 있다. 이렇게 보면 칼빈에게는 계시에 뿌리를 둔 기독교와 인간의 자연성에 뿌리를 둔 종교는 서로 대립관계에 놓여 있다. 계시에 뿌리를 둔 기독교를 통해 참된 하나님을 알 수 있고 인간의 본성 혹은 자연성에 뿌리를 둔 종교를 통해서는 오히려 하나님을 부정하며 인간 자신이 만든 신을 하나님으로 경배하는 우상을 만든다. 자연인은 우상을 만드는 자(idolorum fabrica)이며 그렇게 만들어진 우상이라는 신은 마치 살아 있는 신으로 숭배된다. 자연적인 혹은 부패한 인간성이 가지는 종교성에서 인간은 신을 객관화시켜 우상을 만들면서 유일하시고 자신을 계시하시는 하나님과 갈등관계를 가진다. 계시란 하나님이 말씀하신 말씀이시며 하나님 자신(Deus ipse)이다(InII.118). 하나님 자신과의 만남은 오로지 그리스도로 인한 하나님의 은혜로 가능하기 때문에 소위 자연인으로는 절대적으로 불가능하다. 단적으로 말해 칼빈의 신학에서는 자연인, 즉 죄인이 결코 살아계시는 하나님을 만나는 길은 전혀 없다고 해야 한다. 칼빈이 보기에 자신을 전달하시는 하나님 말씀과의 관계가 틀어지는 자는 무조건적으로 인간 자신이 그리고 상상하는 신을 종교적으로 투사시키는 자이며 우상을 만드는 자이고 우상을 만들어 놓고 사실은 자신이 거기에 앉아 있는 자이다. 우상 숭배란 죄이며 죄란 동시에 하나님으로부터의 소외(abalienatio a Deo)와 다를 바가 없다. 그러나 하나님의 말씀은 하나님이 자신을 계시하심인데 구체적으로 말하면 신적 로고스인 그리스도이다. 죄인인 우리가 우리의 능력으로는 하나님에게로까지 상승하여 하나님과 일치할 수 도 없고 동시에 알 수도 없기 때문에 하나님이 우리와 함께 하시기 위해 자신을 우리의 인식에 맞추시기 위해 우리에게로 무한히 낮추셨음이 곧 그리스도라는 계시이다(참고. InIII.109). 계시를 말하면서 칼빈은 세상적인 철학이나 자연인들이 상상하여 만든 우상 숭배에서는 찾아볼 수 없는 아주 특별한 진리를 삼위일체라고 주장한다. 참된 하나님은 삼위일체 하나님이시다. 이 삼위일체교리는 하나님이 자신을 그렇게 선언하셨기 때문에(ita se praedicat) 우리가 믿고 알 수 있을 뿐이지 우리의 사유의 산물이 아니다. 세 인격들이면서 한 분 하나님으로 실재하시는 것은 우리 죄인에게는 신비이고 비밀이다. 따라서 굳이 성부, 성자, 성령이라는 용어로 사용할 수 있지만 이 명칭들은 삼신론을 가리키는 것이 아니고 또한 단일신론을 뜻하는 것이 아니라고 한다. 삼위일체에 대한 이런 그릇된 위험들 때문에 성부, 성자, 성령이라는 명칭은 의미가 있기도 하다. 그러나 이 명칭들은 단순히 구분(distinctio)일 뿐이지 분리(divisio)를 뜻하지 않는다(InIII.131). 이렇게 보면 종교는 이 신비를 알지 못하며 이 비밀을 깨달을 수 없다. 그러나 이 신비는 오로지 그리스도의 시역이나 인격에서 밝혀진다. "유일하신 아들을 고려하지 않는다면 천사들이나 인간들에게 하나님이 결코 아버지가 아니셨다는 이 사실이 확고하게 유지되어야 한다. 본질적으로 동등하지 않음(iniquitas)이 하나님에게 대단한 미움의 대상이 되어버린 인간들을 공로 없이 (자신의) 양자로 받아들임으로 인해 아들들이 된 인간들에게 특히 그러하다. 왜냐하면 하나님은 그 본성이시기 때문이다(InIII.465)"고 칼빈은 말한다. 이 말은 삼위일체의 비밀은 오로지 하나님의 자녀들, 즉 하나님을 아버지로 부를 수 있는 칭의된 자들 혹은 믿음으로 거듭난 하나님의 자녀들이 된 인간들에게는 갈등 없이 믿어진다는 의미이기도 하다. 그리스도 안에서 비로소 하나님의 비밀과 동시에 인간 자신의 실재성을 발견할 수 있게 된다. 칭의라는 은혜는 "오로지 은혜(sola gratia)"라는 말로 설명될 수 있으며 이 선언은 인간의 종교성에 기인한 종교를 향한 강렬한 반대와 대립을 선언하는 것과 같다. 인간의 종교성이란 곧 죄성이며 나아가서 그 죄성이 만든 종교란 하나님의 계시의 은혜와 결코 병행할 수 없는 인간 부패성의 산물인 셈이다.

6. 칼빈의 기독론은 특히 그리스도의 삼중직(triplex-munus)에 대한 주장, 즉 그리스도가 선지자, 왕 그리고 제사장의 직분을 성취하셨다는 가르침에서 두드러지게 나타난다. 그리스도라는 이름 속에는 선지자의 직분을 수행하시도록 성령의 기름부음을 받으셨고 또한 기독교인들을 거룩한 하나님에게까지 올리시기 위해 왕의 직분을 수행하셨으며 마지막으로 우리와 하나님과 화해시키기 위해 친히 화목제물이 되시는 제사장직을 수행하셨다. 칼빈은 이 삼중직을 말하면서 그리스도는 우리와 하나님 사이의 유일한 중보자 혹은 중개자라고 주장한다. 그리스도의 이런 은혜로 하나님의 자녀가 된 성도는 어떻게 살아야 하는가? 종교인들은 자신들이 상상하는 우상을 신으로 섬기면서 자기만족으로 자신을

신과 같은 위치로 무한히 상승하려 하는 반면 칭의함 받은 하나님의 자녀, 즉 그리스도인들은 오히려 반대의 삶을 살도록 성령이 요구하신다. 기독교인의 삶에 대해서는 그의 저서『기독교 강요』3권 7장과 8장에서 상세하게 설명이 되어 있는데 한 마디로 요약하자면 그리스도처럼 살아가야 한다는 것이다. 기독교인은 더 이상 우리가 자신의 주인이 아니라 하나님이 주인이시기 때문에 그리스도처럼 우리 자신을 부정하고(abnegatio nostri) 이웃을 위해 자신을 희생하며 하나님의 뜻에 완전히 의존하는 삶이다. 여기서 우리 자신을 부정하는 것을 칼빈은 우리를 죽이는 것(mortificatio)으로 동일시한다(InIII.157). 단순히 나의 견해나 인생관을 겉으로 낮추고 외적으로 겸손하게 하는 것이 아니라 우리 자신을 완전히 죽이는 결단을 전제로 한다. 오로지 주를 바라보면서 자신에게 주어진 고난이나 고통을 그리스도처럼 짊어지는 삶이 곧 기독교인의 삶이다. 이런 점에서 칼빈에게는 칭의와 거룩은 뗄 수 없는 관계에 놓여있다. 거룩이란 칭의된 자에게만 주어지는 성화의 선물이기 때문이다. 칭의된 자들은 거룩이라는 성화의 여정 안에 있다. 칭의된 자를 취급하는 것이 인간학이고 거룩성을 위한 여정을 취급하는 것이 그의 윤리학이라면 인간학은 윤리학의 기초가 된다. 하나님이 먼저 자신이 유일한 아들이신 그리스도에게 말씀하셨으며 아들이신 그리스도는 그것을 성취하시고 본을 보이셨기 때문에 기독교인들도 이로 같이 살아야 한다. "그가(그리스도) 자신의 것들에 의해 확실한 시험을 받는 것이 하늘의 아버지의 의지인 것처럼 이와 같은 방식으로 그들을(기독교인들) 훈련시키는 것이 하나님의 의지다(InIII.161)"고 칼빈은 주장한다. 하나님이 극진히 사랑하시는 외아들 그리스도를 먼저 자신의 십자가를 지게 하셨는데 그리스도를 주로 믿는 기독교인들은 마땅히 자신들의 십자가를 져야 한다. 이 십자가의 고난은 죄로 인해 곡해된 우리의 종교성 혹은 자연성이 얼마나 무능한가를 스스로 깨닫게 하며 그래서 오로지 하나님만을 의지하도록 현실적으로 가르치는 유익을 가진다.

7. 칼빈은 그럼에도 불구하고 자신의 저서 『기독교 강요(Institutio christianae religionis)』에서 종교라는 용어를 사용하고 있다. 그렇다면 칼빈도 기독교를 하나의 종교로 본 것은 분명한 셈인데 종교를 혹독하게 비판하면서 어떻게 기독교를 역시 종교로 볼 수 있는가? 그는 성경에서 증거된 하나님의 말씀(로고스)을 통해 실재적이고 참된 하나님을 알 수 있다고 한다. 하나님의 말씀은 어두움에 비치는 생명의 빛이다. 이 빛 되신 하나님에 대해 인간은 스스로의 능력으로는 결코 알 수 없다. 인간에게 하나님은 비밀이다. 인간의 비밀이신 하나님이 스스로 자신이 입을 열어서 인간에게 말을 붙이셨고 자신과 함께 교제(communio cum Deo)하시길 원하셨고 자신이 우리 인간에 의해 인식되길 원하셨다. 그 말씀이 예수 그리스도라는 로고스이다. 그러니까 기독교는 하나님이 인간에게 말을 스스로 붙이신 사건, 즉 계시의 종교이다. 그래서 칼빈은 계시라는 사건을 담은 기독교를 가리켜 참된 종교 혹은 "기독교 종교(christiana religio)"라는 용어로 자신의 사상을 펼치고 있다. 칼빈에게는 계시라는 독특성을 가지는 기독교는 비종교나 무종교가 아닌 '참된 종교(vera religio)'이다. 계시는 무엇보다 신앙과 관계하며 신앙은 하나님에게 대한 경외로 이어진다. 인간의 삶의 제일 목적은 이런 하나님을 아는 것에 있으며 그분이 창조주이시며 주인이신 것을 아는 것에 있다. 하나님이 인간에 의해 경배를 받으실 분이심을 아는 것이 최고의 선물(summum bonum)이며 지고선이기도 하다. 따라서 칼빈에게 있어서 최고의 선이란 초월적인 개념이나 추상적인 존재에 대한 숭배가 아니라 인간에게서 경배를 받으시는 혹은 피조물에게서 경외의 상대가 되시는 하나님이다. 단적으로 말하면 참된

하나님을 아는 것은 곧 "하나님에게서 사는 것(Deo vivere)"을 가리킨다.[396] 이런 점에서 칼빈에게는 하나님을 아는 것은 이론의 문제가 아니라 실천의 문제이고 신뢰의 문제이기도 하다. 신적인 부르심에 응답하여 따르는 신뢰 혹은 신앙은 참으로 살아계신 하나님을 아는 지식이기도 하며 인간에게 비밀로 남아있는 하나님이 스스로 인간 인식의 대상이 되시길 원하셔서 자신을 주셨다. 따라서 하나님이 우리에게 자신을 주신 만큼 우리는 그 하나님을 알 수 있다. 그렇다고 그 지식은 단순히 종교이론적인 지식이 아니라 실천적인 영역이다. 이 지식은 오로지 성경에서 증거된 말씀이며 따라서 성경은 참된 하나님에게로 우리를 이끄는 말씀이다. 하나님이 자신을 우리에게 나타내시고 말씀하신 것이 칼빈에게는 신앙 혹은 신뢰의 근거가 된다.

---

396 H.J. Kraus, Theologische Religionskritik, 139.

제 5 장

인간의 종교성
: 잃어버린 하나님의 인격을 찾는 행위

1. 인간과 종교성

1. 인간은 종교에 대한 관심을 결코 버리지 못한다. 끝임 없이 종교에 대해 질문하면서 종교에서 자신을 삶의 의미를 찾고자 한다. 비록 기독교의 가르침과 어긋나지만 종교학적으로 본다면 그것은 인간 속에 신비한 신적인 영혼의 불꽃(scintila animae)이 있고 이것과의 합일을 위함이라고 고대의 플로티누스(Plotinus)가 이미 직관했듯 이 불꽃의 요구를 의식이 받고 있으며 동시에 이 불꽃을 향하여 인간 의식이 일치시키려고 하는데 거기에서 종교가 성립한다고도 볼 수 있다. 동시에 종교는 인간의 한계에서 비롯되며 인간과 종교는 언제나 함께 한다. 루터주의자 하임(K. Heim)의 "종교적인 질문은 우리가 우리 자신을 그 어떤 방식으로 도

울 수 없다는 위기상태로 우리를 세운다"는 말처럼[397] 의식하든 의식하지 않든 인간은 결코 자기 스스로 해결할 수 없는 생명의 깊은 위기상태에 이미 놓여있기 때문에 종교를 통해 해결하려고 한다. 인간이 자신의 고유한 생의 의미를 스스로 찾고 행할 수 있다면 굳이 종교를 찾을 필요가 없고 종교에 대한 질문도 던지지 않는다. 종교문제는 인간의 생의 근본적이고 본질적인 의미문제와 직결한다. 이 땅에서 사는 인간 삶의 의미는 피안의 세계에서 주어진다. 역사 이편의 삶이 전부가 아니라 역사 저편의 새로운 생이 주어져 있다는 사실은 우리의 학문의 차원에서 나온 과학적인 전망의 결과가 아니라 이미 선험적인 메시지를 담고 있는 우리의 양심이 항상 가르쳐 주고 있다. 시간성 속에 사는 인간의 양심이 영원한 생명을 향해 증거하기 때문에 종교적인 문제는 현재의 생과 내세의 생 사이의 갈등과 긴장 속에서 끝임없이 던져지고 주어진다. 종교는 제한된 시간적인 인간의 삶에게 영원한 생의 의미라는 내용을 제시한다. 이렇게 종교적인 질문이 양심에서 일어나는 이유는 우리의 시간적인 삶이 이미 영원한 생 안에 놓여있기 때문일지도 모른다. 인간의 삶의 길을 제시하는 것은 지금의 나의 시간성이 아니라 양심에서 일어나는 영원성이고 그 영원성이 나의 시간성의 참된 최고의 내용이 분명하다. 최고 가치의 영원한 생의 내용과 그것이 시간성의 형태로 지금 우리에게 주어졌다는 사실 사이에서 대립이 일어난다.[398] 이 대립을 인간은 사유를 통해 다양한 방식으로 해결하려고 한다. 이로 인해 종교는 철학이나 도덕, 형이상학과 같은 추상적인 학문들에 의해 설명되고 있다. 그러나 종교는 철학도 아니고 도덕이나 형이상학도 아니다. 철학, 도덕 그리고 형이상학 등은 시간성의 뿌리인 영원성에 관한 하나의 관념

---

397 K. Heim, Leitfaden der Dogmatik, Halle, 1923, 10.
398 참고. 위의 책, 20.

적인 인간의 생각일 뿐이지 그 자체가 내용이 아니다. 이 생각들은 상당히 끈적거릴 정도로 영원성의 문제에 부착되어 있다. 종교는 신의 실재성을 취급하려고 하고 철학은 신의 실재성을 희구하는 인간의 실재성이다. 비록 내용면에서 "신"을 취급하고 있다는 점에서 공통적이지만 그 "신"을 경배하고 숭배한다는 점에서는 차이가 있다. 종교는 신을 숭배하지만 철학은 신을 사유하려 한다. 따라서 "종교철학"이라는 용어는 상당히 모순적인 말로 비친다. 굳이 사용해야 한다면, "신"을 숭배하는 인간 자신을 사유한다면 "종교철학"이라는 용어가 모순적으로 비치지 않는다. 무엇보다 종교철학이라는 개념을 사용하면서 그 때 사용된 종교를 "기독교"로 이해하고 있다면 더욱 모순적이다. 기독교 종교와 철학은 내용적으로 언제나 대립, 충돌하는 관계를 유지하여 왔지, 어떤 접촉점이나 교차점, 연속점 혹은 연장선을 가져본 적이 전혀 없기 때문이다. 기독교는 처음부터 "계시"라는 방식으로 하나님이 인간에게 자신을 무한히 낮추신 행위를 선포하는 종교이다. 반면 철학은 인간의 이성으로 자신이 상상하는 "신"을 개념으로 만들고 그것과 일치하려는 인간 자충족의 산물이기 때문이다. 그러나 그럼에도 불구하고 만약 철학적으로 종교를 숙고하면 그 종교는 최고의 철학이 될 것이며 도덕법칙으로 접근하면 가장 뛰어난 윤리학이 될 것이다. 이 점을 슐라이엘마허가 이미 잘 간파하였는데, "종교는 철학에서는 최고의 것이며 그리고 형이상학이나 도덕은 단지 종교에 붙어있는 하나의 부가물이다"고 말한 것은 종교의 성질을 잘 이해하였기 때문이다.[399] 도덕이나 형이상학, 포괄적으로 말하면 철학은 사실 그 중심적 주제가 '궁극적인 존재', 즉 "신"에 대한 인간의 사유를 그리고 있다. 그럼에도 불구하고 종교의 순수성은 이런

---

399   F. Schleiermacher, Über die Religion, Hamburg, 1970, 26.

여타의 학문적 방식들로는 결코 묘사, 서술, 규정되지 않는다. 이 사실을 잘 안다면 종교는 도덕이나 형이상학과 대립해 있으며 그 어떠한 이론으로도 종교적인 순수함을 발견하지 못한다. 흥미롭게도 "종교는 형이상학처럼 우주를 그 자연에 따라 규정하거나 설명하려고 하지 않으며 또한 도덕처럼 자유의 힘과 인간의 신적인 의지에서 우주를 발전시키고 완성시키려고 애쓰지 않는다. 종교의 본질은 사유도 아니고 행위도 아니며 직관이며 감정이다"고 말하는 자유주의자인 슐라이엘마허의 말이 적절한 표현으로 비친다.[400] 다른 일반적인 사변적 학문들과 달리 어떤 지존자를 어린아이처럼 순수하게 직관하고 감정으로 의존하는 마음을 종교는 독특하게 가지고 있다. 우주의 지존자를 인간의 사색이나 도덕이나 형이상학으로 움직이게 할 수는 없다. 그리고 "무한자를 직관하려는 욕구가 결여된 자에게는 그가 거기에 대해 정상적인 것을 사유했는지를 알기 위해 그 어떠한 시금석을 가지고 있지 않으며 동시에 그 어떠한 시금석도 필요하지 않는다"고 말하는 것도 그다지 틀린 말은 아니다.[401] 19세기의 개신교를 대표하는 자유주의 신학자인 그의 입에서 나온 말은 종교와 인간의 관계를 잘 지적하였다고 보여지는데, 종교에서 대표되는 지존자가 "신"이라고 불리는 존재와 무관하게, 모든 인간들은 예외없이 종교적 성향을 가지고 있으며 "신"과의 관계를 가지려고 애쓴다는 점을 그는 지적하였다. 단지 그 방식 면에서 철학이나 도덕이나 혹은 여타의 사변적 형이상학의 관점으로 지존자에게 다가가려고 하는 것은 소위 학문의 한계이자 변명처럼 보이기도 하며 이것으로 인해 종교 이해의 결정적인 문제로 남아있다. 단언하여 말한다면, 이런 방식으로는 결코 종교의 핵인 절대적인 지존자와 인격적으로 친숙할 수 없다. 종

---

400 위의 책, 28-29.
401 위의 책, 31.

교는 도덕이나 철학적 형이상학과 달리 소위 거룩한 신비(numen)를 가지고 있다. 그것이 구체적으로 "신" 혹은 "절대자" 또는 "지존자"라는 인간적인 방식의 이름으로 혹은 타종교들에게서도 다양한 이름들로 명명되지만 그것은 사실 타자로서의 신이 가지는 고유한 이름이 아니라 그것을 희구하는 인간의 "놀람"을 반영한 말들이다. 오토(R. Otto)가 "종교생활에서 가장 근본적인 것은 나타난 현상 배후에 있으면서 인간이 도무지 스스로 작용시키지 않았던 모든 것이 거기에서 나오는 실재성 앞에서 현상에 대한 경악(stupor)이다"라고 규정한 것은 결코 잘못된 주장은 아니다.[402] 눈에 보이는 현상계 배후에 어떤 신비스러운, 불가시적이며 가장 실재적인 힘이 있는데 이것을 보통 "신"이라고 하는 용어로 우리는 사용하고 있다. 인간은 이 불가해하고 경이로운 존재, 즉 신적인 것에 대해 항상 경악과 놀람, 엄숙과 경외감을 가진다. 루터주의 신학자 하임(K. Heim)도 우리 인간 실존의 형이상학적인 배후로부터 아직 여타의 남아있는 "궁극적인 남은 요소"가 있음을 제시한다.[403] 비록 "남은 요소"라고 부르지만 이것을 17세기의 신학자들은 양심에 있는 "거룩한 감각(sensus numinis)"으로 이해하였다. 그러나 우리는 이것을 어떤 구체적인 용어로 규정하기에는 그 신비가 너무 크다는 사실을 잘 안다. 이런 사실을 잘 깨달은 루터도 "은폐된 하나님(deus absconditus)"이라는 용어로만 표현하고 있다. 우리 인간에게 보여지고 나타난 하나님보다 우리에게 숨겨지고 우리의 이성에 파악될 수 없는 신비한 비밀이 우리의 마음속에 있다. 마음은 지금 우리가 이해하는 것보다 훨씬 더 경이스럽고 이해될 수 없는 비밀들을 가지고 있음이 분명하다. 이렇게 본다면 "마음은 인격성의 중심이고 인간의 가장 근본 성격에서 인격자체이다"는 말이 과장은

---

402 O. Karrer, Das Religiöse in der Menschheit und das Christentum, Freiburg, 1933, 103.
403 H.J. Kraus, Grundriß systematischer Theologie, 240.

아니다.[404] 이때 이 마음은 아마도 심리학적으로 의식이나 개인무의식이 아니라 융(C.G. Jung)이 제시하는 소위 "집단무의식"의 영역을 가리킬 것이다.[405] 이 마음속에 하나님의 신비가 담겨있다고 해야 한다. 이 신비는 이성의 논리의 대상도 아니고 심정적인 요소도 아니다. 오로지 스스로 자신을 드러내는 인격적인 계시의 신비가 분명하다. 그래서 "마음에서 밖으로 우리를 회복시키시는 하나님의 은혜만이 하나님의 언약의 종에 속하는 하나님의 지식을 우리에게 회복시킬 수 있다. 그 지식은 곧 순종과 상호관계가 있는 지식이다"고 말할 수 있다.[406] 만약 우리 인간 안에 이런 것이 없다면 인간의 분석적이고 종합적인 판단의 주인인 이성은 더 이상 "신"을 구하지 않을 것이고 종교를 만들지 않을 것이다. 이성이 있기 때문에 종교가 있는 것이 아니라 이 신적이 비밀이 있기 때문에 이성은 종교를 만든다. 신적인 비밀이 이성을 포함하고 있지, 이성 안에 신적인 비밀이 담겨있지 않다. 그 비밀은 이성보다 훨씬 더 높고 깊은 영역이다. 따라서 이성으로 종교를 파악하려는 자는 마치 "지붕 위의 비둘기보다 손 안의 참새가 더 낫다"는 속담처럼[407] 무한한 숲에서 날고 있는 무수한 새들을 보기보다 자기 손 안에 있는 작은 것에 집착하여 그것이 전부라고 믿는 어리석은 자가 분명하다.

2. 종교의 핵은 "신"이고 인간은 이성이 만든 종교를 통해 그를 만나려 한다. 이 시도는 자연스럽게 인간과 종교성의 문제로 이어지는데 이를 논하기 전에 우선 아주 우리와 친숙하게 그리고 아무런 숙고 없이 사용

---

404 J.M. Frame, The Doctrine of the Knowledge of God, New Jersey, 1987, 322.
405 상세한 사항은 필자의 저서 "인간의 영혼, 그 신비"를 참고하면 더 좋겠다.
406 J.M. Frame, The Doctrine of the Knowledge of God, 322.
407 C.G. Jung, Gegenwart und Zukunft, Zürich/Stuttgart, 1957, 21.

되는 "종교"라는 용어를 먼저 분석할 필요가 있겠다. 종교라는 용어는 원래 루터주의자나 개혁주의자 그리고 가톨릭 교회에서도 통용되는 "신앙"이라는 용어와 결정적으로 대립하면서 유입이 되었고 기독교 계시의 이신론적인 비판(deistische Kritik)을 전제하고 있다(KD I/2.309). 이신론(Deismus)이라는 용어에서 "de"라는 단어는 라틴어 전치사로서, 그 뜻은 "-부터", "-에서부터 떨어진"이라는 뜻을 가진다. 이신론이란 완전히 신에게서부터 떨어진 인간이 자충족한 존재자가 되었음을 반영하고 있다. 결국 이신론이란 위에서 이미 살펴보았듯이 계몽주의의 독특한 면을 반영하는 신관인데, 신이 완전하다면 그 완전한 신의 창조물 역시 완전하다는 사상을 가진 신관이다. 완전한 신의 창조물이 완전하기 때문에 신에 의해 창조된 후에는 굳이 신의 도움이 없이도 자충족적으로 자신을 잘 유지하며 선을 행하며 나아가서 신에게로 나아가 일치할 수 있다는 생각을 가진다. 이신론은 물론 계몽주의에서부터 시작되었다고 할 수는 없어도 자연과학의 발전과 인간 이성 능력에 대한 지대한 신뢰가 계몽주의를 촉발시켰다는 점에서 계몽주의 이후의 인간을 지배하는 가장 힘있는 신관이라 하겠다. 고대로부터 신은 인간의 주된 관심사였고 뗄 수 없는 관계에 있었는데 그 관계의 연속선의 표현을 "종교"라고 지칭하는 것도 그 용어의 의미와 무관하게 사용되는 것이 어쩌면 당연하다고 하겠다. 가톨릭 신학의 기초를 놓았다고 해도 과하지 않는 토마스 아퀴나스 역시 "종교"라는 용어를 사용하는데 이 때 그 개념은 비기독교적 종교의 개념은 아니었다. 타종교들이 기독교와 나란히 서 있다는 사실은 그에게는 아주 생소하였고 오로지 기독교 진리를 표현하는 말로서 종교라는 용어를 사용하였다. 아마도 최소한도 서구 유럽에서 중세까지의 종교라는 용어는 타종교들과의 관계나 대립을 고려하지 않았으며 전작으로 기독교를 가리켜 "종교"라는 용어를 사용하였다고 하겠다. 이런 성향은 종교개혁자들에게도 마찬가지였는데 칼빈의 주저인 『기독교 강요』는 사실은 잘못된 번역이고 "기독교 종교 강해"라고 번역해야 정확하다. 그러나 그가 "종교"라는 용어를 사용했을 때 지금 우리가 이해하는 비기독교와 이질적인 기독교와 대립하여 "그리스도"를 중심으로 본 종교를 가리키고 있다. 사실 인간과 신과의 관계를 숙고하면 두 방식 가운데 어느 한 개에 속해 있다. 인간이 신을 찾아가는 방식이 있든지 아니면 신이 인간을 찾아오시든지 하는 방식이 있을 뿐이다. 그러나 유감스럽게도 이 두 개의 방식을 "종교"라는 하나의 용어로 표현하고 있다는 데서 문제가 생긴다. 인간이 신을 찾아가는 방식도 종교의 한 방식이라고 보통 알고 있다. 그러나 신이 인간을 찾아오시는 방식은 분명 독특한 방식이다. 비록 이 방식 역시 "종교"라는 용어로 표현할 수밖에 없는 언어의 한계를 가지지만 그 내용은 분명히 다르다. 인간이 신을 찾아가는 방식의 종교는 살아 있는 종교라고 할 수 없다. 그것은 엄밀하게 말해, 인간이 신을 찾아가는 것이 아니라 인간이 그리고 상상하는 인간 자신의 그림을 향해 찾아가는, 다시 말해 인간 자신을 찾는 노력이기 때문이다. 그러나 인간 스스로가 자신이 그린 이 상상을 스스로 깨트리는 것은 어렵다. "나에게서 신의 계시가 불가능한 것으로, 그래서 처음부터 자기기만으로 설명하는 내 양심의 이 완악한 모순상태를 부수는 것은 불가능하다"고 말하는 것이 전적으로 타당하다.[408] 양심의 완고하고 경직된 상태에서 조직되는 진리는 어떤 사실에 대한 지식만 만든다. 인간 자신이 가지는 내면의 법칙에 따라 신을 상상하기 때문에 신에 대한 어떤 사실, 혹은 지식들만 존재한다. 그러나 "살아 있는 종교는 결코 어떤 사실들에 대한 지식이 아니라 인간을 향한 신의 관계가 전제되어 있는, 그

---

[408] K. Heim, Leitfaden der Dogmatik, 41.

리고 그 전제 하에서 신을 향한 인간의 총체적 관계이다"고 말하는 편이 적절하다.[409]

3. 인간은 "신 개념"을 본성적으로 가지고 있다. 즉 인간은 원천적으로 신을 향한 종교성을 가지고 있다. 트뢸취(E. Troeltsch)는 "신 개념"에 대해 흥미로운 주장을 내세우는데, 그에 따르면 "신"이라는 개념에는 정신적으로 그리고 윤리적으로 발전해가는 인간 정신 형태를 지향하여 신의 인격성이라는 생각으로 나아가는 경향이 있다고 한다. 이 경향이 세상을 초월하는 신이라는 발전성향으로 가다가 이제는 세상을 위해 그 성향이 점차로 내려앉게 되는 결과를 가져온다. 즉, 신을 향한 욕망은 세상에서 나왔지만 점차로 세상을 무가치하게 여기게 되어 특정 인간학적인 결과를 갖게 되는데 그것은 인간과 신과의 관계에서 오는 인간학적인 무게가 신에게로 잘못 자리 잡게 되고 따라서 세상에 무심한 영혼이 되는 결과를 가져온다고 그는 생각했다. 이것이 모든 종교적인 인간학의 핵심이라고 트뢸취는 간주하는데 세상에 무심하면서 인간 영혼은 불멸이라는 생각을 가지게 되고 거기에서 구원의 개념이 창출되어 통합된다고 한다. 따라서 그에 의하면 종교사는 구원신앙을 모든 종교의 기본으로 발전해 왔다고 한다.[410] 이런 구원신앙에 기독교가 가장 일치되는 종교이며 기독교는 정신의 절대적인 종교라고 그는 명명했다. 그러나 그가 기독교를 고등종교로 세웠지만 그 의도는 종교적 상대주의의 발상에서 나왔다. 고등종교들이란 인간집단을 규정하는 문화시스템과 함께 한다는 것이 그의 주장이다. 이런 트뢸취의 종교 상대주의는 딜타이(W. Dilthey)에게서 배웠다. 딜타이는 "역사 속에는 절대성이란 결코 없으며

409　O. Karrer, Das Religiöse in der Menschheit und das Christentum, 82.
410　참고. H. Fischer, Christlicher Glaube und Geschichte, Gütersloh, 1967, 33-34.

초자연주의적인 성경적 구속사와 자연 종교사 사이의 벽은 있을 수 없다"는 주장을 했는데 트뢸취는 이 주장을 기독교에 응용하였다.[411] 슈트라우스(D.F. Strauss)는 초자연주의적인 종교에 대해 흥미있는 비판을 했는데, 열매가 땅에 떨어졌을 때 초자연주의자들은 그것이 그 열매의 나무에서 떨어진 것이 아니라 하늘로부터 직접 떨어진 것으로 이해한다는 것이다. 비록 그 열매와 줄기와의 관계를 알고 있고 성정과정에서 그렇게 된다는 것과 벌레에 먹혀 상처가 나서 그 열매가 나무에서 떨어졌다는 것이 분명한데도 초자연주의자들은 그것이 하늘에서 떨어진 것으로 오해한다고 했다(참고. KD I/2,308). 슈트라우스는 기독교의 초자연성을 이런 식으로 풍자하여 비꼬았으며 그 독특한 성격을 부정하려고 하였다. 하르낙(A.v. Harnack)도 "기독교는 자신의 순수한 형태에서 다른 종교들 곁에 있는 하나의 종교가 아니라 바로 그 종교이기 때문에 신학교가 기독교 종교를 연구하기 위해 남아있기를 우리는 바란다. 예수 그리스도가 다른 대가들 곁에 있는 한 사람의 대가가 아니라 바로 그 대가이기 때문에 그리고 그의 복음이 독생한, 역사 속에서 나타난 인간성의 설정에 일치하기 때문에 기독교이다"고 말했는데 이런 그와 일치하여 기독교에서 "종교사 일반에 대한 것이 중요한 것이 아니라 규범적인 종교학적인 지식(normative religionswissenschaftliche Erkenntnisse)을 얻는 것이 중요하다"고 트뢸취가 말하면서 신학도 이것을 위해 있다고 했다.[412] 이런 종교사학자들의 눈에도 기독교는 독특한 면을 가지고 있는 것만은 분명하다. 그러나 다른 종교연구가들보다 그들이 기독교의 우월성을 보여준 것은 일리가 전혀 없다고 할 수는 없지만 그럼에도 불구하고 단지 "규범성" 때문에 기독교가 있어야 하고 철학적인 시스템들이나 스콜라적인

---

411 P. Althaus, Um die Wahrheit des Evangeliums, Stuttgart, 1962, 11.
412 E. Troeltsch, Die Absolutheit des Christentums, Gütersloh, 1985, 11-12.

사상들에 대항하여 그리고 "기독교적인 이데아적 세계"의 형태를 얻기 위해[413] 다른 종교들보다 기독교가 우수하다고 주장하는 그들에게 기독교는 어쨌든 하나의 고등종교에 불과하다. 그라프(F.W. Graf)가 트뢸취의 정곡을 예리하게 찔러주는데, 트뢸취는 포괄적인 종교심리학적 현상들 속에서 기독교를 "그 종교"로 간주하였고 그것은 "그는 다른 여타의 문화와 고유한 차이에서 현실적인 실존종교를 찾으려고 하였다"고 주장한다.[414] 그러면 트뢸취가 말하는 "기독교적인 이데아"란 무엇일까? 여기에 대한 답을 바르트가 핵심적으로 말해주는데 "트뢸취에 따르면 인간영혼을 살아 있는 신과의 연합을 통해 구원시키며 그리고 거룩하게 하면서 그것을 신에게로 높이 올려 신 안에서, 신에게서 시작하고 신으로 향하는, 그래서 다소간 종교적인 사랑 속에서, 나눌 수 없는 인격성들의 영역으로 신과 연결시키는 이념"이라고 친절하게 요약해 주면서 바르트는 이런 것을 어떤 근거로 말하는 것인지 모르겠다고 평가함과 동시에 "웃긴다(komisch)"는 조소를 보낸다(KD I/2,964). 알트하우스도 비슷한 견해를 던지는데, 기독교를 종교상대주의적으로 평가하여 고등종교라고 한다면 궁극적으로 기독교의 "복음은 모든 자들을 위한 진리가 아니다"는 결론을 내린다.[415] 과연 기독교가 다른 종교들보다 규범적으로 우수하기 때문에 고등종교이고 그렇게 이해되어져야 하는 것일까? "종교적인 진리와 그 형태가 완전히 먼 곳에 놓여있는 어떤 것으로, 그리고 그 속에서 영원히 논의해 볼만한 문제들과 주어지지 않는 힘들이나 신적인 행위들을 본다면 종교는 더 이상 의미가 없으며 그것은 종교가 아니다"

---

413   위의 책, 12.
414   T. Rendtorff(Hrsg), Troeltsch-Studien Bd.3, Gütersloh, 1984, 223.
415   P. Althaus, Um die Wahrheit des Evangeliums, 12.

는 트뢸취의 생각은 이미 그가 보는 기독교가 어떠함을 알게 한다.[416] 하여간 하르낙이나 트뢸취같은 종교사학자들의 눈들에는 이미 계시의 신적이고 풀 수 없는 신비를 다루는 것은 종교이론적으로 의미가 없다는 뜻이다.

4. 그렇다면 종교가 왜 인간에게 항상 있는 것일까? 인간의 영혼 깊은 곳에는 미개인이나 하등종교인들이나 고등종교인들, 즉 모든 인간들 마음 깊은 곳에게는 소위 "종교의 씨"라고 불리는 어떤 무엇을 가지고 있다. 성경도 "이는 하나님을 알 만한 것이 그들 안에 밝히 드러나 있기 때문이다. 하나님께서 그것을 그들에게 밝히 보여 주셨다(롬 1:19)"고 증거하는데 모든 자들의 마음속에 "하나님을 알 만한 것"을 주셨다고 제시하고 있고 "하나님께서 모든 것을 때를 따라 아름답게 만드시고 또한 사람에게 영원을 생각하는 마음을 주셨으나 사람이 하나님께서 하신 일을 처음부터 끝까지 다 이해할 수 없다(전 3:11)"고 선언하기도 한다. 모든 이들에게 "영원을 사모하는 마음"과 "하나님을 알 만한 것"을 주셨다는 표현은 소위 신학적으로 "종교의 씨"라고 부른다. 인간은 타락하기 전에 하나님의 형상으로 지음을 받았는데 그 형상이 죄로 인해 어두워지고 부패해졌다. 하나님의 형상으로 지음 받았다는 것은 창조주 하나님이 자기 자신을 "상대"로 관계하듯 인간도 타자를 자신의 "상대"로 관계하는 관계성을 가리킨다. 여기서 하나님의 형상의 내용은 지식, 의 그리고 거룩으로 볼 수 있다(골 3:10; 엡 4:24). 이것을 루터의 견해에 따라 말하면 "두드러진 철학자(insignis philosophus)"가 형상의 내용이며 구체적으로 말해 "거룩한 하나님의 의지와 일치하는 자이며 사랑과 신뢰로 하나님

416　E. Troeltsch, Die Absolutheit des Christentums, 12.

의 재능을 입은 자(sanctae Dei voluntati conformis, amore et fiducia Dei praeditus)"이다.[417] 시원적으로 하나님과 관계하면서 사는 생명체(네페쉬)로 지음 받았으나 부패함으로 그 관계성이 영적으로 혹은 정신적으로 곡해되고 변질되어 하나님과 다시 관계하고 싶어하는 소위 종교성을 가진 존재자로 인간은 살아가게 되었다. 이런 종교성을 우리는 부인할 수 없고 부인해서도 안 될 것이다. 이것은 종교성이 우리의 본성 내지 자연성이 되었음을 뜻한다. 그래서 인간은 자연적으로 혹은 본성적으로 하나님을 생각하며 그리워하며 다시 관계를 가지고 싶어한다. 그러나 하나님과 관계를 다시 가지고 싶어하는 마음과 실제로 하나님과 영적 관계를 가지는 것은 별개의 문제이다. 하나님과 관계를 가지고 싶어하는 인간의 마음이 종교성이라는 형태로 정신적으로 혹은 형이상학적으로 변했다고 해서 그 인간이 실재의 하나님과 참된 만남을 가질 수 있음을 뜻하지 않는다. 하나님과의 만남은 인간의 종교성의 문제가 아니라 오히려 하나님 자신의 계시의 문제에 달려있다. 하나님이 손 내밀기 전까지는 인간은 철저히 그리고 본질적으로 하나님이 없는 존재자로 살며 나아가서 하나님을 대적하고 경멸하며 반역하는 반신론자라고 해야 한다. 이런 점에서 신을 만나기를 원하는 무신론자는 있지만 신을 만나기를 원치 않는, 문자 그대로의 무신론자는 이 세상에 없다. 신을 대항하는 반신론자는 있지만 신을 원치 않는 무신론자는 없다. 하나님의 계시가 없는 인간은 오로지 하나님을 갈구하고 희구하는 종교성을 가진 반신론자이다. 인간은 하나님의 계시를 바라면서 동시에 계시하는 하나님을 향해 반역하고 거역한다. "계시가 없으면 백성이 방자히 행하나(잠 19:18)" 라는 주의 말씀이 인간의 부패한 종교성의 정곡을 찌른 지적이다.

417　J.T. Müller, Christliche Dogmatik, Missouri, 1946, 258.

5. 인간의 종교성은 하나님과의 관계의 단절로 인해 기인된 죄성에 뿌리를 두고 있다. 부패한 인간성일수록 그 속에는 심리적 보상으로서 강한 종교성을 가진다. 종교성은 경건한 자가 가지는 신앙심이 아니라 오히려 부패한 자가 가지는 전형적인 인간성이다. 인간이 부패할수록 인간은 종교적이다. 따라서 종교성은 인간의 부패성과 뗄 수 없는 관계에 있다. 인간이 부패할수록 종교적이 되며 반대로 인간이 종교적이 될수록 그만큼 그 자신의 마음이 부패해져 있음을 말해준다. 인간의 종교성이 영적인 혹은 정신적인 부패와 변형에서 생겨났기 때문에 그 실재성은 하나님을 거부하는 혹은 하나님을 대항하는 마음에 있다. 즉 하나님이 없다는 선언이 바로 그 증거이다. 이 선언은 종교성이 없는 인간의 선언이 아니라 오히려 종교성에서 나온 선언이며 변형된 인간성이 살아계신 하나님을 향해 "하나님 없음의 선언(annihilatio Dei)"이다. 인간이 이런 종교성의 바탕에 서 있기 때문에 하나님이 없다고 노골적으로 말하는 자들이나 하나님이 있다고 이론적으로 증명하려는 자들은 공통적으로 "하나님 없음"을 선언하는 자가 가지는 두 측면들이다. 다시 말해 직접적으로 하나님이 없다고 말하는 반신론자나 반대로 하나님이 있음을 이론적으로 굳이 증명하려는 소위 유신론자들은 한 개의 동전이 가지는 두 면일 뿐이다. 전자는 '무신론적 반신론자'라고 한다면 후자는 '유신론적 반신론자'라고 하면 적합하다. 이런 두 면들은 근본적으로 인간의 죄성에서 기인된 종교성에서 기인하지만 그것을 직접적으로 표현하는가 아니면 간접적으로 표현하는가의 차이만 있을 뿐이다. 인간 본성의 직접적인 표현은 "하나님 없음"이며 반면에 인간 본성의 간접적인 표현은 하나님을 굳이 이론적으로 증명하려고 애쓰는 열정으로 표출된다. 왜냐하면 하나님은 이론과 조직적인 체계에서 실재할 수 없는 생명이며 인간의 사유 넘어 실재하심을 자신들의 양심이 더 잘 알고 있음에도 불구하

고 이런 양심의 지식을 무시하고 부단히 신을 사유하려고 애쓰기 때문이다.

6. 근원적으로 인간의 본성은 반신론적이기 때문에 신 존재를 증명하려고 하거나 신 존재를 부정하려고 한다. 이 본성을 뒤집어 보면 종교성이라는 모습을 가지고 있는 "허무(nihil)"이며, 부언하면 종교성이라는 고상한 모습의 옷을 입고 있다. 그러나 그 옷에 가려진 실재의 몸은 "허무" 혹은 "무" 혹은 "죄 안에서 이미 죽은 자(itaque factus est in peccatum mortuus)"이다.[418] 이 허무한 존재자인 인간이 곧 종교적인 인간(homo religiosus) 개념이다. 우리가 다른 피조물과 비교할 때 분명 이 개념은 동물이나 식물에게서는 찾아볼 수 없는 인간의 탁월성을 나타내는 특징을 담고 있음을 부정하기 어렵다. 그러나 창조주 하나님과 비교하면 사악하고 썩고 파손된, 본질적으로 장애인이 된 인간성을 뜻한다. 이런 인간성이 하나님을 만나는 것은 마치 양 다리가 선천적으로 없이 태어난 장애인에게 100m를 10초 안에 들어오라고 촉구하는 것과 같고 두 팔이 없는 자에게 농구공을 골대에 집어넣으라고 요구하는 것과 같다. 종교적인 인간(homo religiosus)이 자신의 종교성으로 살아계신 창조주 하나님을 만났다면 시궁창에서 라일락이 피는 기적과 같을 것이며 반딧불에서 태양빛이 나오는 이적과 같을 것이다. 이렇게 보면 반신론의 뿌리는 신이 없음을 말하고 싶어하는 것이 아니라 인간의 종교성의 곡해에서 비롯된 파손된 인간성의 산물이다.

7. 인간의 종교성의 뿌리가 "신 없음"에 있다면 이것은 하나의 형식적

418　웨스트민스터 신앙고백 6장 2절.

인 측면에서 그렇게 판단할 수 있다. 그러나 내용적으로 들어가 보면 모든 인간들은 타락 후 하나님의 생명으로부터 단절이 되어 그 결과로 본성이 뒤틀어졌으며 이 틀어진 본성은 소위 종교성의 형태로 발휘되고 있다. 그런데 여기서 "신 없음"을 말하는 반신론은 표면상으로는 "신 존재"를 부정하지만 내용적으로는 자신을 스스로 "신"으로 무한히 높이려는 경향을 가진다. 하나님의 실재성을 인간 자신이 꿈꾸는 신의 형상으로 대체하려는 것이다. 인간에게는 자연의 빛(lux naturalis)이라 불리는 이성이 있기 때문에 신을 본성적으로 찾고 있다. 마치 해바라기가 태양을 향하여 얼굴을 향하듯 인간의 이성은 비록 부패했지만 본성적으로 혹은 자연적으로 하나님을 향해 있다. 이 자연성이 "종교"라는 하나의 구조물을 만든다. "종교"란 인간 이성이 잃어버린 하나님을 다시 찾고 만나려고 몸부림치는 하나의 정신적인 시도이다. 종교란 인간이 신을 찾았기 때문에 만들어진 정신적인 의식체계가 아니라 오히려 신을 찾기 위해 몸부림치는 정신적인 의식체계이다. 종교란 인간 이성이 신을 만났기 때문에 경건해져서 만든 구조물이 아니라 이성이 신을 만나길 위해 경건이라는 종교적인 교만을 가지고 만든 구조물이다. 이런 점에서 인간이 특정 종교를 가졌다고 하여 인생의 문제를 근원적으로 해결했다고 생각하면 큰 오해일 것이다. 오히려 인간은 특정 종교를 가지고 자신의 생의 문제를 해결하려고 하는 것은 마치 자신이 좋아하는 남자를 향해 눈웃음을 치는 교태가 넘치는 여인과 같이 신 앞에서 자신의 에로스(Eros)를 유감없이 내비치는 것과 같다. 인간의 이성이 종교를 만드는 것은 신으로 인해 채워졌기 때문이 아니라 단지 신으로 채워지기를 희구하기 때문이다.

8. 그러나 인간의 이성은 무엇으로 충만해지고 풍요로우며 채워질 수 있

는지에 대해 스스로의 능력으로는 전혀 알 수 없다. 비록 '영원을 사모하는 마음'이라는 형태의 모습을 하고 있지만 이성은 자신이 어떻게 해야 영원으로 인해 충만해지는지 전혀 알지 못한다. 이런 의미에서 이성은 마치 큰 집을 가지고 있지만 남편이 없는 부인이 홀로 거하는 과부의 집이요, 부인이 없는 남자가 외로이 시름하는 고독한 홀아비의 집에 불과하다. 거기에는 비록 가구들과 장난감이 있지만 정작 그것들을 가지고 놀고 기뻐해 줄 자식들이 없으며 비록 누워 잘 수 있는 침대가 있으나 정작 잠을 자지 못하는 불면증 환자의 침대와 같다. 이성의 본질은 근원적으로 '사유함(Denken)'에 있지 않다. 오히려 어원적으로 보면 '감지함(Vernehmen)'에 있다고 해야 한다. 즉 하나님의 실재성을 감지하고 하나님을 생명의 의미로 감지하면서 그 생명을 우리의 영혼으로 초대하여 우리 영혼으로 하여금 "인격"이 되게 하는 기능이다. 이성이 우리 영혼을 인격으로 만드는 것이 아니라 하나님이 인간의 '이성'이라는 길을 따라 들어오셔서 우리의 영혼을 인격으로 만든다. 하나님의 실재성이 없는 이성은 이성 스스로가 신이 되어 범신론적 이데올로기를 만든다. 그러나 원래 이성은 하나님의 생명을 감지하여 그 하나님을 우리 영혼으로 인도하여 우리 영혼이 인격으로 되게 하는 기능적 존재이다. "사유"란 이성이 하나님의 실재성을 감지하지 못해서 자신의 이런 고유한 기능이 곡해되어 스스로 자신을 신으로 세우는 정신적 행위이다. 그러면서 생각하는 능력으로 이성은 자신을 활동하게 되는데 "사유"는 거기에서 일어난다. 사유의 본질은 타자를 생각하는 것이 아니라 자신을 타자로 생각하는 것(cogito me cogitans)이며 이 사유는 근원적으로 "살고 싶음(volo)"에 뿌리를 두고 있으며 "살고 싶음"은 또한 "살기 원하는 나를 살리고 싶은 의욕(volo me vellens)"이다.

9. 인간에게 주어진 종교성이란 타락 이전 하나님과 가졌던 인격적인 관계가 죄로 인해 파손되어 곡해된 채로 인간에게 남아있는 찌꺼기라고 하겠다. 그런데 이 잔여분은 원래 사람(아담)이 가졌던 본성이 아니라 순수한 하나님의 인격에서 분리되어 뒤틀린 부패한 본성이기 때문에 이 잔여분에서 원래의 것이 어떤 지를 상상, 연역, 추론할 수 없다. 잔여분은 원래의 것의 변질이며 변형이며 뒤틀림이며 착색이기 때문에 이 잔여분인 인간의 종교성에서 생성되는 "신" 개념은 근본적으로 온전하지 않다. 즉 실재성이 아니라 사변이며, 현실이 아니라 꿈에 뿌리를 두고 있으며, 현재가 아니라 언제나 과거와 거기에서 연역된 미래라는 시간 속에서 추상화된다. 인간의 사고가 근본적으로 현재에 살고 있는 것이 아니라 과거에 살고 있다는 사실은 정확하다. 인간의 영혼은 과거와 그 과거를 연장해서 인위적으로 만든 미래에 살고 있다. 그러나 하나님의 실재성은 처음부터 현재이며 "지금 여기서(nunc et hic)"이다. 현재에서 과거가 연역될 수 없으며 추론이 불가능하다. 과거에서 미래는 추론과 연역이 가능하지만 현재는 과거나 미래에서 나온 시간이 아니다. 오히려 과거는 잃어버린 현재의 기억이며 미래는 잃어버린 현재를 희구하는 기대이다. 과거와 미래는 결코 현재를 만들지 못한다. 오히려 현재에서 과거와 미래가 생겨난다. 현재는 처음부터 과거와 미래라는 시간과 불연속상에 놓여있다. 종교성과 관련하면, 인간의 종교성은 철저히 과거와 미래에 뿌리를 두고 있고 하나님의 실재성은 처음부터 현재이다. 현재는 시간의 원천이며, 인간의 두뇌에서 만들어진 형이상학적인 시간이 아니라 실재성의 시간이다. 인간은 과거에 뿌리를 두고 미래를 향해 기대하며 사는 존재자이다. 이런 인간이 가지는 종교성은 과거에 굳게 서서 도무지 움직이지 않은 채로 단지 미래를 "기대"로 기웃거리며 넘보는 인간의 염치없음이다. 인간의 종교성은 따라서 언제나 과거에 집착해

있다. 과거에 어떻게 종교생활을 했으며 과거에 어떤 직분을 가졌는가를 자신의 중요한 공로로 여기주길 바라며 스스로 믿고자 애를 쓰며 이런 자신의 공로로 미래에 어떤 혜택과 보상이 주어지는 지에 대해 관심을 가진다. 그러면서 현재, 지금 여기서 일어나서 나에게 말을 거는 "강도만난 자(참고. 눅 10:30)"에게는 전혀 관심을 가지지 않고 자신의 종교성을 발휘하기 위해 소위 성전에서 제사를 드리기 위해 다급하게 간다. 이런 식으로 인간의 종교성은 하나의 물화된 종교를 만들지, 인간을 인격으로 만들지 못한다. 오히려 그 종교성은 인격을 물화시켜 타인과 이웃을 향해 거침없이 저주하게 하며 심지어 신의 이름으로 죽이면서 자신의 종교적인 이데올로기를 정당화시킨다. 인간의 종교성에서 신은 그 종교성의 종이 될지언정 결코 사람의 주인이 되지 못한다. 종교성은 인간 자신을 신으로 투영시켜 만든 하나의 우상의 형태로 표출된다. 이 과정에서 인간의 원래 부패했던 인간성은 마치 정화된 인간성처럼 거룩하고 고상하게 보이려고 노력한다. 위선은 여기에서 생기며 종교성이 강할수록 위선은 정비례한다.

2. 종교성과 자연은총

1. 그럼에도 불구하고 인간의 종교성은 자연은총에 해당한다. 자연은총의 핵심은 "역사 속에서 되는 이성"에 있으며 "이성은 자연신학과 함께 활동하며 발전한다."[419] 이성을 핵으로 하는 인간의 종교성은 부패한 인간성이 가지는 본성으로서 참된 회개와 영적 혹은 정신적인 완전한 전회로 이르게 하지는 못해도 모든 인간들을 멸망과 자멸로부터 보호하

419　P. Althaus, Um die Wahrheit des Evangeliums, 35.

는 기능을 가진다. 인간 이성이 만든 종교가 없다면 이것은 이성이 사라진다는 것을 뜻하며 이성의 상실은 인간을 오로지 동물과 같은 본성에 의해 살도록 만들며 그 결과는 인류의 멸망일 것이다. 하나님과의 분리 이후 인간은 동물과 달리 종교성을 가진 존재자가 되었다. 이것은 불순종 이후에 우리에게 주어질 하나님의 특별은총인 하나님의 계시, 즉 예수 그리스도를 만날 수 있는 접촉점이 된다. 위에서 설명한 대로 "자연은총"이라 불리는 종교성이 없다면 부패한 이후의 인간과 하나님은 전혀 만날 수 없으며 계시의 주인이신 하나님이 죄인인 우리를 만날 수도 없을 것이다. 비록 인간은 부패한 본성인 종교성으로 참된 생명을 스스로 찾지 못하고 우상을 만들어서 그것을 생명과 동일시하는 종교를 만든다고 해도 이 종교성은 하나님과의 영적 만남을 예비하는, 우리 인간에게는 마지막 남은 접촉점이 될 것이다. 계시의 은혜는 바로 이 종교성을 이용해서 그리스도를 하나님의 로고스로 받아들이게 하고 그것을 신앙으로 믿게 한다. 그러나 종교성 자체가 스스로 인간을 하나님에게로 이끌지는 못한다. 오히려 반대로 하나님은 인간의 종교성을 뚫고 뭉개어서 자신이 인간에게 들어가시는 길을 스스로 닦으신다. 신앙은 창조주 하나님이 부패한 인간성이 가지는 종교성을 새롭게 하셔서 자신의 계시인 그리스도가 우리 마음에 직접 들어오시도록 하시는 길로 이용하신다. 아무리 계시가 신적 은혜의 충만을 가진다 해도 자연성 혹은 종교성 자체를 부정하면 바르트의 신학과 같이 인간을 위해 신과 신 사이의 인격적인 대화만 있는 소위 "독백하는 단신론"이 된다. 구원의 과정에서 전혀 신의 도움이 필요 없다고 해도 하나님의 계시가 실현되는 길마저 차단되면 신과 인간은 서로 따로 돌아가는 외로운 독백하는 자들이 된다. 흥미로운 점은 루터가 산상수훈에서 예수께서 가르친 사랑의 계명은 모든 인간의 마음에 새겨진 "자연법"이외에 다른 어떤 것이 아니라고 말한 점이다.[420] 루터의 이 주장은 자연은총의 필요성을 잘 이해한 것으로 비친다. 산상수훈에서 가리키는 아가페가 만인의 마음판에 새겨진 자연적인 율법이라 주장한 루터는 자연은총의 인정 없이는 특별은총의 비밀을 결코 깨달을 수 없다는 말과 비슷하다. 그리고 칼빈 역시 이 자연성 혹은 종교성을 자연은총으로 이해하고 그 토대 위에서 종교를 비판한 것은 이치에 벗어나지 않았다고 하겠다. 그렇다고 자연성 자체를 기독교의 핵심으로 이해하는 사상은 기독교 진리의 엄청난 곡해이다. 예를 들어 피히테(J.G. Fichte)가 기독교 없이는 자연신학을 생각할 수 없을 것이라는 전제에 따라서 예수를 통해 세상 안으로 들어온 진리는 예수와의 의식적 관계이며 동시에 자율적으로 신과 함께, 신에게로 갈 수 있는 관계라고 말한 것은[421] 그야말로 꿈꾸는 정신병적 발상이 분명하다. 자연은총이라는 길을 따라 가면 자연히 인간이 신을 만나는 것이 아니라, 자연은총이라는, 이미 망가진 길을 가지고 있는 인간에게 하나님은 자신의 사랑을 주시기 위해 하나님 자신이 스스로 닦으시고 고치시며 세우시고 재창조하셔서 은혜로운 자신이 거기로 가신다.

2. 인간은 부패한 본성인 종교성을 가지고 나름대로의 종교를 만드는데, 자신들의 구미나 취향 그리고 상향에 따라 "종교"라는 특정의 형태를 만든다. 종교라는 용어 속에는 인간의 종교성, 즉 자신을 사랑하는 사랑(amor sui)이 둥지를 트고 알을 품는 독사처럼, 우리 영혼 안에 응고된 뼈처럼 자리 잡고 있다. 이 독사가 낳는 새끼는 사람이 아니라 처음부터 독사이다. 종교성에서 기인된 종교는 인간을 악독하고 이기적이며 모든 것을 편협된 자신의 세계관에서 모든 실재성을 파악하고 손에 쥐려고

---

420 위의 책, 36.
421 위의 책, 37.

하는 독사의 새끼들과 유사하다. 예수께서 유달리 바리새인들과 서기관들 그리고 사두개인들, 즉 당시의 율법주의자들을 향해 "독사의 자식"으로 저주한 것은 그들이 가진 종교성 자체를 저주한 것이기 보다 그 종교성으로 인해 하나님의 생명을 "율법"이라는 틀 안으로 끌어넣어서 자신들의 의를 정당화하려는 유대종교였다. 그리고 그 예수를 십자가에 죽인 자들은 다름 아닌 무신론자들이 아니라 유신론자들이었으며 비종교인들이 아니라 종교인들이었으며 이교도들이 아니라 유대교 종교지도자들이었다. 그들의 머릿속에는 '신은 율법(deus est lex)'이라는 도식이 프로그램화되어 있었고 이 정형화된 도식에서 '율법은 신(lex est deus)'이라는 도식이 성립하였다. 사실 그들은 완고한 율법주의자들이었지만 상당한 논리를 가진 자들이었다고 하겠는데, 그 논리란 만약 신적 로고스가 법이라고 하면 그 법은 곧 신적 로고스와 동일하다는 '동일성의 법칙'을 이미 알고 있는 자들이었다. 수학적으로 말한다면 1+1=2라면 반대로 2=1+1이 되는 것과 같은 이치를 그들은 잘 알고 있었다. 따라서 예수를 죽인 자들은 단순히 율법주의자들이 아니라 율법을 신으로 섬기는 자들이라고 해야 한다. 그러나 살아계신 하나님의 이치는 이런 율법적인 이치가 아니라 복음적인 이치이다. 즉 신은 율법으로 말씀하셨지만 그렇다고 그 말씀되어진 율법이 신이라고 하지 않는다. 율법은 하나님이 완고한 인간들에게 주신 몽학선생이며 기능적인 역할, 즉 오로지 복음을 예비하는 역할만을 수행하는 기능자일 뿐이다. 그러나 기능자체가 신이 되면 종교자체는 신적인 권위를 가진다. 여기서 기능이라 함은 섬기는 종(servus)과 같은 의미인데 율법은 복음을 섬기는 기능적인 면을 가진다. 그러나 복음이 사라지는 곳에 율법, 곧 기능이 주인이 되어 신적이 권위를 가질 때 그 형태를 "종교"라고 칭할 수 있다. 이런 점에서 종교는 "만드는 신은 만들어진 신이다(naturans deus naturatus deus)"는 공식을 절대적인 법으로 가진다. 신은 창조하는 존재지만 그렇게 만든 피조물이 곧 신이 되는 범신론적인 공식이 그것이다. 서구의 정신사는 신을 세상에서 떼어내어 초월자로 만드는 초월주의와 신을 세상의 한 부분으로 만드는 내재주의자의 대립, 투쟁의 역사이다. 그러나 살아계시는 하나님은 세상을 떠나 역사 저편에서 잠자고 있거나 인간의 역사에 무심한 채 뒷짐지시고 계시는 초월주의적이거나 이신주의적인 신도 아니다. 그렇다고 자신이 만든 세상의 한 부분으로 숨어있거나 은폐하여 인간으로 하여금 자신을 발견하도록 숨바꼭질하는 내재주의자들의 신도 아니다. 그 하나님은 인간을 위해서 인간이 되시고, 인간이 되셔서 참된 인간 생명의 길을 제시하시는 인간의 하나님이시며 동시에 인간 저편에서 인간을 위해 자신의 고상한 계획을 우리에게 전달하시는 은혜로우신 계시의 하나님이다. 비록 산을 쪼개는 강한 바람과 지진 그리고 불을 만드셨지만 정작 바람과 지진 그리고 불 속에 계시지 않고 세미하고 친절한 음성으로 엘리야에게 다가오시는 인격의 하나님이시다(참고. 왕상 19:11-12). 참된 하나님은 자연과 인간을 만드셨지만 그 안에 계시지 않으시고 그 밖에서 안을 향해 말씀하시며 그렇다고 자신이 만드신 자연과 인간을 떠나서 말씀하지 않으시고 오히려 자연과 인간을 가지고 자신을 말씀하신다. 인간의 종교성으로 인해 만들어진 "종교"는 이런 하나님을 알지 못하고 "멸망할 사람과 새와 짐승과 기어 다니는 동물의 형상으로 바꾸었다(롬 1:23)"는 바울의 선언대로 생명의 하나님을 죽은 우상으로 바꾸거나 물화시킨다. 종교는 인간을 신격화하지만 계시의 하나님은 자신을 인간화하신다. 다시 말해 종교는 만들어진 신(factus deus)을 높이지만 계시의 하나님은 인간을 자신만큼 무한히 높이신다(참고. 시 8:5). 하나님이 인간을 자신만큼 무한히 높이시는 것은 곧 자신을 피조물 인간에까지 무한히 낮추시는 것을 가리킨다. 인간의 종교성에서 나온 신은 만들어진 신이지만 계시의 하나님은 인간을 자신의 형상으로 재창조하시는 하나님(faciens Deus)이시다.

3. 인간의 자연성은 살아계신 하나님을 만나지 못하고 인간 자신이 그리는 아이디어나 상상을 형상화시켜 특정 종교를 만든다. 이러나 이것은 인간이 하나님으로부터의 죽음이며(참고. 롬 2:17), 죽었기 때문에 살기 위해 몸부림치며 본능적으로 하나님을 향해 자신의 창조적인 능력을 발휘한 결과이다. 종교는 이런 부패한 자연성의 결과이기 때문에 결코 순수하지 않으며 끝임 없이 하나님을 향해 인간의 본능적 욕구를 들이대는 정신적인 노력이다. 종교는 신이라는 내용이 있어서가 아니라 신을 찾는 인간의 본능의 산물이다. 여기서 본능의 산물이란 전적으로 인간 정신적인 욕구이며 곡해된 하나님과의 관계에 대한 승화(sublimatio)의 문화적 산물이며 세상적으로 표현된 인간의 업적이다. 따라서 종교에서 일어나는 모든 정신적인 작용, 예를 들어 회심으로 느껴지는 후회, 죄책감, 자기성찰과 같은 고상한 정신적 행위조차 참다운 하나님과의 인격적 관계에서 기인된 것이라고 할 수 없다. 비록 인간의 종교성에서 나온 문화적 산물인 종교도 인간으로 하여금 양심을 만들며 인간으로 하여금 회심을 이루기도 한다. 그러나 그 회심과 양심은 참다운 하나님과의 인격적 만남에서 일어나는 진정한 전회와 자신을 죄인으로 뼈아프게 인지되는데서 오는 죄책감과 거기에서 일어나는 회개와는 질적인 차이가 있다. 거기에는 "자기부정"이라는 바탕이 전혀 없기 때문이다. 많은 종교들이 자기부정을 내세우지만 자기부정은 수행이나 공덕이나 선행이나 인위적인 노력으로 주어지지 않는다. 인간 스스로의 노력으로 이루어지는 자기부정은 자기를 부정하고 싶은 욕구일 뿐이지 자기부정은 아니다. 자신을 부정하고 싶은 갈망과 희구에 불과하지, 자기부정 자체

는 아니다. 진정한 자기부정은 타자인 하나님이 우리 마음의 지배자가 되시고 주인으로 자신을 계시하실 때 비로소 주어진다. 자기부정은 따라서 오로지 하나님의 은혜이고 주권에 달려있다고 해야 한다. 이것은 곧 신앙의 기초이기도 하다. 이런 점에서 믿음을 하나님의 선물(참고. 롬 5:15;롬 5:17;엡 2:8)로 간주한 바울의 고백은 정확하다. 믿음은 인간 정신이 믿고자 하는 의욕의 산물이 아니라 그리스도 예수 안에서 말씀하시는 하나님이 우리 인간 마음에 침입하셔서 근본적으로 변화를 일으키시는 개혁이고 우리 마음을 다시 창조하는 재창조이며 죽은 자를 새로 살려서 새로운 피조물로 만드시는 하나님의 창조행위이다. 이 행위는 오로지 들음에서 나며 그것은 선포되는 예수인 케리그마와 직결된다. 예수를 믿는 기독교 신앙은 케리그마(선포되는 예수)에 침묵하고는 결코 말할 수 없다.[422] 들음은 인간이 하는 어떤 행위처럼 비치지만 마음이 열리는 상태이며 그 마음의 주인이 임재하는 순간이기도 하다. 하나님은 이 행위를 조건 없이 행하시기 때문에 무조건적이라고 해야 하며 모든 자들에게 행하시지만 유독 창세 전에 택한 자들은 여기에 인격적으로 응답한다. 신앙으로 인해 인간의 무지가 하나님의 지식으로 변화하는 것이며 인간의 유한성이 하나님의 무한성으로 전회하는 것이고 인간의 연약함이 하나님의 강하심으로 덧입는 것과 같다. 자기부정, 즉 신앙은 여기에서 출발하며 비로소 인간은 성령의 도우심으로 성화의 여정의 삶을 살아가게 된다. 이런 점에서 보면 인간의 문화적 산물인 종교에서 신앙이 주어진다고 할 수 없다. 종교의 완성은 인간을 하나의 종교적 인간성을 가진 자로 만들뿐이다. 종교적인 인간성이란 종교적인 율법이 자신의 마음의 주인이 된 상태를 뜻하는데 루터의 말대로 "율법 아래의 인간

---

422 W. Künneth, Glauben an Jesus? Hamburg, 1962, 78.

성"이라고 하면 적합할 것이며 칼빈의 견해로 보자면 "우상을 섬기는 인간성"이라고 해도 나쁘지 않겠다. 즉 인간 고유의 인간성이 마치 "–해야 한다"는 법의 요구 아래 놓여있어서 그 법이 요구하는 대로 생각하고 판단하고 이해하는 인간성을 가리킨다. 이 종교적인 인간성은 성경에서 제시하고 있는 "그리스도는 모든 믿는 자들이 의에 이르도록 하시기 위하여 율법의 마침이 되신다(롬 10:4)"는 깊은 의미를 잘 이해하지 못한다. 더 이상 세상법이든 종교적인 법이든 믿는 자의 영혼에 큰 영향을 미치지 못한다는 사실을 확신하지 못하기 때문에 종교인들은 항상 무엇인가를 행해야 한다고 자신에게 최면과 마법을 걸고 있다. 자신도 확신하지 못하면서 다른 사람에게까지 자신의 이런 불확신을 하나의 "법"으로 전이시키면서 종교행위를 강요하기도 하고 타인을 종교적인 인간성으로 만든다. 자신의 영혼도 자유롭지 못한 채 언제나 법의 구속 아래에 사는 것을 당연하게 생각하면서 타인들도 그렇게 살도록 강요한다. 이런 종교적인 행위들은 예수 시대에도 있었으며 매 시대에도 다양한 형태로 나타난다.

4. 그러나 비록 종교가 이런 문화적인 활동이며 부단히 인간을 종교적인 인간성을 만든다고 해도, 다시 말해 참된 하나님과의 만남을 이루지 못하고 하나의 세상적인 문화의 여가활동으로 이끈다고 해도 전혀 무익하다고 보기에는 또 다른 면이 있다. 비록 인간을 참된 전회로 이끌지 못하지만 그럼에도 불구하고 이것으로 인해 하나님의 계시의 빛을 받기도 한다. 인간의 종교성이 계시를 받는 것이 아니라 계시의 주권자이신 하나님이 인간의 종교성을 이용하여 자신에게로 인도하는 길로 삼으신다는 뜻이다. 소위 이것을 "일반은총"이라 칭하기도 하는데, 다른 말로 보편적인 은총이라고 해도 틀리지 않다. 신자건 불신자건 그들의 마

음속에는 '하나님을 알만한 것'이 있으며 '영원을 사모하는 마음'이 있다. 소위 이것이 종교라는 형태로 구체화되어 표출되지만 그 종교를 만드는 인간의 마음은 여전히 "신"을 향해 있기 때문에 자신들이 알지 못하는 현상들, 예를 들어 천재지변들이나 인과율로 설명이 되지 않는 신비한 사건들에게 경외감과 두려움을 가진다. 자신이 할 수 없는 행위를 남이 했을 때 혹은 현대과학이 풀 수 없는 사건이 해결되었을 때 종교인들은 "신"을 인정한다. 여기서 "신"을 인정한다는 것은 인간 자신 밖에 어느 누가 실재한다는 사실을 깨닫는 것을 뜻한다. 루터의 말대로 종교란 율법아래에 놓인 자들의 행위이고 칼빈의 주장대로 종교란 우상을 만드는 행위이지만 인간 깊은 곳에 내재해 있는 종교성은 근본적으로 '신을 찾고자 하는 에로스(Eros)'이다. 살아계시는 하나님은 자신을 찾으려고 애쓰는 에로스적인 인간성을 무심하게 내쳐버리지 않으시고 은혜를 베푸신다. '위에서 아래에로 행하시는 사랑'인 아가페(Agape)가 바로 그것이다. 사실 에로스와 아가페는 접촉점이나 서로 연결할 만한 연장선이 없다고 하는 것이 옳다. 하나님은 아가페의 정신이고 인간은 근본적으로 잃어버린 아가페를 희구하는 에로스의 정신이기 때문이다. 아가페와 에로스 사이에는 절대적이고 근본적인 차이를 가진다. 전자는 '위에서 아래에로 향하는 정신의 운동'이라면 후자는 '아래에서 위로 향하려는 정신의 운동'이기 때문이다. 논리적으로 보면 전자와 후자가 일치할 것처럼 보이지만 실재는 결코 그렇게 일치하지 못한다. 그럼에도 불구하고 에로스와 아가페가 전혀 관계하지 못한다면 결국 자연은총 자체를 부정해야 한다는 논리가 성립이 된다. 바르트는 이들의 특징을 잘 간파하였기 때문에 자연은총 자체를 부정하면서 '신은 하늘에, 인간은 땅에'의 구호를 외쳤다. 그러나 만약 자연은총을 부정한다면 부패한 인간들은 처음부터 죽은 자들이고 그렇게 죽은 자들은 결코 하나님의 자녀들이 되지 못한다. 하나님과 인간의 관계점이 전혀 없다면 그 신은 바르트의 신처럼 "독백하는 신"이고 인간은 더 이상 하나님의 피조물이 아니라 죽은 사물이 된다. 그러나 비록 우리의 부모들이 타락하여 그 후손들이 전부 타락했어도, 그리하여 비록 인간이 우상을 만드는 종교적인 존재자라고 해도 개나 돼지가 아니지 않는가? 인간의 참다운 본성은 사라졌지만 그래도 개나 돼지가 아닌 것은 인간이 창조근원적으로 인격적인 존재로 지음을 받았다는 것은 부정하기 어렵지 않은가? 그래서 브룬너(E. Brunner)는 인간을 "형식적인 형상"과 "내용적인 형상"으로 구분하여 죄로 인해 내용은 사라졌지만 그래도 하나님의 말씀을 받을 수 있는 통로인 형식인 "인격"은 여전히 남아있다고 주장한다.[423] 브룬너에 의하면 인간이란 하나님의 형상의 내용은 죄로 인해 완전히 사라지고 오로지 그 형상의 껍데기인 인격만 남아있어서 인간은 여전히 개나 돼지가 아니라 이 인격을 통해 하나님의 말씀을 받을 수 있고 자신을 결단할 수 있게 한다고 하였다. 자연은총의 부정은 결코 성경적이지 않으며 루터나 칼빈의 사상에도 벗어난다. 신과 인간의 접촉점을 완전히 차단하면 "독백하는 신"이 되고 반대로 그 접촉점을 완전히 긍정하면 신과 인간이 하나가 되어 "신 즉 인간(deus est homo)"가 된다. 이 두 개의 관점들은 자연은총의 비밀을 몰이해한 데서 빚어지는 자연적인 결과이다. 종교는 바로 이런 자연은총의 산물이다. 그렇다고 종교에서 살아계신 하나님을 만날 수 있다고 기대하는 것은 개가 사람이 되기를 기대하는 것과 같고 반대로 종교에서 신을 결코 만날 수 없다고 한다면 개가 자신을 사람이라고 착각하는 것과 같다. 종교에서는 살아계시는 하나님은 은폐되신다. 그러나 동시에 참된 종교, 즉 계시종교에서는 하나님이 자신을 그리스도

---

423 자세한 사항은 필자의 저서 "신의 죽음과 하나님의 실재성(서울: CLC), 2003" 232-238을 참고하면 좋겠다.

안에서 말씀하신다. 그 하나님은 죄인을 사랑하셔서 그 참된 종교라는 형식 안으로 자신을 완전히 구겨넣어서 우상 숭배하기를 좋아하는 인간의 우상도 기꺼이 되어주신다. 신을 우상으로 섬기려는 인간을 위해 기꺼이 그 대상이 되어주시는 은혜의 하나님은 오로지 죄인을 사랑하시는 사랑 때문에 자신을 무한히 낮추어서 우상으로까지 되어 주신다. 우리는 그 예를 구약의 성막에서 찾을 수 있겠다. 성막이 아무리 거룩한 막사라고 해도 인간의 손때와 부정한 우상 심리에서 기인되었다. 고대 이스라엘 백성들이 다른 나라들에게 왕이 있음을 알고 자기들도 '보이는 신(visibilis deus)'을 원하였다. 그들의 요구는 보이지 않는 신을 보여 달라고 하는 것과 같았다. 비록 패역한 백성들의 요구지만 하나님은 성막이라는 막사를 만들게 하셔서 '보이지 않는 자신'을 보이게 하셨으며 형상으로 될 수 없는 자신을 형상으로 물화시켰으며 우상의 대상이 될 수 없는 자신이 인간의 우상이 되도록 기꺼이 자신을 무한히 낮추셨다. 하나님이 모세를 통해 주신 두 번째 계명인 "너는 너를 위하여 새긴 우상과 위로 하늘에 있는 것이나 아래로 땅에 있는 것이나 땅 아래에 물속에 있는 것의 어떤 형상도 만들지 말며(출 20:4)"라고 말씀하신 그 하나님이 스스로 자신의 계명을 깨트리셨다. 율법을 주시는 자만이 그 율법을 깰 수 있다. 그분은 율법 위에 계시는 분이시기 때문이다. 그분은 율법이시지만 그러나 율법이 그분이 아니기 때문이다. 성막은 무한자의 유한자 되심이고 영원자가 시간성 안으로 들어오심이고 편재하심의 하나님이 일정한 시공간에 거하시려는, 오로지 인간의 종교성을 긍정으로 받으시는 하나님의 수치고 모욕이며 낮아지심이다. 종교적인 인간은 성막을 우상으로 삼고 그것을 숭배하겠지만 하나님을 그리스도 안에서 믿는 자는 성막에서 하나님의 수치와 모욕 그리고 하나님의 자기비하를 볼 줄 아는 자이다.

3. 계시와 종교

1. 사실 "신학(theologia)"이라고 하는 용어 자체는 성경적인 의미가 담긴 용어가 아니라 헬라철학에서 기인된 개념의 용어라는 사실은 잘 아는 바이다. 이 용어는 고대 헬라에서는 "선포하다"는 뜻으로 사용되었는데 호머(Homer)나 헤시오드(Hesiod)와 같은 고대 헬라의 비극작가들이 주로 신적 사역을 선포하고 노래하고 전승하면서 처음에는 구두로 선포되다가 후에는 문서의 형태로 정착시킨 것을 가리킨다. 특히 아리스토텔레스에 따르면 신학은 신화의 작품을 지칭하는 용어였다.[424] 말하자면 신학이란 인간이 신을 향해 무엇인가를 나타내려는 시도로 이해되었다. 이에 반해 루터에게는 신학이란 "선포, 묵상 그리고 시도"라는 삼중의 방식으로 참된 지혜를 증명하려는(sapientia experimentalis) 뜻으로 사용되었다. 하여간 그러나 정확하게 신학을 정의하자면 "일반적으로 직업적인 역할을 가진 자들인 신학자들에 의해 사용되고, 출판되며 또한 공적으로 강연된 문서적인 것과 구두로 된 형태"로 보인다.[425] 고대교부들의 신학에서 기독교의 여러 가르침들이 헬라적인 철학적 개념들로 설명되고 변증되는 과정에서 성경적인 진리, 즉 그리스도라는 로고스의 개념 위에 새롭게 변색되어 덧입혀지고 혼합된 기독교의 교리들이나 가르침들이 후대에 전수되어 온데서 사용되었던 사실은 잘 아는 상식이다. 이런 개념을 가진 신학이라는 용어를 이제 와서 완전히 제거하고 새로운 용어로 대체하기가 결코 쉽지 않다. 그렇다면 "신학"이라는 헬라적인 용어를 기독교의 근본진리에 잘 용해시켜 기독교적인 용어로 승화시키는 작업이 필요할 것이다. 이 과제를 위해 걸림돌이 되는 문제는 기독교의 근

---

424 O. Bayer/A. Peters, Theologie, in: Historisches Wörterbuch der Philosophie, Bd.10. Basel, 1998, 1081.
425 F. Wagner, Was ist Theologie? Gütersloh, 1989, 8.

본성이 과연 "종교"라는 용어로 잘 표현될 수 있는가 하는 점인데 기독교의 근본성이 바로 "계시(Offenbarung)"이기 때문이다. 반면 "종교"라는 용어는 계시와 전혀 방향이 다른, 인간 영혼의 에로스적인 운동 형태를 표현하는 용어이다. 신을 인간의 자연성의 연장선에서 파악하려는 고대 헬라철학자들에 대항하여 고대 교회에서는 성경에서 제시된 하나님은 계시의 하나님이라는 점을 강조했다. 이런 상황에서 기독교의 독특성인 계시가 "종교"라는 개념으로 얼마나 잘 설명될 수 있을까?

2. 계시(revelatio)라는 용어 자체는 인간이 가지는 다양한 능력들로는 도무지 하나님을 인식하거나 이해할 수 없다는 점을 이미 전제한다. 인간이 하나님에 대해 인식할 수 있고 이해한다면 굳이 계시라는 용어가 필요할까? 근본적으로 인간은 하나님에 대해 눈 먼 장님이고 귀먹어리이다. 마음이 닫혀있으며 강퍅하고 완악하며 자신을 신으로 무한히 높이려는 열정으로 가득 차 있다. 이런 인간이기 때문에 하나님은 인간을 향하여 "타자"로서 자신을 계시하신다. 계시란 창조주 하나님이 피조물 인간에게 자신을 전달하는 행위를 표현하는 말이다. 정확하게 말하면 그리스도 안에서 하나님은 자신을 우리 인간에게 말씀하시는 하나님의 행위이다. 여기서 '인간에게 전달한다'고 할 때 신적인 언어로 전달하는지 아니면 인간의 언어로 전달하는지에 대한 문제가 생긴다. 인간의 언어는 분명 하나님의 말씀이 아니다. 그렇다면 하나님의 계시란 무엇인가? 계시란 본질적으로 선포 혹은 선언의 성격을 가진다. 그것은 인간의 동의나 양해 혹은 이해를 구하여 말하는 것이 아니라 일방적이며 주시는 편에서의 주관적인 선고이다. 하나님의 계시란 인간의 필요에 의해 인간이 하나님께 달라고 요구나 부탁하여 받는 것도 아니고 그렇다고 인간 내면의 욕구를 "신"으로 동일시하는 인간 내면적인 산물도 아니다.

계시란 본질적으로 창조주 하나님이 인간을 향하여 일방적으로 자신을 전달하시는 하나님의 자기전달이며 오로지 위에서 아래로 내려오는 하나님의 자기선포이시고 하늘에서 땅으로 향하는 하나님의 주관적인 자기선언이다. 인간의 간섭이나 이해와 전혀 무관하게 인간 밖에서 인간 안으로 향하시는 하나님의 자기선고이다. 계시란 오로지 인간을 향하여, 인간을 위하여, 인간으로 들어오시는 하나님의 "자신"의 행위이다. 이런 점에서 계시란 인간을 향한 하나님의 완전한 자유에 의해 이루어진다. 우리가 비록 죄인됨으로 하나님을 원치도 않았고 하나님의 계시 또한 바라지 않았지만 하나님은 자신을 일방적으로 우리의 동의를 구하지 않으시고 계시하여 인간을 얼마나 사랑하심을 나타내셨다(참고. 롬 5:8). 하나님은 계시의 주체이시고 주인이시며 자신의 의지의 표현이다.

3. 하나님의 계시는 예수 그리스도이다. 하나님이 죄인에게 왜 그리스도를 보내셔야 했는지는 이론적으로 설명할 근거가 전혀 없다. 우리 죄인들이 보내달라고 요구하지도 않았고 그분이 우리에게 필요한지도 우리 스스로는 모르기 때문이다. 단지 안셈(Anselm von Canterbury)의 말대로 "그분이 원하셨기 때문에(quia ipse voluit)" 우리에게 허락되셨으며(KD I/2.9) 이 신비가 이해가 되려면 논리적인 순수이성비판이 필요한 것이 아니라 전적으로 신앙이 요구된다. 따라서 하나님의 계시는 우리 인간을 "나는 이해하기 위해 믿는다(credo, ut intelligam)"고 고백하는 겸손에서 받아들여진다(참고. KD I/2.10). 계시의 이해는 신앙 안에서만 가능하다. 이해나 인식의 한 부분으로 신앙이 있는 것이 아니라 오히려 반대로 신앙 안에 이해와 인식이 있으며, 이해나 인식은 근원적으로 신앙에서 나오기 때문이다. 인간을 향한 하나님의 계시는 역사적 예수인 나사렛 예수에게서 구체적으로 나타나셨다. 나사렛 예수는 그리스도이며 이 관계

를 역사적인 사실로 믿는 것이 기독교 신앙이다. 따라서 그리스도는 기독교 신앙의 근거이며 "그리스도 안에서 참되고 가장 깊은 우리 고유한 본질의 욕구가 진정된다"고 말하는 것이 일리 있다.[426]

4. 하나님의 계시인 예수 그리스도는 인간을 향한 하나님의 상징이나 인간이 꾸며낸 단순한 교의가 아니다. 그것은 하나님이 현실적으로 인간이 되셨음을 뜻하며 동시에 '인간을 향한 하나님의 인간'이 되셨음을 뜻한다. 여기서 중요한 점은 그리스도의 신성과 인간성의 관계문제이다. 그리스도의 인간성을 무시하고 신성만을 강조하는 가현론적인 사유는 그리스도의 참된 인간성을 빼앗아가 버리며 반대로 그리스도의 참된 신성을 무시하고 인간성을 강조하는 에비온주의자들의 사유는 그리스도의 참된 신성을 빼앗아 간다(참고. KD I/2.23). 하나님이 예수 안에서 인간성을 가지셨음은 우리에게는 오로지 신비이다. 그 신비를 이론이성으로 설명하려는 순간부터 그리스도의 신성을 취하면서 인간성을 버리게 되며 반대로 인간성을 중시하면서 그리스도의 신성을 간과하는 오류를 가진다. 이런 오류들은 이미 교리사에서 많이 제시되어졌기 때문에 새삼 이 신비를 파헤치려는 시도는 별로 의미가 없음을 깨닫는 것도 중요하다. 죄인인 인간에게는 언제나 신비로 보이는 것이 죄인의 이성의 한계가 그렇다는 것이며 하나님과 인간 사이의 결정적인 차이가 그렇다는 사실을 기독교는 말해주고 있다. 그렇다고 예수 그리스도는 "반신-반인"과 같은 대상, 즉 우리 인간들이 영웅을 선호하는 심리에서 나온 영웅도 아니며 인생에 필요한 잠언이나 소위 종교적 경건성을 깨우쳐 주기 위한 선생도 아니다. 하나님이 인간이 되셨다 함은 그 사람 예

---

[426] K. Heim, Leitfaden der Dogmatik, 44.

수가 죄인을 향한 그리스도가 되셨음을 가리키며 그리스도란 죄인을 향한 하나님의 마지막 그리고 최후의 선언 혹은 선포이심을 의미한다. 그리스도가 하나님의 "독생자"라고 할 때 이 말은 두 번째의 아들도 있음을 전제하지 않는다. 삼위일체 사상을 가장 선명하게 보여주는 아타나시우스 신조(Symbolum Athanasii)에서 예수 그리스도에 대해 "아들은 오로지 아버지로부터 존재하시고, 만들어진 분도 아니고 창조되신 분도 아니고 낳아진 자(genitus)"라고 고백한다. 거기에서 그리스도를 오로지 아버지에게서 "낳아진 자"라는 용어로만 차이를 가질 뿐 나머지 내용들은 아버지와 전혀 다르게 고백하지 않는다. 그러니까 "독생자(unigenitus)"라는 개념에는 오로지 아버지에게서 낳아진 자라는 의미가 강하게 함축되어 있다. 독생자란 처음이라는 의미도 있지만 마지막이라는 의미도 강하다. "처음(primus)"이라는 의미는 죄인인 우리 인간들이 그를 믿음으로 의롭게 되어 하나님의 양자가 된다는 점에서 그리스도는 구원의 처음이다. 마지막이란 이런 은혜가 두 번째가 없는, 최후의 통첩과 같다는 의미에서 하나님의 독생자를 믿지 않는 자는 이미 심판을 받았고 심판을 받는다는 의미다. 이런 점에서 그리스도는 하나님과 인간 사이의 중재자(mediator)이다. 칼빈의 말대로 중재자는 가장 은혜로우신 아버지가 우리에게 최상의 것(optimum)으로 세우신 것이다(InI.437). 창조자이신 하나님과 피조물인 인간 사이를 중개하는 자는 전적으로 인간일 수 없고 반대로 전적으로 신일 수 없다. 중재자가 전적으로 인간이라면 창조주 하나님과 어떻게 화해시킬 수 있겠으며 반대로 전적으로 신이라면 피조물인 인간을 하나님과 어떻게 화해시킬 수 있겠는가? 따라서 키프리안(Cyprian)이 "중재자는 신성 넘어 인간일 수 없으며 중재자는 인간성 넘어 신일 수 없다(non mediator homo praeter deitatem, non mediator Deus praeter humanitatem)"고 말하는 것이 흥미로우며 "인간성 없는 신성은 중재할 수 없으며 신성 없는 인간성도 중재할 수 없다. 오로지 신성과 오로지 인간성 사이에서 그리스도의 인간적인 신성과 신적인 인간성만이 중재할 수 있다"고 말하는 아우구스티누스의 주장 역시 적절한 표현이다.[427] 두 본질, 즉 신성과 인간성이 하나의 인격 안에 서로 혼합되지 않고 섞이지 않으며 그렇다고 분리되지 않는 것은 우리의 부패한 인간 이성으로는 신비로 밖에 보이지 않는다고 해야 한다.[428] 계시는 부패한 인간에게는 신비들로 가득 차 있다. 삼위일체, 동정녀 탄생, 성육신, 십자가 죽음, 부활, 승천, 재림 등과 같은 계시들은 기독교를 하나의 종교로 보는 것에 대한 강력한 반전이다. 비록 자유주의자들이나 반신론자들이 이런 계시들을 이성의 합리성을 가지고 "신화"나 "만들어진 교리들" 정도로 인정하지만 기독교 계시는 신화라기보다는 "감추어진 신비(mysterium)"이고 만들어진 교리라기보다는 신앙으로만 이해되는 진리들이다. 진리개념이 만약 무엇이 옳고 그르냐의 문제에 초점을 맞춘다면 윤리학이 되지만 계시는 옳고 그름의 문제도 아니고 선과 악의 문제도 아닌, 오로지 죽고 사는 문제, 즉 생명 혹은 실재성의 문제이기 때문에 윤리학이 아니다.

5. 하나님의 계시는 그 뿌리가 하나님이 인간보다 높아짐에 초점이 맞추어져 있는 것이 아니라 오히려 인간과 동일함에 초점이 맞추어져 있다. 성육신(incarnatio)이 그 예라고 하겠다. 성육신이란 우리의 시각이나 이성의 대상이 될 수 없는 하나님이 우리의 눈높이에 맞게 자신을 무한히 낮

---

427 KD I/2, 36: "divinitas sine humanitate non est mediatrix; humanitas sine divinitate non est mediatrix; sed inter divinitatem solam et humanitatem solam mediatrix est humana divinitas et divina humanitas Christi (어거스틴, Sermo 47, 12, 2)"
428 이에 대한 상세한 설명은 필자의 저서 "인간의 영혼, 그 신비(영성, 2012)"을 참고하시면 도움이 되겠다. 거기에서 "속성들의 교류문제(communicatio idiomatum)"를 취급하였다.

추신 사건이다. 이런 성육신을 가리켜 "영원한 선이 우리의 가난한 육과 피로 옷을 입었다(KD I/2.43)"고 말하는 루터의 말이 가슴에 와 닿는다. 영원하신 분이 제한된 시간 안으로 들어오셨고 전능하신 분이 무능한 인간의 근육과 피 안으로 들어오셨으며 무한한 분이 인간이라는, 시공간에서 살아야 하는 세상인이 되셨다. 이것은 마치 좁은 바늘 귀 안으로 낙타가 들어가려고 애쓰신 것과 같지 않은가? 이것은 태양빛이 반딧불이 되려고 애쓰신 것과 같지 않은가? 이것은 빛이 어두움이 되려고 애쓰신 것과 같지 않은가? 우리 인간에게는 철저히 은폐되신 분이 예수라는 인격 속에서 자신을 무한히 드러내셨다. 이것은 영혼이 육체가 되시려고 애쓰신 것과 같지 않은가? 이것은 정신이 물질이 되시려고 애쓰신 것과 같지 않은가? 그래서 하나님이 자신을 계시하심은 하나님이 우리를 위해 시간을 가지신다는 말과 같다(KD I/2.50). 우리는 과거-현재-미래라는 연장된 어떤 것으로 시간을 이해한다. 그러나 이 시간 개념은 본질적으로 타락한 인간에 의해 만들어진 형이상학적인 시간이다. 성육신은 우리가 만든 정신적인 이 시간 안으로 들어오시기 위해 영원하시고 시간을 가지지 않으시는 하나님이 억지로 최선을 다해 인간의 이 시간 안으로 자신을 구겨 넣으시려고 애쓰시는 것과 같지 않은가? 이런 점에서 "말씀이 육신이 되었다는 것은 곧 말씀이 시간이 되셨다(KD I/2.55)"는 말과 동일하다고 보는 것도 나쁘지 않다.

6. 하나님이 인간이 되셨다는 선언도 파격적인데 인간이 되신 하나님이 십자가에 죽으셨다는 사실은 더욱 파격적이다. 어떻게 하나님이 피조물처럼 죽을 수가 있는가? 죽는 신은 더 이상 신이 아님을 우리는 상식적으로 잘 알고 있다. 여타의 종교들에게서 발견되는 공통점은 그 종교들의 창시자들이 다 죽었다는 사실이다. 기독교의 하나님도 죽었다. 그것

도 사랑과 공의를 강조하시는 하나님이 자신의 공의를 저버리고 세상의 불의에 의해 죽으셨다. 과연 이런 신이 전능하다고 할 수 있으며 전지하다고 할 수 있으며 영원하다고 할 수 있는가? 그것도 사랑하는 독생자를 세상적인 방식에 의해, 세상적으로 그리고 세상인들에 의해 처분시켰다. 거기에는 하나님이 이스라엘 백성들에게 자주 말씀하셨던 자신의 공의는 없었고 오로지 세상이 제시하는 종교적인 공의만 있었다. 세상이 만든 율법에 의해 아들 예수는 하나님으로부터 처참하게 버림을 받았으며 자신의 죄 없음과 무관하게 죽었다. 전능하신 하나님이 사랑하는 독생자가 불의에 의해 죽는 것을 보셨지만 간과하셨다. 간과란 보통 무능한 자가 취하는 묵인 또는 묵살이다. 그러나 전능한 신에게서 간과는 결코 묵인이 아니다. 전능하기 때문에 묵인할 이유도 없으며 간과할 필요도 없다. 따라서 독생자의 죽음은 아버지 하나님에게는 오히려 보다 적극적인 의미가 담겨있는데 기쁨이 그것이다. 다시 말해 독생자의 십자가 죽음은 아버지 하나님에게 엄청난 기쁨이 되셨다. "십자가"라는 최고의 형벌에서 땀과 피를 다 쏟으며 괴로워하면서 서서히 죽어가는 것을 아버지 하나님은 너무 기뻐서 즐거워하셨다. 하나님의 기쁨은 독생자를 죄인들의 대리자(Stellvertreter)로 여기시고 계셨음에 있었다. 죄인들의 앞잡이가 되신 아들을 가혹한 십자가의 형벌로 죽이시고 그 대신 죄인들을 용서하셨다. 십자가의 사건은 하나님의 신적 능력이 발휘되지 않으신 사건이며 전능한 아버지가 아닌, 무능한 아버지가 되셨고 공평한 아버지가 아닌, 불공평한 아버지가 되셨다. 선한 아들을 불의하게 죽이셨다는 점에서 불의한 하나님이 되셨고 그 아들을 십자가에서 살리실 수도 있음에도 불구하고 죽이셨으니 무능한 하나님이 되셨으며 세상적인 형벌로 죽이셨으니 세상적인 하나님이 되셨으며 무고한 자를 죽였고 대신에 죄인들을 살리셨으며 아들을 죽이시고 죄인들을 양자들로 삼으셨고 세상의 법에 따라 아들을 죽이셨으니 더 이상 천상의 하나님이 아니라 세상의 하나님이 되셨다. 그러나 엄밀하게 보면 하나님의 공의가 무너진 것이 아니다. "오로지 하나님에 의해 심판받은 자로서만 인간이 하나님 앞에서 살 수 있고 오로지 십자가에 달리신 인간만이 하나님과 평화를 가진다(E.80)"는 본훼퍼의 말이 틀리지 않다. 심판과 죽음을 통과해야만 살 수 있는 하나님의 공의를 하나님은 자신의 아들을 가지고 우리 죄인들에게 말씀하셨다. 죄인들은 심판과 죽음을 통과할 수 없는 무능한 존재자들이기 때문이다. 따라서 십자가 사건은 죄인을 향한 아버지의 사랑이 죄인을 심판하시려는 공의를 이긴 사건이다. 우리 죄인들에게는 승리의 사건이지만 하나님에게는 패배의 사건이다. 과연 이런 계시가 그 어떤 종교들에게 남아있는가? 따라서 "골고다는 율법의 종결이고 종교의 한계(KR.215)"이며 보통 죄인인 인간들이 상식적으로 가지는 "종교적 자의식이 하나님의 버리심의 의식이 되셨던(KR.216)" 사건이다. 독생자를 죽이시길 기뻐하시는 하나님의 십자가 사건은 신에 대해 가지는 모든 인간들의 종교적인 자의식들을 하나님이 결코 원하지 않으신다는 것을 말해준다.

7. 하나님의 계시는 인간에 의해 설명이 되지 않는 신비인 반면 종교는 신의 신비에 대한 설명서들을 거의 가지고 있다. 그리고 남아있던 신비마저 인간에 의해 다 밝혀졌다. 종교는 신에 대해 다 밝혀내고 설명하고 정리하며 체계화된 교리와 그 교리에 따라 정해진 특정 의식(Liturgie)으로 표현한다. 이런 종교의 율법은 곧 신과 동일시되면서 종교인들은 율법 아래에 놓이는 자들이 된다. "종교인들의 에너지는 죄를 향한 정열의 에너지이며 죽어가는 육체의 욕망(KR.217)"이 분명하다. 종교적인 교리들은 신을 사랑하여 만든 정열의 산물이지만 그 정열은 에로스적이다. 잡

을 수 없는 분을 손에 움켜잡으려고 생떼를 쓰는 정열이며 만질 수 없는 분을 쥐어 잡으려는 정욕의 정열이며 지각될 수 없는 분을 자신의 감정 안으로 끌어들여서 마치 인간 자신과 하나가 된 것처럼 자랑하고 떠벌리는 정열이다. 부패한 인간은 종교를 통해 경건을 배우려고 하지만 그 경건은 이웃을 위한 경건이 아니라 오로지 자신을 위한 경건이며 그 경건의 모양으로 자신의 종교성을 타인들에게 드러내기를 좋아한다.

4. 종교로부터의 자유

(1) 에로스(Eros)와 아가페(Agape)

1. 위에서 자세히 논술한대로 인간의 종교성과 기독교의 계시가 일치하지 않는다면 계시의 독특성을 가진 기독교는 과연 무엇이라 불러야 하는가? 결국 용어의 문제에 부닥치는데 이 점 때문에 루터와 칼빈 등을 비롯하여 수많은 개혁주의 신학자들은 거짓된 종교(falsa religio)와 참된 종교(vera religio)라는 용어로 구분하였다. 그들의 시도들, 즉 참된 종교라는 용어를 사용하여 기독교의 독특성인 계시와 칭의의 사상을 표현하려고 하는 시도들도 결코 나쁘지 않다. 어차피 하나님이 자신의 무한성을 스스로 구기고 쪼개고 비하시켜 시간이라는 한계성으로 집어넣으셨기 때문에 "거짓"과 "참"이라는 용어로 기독교를 규정하는 것도 그다지 나쁘지 않다고 본다. 그럼에도 불구하고 이 문제를 인간 영혼과 관련시켜 분명하게 밝히면 보다 분명하고 신학적인 다른 용어로도 표현될 수 있지 않을까?

2. 위에서 충분히 살펴보았듯이 "하나님을 알 만한 것(롬 1:19)"과 "영원

을 생각하는 마음(전 3:11)"으로 성경이 표현한 대로 모든 이들에게는 신을 사모하고 그리워하며 신을 알 만한 능력을 가지고 있다. 소위 종교의 씨라고 불리는 이것이 루터의 견해에 따르면 율법을 만들기도 하고 칼빈에 의하면 우상을 만드는 주범이기도 하다. 바울의 말대로 이 신비를 가지고 부패한 인간성은 "...어리석게 되어 불멸의 하나님의 영광을 멸망할 사람과 새와 짐승과 기어 다니는 동물의 형상으로 바꾸었다(롬 1:22-23)"고 선언한 대로 그러하다. 여기서 우리가 가질 수 있는 질문은 "종교의 씨"라고 불리는 "하나님을 알 만한 것"이 무엇이기에 종교라는 인위적인 문화적 관습을 만드는 것일까? 인간은 참된 하나님을 그리워하며 그분을 알고 싶지만 부패한 이성은 살아계신 하나님을 인격적으로 만나지 못한다. 인간은 하나님과의 인격적 분리라는 엄청난 충격과 함께 죄의 깊은 나락으로 떨어졌으며 이제는 그 신을 그리워해서 "생각하는 존재자(homo cogitans)"가 된 셈이다. 이성은 신을 생각하며 자신을 활성화시켜 추상적인 존재자가 되어 자신을 "신"으로 세우는 우상을 만들었는데 그것이 종교이다. 이 우상을 통해서 신을 그리워하고 생각하는 마음을 형이상학적으로 투사한다. 이런 영혼의 운동을 "에로스"라고 칭할 수 있다. 에로스란 원래 성적인 개념이 아니라 신을 찾아가려는 인간 영혼의 자연적인 상향운동이다. 그래서 에로스가 풍부할수록 그만큼 종교적이며, 종교적일수록 그 인간은 에로스적이다. 이런 점에서 종교와 에로스는 뗄 수 없는 관계에 있으며 나아가서 에로스의 성취는 종교적인 숭배의 형태로 구체화된다. 이 에로스는 인간 영혼이 가지는 자연성 혹은 본성이라고 해야 하며 그렇다고 그 가치를 반드시 부정적으로만 이해할 필요는 없다. 만약 에로스가 결핍되거나 고갈되면 우리 영혼은 권력의지나 응고된 힘으로 발휘되어 자신뿐 아니라 타인도 황폐하게 만들기 때문이다. 그렇다고 에로스를 절대화시킨다면 기독교의 순수한 진리와 마찰을 일으킨다. 에로스는 신을 찾으려는 인간 영혼의 상향운동이기 때문에 기독교의 하나님, 즉 루터의 주장대로 위에서 아래로 혹은 "그리스도 안에서 우리 밖으로(in Christo extra nos in Deo) 들어오는" 계시와 완전히 대립된다. 에로스를 가지고 참된 하나님을 만나기에는 우리 본성의 부패로 인해 절대적으로 불충분하다. 비록 에로스가 종교적인 감정으로 승화되어 특정 종교에 집착하기엔 충분한 영적인 운동이라 할지라도 참된 하나님과의 만남과 자신의 죄인됨 그리고 그리스도 안에서 의롭게 되는 칭의의 은혜와는 전혀 상관이 없다. 기독교의 진리는 루터나 칼빈 그리고 바르트나 본훼퍼의 주장대로 오로지 자유로운 하나님의 자기비하의 결과로 나타난 예수 그리스도이다. 그는 하나님과 본질적으로 동일성(consubstantia)이시며[429] 은폐된 하나님의 나타나신바 된 하나님이시기 때문이다. 그의 인격에서 죄인을 긍휼히 여기시는 하나님의 사랑을 강렬하게 느낄 수 있으며 창조주가 피조물 안으로 들어오시려고 자신을 무한히 낮추시는 자기비하 혹은 자기학대를 볼 수 있다. 하나님이 피조물 안으로 들어오시기 위해 인간으로 오시는 신적 계시의 독특성은 다른 타종교들과는 근본적으로 구별을 갖게 한다. 단적으로 말하면 종교들을 인간 에로스의 산물로 간주한다면 기독교는 에로스의 결과물이 아니다. 물론 기독교도 이 에로스의 영향을 전혀 받지 않는다고 할 수 없다. 기독교가 계시의 은혜를 강조하고 있고 그 은혜는 종교적으로 이미 경건한 자를 위한 은혜도 아니고 의로운 자를 위한 은혜도 아니며 선한 자를 위한 은혜도 아니고 오로지 "우리가 아직 죄인되었을 때에 그리스도께서 우리를 위하여 죽으심으로 하나님께서 우리를 향한 자

---

429 니케아신조: 그리스도는 하나님으로부터 나신 하나님이시며 빛으로 나신 빛이시며 참된 하나님으로부터 나신 참된 하나님이며 만들어진 분이 아니라 낳아졌으며 모든 것들을 만드신 아버지와 동일 본질이시며(... Deum de Deo, lumen de lumine, Deum verum de Deo vero, genitum, non factum, consubstantialem patri, per quem omnia facta sunt ...).

신의 사랑을 나타내셨다(롬 5:8)"는 바울의 선언처럼 죄인으로서 우리 인간들이 전혀 그분의 은혜를 바라지 않았고 구하지 않았으며 부탁하거나 요구한 적도 없는, 심지어 그 은혜를 우리가 받기 거부하였고 수령하기 부정했고 나아가서 주시는 은혜를 향해 강하게 저항했던 죄인의 시기에 하나님은 주시기를 기뻐하셨다. 이런 점에서 기독교의 계시의 은혜는 경건한 자, 의로운 자, 선한 자를 위한 은혜이기보다 오로지 죄인을 위한 은혜가 분명하다. 죄인을 위한 은혜란 주시는 하나님을 향해 저항하고 저주하는 우리 마음을 단지 자신의 자비와 사랑으로 불쌍히 여기시고 자비를 베푸신 은혜이다. 이런 계시의 은혜는 전적으로 종교적이지 않다. 전적으로 종교적이지 않음은 계시의 은혜를 베푸시는 하나님이 우리의 에로스, 즉 신을 향해 갈구하고 소원하며 희구하는 인간의 마음에 응답하는 "기계장치의 신(deus ex machina)"이 아니며 플라톤의 이데아를 희구하는 영혼의 열정인 에로스의 신도 아니다. 그렇다면 인간의 종교성을 자극하는 에로스는 기독교와 전혀 무관한가? 기독교가 비록 에로스의 산물이 아니라면 신을 향한 희구의 상향운동인 에로스와는 어떤 관계에 있는가?

3. 에로스와 종교성과의 관계는 자연스럽게 아가페와 계시와의 관계를 성립시킨다. 성경에는 에로스라는 용어가 전혀 사용되지 않고 오로지 아가페라는 개념이 등장한다. 에로스든 아가페든 모두가 "사랑"이라는 뜻을 가지고 있지만, 가지고 있는 의미는 전혀 다르다고 하겠다. 위에서 살펴보듯 에로스가 신을 찾고 갈구하여 신에게로 무한히 상승하려는 인간 영혼의 운동이라면 아가페는 신이 인간을 향해 자신을 무한히 낮추어서 인간이 되시는 영(Spiritus)의 하향운동이기 때문이다. 에로스가 종교의 근거가 된다면 아가페는 계시의 근거가 된다. 이렇게 보면 에로스와

아가페의 관계는 전혀 접촉점이 없는 것으로 보인다. 이 문제를 취급하기 위해 에로스와 아가페에 대한 개념들과 신학적 논의들을 살펴 볼 필요가 있겠다.

4. 우선 심층심리학(Tiefenpsychlogie)에 있어서도 사랑을 취급한다. 이 분야에서는 사랑을 근본적으로 나르시즘(Narzisismus)에서 출발하고 있다. 나르시즘이란 그리스신화에 등장하는 인물을 근거로 자기사랑이라고 규정하기도 한다. 심리학에서는 에로스를 자기사랑에 근거한 사랑이라고 이해한다. 그런데 이 자기사랑에서 자주 이타적인 사랑을 나타내기도 한다고 한다. 그 이유는 에로스든 아가페든 "나"에 기인하며 정확하게는 "나"의 능력에 뿌리를 둔다는 점에서 그렇다고 한다.[430] 다만 차이가 있다면 아가페는 자신을 에로스하려는 충동의 노력으로서 자신을 해방하려는 것을 의미한다. 비록 근원적으로는 에로스와 아가페가 동일한 충동에 기인하지만 에로스가 자기사랑에 빠진 나르시즘적인 사랑이라면 아가페란 자기사랑이 사랑의 대상을 향해 변형되면서 생기는데 최초로 생식기의 상위층(Genitalprimat)의 성적 유기적 관계를 통해 미움과 반대로 아가페가 일어난다고 한다.[431] 프로이트(Freud)의 말대로 사랑의 대상은 "결국 나라는 존재의 총체적 자기사랑을 얻고자 하는 데서 주어진다"고 하면서 이 과정에서 나라는 존재가 변형되어 스스로 "나라는 아이디어(Ichideals)"의 자리를 차지하면서 자기희생이라는 아가페가 자연스러운 결과로 주어진다고 한다.[432] 이렇게 보면 심층심리학에서 말하는 사랑이란 성(sexus)이라는 원초적 충동의 변형에서 에로스가 나왔으며 이

---

430 H. Lindinger, Gott ist Liebe, in: Evangelische Theologie 33 Jahrgang, München, 1973, 170.
431 위의 책, 170.
432 참고. 위의 책, 170.

에로스가 사랑의 대상을 만나면서 또 다시 변형되어 아가페가 되는 셈이다. 그런데 이런 식의 아가페는 근본적으로 "동기(Motiv)"로 인해 주어진다고 심리학은 말한다. 인격발달의 과정에서 만나는 무수한 충동의 억압과 충동의 승화라는 과정 혹은 동기들에서 아가페가 자연스럽게 나온다는 말이다.[433] 프로이트는 사랑의 본질을 말하면서 사랑의 대상이 결국 나라는 존재의 고유한 자기사랑을 소유하는데 기여한다고 보면서 아가페라는 자기희생도 자연스럽게 나온다고 보았다. 그렇다면 프로이트가 말하는 자기희생은 결국 나르시즘이라는 자기사랑에 뿌리에서 자라서 고급스러운 형태로 억압되어 변형된 충동의 산물인 셈이다. 에로스와 아가페는 다양한 면들, 다양한 관점을 가지지만 그들에 따르면 같은 현상을 가진다. 즉 그들은 다양한 조건들과 관점 하에 있지만 하나이며 같은 현상이다.[434] 순수한 에로스는 순수한 아가페와 구분할 수 없다. 나아가서 에로스 자체는 곧 아가페 자체가 된다.[435] 불순하지 않고 순수한 에로스는 최소한도 아가페와 같다. 그 이유는 에로스가 세상의 곤경에 대항하여 행복을 찾기 위해 생명을 지향한다면 아가페 역시 인간이 무한한 것의 한 몫을 차지하려는 한 일치하는 동일한 목적을 지향하고 있다고 본다.[436] 자기사랑인 에로스가 특정 대상에 제한을 두지 않는다면 순수한 에로스가 될 것이고 순수한 에로스는 적어도 아가페의 한 조각이라고 본다. 에로스는 하나의 특정 대상에 국한되고 제한된다는 점에서 차이가 있을 뿐 근본적으로는 아가페를 유지하는 것이 되며 이런 아가페 역시 에로스를 유지하는 것이 된다. 단지 대상을 제한하지 않고

---

433   참고. 위의 책, 172.
434   위의 책, 178.
435   위의 책, 178.
436   위의 책, 178.

모든 것을 위한다는 점에서 에로스를 유지하는 것이 아가페인 셈이다. 피퍼(J. Piper)에 의하면 "양심의 생성 안에서 사랑의 몫에 대해 말하고 악이란 인간이 어떤 무엇 때문에 사랑의 욕구가 억압될 때를 가리키면서 모든 죄책감은 사랑을 잃어버릴 것에 대한 두려움"이라고 프로이트의 사랑을 소개한다.[437] 최고의 힘으로부터 더 이상 사랑받지 못할 때 불안이 나타나는데 최고의 힘이란 무엇을 의미하는가? 오디푸스 콤플렉스의 길이 집단적무의식과 개인무의식을 투사시키는, 말하자면, 태곳적, 시간 이전의 신비한 아버지(mythischer Vater der Vorzeit)라고 칭하기도 하고 "초자아"라고 하는 곳인데[438] 여기에서 불안과 죄책감이 만들어진다. 이것은 완전히 근거가 없는 비합리적인 반작용이며 환상에 기인하는 사랑 받기 원하는 것(Geliebtwerdenwollen)에 대한 의존감과 그로 인해 사랑의 갈구에 대한 불안에서의 해방(Emanzipation)이 요구된다고 한다. 결국 프로이트에게는 아버지에 대한 갈등이 영적인 성장과 양심을 형성하는 것과 죄책감의 노이로제적인 번성함의 생성을 위해 엄청난 의미를 가진다고 하겠다. 이런 논리라면 과연 실제의 삶에서 과연 순수한 사랑이 가능할까? 인간의 삶은 상식적으로 공격과 경쟁의 전투장으로 비유가 될 정도로 자기사랑이 지배한다. 그런데 이런 치열한 경쟁과 공격에서 과연 자신의 사랑의 대상을 타자에게로 가져갈 수 있는 경우가 생길까? 아가페가 자기유지의 충동에서 변형된 사랑이라면 그 자체가 순수할 수가 없으며 이 변형된 사랑을 순수하다고 어떻게 말할 수 있겠는가? 사실, 프로이트는 인간이 행하는 모든 현상들을 소위 "성욕"이라는 개념에서 해석하였다. 이 논리를 따라가다 보면 그가 성욕의 개념을 엄청나게 확대 해석했다는 사실을 알게 된다. 이런 프로이트의 심리학을 비판하는 자

437　J. Pieper, Über die Liebe, München, 1972, 63.
438　위의 책, 63.

가 융(C.G. Jung)이다. 프로이트는 너무 빈번하게 사랑을 취급하였지만 그것을 성욕(Sexualität)이라는 개념으로 격하시킨 것은 매우 불행한 표현이라고 융은 꼬집는다. 융은 프로이트의 에로스 개념을 가리켜 "차라리 자연을 지배하는 범 에로스의 고대철학적 개념에 따라 그가 뜻하는 바를 에로스라고 말했어야 했다"고 비판한다.[439] 융의 비판은 프로이트가 사랑이라는 주제를 취급하고 있지만 사실은 성욕을 다루고 있다고 보았다. 그러니까 에로스와 아가페의 뿌리를 성욕에 두는 한 결과는 에로스와 아가페는 동일할 수밖에 없게 된다.

5. 그러면 융은 에로스와 아가페에 대해 어떻게 말하는가? 융도 프로이트와 같이 인간 영혼의 충동을 성욕과 관계시킨다. 성욕은 인간 본래의 동물적 본성에 속한다. 그러나 성욕은 프로이트와 달리 근친상간과 같은 면에만 국한되어 있지 않고 다른 면으로는 정신의 최고 형태에 속하기도 한다고 융은 본다. 성욕은 단지 정신과 본능적 충동이 일치하는 때에만 꽃을 피우는데 둘 중의 하나라도 모자라면 손상이 생기고 균형이 깨어져 일방적인 성향이 나타나서 쉽게 병적인 것으로 빠져든다.[440] 예를 들어 본성적 충동이 강하면 이 충동이 문화적인 정신을 손상시키고 반대로 지나치게 정신이 강하면 동물성적인 충동이 억압을 받다 병들게 되는 이치가 성립된다. 디오티마가 소크라테스에게 말한 것처럼 "에로스는 위대한 악마(Dämon)이다. 사람들은 에로스를 어찌하지 못하거나 어찌하려다가 도리어 해를 입는다. 에로스가 본성의 전부는 아니지만 최소한 본성의 가장 중요한 측면 중 하나다"고 융은 주장한다.[441] 그러면

---

439 C.G. Jung, Über die Liebe, 사랑에 관하여, 한오수 역, 서울, 솔, 2000, 45.
440 위의 책, 40.
441 위의 책, 41.

서 융은 로고스를 에로스와 관계시키면서 남자와 여자의 문제에 적용시킨다. 로고스는 남성 최고의 원리라면 에로스의 원리는 위대한 자에게 자신을 묶는 자와 푸는 자의 원리에 바탕을 둔다고 한다. 현대적 언어에서 에로스 개념은 심적 관계로 그리고 로고스 개념은 객관적 관심으로 표현하기도 하는데 융은 남성과 여성의 생물학적인 구조나 기능에 차이가 있듯 심리적으로도 차이가 있다고 한다. 즉 남성은 로고스 원리에 따르며 여성은 에로스의 원리에 따른다고 한다. 로고스란 말, 이성, 개념이라는 뜻으로 주로 정신적인 면, 지적인 면, 인식이나 오성의 영역을 지배한다. 로고스에 따라서 객관적이고 분별적이며 문화적인 측면과 사유 그리고 인식의 측면이 일어나는데 이것이 남성원리의 특징이라고 한다. 반면 에로스는 심정적 관계이며 연관성, 결합, 사랑 그리고 성욕, 관능적 욕망의 영역을 지배하는데 여기에서 창조적-성적 에너지 외에도 고귀하고 높은 삶이 일어나기도 하며 아름다움이나 진실한 것 그리고 선한 것에 대한 강렬한 동경의 의미를 내포하고 있다. 이것이 여성심리 혹은 여성의식의 일반적인 특징이라고 융은 진단한다.[442] 흥미롭게도 융에 따르면 남성은 에로스가 열등하며 여성은 로고스가 열등하다고 생각한다. 그러면서 에로스와 로고스의 관계를 말하면서 로고스가 에로스를 내포하고 있을 때만 이상적이라고 한다. 에로스 없는 로고스는 역동적이지 않고 로고스적이기만 한 남자는 날카로운 지성은 가질지 모르나 에로스를 결코 이해하지 못하는, 마치 눈먼 관계성만 있을 뿐이다.[443] 여자에게서 '여성'을 발견하는 길은 오로지 '아래에서 위로' 갈 뿐이며 결코 '위에서 아래로' 가지는 않는다고 융은 본다. 이런 점에서 대부분의 남성들은 에로스에 대해서는 장님이라고 지적한다. 남성들은 이런 복

---

442 위의 책, 47.
443 위의 책, 49.

합적 관계를 이해하지 못하고 자주 에로스를 성욕과 혼동하는 용서받을 수 없는 오해를 하기도 한다는데 그 예로 남자가 여자와 성관계를 가지면 남자는 그 여자를 단순히 소유했다고 오해하는 경우가 그것이다. 그러나 이런 관계에서는 남자가 여자를 결코 소유한 것이 아니다. 여성에게는 에로스의 관계만이 중요하기 때문이다. 그래서 융은 순전히 본능적인 여성상에만 사로잡혀 남성세계에서 갓난아기처럼 낯설고 외로운 존재가 되지 않도록 환경이 여성으로 하여금 남성적인 성향을 획득하도록 해야 하며 남성 역시 여성상을 발달시켜야 한다고 주장한다.[444] 이렇게 주장하면서 융은 우리에게 아주 흥미로운 주장을 남긴다. 에로스와 권력의지와의 관계가 그것이다. "사랑(에로스)이 지배하는 곳에는 권력의지가 없고 권력이 우선하는 곳에는 사랑이 없다. 그 하나는 다른 것의 그림자이다. 에로스의 편에 서 있는 사람에게 보상적인 대극은 권력의지이다. 반대로 권력을 강조하는 자의 보상은 에로스다"고 융은 말한다.[445] 이 말을 음미하자면, 에로스가 고갈되면 그 영혼의 충동이 사라지는 것이 아니라 그 충동이 응고되고 화석화되어 끈적거리고 찐득해지는데 그 형태는 곧 "권력에의 의지"로 표출된다는 점이다. 에로스나 로고스와 같은 충동은 말하자면 사라지거나 소멸하는 것이 아니라 응고되거나 굳어지는데 이것이 정신적인 형태로 변형되면서 권력이나 명예 나아가서 구체적인 힘을 소유하려는 정신적 창조행위로 나타난다. 쉽게 말하면 영혼의 경직, 완고, 굳음은 곧 권력을 소유하려는 정신적 활동으로 표현된다. 에로스는 이런 충동의 경직을 막고 부드럽게 하며 완화하는 중요한 역할을 하는 셈이다. 그런데 프로이트와 융의 심리학에서 취급되는 에로스 개념이 임상경험에서 나온 결과들이고 수많은 정신병자들

---

444 참고. 위의 책, 53.
445 위의 책, 54.

의 치료과정에서 검증된 연구의 토대라는 점은 부인할 수 없지만 그렇다고 그런 식으로 에로스를 이해하는 것은 확실히 성경의 가르침과 일치한다고 볼 수는 없겠다. 근본적으로 신약성경에는 에로스가 전혀 사용된 적이 없고 오로지 아가페만 사용되고 있다는 점을 고려하면 당시 성경기자들이 "에로스"라는 용어를 몰라서 사용하지 않은 것이 아니라 그리스도 안에서 나타나셨던 은혜가 "에로스"라는 용어에 적합하지 않아서 의도적으로 사용하지 않았다는 점을 먼저 알아야 한다. 오히려 당시에는 에로스라는 용어가 사랑을 나타내는데 가장 흔하게 사용되었고 반면 아가페라는 용어는 거의 사용되지 않았던 시기였다는 점도 성경기자들이 말하고자 하는 사랑이 무엇인가를 강하게 보여준다. 바르트는 아가페라는 용어가 당시에는 전혀 착색되지 않은 용어였기 때문에 신약이 이를 사용했다고 추정한다.[446] 그리고 언어학자이면서 종교역사가인 라이첸슈타인(Richard Reitzenstein)은 아가페가 고전적인 헬라어에서 문헌학적인 용어에 속한 말이 아니었다고 주장한다. 즉 학문적으로 거의 사용되지 않은 용어라는 의미이다.[447] 이와 같이 성경기자들이 에로스라는 용어를 잘 알았지만 그 용어를 사용하지 않고 오히려 어원도 없고 당시에 전혀 학문적으로도 사용된 적이 없는 아가페를 사용한 것은 분명히 의도가 있었다. 그 의도는 종교성을 가리키는 사랑과 그리스도 안에서 자신을 계시하시는 하나님의 은혜의 사랑과는 함께 사용될 수 없기 때문이었다. 신약성경에서 사용되었던 아가페는 "동기(Motiv)"가 없는 사랑을 가리킨다. 자기와 마주하는 세상의 죄와 부패에 따른 공격적인 성향에서 오히려 스스로 자신을 비우고 하나님의 뜻에 순종하는 그리스도의 모습이 이것을 잘 말해준다(참고. 빌 2:8).

446　J. Pieper, Über die Liebe, 29.
447　위의 책, 29.

6. 철학에서는 에로스 개념을 어떻게 이해할까? 고대 헬라의 소포클레스는 "정열적인 기쁨"이라는 말로 에로스를 자주 사용하였다. 플라톤의 에로스 개념은 거의 종교적인 차원으로 승화된 개념이라고 할 만큼 인간의 경건성에 치중한다. 그는 신적인 아름다움에로의 직면을 위해 무한히 상향하는 인간 영혼의 힘을 에로스라고 명했다. 그의 사상은 우선 감각적인 세계와 비감각적이고 관념적인 이데아 세계 사이에 놓인 인간의 영혼 문제를 다루고 있는 점이 중요한 핵심이다. 보통 플라톤의 사상을 감각계와 이데아계라고 구분하는 이원론이라고 부르는데 호프만(E. Hoffmann)의 말을 빌려 니그렌(A. Nygren)은 "플라톤의 시스템을 지배하는 이원주의는 개념 그 자체와 개념들 아래에 남아있는 것들 사이를 순수하게 방법론적으로 구분한데 있으며 이것이 플라톤에 의해 수행되어졌다"고 평가한다.[448] 인간은 저급한 세계, 즉 가시적이고 불완전한 감각적인 세계에 살고 있고 그러면서도 영원하고 완전한 이데아의 세계를 동경한다. 그 동경은 인간 영혼 안에 있는 에로스인데 에로스가 영혼의 힘이라고 한다면 흥미롭게도 이데아는 힘이나 능력과 같은 것이 아니라는 점이다. 그렇다고 감각적인 세계에 그 어떤 영향도 미치지도 않는다. 이데아의 세계가 가지는 특수한 힘이나 능력이 있어서 인간의 영혼의 에로스를 끌어올리는 것도 아니다. 인간은 단지 구체적인 사물에서 영원한 세계를 감지할 뿐인데 이것을 동경하면서 오로지 에로스의 힘으로 그 이데아의 세계에 접촉해야 하는, 노력하는 존재자이다. 이 접촉이 바로 구원인 셈이다. 마치 동굴의 비유에서처럼 감각계에 있는 인간이 지하 동굴 안에서 사슬에 묶인 채 동굴 벽에 비치는 자신의 그림자만을 보다가 우연히 사슬을 끊고 빛으로 나아간 철학자가 참된 실재

---

448   A. Nygren, Eros und Agape, Berlin, 1955, 113.

를 보는 구원을 얻은 셈이다. 즉 인간은 저급한 세상, 즉 감각세계에서 참된 세계인 초감각적인 세계로 이행해야 하는데 여기에 고통이 따른다고 해야 한다. 인간의 영혼 속에 있는 에로스는 천상계로 향하려는 영혼의 고통을 들으면서 구원에 이르도록 애를 쓰도록 하는 철학이 플라톤의 철학인데 다르게 보면 그의 철학은 확실히 종교철학으로 비치기도 한다. 플라톤의 철학은 인간의 영원한 행복을 권고하고 있다는 점에서 일종의 "구원론(Heilslehre)"이라고 해도 무방하다고 한다.[449] 플라톤의 사상을 구원을 위한 종교철학으로 간주하는 것은 어떻게 보면 고대의 사상들이 그렇듯이 철학과 종교의 구분이 현대만큼 뚜렷하게 구분되어 있지 않기 때문이고, 철학과 종교는 마치 하나의 목적인 인간의 영원하고 참다운 행복을 목표로 하는 한 상호협조적인 면을 가지고 있기 때문이다. 정확하게 말해 철학은 논리적이고 이론적인 측면 다르게 말해 로고스적인 측면을 제공하였고 종교는 이것을 실행하여 성취하는 에로스적인 측면을 가진다. 영혼과 육신의 관계가 그 좋은 예라고 보겠는데 인간의 육신은 영혼을 감금하고 있는 감옥이며 그 감옥에 있는 동안, 즉 인간이 살아 있는 동안에도 끝임없이 영혼은 에로스라는 영혼의 힘으로 천상의 세계를 꿈꾸며 그리워하고 동경한다. 종교가 다양한 의식적 행위를 통해 구원을 실현하려고 한다면, 그 대표적인 예로서 플라톤의 철학은 철학을 통해 구원을 얻으려 했다는 점이 분명하다. 사실 전통적인 철학역사는 플라톤의 철학 속에 담겨있는 신비(Mythen)의 요소를 간과하고 이론적인 측면만 강조했다고 해도 지나치지 않는다. 그러나 플라톤의 에로스 개념은 이론적인 측면보다 신비나 종교적인 측면에 가깝다고 하는 것이 옳은 말일 수 있다. 플라톤의 철학이 종교적인 신비적 성향을

---

449 위의 책, 111.

강하게 지니고 있다는 증거는 그의 스승이었던 소크라테스처럼 현실계보다 눈에 보이지 않는 세계를 강조했고 육체보다 영혼을, 물질보다 덕을 강조함으로서 비록 이원론에 빠지긴 했지만 그럼에도 불구하고 서구 사상의 기초가 되었고 돈과 쾌락, 음식과 심지어 결혼도 거부하며 영적 세계를 갈구하는 수도사들에게 많은 감동을 주었으며 이 때문에 스위스의 종교개혁자 쯔빙글리(Zwingli)조차 플라톤 철학이 기독교 진리에 근접했다고 찬양하였다.[450] 그리고 칼빈 역시 플라톤의 에로스와 경건의 개념에서 완전히 자유롭지 못했다. 플라톤의 제자이면서 스승의 이원론을 극복하려고 했던 아리스토텔레스의 에로스 개념은 상당히 우주적이며 통합적이다. 그는 형상과 질료와의 관계로 에로스의 개념을 규정한다. 형상과 질료는 서로가 밀접한 관계를 가지는데, 질료는 본질적으로 형상을 향하여 있으며 동시에 형상 또한 질료에 적극적인 영향을 가지는 관계이다. 그러면 소위 운동은 어떻게 이루어지는가? 질료 자체는 스스로의 힘으로 움직이지 못하고 오로지 형상의 도움으로 가능하다. 그렇다고 형상도 스스로 움직이지 못한다. 그렇다면 무엇이 질료로 하여금 형상으로 향하게 하고 형상을 질료를 가지고 가능적인 상태에서 현실적인 상태로 변형시킬 수 있는가? 여기에 대한 답을 아리스토텔레스는 사랑이라고 부르는 힘을 집어든다. 모든 것이 원인과 결과라는 방식으로 운동하고 변화하는데 이런 것들이 가능하기 위해서는 원인만 있고 결과가 없는, 소위 절대적으로 원인으로 존재하는 무엇이 전제되어야 한다. 그는 이것을 제일원인(causa prima)이라 불렀고 "부동의 동자" 혹은 나아가서 "신"이라 칭한다. 다시 말하면 질료는 형상을 향하는 욕망을 가지고 있고 순수형상인 신은 질료가 가지는 그 욕망을 이용하여 운동하게 한

---

450 참고. 김동주, 기독교로 보는 세계역사, 서울, 킹덤북스, 2002, 47.

다.[451] 아리스토텔레스에 따르면 결국 형상과 질료로 구성된 모든 존재자들은 서로가 서로를 향해 나아가고 동시에 서로를 부르는 힘을 가지는데 그 힘이 에로스인 셈이다. 플라톤에게서 에로스가 개인의 구원론적인 성향을 가진다면 아리스토텔레스에게는 이런 개인 구원론적인 성향은 아주 희박하고 그 대신 상당히 우주론적이며 전포괄적이다. 그러나 플로티누스에게 오면 다시 종교적인 영역과 관계하면서 종교적으로 펼쳐진다. 그의 사상은 영혼과 모든 것이 하나가 되어 결국 에로스와 기독교의 사랑을 통일시키는 원동력이 되었다. 단적으로 말해 플라톤이 터를 잘 닦아 놓은 자리에 아리스토텔레스와 플로티누스가 에로스 개념을 더욱 발전시켰다고 하겠다. 이들의 발전은 곧 교회교부들의 신학사상으로 이어지며 후에는 교회와 복음이 가지는 아가페 사랑에 대한 혼란을 심각하게 부추기는 계기가 된다. 아리스토텔레스는 그의 스승이 마련한 고전적인 에로스의 개념을 우주적이고 보편적인 개념으로 확대시켰다. 이에 반해 플로티누스의 에로스 개념은 "일자(das Eine)"라 불리는 신과 "유출론(Emanation)" 사이에서 정리된다.[452] 일자라 칭할 수 있는 "신"은 자신을 하강시키는데 그 하강운동을 아가페라고 부른다. 일자라고 불리는 신은 자충족하기 때문에 굳이 하강이라는 운동을 할 필요가 없다. 그러나 인간이 신을 향해 상승하려고 하는 욕구나 노력에 대응하여 거기에 응답하기 위해 하강한다. 말하자면 인간이 신을 향해 무한히 상승하려는 에로스 때문에 일자는 자신을 하강하는 아가페로 갚아주는 셈이다. 그러나 여기서 간과할 수 없는 점은, 신의 하강운동이 플라톤에게서 결정적으로 결여되어 있다. 플라톤에게는 "신이 인간을 향하여 하

---

451 참고. A. Nygren, Eros und Agape, 125.
452 이에 대한 상세한 사항은 광신논단 22집, 한수환, "영혼연구(고대에서 어거스틴까지)" 광신대학교출판부, 2013, 162-163.

강하는 사랑에 대한 면은 빠져있다"고 말하는 한수환의 주장은 일리 있다.[453] 플로티누스에 의하면, 일자에서 세계 영혼이 생겨나고 거기에서 지성의 세계가 생겨나고 경험의 세계가 생겨난다. 그러나 이런 관계가 기독교에서 말하는 타락이거나 부패라는 원인 때문이 아니다. 플로티누스에게는 이런 과정이 정상적이고 자연적인 과정이며 일자의 창조행위이다. 다만 비정상이 있다면 인간이라는 개별적인 영혼이 세계의 영혼과의 관계를 단절하고 자신이 신적인 근원에서 나온 것을 망각하여 감각의 세계에 만족하여 그것을 추구하는 경우뿐이다. 일자의 하강운동이 무한히 내려가서 질료세계라는 극단에 도달했을 때 이제는 상승운동으로 전회한다. 일자가 질료에서 다시 위로 상승하는 운동을 가리켜 에로스라고 부르는데, 특히 인간이 신을 향해 상승하려는 사랑이 그것이다. 이런 점에서 질료란 일자로부터 멀어지는 빛을 반사시킨다는 점에서 마치 거울과 같다고 한다. 그러면 왜 인간 영혼이 세계정신에게로 상승하지 못할까? 플로티누스에 의하면 인간 영혼이 육체라는 감각의 세계에 붙잡혀서 그러하고 동시에 감각계를 절대적이고 독자적인 실재성으로 오해한 결과 때문이다. 그리고 인간 영혼 자신이 자신을 과소평가했기 때문이다. 그래서 감각에 결박된 영혼이 하강을 상승으로 선회해야 한다. 이를 위해 두 가지가 필요한데 하나는 인간 영혼이 자신을 무가치하게 만드는 것이 무엇인지를 깨달아야 하고 다른 하나는 자기 자신이 얼마나 고귀하고 신적인 근원과 가치를 가지고 있음을 기억해야 한다.[454]

7. 사실 헬라인들에게서 사랑은 공동체를 이루는 중요한 동인이 된다. 친구사랑이나 부모사랑이나 국가사랑 등은 그 사회를 존속시키는 결

---

453 한수환, 예수에로의 인간학, 서울, 이레서원, 2008, 134.
454 A. Nygren, Eros und Agape, 130.

정적인 근거가 되기 때문이다. 그래서 부모사랑이나 시민이 자신의 조국을 사랑하는데서 가지는 자연적인 에로스를 형성하는 것은 당연했다. 필리아라고 불리는 사랑은 타인 때문에 생기는, 타인을 위한 선이고 이 선으로 인해 공동체가 성립될 수 있었다. 아우구스티누스도 이런 헬라적 이해로 기독교의 아가페를 이해한다. 단적으로 말하자면 플라톤과 플로티누스의 사랑이라는 개념 안으로 기독교의 아가페를 집어넣어 혼합하여 카리타스(caritas)라 불리는 사랑의 개념으로 발전시킨 자가 아우구스티누스이다. 오리겐이 에로스와 아가페는 동의어라고 주장했는데 아우구스티누스도 이 주장을 받아들여 에로스를 라틴어로 사용할 때 "아모르(amor)" 혹은 "딜렉티오(dilectio)"라고 했고 아가페를 표현할 때는 "카리타스"라고 번역하면서도 이 두 개의 용어들은 아무 차이가 없다고 생각한다.[455] 말하자면 아가페는 성경적인 용어이지만 아우구스티누스와 여러 교부들에게는 헬라적으로 사용되어졌다고 할 수 있겠다.

8. 과연 에로스와 아가페가 사랑이라는 동일한 내용을 담은 동의어일까? 현대신학에 와서도 이 문제는 여전히 논쟁의 가운데 있다. 에로스와 아가페를 동일한 것으로 보는 신학자들이 있는가하면 전혀 다른 사랑들이라고 주장하는 학자들도 있으며 이 둘 사이에 공통분모를 가지려는 시도를 하는 학자도 있다. 전자에 속하는 학자들은 케일(Siegfried Keil), 몰트만(J. Moltmann)과 린딩어(H. Lindinger)가 대표적이고 후자는 니그렌(A. Nygren)과 바르트(K. Barth) 그리고 라너(K. Rahner)를 들 수 있겠으며 또한 양 극단을 중화시켜 보려는 입장을 취하는 자들은 틸리케(H. Thielicke)와 본훼퍼(D. Bonhoeffer) 라고 할 수 있겠다. 우선 케일(S. Keil)에 따르면 에

---

[455] 어거스틴의 사랑의 개념은 필자의 저서 "예수에로의 인간학" 137-145를 참고하면 이해에 도움이 되겠다.

로스는 단순히 성적 충동을 넘어서 예술적인 가치들을 창조하고 진리나 지식을 추구하게 한다. 그리스 신화에 나오듯 에로스는 가난과 부의 아들이며 어리석음과 지혜 사이의 중간에 놓여있어서 쉬지 않고 활동하는데 세계 영혼이나 전체에 합일 내지 통일하려는 노력이며 더 높은 차원으로 가면 인간의 이기성을 극복하고 자유를 위해 활동한다. 따라서 에로스를 "자기사랑"이니 "이기적"이니 아니면 자신만 위한다는 식으로 폄하해서는 안 된다고 케일은 본다. 케일은 인간의 자기란 자신의 주관성도 아니고 응고되어 단순히 존재하는 "나"가 아니라 영원하고 신적인 본질이라고 말한다.[456] 에로스를 운반하는 자는 인간의 신적 정신이지 개인적 자아가 아니다. 그러면서 에로스는 인간 안에 있는 신적인 영혼이며 스스로 형성하고 단계적으로 상향운동하며 불멸이라는 절대적인 아름다움이라는 가치를 발견하기까지 무한히 상승하려는 운동이라고 정의한다. 이에 반해 아가페는 사랑의 하나의 형식(Form)인데 신약에서 그리고 예수 그리스도에게서 그 형태를 발견할 수 있다.[457] 아가페의 운동 방향은 에로스와 반대인데 아래에서 위로 상향운동하는 것이 아니라 위에서 아래로 하향운동을 특징으로 한다. 아가페는 인간에게서 출발하는 것이 아니라 하나님에게서 출발한다. 하나님은 인간을 사랑하시고 그 사랑을 아가페라는 형식으로 우리에게 계시하신다. 그리스도는 하나님의 말씀으로서 자신을 무한히 인간을 향하여 낮추시고 십자가의 죽음까지 하향하셨다. 여기서 인간을 새로운 실존이 되게 하기 위해 아가페의 절정을 볼 수 있다. 이런 사랑의 형식에서 인간은 자존성과 자유를 고집할 수 없다. 전적으로 자신을 드리면서 이 하향 운동 속으로 아가페를 받아들이도록 한다. 이렇게 자신을 드림으로 인간은 하나님 은혜

---

456   S. Keil, Sexualität, Stuttgart/Berlin, 1966, 201.
457   위의 책, 202.

의 선물인 자신을 생명의 자유로 새롭게 받는다. 하나님으로부터 자신을 아는 자는 자발적으로 남을 사랑할 수 있다. 에로스는 사랑받는 대상에게서 사랑의 가치를 사랑한다. 그것은 사랑할 가치가 있기 때문이다. 이와 반대로 아가페에서는 사랑받는 자는 사랑 자체를 통해 사랑할 가치가 된다. 아가페는 상대에게서 자신을 창조하기 위해 대상의 전제나 조건들을 묻지 않고 존재 자체와 함께 한다. 사랑의 주체나 대상은 어쨌든 인간 안에 있는 어떤 것이 아니라 본질이며 자신의 인격의 총체로서 인간 전체이다.[458] 이런 케일의 입장과 유사하게 몰트만(J. Moltmann)도 역시 에로스와 아가페를 구분하지 않는다. 그의 저서 "생명의 정신(Der Geist des Lebens)"에서 "카리타스와 아모르가 있는 곳에 하나님이 있다(Ubi caritas et amor, ibi Deus est)"고 분명하게 말하는데(GL.273), 다르게 말하면 에로스가 있는 곳에 신이 있다는 뜻이다. "카리타스"와 "아모르"는 사실 해석의 여지가 남아있긴 해도 고대로부터 에로스를 표현하는데 적합한 용어이다. 몰트만도 신약성경에서 인간을 위한 신의 사랑과 신을 위한 인간의 사랑을 표현하는데 아가페를 사용하고 있다는 사실에 주목한다. 그러나 이것은 사실상 혹은 내용상으로 하나이며, 만약 차이가 있다면 주체에 기인하며 그 사랑의 관계들에 있어서는 나란히 있다고 말한다. "사랑의 공동체는 에로틱한 공동체이며 하나님의 사랑의 공동체는 에로틱하다. 모든 자신의 피조물들을 구분시키며 동시에 통일시키는 힘은 에로틱하다(GL.273)"고 말한다. 그는 더 나아가서 "우리는 에로스를 시간적이고 천상적이며 정신적이고 영적이며 자연적이라고 한다. 우리는 에로스를 하나로 통일시키면서 섞는 힘이라고 칭할 수 있다(GL.273)"고 자연스럽게 말한다. 몰트만은 더 급진적으로 나아가서 "창조적인 정

---

458   위의 책, 203.

신인 신은 스스로 에로스이다. 왜냐하면 자신의 창조물에서, 자신의 피조물에서 자신의 창조성을 비추시고 다시금 에로스를 일깨우시기 때문이다(GL.274)"고 주장한다. 물론 몰트만도 신약성경에 에로스가 전혀 사용되고 있지 않다는 사실도 잘 알고 있었을 것이다. 그럼에도 불구하고 기독교의 신을 에로스라고 강조하는 이유는 무엇일까? 그 역시 에로스가 갈망하는 욕구라는 점도 잘 알고 있다. 그에 의하면 에로스는 합일에로의 갈망인데 이 생각은 전통적인 에로스 개념을 잘 이해하고 있음을 반증한다. 그러나 몰트만에 따르면 에로스는 타자의 생명에 한 몫을 차지하기 위함이고 동시에 고유한 자신의 생을 함께 가지기 위함이다. 고대에는 감각적인 사랑이 타락한 육체나 정욕으로 간주되어 에로스를 마치 권세욕이나 강한 소유욕으로 동일시되어 왔다고 그는 보았다. 그러나 근원적인 에로스의 헬라어인 의미는 자기사랑이나 자기만족적인 "정복"에 있는 것이 아니라 보여지는 것들에 대한 아름다움에 정열적으로 참여하는 욕망이었다. 그것은 남성지배적인 개념도 아니고 인간중심적인 개념도 아니었으며 오히려 세상의 비밀을 위한 우주론적인 개념이었다고 추론한다(참고. GL.274). 에로스가 인간을 지배했을 때 그 인간은 행복으로 세상을 포옹하는 것이었다. 에로스가 욕망이듯 그것이 남에게 잘 베푸는, 그리고 물질적인 면 뿐 아니라 인격적인 의미에서도 그러하다(GL.275). 우정과 같이 에로스는 부드러우며 자유를 손상시키기 쉬운 영역에서 펼쳐졌으며 인격적인 의미에서 자유와 생명의 자유로운 공간을 여는 개념이기도 하였다. 이렇게 몰트만은 에로스를 열렬히 찬미하고는 "참된 사랑은 그 어떤 억제가 없기 때문에 더 나은 공간으로의 기대와 전망을 연다. 그리고 거기에 정신이 신의 정신이 된다(GL.275)"고 말한다. "사랑 속에서 사랑하는 자들은 서로서로 마주서며 현재가 된다(GL.275)"고 말하기도 하고 근원적 구분(Urdistanz)과 관계(Beziehung)은 "나와 너"의 관계 속에서 충만해진다고도 주장한다. 사랑 속에서 사랑받는 자는 사랑하는 자가 살기 시작하는 현재(Gegenwart)가 된다고 하면서 결국은 몰트만은 신을 향한 인간의 에로스와 인간을 향한 신의 아가페를 동일시하는 논법으로 종결한다. 이런 몰트만과 유사한 주장을 펼치는 자는 린딩어(H. Lindinger)인데 사랑의 내용보다도 사랑의 현상에 초점을 맞춘다. 그에 의하면 에로스와 아가페는 다양한 면들과 다양한 관점들을 가지지만 사실은 같은 현상을 가진다고 한다. 즉 이 두 개의 사랑들은 서로 다른 조건들과 관점들을 가지긴 하지만 현상 면에서는 하나라고 본다.[459] 내용이 비록 다를지라도 나타난 현상이 동일하다면 같은 것이라고 취급해야 한다고 믿는 그의 관점이 그대로 반영된 주장이다. 그러면서 흥미롭게도 순수한 에로스는 순수한 아가페와 현상적으로 구분할 수 없기 때문에 에로스 자체는 곧 아가페 자체라고 불러야 한다고 주장한다.[460] 그에 의하면 섞이지 않는 순수한 에로스는 최소한 아가페이다. 에로스가 세상의 곤경과 역경에 대항하여 행복을 찾기 위해 생명을 지향한다면 아가페 역시 인간이 무한한 것의 한 몫을 차지하기 위해 아가페에게 일치하려는 한 동일한 목적을 가진다고 한다. 그러면서 린딩어는 대상에 제한을 두는 한 순수한 에로스는 적어도 아가페의 한 조각일 것이라고 결론을 맺는다.[461] 에로스는 하나의 대상에 제한된다는 점에서 아가페의 유지이며 아가페 역시 에로스를 유지하는 사랑이다. 그러니까 서로 유지한다는 의미에서는 동일하다는 것이다. 그러면서도 순수한 사랑은 지상에서 나타나지 않으며 단지 죽음에서만 존재한다고 비관적으로 전망한다. 이 세상에서는 공격성과 자기유지를 위한 충동으로

---

459 H. Lindinger, Gott ist Liebe, 178.
460 참고. 위의 책, 178.
461 위의 책, 178.

인해 사랑이 결코 순수할 수도 없고 섞일 수밖에 없기 때문이다.

9. 이런 주장들과 대립하여 에로스와 아가페를 분리시키는 주장들도 있다. "사랑"에 대한 글을 쓰려고 하는 자가 반드시 읽어야 하는 책이 있다면 그것은 니그렌(A. Nygren)의 "에로스와 아가페(Eros und Agape)"일 것이다. 초판이 1930년도에 나왔으며 그 내용을 증보하여 1954년에 628페이지에 달하는, 아주 흥미롭고도 풍부한 정보들과 사랑에 대한 역사적 소견들을 담아내고 있는 2판이 나왔다. 필자가 니그렌의 내용을 정리하기보다 피퍼(J. Piper)가 정리해 주는 것이 훨씬 더 정확하고 권위가 있을 듯하다.[462] 피퍼는 니그렌의 에로스와 아가페의 관계를 다음과 같이 요약해 준다. 아가페란 기독교의 오리지날의 근본개념이다. 그것은 모든 다른 것들 앞서 있는 기독교적인 근본동기이다. 무엇보다 절대적으로 자기가 없는 사랑(Selbstlose Liebe)이며 자신을 주장하기보다 자신을 내어주며 생명을 얻기 위함이 아니라 생을 상실하려고 시도하는 노력이다. 아가페는 욕망과 욕구와 날카롭게 대립하며 자기사랑이라고 부르는 모든 것을 포기하는 것이다. 루터의 의견을 빌려 "Est enim diligere seipsum odisse(사랑은 자신을 사랑하기를 미워하는 것)"과 같다.[463] 아가페는 자기 행복추구론적인(eudäonistisch) 행위와 반대한다. 즉 행복이나 보답을 향한 요구라는 동기가 아니다. 아가페란 근본적으로 동기가 없기 때문에 처음부터 무동기적이다. 동기를 가지는 것이란 사실 의존하려는 행동에 기인한다. 그러나 아가페는 밖에서부터 운동으로 세우려는 그 어떤 것도 필요로 하지 않는다. 그것은 주어진 가치들과 강요나 외적인 조건

---

462 참고. J. Pieper, Über die Liebe, 96-100.
463 "Est enim diligere seipsum odisse"는 "자신을 사랑하기를 미워하는 것"으로 번역이 되기도 하고 "자신을 미워하는 것을 사랑하는 것"으로도 번역이 가능하다는 사실을 유의하면 좋겠다.

과도 무관하게 오로지 자발성(Spontaneität)이다. 자발성이란 말하자면 아가페라 불리는 것이 나오는 결정적인 원천과 같다. 니그렌은 이런 자발성과 창조근원적인 성질을 말하는데, 가치를 전제하는 것이 아니라 오히려 가치를 창조해 낸다고 아가페를 말한다. 이에 반해 에로스는 아가페와 대립되는 개념이며 창조적이지도 않고 자발적이지도 않다. 그것은 근본적으로 특정적인 것에 매여 있어서 이로 인해 우리 삶에 놓여있고 사랑받는 선과 아름다움이 되기 때문이다. 무엇보다 에로스는 욕구하며 자기중심적인 방식의 사랑이다. 그 출발점은 인간적인 결핍이며 이런 결핍을 채우려는 목적을 가진다. 그것은 본질적으로 자기사랑이다. 신에게로 나가려는 인간 영혼의 상향운동이다. 이런 점에서 쉼이 없이 인간의 온 마음으로 평화를 하나님 안에서 찾으려 했던 아우구스티누스를 가리켜 플라톤의 에로스 개념에 강하게 영향을 받은 사람이라고 니그렌은 강렬하게 비판하면서 아우구스티누스에게서 나타나는 플라톤의 에로스 개념은 기독교적인 사랑과 전혀 무관하다고 강조한다. 그러나 영지주의자 말키온(Marcion)이 기독교의 하나님은 창조와 무관하다고 하면서 아가페 사상을 향해 최초로 공격한 자라고 단정한다. 아가페의 절대적인 무동기는 창조와 구원사이의 관련성의 부정이라는 근거에서 이해되어져야 한다는 점을 말키온이 강조하기도 한다. 이런 견해들을 향해 니그렌은 단호하게 "에로스에서 아가페로 나아가는 승화의 길은 전혀 없다"고 말한다.[464] 사실, 욕구하는 갈망, 즉 자기사랑에서 순수한 하나님 사랑에로의 승화를 시도하는 노력들은 니그렌에 의하면 이전부터 있었다고 한다. 플라톤이나 이미 이방인들의 철학들을 교부들이 받아들이면서 이전부터 있었다고 한다. 예를 들어 니사(Gregor von Nyssa)

---

464   A. Nygren, Eros und Agape, 29.

가 그 예인데 그는 하나님을 향한 영혼의 상승과 하늘로 이끄는 영혼이나 강렬하게 불타면서 날아가는 인간의 에로스적인 영혼에 대해 이미 말했다. 이런 식으로 발전하다가 아우구스티누스에 와서는 소위 카리타스(caritas) 라는 용어로 조직화되었다고 한다. 토마스 아퀴나스는 모든 것을 기독교 안에서 사랑으로 품으려 했는데 그럼에도 불구하고 사랑에서 모든 것은 자기사랑이라고 규정하였다. 아퀴나스는 근원적인 기독교의 아가페 개념을 땅의 에로스 개념과 끝까지 조화시켜 보려 했다. 그 결과는 "기독교의 아가페 사랑이 피난처를 찾을 수 있는 자리를 끝내 사라지게 했다"고 니그렌은 평가한다.[465] 그 후 에로스가 계속 기독교의 사랑의 개념인 것처럼 자리를 잡다가 가톨릭의 카리타스 개념을 부정하는 루터에 와서 도전을 받게 되었다. 니그렌은 "아우구스티누스에게는 (에로스와 아가페)라는 두 동기가 카리타스라는 종합 안으로 통일되었으나 루터에게서 이 통일은 파괴된다"고 주장하면서 루터의 시도를 '허무는 시도(Destruktion)'의 노력이라고 단정한다.[466] 루터는 말하자면 에로스라는 동기로 기독교의 아가페가 혼돈되어 이해되는 것을 강력하게 부숴버렸다. 도대체 사랑하는 자는 누구인가? 니그렌은 루터 식으로 말한다. 사랑 속에 있는 자는 더 이상 꽹가리가 아니라 하나님이다. 즉 사랑의 주체는 더 이상 인간이 아니라 하나님 자신이다. 그렇다면 인간은 무엇인가? 하나님의 사랑을 이끌어내는 하나의 관이며 통로이다. 아가페는 처음부터 하나님의 고유한 사랑이 아니라 철저히 기독교인 자신에게 붙어있고 그에게서 요구되는 사랑의 형태임을 의미한다. 마치 절대적인 자기상실과 무관하게 주권적인 어떤 것이며 자발적인 어떤 것, 근원적인 어떤 것, 창조적인 어떤 것으로서 묘사될 수 있다. 니그렌은 욕구하는

---

465 위의 책, 509.
466 위의 책, 546.

인간의 본능적 갈망을 완전히 부정적으로 보고 있는데, 이런 니그렌과 유사하게 가톨릭 신학자인 칼 라너(K. Rahner)도 그러하다. 니그렌보다 4살 나이가 더 많은 바르트(K. Barth)도 니그렌과 같이 에로스를 향한 부정적인 자신의 신념을 드러낸다. 바르트의 견해는 그의 주저인 "교회 교의학 III/4"과 "교회 교의학 IV/2"에서 주로 취급된다. 바르트는 니그렌을 다소 비판하면서도[467] 바르트 역시 아우구스티누스에서 시작되어 중세에 이르는 카리타스 개념, 즉 성경적인 아가페와 고대 헬라의 에로스 사이에 대립을 잘 알았다. 바르트는 우선 타자에게 있는 신성이나 가치 그리고 그것을 얻기 위해 정복하고 소유하려는 사랑인 자기사랑과 아가페 사이를 분명하게 선을 긋는다. 이런 세상적이고 비기독교적인 사랑들과 완전한 대립에 놓여있는 기독교 사랑은 형식과 내용면에서 확연하게 구분된다. 세상적인 자기사랑과 기독교적인 사랑이 서로 혼합되거나 교류할 수 없다. 만약 그렇게 된다면 기독교 사랑은 죽은 것이나 다름없으며 더 이상 기독교 사랑이라고 할 수 없다(참고. KD IV/2,835). 한 마디로, 바르트에게는 신을 찾는 인간 자연성에서 기인하는 헌신, 경건, 종교적 열심과 같은 에로스는 기독교의 아가페와 결합하거나 혼합할 수 없다. 바르트는 신약성경에서 에로스라는 용어가 등장하지 않는 것에 깊은 관심을 가지면서 에로스를 "대상을 갈망하고 정복하고 지배하고 향유하려는 사랑"을 표현하려고 할 때 사용했다고 설명한다. 고대교부들에게 에로스는 오로지 단 한번 사용되어졌는데, 익나티우스(Ignatius)라는 교부가 십자가를 자신의 뒤에 가졌음을 나타내는 말로 사용했다고 한다(참

---

467 바르트는 "에로스와 카리타스"를 쓴 숄츠(H. Scholz)의 견해가 자신의 생각과 더 유사하다고 밝힌다. 숄츠는 플라톤적인 사랑과 기독교 사랑의 차이를 말하면서 기독교의 사랑은 단테의 베아트리체와도 같은 여성적인 사랑이라면 플라톤의 에로스는 남성중심적인 사랑이라고 한다. 기독교 사랑은 플라톤적인 사랑이 아니라 오히려 여성적인 사랑이라고 한 숄츠의 견해에 니그렌보다 더 자신과 가깝다고 바르트는 밝힌다. 참고. KD IV/2, 837.

고. KD IV/2.835). 바르트는 에로스의 사용이 구약의 헬라어 번역본인 70인역에서도 사용된 적이 없다고 밝히면서 이것은 성경에서 말하는 아가페를 에로스의 기원과 행위와 방식 면에서 철저히 구분하려고 했던 의도였다고 주장한다. 그러나 AD 2세기경에서부터 에로스가 기독교 깊숙이 파고들어 후에는 아우구스티누스에 와서 아가페가 카리타스 개념으로 변질되는 역사를 소개한다. 바르트는 에로스 개념인 카리타스가 기독교의 고유한 아가페 개념으로 둔갑하여 사용된 것을 실랄하게 비판하면서 루터가 한때 가톨릭의 교황권에 모욕을 주기 위해 카트리나 폰 보라(Katharina von Bora)와 결혼했다고 말했을 때 루터는 그 말이 결코 진지하게 말했기를 원치 않는다고 하며 칼빈 역시 자신이 잘 아는 착한 아는 사람을 통해 자신의 부인을 찾게 했다는 것도 본받을 것은 아니라고 비판한다(참고. KD III/4.241). 그러면서 에로스와 아가페는 동일한 인간본질은 아니지만 어쨌든 인간 자연성의 역사적 규정으로서 항상 이 두 형태들 속에서 인간이 만나게 되어 있으며 정확하게는 신에 의해 선택되고 원해진, 세워지고 정해진 인간의 본성과의 관계에서 문제가 된다. 그러면서 바르트는 "사랑하는 사람이 있는 한 그 사람이 기독교인이건, 비기독교인이건 에로스의 틀에 놓여있다(KD IV/2.837)"고 단정한다. 그 어떤 방식으로든, 아름다운 인간끼리의 사랑이든 아니면 경건이라는 이름으로 신에게 행하든 이 모든 사랑의 척도는 에로스이며 에로스에 따라 사랑하지 않는 사람은 없다(KD IV/2.833). 모든 인간들이 세상에서 인간끼리든 신에게 향한 사랑이든 바르트에게서 에로스에 해당하며 그 사랑은 완전히 자기사랑이다. 동시에 그 사랑은 기독교 사랑, 즉 아가페의 정면 대립이기도 하다. 그러나 다르게 보면 남자와 여자의 참된 사랑에서 사랑하는 자들은 사실은 기독교적으로 사랑하는 자들이기도 하며 동시에 신앙하는 자들이라는 주장도 한다. 말하자면 이 사랑은 에로스에서 뿐 아니라 아가페와도 관계하기 때문이다(KD III/4.250). 바르트는 1944년도 출판된 슈발트(Walter Schbart)의 "종교와 에로스(Religion und Eros)"라는 책을 인용하면서, 슈발트가 에로스는 그 자체로서 기독교적인 사랑을 식별하는데 넌센스라고 말한 것에 동의한다. 에로스는 그 어떤 다른 것도 아닌 남자와 여자가 현실적인 만남에서 어떤 방식으로 가까워지는데 필요한 사랑이라고 한다. 슈발트는 "종교와 에로스는 동일한 목적을 가진다. 그들은 인간을 변화시키고 거듭남을 추구한다(KD III/4.139)"고 하면서 에로스는 종교가 되고 종교는 다시 에로스가 되는 것이라고 한다. 그러면서 그러면서 슈발트는 "기독교도 하나의 에로스적인 구원의 종교이다(KD III/4.139)"라고 선언하는데, 이 점에 있어서 바르트는 슈발트와 약간 간격을 가진다. 바르트는 우선 에로스 사랑과 아가페 사랑에 대해 형식적인 구분을 확립한다. 인간 본성에서 에로스와 아가페의 구분은 인간을 인간으로 만드는 것 즉 본성과의 고유한 관계에서 이렇게 혹은 저렇게 사랑하는 것으로 일어난다. 그러나 이런 사랑이든 저런 사랑이든 사랑 자체만 가지고 한 마디로 딱 잘라서 말할 수 있는 것은 아무 것도 없다. 오로지 이 사랑들은 비교할만한 곳에서만 공통적인 출발점을 가진다. 그리고 공통적인 출발점은 하나님에 의해 선택된, 하나님에 의해 원하신바 되는, 하나님에 의해 확립되고 정해진 인간의 본성과의 관계에서 사건이 되는데 이들은 나란히 가면서 비교되며 교차되기도 한다. 바르트에 의하면 에로스와 아가페의 결정적인 차이는 이것이다. "아가페 사랑은 인간본성의 일치(Entsprechen)에서 일어나고 에로스 사랑은 인간본성의 모순에서 일어난다(KD IV/2.843)"는 점이다. 전자는 사랑의 "유사(Analogen)"이며 후자는 사랑의 "카테고리"이며 전자는 인간이 행하면서 사랑과의 관계에서 무엇이 옳은지를 말하고 후자는 인간이 행하면서 무엇이 옳지 않은지를 말한다. 아가페 사랑은 인간본성과의 일치에서 일어나며 에로스 사랑은 투쟁(Bestreitung)에서 일어나고 전자는 인간 본성의 긍정적인 관계에서 주어지며 후자는 부정적인 관계에서 일어난다. 단적으로 말해 인간이 하나님과 함께 함에 있어 그 관계가 참되냐(일치하냐) 혹은 거짓되냐(모순되냐) 하는 것에서 차이가 있다. 말하자면 에로스와 아가페는 출발점이 다르다. "아가페가 하나님으로부터 나오고 에로스는 자기 자신과 모순되는 인간에서부터 오는데 아가페는 에로스와 비교할 수 없으며 가치나 능력 면에 있어서도 에로스를 압도하고 있음"에 있으며 "아가페는 에로스에서 변화될 수 없으며 에로스는 아가페에서 변화될 수 없다(KD IV/2.849)"고 극적인 대립을 바르트는 말한다. 하나님과의 일치 속에 아가페 사랑이 나타나고 그 속에서 인간은 하나님으로부터 그리고 하나님에게로 일치한다. 반면 에로스 사랑에서 인간은 하나님과 정면으로 대립한다. 이렇게 보면 아가페는 하나님과의 일치가 있는 곳에 일어나는 사랑이기 때문에 아가페가 강한 곳일수록 인간본성의 에로스의 한계와 아가페의 차이를 확연하게 알게 된다. 인간본성이 하나님과 일치할 때는 인간의 사랑이 하나님의 아가페와 대립이 일어나지 않지만 반면 인간본성이 하나님과 일치하지 않을 때 그의 사랑이 에로스이기 때문에 하나님의 아가페와 충돌한다(참고. KD IV/2.844). 인간이 하나님을 영원한 상대로, 하나님으로부터 선택된 자로 있을 때 아가페 사랑이 주어진다. 하나님을 자신을 위해 얻고자하는 것도 아닌, 하나님으로부터 어떤 것을 갈구하는 의도가 없을 때 아가페는 하나님을 향한 이런 올바른 방향에 있으며 인간은 거기에서 자신을 헌신할 수 있다. "아가페가 인간성을 상승시킬 때 그래서 사랑하는 인간은 스스로 인간본질을 수행하는, 즉 실재적인 인간인 그 인간(der humane)이 된다(KD IV/2.846)"고 바르트는 말한다. 다시 말하면 에로스는 그 자체로는 의미가 없는 애욕과 정욕적 사랑인데 이것으로 종교도 만들고 문화도 생산하며 결혼도 하고 세상을 살아가게 하는 사랑이지만 오로지 하나님과의 관계에서 하나님의 아가페를 직면할 때 인간본성의 모순을 느끼게 되며 그 모순 속에서 비로소 아가페가 일어나며 하나님과의 화해가 주어진다. 하나님과 이웃이라는 구체적인 관계들에서 자신본성의 한계와 죄성, 그리고 이런 에로스적인 사랑을 하는 인간을 받아들이고 화해하려는 하나님의 아가페에서 비로소 간격을 깨닫게 된다. 그렇다고 아가페이신 하나님이 에로스의 인간본성을 버리시는 것이 아니라 곡해된 인간본성임에도 불구하고 "하나님은 인간을 사랑하시면서 에로스에 대항하는 아가페를 위한 결단으로 인간을 부르실 때 거기에 에로스의 자유가 있다(KD IV/2,850)"고 말한다. 인간본성인 에로스로는 결코 하나님의 아가페와 일치하지 못하기 때문에, 다시 말해 인간 스스로는 결코 하나님의 아가페에 일치할 수 없기 때문에 하나님이 '자신을 내어주시는 방법'을 취하신다. 이렇게 보면 기독교적인 사랑은 자신을 기꺼이 주시는 하나님의 사랑에 대한 인간의 응답이고 답변인 셈이다. 하나님이 인간을 사랑하심에 대한 응답으로서 그 인간이 그 사랑에 헌신할 때 "하나님 자신의 자기사랑, 자유를 원하심과 추구하심 그리고 자기 자신의 영광과 함께 종결이 된다(KD IV/2,851)"고 말한다. 마치 "죄가 많은 곳에 은혜가 더욱 넘쳤으니(롬 5:20)"라고 고백하는 바울의 고백처럼 "인간이 자기 스스로 발견해야 하지만 더 이상 찾을 필요가 없는 아가페는 에로스를 넘치게 한다(KD IV/2,852)"고 바르트는 말한다. 에로스가 있는 곳에 아가페는 더욱 넘쳐서 에로스를 아가페적인 사랑으로 변화시키시는 것이 바로 하나님의 사랑인 셈이다.

10. 에로스와 아가페를 동일하게 보는 입장과 구분해서 보는 입장이 있는가 하면 아가페 안에서 에로스를 이해하려는 입장도 있다. 대표적인

경우가 본훼퍼라고 하겠는데 그는 에로스와 아가페라는 용어를 별로 쓰지 않는다. 그가 "아가페"라고 하면서 말하는 것은 이 용어가 신약성경적으로는 완전히 새로운 의미를 가지고 있으며 우리가 일반적으로 이해하는 사랑의 근거이며 진리이며 하나님 자신에 뿌리를 둔 실재성이다(참고. E.56-57). 그러면서 인간본성에서 나오는 사랑(비록 그가 에로스라는 용어를 사용하지 않았지만 문맥상 에로스로 이해해도 되겠다)은 진리를 침해하고 중립화하려는 사랑이며 비록 그것이 아주 경건한 의상을 걸치고 나타났다 해도 성경적으로 루터가 말한대로 "저주받은 사랑(eine verfluchte Liebe)"이 분명하다(E.54). 성경은 우리에게 충분히 설명해주고 있지만 우리가 항상 잘못 생각하고 있는 것이 '하나님은 사랑이다'는 개념이다. 여기서 중요한 점은 사랑이 아니라 하나님이 중요하다고 본훼퍼는 본다. 인간의 태도, 신념, 행위가 아니라 하나님 자신이 사랑이다(E.54). 하나님을 아는 자만이 사랑을 안다. 하나님의 계시 밖에는 사랑을 알 자가 아무도 없다. 그래서 사랑은 하나님의 계시이며 그 계시는 그리스도이다. 하나님 사랑의 계시는 우리의 사랑(에로스)에 선행한다. 사랑은 그 근원을 하나님 안에 두고 있기 때문이다. 아가페란 인간의 태도가 아니라 하나님의 태도인데, 예수 그리스도가 사랑의 유일한 정의이다. 그리스도가 행하고 고통당하신 행위가 사랑이 아니라 오히려 행하고 고통당한 그리스도 자신이 사랑이며(E.56) 곧 하나님 자신이기도 하다. 사랑은 예수 그리스도 안에서 나타난 하나님의 계시이다. '사랑이 무엇인가' 하는 것은 아가페가 어디에서 성립하는가를 묻는 것이고 오로지 예수 그리스도라는 인간의 구체적인 행위와 고통으로 이해되는데, 그리스도 안에 계신 하나님과 인간이 하는데서 성립한다고 하겠다. 아가페란 그것을 통해 인간이 살고 있는 분열을 극복한 하나님의 행위를 나타내며 이 행위를 예수 그리스도 혹은 화해라고 부른다(E.57). 아가페는 인간의 선택이 아니라 하나님에 의해 인간이 선택되는 것을 뜻한다. 우리의 사랑은 그리스도 안에서 하나님의 사랑을 즐거이 받아들이는 것 외에 다른 것이 아니다. 인간이 하나님을 사랑하는 사랑은 하나님의 사랑이지 다른 사랑이 아니다. 하나님 사랑에 대립하는 독자적이고 자유로운 사랑이란 존재하지 않기 때문이다. 하나님을 사랑하는 것은 하나님으로부터 사랑받고 있다는 것의 다른 측면에 불과하다(E.58). 본훼퍼의 이런 입장은 에로스는 아가페 안에 있으며 본질적으로 하나님 사랑 안에서 나온 하나의 부분에 불과함을 말한다. 에로스는 아가페 안에서 나온 하나의 사랑이며 모든 사랑은 오로지 아가페라 불리는 하나님에게 근원을 두고 있음을 본훼퍼가 강조하고 있다고 하겠다. 틸리케(H. Thielicke)도 이와 유사한 입장을 가지고 있다. 특히 그의 저서인 "성 윤리(Sex Ethik der Geschlechtlichkeit)"에서 그의 생각이 잘 나타나있는데 그는 우선 니그렌(A. Nygren)의 입장에 대해 분명한 한계를 정한다. 즉 니그렌처럼 에로스와 아가페가 서로 접촉점이 없이 평행선을 달리게 된다면 아가페는 허공에 떠 다니는 사변주의 혹은 이상주의의 형태를 지닐 수밖에 없다는 점을 지적하면서 "아가페는 근본적으로 아가페가 구체적으로 접촉할 수 있는 어떤 매개체가 없이는 전혀 규정할 수 없다"고 말한다.[468] 에로스의 방식이라는 매개체가 없다면 아가페는 그 어떤 말로도 서술이나 규정할 수 없으며 오히려 에로스의 방식과 함께 혹은 에로스를 통해 아가페가 규정된다. 그러면서 틸리케는 에로스는 "타자의 가치유지성(Werthaltigkeit des Andern)"과 관계하고 아가페는 "타자의 고유성(Eigentlichkeit des Andern)"과 관계한다고 지적한다. 그러면서 그 예로 플라톤과 소크라테스, 아리스토텔레스의 철학들에게서 신들에 향한 에로스적인 열정을 드는데, 에로

---

[468] SE.21; 한수환, 에로스와 아가페의 관계, 광신논단 23집, 2013, 97.

스란 지식과 무지 혹은 아름다움과 추함 사이에 있는 힘이라고 규정한다. 즉 인간은 항상 이런 것들 사이에서 있으면서 악함에서 선함을 찾고 추함에서 아름다움을 찾고 무지에서 지혜를 찾기 때문이다. 말하자면 에로스는 타자에게서 자신에게 유익한 어떤 가치를 찾는 열정이며 엄밀하게 말하면 이 열정을 영적인 자기사랑(spiritueller Amor sui)이라고 규정한다(SE.23). 그러나 신약에서는 이상이나 가치, 규범과 같은 개념에 아가페를 부여하지 않는다. 하나님의 인격성을 간과한 그 어떤 가치나 규범이나 자질도 아가페와는 무관하다. 아가페는 인간 이웃을 위한 사랑일 뿐 아니라 인간을 향한 하나님의 사랑에도 사용되었는데 거기에서 "나와 너"라는 인격적인 고유성을 담고 있는 개념이다. 헬라철학에서 활발하게 사용되는 에로스와 성경에서만 사용되는 아가페가 완전히 다를지라도 에로스의 개념은 아가페와 함께 활동하고 있음을 틸리케는 말하고 싶어한다. 하나님의 아가페는 자신과 유사한 것을 사랑하는 사랑인데 그것은 인간 속에 있는 하나님의 형상을 가리킨다. "하나님의 사랑은 우선 자신과 유사한 것을 사랑하는 사랑이다. 그것은 인간 속에 있는 하나님의 형상이다(SE.23)"고 틸리케는 말한다. 이 사랑이 부패한 인간의 어떤 면을 사랑하는 것일까? 사실 부패한 인간은 더 이상 사랑받을 가치가 없는 존재이다. 하나님의 사랑은 이런 부패를 사랑하는 것이 아니라 부패한 인간 안에 있는 자신과 유사한 것을 사랑하시는데 "하나님은 진주가 가지고 있는 먼지를 사랑하는 것이 아니라 먼지 속에 놓인 진주를 사랑한다(SE.24)"고 상당히 멋있는 표현을 우리에게 준다. 아가페는 인간의 부패나 패역 그리고 시궁창 같은 인간성을 사랑하는 사랑이 아니라 인간 속에 있는 자신과 유사한 것, 즉 진주처럼 빛나는 자신의 고유성, 정확하게 말하면 하나님의 형상을 사랑하신다는 것이다. 이 고유성 혹은 형상은 우리가 만든 상이 아니라 아버지가 우리에 대해 가지는 상이다. 이런 사랑은 가치나 유용성을 따져 사랑하는 에로스와는 완전히 다른 사랑이다. 인간의 고유성은 괴테(Goethe)의 말대로 "동물보다 더 동물적인 존재"인 소위 이성과 같은 성질에 있지 않다. 루터는 하나님의 형상을 존재적인 자질로 보았는데 사탄이야말로 가장 최고의 완성된 형상이며 이것이 인간을 유혹하여 하나님과 분리시켰다(SE.24). 이와 달리 틸리케는 인간의 고유성을 관계성으로 해석하면서 아가페는 타자의 고유성을 향한 사랑이라고 규정한다. 어떤 사랑은 받았기 때문에 돌려주는 사랑도 아니고 가치가 있어서 베푸는 사랑도 아닌, 완전히 창조적인 근원이며 인간에게는 전혀 생소한 사랑이다. 우리가 사랑받을 가치가 있기 때문에 하나님이 사랑하는 것이 아니라 하나님이 사랑하시기 때문에 우리가 가치 있다. 아가페가 에로스와는 전혀 다른 생소한 것이며 인간의 처분대로 따르는 것이 아니라는 점에서는 니그렌과 같은 입장이지만 틸리케는 여기서 이웃과의 관계에서 일어날 수 있다고 한다. "타인이 확실히 인격인 한 그가 잃어버릴 수 있고 그 상실에 나도 함께 동참하는 한 나는 그에게서 생소한 가치를 생각해야 한다. 그의 고유성은 나에게 단순히 목적을 위한 수단, 즉 성적인 환희와 같은 수단이 될 수 없다(SE.25)"고 한다. 하나님이 주시는 생소한 가치를 이웃 안에서 찾으며 이것을 존중해야 한다. 타자란 나를 위한 이웃이며 동시에 아가페의 상대이기도 하다. "내가 나를 에로틱하게 관계하는 인간은 나의 이웃이 분명하며 그러는 한 나의 아가페의 상대인 것이 분명하다. 그렇지 않다면 나는 그를 비인간화시키고 있다. 그러나 다른 측면에서 보면 나에게 이웃이며 나에게 아가페 관계인 그 어떤 자도 나를 위해 에로스의 대상은 아닐 수 있다(SE.26)"고 그는 못 박는다. 요약하자면 비록 에로스와 아가페가 본질적으로 성질은 다르지만 나와 이웃과의 관계에서 실행되어야 한다는 접촉점이 있어야 한다. 이웃을 자신처럼 사랑할 때 아가페는 사변이나 이념적인 사랑이 아니라 구체적으로 일어날 수 있다는 것이다.

(2) 노모스(Nomos)와 아가페(Agape)

1. 에로스와 아가페와의 관계는 필연적으로 노모스의 문제를 만난다. 따라서 이 문제를 해결해야 할 이유를 가진다. 노모스란 문자적으로 "율법"을 뜻하지만 그 의미는 에로스와 아가페 사이에 놓인 일종의 다리의 역할을 하기 때문이다. 여기서 "다리"라고 할 때 마치 에로스와 아가페 사이를 노모스가 연결시켜주는 매개자 개념으로 오해하기 쉬운데 우선 그런 개념이 아님을 우선 분명하게 해야 한다. 오히려 노모스는 에로스와 아가페의 불연속에서 주어지는 에로스의 응고 또는 경직인데 이 과정은 자연스럽게 우리 영혼에서 에로스와 아가페의 경계선에서 일어나기 때문에 "다리"라는 표현이 적절하다. 단적으로 말해 인간의 영혼은 순수하게 에로스일 수 없고 반대로 순수하게 아가페일 수 없다. 노모스는 그 사이에 놓인 다리로서 마치 흐르는 강물에 사람들이 지나갈 수 있는 응고된 길의 역할을 한다. 순수한 에로스와 순수한 아가페는 공통적으로 응고되지 않으며 화석화되지 않기 때문에 우리의 사유라는 그릇에 담을 수 없다. 우리의 사유 안으로 그것들이 들어왔다면 그 사랑은 이미 에로스도 아니고 아가페도 아니며 차라리 노모스라고 칭해야 한다. 노모스란 사랑의 응고라고 하면 적합할지 모르겠다.

2. 우리가 보통 노모스라고 할 때 구약을 생각하며 구약에 나타나는 노모스 동기에 의한 하나님의 말씀이라고 이해한다. 주로 "토라"라고 불리는 모세의 율법과 선지자들의 교훈들이 마치 율법들로 비치기 때문이다. 그럼에도 불구하고 구약의 노모스 개념은 신약의 아가페와 전혀 무

관하지 않는다. 구약은 그리스도의 십자가 고난과 메시야 사상을 증명해주기 때문이다. 특히 AD 2세기 이집트 시리아에서 기록된 것으로 보이는 유대교의 문헌인 "디다케(Didache)"는 하나님을 사랑하고 이웃을 사랑하라는 계명을 "생명의 길"로 최초로 그리고 근본적으로 소개하고 있으며 심지어 원수사랑과 그 외에도 예수께서 말씀하신 여러 가르침과 유사한 부분들을 이미 묘사하고 있다.[469] 그러나 예수의 말씀이 비록 이 디다케와 결코 무관하지 않는다고 해도 디다케의 가르침이 신약의 아가페와는 차이가 있다는 것은 분명하다. 그것은 하나님이 인간을 절대적으로 사랑하여 자신을 피조물만큼 무한히 낮추시는 계시의 아가페 사랑이 부족하기 때문이다. 그리고 변증가들의 신학들이 이해하였던 아가페 개념들도 신약의 아가페와 차이를 가진다고 할 수 있다. 예를 들어 저스틴(유스티누스)의 경우, 그는 철학적인 신 개념에 대항하여 인간과 관계하는 로고스라는 "신" 개념을 주장하였다. 그의 철학의 주제는 아우구스티누스와 동일하게 하나님과의 관계에서 주어지는 행복을 강조한다. 그런데 이 행복을 설명하기 위해 철학의 방법, 특히 플라톤의 철학을 사용하여 기독교가 유일한 "참된 철학"이라고 변증하였다. 물론 니그렌은 저스틴의 이런 방법에 대해 헬라적인 구원의 개념을 비판하고 기독교의 구원을 강조하기 위함이었다고 긍정적으로 평가하지만[470] 저스틴의 이 변증문제는 여전히 논쟁의 여지가 있어 보인다. 그렇다고 하르낙(A.v. Harnack)이 변증가들을 보는 시각도 문제가 있어 보인다. 하르낙은 아리스티데스(Aristides), 저스틴(Justin), 타티안(Tatian), 아테나고라스(Athenagoras), 클레멘스(Clemens.v. Alexandria), 테오필루스(Theophilus), 터툴리안(Tertullian) 등과 같은 변증가들은 당시 영지주의에 강력하게 대항하

---

469 참고. A. Nygren, Eros und Agape, 186-187.
470 참고. 위의 책, 199.

기 위해 기독교를 합리적이고 논리적인 철학의 방식을 도입하여 변증하면서 기독교를 최고의 확실한 철학으로 간주했으며 그 타당성을 종교적인 조건들 밖에서 증명하기 위해, 이교적 기독교인들이 복음을 처음부터 끌어들여오면서 사용하였던 도덕적이고 이성적인 사고방식을 기독교적인 것으로 합성시켰다고 비평적으로 본다.[471] 하르낙은 더 나아가서 영지주의자들과 변증가들의 약간의 차이를 주장하면서 영지주의자들이 복음 안에서 새로운 종교를 만들려고 노력했다면 변증가들은 동일한 그들의 종교적 도덕을 통해 복음을 유지하려고 했다는 점을 든다. 그러나 공통점은 변증가들이나 영지주의자들이 복음을 헬라화시켰다는 점에 있으며 전자는 스토아적 합리주의 쪽으로 흘렀고 후자는 플라톤의 종교적 성향으로 나아갔다고 기술한다.[472] 물론 이러한 하르낙의 평가는 변증가들의 신학적 방법들을 지나치게 객관적이고 종교사적인 시각으로 본 편견일 수도 있다. 왜냐하면 변증가들도 엄밀하게 보면 기독교를 철학의 방법으로 설명하기는 했지만 기독교와 플라톤의 철학과는 분명히 구분하였고 헬라철학의 구원론과 기독교 계시의 구원과는 엄격하게 선을 그었기 때문이다. 비록 기독교 진리의 초석을 놓았다고 할 수 있는 아우구스티누스조차 플라톤과 신플라톤주의에서 헤어 나오지 못하고 아가페를 카라타스(caritas)개념으로 혼합하여 만들었으며 심지어 그가 플라톤과 같은 철학자들도 그리스도가 오기 전의 기독교인이라고 규정하는 등 상당히 신적 아가페에 대해 곡해시킨 점은 인정되나 그렇다고 모든 변증가들이 다 헬라철학과 동조했다는 주장은 사실과 다르다.

3. 에로스와 아가페와의 관계에 대해 다양한 신학자들의 다양한 주장

---

[471] 참고. A. v. Harnack, Dogmengeschichte, Tübingen, 1991, 113.
[472] 위의 책, 114.

들을 참고하면서 이 문제를 종교와 관련시킬 수 있다. 즉 필자의 견해는 에로스가 종교와 관계한다면 아가페는 기독교의 계시와 직결되어 있다는 점에 있다. 에로스는 자연스럽게 노모스(율법)의 형태로 우리 영혼이 응고되어 우리 영혼으로 하여금 구체적인 행위를 촉구하는 법(lex)이 되게 한다. 따라서 우리가 위에서 언급한 바대로 "하나님을 알만한 것(롬 1:19)"은 인간 본성의 부패와 곡해에 따라 소위 종교성으로 발휘되며 이 종교성은 "불멸의 하나님의 영광을 멸망할 사람과 새와 짐승과 기어 다니는 동물의 형상으로 바꾸었다(롬 1:23)." 칼빈은 이 종교성의 나타난 바를 우상 숭배의 원인으로 보았고 루터는 노모스, 즉 율법이라고 불렀다. 그러니까 인간의 자연성 혹은 본성은 종교성이고 이 종교성은 율법을 만드는 장본인이라고 이해하면 되겠다. 우선 "율법"이란 히브리어로는 "토라(torah)"라고 하며 칠십인역(LXX)에서는 "호 노모스(ho nomos)"라고 번역된다. 예수 시대에는 바리새파적인 유대교가 토라를 소위 '지켜야 할 계명들'과 '하지 말아야 할 금령'들로 구분하여 총 613가지의 계명들을 만들었는데 248가지의 계명들과 365가지의 금령들을 일일이 구체적으로 열거하였다. 이 계명들이 랍비들에 의해 계속 발전하면서 "할라카(halakah: 걷다)"라고 칭하여지다가 주후 200년경에는 "미쉬나(전승)"로 성문화되었다.[473] 바리새인들은 구약의 토라와 할라카를 동일시하였으며 거기에 상당한 신적 권위를 부여하였다. 그러나 예수께서는 토라와 할라카를 구분하면서 할라카에 신적 권위를 부여하지 않았고 이로 인해 그들과 대립하게 되었다. 예수께서는 토라 자체를 부정하지 않았지만 바리새인들이 토라를 자의적으로 해석한 할라카가 후에는 토라의 자리에 앉은 것에 엄청난 저주를 퍼부었다. 할라카, 나아가서 미쉬나를 예

---

473   L. Goppelt, 신약신학 I, 박문재 역, 서울, 크리스챤다이제스트, 2007, 137.

수께서는 "사람의 전통(막 7:8)"이라고 규정하면서 탄식을 하며 부정하였다. 흥미로운 점은 하나님의 살아 있는 말씀(viva vox)이 인간의 종교성에 의해 안착이 되어 어떤 형식으로든 "법"이 되면 나중에는 이 법이 오히려 하나님의 살아 있는 말씀을 응고시키는 역할을 하는 모순에 빠진다는 사실이다. 비록 토라 자체는 하나님의 말씀이긴 하지만 마음으로 받아들이지 않고 행하지 않는다면 인간의 종교성이 그것을 손질하고 저울질하여 도리어 그것을 모순적으로 인간 영혼에게 무거운 짐을 주는 노모스로 변화시킨다는 사실이다. 노모스는 인간 영혼이 창조한 새로운 것이 아니라 에로스의 변형이고 응고이다. 정확하게 말하면 노모스 자체가 문제가 아니라 우리 인간이 가지는 종교성이 살아 있는 생명을 항상 죽이는 행위를 하는데 문제가 있다. 소위 "의식"이라 불리는 우리 영혼은 스스로 언어를 창조하여 타자를 언칭한다. 인간에 의해 '발명된 언어들(inventa verba)'은 우리의 의식에서 생명을 명명(das Nennen)함으로 개념을 만든다. 이 과정에서 생명은 인간에 의해 발명된 언어로 지칭되면서 3인칭의 형태로 전락한다. 사실, 우리가 가지고 있는 모든 개념들은 생명이 아니라 생명을 죽이면서 3인칭으로 가져온 생명의 응고들이다. 생명은 오로지 실재성과의 만남, 혹은 인격적인 만남에서 열리고 주어진다. 인격적인 만남이란 주는 자가 주체이며 동시에 받는 자 역시 주체로서 "주체와 주체의 관계" 혹은 "나와 너"의 관계를 두고 말한다. 이 만남에서 타자는 "나"에게 생의 생기를 불어넣어주는 주인이 되고 "나"는 그 인격을 향해 응답하며 살아가는 존재가 된다. 1인칭의 "나"가 2인칭인 "너"에게 인격적으로 말한 것이 3인칭의 "그것"이 되면서 "그것"은 법이 되고 노모스가 된다. 따라서 언어철학적으로 보면 1인칭과 2인칭을 제외한 3인칭은 "인칭의 곡해(pronomen obliquum)"이고 주격과 호격을 제외한 모든 격들은 "격의 곡해(casus obliquus)"이다. 실재하는 것은 오로지 주격과 호격이며 1인칭과 2인칭뿐이고 3인칭은 우리의 머리에서 임의적으로 만든 인칭이고 에로스가 노모스로 응고되는 과정에서 주어지는 생명의 죽임 현상이다. 노모스는 항상 타자를 3인칭으로 인식하게 하며 주격과 호격의 관계가 아닌 소유격, 여격, 목적격 등으로 만든다. 따라서 생명을 이해하는 것은 결코 노모스가 아니다. 이런 점에서 "종교는 무엇보다 노모스의 세계에 해당한다"는 말이 전적으로 옳다.[474] 종교는 살아계신 하나님의 생명의 상실에서 생성된 인간의 에로스가 하나의 노모스로 응고되면서 변화되어 자연스럽게 만든 인간 영혼의 창조물이다. 이런 점에서 종교의 "신"개념은 살아계신 생명의 하나님을 가리키는 것이 아니다.

4. 도대체 노모스는 왜 주어지는 것일까? 그리고 에로스와는 어떤 관계에 있을까? 위에서 간단한 역사적인 스케치를 통해 알 수 있듯이 기독교의 아가페가 유대교에서부터 유래한 노모스 개념과 싸우면서 동시에 당시 헬라의 에로스적인 철학과도 투쟁하는 역사적 고난의 과정을 보게 된다. 에로스는 신을 향한 인간 영혼의 상승운동이라고 위에서 충분히 언급되었다. 이 운동은 본능이며 자연성이다. 왜 에로스가 이런 운동을 하는가에 대해서 우리는 성경적으로 답할 수밖에 없다. 생명을 잃어버렸기 때문에 우리 영혼은 생명을 에로스하는 것이고 생명을 상실하였기 때문에 생명을 희구하는 에로스가 되었다고 해야 한다. 하나님을 잃어버렸기 때문에 우리 영혼은 에로스하는 것이고 하나님을 상실하였기 때문에 하나님을 희구하는 에로스가 되었다. 우리 영혼이 에로스가 되어 하나님을 향해 있지만 에로스는 실재의 하나님을 접촉하거나 만나지 못

---

474 C. Andresen, Logos und Nomos, Berlin, 1955, 263.

한다. 자신을 신만큼 무한히 높이면서 하나님과 일치하려고 애를 쓰지만 인간의 에로스는 근본적으로 한계를 가진다. 이 한계를 가진 에로스의 종결점은 노모스이다. 에로스는 하나님의 생명을 향하지만 하나님의 생명은 에로스 저편에(extra nos) 그리고 에로스 위에(ultra nos) 있다. 결국 에로스의 방향은 하나님을 향해있지만 그 한계로 인해 노모스가 되면서 종교가 탄생한다. 종교는 철저히 에로스의 산물이다. 정확하게 말하면 응고되지 않은 에로스가 끈적거리다가 서서히 응고되고 후에는 딱딱하게 굳어가면서 그 표출로 노모스가 되면서 소위 종교라는 형태의 율법을 만들어낸다. 율법이란 신을 희구하는 에로스가 인간의 언어로 표현되어 하나의 '-해야 한다'는 식으로 응고된 형태이다. 말하자면 서술적인 말(Indikativ)이 명령적인(Imperativ) 법의 형식을 취하게 된다. 융(C.G. Jung)이 '에로스가 사라지는 곳에 권력의지가 자리 잡는다'는 말을 했는데 이 말을 종교학적으로 표현하면 종교는 에로스의 응고 내지 화석화된 노모스에서 만들어지기 때문에 '권력의지'와 동의어라고 해도 과언이 아닐 것이다. 니체가 권력의지를 말했을 때 그의 주장은 인간 영혼의 본성을 잘 지적한 듯하고 그래서 그가 종교를 맹렬하게 비난하는 마음도 이해가 된다. 에로스가 고갈되거나 응고된 종교적 인간성은 살아 있는 생명에 대해 경외와 존경을 가지기보다 이미 자기영혼이 응고되었기 때문에 물화되었으며 이런 그의 물화된 인식에는 모든 생명들이 사물(Ding)로 비친다. 더구나 신의 이름으로 자신이 추구하는 이상과 꿈을 노모스로 구체화시킨다. 그것은 권력에의 지향이며 집착이다. 권력의지는 노모스가 되어버린 에로스가 추구하고 소원하는 종교적 소원이기도 하다.

5. 예수께서 씨뿌리는 자의 비유(마 13:1-9)를 말씀하셨을 때 길가에 뿌려진 씨, 돌밭에 뿌려진 씨 그리고 가시덤불에 뿌려진 씨를 천국의 열매

를 맺지 못하는 씨로 간주하셨다. 이 비유를 제자들조차 이해하지 못했을 때 예수께서는 이사야의 예언을 빌려서 "너희가 듣고 또 들어도 결코 깨닫지 못할 것이며 보고 또 보아도 결코 이해하지 못할 것이다. 이 백성의 마음이 무디어졌으며 그들의 귀로 둔하게 듣고 그들이 자신들의 눈을 감았으니 … 그러나 너희 눈은 보고 있으니 복이 있고 너희 귀는 듣고 있으니 복이 있다(마 13:14-16)"고 말씀하셨다. 여기서 흥미로운 점은 마음이 둔하여진 이유 때문에 귀가 둔하여지고 자신들의 눈을 감았다는 표현이다. 이런 말씀을 당시의 바리새인들이나 서기관들과 사두개파 유대인들에게 향하신 말씀으로 보이는데 이들의 공통적인 특징이 "마음이 무디어졌음"이었다. "무디어졌다"는 말은 헬라어 "파쿠노우(παχύνω: 두껍게 하다)"의 번역이며 불가타 라틴어로는 "인크라사레(incrassare: 두껍게 하다)"로 수동완료형으로 번역되었다. 마음이 두꺼워졌다는 것은 마음이 굳어졌고 완고해졌음을 의미하며 그 결과는 들어도 들리지 않는 귀와 보아도 보지 못하는 눈으로 이어진다는 점이다. 말 그대로 "하나님의 백성의 마음이 지방으로 가득 차 있으며 여과가 불가능하며 그 마음이 그들의 눈들은 닫아버렸다"는 표현이 적절하다.[475] 깨달음은 마음에서 주어지는데 마음이 소위 지방덩어리로 두꺼워졌다는 것은 어떤 무엇이 통과할 수 없는 상태, 즉 더 이상 부드럽지 않다는 뜻이며 이 이상 살아 있는 음성을 들을 수 없다는 뜻이기도 하다. 마치 나무로 비유하면 어린 나무는 연약하지만 잘 휘어지고 부드러운 것이 특징이다. 그러나 고목은 가죽이 두꺼워져서 비바람과 추위에는 잘 견디지만 반면에 휘어지지 않고 잘 부러지며 부드럽지 않고 딱딱하다. 우리 영혼도 이와 같으리라. 노모스는 에로스 활동의 멈춤이며 중지이며 더 이

---

[475] U. Luz, Das Evangelium nach Mattäus(EKK) I/23, Zürich, 1990, 14.

상 타자를 인격적으로 받아들이지 못하여 굳어버려진 에로스, 즉 에로스의 죽음이다. 이렇게 보면 종교는 에로스에서 출발하여 노모스에서 종결된다. 노모스는 인간의 종교성이 만든 인간적인 법이며 그렇게 만든 자신이 "신"이 되려는 시도의 산물이다. 비록 노모스가 혼돈을 질서로, 혼미를 정리해주고 하나의 표준을 세워주는 좋은 역할도 하지만 하나님과의 관계에서는 에로스의 단절이고 두꺼워짐이고 딱딱해짐이고 완고해짐이며 궁극적으로 회개를 전제로 하는 "하나님 나라"가 침입하는데 결정적으로 장해물이 된다.

6. 그러나 기독교의 사랑은 결코 에로스적이지 않다. 신을 향하여 심장을 쪼개며 피눈물로 신에게 매어달린다 해도 이것은 에로스적이지 아가페라고 불리는 사랑은 아니다. 비록 칼빈이 "주여 당신에게 나의 심장을 주저 없이 진실하게 드립니다(cor meum tibi offero Domine, prompte et sincere)"라고 간절하고 애절한 마음을 담아서 하나님께 드렸음에도 불구하고 삼위일체를 부인했던 자신의 숙적 세르베투스를 화형에 처하도록 동의한 것은 신을 너무 사랑해서 인간을 무시한 자신의 노모스적인 신념이었고 그것을 아가페적이라고 할 수 없다. 또한 아우구스티누스가 "믿을 수 없는 내적 집념으로 나는 불멸의 지혜에 도달했습니다. 그리고 당신에게 되돌아가기 위해 나를 높이기 시작했습니다"라고[476] 진지하게 고백해도 신을 찾기 위해 몸부림치는 처절한 인간적인 노력에는 감동이 되지만 이 역시 에로스와 무관하지 않는다. 아무리 하나님을 사랑하는 마음이 강렬하고 뜨거우며 심정적으로 감동을 주는 고백이라 할지라도 하나님의 아가페는 자신과 동일한 것을 찾으시는 사랑이라는 틸리케(H.

476　A. Nygren, Eros und Agape, 364.

Thielicke)의 말을 숙고하면(참고. SE, 23)[477] 피조물 인간과 창조주 하나님과는 질적인 차이가 분명하기 때문에 에로스는 에로스이며 아가페는 아가페가 분명하다. 우리가 하나님을 향해 어떤 마음으로 고백하고 찾느냐에 초점을 맞추어야 하는 것이 아니라 하나님이 우리 인간을 향해 어떻게 하셨는가를 찾는 것이 아가페 사랑에 대해 가질 수 있는 우리의 태도일 것이다. 우리 영혼의 에로스를 삼키는 하나님의 아가페에 대해 우리가 아무리 감사하고 감격해도 마치 싱싱한 생선이 시간이 지나면서 부패하는 것처럼 시간이 지나면 자신도 모르게 에로스는 노모스로 변질되는 특징을 가진다. 이런 점에서 인간 에로스가 신적 아가페에 의해 삼킨 바 되어 환희와 기쁨, 감사와 즐거움을 토설해 놓았을 때 인간적으로는 위대하고 벅찬 감동을 줄 수는 있겠지만 여전히 하나님을 향한 에로틱의 찬미일 뿐이다. 확실히 인간의 종교성에서 비롯되는 에로스, 즉 신을 향한 인간의 사랑은 인정하든 부인하든 에로스이며 이 사랑은 노모스를 향해 서서히 응고되어가는 과정을 밟을 것이다. 마치 죄 안에서 이미 죽은 우리의 인생에게 남아있는 분명한 사실은 사망인데, 그 사망을 향하여 건강을 유지하면서 사망하느냐 아니면 병을 얻어 고통하면서 사망하느냐의 차이만 있을 뿐 인간 모두는 사망한다는 점에서 동일하다. 에로스가 아무리 위대한 찬미와 시, 그리고 예술과 학문을 창조하여 신을 높였다 하나 노모스의 필연적인 도움으로 된 것이다. 노모스는 에로스가 가야하는 필연의 과정이다. 마치 유연성을 가진 어린나무가 곧고 딱딱한 고목으로 향하듯, 마음이 부드러운 어린아이가 경직의 상징인 어른으로 자연스럽게 성장하듯 노모스를 거치지 않는 에로스란 없다.

---

[477] 참고. SE, 23.

7. 그렇다면 하나님을 향한 진심어린 찬양, 헌금, 기도, 신앙고백, 설교 등과 같이 예배형식에서는 인간의 에로스와 하나님의 아가페는 얼마나 관계할까? 분명 인간이 만든 예배 형식은 신을 향한 인간의 에로스의 산물임을 부인하기 힘들다. 그러나 그것이 완전히 인간 종교성의 산물이라고 단정하기에도 무엇인가 한계가 있다. 왜냐하면 이 예배는 인간의 고유한 "나"에게 그리스도 안에서 살아계시고 말씀하시며 말을 거시는 하나님의 아가페적인 행위에 대한 인간의 응답이기 때문이다. 우리는 이런 사랑을 하나님의 아가페에 삼킨 바 된 에로스라고 규정할 수 있겠다. 아가페에 의해 삼킨 바가 되지 않으면 인간의 에로스는 아무리 경건과 신앙과 소망으로 간절히 외친다 해도 울리는 꽹가리와 다를 바가 없으며 상대 없이 외치는 고독의 메아리이고 자신을 상대로 말하는 자기독백에 불과하다. 우리 영혼의 에로스는 과거와 미래라는 형이상학적인 시간에 뿌리를 두지만 하나님의 아가페는 영원에서 순간으로 다가 오신다. 순간은 영원이 찰라적으로 임하는 시간이며 이런 하나님의 현재는 과거와 미래 속에 사는 에로스적인 영혼에게는 전혀 생소하고 낯설고 이질적인 시간이다. 아가페는 에로스의 종결에서 시작하는 사랑도 아니고 그렇다고 에로스와 동일하다고 간주할 수 없다. 그러나 아가페가 없는 에로스는 다리가 있어도 걷지 못하는 절름발이요, 귀가 있어도 듣지 못하는 귀머거리요, 눈이 있어도 볼 수 없는 소경이며 그 종결은 율법 아래에 속박되어 자신을 괴롭게 하거나 우상을 만들어서 신을 향해 자신을 부풀리는 사랑이다. 에로스는 마치 산란기에 수컷 개구리가 암컷 개구리를 향해 자신의 힘을 다해 자신의 힘과 정욕을 과시하기 위해 배를 최대한 부풀리는 것과 다를 바가 없다. 그러나 힘이 빠지고 목적이 성취되면 공기 빠진 풍선과 같은 모습을 한다. 아가페는 그러나 이런 에로스에게 무한한 희망과 생기와 용기를 부어준다. 이런 점에서 예배는

전적으로 인간 에로스의 산물이지만 동시에 에로스를 삼키는 하나님의 아가페의 삼킴이기도 하다. 에로스에 임재하는 아가페의 자기비하이다. 자신을 무한히 낮추면서 인간의 에로스를 자신과 일치시켜 주시려는 하나님의 섬김이다. 하나님은 인간을 자신과 같은 사랑으로 일치시켜 우리의 사랑을 받으신다. 이를 위해 신적 아가페가 인간적 에로스를 향해 무한히 자신을 낮추신다. 비록 시궁창과 같은 모습의 패역적이고 반란적인 에로스라고 하지만 그것을 무시하거나 간과하지 않으시고 그것을 높이 들어 자신과 동일한 사랑으로 일치시켜 받으시는 사랑이 하나님의 아가페이다. 이 사랑은 하나님의 입장에서는 자기비하이며 자기수치며 자기경멸이며 스스로를 멸시하는 행위이며 스스로를 깔보는 사랑이다. 그러나 인간의 입장에서는 이 아가페는 신적이며 신비이며 고상하며 천상적이다. 하나님의 아가페가 인간의 에로스와 결합하는 것은 하나님이 인간의 고기 덩어리 안으로 들어오시는 성육신과 동일하다. 따라서 인간이 하나님께 드리는 예배행위는 우리 편에서는 하나님을 기쁘게 하기 위한 행위라고 스스로 믿지만 그 밑바닥은 하나님을 향한 경멸이고 모멸이고 멸시이고 무시이며 수치를 주는 행위와 다를 바 없다. 이런 내용을 담고 있지만 하나님은 우리의 예배를 즐거워하신다. 벌거벗는 수치를 참으시고 무한자가 가지는 무한성을 던져버리고 전능자가 가지는 전능성을 끊어버리고 무능한 자처럼, 무지한 자처럼, 한계자처럼 기뻐하시고 좋아하신다. 이런 관계를 만약 객관적으로 볼 수만 있다면 이렇게 말할 수 있으리라. 하나님의 아가페는 인간 에로스에 노예가 되었다고. 에로스를 삼킨 신적 아가페는 반대로 이제는 그 에로스의 노예가 되어 즐겁게 에로스의 유희대상이 되어주신다고 말이다.

8. 예배 중에 '헌금'이라는 이름으로 우리의 이름을 써서 하나님께 드린

다. 우리의 이름을 쓰는 행위는 하나님께 드리는 헌금이 아니라 자신이 얼마나 신을 사랑하는지를 보여주려는 만용이고 교만이다. 때 묻은 손으로 신령하고 거룩한 것을 잡으려고 내미는 검은 손이며 시궁창에 빠진 손으로 순결하고 향기로운 라일락을 따려는 정욕의 표현이며 작은 것을 투자하여 큰 것을 희구하는 심리적 투자의식이다. 자기를 성찰하지 않고 습관적으로 그렇게 드리는 헌금은 더욱 그럴 것이다. 마치 노숙자에게 한 끼 식사를 제공하는 것처럼 인간이 내미는 알량한 돈으로 하나님이 배부르시길 바라는 적선하는 마음과 다를 바 없으며 인간이 내민 돈으로 하나님이 부유하시길 바라는 값싼 애정의 표현이다. 이 행위는 역설적으로 오히려 하나님을 가난한 분으로 만드는 행위며 하나님을 불쌍하고 돈 없는 거지로 만드는 행위와 다를 바 없다. 단언컨대, 유기명으로 내는 헌금행위는 하나님을 모독하고 저주하며 빈곤한 분으로 혹은 돈에 저주받은 분으로 만드는 행위일 수 있다. 그럼에도 불구하고 하나님은 그런 헌금들도 기꺼이 받으신다. 정확하게 말하자면, 그 헌금을 받으시기보다 비록 알량하지만 자신에게 들고 오는 그 마음을 큰 사랑으로 맞이하신다. 헌금하면서 우리는 영적으로 하나님을 멸시하지만 그 멸시를 아가페로 용서하시고 기꺼이 받으시며, 헌금하면서 우리는 영적으로 하나님께 시궁창 물을 끼얹지만 하나님의 아가페는 그것조차 기꺼이 받으시고 좋아하신다. 인간의 시궁창과 같은 더러운 것에도 감격하시고 죄인의 내미는 자기자랑의 상징인 유기명 헌금조차 무한한 인내로 즐겁게 받으시는 아가페는 마치 십자가를 지시는 그리스도의 사랑과 무엇이 다를까?

9. 기도하면서 인간은 신을 무한히 높인다. 동시에 기도하는 인간은 자신이 구할 "어떤 것"을 하나님께 구한다. 신을 높이면서 기도자는 자신

이 어떤 것을 요구한다. 그런데 그 "어떤 것"이란 기도하는 자가 원하고 바라고 희구하는 어떤 것이다. 만약 기도하는 자가 자신이 구하고 있는 그 어떤 것을 스스로의 힘과 능력으로 획득할 수 있으면 더 이상 그것을 위해 기도하지 않을 것이고 구하지 않을 것이다. 원하든, 원치 않든 기도하는 자는 자신의 무능을 신이라는 이름하에 드러내는 것이고 동시에 신의 전능을 전제로 한다. 그런데 문제는 "그 어떤 것"이 무엇이냐는 것이다. 자신이 해결할 수 없거나 자신의 능력으로 감당하지 못할 때 자연스럽게 인간은 기도자가 되어 신을 찾는다. 정확하게 말하면 인간은 자신의 필요를 신에게서 찾는 셈이다. 그러나 숙고해 본다면 인간이 기도자가 되어 찾고자 하는 그 어떤 것은 신의 초능력을 발휘하라는 요구이고 "전능"이라는 면류관을 신에게 씌우고 신으로 하여금 그 인간이 원하는 것을 가져오라는 일종의 명령이다. 하나님은 여기에서 자동적으로 인간을 도와주셔야 하는 기계(deus ex machina)가 된다. 비록 "…주옵소서" 혹은 "…원하나이다"라고 하는 극존칭을 인간이 사용하지만 내용적으로는 일종의 요구이고 부탁이며 나아가서 명령이다. 비록 인간 자신을 무한히 낮추는 용어를 사용했지만 내용적으로는 신이 인간 자기 대신에 나가서 열심히 해보라는 명령이다. 이런 점에서 인간은 기도자가 되면서 신에게 명령하는 자신이 된다. 엄밀하게 말하면 인간은 신 앞에 기도하는 자가 아니라 기도자라는 탈을 쓰면서 신으로 하여금 인간 자신의 일을 대신하게 한다. 그러나 기도의 본질은 신으로 하여금 자신의 일을 대신하게 하는 것에 있지 않고 오로지 신 앞에서 기도하는 행위 자체에 있다. 인간은 본질적으로 신 앞에서 구하는 기도자이며 신을 향해 말을 거는 자이다. "말하는 것은 번역하는 것이다"라고 하만(J.G. Hamann)이 "미학의 진수"라는 자신의 저서에서 말했는데 말함은 우리의 보이지 않는 영혼이나 생각을 언어라는 기호로 형상화시키는 행위를 뜻한다.[478] 인간은 보이지 않는 자신을 소위 발명된 언어(inventa verba: 모국어나 외국어)로 가져가는 행위자이다. 언어로 자신을 묘사하여 하나님께 바치는 행위가 진정한 기도이다. 따라서 하나님께 어떤 것을 구하는 것은 신으로 하여금 인간의 일을 하게 하는 행위이고 신으로 하여금 그 인간이 원하는 어떤 것을 자신에게 가져오라는 명령이다. 비록 극존칭을 사용하였다고 하지만 극존칭을 사용하고 있는 인간 자신의 내면은 신을 향한 명령이다. "…주옵소서!"라는 극존칭과 "…해줘!"라는 명령형은 단지 형식적인 면에서 차이가 있을 뿐 내용적으로는 동일하다. 유한자가 무한자를 명령할 수 있는 행위가 있다면 기도밖에 없을 것이다. 이렇게 본다면 인간은 기도하면서 자신의 오만과 고집, 교만과 집착 그리고 사악함과 무례함을 고상하게 표현하고 있다. 자신의 부패함을 보기좋은 비단으로 포장하여 신을 높이면서 결국은 신으로 하여금 자신의 노예가 되라는 명령을 하고 있는 셈이다. 신에게 칭찬이라는 당근을 주면서 신이 가지는 속성들을 인간을 위해 발휘해 보라는 명령과 무엇이 다르겠는가? 당근을 주면서 말을 조종하듯 칭찬과 고상한 용어들로 신을 높이면서 신의 머리 위에 앉겠다는 사악함이 숨어있다. 이런 점에서 인간은 기도하면서 죄를 반복해서 짓고 있다. 그러나 은혜의 하나님은 이런 인간의 사악함을 용납하시고 때로는 그 명령에 기꺼이 순종하신다. 칭찬과 찬미라는 당근 뒤에 숨어있는 인간의 부패함을 잘 아시지만 하나님은 개의치 않으시고 기꺼이 인간의 명령에 복종한다. 하나님의 복종! 하나님의 굴복! 하나님의 노예되심! 마치 자식을 위해 기꺼이 복종하는 순한 말이 되어 아버지의 등을 타고 마음대로 부리는 그 자식이 즐거워하기를 즐

---

478 요한 게오르그 하만, 하만사상전집, 김대권 역, 서울, 인터북스, 2012, 175.

거워하시는 것과 같다. 그러나 인간의 기도는 하나님 입장에서는 엄청난 하나님의 모욕이요, 고통이며 아픔이고 견딜 수 없는 슬픔을 견뎌내는 하나님의 인내이다. 죄인 속에 있는 자신의 형상을 위해 죄인처럼 자신을 무한히 낮추어서 죄인의 언어와 죄인의 말함과 죄인의 명령을 받아주시는 하나님의 연민이고 좌절이다. 그러나 인간의 입장에서 기도는 하나님을 때리는 채찍이고 뺨을 때림이며 침을 뱉음이고 신의 행동을 해보라고 장난질하며 비웃는 행위이며 신을 자신의 어릿광대로 여기는 인간의 광기이다. 하나님이 신인지 아닌지를 테스트하려는 인간의 시험이다. 그럼에도 불구하고 예수께서는 기도를 가르치면서 "너희가 악할지라도 너희 자녀들에게 좋은 선물들을 줄 줄 알거든 하늘에 계신 아버지께서 그분을 구하는 자들에게 성령을 주시지 않겠느냐?(눅 11:13)"고 말씀하신다. 생선은 생선가게에 있고 달걀은 달걀가게에 있는데도 사악한 인간은 하나님께 생선을 구하고 달걀을 구하려고 한다. 인간이 하나님에게 하나님 자신, 즉 성령을 구하지 않고 다른 "어떤 것"을 구하는 한, 생선에게서 뱀을 기대하고 달걀에게서 전갈을 기대하는 신비한 기적을 하나님께 명령하는 것과 같다(참고, 눅 11:11-12). 시궁창에서 기어나와 먹이를 찾는 벌레와 같은 인간의 명령에 하나님은 복종하신다. 듣기 위해 복종하신다! 그러나 이런 하나님의 자기비하의 의미를 조금이라도 깨닫는다면 이런 기도조차 듣기를 원하시는 하나님께 섬김으로 기도하는 마음이 있어야 되지 않겠나?[479]

10. 찬양에 대해서도 심각하게 숙고할 수 있다. 찬양은 하나님의 은혜에 감사하여 우리의 마음에서 언어로 나온 고백을 음악의 곡조로 표현

---

[479] 참고, 필립 멜란히톤, 신학총론, 서울, 크리스챤다이제스트, 2000, 517.

한다. 고대에는 그냥 시편을 읽다가 나중에는 작곡가들의 기법과 음악의 기교를 넣어서 화음을 넣어 부르다가 점점 발달하여 이제는 거창한 오케스트라와 함께 연주하며 화려하고 거창한 음악예술로 승화되어 교회로 유입이 되어 이제는 소위 전문가들과 함께 예배 중에 하나님께 우리의 정성으로 올린다. 그러나 아무리 우리의 정성과 신을 향한 갈망, 신에로의 합일을 기대하면서 화려한 성대의 기술과 여러 악기들의 조화에도 불구하고 음악의 뿌리는 에로스이며 그 에로스가 하나의 "기술" 혹은 "기교"가 되면 노모스가 된다. 대형교회들의 소위 찬양대가 부르는 합창은 우리 인간들의 귀를 즐겁게 하고 회중에게 잠시동안 위로를 제공해 준다. 그러나 이 찬양이라는 형식으로 신에게 드린다는 행위가 습관과 당연한 규례처럼 예배 중에 행해지고 그 찬양을 신이 받으신다고 생각하면 우리는 잘못 이해하고 있을지도 모른다. 찬미의 가사는 한 편의 "시"라고 할 수 있고 그 "시"에 곡조를 붙여서 찬송이라는 이름으로 신에게 바쳐진다고 믿는다. 그러나 "시"가 어떤 무엇을 위해 인위적으로 만들어지고 있다면 더 이상 그것은 살아 있는 인격적인 마음의 언어가 아닌 하나의 '작품'이 된다. 작품은 관심과 거기에 지식이 있는 자들에게나 즐거운 환영거리이지만 거기에 관심에 없거나 지식이 수반되지 않은 사람들에게는 값비싼 예술공연이고 예술작품이 된다. "시"의 본질은 하나님 자신(Logos)이 우리 마음 깊은 곳에 있는, 자신과 유사한 것, 달리 말해 하나님의 형상에 역사하여 그 형상으로 하여금 영감을 불러 일으켜 인간의 발명된 언어들로 토설하게 하신 문장이라는 점에 있다. "시"란 인간이 만드는 것이 아니라 인간에 의해 응답된 언어이고 인간이 창조하는 것이 아니라 인간에 의해 창조된 언어이다. "시"는 본질적으로 영감(inspiratio)으로 주어진다. 영감이라는 용어 자체가 "성령 안에서(in-Spiritu)"라는 뜻을 가지는 용어로 이미 그 의미를 잘 설명하듯, 하나님의 영 혹은 예수의 영 안에서 주어지는 신령한 은혜를 인간의 마음 안에 있는 하나님의 형상이 받을 때 우리 영혼은 생기를 얻고 활기를 받아서 자신을 토설하고 터져 나오는 감격과 폭발하는 희열을 소위 '발명된 언어(예를 들어 한글)'로 프로그램화 되어있는 인간의 의식으로 전송하면서 "시"는 창조된다. "시"는 '주는 언어'가 아니라 전적으로 '받는 언어'이며 인간의 심미적 감각이 주인이 되는 것이 아니라 오로지 하나님이 주인이시다. 하나님이 주시는 "자신"을 인간은 받는 "자신"이 되면서 발명된 언어로 토설되는 것이 "시"이다. 이런 점에서 "시는 인류의 모국어이다"라고 말하는 하만(J.G. Hamann)의 주장은 결코 과장이 아니다.[480] 찬송과 관련하여 루터와 칼빈의 차이를 볼 수 있겠는데 성직자와 음악을 사랑했던 루터는 찬송가를 만들기 위해 당시 교회 밖에서 불리고 있던 대중의 노래를 찬송과 접목시켜 루터교 찬송을 만들었다. 반면 법학이 전공이었던 칼빈은 초기에는 음악에 관심이 없었으며 기도도 마음속으로 조용하게 해야 한다고 믿었다. 그러다가 1537년에 마음이 변화되어 시편을 부르는 것을 좋아했고 1539년 불어로 된 시편송을 만들었는데 19개의 시편과 십계명, 시므온의 노래 그리고 니케아 신조에 곡조를 붙여 만들었다. 비록 칼빈은 초기에는 로마의 키케로나 스토아 철학의 대가인 세네카를 좋아했으나 성경으로 돌아와서는 시편 150편 전체를 노래로 만들려고 노력하기도 했다. "먼저 시편을 배우라 그 후에 우리는 찬송들에 대해 말할 수 있다"고 칼빈은 말한다.[481] 종교개혁가들이 "시"를 말할 때 이것은 단순한 의미가 아님을 인지했었다. 시는 예술도 아니고 창작도 아니다. 살아 있는 시는 신의 영감에 의한 인간의 응답이며 하나

---

480 요한 게오르그 하만, 하만사상전집, 170.
481 참고. J.B. Jordan, 존 칼빈과 찬송의 개혁: 예전적 이단의 극복(칼빈과 이단), 고신대학교개혁주의학술원, 2009년, 25-31.

님의 인격이 인간의 맑은 마음에 역사할 때 일어나는 육화된 언어(revelata lingua)이다. 영이 고기 덩어리 안으로 들어가면서 그 고기 덩어리가 영의 힘에 의해 고기 덩어리의 언어로 토설되는 것! 우리는 "시"를 "하나님의 인간성"의 표현이라고 부를 수도 있을 것이다. 그리스도를 통하지 않고는 부패한 인간이 도무지 하나님을 알 수 없기 때문에 하나님은 그리스도를 보내셔서 인간을 사랑하시는 자신을 알게 하신 것처럼 "시"는 인간의 언어로 보이지 않는 자신을 보여주기 위해 자신을 무한히 낮추시고 언어화되신 하나님의 독생자의 성품, 즉 하나님의 인간성의 형태를 반영하고 있다. 이런 점에서 "시"를 인위적으로 만들기 위해 노력하거나 하나의 작품을 위해 만든 "시"는 인간의 싸구려 언어의 나열에 불과하다. 시인은 많은 시를 쓰려는 자가 아니라 하나님의 인간성을 표현하는 한 편의 시를 토설하는 것으로도 족하다. 따라서 "시"는 돈벌이 수단을 위해 사용되어서는 안 되고 습관과 규례에 구속을 받아서도 안 된다. 노모스로 변한 "시"는 더 이상 "하나님의 인간성"을 표현하고 있지 않다. 오로지 에로스를 아가페가 삼킬 때만 비로소 참된 "시"가 된다. "시"는 무한하신 하나님 자신을 유한자로 무한히 자신을 낮추시고 겸손하게 인간의 발명된 언어 안으로 들어오시려는 하나님의 자기경멸이고 자기비하이다. 우리가 "시"로 된 찬양을 하면서 이런 하나님의 자기비하를 깨닫지 못한다면 오히려 그 찬양을 공로로 내세울 것이며 업적으로 간주할 것이고 신에게 칭찬받을 것을 기대할 것이다. 최근 한국교회가 찬양을 전문적으로 하려는 경향을 가지는 것은 찬양의 본질을 희석시키는 행위로 보인다. 찬양을 하나의 예술작품으로 승화시키려는 인간 자기공로이며 신을 찬양하면서 자신의 경건을 업적으로 환산하려는 시도이며 하나님의 자기비하에 인간 자신이 좋아하는 페인트로 채색하려는 종교성의 표현이며 단적으로 말하자면 참된 "시"의 비극이다. 최근의 한 개신교 교회는 찬송을 오해하고 있는 듯하다. 규모가 클수록 음악 전문직에 종사하는 자들로 찬양대에 세우고 거창한 오케스트라를 통해 청중들의 귀를 즐겁게 한다. 자신들이 즐겁다고 하나님도 즐거워하시는 듯 여기고 있다. 성도들도 찬송을 하기는 하지만 염불이 가까운 동어반복의 곡조로 된 노래형식에 길들여 있다. 찬송을 예술로 승화시켜 하나님을 찬송하려는 노력에는 비싼 댓가를 지불해야 하는 것일까? 그것은 비록 인간의 마음에서 울어 나오는 그 마음에서 하는 찬송이라 하더라도 에로스를 삼키는 하나님의 아가페가 빠져나가는 점이다. 하나님을 찬미하는 가사가 반복의 곡조에 눌려 우리에게 다가오는 하나님의 아가페가 빠져나간다는 느낌은 찬송에서 느끼는 절망적인 생각 때문일 것이다.

11. 설교에 대해서도 생각해 볼 수 있겠다. 설교는 순수한 인간의 말이면서 동시에 순수한 하나님의 말씀이다. 비록 설교에서 사용되는 표현들이 세상적이고 철학적이며 상당부분 사변적이라 할지라도 성경(sacra Scriptura)과 건전한 신앙고백들(confessiones) 그리고 그 신앙고백들을 성경적으로 사유한 신학적 사유들(recognitiones theologiae)에 바탕을 두는 한 하나님의 말씀이다. 원하든 원치 않든 설교자의 설교는 세상적인 언어로 설교한다는 점에서 완전히 세상적이고 인간적인 말이다. 그럼에도 불구하고 그리스도 안에서 내비치는 하나님의 인격을 드러낸다는 점에서 완전히 하나님의 말씀이다. "종교적인 말씀에서 말함, 혹은 예를 들어 사도들의 말함은 인간의 '나'가 말한 것이 아니라 하나님이 자신을 말하기 위해 인간의 자신에게 봉사하는 하나님 자신이다"고 말하는 에브너의 주장은 설득력이 있다.[482] 설교가 하나님의 말씀이 되게 하는 또 하나

482　F. Ebner, Das Wort und die geistigen Realitäten, in: Fragmente Aufsätze Aphorismen, München, 1963, 119.

의 근거는 그 설교를 듣는 자들의 신앙이 인간의 말을 하나님의 말씀으로 받아들인다. 여기서 신앙의 근원을 주장하는 퀸네트(W. Künneth)의 주장을 숙고할 필요가 있다. "신앙의 근원은 하나님이 자신을 인간이 들을 수 있도록 이 세상 안으로 들어오셔서 말씀하시는 것과 그리고 자신을 이 말씀 자체 안에서 알게 하시는 데서 결정된다"는 주장이 가슴에 와 닿는다.[483] 믿음은 본질적으로 타자의 말씀을 듣고 이성으로 하여금 마음속에 있는 하나님의 형상 혹은 하나님과 유사한 존재, 즉 하나님의 아가페와 일치시키도록 인도하는 역할을 한다. 그래서 이성이 없는 믿음은 맹신적이고 맹목적인 우상주의에로 인간의 종교성을 이끌고 간다. 비록 부패한 이성이지만 믿음은 이런 이성을 올바르게 세워서 순수한 세상적인 인간의 말을 자신의 마음 안에 내재하시는 하나님과 유사한 것, 즉 하나님의 형상으로 불러들여서 그 형상을 생기와 영적인 능력으로 변화시켜 순수한 하나님의 말씀으로 듣게 하는 역할을 한다. 인간의 세상적인 말이 순수한 하나님의 말씀이 되는 장소는 곧 인간의 마음이며 정확하게 말한다면 마음속에 계시는 '하나님과 유사한 것(das Ähnliche Gottes)', 즉 하나님의 형상이다. 이것이 우리 인간에게 주어지지 않으면 인간의 말을 하나님의 말씀으로 받아들일 수 없다. 비록 그 형상이 부패하고 왜곡되어 스스로의 능력으로 살아계시는 하나님께로 이르지 못하고 진정한 회개와 전회를 하기에 부족하지만 은혜의 하나님은 그것을 그리스도 안에서 다시 올바르게 세워 우리를 하나님 자신에게로 부르신다. 따라서 설교는 설교하는 설교자와 그 말이 위대하기 때문이 아니라 로고스이신 하나님이 자신을 그리스도 안에서 설교자의 언어 안으로 들어오신다는 점에서 위대하다. 특히 사도 요한은 로고스가 창조자

---

[483] W. Künneth, Glauben an Jesus? 79.

라는 것과 하나님이 로고스와 뗄 수 없는 관계에 있음을 확신하였는데, "내가 아버지 안에 있고 아버지께서 내 안에 계심을 믿어라(요 14:11)"와 "나를 본 자는 아버지도 보았는데 어찌하여 너는 말하기를 저희에게 아버지를 보여주소서 라고 하느냐?(요 14:9)"로 말함으로써 우리 인간이 예수를 통하지 않고는 하나님을 볼 수도 없고 그 하나님과의 관계를 이해할 수 없다고 생각했다.[484] 즉 로고스이신 하나님이 그리스도로 자신을 계시하셨고 또한 인간의 로고스로 자신을 드러내신다는 뜻이기도 하다. 보통 시인들과 문학가들이 사용할 수 있는 모국어의 단어들은 수 만개에서 수 십 만개로 한정되어 있다. 설교자가 아무리 자신의 모국어의 단어들과 문장력을 탁월하게 발휘한다고 해도 수십만개의 단어들과 수천 개의 문장들을 사용하여 살아계신 하나님을 성도들에게 들려준다. 즉 무한한 로고스가 제한적인 로고스 안으로 들어와야 하는 고통이 숨어있다. 마치 너무 좁아서 도무지 들어갈 수 없는 구멍에 무한한 로고스가 자신을 집어넣기 위해 스스로 구기고 접고 똘똘 말아서 그 구멍 안으로 들어가야 하는 고통과 수욕을 하나님은 견디셔야 한다. 설교는 이런 점에서 하나님의 비참이고 고행이고 자기비하이며 하나님이 자신을 무한히 꺾어내는 겸손이고 자신을 무한히 찍어내어 인간의 로고스에 맞추어 가야 하는 자기학대이다. 마치 부자가 천국에 들어가는 것보다 바늘구멍 안으로 낙타가 들어가는 것이 쉽다고 하듯(참고. 막 10:25) 하나님의 로고스가 인간의 로고스 안으로 들어가는 것은 인간에게는 경의이고 기적이지만 하나님에게는 무한한 수치이고 피땀을 짜내어야 하는 통증이다. 하나님의 자유가 인간의 언어 안에서 부자유로 구속되어야 하고 하나님의 의지가 인간의 언어 속에서 굽혀야 하는 하나님의 굴종이고 굴복이

---

[484] 참고. H. Conzelmann, Grundriss der Theologie des Neuen Testaments, 신약성서신학, 박두환 역, 서울, 한국신학연구소, 2004, 607.

다. 하나님은 이런 자기수욕을 겪으시면서 인간에게 무엇을 말씀하시며 인간에게 무엇을 요구하실까? 하나님은 그리스도를 인간에게 말씀하셨다. 따라서 그리스도는 하나님의 말씀이며 정확하게는 "보라 이 사람이다(homo ecce)!"이다. 죄인을 그리스도 안에서 변화시키고 그리스도처럼 되게 하셔서 자신과 유사한 존재로 만들기 위함이다. 그리스도란 하나님 자신이며 정확하게는 하나님의 "나"이다. 하나님 자신은 인간에게서 고유한 "나"를 불러내시며 인간의 "나"를 인격으로 만드는 힘이기도 하다. 인격이신 하나님이 인간을 인격으로 만들어서 서로 교제하며 관계를 가지기를 원하신다. 그런데 하나님의 이런 의지와 고통을 간과하고 설교를 자신과 무관한 언어의 나열로 듣거나 "나"를 은폐시킨 채 설교를 객관적으로 듣는다면 하나님의 고통을 즐기는 인간의 유희가 될 것이다. 듣는 자가 설교를 들으면서 하는 천박한 행위 가운데 하나는 잠을 자는 행위일 것이다. 이런 자는 설교를 듣는 마음보다 생리적인 본능이 더 강하게 작용하였기 때문에 졸음을 참지 못한다. 그만큼 설교가 자신의 마음에 와 닿지 못하고 "수면"이라는 자신의 본능이 대체가 되었다. 졸음보다 더 천박한 행위는 딴 생각하면서 듣는 행위일 것이다. 세상에서의 여러 상념들을 그대로 가지고 와서 잠시라도 하나님의 말씀 앞에 굴복당하기를 원하지 않는 경우이기 때문이다. 가장 천박한 행위는 설교를 들으면서 자신의 가치관으로 판단하고 가려듣는 행위이다. 자신의 여러 지식들을 가지고 설교자의 설교를 듣기 때문에 자연히 평가가 나오게 된다. 자신이 가지고 있는 선지식과 설교자가 말하는 내용이 일치가 되면 은혜가 되었다고 오해하고 있고 반대로 자신의 선지식과 일치가 되지 않으면 설교자의 설교를 평가하며 자신의 기준으로 객관화시킨다. 이렇게 되면 설교자의 설교는 객관적인 하나의 정보나 자신의 실존과 무관한 하나의 교리가 되어 마음에 이르지 못하고 인간의 죽은 말이 되어 버린다. 이런 유형들은 인간의 언어를 가지고 자신을 나타내려는 하나님의 자기비하의 고통과 수욕을 전혀 알지 못하는 소위, 객관주의 적인 마음이 된 상태이다. 설교자의 설교를 "나"와 무관한 객관적인 정보전달 정도로 이해한다면 '신이여 내 앞에서 마음껏 소리 질러봐라. 마음껏 피리 불어봐라. 마음껏 탈춤을 추어봐라. 그래도 나는 즐겁게 구경하겠다'는 태도가 아닌가? "우리가 너희를 위하여 피리를 불어도 너희는 춤추지 않았고 우리가 애곡하여도 너희는 울지 않았다(눅 7:32)"와 유사하지 않는가? 설교자의 설교를 들으면서 드러내야할 "나"를 은폐시키고 자신을 객관화하여 그 설교를 '허공을 치는 소리의 파장'으로 만든다면 불순종한 아담에게 "네가 어디에 있느냐?(창 3:9)"라고 묻는 하나님 앞에서 나무 뒤에 숨어 날 찾아보라는 듯 은폐시키는 아담의 행위와 다를 바가 있는가? 아담에게서 잃어버린 "너"를 찾으시는 하나님의 "나" 앞에서 나무를 핑계로 숨바꼭질하려는 행위와 무엇이 다른가? 설교를 들으면서 그 말을 하나님의 말씀으로 받지 못하고 도리어 설교자의 지식이나 인물됨 그리고 학벌과 말재주로 평가하고 듣는다면 순수한 하나님의 인격인 자신을 우리의 부패한 인격의 수준으로 무한히 낮추시는 하나님에게 피리를 불어보라고 하고 춤추어 보라고 하고 울어보라고 주문하는 것과 무엇이 다른가? 또한 설교자 역시 자신의 삶의 경험과 그 경험을 연역하고 추론하여 만든 철학을 성도들에게 전달하는 것으로 만족하고 스스로 하나님의 말씀을 잘 전했다고 우쭐거린다면 이것이야 말로 듣는 자의 신앙에 시궁창 물을 끼얹는 행위와 다를 바가 있는가? 십자가의 죽음으로 자신의 아들을 던져서 죽이신 하나님이 이를 믿는 자에게 영생을 허락하시겠다고 선언하신 하나님 앞에서, 성도들이 좋아한다고 개그와 설교를 구분하지 못하고 철학과 신앙을 구분하지 못하며 윤리적 교훈으로 설교를 끝낸다면 그리스도의 십자가 죽음이라는 복음은 더운 여름 한철 잘 익은 수박을 먹고 나머지는 음식쓰레기로 처분되는 것과 무엇이 다른가? 도대체 이런 자들에게 신앙과 지식은 어떤 관계에 있을까? "신앙과 지식을 분리시키는 것은 현대의 뭉개진 정신적 상태인 정신분열증의 징후"라고 일갈하는 융(C.G. Jung)의 말이 그리 과하지 않다.[485] 집단적 정신분열증인가? 복음이 기력을 회복시키는 홍삼드링크 정도인가? 예배당을 짓기 위한 목적으로 성도들에게 헌금을 수집하기 위해 소위 '부흥성회'라는 이름으로 설교자와 돈거래를 하면서 성도들에게 고혈과 피의 돈을 강요한다면, 예수 당시 "토라"라 불리는 하나님의 거룩한 계명을 가지고 613가지의 금령으로 된 "인간의 유전"이라 칭하는 "할라카"를 만들어서 당시의 무지한 사람들에게 고행이라는 율법을 머리에 올려놓은 바리새적 유대교와 차이가 있는가? 그리스도는 분명 "율법의 마침(롬 10:4)"이라고 했는데 여전히 여타의 규칙들과 인위적인 법칙들을 만들어서 그것을 설교로 끌어들여서 성도들에게 그것들이 '신의 법'인 것처럼 선포함으로 성도들의 마음을 구속시키고 종국적으로 그들로 하여금 종교로부터 자유하게 하지 못한다면 "뱀들아 독사의 자식들아(마 23:33)"라고 저주한 예수의 저주가 지나친 말인가? 복음을 선포한다고 하면서 성도들로 하여금 자신을 우상으로 만들고 거기에서 나오는 부와 명예, 여자와 호화로운 차와 집을 즐기고 누리면서 오히려 그리스도의 순절한 교회를 고갈시키고 핍절하게 만드는 설교자들을 마치 예수의 심장에 촉수를 꽂아 넣고 예수의 피와 양분을 맛있게 먹으면서 덩치가 잘 자라서 종국에는 예수를 죽이는 '살아 있는 촌충'이라고 간주해도 과장된 비유인가?

---

485 C.G. Jung, Gegenwart und Zukunft, 37.

(3) 종교로부터의 자유: 그리스도인이 되는 것

1. 종교는 인간이 가지고 있는 종교성의 산물이다. 인간의 종교성이란 하나님과의 인격적인 사랑의 관계가 허물어지고 난 후, 창조 시 인간이 원래 가졌던 하나님의 형상이 인간 영혼 깊은 곳, 소위 집단무의식의 심연 속에 깊이 은폐되었고 그럼에도 불구하고 여전히 인간의 부패한 마음을 통해 하나님과의 사랑을 희구하는 "하나님을 알만한 것" 혹은 "영원을 사모하는 마음"에서 기인된다. 인간이 있는 곳에는 언제나 종교성이 활동하며 원하든 원치 않든 이 종교성으로 인해 신과 동일한 무엇을 만든다. 바울과 칼빈은 이것을 "우상"이라고 했고 루터는 우상의 근본이 "율법"이라고 규정했는데 이런 주장들을 우리는 인간 에로스의 응고로 간주해도 좋을 것이다. 인간의 에로스는 쉼이 없이 신과 합일하기 원하며 신의 아가페를 희구하지만 근본적으로 한계를 가진다. 이 한계를 "자연은총"이라고 부를 수 있겠다. 자연은총이란 신과의 합일 내지 일치에 대한 인간의 능력과 한계를 뜻한다. 고대에서부터 서구 계몽주의를 넘어 적어도 세계대전에 이르기까지 이 자연은총으로 인간은 신에 도달할 수 있다는 자신감을 보여주었고 그 자신감은 이성에 대한 무한한 신뢰에서 나왔다. 그러나 이성은 신에게로 도달하는 실재의 힘이 아니라 단지 인간을 신의 자리에로 무한히 높이려는 하나의 기능적 역할만 했을 뿐이다. 그렇다고 이성은 인간에게 전혀 무익하다고 단정지울 이유가 없는 것은, 이성이 없으면 종교를 만들 수가 없기 때문이다. 그리고 인간의 이성은 신적 로고스에 절대적으로 의존해 있다. 인간의 로고스는 하나님의 로고스를 위해 언어를 창조해 낸다. 이런 점에서 언어와 이성 그리고 종교의 관계는 결코 뗄 수 없는 관계에 놓여있다. 이를 잘 파악한 에브너는 "하만(J.G. Hamann)이 말하길 언어가 없다면 우리는 이성을

가지지 못했을 것이며 이성이 없었다면 종교를 가지지 못했을 것이다. 그리고 이 세 가지의 우리 본성의 본질적인 요인들이 없었다면 정신이나 사회적 관계도 없었을 것이다"고 잘 지적하였다.[486] 신적 로고스를 상실한 후 인간의 이성 혹은 로고스는 언어를 만들어서 자신을 나타내려 하면서 신적 로고스와의 결합을 시도하려 한다. 이런 시도는 종교를 만드는 근본적인 동기가 되었다. 그러나 신적 로고스를 상실한 인간이 만든 언어는 "발명된 언어"이며 이 언어는 신적 로고스를 갈구하고 희구하는 에로스의 산물이다. 이 에로스가 구체화된 형태가 종교라고 하겠는데 이런 점에서 종교는 신을 잃어버린 인간이 신과의 인격적 아가페를 다시 얻기 위해 신을 희구하는 열망, 열정적 사랑을 가진다. 그래서 에로스가 있는 곳에 종교가 있으며 종교가 있는 곳에 이성이 활동하며 이성을 활동하게 하는 원동력은 언어이다.

2. 발명된 언어가 이성을 움직이고 이성은 종교를 만들어서 인간을 종교적인 존재로 만든다. 모든 인간은 어떤 형태로건 나름대로의 종교를 가질 수밖에 없다. 종교가 인간 에로스의 산물이기 때문에 반드시 율법, 즉 노모스의 형태를 가진다. 따라서 종교와 노모스는 사실 하나이다. 종교는 노모스의 범주를 결코 넘어가지 못한다. 그리고 노모스는 에로스의 응고이기 때문에 인간 영혼이 노모스로 변질되면 인간 자신이 만든 법에 자신을 속박시킨다. 그래서 종교는 인간 영혼의 자유를 주는 것이 아니라 반대로 영혼의 구속을 부여한다. 이 구속에서 인간 영혼은 서서히 거기에 동화되어 소위 "종교적 인간성"을 가지게 된다.

---

486 F. Ebner, Das Wort und die geistigen Realitäten, 126.

3. 종교적 인간성이란 종교가 인간의 영혼을 지배한다는 의미인데 모든 생명의 실재성을 종교라는 시각으로 보고 판단하며 직관한다. 그러니까 종교적 인간성은 생명의 실재성을 종교적인 자신의 시각 안으로 끌어당겨서 인간 자신의 사고범주로 분류, 분석, 파악, 종합하여 시스템으로 만든다. 결국에는 인간 영혼이 만든 종교적 시스템 안에서 인간 자신과 모든 생명의 실재성도 함께 갇히게 된다. 원래 "자신"과 "생명"은 본질적으로 "어떤 무엇(res)"이 아니기 때문에 분석, 추론, 정의가 불가능하다. 그러나 파악 불가능한 생명이 종교적 시스템 안에서 하나의 "어떤 것"으로 명명된다. 즉 주격과 호격으로만 실재하는 생명이 하나의 삼인칭으로 묘사, 서술된다. 생명은 시간적으로 말하면 주격과 호격의 시제로서 현재인데 종교적 시스템 안에서는 과거와 미래 시제로 바뀌게 된다. 그래서 생명의 하나님도 종교적 인간성의 시스템 안에서는 하나의 "그것" 혹은 "신" 혹은 "하나님" 혹은 "주인"이라는 3인칭으로 언칭된다. 종교적 인간성 안에서 나오는 신은 말 그대로 종교적 신이 된다. 종교적 신이란 종교 자체가 신이 되었다는 뜻이고 종교의 노모스 자체가 신율(Theonomie), 즉 신의 법이 되었다는 의미이다. 율법, 즉 노모스가 신이 되었다는 것은 인간이 가지고 있는 종교성이 신이 되었다는 뜻이고 단적으로 말해 인간 이성이 만든 종교적인 자아가 곧 신이 되었다는 뜻이다. 결국 종교는 철저히 인간의 산물이고 인간 영혼이 응고되면서 만들어진 산물로서 생명은 없으며 과거와 미래의 형이상학적인 시간 속에 인간의 영혼을 머물게 한다. 여기서 인간은 길들여지고 훈육되면서 서서히 종교적인 인간성으로 굳어간다.

4. 종교는 이런 점에서 인간 영혼에게 약이 될 수도 있고 독이 될 수 있는 이중성을 가진다. 에로스에서 뿌리를 두고 있기 때문에 살아계신 하

나님을 앙망하고 희구하며 갈구하는, 신을 향한 사랑을 가진다는 점에서 약이 될 수 있다. 그러나 신을 향한 사랑이 본질적으로 부패한 인간성, 즉 이성이나 의지, 감정과 같은 전인격의 부패로 인해 생명의 하나님을 만나지 못하고 결국 자신을 신으로 세운다는 점에서는 치명적인 독이 된다. 어떻게 보면 종교는 반드시 필요하지만 종교의 종말은 인간의 부자유와 영혼의 속박으로 종결되기 때문에 "필요악"이라고 할 수 있다. 생명의 하나님을 만나고 싶어한다는 점에서 필요하지만 그 하나님을 결코 만날 수 없고 오히려 그 만남을 방해한다는 점에서 결정적인 장애가 된다. 그래서 인간은 종교에로의 귀한이 필요한 것이 아니라 종교로부터의 자유가 요구된다. 인간의 영혼이 신을 갈구하는 영혼인 한 그 누구도 무신론자는 없으며 따라서 어떤 형태든 종교가 성립한다. 그러나 종교의 종국에는 인간 영혼이 스스로 세운 법에 자신을 구속시키고 묶어놓는 영혼의 감옥이 된다. 이런 점에서 인간 영혼은 종교로부터의 자유가 절실히 요구된다.

5. 그렇다면 종교로부터의 자유는 어떻게 실현될 수 있는가? 이미 위에서 스케치한대로 종교는 인간의 영혼의 한계이다. 종교는 살아계신 하나님을 인격적으로 만나는 지점이 아니다. 그것은 인간이 자신을 신으로 세운 지점이다. 이렇게 본다면 종교로부터의 자유는 인간의 노력으로는 불가능하다는 결론에 이른다. 종교로부터의 자유는 살아계신 하나님의 자유로운 은혜가 아니면 불가능하다. 그 은혜는 곧 예수 그리스도이다. 그리스도는 하나님의 계시이며 종교의 노예로 살아가고 있는 인간을 향해 자유를 선포하는 하나님의 말씀이다. 예수께서는 종교인들에게 처절히 죽임을 당하심으로 역설적으로 그로인해 종교로부터의 자유를 우리에게 넘겨주셨다. 그리스도는 '율법의 종결'이고 동시에 '종교의

마침'이 되신다. 역설적으로 보면 율법으로부터 자유이며 종교로부터 해방이라는 점에서 그리스도는 율법의 완성이며 동시에 종교의 완성이기도 하다. 즉 그리스도는 참된 신앙의 길이고 생명에로의 인도하심이고 진리에로의 안내자이시다. 그분은 노모스의 끝내심이고 아가페의 출발점이다. 그분으로 인해 아가페는 인간의 에로스를 덮으며 노모스가 녹여지며 종교가 용해된다. 그리스도의 인간성은 하나님의 신성을 위해 섬겼으며 하나님의 신성은 그리스도의 인간성을 위해 일하신다. 그리스도 안에서 살아계신 하나님의 생명을 발견하게 되며 그분과의 만남은 곧 인격적인 만남, 즉 "나와 당신"과의 만남이다. 그분으로 인해 인간의 영혼은 무한히 높여지며 동시에 그분으로 인해 하나님의 영이 자신을 무한히 자유롭게 낮추신다. 하나님의 무한한 자기비하는 인간의 무한한 자기상승이다. 하나님의 아가페가 인간의 노모스를 지배하고 종교성을 교정하시고 올바르게 세우실 때 인간 영혼은 비로소 종교로부터 자유를 깨닫게 된다. 본질적으로 하나님의 아가페는 결코 종교적이지 않기 때문이다. 종교의 끝에서 하나님의 아가페가 시작하는 것도 아니며 종교의 출발에서 하나님의 아가페가 대립하는 것도 아니다. 처음부터 하나님의 아가페 안에 인간의 에로스가 있었으며 이런 하나님의 사랑 안에 인간의 종교성이 있었다. 에로스가 허물어지는 곳에 아가페가 일어나는 것이 아니라 아가페가 들어오는 곳에 에로스가 변화된다. 종교가 허물어지는 곳에 신앙이 시작되는 것이 아니라 신앙이 종교성 안으로 들어올 때 종교성은 신앙이 된다. 인간이 하나님을 가지는 것이 아니라 하나님이 인간을 가지듯 종교가 신앙을 가지는 것이 아니라 오히려 신앙이 종교를 가진다. 종교성이라는 자연은총이 부정되는 곳에서 그리스도라는 특별은총이 시작되는 것이 아니라 특별은총이 자연은총 안으로 침입할 때 비로소 자연은총은 변화된다. 자연은총은 처음부터 특별은총 안에 있었기 때문이다. 생명의 길은 자연은총에서 특별은총으로 나아가는 길이 아니라 특별은총이 자연은총을 삼킬 때이다. 거기에서 자연은총은 비로소 하나님의 선물이 되고 '종교적인 인간(homo religiosus)'은 '영적인 사람(homo personalis)'이 된다.

6. 하나님은 이미 인간에게 그리스도로서 그리스도를 말씀하셨다(Deus dixit homini Christus Christum). "그리스도로서" 하나님은 자신을 말씀하셨기 때문에 그리스도는 하나님과 동일실재(consubstantia)이다.[487] "나와 아버지는 하나이다(요 10:30)"고 예수께서 말씀하셨을 때 유대인들은 돌로 그 분을 치려고 하였다. 하나님을 법으로 인식했던 바리새적 유대교는 하나님의 신명조차 발설하기를 두려워했으나 예수께서는 자신의 하나님을 "아바(abba)"라고 불렀다.[488] 이 아람어인 "아바"의 개념은 구약에서도 전혀 사용되어 본적도 없고 출처도 모호하고 어원도 알 수 없지만 혹은 어린아이가 기도하면서 하나님을 부를 때 사용하는 구어체(Umgangssprache)일 것이라는 추측도 있지만[489] 예수께서는 하나님을 "나의 아버지"로 불렀다. 특히 아타나시우스 신조에는 아들과 아버지의 관계를 "하나(unio)"로 본다.[490] 이런 사실은 그리스도와 하나님이 하나였음을 보여주고 있다. 이 하나님은 그리스도로서 자신을 우리에게 말씀하셨다. 따라서 그리스도는 하나님 자신이며 하나님은 예수의 아버지이며 동시에 예수를 믿는 공동체의 아버지이다.[491] 하나님은 "그리스도를" 우

---

487 니케아신조: "...(crado) Et in unum Dominum Jesum Christum, ... consubstantialem patri ..."
488 마가는 겟세마네의 기도에서 예수가 자신의 아버지를 부를 때 아람어의 형식인 "아바"를 사용했다고 보도한다. 참고. 막 14:36; J. Jeremias, Neutestamentliche Theologie I, 68.
489 참고. W. Grundmann, Die NHΠIOI in der Urchristlichen Paränese, in: New Testament Studies, Cambridge, 1959, 203.
490 특히 아타나시우스 신조 20-23절은 아들과 아버지의 하나되심(unitas)을 상당히 강조하고 있다.
491 바울도 "아바 아버지(갈 4:6; 롬 8:15)"라는 말을 사용했는데 이 개념은 예수의 기도의 반영(Echo

리에게 말씀하셨다. 아버지가 자신의 아들을 우리에게 가리키며 말씀하신 것이다. 그렇다면 그리스도는 인간을 향한 아버지 하나님의 "보라 이 사람!(homo ecce)"이다. 아버지 하나님이 우리에게 그리스도로서 그리스도를 말씀하셨음은 우리 인간을 향한 강렬한 메시지가 분명하다. 하나님은 우리의 아버지로서 우리에게 그리스도와 같이, 그리스도를 통해서, 그리스도로서 살아야 한다는 강력한 메시지가 분명하다. "그리스도인은 그리스도처럼 되어야 한다는 것이 제자의 마지막 규정이다(N.275)"고 말하는 것은 전혀 틀리지 않다. 우리 인간 혼자의 능력으로는 할 수 없기 때문에 자신의 아들 그리스도와 같이 하도록 그리스도를 우리에게 주셨고 아들 그리스도와 같이 하면서 우리가 그리스도처럼 살도록 하시고 나아가서 그리스도로 살아야 한다는 아버지 하나님의 열정어린 메시지이다. 아담의 타락은 자신의 비밀, 즉 피조물이면서 신과 유사한 것을 가진 비밀을 스스로 풀기를 원했다는 데 있었다(참고. N.276). 신과 유사한 존재인 형상은 인간 스스로의 노력이나 능력으로는 결코 풀 수 없다. 참되고 완전한 하나님의 형상이신 그리스도의 도움을 반드시 받아야 한다. 그래야 그리스도와 같이, 그리스도처럼 그리고 그리스도로 살 수 있으며 비로소 종교로부터의 자유와 아버지 하나님에게로의 향함이 실현된다. 아버지 하나님의 사랑 아가페는 우리 인간의 에로스와 노모스를 극복하게 하는 유일한 희망이고 소명이며 호출이다. 아버지 하나님의 아가페 그리스도는 우리와 함께, 우리처럼 그리고 우리가 되어 우리를 그분에게로 인도하신다. 아가페가 있는 곳에는 노모스가 사라지고 그리스도가 있는 곳에는 종교가 사라진다!

---

des Betens Jesu)으로서 예수에 의해 세워진 모든 교회 공동체에도 적용되는 개념으로 이해하였다. 참고. J. Jeremias, Neutestamentliche Theologie I, 70.

7. 그리스도로 산다는 것은 무엇을 의미하는 것일까? 그것은 그리스도를 주로 무한히 높이는 행위에 국한하지 않는다. 그리스도는 세상의 주인이시다. 여기서 세상은 자연을 뜻하기보다 자연을 인간 자신의 인위적인 창조적 문화공간으로 만드는 죄인을 가리킨다. 그리스도는 이런 죄인들의 주인이시다. "강건한 자들에게는 의사가 필요 없으나 병자들에게는 필요하다(마 9:12)"는 예수의 말씀은 자신이 죄인의 주인이심을 강조한다. 여기서 "강건한 자들"이란 사실 본인들 자신이 병들어 있는 자들인 사실을 모르는 인간들이다. 그리고 "병자들"이란 자신들이 지금 병에 걸려있다는 사실과 낫고자 원하는 인간들이다. 그리스도는 병자라는 자의식을 가진 자들의 의원이 되시며 치료하시는 주이시며 회복시키는 구세주 하나님이시다. 이 그리스도와 함께 하는 삶이 그리스도로 사는 첫 번째의 단계이리라. 그리스도를 인간 "나"의 의원이요, 구세주로 시인하는 것이 환자의 기본적인 태도이다. 아버지 하나님은 종교적 인간성으로 화석화되어 죽어가는 인간 "나"에게 그리스도를 의사로 보내주셨다. 우리는 이 의사 앞에서 우리의 전부를 드러내어야 하며 거짓 없이 다 보여주어야 한다. 이렇게 우리의 병든 자의식을 고치기 위해 의사이신 그리스도에 의해 나 자신을 발견하고 이제는 그리스도와 같이 걷는 훈련과 병행하는 노력을 가져야 한다. 세상인으로서 우리는 하나님 앞에서 장애인이고 절름발이이고 귀머거리이며 앉은뱅이며 장님이기 때문이다. 두 번째 단계는 그리스도를 통하여 사는 삶이 주어져야 한다. 그리스도와 같이 하면서 그리스도가 하는 모든 삶의 행위들 그리고 그의 가르침 안에 숨어있는 인격으로 어떻게 아버지 하나님과 이웃에게 행하셨는지를 마음으로 배워야 한다. 그리스도가 자신의 아버지 하나님과 자신에게 주어진 이웃에게 어떻게 대하시고 사랑하시는지를 배워야 한다. 하나님의 계명을 많은 금령과 계명들로 확장시킨 바리새인들

과 달리 예수는 하나님의 말씀을 두 개의 계명으로 축소시켰는데 "네 마음을 다하고 네 목숨을 다하고 네 뜻을 다하여 주 너의 하나님을 사랑하여라(마 22:37)"고 하셨고 "네 이웃을 네 자신처럼 사랑하여라(마 22:39)"고 하셨다. 이 말씀대로 하나님의 아가페가 하나님과 이웃에게 실현되도록 그리스도에게서 배워야 한다. 그리고 마지막으로 최고의 단계는 한 사람의 그리스도가 되는 단계이다. 그리스도를 모방하고 그리스도를 통해 그리스도를 배웠으면 이제는 스스로 한 사람의 그리스도로 살아가야 한다. 그리스도로 산다는 것은 곧 자신과 이웃을 위해 주어지는 십자가를 지는 길이다. 그리스도로 산다는 것이 비로소 그리스도인이라고 하겠다. 그리스도인은 그리스도로 이 세상에 살아가는 자이다. 그리스도가 빛의 원천인 생명의 빛(루멘: lumen)이라면[492] 그리스도인은 그 빛을 세상을 향해 비추는 빛(lux)이다. 스스로 빛을 내는 그리스도와 달리 그리스도인은 그리스도로부터 빛을 받아서 비추는 빛이다. 하나님이 근원의 빛(lumen)이셨고 그리스도께서 세상을 향하신 빛(룩스: lux)이셨듯[493] 그리스도인은 그리스도로부터 빛을 받아서 이웃을 향해 비추는 혹은 반사하는 빛이다. 그리스도인은 그리스도를 가진 자이기보다 그리스도 안에 있는 자이다. 받아서 반사시키는 룩스가 스스로 발광하는 루멘 안에 있듯이 그리스도인은 그리스도 밖에서 스스로 있는 자가 아니라 그리스도 안에서 세상을 향한 생명의 빛이다. 따라서 그리스도인은 그리스도와 뗄 수 없는 관계에 있다. 마치 포도나무의 가지처럼 가지가 포도나무에 붙어있지 않으면 스스로 열매를 맺을 수 없는 것처럼(요 15:4) 그리스도인은 그리스도와 접목되어 있는 자이다. 이와 같이 그리스도인은 세

---

492 흥미롭게도 니케아 신조에는 그리스도를 아버지 하나님과 동일하게 원천의 빛(lumen)으로 고백하고 있다: "Et in unum Dominum Jesum Christum, … Deum de Deo, lumen de lumine,…."
493 요한복음 8:12에 예수께서 "내가 곧 세상의 빛이니(Ego sum lux mundi)…" 라고 말씀하셨을 때 원천의 빛이라 하지 않고 겸손하게 '받아서 비추는 lux'로 자신을 비유하셨다.

상의 거하는 현재의 그리스도이다. 유대인들이 예수 그리스도가 스스로 하나님이라고 했다하여 예수를 송사했을 때 그리스도는 시편 82:6을 인용하여[494] "너희 율법에 내가 너희를 신들이라고 하였다라고 기록되어 있지 않느냐?(요 10:34)"라고 도리어 유대인들에게 반문하셨다. 하나님 말씀이 임한 자를 그리스도는 "신"이라 주저 없이 칭하셨다. 예수의 이런 말씀을 숙고한다면 그리스도와 합일하는 자는 이 세상의 "신들", 혹은 "신의 아들들"이라고 해야 한다. 이 가르침을 잘 기억하고 있었던 베드로도 그의 편지에서 놀라운 말을 우리에게 전해주고 있다. 그것은 그리스도인이 "신의 성품에 참여하는 자들(벧후 1:4)"로 간주하고 있다는 사실이다. 여기서 "신의 성품에 참여한다"는 용어는 정확하게 번역하면 "신적인 본성에 동일한 몫들을 가지는 것"을 뜻한다. 그러니까 그리스도인은 신적인 본성의 한 몫을 나눌 수 있는 자이고 나아가서 그리스도와 같이 동일한 몫을 가지는 자를 뜻한다. 바울이 "자신의 아들을 아끼지 않으시고 우리 모든 사람을 위하여 내어 주신 분께서 어찌 아들과 같이 모든 것을 우리에게 은혜로 주지 않으시겠느냐?(롬 8:32)"고 고백했을 때 아버지 하나님은 죄인인 우리에게 이미 그리스도와 동일한, 그리스도가 가지는 모든 것들을 아낌없이 주시고 또한 주셨음을 증거 한다. 예수 당시의 유대인들은 신을 주인(Herr)이나 생과 죽음 그리고 순종을 요구하시는 창조주로 인식했다면 예수의 제자들과 예수를 믿는 자들은 하나님을 "아버지"로 이해하였다. 예레미아스(J. Jeremias)의 주장대로 유대인들은 신에 대한 경외를 강하게 강조하였고 마치 그것이 복음의 중심인 것처럼 이해했으나 그것이 복음의 중심은 아니라 하나님을 "너희의 아버지"로 받아들이게 한 것이 바로 복음의 중심이며 예수께서 특히 천국 혹

---

[494] 시 82:6: "내가 말한다. 너희는 신들이며 모두 지극히 높으신 분의 아들들이나…"

은 왕권(Basileia)과 관련하여서만 하나님의 아버지되심을 강조하신 것도 특이하다.[495] 하나님이 아버지가 되신다는 의미는 하나님이 그리스도인을 자신의 아들로 인정하심을 직접적으로 가리킨다. 바울에 의하면 "종의 영을 받지 않고 양자의 영을 받았으므로 그 영으로 아바 아버지라 부르짖는다(롬 8:15)"고 한다. 비록 예수 그리스도와 다르지만 하나님의 아들이 된 자가 그리스도인이다. 양자란 단순히 입양된 자라는 개념이기 보다는 장차 주어질 거룩함의 한 몫을 가지는 자격을 가진 자이고 일상의 삶 속에서도 아버지의 나타나심을 선물로 받는 자요, 하나님의 알 수 없는 뜻에도 스스로 분별할 수 있는 용기를 받은 자이다.[496] 아들은 아버지와 대화할 수 있다. 그래서 기도를 "하나님과 함께 인간이 가지는 교제(communicatio hominum cum Deo)"로 보는 칼빈의 말이 옳다(InIV.297). 기도에서 아버지는 아들의 가장 작은 말에도 세심하게 들으시고 응답하신다. 기도란 아들이 아버지를 향해 가지는 무한한 가치와 특권 중의 하나이다. 기도에서 아들인 그리스도인은 하나님처럼 무한히 높아져 있으며 동시에 아들인 그리스도인의 말을 듣기 위해 무한히 자신을 낮추시는 아버지를 발견할 수 있다. 기도에서 비로소 아들과 아버지는 동일선상에 서 있으며 얼굴과 얼굴을 마주하고 있고 눈과 눈을 마주하게 된다. 기도에서 성령께서 아들 인간의 말을 아버지가 들으시도록 통역해 주시고 그 성령은 또한 아버지 하나님의 뜻을 인간의 말로 통역해 주신다. "성령께서는 모든 것, 심지어 하나님의 깊은 것들까지도 통찰하신다(고전 10:10)"고 바울은 말하고 있고 "사람 속에 있는 사람의 영외에 누가 그 사람의 생각을 알겠느냐? 이와 같이 하나님의 영외에는 아무도 하나

---

[495] 참고. J. Jeremias, Neutetamentliche Theologie, vol. I, 176: "너희의 아버지"라는 용어가 마가복음에는 1번 나오고 마태와 누가에서는 각 2번씩 사용되었으나 이와 관련해서는 마태복음에는 무려 12번이 사용되었다.

[496] 참고. 위의 책, 177-180.

의 생각을 알지 못한다(고전 10:11)"고 바울은 확신있게 말한다. 기도에서 그리스도의 영, 즉 성령으로 아버지 하나님의 깊은 뜻을 통찰하며 동시에 성령은 우리의 마음속에 있는 숨은 뜻을 읽으신다. 그래서 분명히 기도 속에서 하나님의 삼위일체되심을 발견할 수 있다.

8. 결국 그리스도인은 단순히 그리스도를 신으로 무한히 높이는 자들이기 보다 그리스도와 함께, 그리스도를 통하여 궁극적으로 세상에서 한 사람의 그리스도가 되는 자를 가리킨다고 해야 한다. 위에서 잠깐 언급한 대로 "그러므로 너희는 더욱 힘써 믿음에 덕을, 덕에 지식을, 지식에 절제를, 절제에 인내를, 인내에 경건을, 경건에 형제우애를, 형제우애에 사랑(아가페)을 공급하여라(벧후 1:5-7)"고 베드로가 말했을 때 적어도 그리스도인은 단순히 믿음으로 의로워지는 칭의의 은혜가 전부가 아니라 궁극적으로 신적인 본성인 아가페의 은혜를 받는 자로 보았다. 그럼에도 불구하고 칭의는 그리스도인이 되는 중요한 시금석이 된다. 우선 "칭의"라는 개념을 올바르게 이해해야 한다. 칭의란 법률적인 용어로서 '의로워진다'는 뜻인데 이것은 내가 나를 의롭게 여기는 것이 결코 아니다. 오히려 "법정 앞에서(vor ein Forum) 나를 지적하는 사건"이고 "나는 타인들 앞에서 의롭게 된다"는 개념이다.[497] 의롭게 되는 사건으로서 칭의는 비록 인간이 올바르다고 해도 그 스스로 의로워질 수 없다는 것을 전제로 한다. 따라서 칭의란 근본적으로 '내가 죄인이다'는 의식을 전제로 하며 이 고백에서 타자가 나를 의롭다고 인정하는 것을 뜻한다. 여기서 타자란 하나님을 뜻한다. 그렇다면 왜 하나님이 죄인인 나를 의롭다고 선언하시는 것일까? 칭의의 이유를 우리 인간 편에서 인과율적으로

---

[497] E. Jüngel, Das Evangelium von der Rechtfertigung des Gottlosen als Zentrum des christlichen Glaubens, Tübingen, 1998, 5.

아무리 따진다고 해도 수수께끼에 해당한다. 그래서 "칭의는 인간실존을 통해 설정된 비밀의 해결이다"고 말하는 것과 "그것은 근본적으로 인간 상황의 새로운 규정이며 그 자체가 하나의 다른, 오래된 것이 사라지는 것이다. 그것은 바로 순수하지 못한 자를 의롭다고 하는 것이다(KD IV/1.395)"는 말이 일리 있다. 이런 점에서 "죄인을 의롭다고 하는 복음은 하나님이 그것을 정확하게 행하셨음을 의미한다. 이것은 기독교 신앙의 중심에는 엄청난 주장이 담겨있음을 가리킨다. 즉 올바르게 죄의 짐을 진 자, 하나님 앞에서 완전히 불의한 자이며 죄인이며 신이 없는 자로 명명되었던 그 인간이 하나님으로부터 의롭다고 인정을 받는 것, 즉 하나님에 의해 인정되는 것을 의미한다"는 주장이 전혀 틀리지 않다.[498] 하나님으로부터 죄인으로 칭함을 받은 자가 역설적으로 의롭다고 여김을 받는 사건이 기독교 칭의의 가르침이다. 자신이 죄인인 점을 깨닫지 못하거나 알기를 거부하는 자에게는 칭의 또한 전혀 의미가 없다. 죄인이란 하나님을 믿지 않는 자이고 하나님이 없는 자이고 하나님을 거역하는 자이고 그를 향해 경멸하고 반역하는 자이다. 그러나 동시에 죄인은 이런 자신을 깨닫는 자이고 이것이 바르지 않다고 인정하는 자이며 이것이 도리어 무거운 짐이 되는 자이다. 하나님은 이 죄인을 의롭다고 공식적으로 선언하신다. 따라서 칭의 없는 기독교인이란 마치 열쇠를 잃은 자가 집에 들어가려는 행위를 하는 것과 같다. 그러나 칭의가 그리스도인이 되는 전부가 되는 길이 결코 아니다. 칭의는 신앙의 기초이며 시금석이지만 그리스도인의 전부가 아니다. 칭의는 그리스도인이 되는 길을 찾은 자이며 "칭의"라는 길로 걸어가서 새로운 무엇을 만나야 하는 자이다. 칭의는 하나의 길이지, 그 자체가 종착점이 아니다. 그리스도인의 시

---

[498] 위의 책, 6.

작은 칭의에서 시작된다. 그러나 칭의는 새롭고 이질적이며 전혀 생소한 어떤 비밀을 만나는 길에 접어들었음을 예고하는 하나의 길이다.

9. 칭의에서 시작하여 우리는 종교로부터의 자유를 이렇게 말할 수 있지 않을까? 그리스도인이 되는 것이 바로 종교로부터의 자유를 얻은 자라고 말이다. 칭의함 받지 못한 자도 종교인이 될 수 있고 심지어 기독교 종교교인도 될 수도 있다. 그러나 그리스도인은 종교인과 무관하다. 종교적이고 윤리적인 시야에서 본다면 "기독교는 예수 그리스도를 믿는 신앙과도 일치하지 않는다. 기독교의 종교적이고 윤리적인 사상들은 예수 그리스도를 믿는 신앙이 나타나지 않는 곳에서 활동한다"는 주장이 그다지 과하지 않다.[499] 종교는 세속주의와 관계할 뿐 그리스도인과 별로 관계하지 못한다. 그리스도인은 그리스도를 빙자하여 그의 골수나 기름을 자기 배에 채우는 기생충이 아니다. 오히려 그리스도인은 그리스도가 사셨던 것처럼 이 세상에서 참다운 영혼의 자유를 제공하는 자이다. 루터가 "그리스도인은 모든 것을 지배하는 완전히 자유로운 주인이며 그 어느 누구 아래에 있지 않다. 그리스도인은 모든 것에 완전히 봉사하는 종이며 그 어느 누구 아래에 있다"고 말했는데[500] 이 말은 종교를 비롯한 모든 것에 그리스도인은 자유로우며 동시에 그 자유를 세상을 위해 봉사하라는 의미 있는 주장으로 비친다. 예수 그리스도에게 대적자는 불신자가 아니라 바리새적 종교인이듯 그리스도인에게 가장 대적하는 무리는 무신론자들이 아니라 오히려 종교주의자들일 것이다. 특정 교리나 규례를 만들어 거기에 신적인 권위를 부여하면서 자신들은 기득권자들이 되어 성도들을 부자유하게 하고 율법 아래에 있게 하며

499　P. Althaus, Um die Wahrheit des Evangeliums, 35.
500　M. Luther, Die Freiheit eines Christen, 9.

궁극적으로 자신을 우상으로 섬기도록 만드는 종교주의적인 교주나 검증되지 않은 자기 개인의 철학을 신적인 지식으로 만들어서 우매하고 어리석은 인간들에게 골수와 피를 빼가는 이단들이 바로 그리스도인의 대적자이다.

9. 그리스도인에게는 경건성과 세속성이 이원론적으로 구분되어 있지 않는다. 경건은 소위 종교인들이 선호하는 양식이고 세속은 세상인들이 사는 자연적인 방식이다. 우리가 만약 경건과 세속을 분리시킨다면 한편으로는 초월주의적 종교주의자들이 될 것이고 다른 한편으로는 자충족적 세속주의자들이 될 것이다. 전자는 세상을 버리고 신을 택하는 자들이고 후자는 신을 버리고 자신의 신을 세상에서 택하는 자들이다. 전자는 세상을 버린 신을 따르는 경건을 가질 것이고 후자는 자신의 취향에 맞는 신을 세상에서 찾는 세속을 가질 것이다. 전자에게는 경건의 모양을 가지고 있으나 경건의 능력은 일어날 수 없을 것이고 후자에게는 세속의 모양은 있으나 세속의 능력은 일어날 수 없을 것이다. 그렇다면 경건의 능력은 무엇이고 세속의 능력은 무엇인가? 여기서 우선 경건성과 세속성이라는 말들이 담긴 의미를 숙고해야 한다. 경건성이란 위에서 상세하게 취급하였듯이 종교성과 별반 차이가 없는 개념이다. 경건이라는 말은 고대 헬라어로 "유세베이아(εὐσεβεία)"이고 "좋게 경배하는" 종교적인 뜻이 담겨있으며 고대 라틴어로는 "피에타스(pietas)"로 번역되는데 이 단어는 "의", "동정심", "온화함"이라는 뜻과 함께 "사랑"이라는 뜻도 들어있다. 불순종한 이후 인간은 하나님의 은혜와 사랑 안에 더 이상 살지 못하고 하나님의 인격과 분리되면서 하나님의 "너"를 상실한 후 이 관계가 "하나님을 알 만한 것"이라는 형태로 변질되어 자연은총적인 하나의 종교성으로 나타난다. 하나님의 특별한 계시의 은총이 없으

면 도무지 하나님의 신령한 인격과 하나님 자신을 알지 못하는, 일반적이고 보편적이며 누구에게나 본성적으로 주어진 은총이다. 따라서 경건성은 신을 향한 인간 영혼의 상향운동인 에로스의 산물이다. 인간이 아무리 경건해도 그 본질은 부패한 본성에 뿌리를 두고 있으며 희미하게나마 신을 알려고 하고 만나려고 몸부림치는 에로스의 결과가 경건성이다. 이런 점에서 경건의 능력은 신을 향해 자신을 바치는 행위의 총체를 가리킨다. 살아계시는 하나님을 향해 자신의 전부를 헌신하려는 행위의 전부를 우리는 경건성이라 부를 수 있다. 반면에 세속성(Säkularisierung)이란 이런 경건성과 다르다. 세속성과 세속주의를 엄밀하게 구분하는 고가르텐(F. Gogarten)은 세속성이 예수의 선포의 결과로 간주하면서 "기독교 신앙은 세상과의 관계를 가능하게 만들었다. 거기에서 인간 정신은 그와 만나는 모든 것들, 현상들을 두려움 없이 주저하지 않고 연구하는 자유를 얻었으며 그 결과로 인간에게는 더 이상 그를 멈추게 할 비밀이 없게 되었다. 기독교 신앙의 영향에서 생성되고 형성되었던 서구의 문화는 인간 행위를 통해 세계를 지배하는 학문적-기술적인 문화가 된 것은 우연이 아니다. … 현대인은 세상에 대하여 자존감을 가지며 … 그것은 기독교 신앙의 적법한 결과이다"고 주장한다.[501] 신앙의 당연한 산물인 세속성과 세속주의(Säkularismus)는 구분되는데 전자는 인간이 신앙이라는, 신과의 인격적인 관계에서 거룩으로 주어지는 선물로 세상을 지배하면서 가지는 것이고 기독교 신앙의 당연한 결과이다. 반면 후자는 인간이 세상을 선물로 여기지 않고 인간 자신을 스스로 높이고 세상을 소유함으로서 생기는 인간 자충족성의 결과이다. 하나님과의 인격적인 관계를 가지면서 신앙으로 세상을 지배할 때 그 지배는 소유가 아

---

[501] F. Gogarten, Die Verkündigung Jesu Christi, Heidelberg, 1948, 456-457.

닌 인간의 자유에로 이끌지만 신앙이 이런 과정을 가지지 않으면 곧 바로 세속주의가 된다.[502] 그러니까 세속주의는 세속성의 곡해이고 뒤틀림인 셈이다. 그렇다면 세속성의 근원은 무엇일까? 거룩한 존재가 거룩하지 않는 곳으로 자신을 무한히 낮추는 행위가 세속성의 근원이라고 하겠다. 다시 말해 세속성의 근원은 인간의 에로스가 아닌 하나님의 아가페이다. 거룩하시고 신령한 하나님이 인간과 세상을 초월하여 무관하게 계시지 않고 오히려 죄인에게로 자신을 무한히 낮추시고 인간의 모양과 인간의 모습대로 이 세상에 오신 것은 죄인을 사랑하시는 하나님의 은혜인데 이것은 거룩한 존재가 거룩하지 못한 것 안으로 자신을 집어넣는 수욕의 행위가 되는 것으로 이것을 세속성이라 부른다. 따라서 하나님이 인간의 모양과 모습대로 그리스도로 세상에 오신 행위는 하나님의 세속성이다. 그리스도는 하나님의 세속성이다. 그렇다면 세속성의 뿌리는 인간에게 있는 것이 아니라 죄인을 사랑하는 하나님에게 있다고 해야 한다. 하나님의 죄인 사랑은 죄인 자체를 사랑하는 것이 아니라 죄인 안에 있는 자신과 유사한 것, 자신의 형상을 사랑하셔서 그것을 위해 인간의 모습대로 오셨다. "하나님은 자신의 고유한 형상을 사랑하기 위해 인간에게서 그것을 찾으신다(N.276)"는 말은 전혀 과하지 않다. 이것을 찾기 위해 더럽고 추악하고 사악한 죄의 세상 안으로 순수하고 순전한 하나님 자신을 순수한 생명으로 머물기를 거부하시고 인간에게로 자신을 무한히 낮추셨다. 이것이 하나님의 세속성이다. 세상을 사랑해서가 아니라 세상의 죄인을 사랑해서이며 죄인을 사랑해서가 아니라 죄인 속에 있는 자신이 고유한 형상을 사랑하여 거기에 자신의 거룩한 영을 부어주시고 새롭게 하기 위해서이다. 하나님은 잃어버린 자신의 고유한

---

502 참고. F. Gogarten, Verhängnis und Hoffnung der Neuzeit, Stuttgart, 1958, 144.

형상을 인간에게서 다시 찾기 위해 인간의 형상을 취하시고 그리스도로 내려 오셨다. 인간은 자신의 노력으로는 이 형상을 찾을 수 없기 때문이다. 따라서 경건성은 거룩한 신을 향하여 거룩하지 못한 인간이 잡으려는 에로스의 산물이고 세속성은 거룩한 하나님이 거룩하지 못한 죄인을 잡으려고 손을 내미시는 아가페의 산물이다. 경건성이 에로스의 산물이고 세속성이 아가페의 산물이라면 이 둘 사이의 관계는 어떠한가? 하나님의 자기비하인 세속성 안에 신을 향한 인간의 사랑인 경건이 들어있다. 세속성과 경건성이 대립하는 것이 아니라 죄인을 위해 자신을 무한히 세속화시키는 하나님의 아가페 안에 신을 향한 인격적 관계를 위해 몸부림치는 경건성이 들어있다. 경건성의 의미는 하나님의 세속성을 마주하여 의미를 가지며 하나님의 세속성은 인간의 경건성을 포함하여 의미를 가진다. 말하자면 경건성은 하나님의 자기비하인 신적 세속성 안에서 비로소 본래의 의미를 찾게 된다. 이런 점에서 바울이 하나님의 교회가 가지는 비밀을 소개하면서 "이 경건의 비밀은 참으로 위대하다. 그분은 육신으로 나타나시고 성령으로 의롭다 하심을 얻으시며 천사들에게 보이시고 나라들 가운데 전파되시며 세상에서 믿은바 되시고 영광가운데 올리우셨다(딤전 3:16)"로 고백한 것은 경건의 비밀이 그리스도의 비밀인 "성육신"이라는 하나님의 아가페임을 말하고 있다.[503] 경건이 가지는 원래의 비밀은 그리스도의 성육신에 있다고 하겠는데, 달리 말하면 하나님이 하실 수 있는 최선이다. 무한한 하나님이 유한한 인간성 안으로 들어오시는 것은 받아들일 수 없는 인간성 안으로 들어가시기 위해 자신을 무한히 구기고 접고 뭉친 행위이며 영원한 하나님이 시간이라는

---

503 경건(εὐσεβείας)이라는 바울의 개념은 기독교인의 포괄적인 신앙과 삶의 실천을 담고 있는데 무엇보다 교회 공동체에서 그리스도의 비밀을 통해 작용하고 규정된다. 구체적으로 그리스도의 성육신으로 세워진 교회 안에서 주어지는 그리스도의 신비를 아는 능력으로 이해하면 좋겠다. 참고. Jürgen Roloff, Der erste Brief an Timotheus(EKK), Zürich, 1988, 201.

제한된 시점 안으로 자신을 무한히 접고 접어서 시간적인 인간성으로 내려앉아야 가능하다. 마치 사람이 새가 될 수 없는 것은 사람은 자신을 무한히 구기고 접는다고 새가 되는 것이 아니기 때문이다. 반대로 새가 사람이 될 수 없는 것은 새가 자신을 무한히 팽창시키고 확장시킬 수 없기 때문이다. 이런 시도는 불가능의 가능이라고 칭할 수 있겠다. 전능하신 하나님이 하실 수 있는 가능성은 창조주 하나님이 피조물 인간이 되는 것에 있다고 한다면 성육신은 하나님의 최선이고 동시에 최선이 되신 하나님이시다. 창조주가 피조물이 되는 것은 돌을 빵으로 바꾸는 것보다 어려우며 인간이 새가 되는 것보다 어렵다. 피조물에서 피조물에로의 변화는 우리 인간들에게는 기적이지만 창조주 하나님이 피조물 사람이 되시는 것은 기적이 아니라 근본적인 자기비하이다. 물이 변하여 포도주가 되는 것을 기적이라고 우리가 말한다면 성육신 사건은 기적을 넘어서서 하나님만이 자신에게 하실 수 있는 자기고문이고 자기학대이다. 기적은 발전하는 과학으로 설명이 가능할 수도 있지만 하나님의 자기비하는 과학의 대상이 아니다. 하나님이 스스로 설명하지 않으시면 우리는 이해할 수도 없으며 믿을 수도 없다. 응고될 수 없는 인격이 응고된 사물이 되는 것! 영적인 생명을 불어넣는 분이 도리어 영적인 생명으로 인해 사는 자가 되는 것! 이 비밀을 설명하려고 애쓰기보다 차라리 알 수 없다고 고백하는 것이 겸손일 것이다. 그러나 경건은 이 설명할 수 없는 비밀을 잠깐 스치듯 엿보는 하나의 틈새에 불과하다. 그러면서 계속 바울은 "오직 경건에 이르도록 너 자신을 단련하여라(딤전 4:7)"에 권면하고 있고 "경건은 모든 일에 유익하며 현재와 미래에 생명의 약속이 있다(딤전 4:8)"고 말한다. 그러면서 경건의 모양은 있으나 경건의 능력은 부인할 것이니 너는 이런 자들에게서 돌아서라(딤후 3:5)"고 충고하는 것도 역시 마찬가지로 그리스도의 비밀인 신적 아가페를 아는 것을 경건의 능력으로 보았고 반대로 기독교에 관해 배우지만 진리의 지식에 이르지 못하는 자들을 가리켜 경건의 모양이라고 간주한다(참고. 딤후 3:1-7). 하늘로 무한히 상승하려는 인간 영혼과 세상으로 무한히 자신을 하강하는 거룩한 영(Spiritus)이 순간적으로나마 중간에서 접촉하는 지점이 바로 경건이다. 그래서 "종교나 경건이 없는 곳에는 결정적으로 하나님을 말함에서 하나님을 안다고 우리는 말하지 못한다(InIII.34)"는 칼빈의 선언이 틀리지 않으며 "우리는 경건을 하나님의 축복들의 지식으로 인해 획득하는 계시된 하나님의 사랑과의 연합으로 간주한다(InIII.35)"고 주장하는 것도 정확하다. 경건은 그리스도 안에서(in Christo) 우리 위에(ultra nos) 그리고 우리 밖에서(extra nos) 역사하시는 하나님의 사랑과의 연합이다. 경건은 그리스도로 인해 주어지는 '인간과 하나님과의 교차점'이며 또한 인간을 향해 자신을 무한히 하강하는 하나님의 '멈춤'이고 동시에 하나님을 향해 무한히 이끌려 상승하는 인간 영혼의 잠깐 '정지'이다. 이 멈춤과 정지의 지점이 경건이라면, 하나님의 자기비하성을 아주 얇은 틈새로 순간적이나마 엿보는 기회가 바로 경건인 셈이다. 경건성은 그리스도로 자신을 무한히 낮추신 하나님의 아가페적 세속성 안에서만 비로소 참된 의미를 갖는다. 경건성은 부패한 세상에 대항하는 경건이 아니라 신적 자기비하의 아가페 안에서 발견되는 그리스도의 비밀이다. 그러나 이런 경건성이 경건주의가 되면 원래의 의미를 벗어난다. 즉 부패한 세상으로부터의 탈피와 세상의 부정 그리고 세상을 초월하려는 경건의 형태를 취하게 되는데 이것은 경건성의 곡해인 경건주의가 된다. 경건주의는 세상과 신을 이원론적으로 구분하여 세상을 혐오하고 신을 거룩하게 만든다. 그러면서 세상을 미워하게 하고 종국에는 세상을 초월하려는 자기 의를 성취하는 목적을 실현하려고 한다. 이와 유사하게 세속주의 역시 그러하다. 하나님의 자기비하로 이루어진 그리스도의 성육신의 비밀이 가지는 세속성이 곡해되어 세상적이고 인간적인 것이 신이 되는 형태가 세속주의이다. 그래서 세속주의는 경건주의를 싫어하고 경건주의는 세속주의와의 대결을 항상 염려한다. 경건주의는 경건성의 왜곡으로서 초월주의에로 나아가는 반면 세속주의는 세속성의 왜곡으로서 세상중심주의로 나간다. 그러나 분명한 점은 경건성이 인간 에로스에게서 시작하고 있으며 세속성은 하나님의 아가페에 달려있다는 것이고 세속성 안에 경건성이 있으며 경건의 능력은 자신을 무한히 낮추시는 하나님의 아가페의 비밀을 아는 능력을 두고 말한다. 경건의 능력이란 하나님의 세속성을 아는 능력이 되겠지만 반대로 세속주의는 신적 아가페를 알지 못하며 인간 자신이 신이 되는 사상이라 하겠다. 이렇게 본다면 세속성과 경건성은 기독교 신앙과 관련하여 서로 원수지간이 아니라 신앙의 두 면이라 하겠다. 세속성은 죄인을 사랑하여 거룩한 자신을 거룩하지 못한 세상으로 무한히 낮추어서 우리와 함께 하시는 하나님의 아가페에서 기인하고 경건성은 이런 자기비하의 하나님 아가페를 그리스도에게서 아는 능력이다. 그렇다면 세속성 안에 경건성이 있다고 말할 수 있지 않는가? 단지 세속주의나 경건주의는 이런 관계를 하나의 "율법"으로 응고시켜 뒤틀어지고 곡해된 형태를 가진다. 따라서 그리스도인은 세속을 미워하거나 적대시하거나 원수로 여기는 태도를 지향하지 않는다. 한 사람의 그리스도로 사는 그리스도인은 세속 속에서 경건의 가치와 궁극적인 의미를 발견하는 자이며 하나님의 세속성에서 자신의 경건성을 발견하는 자이고 자신의 경건을 비기독인들에게 자랑하지 않으며 또한 드러내지 않고 오히려 그들의 세속주의 사상을 정죄하기보다는 그리스도처럼 이해하며 그들의 한계와 잘못을 사랑으로 변화시키는 자이다. 그렇다고 그리스도인은 세상을 사랑하여 세상적으로 사는 자가 아니라 단지 세상 속에서 그리스도로 사는 자이다. 비록 세상적으로, 세상과 함께, 세상과 더불어, 세상 안에서 살지만 이것들을 비극이나 운명으로 여기지 않으며 그리스도처럼 이 세속주의적인 짐들을 짊어지면서 동시에 경건의 무거운 짐도 함께 지는 이중직의 삶을 사는 자이다. 세속주의자들은 세상적인 삶이라는 하나의 짐만 짊어지는 자이고 반면 경건주의자는 세상의 짐을 포기하고 경건의 짐만 지려고 하지만 그리스도인은 세속과 경건이라는 두 개의 무거운 짐들을 지고 사는 자이다. 그는 경건주의자처럼 신에게서 오는 즐거움과 기쁨만을 희구하면서 즐겁게 사는 자가 아니며 세속주의자처럼 세상적으로 살면서 세상의 기쁨만을 갈구하며 사는 자도 아니다. 그리스도인은 세속성의 변질인 세속주의와 경건성의 변질인 경건주의에 대해서도 슬퍼하면서 오로지 그리스도처럼 하나님의 은혜에만 즐거워하면서 사는 자이다. 따라서 슬픔의 기초 위에서 기쁨을 얻은 자이며 괴로움의 바닥 위에서 즐거움의 비밀을 깨달은 자이며 고통의 뿌리에서 행복의 가치를 발견한 자이다. 그렇기 때문에 그리스도인은 슬퍼하면서 기뻐하는 자이고 괴로워하면서 즐거워하는 자이며 고통하면서 행복해 하는 자이다. 그리스도인은 "아담 안에서 하나님이 자기 자신을 아신다(N.275)"는 사실을 깨달은 자이다. 자신이 하나의 아담으로서 하나님이 자신 안에 있는 하나님의 것을 사랑하심을 잘 아는 자이다. 이런 점에서 틸리케(H. Thielicke)가 인간의 "나는 항상 세상 속에서 실재하기 때문에 '세상 앞에서(coram mundo)' 없는 '하나님 앞에서(coram Deo)' 라는 말은 생각할 수조차 없다. '세상 앞에서'에서 '하나님 앞에서'가 실현되기 때문이다"고 말한 것은 의미있는 지적이다.[504] 세상은 우리의 대적이 아니고 원수도 아니며 그렇다고 우정을 나눌 수 있는 친구도 아니며 사망에까지 함께할 수 있는

504　H. Thielicke, Theologischer Ethik II/1, Tübingen, 1986, 457.

반려자도 아니다. 우리가 본질적으로 하나님 앞에서의 인간(homo coram Deo)이라면 그것은 세상 안에서만 그러하기 때문에 세상은 하나님의 보내심을 받은 자 그리스도 안에 있는 세상임을 알아야 한다.

10. 그리스도인이라 함은 구체적으로 어떤 존재인가? 이를 위해 필자는 "인간의 영혼 그 신비"라는 책을 2010년도에 출판한 적이 있다. 거기서 예수 그리스도의 "나"에 대해 연구했는데 독자들은 그 책에서 상세한 사항을 참고할 수 있겠다. 그럼에도 불구하고 간단하게나마 요약, 정리를 통해 이 문제에 접근하기로 한다. 위에서 잠깐 언급하였듯이 그리스도인이 되는 것은 곧 그리스도처럼 이 세상에서 사는 자를 가리킨다고 했다. 세상을 초월하거나 간과하면서 경건주의자가 되는 것이 아니고 그렇다고 세상과 하나가 되어 세속주의자가 되는 것도 아니다. 하나님의 세속성을 세속주의적인 세상에서 실현하는 자이며 경건성을 경건주의적인 종교에서 실현하는 자라고 우선 규정하고 싶다. 이런 자의 모습은 "어린아이" 개념으로 설명이 될 수 있겠다. 놀랍게도 예수의 가르침에서 "어린아이"와 "하나님 나라"와의 관계가 직접적으로 언급된 경우가 많다. 보통 우리가 어린아이(네피오스:νήπιος) 라고 말하면 발달이 덜된 자 혹은 교양과 학식이 모자란 자로 아니면 정치-사회적으로 약자로 오해하는 경우가 많다. 그러나 성경적 의미에서 말하는 어린아이는 재능이 모자라거나 지적능력이 떨어진 자 아니면 교육을 받지 못한 자가 아니라 오히려 지혜로운 자일 수 있다. 성경이 가리키는 우매한 자나 모자란 자는 오히려 자신의 지식으로 자신의 삶을 마음대로 살며 곡해된 인생관으로 인해 하나님의 계시와 그 의미를 깨닫지 못하는 자이거나 깨닫기를 거부하는 자를 가리킨다(참고. KD IV/2.463). 그러나 어린아이는 계시와 직접 관계하며 아버지와 아들 사이에서 시작했던 운동, 즉 아버지가

아들에게 모든 것을 넘겨주셨음을 가리킨다(참고. KD IV/2.861). 그룬트만 (W. Grundmann)은 예수에게서 어린아이 개념은 "계시를 받는 자"를 의미한다고 단정한다.[505] 고대 헬라에서는 어린아이는 자존성이 불충분한 존재로 항상 취급되었던 반면 성경 헬라적 개념은 어린아이와 천진난만함이 함께 결합이 되었는데 이 천진난만함 혹은 단순함이 큰 약속을 가지는 자로 이해되었다. 즉 천진난만한 자는 하나님의 보호 아래 있으며 하나님으로부터 지혜를 직접 수령하는 존재가 되었다. 예를 들어 시편 9편 1-6에 보면 "미련한 자"와 "지각없는 자"가 지혜와 생명과 명철을 얻는다고 말하고 있는데, 이 때 미련한 자와 지각없는 자는 단순한 자 혹은 천진난만한 자와 동일한 자로 볼 수 있고 이런 연장선에서 예수께서는 어린아이가 계시의 수령자로 여기셨다고 하는 주장이 있다.[506] 더구나 예수께서는 하나님을 "아바"라고 부름으로, 지식이 있는 자와 스스로 지혜있다고 여기는 자에게는 은폐되는 하나님의 뜻이 어린아이로서 자신에게 허락되고 계심을 말씀하셨다(참고.눅 10:21-22). 물론 누가복음에 등장하는 "지혜롭고 현명한 자들(눅 10:21)"은 이스라엘의 선생들을 가리킨다. 예수께서 어린아이로서 아버지에게 말을 거셨고 이런 그의 행위는 율법을 신으로 가르치는, 소위 지혜와 현명을 가지지만 하나님의 진노의 대표자들인 이스라엘 선생들과 구분시킨다. 이스라엘 선생들은 자신들이 해석한 율법을 제공하는 자들이라면 예수께서는 위로부터 주시는 하나님의 은혜를 제공하셨다. 따라서 어린아이라는 개념에는 계시를 주시며 그 계시의 수납자인 아들을 선택하시는 아버지를 전제하고 있다. 아버지는 생명의 계시의 내용이며 오로지 아들이신 어린아이에게서

---

505 W. Grundmann, Die NHΠIOI in der Urchristlichen Paränese, 201.
506 참고. 위의 책, 202.

발견된다. 그래서 예수는 하나님의 계시자라고 해야 한다.[507] 그룬트만은 여기서 한 걸음 더 나아가서 "어린아이들은 다시금 아이가 될 수 있는 단순한 자를 뜻한다"고 규정한다.[508] 흥미롭게도 보본(Francois Bovon)은 어린아이의 개념을 담고 있는 누가복음 10장 21-24을 가리켜 "복음의 핵심"이라고 진단하면서 "전회의 시간이 거기에 있다"고 까지 평가한다.[509] "기독교 공동체가 어린아이라는 형태에서 잘 알고 있었던 것은 예수 안에서의 신적인 계시를 통해 그리고 예수로부터 선물로 주어진 전회로 이해하고 있었다"는 주장은 일리 있다.[510] 이와 유사하게 "하늘과 땅의 주인이신 아버지, 이것들을 …(마 11:25)"에서 "이것들(ταυτα)"은 "하나님의 왕국"이라고 규정하면서 이 계시는 일반적인 계시의 진리가 아니라 오로지 예수를 통해 일어났던 계시진리들이며 이런 점에서 "어린아이"는 하나님 아들 예수께서 계시하길 원하셨던 장소인 공동체라고 주장하는 자도 있다.[511] 하여간 어린아이는 예수의 가르침에 따르면 천국 혹은 하나님 나라와 직결되어 있다는 사실은 결코 부정할 수 없다.[512] 이 어린아이가 어떤 존재일까? 우리는 여기서 어린아이란 결국 "전회", 혹은 "위로부터 난 자" 혹은 "거듭난 자(regenitus)"를 뜻한다고 규정할 수 있겠다. 예수 그리스도는 하나님이시면서도 하나님을 "아바"라고 부르는 무한한 겸손과 동시에 마치 우리 인간처럼 '변화되어야 할 한 인간'으로 자신을 무한히 낮추어서 죄인들에게 "어린아이"로 말씀하셨고 동시에 "어린아이"를 말씀하셨으며 나아가서 "어린아이"가 되게 하신다. "어

507　참고. 위의 책, 203.
508　위의 책, 204.
509　F. Bovon, Das Evangelium nach Lukas(EKK), III/2, Zürich, 1996, 66.
510　위의 책, 70.
511　참고. U. Luz, Das Evangelium nach Matthäus(EKK), I/2, Zürich, 1990, 206-207.
512　마 11:25; 마 18:3-5; 마 19:14; 마 21:16; 막 9:36-37; 막 10:14-15; 눅 10:21-22; 눅 9:48; 눅 18:16-17

린아이"란 결국 그리스도로 살아야 하는 그리스도인을 뜻한다고 할 수 있겠다. 여기서 어린아이와 대칭되는 개념인 "어른" 혹은 "성숙한 자"를 숙고해 보면 더욱 어린아이의 개념이 선명해진다. "어른"을 보통 우리는 성숙한 자 혹은 성인으로 간주하고 삶의 모든 실재성에서 표준 혹은 규범으로 삼는다. 이에 반해 어린아이는 어른이 되기 위한 준비단계나 어른을 위한 하나의 조건으로 이해한다. 이런 시각에서 '어른은 어린아이의 미래'라는 도식이 자연스럽게 진리인 것처럼 받아들여진다. 만약에 어른이 어린아이의 미래라면 도대체 그 어른은 어떤 면에서 어린아이의 미래가 되는 것일까? 이 때 어린아이는 어른이 만든 일정한 규범, 예를 들어 학교교육으로 인해 길들여지고 인륜과 도덕 그리고 특정 사회나 공동체가 요구하는 윤리적 가르침에 잘 훈련받고 그 공동체에 잘 적응하기 위한 인간이 되도록 일정한 기간 동안 마련된 준비과정을 거친다. 어린아이는 어른보다 항상 미숙하고 모자라고 부족하며 배워야 하는 존재가 된다. 그런데 어린아이가 미숙하다면 무엇이 미숙한 것일까? 세상적인 현실을 사는 지식들과 정보들이 부족하고 미숙하다고 해야 하는 것이 아닌가? 마치 운전을 못하는 사람이 운전을 잘하는 사람에게 운전기술을 배우는 것과 차이가 있는가? 이런 이해는 삶의 실재성을 어른이라는 시각에서 보기 때문에 나온 선지식이고 나아가서 선입견일 수 있다. 그러나 이 선지식을 배제하면 새로운 관점이 생긴다. 생리적으로 혹은 연령적으로 보아도 어른은 처음부터 어른이 아니라 어린아이를 반드시 거쳐서 된다. 따라서 '어른은 어린아이의 미래'가 아니라 어른은 아린아이의 타락이고 부패이며 변질이다. 어른은 어린아이의 소망이 아니라 어른이야말로 어린아이의 절망이고 좌절이고 하나님 나라를 받는데 있어서 장애가 된다. 결정적으로 말해 어른은 어린아이의 실재성의 단절이고 죽음이다. 좀 더 적극적으로 말하면, 어른은 어린아이를 죽이는 영적인 살인자이고 어린아이를 향해 불어주는 하나님의 호흡을 끊어버리는 '죽이는 자'이다.

11. 이에 대한 증거를 우리는 신앙고백에서 찾을 수 있겠다. 1618년 공인된 도르트 신조에서 흥미로운 고백이 나오는데, "처음부터 인간은 하나님의 형상으로 형성되어 자신의 영혼 안에서 거룩한 창조주와 영적인 것들의 참된 지식을 가졌으며 모든 상태에서 순수함을 가진 존재로 높임을 받았으며 심지어 전인으로서 거룩하게 존재하였다(3장 1절)"고 고백되었다.[513] 여기서 흥미로운 용어는 "순수함(puritas)"이라는 용어인데 이 표현은 웨스트민스터 신앙고백이나 아우크스부룩 신앙고백에서도 나오지 않는 단어이다. 도르트 신조는 인간의 창조 시 인간의 원래의 모습이 순수한 존재라는 점을 고백하고 있다. 그리고 "거룩한 전인(totus sanctus)"이라는 용어도 특이하다. 그러니까 거룩한 전인은 적어도 순수함과 직결되어 있다고 고백하고 있다. 그렇다면 여기서 순수함이란 무엇을 뜻하는 것일까? 사실 구약에는 불순종 이전의 인간의 상태가 순수하다는 명시적인 표현은 하고 있지 않다. 그럼에도 불구하고 도르트 신조는 이렇게 고백하는데, 분명한 점은 우리가 불순종하기 전의 아담의 상태를 전혀 상상할 수 없다. 왜냐하면 우리는 하나님의 창조 시 하나님과 함께 그것을 목격하지도 못했고, 웨스트민스터 신앙고백의 고백처럼 이미 죄 안에서 죽은 부모의 후손들로서 태어났고 그 안에서 자랐으며 그 안에서 살아가고 사망하기 때문이다.[514] 우리의 부모들이 죄 안에서 이미 죽

---

513 "Homo ab initio ad imaginem Dei conditus vera et salutari sui Creatoris et rerum spiritualium notitia in mente, et iustitia in voluntate et corde, puritate in omnibus affectibus exornatus, adeoque totus sanctus fuit."

514 웨스트민스터 신앙고백 6장 2절: "그래서 그들이 죄 안에서 이미 죽은 자들이 되었다(itaque facti sunt in peccato mortui)."

은 자들이 되었기 때문에 그 후손들은 모두가 죽은 자들로 태어나며, 이미 죽은 자이기 때문에 죽은 자들로서 살아가며 죽은 자들로서 사망에 도달한다. 이 고백의 가르침은 불순종 이후의 인간은 이미 죄 안에서 죽었고 그와 동시에 하나님의 형상을 상실했다. 도르트 신조와 웨스트민스터 신앙고백에서 공통적으로 인간을 "하나님의 형상의 상실"로 규정하는데 하나님의 형상을 상실한 후 인간에게 대체된 요소들이 "맹목과 끔직한 어두움, 공허와 영혼의 판단의 곡해, 사악, 반역, 의지와 마음의 경직 그리고 결정적으로 모든 상태에서 불순을 그는 모았다(도르트 신조 3:1)"고 밝히고 있다.[515] 여기서 나열된 항목들은 하나님의 형상으로서의 인간이 스스로 이런 항목들을 모으고 있다는 점이다. 특히 "그는 모았다(contraxit)"라는 용어는 결코 소극적인 행동이 아닌 적극적인 행동으로 비친다. 다시 말해 이런 악의 요소들이 하나님의 형상을 상실한 후 인간을 향해 자동적으로 들어온 것들이 아니라 오히려 인간이 자신의 의욕으로 이런 사악한 항목들을 적극적으로 모으는 "나"가 되었음을 가리킨다. 이런 고백을 통해 우리는 이렇게 말할 수 있지 않을까? 죄 안에서 이미 죽은 인간은 죽은 부모에게서 죄인으로 태어나면서 이미 성인이 되었다고 말이다. 도르트 신조에서 나열된 이런 사악한 악들은 심리학적으로 말해 인간 영혼, 특히 개인무의식 안에 들어 있는 악한 요소들로 비친다. 예수께서도 "사람에게서 나오는 그것이 사람을 더럽힌다. 사람들의 마음속에서 악한 생각들이 나오는데 곧 음행, 도적질, 살인, 간음, 탐욕, 악독, 속임수, 방탕, 악한 눈, 비방, 교만 어리석음이다(막 7:21-22)"고 밝힌다. 여기서 예수께서 "마음"이라고 하신 부분은 심리학적으로 "개인

---

515 "atque a contrario eorum loco coecitatem, horribiles tenebras, vanitatem, ac perversitatem iudicii in mente, malitiam, rebellionem, ac duritiem in voluntate et corde, impuritatem denique in omnibus affectibus contraxit."

무의식"의 상태와 유사하다. 우리의 개인 무의식, 즉 마음속에 들어있는 이 요소들이 살아가면서 자연스럽게 행위들로 구체화되고 그로 인해 마치 잘 익어가는 열매처럼 인간에게 나타난다. 이 열매는 어린아이의 열매들이 아니라 오로지 어른의 열매이다. 따라서 죄인은 태어나면서부터 이미 어른의 가능성을 가지고 태어났으며 삶의 구체적인 정황 속에서 이런 사악한 열매들을 맺는다. 죄인은 어른의 가능성을 품고 태어나며 삶속에서 어른이라는 실재성을 가진다. 어른의 가능성은 이미 죄인으로 태어나는 인간이 가지고 있으며 살아가는 가운데서 그 가능성이 현실로 실현되어 어른의 열매를 가진다. 따라서 인간은 이미 어른으로서 태어나고 어른으로 살아가며 어른으로 사망한다고 하는 것이 영적으로 정확한 표현이다. 인간은 어린아이로 태어나서 어른이 되는 것은 생리적인 과정에서 볼 때 그럴 뿐이지, 영적으로는 정반대일 수 있다. 인간은 모태에서 이미 어른이 될 능력을 가지고 있고 태어나면서부터 사망할 때까지 천천히 그 성장과정을 통해 자연스럽게 어른이 된다. 부패한 인간은 태어나면서 결코 "거룩한 전인"으로 태어나지 않는다. 오히려 완전한 죄인으로 태어나며 삶의 연장선에서 그 열매들이 자연스럽게 맺고 사망한다. 이에 반해 어린아이는 어른이 아니다. 순수함은 결코 불순수함에서 나올 수 없다. 마치 물에서 포도주가 나오지 않는 것과 같다. 도르트 신조에서 사용된 "순수함"이라는 용어와 "거룩한 전인"의 개념은 어린아이의 상태를 가리킨다고 해야 한다. 죄인인 인간은 순수하지 못함에서 태어나고 순수하지 못함에서 살아가고 순수하지 못함에서 사망하지만 어린아이는 "순수함"이라는 내용을 "거룩한 전인"이라는 형식으로 담고 있다. 결국 어른이 어린아이의 원형이 아니라 도리어 어린아이가 어른의 원형이다. 불결이 순결의 원형이 아니라 반대로 순결이 불결의 원형이다. 여기서 원형이라는 표현은 반드시 되돌아가야 할 상태를 가리킨다. 이런 점에서 어른은 어린아이에로 되돌아가야 하며 어린아이가 어른의 생명의 집이고 원천이며 근원이다. 어른은 어린아이에게서 하늘나라를 발견해야 하며 어린아이에게서 하나님의 지고하심과 생명의 향기를 느껴야 한다. 이런 점에서 하나님을 "아바"라고 부르신 예수께서는 항상 하나님의 아들이었으며 아버지의 어린아이였다. 그 어린아이는 아버지를 드러내는 거울이었고 하나님을 아버지로 고백하는 그리스도이다. 예수 그리스도는 어른을 반영하는 거울이 아니라 어린아이를 반영하는 거울이며 죄인의 입이 아니라 의인의 입이며 세상이 가지는 빛(lux)이 아니라 하나님의 빛(lumen)이다.[516] 이런 그리스도를 믿는다는 것은 곧 그가 불렀던 하나님을 부르는 것이고 그가 "아바"라고 대하셨던 것과 같이 하나님을 대하는 것을 가리킨다. 그리스도를 믿는 자는 그와 연합한 자이고 동시에 그가 믿으셨던 하나님을 믿는 것이고 그가 부르셨던 아버지를 부르는 자이다.

12. 그러나 어린아이란 그리스도로 사는 그리스도인이라면 근본적으로 전회가 요구된다. 전회란 앞으로 갔던 것을 다시 되돌리는 것을 가리키는데 마치 운전자가 자신의 자동차로 계속 앞으로 갔다가 목적지가 거기가 아님을 깨닫고 완전히 되돌려서 이제는 되돌아 와야 하는 상황을 뜻한다. 그런데 문제는 이 전회가 공간적 개념이 아니라 시간적인 개념이라는 점이다. 공간적인 상태라면 얼마든지 되돌릴 수 있으나 시간적인 상태라면 결코 되돌릴 수 없다. 시간은 여전히 항상 우리 앞서 앞으로만 갈 뿐이다. 시간이 가지는 일방적인 직행이라는 특성 때문에 우리에게는 전회가 불가능하다. 단도직입적으로, 어린이가 어른이 되는 것

---

516 니케아 신조: "그리고 유일한 주님을 예수 그리스도로 믿습니다. ... 그는 빛에서 오신 빛이시며 ...(Et in unum Dominum Jesum Christum ... lumen de lumine ...)"

은 생리적 자연이고 시간 안에서의 자연스러운 과정이다. 그러나 전회란 어른이 다시 어린아이로 되돌아가는 것을 뜻한다. 영적으로 말한다면 어른이 가지는 정신에서 어린이가 가지는 정신으로 되돌아가는 것을 의미한다. 그렇다면 과연 어른의 정신이 어린아이의 정신으로 되돌아갈 수 있을까? 우리는 니고데모와의 대화에서 예수께서는 "내가 진정으로 진정으로 네게 말하는데 누구든지 위로부터 나지 않으면 하나님 나라를 볼 수 없다(요 3:3)"고 말씀하셨음을 안다. 여기서 예수께서 "진정으로(아멘: ἀμήν)"라는 용어를 두 번씩 반복하고 있다는 점은 '위로부터 다시 나는 것'이 대단히 강조되어 있음을 가리킨다. 아멘이라는 용어는 아람어에서 기인된 히브리어로 "진실로" 혹은 "확실히"라는 뜻을 가지며 구약시대에는 송영이나 애원, 축복 그리고 저주 혹은 간절한 소원을 위해 사용되었다.[517] 예수께서 당시의 율법학자인 니고데모에게서 지혜와 성숙 그리고 소위 어른의 정신을 보았다. 그 어른의 정신은 자연성에서 자라난 '종교적 인간성'을 가리킬 수도 있는데 예수께서는 니고데모가 이것으로 인해 하나님 나라를 보는데 결정적인 장애가 되고 있음을 지적한다. 예수께서는 "위로부터(de-super)" 나는 것을 강조하셨으나 니고데모는 "난다(natus est)"에 초점을 맞추었다. 그래서 "사람이 늙어서 어떻게 태어날 수 있겠습니까? 자기 어머니 뱃속에 두 번째 들어갔다가 태어날 수 있습니까?(요 3:4)"로 되물었다. 여기에 대해 예수는 물과 성령을 언급하시면서 "성령으로 난 것은 영이다(요 3:6)"고 대답하셨는데 특이한 점은 성령으로 태어나는 것을 두 번씩이나 언급하셨음에 있다(요 3:6; 요 3:8). 니고데모와의 대화에서 예수께서는 전회를 말하면서 "성령으로 난 자"를 가리켰다. 성령이란 히브리어로 "루아흐(Ruach)"라고 부르고 헬라어

---

517 J. Jeremias, Neutestamentliche Theologie, vol.1, 44.

로는 "프뉴마(Pneuma)"라고 칭하는데 바람이나 호흡 또는 인간의 생명을 결정하는 영혼이라는 뜻으로 이해된다. 그러나 이런 일반적인 이해보다 성경에는 성령을 '예수 그리스도의 영'(롬 8:9)이나 '아들의 영(갈 4:6)'으로 가리키고 있는데 "그는(예수) 성령을 받는 자이면서 성령을 운반하며 성령을 가져오는 자가 되셨다(KD IV/2.362)"고 말하는 것은 일리가 있다. 그렇다면 "성령으로 난 자"란 무슨 의미일까? 성령이 예수의 영을 뜻한다면 예수의 영과 결합된 자 혹은 그의 영에 합일된 자를 가리킨다고 하겠다. 특히 바울은 그리스도인이 그리스도의 영과 하나됨을 강조하고 있는데 "주님과 합하는 자는 그분과 한 영이다(고전 6:17)"고 거침없이 말한다. "성령께서 친히 우리 영으로 더불어 우리가 하나님의 자녀인 것을 증언하신다(롬 8:16)"는 바울의 말도 그리스도인은 그리스도의 영과 일치하는 자임을 시사한다. 그리스도인이란 기독교라는 종교적인 모임인 기독교 예배당에 단순히 들어간 자가 아니라 그리스도의 영과 하나 된 자이며 그리스도의 영으로 새롭게 다시 태어난 자이고 그리스도의 영으로 인도함 받는 자이다. 전회란 결국 어른의 정신에서 어린아이의 정신으로 되돌아가는 것이고 이것은 오로지 그리스도의 영인 성령으로 인해서만 가능하다고 하겠다. 그래서 예수께서는 하나님 아버지께 무엇을 구할지 모르는 제자들에게 성령을 구하라고(눅 11:13) 탄식하셨다.

13. 어린아이로서 그리스도인은 그리스도의 영과 함께, 그리스도의 영으로 아버지 하나님의 뜻을 이해하고 일치시키는 자이다. 우리의 육체는 항상 율법의 요구에 의해 구속되고 속박되어 있어서 자유를 실현하지 못한다. 우리 육체의 연약함으로 인해 율법의 요구를 수행할 수 없는 것을 그리스도가 대신 담당해 주셨으며 나아가서 그리스도의 영과 함께 살도록 자신의 영마저도 아낌없이 우리에게 주셨다. 이것은 "육체를 따

라 살지 않고 성령을 따라 사는 우리에게 율법의 요구가 성취되게 하려는 것(롬 8:4)"이고 오로지 그리스도의 영으로 사는 그리스도의 사람(롬 8:9)이 되게 하심이다. 종교로부터의 완전한 자유는 곧 세상으로부터의 자유이며 동시에 종교가 제시하고 있는 어설픈 율법으로부터의 자유이다. 그렇다고 율법이 악하다고 할 수 없는 것은 "율법으로는 죄를 깨달을 뿐이며(롬 3:20)" 그리스도의 영이 오심을 믿음으로 기다리게 하는 "가정교사(갈 3:24)"이다. 이런 점에서 "율법의 의무는 그리스도인에게 자신들의 의무에 경고를 해 줌으로서 그가 거룩함과 깨끗함에로 향한 노력을 자극함(InIV.283)"에 있다고 말하는 칼빈의 말이 타당하다. 율법으로 구성된 종교는 인간으로 하여금 그리스도의 영이 함께하는 그리스도인이 되도록 도와주는 하나의 길잡이이지만 우매하고 어리석은 인간의 본성은 이 길잡이에게 자신의 전부를 건다. 그래서 인간이 만든 종교가 후에는 신의 법이 되고 종국에는 종교를 만든 인간이 도리어 그 법 아래에 구속받고 살면서 종교의 노예가 되어 산다. 그렇다면 종교는 그리스도인이 되기 위해서는 필요하지만 그리스도인에게는 도리어 악이 된다. 결국 종교는 "필요악"인 셈이다. 마치 이런 비유가 적절할지 모른다. 바이러스에게 공격을 받아 몸이 아플 때 항생제는 구세주로 느껴지지만 건강하게 회복이 되어서도 계속 항생제를 먹는다면 그것은 도리어 무서운 독이 되는 것과 무엇이 다르겠는가?

14. 우리를 둘러싼 세상은 우리의 의지와 무관하게 계속 진화한다. 비록 세상(법, 인륜, 도덕, 예술, 종교, 학문, 문화 등)을 인간이 만들었지만 만들어진 세상은 만든 인간의 의지와 무관하게 스스로 발전하며 진화를 거듭하면서 도리어 인간을 이끌고 있다. 이에 대해 인간도 세상의 인도에 이끌려서 저항하지 못하고 서서히 노예가 되어간다. 종교도 원래의 취지에서

벗어나서 인간으로 하여금 자유하게 하지 못하고 도리어 율법을 계속 만들면서 오히려 인간의 영혼을 종교의 노예로 만든다. 현대인은 세상의 노예가 되어 있으며 동시에 종교의 노예로 살아가는 이중의 비참한 삶을 영위한다. 중세의 로마 가톨릭에 대항하여 종교로부터 복음에로의 자유를 선언하고 나왔던 개신교도 이제는 개신교라는 종교가 스스로 만든 여러 가지 율법들을 가지고 종교인들이 성경과 함께 들이대며 인간으로 하여금 복음에로의 길을 차단한다. 참된 자유는 단순히 세상에서부터 탈출하는 자유가 아니라 복음의 주인인 그리스도를 향한 자유가 되어야 실현된다. 그런데 개신교인에서 그리스도인이 되기에 적지 않은 큰 방해가 있다면 그것이 바로 개신교 자체이다. 개신교의 원수는 타종교들이 아니라 발전과 진화라는 형태로 복음을 율법으로 정형화하고 화석, 응고시키면서 거기에 속박되고 있는 자신을 전혀 의식하지 못하게 하는 개신교 자체가 바로 가장 무서운 원수이다. 이에 반해 그리스도인은 우리 속에 있는 더러운 원수를 대항하며 그리스도를 본받는 자이다. "아버지나 어머니를 나보다 더 사랑하는 자는 내게 합당하지 않고 아들이나 딸을 나보다 더 사랑하는 자도 내게 합당하지 않다(마 10:37)"고 말씀하시는 예수는 부모를 거역하고 가족을 버리라는 요구를 하고 있는 것이 아니라 예수 자신이 가족들에게 행하셨던 것처럼 가족이라는 법으로부터도 자유해야 함을 말하고 있고 "또한 자기 십자가를 지고 나를 따르지 않는 자도 내게 합당하지 않다(마 10:38)"고 말씀하신 것 역시 그리스도인의 생이 어떠해야 함을 극명하게 보여준다. 당시의 "십자가"는 곧 죽음을 뜻하는데 그리스도인의 고난은 그리스도와 함께 하는 고난이고 이것은 예수가 그리스도인의 원형이며 동시에 이렇게 따라오라는 요구이다.[518] 고난과 죽음을 그리스도와 함께 하는 자가 그리스도인이고 이 요구는 결국에는 한 사람의 그리스도가 되라는 요구임에 분명하다. 예수 그리스도는 하나님의 바로 "그 그리스도(der Christus)"라면 이런 그리스도를 믿는 그리스도인은 하나님 앞에서 이웃을 위한 "하나의 그리스도(ein Christus)"이다. 그분을 따라가기 위해 그리스도인은 자기의 유일한 생명을 그에게 맡겨야 하는 것이 지극히 당연하게 보인다.

15. 그리스도인은 기독교 종교교인과는 분명히 간격을 가진다. 전자는 어린아이와 같은 존재지만 후자는 이미 성숙하고 속화된 어른이다. 전자는 순수함을 가지며 마음이 가난하여 하늘나라를 소유하는 자이지만(마 5:3) 후자는 마음이 율법을 행함으로 공로를 얻으려 하는 자이고 그것이 잘못되면 위선으로 자신을 감추는 자이다. 전자는 복음의 의미를 깨달아서 마음이 청결한 자로 하나님을 볼 것이지만(마 5:8) 후자는 율법을 복음으로 오해하여 복음을 귀로 들어도 깨닫지 못하는 귀먹어리이고 눈으로 보아도 보지 못하는 장님이며 심지어 자신이 귀먹어리이며 장님인 것조차 알지 못한다(참고. 마 13:14 이하). 단언컨대 그리스도인은 기독교 종교를 가지는 교회교인이 결코 아니다. 전자는 율법으로부터 자유로운 자이지만 후자는 사망할 때까지 특정의 다양한 율법 아래에서 여전히 속박되고 구속되어 살다가 사망과 함께 비로소 자유를 얻을 것이다. 전자는 이미 참된 자유를 가지고 이 세상에서 살지만 후자는 사망하면서도 알지 못하고 죽을 수도 있다. 전자는 하나님으로부터 의로운 자로 칭함을 받은 자이지만 후자는 비록 그가 신을 알지만 자기 스스로 의롭다고 여기는 자이다. 전자는 신학적 인간(homo theologicus)이라 한다면

---

518 참고. G. Wiencke, Paulus über Jesu Tod, Gütersloh, 1939, 174.

후자는 철학적 인간(homo philosophicus)이다. 전자는 자신이 처절한 죄에 뿌리를 박고 있는 것에 애통하여 하나님으로부터 위로를 얻을 자(마5:4)이지만 후자는 자기가 만든 신으로부터 조차 멸시와 천대를 받으며 아무런 위로를 얻지 못한다. 전자는 실재성 속에 살지만 후자는 자기 정신이 창조한 가상의 시공간에서 사는 자이다.

16. 그렇다면 그리스도인과 기독교 종교교인 사이에서 가시적인 차이가 있는가? 영적이고 내면적으로는 분명한 차이를 가지고 있지만 나타나는 행위 면에서는 별다른 차이가 없을 수도 있다. 우리는 여기서 "선한 행위"와 관련하여 전자와 후자의 차이를 신학적으로 숙고할 수 있겠다. 둘 다가 소위 선한 행위를 할 수 있다. 심지어 자연인도 착하고 선한 행위를 한다. 여기서 우선 집고 넘어가야 할 것은, 기독교 종교교인과 그리스도인과는 분명한 차이를 가지지만 자연인과 기독교 종교교인과의 차이는 별로 없다. 자연인이 가지는 종교의식이나 기독교 종교교인이 가지는 종교의식이 그다지 차이가 없기 때문이다. 자연인, 즉 기독교 종교교인이 가지는 선한 행위 속에는 인륜성에 기초한 자율성이 숨어있다. 즉 종교성과 인륜성은 뗄 수 없는 관계에 놓인다. 인륜성이란 인간 내면성에서 뿜어져 나오는 율법들에 따라 그것들을 규범적으로 생각하고 여기에 기초하여 이웃과 자기 자신과 관계하는 것을 뜻한다. 루터의 표현에 따르면 오로지 "사람들 앞에서(coram hominibus)" 행하는 선한 의지의 결과이다.[519] 인륜성의 내용물은 이성의 요구와 그것을 성취하려는 인간의지이다. 여기에는 종교적인 가치와 목적들이 마치 웅덩이에 고인 물로 비유되겠는데, 비록 그 밑바닥에는 농축된 썩은 부유물이 가

---

519 G. Mensching, Glaube und Werk bei Luther, Gießen, 1926, 8.

라앉아 있지만 수면 위에는 언뜻 깨끗하게 보이기도 하는 것과 같다. 거기에는 심지어 거룩도 있고, 비록 자기 의지이지만 의도 있으며 지복이나 영원한 생명조차 가지고 있는 것처럼 보이기도 한다. 인륜성의 최고 목적이 종교적인 목적과 일치하기 때문이다. 종교적인 감각과 상상력은 인륜성이 지향하는 최종적인 목적과 가치를 이루는 도구가 된다. 여기에서는 신이 '율법을 부여하는 자'가 되며 인륜의 가치와 목표에 일치하는지를 점검하고 평가도 하여 부족하다면 시정하라고 경고도 부여한다. 그러나 엄밀하게 말하면 이렇게 명령하는 자는 신이 아니고 인간 이성이 '입법자'가 되어 그 이성이 가지는 고유한 법칙에 일치하도록 이웃과 자신에게 명령한다. 그 요구에 일치하면 신이 된 이성은 유한한 상급과 영생조차 상급으로 보상을 내리기도 한다. 그러나 그 상급은 인간의 사망과 함께 하나의 휴지조각이 되어 도무지 쓸모없는 쓰레기가 된다. 마치 운동선수가 자기 자신을 위해 열심히 운동하여 많은 상을 타고 다른 이웃들에게 존경과 칭찬 그리고 희망을 주었고 이로 인해 많은 상장들과 트로피를 받았지만 그의 사망은 이 모든 것들을 쓰레기로 만들어서 그를 '잊혀져 가는 하나의 기억'으로 남겨놓는다. 비록 한 사람의 종교인으로서 종교적인 열심과 이를 원하는 특정 교주들에게 목숨을 다해 몸과 영혼을 다 받쳐서 얻은 많은 칭찬과 기념비를 가지고 있지만 사망은 한마디로 그 모든 것들을 '쓸데없음'으로 만든다. 이런 행위들은 마치 하늘을 떠도는 구름을 잡으려 하는 행위들이었고 바람을 손에 쥐려는 노력과 무엇이 다를까? 예배당을 짓는다고 집을 담보로 대출하여 인륜적인 종교에 다 가져다 바쳤고 특정 철학을 주장하면서 신학과 성경을 적당히 섞어서 설교하여 듣는 이들의 귀를 간지럽게 하고 소위 은혜를 받았다고 착각하게 하여 돈과 애정과 각종 귀중품을 그들로부터 받았지만 사망은 한 마디로 이 모든 것들을 향하여 '허망한 몸짓'이라고 규정한다. 사망은 그들에게는 마치 해당사항이 아닌 것처럼 그렇게 배웠고 자신 또한 그렇게 믿고 있었기 때문이다. 그러나 사망의 날이 다가오면서 인간의 양심은 마치 창자 밑바닥에서 토해내는 구토와 같이 '덧없음'을 예고하며 '망할 짓'이라고 수 없이 경고하고 있다. 그러나 인륜적인 종교는 인간으로 하여금 이 양심의 구역질조차 무시하게하고 사망할 때까지 인간을 노예로 부려먹고 있다. 심지어 사망하더라도 그것이 허무하다고 느끼지 못하고 도리어 "의롭다"고 자신하게 한다. 따라서 종교와 인륜은 율법, 우상, 허망함, 덧없음, 무상함, 양심의 구역질과 같은 행위들만 하게하며 그 종말은 사망이다. 그동안 보상으로 받았던 의로움, 천국, 영생, 거룩 같은 것들은 "오직 바람에 흩날리는 겨와 같다(시 1:4)"는 시인의 탄식이 되어 썩어있는 시궁창물과 같은 마음을 뒤집어 놓을 것이다. 이런 자들이 살아계신 하나님의 심판을 받을 때 외치는 고함은 통곡일 것이다. "그를 심하게 때리고 위선자들이 받는 벌을 내릴 것이니 그가 거기에서 통곡하며 이를 갈 것이다(마 23:51)"는 예수의 경고가 그들에게 해당될 것이다. 인간의 부패한 종교성을 이용하여 종교심을 촉발시켜 그것을 돈벌이로 이용한 자나 자신의 부패한 종교성을 단 한번도 성찰하지 않고 편하게 특정의 부패한 교주들의 양심에게 맡기며 안식과 평안을 누리면서 그들이 요구하는 율법들을 맹종하면서 피를 흘리도록 수고한 자들에게도 예수의 심판은 동일하게 내려질 것이다. 그들에게는 부패한 종교성의 흔적은 분명히 있으나 그리스도 예수의 피의 흔적은 전혀 가지고 있지 않기 때문이다.

17. 그리스도인은 행위와 어떤 관계를 가지는가? 하나님의 독생자 그리스도를 믿는 자로서 그리스도인은 이 땅에서 한 사람의 그리스도이다. 그는 자연인이나 기독교 종교교인처럼 인간 자신이 자기를 의롭다고 여

기지 않고 오로지 타자, 즉 하나님으로부터 의롭다고 칭함을 받는다. 그런데 이 의롭다(Recht)는 의미는 죄인을 향해 마땅히 가지는 하나님의 저주, 견딜 수 없는 미움과 분노, 끓는 화를 죄인이 아닌, 그분의 유일한 아들 예수에게로 향하여 불법으로, 불의하게, 불공평하게 그리고 세상적으로 남김없이 다 퍼부으시고 난 후, 그 하나님의 시선이 이제는 죄인에게 사랑으로 다가가신다는 데 있다. 그리스도인이 의로운 것은 인간 자신이 스스로 내린 선언이 아니라 오로지 심판과 저주를 아들에게 대신 덮어씌우시고 그 댓가로 우리 죄인에게는 하나님의 사랑의 상대로 여김을 받는데 있다. 그 사랑도 원래는 우리가 당연하게 받아야 할 사랑이 아니라 독생자 예수 그리스도의 몫이었다. 그러니까 칭의란 '나 대신 형벌을 당하신 자'를 전제로 하고 있다. 동시에 우리가 하나님으로부터 받는 사랑은 원래는 아들 예수께서 받으시고 누리셔야 하는 몫이었다. 그 몫을 우리는 마치 '우리 자신의 것'처럼 당연한 것으로 여기고 있다. 그러나 당연한 것이 아니라 사실은 예수에게서 찬탈했으며 빼앗았으며 갈취했으며 훔쳐내었다. 회심한 후 바울이 이 진리를 깨닫고 "나는 너희 가운데서 예수 그리스도, 곧 십자가에 못 박히신 그분 외에는 아무것도 알지 않기로 작정하였다(고전 2:2)"에 고백한 것은 당연하며 "우리가 항상 예수님의 죽으심을 우리 몸에 지니고 다니는 것은 예수님의 생명이 또한 우리 몸에 나타나게 하려는 것이다(고후 4:10)"고 토설한 것도 지극히 당연하다. 예수의 몫을 우리가 빼앗았고 그분에게로 돌아가야 할 영광과 존귀와 하나님의 사랑을 우리가 가져갔으니 우리야 말로 도적놈이고 기만자고 강도이며 사기꾼이다. 그리스도인은 이 사실을 마음에 솔직하게 시인하는 자일뿐이다. 그런데 이런 사실을 시인하는 것은 우리가 가지는 고유한 능력인 이성이 아니라 오로지 신앙이다. 신앙은 우리 마음의 악하고 도적질한 마음을 솔직하게 시인하는 지식이고 예수의 신령한 몫을 가로채 가져갔다는 양심의 고백이다. 이렇게 본다면 신앙은 우리 안에서 생기는 것이 아니라 분명히 우리 밖에서 주어진 것이 분명하다. 루터의 말대로 "초자연적인 것(res supra naturam)"이 틀림없으며 죄인인 "하나님의 나를 사로잡음"이며 하나님의 신뢰이며 하나님과 그리스도에로의 내적인 일치가 분명하다.[520] 다시 말해 신앙의 핵심은 그리스도이다. 루터의 갈라디아 주석에서 "신앙은 우리를 위하여 하나님의 아들 그리스도의 넘겨지심을 이해하고 받아들이는 것"으로 표현되는 것은 과장이 아니다.[521] 그렇다고 신앙은 행위가 결코 아니다. 하나님의 선물이며 새로운 생명 자체(nova vita)이다. 이런 신앙은 이념이나 관념이 아니라 그리스도와 같이 사는 행위를 뜻한다. 바로 여기에서 선행이 주어진다. 행위가 신앙을 끌어내는 것이 아니라 신앙이 행위를 끄집어낸다. 그런데 신앙에 의해 끌려나온 행위는 신앙의 행위, 즉 신앙의 주인이신 하나님이 우리에게 행위로 끌어내시는 행위이다. 마치 보이지 않는 하나님이 우리에게 보인바 되시기 위해 자신을 "육"으로 오신 성육신 사건과 동일한 방식이다. 신앙에 의해 이끌려 나온 행위는 우리 마음 깊은 곳에서 기어 나온 영적인 요구의 구체화된 형태, 즉 영적인 행위이다. 하나님은 신앙이라는 길을 이용하여 우리 마음 가장 깊은 곳에 있는 형상(Imago Dei)에서 하나님 자신과 유사한 것을 끌어내신다. '하나님 자신과 유사한 것'이 신앙이라는 길에서 이끌려 나올 때 우리는 그것을 신앙의 열매인 "선행(gutes Werk)"이라고 부를 수 있다. 선행은 하나님이 우리 마음 안에서 자신과 유사한 것을 끄집어내시기 때문에 우리의 공로가 아니라 하나님의 행위이다. 선행은 "하나님 앞에서의 행위"이며 성령의 역사와 결코 무관하지 않는다.

---

520 G. Mensching, Glaube und Werk bei Luther, 12.
521 위의 책, 12.

18. 그리스도인은 선행을 하는 자이지만 그러나 그 선행을 자신의 공로로 여기지 않는 자이다. 하나님의 영이 자신의 마음 깊은 곳에서 외롭게 빛나는 그 형상에 역사하여, 거기에서 하나님 자신과 유사한 영적인 것을 하나님이 이끌어내시고, 이렇게 이끌려 나온 영적인 것은 우리의 육체를 통해 구체화되어 소위 "선행"이 되기 때문에 전적으로 인간의 노력에서 나온 행위가 아님을 잘 아는 자가 그리스도인이다. 따라서 선행은 신앙의 "열매(fructus)"이다. "선행이 선한 인간을 만드는 것이 아니라 선한 인간이 선행을 만든다. 악행이 악인을 만드는 것이 아니라 악인이 악행을 만든다"는 루터의 말이 틀리지 않는다.[522] 이것은 선행이 인간의 내면, 즉 신앙에서 나온다는 뜻이며 예수의 비유에서 "좋은 나무가 나쁜 열매를 맺을 수 없고 나쁜 열매가 좋은 열매를 맺을 수 없다(마 7:18)"고 하신 것과 일치한다. 선행이나 악행은 분명 나무뿌리에서 나온 하나의 열매들이다. 나무뿌리가 부실하면 결코 좋은 열매를 맺지 못한다. "불신자에게는 그 어떤 선행도 의나 거룩으로 이끄는데 유용하지 못하다"는 말은 사실이다.[523] 신앙을 가지지 못한 자가 아무리 선행처럼 비치는 행동을 했다고 해서 그로 인해 그가 의롭다고 여김을 받지 못한다. "신앙 없이 일어나는 모든 경건한 행위들은 죽었다"고 단언하는 루터만큼 신앙과 선행과의 관계를 뼈저리게 느낀 자도 흔치 않을 것이다.[524] 그렇다면 반대로 신앙을 가진 자는 그 어떤 악행을 해도 결코 그를 멸망으로 빠트리지 않는다고 주장할 수도 있다. 예수의 영이 그리스도인의 마음을 다스리기 때문에 그리스도인이 행하는 악행조차도 하나님은 하나의 도구로 삼으시고 자신의 거룩한 뜻을 이루시도록 선하게 이끄신다. 그

---

522 M. Luther, Die Freiheit eines Christen, 29.
523 위의 책, 30.
524 M. Luther, Sermon von guten Werken(1520), Hamburg, 1965. 113.

만큼 하나님은 그리스도인에게 무한한 신뢰를 보내신다. 그렇다고 그리스도인은 이 무한한 자유를 자신의 유익을 위해 사용하지 않는다. 자신의 마음속에 역사하는 성령이 하나님의 깊은 것들까지 통찰하신다는 점을 잘 알기 때문이다(참고. 고전 2:10). 따라서 "형제들아 너희가 자유를 위하여 부르심을 받았으나 다만 그 자유를 육체를 위한 기회로 삼지 말고 오히려 사랑으로 서로 종노릇하여라(갈 5:13)"는 바울의 말을 잘 이해하는 자이다. 선행과 악행이 하나의 열매에 해당된다면 그 열매의 문제는 곧 나무뿌리의 문제이다. 여기서 나무뿌리에 해당하는 면은 무엇을 가리킬까? 당연히 나무뿌리는 신앙 아니면 불신앙을 두고 말한다. 불신자가 아무리 선행을 하여도 결코 의롭지 못하다고 간주하는 기독교의 진리는 비록 차갑고 매정하게 들려도 그것이 인간 마음에 걸려있는 하나님의 형상의 문제이기 때문이다. 인간의 마음 깊은 곳에 있는 형상에 역사하는 성령의 사역과 직접 관계한다고 말해야 한다. 신앙에 의해 이끌려 나온 우리의 모든 행위는 성령의 구체화이고 현실화이다. 인간의 육체는 신앙에 의하지 않고는 결코 선행을 만들지 못한다. 분명 선행은 우리 의지의 수행이라는 측면도 있음을 부정하기 어렵다. 여기서 비록 선행이 성령의 역사에 따라 이끌려진 영적인 것이라 할지라도 우리 인간의 의지가 동원되었다는 점에서 우리의 공로와 전혀 무관하다고 할 수 있는가 하는 문제에 부닥친다. 그렇다! 선행은 우리의 공로가 될 수도 있다. 그러나 동시에 그 선행은 우리 의지에 의해 만들어진 행위가 아니라 성령의 의지에 따라 만들어지기 때문에 우리의 공로가 될 수 없다. 성령의 역사로 인해 일어나는 선행에서 비록 우리의 의지가 이용되었다고 그 선행을 '우리의 것'이라고 믿는다면 마치 로또 복권을 내가 사지도 않았는데 그 복권에 당첨이 되었다고 그 당첨금을 내가 요구하는 것과 다를 바가 있는가? 로또 복권을 우리의 돈으로 사서 당첨이 되었다면 분명 그 당첨금은 우리의 것이 분명하다. 그러나 내가 사지도 않았는데 당첨이 되어 내 앞으로 돈이 주어지면 그것을 돌려주는 것이 양심의 요구에 일치할 것이다. 이 비유에서 보듯, 선행의 주인은 성령이고 우리의 의지는 그 풍성하신 하나님의 뜻에 삼켜져서 성령의 은혜에 이끌려 토설해 놓은 행위이다. 선행이란 마치 신선한 곡식을 입으로 먹고 우리 대장이 나름대로 소화시켜 배설해 놓은 배설물과 비교하면 지나칠까? 아무리 선한 행위라고 해도 선한 하나님 앞에서 결코 역겨운 냄새가 나지 않는다고 할 수 없다. 그리스도인의 선행 역시 선하신 하나님 앞에서 역겨운 배설물과 다를 바가 없다. 그리스도인은 이 사실을 겸손하게 잘 인정한다. 우리가 곡식을 먹지 않으면 배설물도 없는 것과 같이 우리가 하나님의 뜻을 따르지 않으면 선행이라는 배설물도 나오지 않는다. 그렇다면 그 배설물인 선행을 가지고 대장이나 소장이 만들어낸 작업이라고 말할 수 있는가? 비록 선행이 착한 행위라고 말할 수 있어도 선한 하나님 앞에서 선행이란 사실 없다고 해야 한다. 영생을 얻기 위해 무슨 선한 일을 해야 하느냐고 묻는 질문에 "어찌하여 너는 나에게 선한 것에 관하여 묻느냐? 선한 분은 한 분뿐이시다(마 19:17)"는 예수의 대답에서 예수께서도 선한 분을 오직 한 분 하나님께 돌리셨다. 선한 분 앞에서 선행을 자랑하거나 논하는 것은 순수한 물을 흘려보내는 샘물에게 순수한 물이 어디 있느냐고 묻는 것과 차이가 있을까? 논리적으로 선행은 우리의 공로가 결코 아니다. 그럼에도 불구하고 선한 하나님은 죄인의 선행을 하나의 귀한 공로로 여겨주신다. 선행은 선행 자체에 가치가 있는 것이 아니라 선한 하나님에 의해 인정되는가에 달려있다. 마치 이렇게 말하면 적합할까? 어떤 선한 쌀 가게주인이 가난한 어떤 인간에게 쌀을 주고 싶은데, 받을 그 인간의 자존심을 고려하여 그냥 준다고 하면 받지 않을 것을 잘 알고 그 인간이 가지고 있는 전부를 받고 쌀을 팔았다고 가정하자. 물론 그 쌀 가격은 그 인간이 가지고 있는 전부로는 살 수 없는 가격이지만 가난한 그 인간이 가진 돈에 맞추어서 쌀 가격을 대폭 인하하여 그 인간에게 팔았다. 이것은 쌀 가게주인이 그 인간에게 주고 싶어서 쌀을 판 것이다. 팔기 위해 준 것이 아니라 주기 위해 판 것이다. 적어도 그 인간의 자존심을 고려하였기 때문이다. 신앙으로 인한 선행은 하나님이 인간의 공로를 인정하시기 위해 주시는 선물이며 공로가 전혀 없는 인간에게 공로를 세우시기 위한 하나님의 배려이다. 거룩한 하나님이 거룩하지 못한 죄인의 자존심마저 세심하게 고려하시면서까지 주시는 선물이다. 따라서 비록 선행의 주인은 하나님이시만 선행을 실현하는 그 인간에게 자신의 자리를 기꺼이 양보하시는 하나님의 자기비하의 사랑을 알아야 한다. 선행의 주인이신 하나님은 인간에게 선행의 주인으로 만드신다.

별도연구: 복음이란 무엇인가?

1. 다 알다시피 기독교의 참된 진리는 복음이다. 세상으로부터 그리스도인으로 부름을 받고 모인 영적이고 인격적인 공동체인 교회가 수호하고 지켜야 하는 진리이다. 복음(euangelion)이라는 헬라어 용어는 사실 유대인들이나 기독교인들이 골고루 사용했던 용어인데 동사 "유앙겔리조우(euangelizow: 좋은 소식을 전하다)"의 명사형이다. "유(eu)"라는 말은 "좋은"이라는 뜻을 가진 부사이며 "앙겔로스(angelos: 메신저)"의 복합어로 "좋은 소식"을 뜻한다. 고대 헬레니즘 시대에서는 이 용어가 삶의 질을 증대시키는 좋은 소식으로 사용되었는데 황제 숭배와 그 존재의 신학적 근거에서 나온 신성한 전문용어로서 황제의 칙령들을 지칭하였으며 사회 전체에 평화와 번영을 가져다주었기 때문에 좋은 소식이었고 이 소식은 그 당시에는 구두로 선포되고 보존되었다고 다이스만(A. Deissmann)이 주장한다.[525] 심지어 구약에서도 "좋은 소식"이라는 의미의 복음이라는 용어가 사용되었는데 그것은 구원의 소식의 선포를 가리켰다(사 40:9;52:7;60:6;시 95:3). 이방인들의 오랜 지배하에 있었던 이스라엘 백성들이 하나님의 은혜를 통해 해방되는 것을 선포하고 그것을 실현하는 것을 의미하였다. 예수께서는 구약의 이해를 가져와서 자신의 가르침의 지표로 삼았다고도 할 수 있지만 그럼에도 불구하고 예수의 가르침에서 특이한 점은 유대교의 복음의 개념이나 여타의 복음의 개념을 넘어서는 사랑의 복음을 제시하셨다는 사실이다. 예수가 선포하신 "하나님의 통

---

525 참고. L. Goppelt, 신약신학 II, 박문재 역, 서울, 크리스챤다이제스트, 2007, 152.

치"는 인간을 향한 하나님의 사랑을 직설적으로 제시한다. 물론 "하나님의 통치" 개념이 예수의 동시대 유대인들에게도 전혀 생소하지는 않았지만 그렇다고 흔한 개념도 아니었다. 그 개념을 예수께서는 하나의 새로운 내용으로 소개하셨다. 정치적인 독립을 희구했던 열심당원의 개념도 아니었고 이방인들이 즐겨 사용하는 정치적 힘에 의한 지배의 개념과는 더욱 거리가 멀다. "그것은 오로지 하나님에게서 오시는 것"이며 "인간이 전회하여 하나님을 향해야 하는" 개념이었다.[526] 이를 위해 인간은 그 은혜를 받아야 한다. 이 은혜란 무엇인가? 그것은 하나님의 뜻이었다. 하나님의 뜻이라 할 때 율법과 계명에서 직접적으로 유추할 수 있다. 그러나 분명히 예수께서도 율법을 주셨음에도 불구하고 그 율법의 내용은 그 당시에서는 이해되지 않고 또한 출처 역시 불분명한 개념인 "무한한 사랑"의 개념이 담겨있는 계명이라는 점이다. 유대적 랍비개념에서 하나님의 뜻은 토라에서 613개의 계명들과 금령들로 잘게 쪼개어졌지만 예수의 계명은 "하나님을 사랑하는 것과 이웃을 네 자신같이 사랑하는 것"이라는, 하나님과 이웃이라는 두 면을 담은 하나의 사랑의 계명이었다. 그래서 예수의 "사랑은 왕의 통치 아래에 있는 생명의 율법이다"고 말한 것은 일리 있다.[527] 예수에게서 율법은 죄인에게는 사랑의 복음이었다. 예수께서는 자신을 무한히 낮추어서 가난한 자, 불구자들, 절름발이들, 그리고 맹인들과 자신을 동일하게 이해하셨고(눅 14:12-14) 나아가서는 원수마저 사랑으로 감싸는 복음(마 5:44)을 선포하셨다. 선한 사마리아인의 비유(눅 10:30-37)에서 당시의 혼혈백성으로 조롱과 비웃음의 대상이었던 사마리아인이 강도만난 자에게 도움을 주었다는 이야

---

526 E. Lohse, Grundriß der neutestamentlichen Theologie, Stuttgart/Berlin/Köln/Mainz, 1974, 27.
527 J. Jeremias, Neutestamentliche Theologie I, 205.

기는 "사랑의 계명은 그 어떤 제약을 알지 못한다"는 것을 가리킨다.[528] 예수의 복음은 무엇보다 동기가 없는 사랑이었다. 어떤 행동이나 선행 뒤에 숨어있는 상급이나 보상을 위해 도덕적으로 율법을 지키면서 그 명령을 복음으로 오해하며 위선을 품었던 바리새 유대인들은 소위 "공로의 종교(Leistungsreligion)"를 세웠다면 예수의 복음은 "하나님의 선물에 대한 감사(Dankbarkeit für Gottes Gabe)"였다.[529] 물론 예수께서도 보상을 언급하셨지만 그것은 땅에서 주어지는 보상이 아니라 오로지 하늘에서 받는 보상이라는 점에서 사실은 보상의 개념이 없다고 해야 한다. 하늘의 보상은 땅에서는 전혀 상상하거나 예측할 수 없는 신령한 것이기 때문이다. 예수에게서 복음이라는 형태의 명령은 전적으로 영적이며 인격적이고 구체적이고 실재적이다. 어쩌면 예수에게서 복음이라 하면 '하나님으로부터 무한히 받은 은혜들 때문에 인간이 토해내는 일종의 선행'과 같은 종류일지 모른다. 마치 "주께서 내 원수들 앞에서... 내 머리에 기름을 부으셨으니 내 잔이 넘칩니다(시 23:5)"고 말하는 시편기자의 고백처럼 하나님이 우리에게 너무 많은 은혜를 부으셨기 때문에 우리 인간의 그릇의 한계를 넘어서 이제는 밖으로 흘러내리는 일종의 '토해냄'이고, 포만감으로 인해 더 이상 삼키지 못해서 뱉어내는 '은혜의 잔여물'이다. 따라서 복음에는 보상이 있을 수 없다. 적어도 예수가 복음이라고 했을 때는 어떤 행동에 대한 알량한 보상이나 가치나 상급이 아니라 넘쳐나는 하나님의 은혜로 인해 토해낼 수밖에 없는 '소화되지 못한 잔여물'이다. 우리의 정신적 그릇에 담겨지지 못할 정도로 하나님이 은혜를 쏟아 부으셨기 때문에 우리의 정신적 아구까지 차서 더 이상 저장하지 못하고 그냥 흘러넘치는 상태를 가리킨다. 예수께서 우리에게 명령하시

---

528 위의 책, 206.
529 참고. 위의 책, 209.

는 사랑의 복음은 우리 인간이 행해야 하는 하나의 율법이 아니라 인간이 행할 수밖에 없는 '율법의 넘침'이다. 율법 안에 복음이 있는 것이 아니라 복음 안에 율법이 있으며 그 율법도 명령이나 요구가 아니라 행할 수밖에 없는, 행하지 않으면 도리어 죄송해서 살 수 없는, 행해야만 어느 정도 보답이 되었다고 자축하게 만드는 정신적 '포만감에서 자연스럽게 나오는 하품'이고 '포도주로 변한 물의 흘러넘침(요 2:9)'이다. 켈러(M. Kähler)가 신앙과 복음과의 관계를 언급하면서 신앙은 철학적 훈련을 받은 두뇌의 소유자가 사색하는 것을 믿는 것이 아니며 그렇다고 기독론적인 교리를 믿는 신앙도 아니라고 했을 때 전자에서는 신앙의 대상이 진짜 실제적인 인물인가에 관심을 가지기 때문에 기독교 교의에 의존하지 않을 것이며 그렇다고 후자를 신앙이라고 여기는 경우는 이미 역사의 연구대상이 된 '신학자의 예수상'을 믿는 것이 되기 때문에 역시 올바르지 못하다고 지적하면서, 켈러는 복음을 믿는 신앙을 말한다. 즉 성경에 기록된 대로 우리 죄를 위해 죽으셨고 셋째 날에 부활하신 그분이 복음의 내용이라는 주장이 가슴에 와 닿는다.[530] 복음의 주인은 곧 성경의 주인이고 동시에 설교의 주인이다. 그래서 "성경을 위해서 그리스도를 믿는 것이 아니라 그리스도를 위해 성경을 믿는다"는 주장은 틀린 말이 아니다.[531]

2. 특히 예수의 부활 이후에는 이 복음이라는 용어가 활발하게 사용되었다. "그 천사는 땅에 사는 자들 곧 모든 나라와 족속과 언어와 백성에게 전할 영원한 복음을 가지고 있었다(계 14:6)"에 사용된 "복음"이라는 용어는 유대적 신학의 표현이며 구원과 멸망의 예언적 메시지라고 주장하

---

530   참고. M. Kähler, Der sogenannte historische Jesus und der geschichtliche, biblische Christus, 49-50.
531   위의 책, 52.

는 자도 있다.[532] 하여간 이 용어를 가장 많이 사용한 자는 아마도 바울일 것이다. 그가 복음이라는 용어를 사용했을 때는 복음에 대한 자신의 개인적인 개념을 담은 것이 아니라 좋은 소식의 복음이 자신에게 맡겨졌다는 사명감에서 나온 표현이며 특히 종말론적인 사건으로 이해하였다. 그런데 신기한 것은 공관복음서의 기자들이 도래하는 "하나님의 나라" 혹은 "하늘나라"를 복음으로 이해하였다면 바울은 이 선언을 기독론적으로 해석하여 "하나님의 의"를 강조한다. 고펠트(L. Goppelt)는 예수가 선포한 모든 선포를 바울은 복음으로 믿지 않고 오로지 하나님의 은혜를 통하여 얻어지는 의에 복음의 초점을 맞추었다고 주장한다.[533] 그에 의하면 당시의 유대교적 광신자들이 예수의 "하나님 나라"를 혼합적으로 그리고 헬라적인 사상들이 복음을 인간의 지혜적인 개념으로 이해하였기 때문에 바울은 특히 고린도전서에서 복음을 "십자가 신학"으로 해석하였다. 특히 바울은 예수의 가르침을 교회론적으로 발전시켜 "주의 말씀(살전 1:8)" 또는 "하나님의 말씀(살전 2:13)"로 불렀다. 이런 표현들이 칠십인역(LXX)에서는 "여호와의 말씀"을 나타낸다고 한다. 바울의 이 표현은 불트만이 해석한 것처럼 하나님 말씀이 지금 여기서(hic et nunc) 인간 실존의 결단을 이끌어내는 부르심으로 해석하지 않았다고 고펠트는 간주하고 동시에 바르트가 해석한 것처럼 하나님의 성취를 고지하는 정보도 아니라고 그는 규정하면서 "구체적이고 역사적인 동반자들과 관련한 약속 있는 부르심에 토대를 둔 그의 끈"이라고 해석한다.[534] 말하자면 인간과 하나님 사이의 연속적 관계의 끈이 바울에게는 복음이라는 것으로 이해된다. 그의 주장이 신학적으로 얼마나 성경적인가는 분명하게

---

532   L. Goppelt, 신약신학 II, 153.
533   참고. 위의 책, 156.
534   위의 책, 158.

말할 수는 없어도 바울에게서 복음이란 구원의 능력이며 궁극적으로 부활과 종말을 가져오는 진리였음은 분명하다. 특히 이 구원의 능력이 약한 것에서 강한 힘을 발휘한다는 독특성을 바울은 부여했다. "우리가 이 보배를 질그릇 안에 가지고 있으니 이는 심히 큰 능력이 하나님께 있고 우리에게서 나온 것이 아님을 보여주려는 것이다(고후 4:7)"는 바울의 고백은 복음의 진수를 설명하기에 부족함이 없다고 여겨진다. 복음은 죄인에게서 죄의식과 자신을 돌아보게 하여 회개로 이끌고 이것이 오로지 그리스도의 십자가 대속의 죽음으로 인한 구원의 은혜임을 나타내며 이 은혜는 신자로 하여금 그리스도처럼 무한히 자신을 낮추면서 겸손으로 세속인들을 섬기며 봉사할 때 오히려 거기에서 복음의 무한한 보배의 능력이 나타남을 설명한 것이다. 사실 질그릇과 보배는 극한 대조를 보여주는데 이 대조는 그리스도의 생애와 직결된다고 해야 한다. 예수 그리스도는 자신을 "신"으로 높이면서 자신의 아버지의 능력을 보여준 것이 아니라 반대로 자신을 비워(빌 2:7) 하나님의 능력과 은혜의 비밀을 죄인들에게 알게 하셨다. 복음이란 내면적으로는 인간 "나"의 기쁨이 되지만 외면적으로는 타인을 위해 "나"를 무한히 낮추어야 한다는 하나님의 강력한 메시지이다. 복음은 오로지 그리스도의 낮아지심에서만 그 출발점을 찾아야 한다. "그분께서는 본래 하나님의 형상이시면서도 하나님과 동등되심을 취하려 하지 않으시고 도리어 자신을 비워 종의 형체를 취하여 사람들과 같이 되셨으며 사람의 모양으로 나타나셔서 자신을 낮추시고 죽기까지 순종하셨으니 곧 십자가에서 죽으셨다(빌 2:6-8)"는 선언은 복음의 핵심을 극명하게 보여준다. 여기에서 우리는 이렇게 말해야 하지 않을까? '약한 자의 강함'이야 말로 복음의 진수라고 말이다! 예수 그리스도는 약한 자로서 강하신 하나님을 무능하게 하셨으며 약한 자로서 지혜있는 자들에게 지혜 넘어 있는 생명을 제시하셨으며 율법학자들에게 율법 위에 있는 실재성을 보이셨다. 표적을 구하는 유대인에게 십자가의 죽음과 부활을 보여주었으며 지혜를 구하는 헬라인들에게 '어린아이에게 임하는 성령의 광희'를 드러내셨다. 이것은 율법을 구하는 유대인들에게는 걸림돌이 되고 지혜를 구하는 이방인들에게는 어리석은 것이었다(고전 1:23). 그러나 하나님의 어리석은 것이 사람보다 지혜롭고 하나님의 연약한 것이 사람보다 강한(고전 1:25) 참된 능력을 복음이 가지고 있다. 복음은 그렇다고 "요구"를 전혀 담고 있지 않는 은혜라고 오해해서는 안 될 것이다. 복음과 율법은 부패한 인간에게 다가오시는 하나님의 두 가지 방식이다. 만약 율법에서 하나님이 말씀하신다면 그것은 동시에 약속이라는 복음이 될 것이고 반대로 복음에서 하나님이 말씀하신다면 역시 동시에 요구하시는 뜻, 즉 율법이다. 이렇게 보면 하나님의 말씀이 복음과 율법으로 되어 있는 것이 아니라 부패한 인간이 하나님의 말씀을 두 가지 방식으로 듣는다는 것과 같다. 바르트가 "율법이란 오로지 복음의 필연적인 형식이며 그 내용은 은혜이다"고 말하는 것이 틀리지 않게 들린다.[535] 죄를 깨닫는 자에게는 율법이 복음으로 들일 것이고 자신의 죄를 깨닫지 못하는 자는 복음조차 율법으로 들릴 것이다. 복음과 율법은 두 개의 하나님 말씀들이 아니라 부패한 인간에게 다가오는 하나님의 두 개의 방식이다. 그러나 그 내용은 은혜의 그리스도이다. "십자가에 못 박히신 그리스도(고전 1:23)"가 그리스도인에게 유일한 복음이다. 그리고 이 복음은 반드시 "선포"라는 방식으로 전해져야 한다. "선포"는 논쟁이 아니며 정보전달도 아니고 주변적인 지식의 기계적인 수렴에 있지 않다. 그렇다고 일방적인 주장이나 특정인의 삶의 철학의 부가물도 아니다. 선포란 거룩한 하나님의 지존성이 부

535　W. Elert, Ein Lehrer der Kirche, Hamburg, 1967, 53.

패한 인간의 입술을 통해 모국어나 외국어의 형태로 재구성된 그리스도의 살아 있는 육성(viva vox sacris Maiestatis in Jesu Christo)이며 음성이다. 거룩한 말씀이 거룩하지 못한 피조물의 입술 안으로 들어오시는 하나님의 자기비하이시며 하나님의 자기비우심이다. 선포란 피조물이 창조주 하나님을 자신의 아버지로 선언하는 하나님의 선언이다. 선포자 인간의 조잡한 언어 속에서 망가지고 구겨지고 있는 거룩한 하나님 자신이며 하나님의 수욕이고 낮추심이다. 이런 선포를 향해 인간이 마음을 열지 않고 닫아서 정보제공으로 듣는다든지 듣고 싶은 것만 듣는다는 것은 하나님의 자기비하를 경멸하는 죄악이고 하나님의 자기낮추심을 향한 인간의 침 뱉는 거만이다. 이런 점에서 "루터가 교회는 펜의 집이 아니라 입의 집이라고 했을 때 그 말의 의미는 복음이 죽은 글자로 전할 수 있는 것이 아니라 큰소리로 선포되어야 한다"는 뜻이기 때문에 루터가 선포의 의미를 정확하게 보았다.[536] 기독교 선포는 지식의 펜이나 자충족의 생각의 힘으로 만들어진 인공 구성물이 아니라 오로지 인간의 입술을 가지고 말씀하시는 하나님의 입술의 힘이며 인간의 조잡한 문장들을 가지고 하나님이 자신을 재구성한 그리스도의 현현이다. 선포는 거룩한 하나님이 조야하고 주절대는 인간의 입술을 가지고 자신을 그리스도로 그리는 행위이다. 그러나 그렇게 그려지는 그리스도는 인간과 함께하시는 하나님의 약속이며 언약의 성취이다. 이런 점을 안다면 선포자는 반드시 그리스도인이 되어야 한다. 그가 목사이기 때문에 그리스도를 선포할 수 있는 것이 아니라 그가 그리스도인이기 때문에 선포할 수 있다. 그리스도인은 그리스도의 흔적을 가진다. 예수를 실제로 본적도 없고 단지 그분의 부활하신 모습만을 본 바울이 "내가 내 몸에 예수

---

536 D. McKim, *Historical Handbook of Major Biblical Interpreters*, 371.

님의 흔적을 지니고 있다(갈 6:17)"고 했을 때 그의 선포는 그리스도의 흔적이었다. 그리스도의 흔적을 가진 자만이 그리스도를 선포할 수 있다. 기독교를 "하나의 종교(eine Religion)"로 믿는 자가 비록 목사이고 화려한 문장과 수려한 표현력을 가진다 할지라도 그리스도를 선포할 수 없다. 기독교를 "그 그리스도교(das Christentum)"로 믿는 자만이 목사로서 선포할 수 있고 그리고 해야 한다. 기독교는 더 이상 종교라고 부를 수 없다. 차라리 "그리스도인의 공동체"라는 표현이 더 좋아 보인다.

3. 복음이 그러하다면 이에 비추어 한국 개신교를 향해 무엇인가를 말해야 한다. 과연 한국 개신교 교회들은 "십자가 신학"을 가지고 있는가? 다시 말해 지존자이시며 창조자이시고 동시에 우리 각자에게는 인격적인 아버지가 되시는 하나님이 우리의 부패하고 썩은 인간성을 새롭게 하시고 그 인간성을 "자신의 형상(imago Dei)"으로 이끄시기 위해 우리와 똑 같은 형상을 취하시고 우리와 같은 모양으로 자신을 끌어내셔서 모질고 잔인하게 그리고 무자비하고 전혀 잠시의 고려나 망설임이 없이 하나님 자신을 내치시고 죽여 버리셨던 그 두려운 심판의 비밀을 깨닫고 있는 것인가? 깨끗하고 맑은 아들 독생자 예수를 향하여 저주와 사나운 말과 비방과 거짓말로 비웃고 그 몸마저 사정없이 짓밟으시고 한 방울의 수액과 피를 다 짜내셨던 하나님의 진노의 자리에 과연 한국 개신교 교회들은 서 있는가? 죄에 대해서 "네가 마지막 한 푼까지 다 갚기 전에는 결코 거기에서 나오지 못할 것이다(마 5:26)"는 하나님의 선언을 과연 두려워하며 죄책감을 가지고 있기나 하는 것일까? 오히려 특정 교회에 일정기간 다니면 세례문답을 받고 그 후에는 천국 간다는 교리를 가지고 사람들에게 살 수 있다는 희망을 주는 행위가 얼마나 스콜라 신학적이며 인간의 면류관과 영광을 드러내는 행위인가는 알기나 할

까? 그 희망을 가지고 열심히 특정 교회와 특정 목사를 섬기면서 습관처럼 내는 헌금과 봉사로 하나님의 무한한 은혜의 가치를 하나의 값싼 은혜로 채색시키는 행위이며 그 행위가 얼마나 사악한 행위인가를 알기나 할까? 하나님은 인간과 같이 되시려고 자신을 무한히 낮추셨는데 그 하나님을 자신의 신으로 믿는 척하며 신과 같이 눈을 마주하고 있는 오만한 자신을 보기나 하는 것일까? 죄인이 하나님을 보는 것은 인간을 무한히 높이시기 위해 자신을 무한히 낮추신 하나님의 비하적 사랑과 은혜의 행위지만 그 신적 행위의 비밀을 깨닫지 못하고 마치 인간 자신이 높아져서 하나님을 보고 있다고 오해하고 있는 거만한 자신을 깨닫기는 하는 것일까? 십자가 고통과 죽음을 예수 개인의 고통과 죽음으로 오해하여 그 예수를 믿는다고 하는 인간들은 예수에 대한 심리적 고통과 육체적 아픔만 상상하면서 감성적인 눈물로 대신하고 일시적인 카타르시스에 만족하며 웃으면서 다음 주일에 오는 부활의 기쁨에 참여하겠다는 그 인간의 마음이 그리스도의 죽음 앞에서 자신을 철저히 은폐시키는 죄라는 사실을 얼마나 알고 있는 것일까? "자신의 아들을 아끼지 않으시고 우리 모든 사람을 위하여 내어주신 분(롬 8:32)"께 소위 영광과 경배를 드린다고 하면서 하는 그 행위들이 사실은 얼마나 타성에 젖어있고 무기력하며 그 행위들은 오히려 이런 하나님께 또 다른 기적을 보여달라고 생떼를 쓰며 구경시켜 달라고 닦달하는 모습과 다름없다는 사실을 깨닫는 자가 얼마나 될까? 모든 것을 우리에게 주신 그 하나님의 등에 올라타서 그분에게 코뚜레를 끼워놓고는 간사한 세치 혀로 그를 높이고 그 댓가로 그 하나님의 뜻을 자신이 원하는 뜻에 맞추어주기를 바라는 사악한 자신을 보기나 할까? 하나님의 뜻이 자신의 뜻이 되도록, 마치 말 등에 편안히 앉아서 자신이 원하는 방향으로 하나님을 끌고 가려는 인간 자신의 악질적인 교활함을 느끼기나 할까? 십자가 신학의 비밀을 깨닫지 못하는 한국 개신교 교회들은 더 이상 부활 신학의 심오한 깊이와 풍성한 넓이를 결코 알지 못할 것이다.

4. 한국 개신교 교회들은 기독교적인 경건의 의미를 상실하고 있음이 분명하다. 위에서 잠시 언급했지만 경건이란 상대적인 개념으로서 반드시 세속이라는 장소가 주어져야 한다. 경건은 천상에 올라가서 홀로 산책하면서 내뱉는 자기독백이 아니라 세상이라는 상황에서 그리스도인이 세속인들에게 비추는 "아우라(aura)"이다. 이 아우라는 마치 녹슨 쇠를 수없이 갈고 닦아서 반질반질하게 하여 빛을 내는 것을 뜻하는데 문제는 이 아우라의 주인인 그리스도인은 스스로가 빛나고 있음을 잘 알 수 없으며 단지 세속인들이 발견할 뿐이다. 마치 소금이 짜다는 사실을 소금 자체가 아는 것이 아니라 소금을 대하는 다른 피조물이 깨닫는 것과 같다. 마치 빛이 빛날 때 비치는 빛 자체는 스스로가 빛나고 있음을 모르지만 어둠이라는 상황이 주어질 때 비로소 그 가치를 발견하게 된다. 예수께서 그리스도인을 소금과 빛으로 비유했을 때(마 5:13-16) 소금 자체가 짠 맛을 가지라는 요구도 아니고 빛 자체가 빛내라고 요구하신 것도 아니다. 오로지 짠 맛을 잃고 부패하고 있는 세속을 향해, 어둠에서 빛을 찾아 헤매는 세속을 향해 소금과 빛으로 살 것을 요구하고 있다. 이 말은 경건이 세속에서 혹은 세속이라는 상황에서 비로소 그 정체성을 가진다는 것을 뜻한다. 바울이 "경건의 능력(딤후 3:5)"을 말했을 때 "경건의 모양"과 함께 이 용어를 사용하고 있음을 알아야 한다. 바울이 이해하였던 경건은 건전한 가르침에 따라 신앙의 전통에서 살 때 비로소 그 타당성을 얻게 되고 그 힘을 발휘한다는 확신에 기인한다.[537] 그

537　A. Weiser, Der erste Brief an Timotheus(EKK, XVI/1), Düsseldorf/Zürich, 2003, 251.

래서 그는 "누구든지 다른 교훈을 가르치며 우리 주 예수 그리스도의 건전한 말씀과 경건에 관한 교훈을 따르지 않으면(딤전 6:3)" 교만과 변론 그리고 시기와 분쟁이 생기고 "경건을 이익의 수단으로 생각하는 자(딤전 6:5)"가 생긴다고 경고하고 있다. 즉 바울에게는 그리스도를 아는 지식을 얻는 것이 경건이었다. 이런 경건은 세 가지 형태의 경건과 대립한다. 헬라적 형태의 경건인데 그 경건은 다신론에 입각한 종교적인 경배를 바리는 행위를 가리킨다. 또 다른 하나는 로마적인 경건개념인데 이들에게는 행위적인 형태가 강조되었다. 그래서 경건(pietas)이라는 용어에는 어떤 지존자 앞에서 의로운 것, 이웃에 대한 동정심과 온화함 그리고 사랑하는 행위를 가리킨다. 마지막으로는 유대 랍비적인 경건인데 그들의 경건은 마음을 청결하게 하는 데 있지 않았고 오로지 육체를 정결하는데 있었다. 예수 당시에는 바로 이런 유대적인 경건이 강하게 지배했고 이 경건이 자주 예수님의 가르침과 충돌을 일으켰다. 예를 들어 예수의 제자들이 손을 씻지 않고 빵을 먹었을 때 서기관들과 바리새인들은 어째서 당신의 제자들은 장로들의 전통에 따라 행하지 않고 더러운 손으로 빵을 먹느냐고 비난했다. 이에 대해 예수께서는 바리새인들과 서기관들을 혹평하면서 "너희는 하나님의 계명을 버리고 사람의 전통을 붙들고 앉아있구나!(막 7:8)"라고 책망하셨고 "너희는 너희의 전통을 세우기 위해 하나님의 계명을 잘도 무시하는구나(막 7:9)"고 강하게 지적하셨다. 그러면서 소위 "고르반(하나님께 바침)"이라고 하면 부모에게 아무 것도 하지 않아도 된다고 하는 위선적인 경건을 비판하셨다. 유대인들의 할라카, 즉 "장로들의 유전"에는 밥을 먹을 때 반드시 손을 씻어야 하고 무엇이든지 "고르반"이라고 딱지를 붙이면 그것이 무엇이든 하나님께 바쳐야 한다고 가르쳤는데 부모공경이라는 계명도 무시하면서 그렇게 하는 경건을 가리킨다. 이 기가 막히는 경건을 가리켜 예수께서는 "무엇이든지 사람 밖에서 안으로 들어가는 것은 그를 더럽게 할 수 없고 다만 사람 안에서 나오는 것들이 사람을 더럽히게 한다(막 7:15)"에 아주 분명하게 말씀하셨다. 예수께서는 "사람에게서 나오는 그것이 사람을 더럽힌다. 사람들의 마음속에서 악한 생각들이 나오는데 곧 음행, 도둑질, 살인, 간음, 탐욕, 악독, 속임수, 방탕, 악한 눈, 비방, 교만, 어리석음이다. 이 모든 악한 것들은 다 속에서 나와서 사람을 더럽힌다(막 7:20-23)"고 구체적이고 현실적인 인간의 내면을 일일이 나열하셨다. 바울은 이런 예수님의 가르침을 잘 알고 있었고 예수께서 제시하셨던 경건의 개념을 이제는 교회적인 개념으로 더욱 선명하게 설명하였다. 그래서 그는 "이 집은 살아계신 하나님의 교회이고 진리의 기둥과 터이다. 이 경건의 비밀은 참으로 위대하다. 그분은 육신으로 나타내시고 성령으로 의롭다 하심을 얻으시며 천사들에게 보이시고 나라들 가운데 전파되시며 …(딤전 3:15-16)"라고 말하면서 하나님이 거룩한 자신을 인간의 육신으로 오셔서 자신을 우리에게 나타내 보이신 지식을 아는 것이 경건이고 이 성육신의 비밀을 아는 것이 위대하다고 강조했다. 당시에 "무엇을 안다"는 것은 지금 우리가 "안다"는 개념과 다르다는 것은 상식이다. 우리는 어떤 무엇에 대한 정보나 주변지식을 머리에 담고 있을 때 "그것을 안다"고 하겠으나 고대에서 "안다"는 것은 "그것을 행해야 한다"는 요구와 같은 뜻이었다. 아는 것은 행함으로 나타나야 그것을 경건이라고 바울은 믿었다. 바울은 "이제 나는 너희를 위하여 당하는 괴로움을 기뻐하고 그분의 몸인 교회를 위하여 그리스도의 남은 고난을 내 육체에 채운다(골 1:24)"고 고백하고 있는 것도 이런 경건의 맥락이다. 이런 성경적인 경건의 의미를 한국 개신교 교회들에게 비추어보면 경건의 혼란과 곡해가 난무한다. 예를 하나들면 어느 교회라고 밝힐 수는 없으나 그 교회 담임목사는 평소 목회할 때 40개 항목의 율법들을 만들어서 교인들을 매주 체크하면서 관리했다. 십일조를 내었는가? 교회출석은 얼마나 했는가? 새벽기도는 몇 번했는가? 수요예배는 몇 번 참석했는가? 선교헌금은 했는가? 건축헌금은 했는가? 감사헌금은 했는가? 일천번제 헌금은 했는가? 매주 구역모임은 참석했는가? 매일 성경은 몇 페이지 읽었는가? 일 년에 몇 명 전도했는가? 가정예배는 매일 했는가? 찬양대에 봉사는 매주 했는가? 구제헌금은 얼마나 했는가? 하는 식으로 마치 물건을 관리하듯 체크하면서 그 기록을 토대로 교회의 직분을 부여한다. 이렇게 교인들을 하나의 재화가치로, 소위 경영관리를 했다면 혹은 그런 식으로 경건훈련을 시켰으면 열매가 있어야 하는 것이 궁금해지는데, 이렇게 교인들의 경건관리를 철저히 한 그 목사는 정작 교회문제가 일어나니까 담배피우고 술마시는 세속적인 판사에게 도움을 청했다. 평소에는 세속을 미워하고 멀리하라고 본인 입으로 강조하면서 정작 본인은 돈을 좋아하고 권력 좋아하는 세속인들에게 교회의 헌금을 가지고 도움을 청하였다. 물론 이런 경우가 극히 일부의 교회들에 해당되는 점을 고려한다고 해도 한국 개신교 교회들과 불신자들에게 가하는 그 파급효과는 결코 적지 않다. 도대체 그 목사는 어떤 경건을 훈련시키려고 생각하였을까? 과연 그는 "누가 스스로 경건하다고 생각하며 자기 혀를 제어하지 않고 자기 마음을 속이면 이런 이의 경건은 헛된 것이다. 하나님 아버지 앞에서 정결하고 더러움이 없는 경건은 환란 가운데 있는 고아와 과부들을 돌보아 주고 세상으로부터 자신을 지켜 흠이 없게 하는 것이다(약 1:26-27)"는 성경의 기록의 의미를 파악하기나 하려고 했을까? 그러나 분명한 사실은 경건은 세속에서 나왔다는 점이다. 이미 위에서 설명하였듯이 경건의 뿌리는 세속이다. 세속이 더럽고 경건은 깨끗하다면 그리고 경건과 세속을 분리시켜 이원론적으로 생명의 실재성을 바라보게 한다면 이런 시각은 마치 시궁창 물속에 있는 두 사람을 놓고 비유할 수 있겠다. 한 사람은 시궁창 물을 가지고 세수하고 난 후 자신은 깨끗하다고 말하고 있고 다른 사람은 세수를 하지 않았는데 이런 그를 가리켜 세수한 자가 더럽다고 비웃는 것과 차이가 있는가? 두 사람 다 시궁창에 있으며 차이가 있다면 그 물 가지고 세수를 했느냐 하지 않았느냐의 차이만 있을 뿐이다. 과연 누가 깨끗하며 누가 더러운 자인가? 세상이라는 상황은 거룩하시고 맑은 그리스도의 시야에는 시궁창이다. 이 시궁창에서 누가 경건하고 누가 더럽다고 한다면 그야말로 자신의 현실을 망각한 정신병자이고 자신을 과대하게 부풀리는 과대망상증 환자나 다름이 없을 것이다. 경건은 세속에서 경건이고 세속을 향하여 경건이며 세속을 위하여 경건이고 세속을 변화시키는 경건이다. 여기에 적절한 사건을 하나 소개하는 것이 가슴에 와 닿을 것 같다. 유태인을 600백만 명을 죽이고 수십만 명의 군인들을 죽이는 상황에서 저 히틀러를 죽이면 이 광기가 끝날 것을 믿고 히틀러 암살단에 자진하여 가입한 본훼퍼에 대한 실화인데, 그가 구속되고 플뢰센뷔르크 감옥에서 하루에도 수십차례의 공습공보와 폭탄 터지는 지옥의 현장에서 빵 하나를 가지고 서로 싸우는 수감자들을 바라보며 "신을 믿지 않는 자들에게 기독교가 어떻게 복음이 되어야 하는 것인가"를 심각하게 고민하면서 많은 글들을 그는 남겼다. 사형 날에도 전혀 죽음을 두려워하지 않고 용감하고 침착하게 죽음을 맞이한 이 경이스러운 모습을 불신자였던 어느 의사가 보았다. 그 의사는 거기에서 10년 이상 근무하면서 그 기간에 죽어갔던 수많은 사람들을 지켜본 자인데 본훼퍼의 죽음을 이렇게 표현하였다. "의사로 50년 가까이 지내면서 하나님을 이토록 철저히 믿으며 죽은 사람은 본적이 없다"고 그 의사는 자신의 소감을 남겼다.[538] 참된 경건은

---

538 참고. 레나테 베트게/크리스티안 그레멜스, 디트리히 본회퍼, 서울, 가치창조, 2005, 222.

자신을 위해 터트리는 샴페인 축배가 결코 아니다. 참된 경건은 세속인에게 그리스도의 아우라를 비추어주는 자이고 정작 자신은 오로지 하나님을 믿으며 용감하게 자신의 십자가를 지는 자이다. "우리는 사방에서 억눌림을 당해도 짓눌리지 않고 답답한 일을 당해도 낙심하지 않으며 박해를 받아도 버림을 당하지 않고 넘어뜨림을 당해도 망하지 않는다(고후 4:9)"고 말하면서 "이름 없는 자 같으나 유명하며 죽는 자 같으나 보아라 우리가 살아 있으며 징계를 받는 자 같으나 죽임을 당하지 않고 근심하는 자 같으나 항상 기뻐하며 가난한 자 같으나 많은 사람을 부유하게 하고 아무 것도 없는 자 같으나 모든 것을 가진 자이다(고후 6:9-10)"고 고백할 수 있는 사람에게서 나오는 경건이 비로소 능력이 뿜어 나오는 참된 경건이리라.

별도연구: 죄란 무엇인가?

1. 종교의 자유를 위해 무엇보다 이해하고 넘어가야 하는 문제는 성경에서 그리스도가 말하는 "죄"이다. 그리스도는 구원의 주인이시기 때문이다. 죄인에게 구원이 은혜로 주어지는 한 그리고 구원이 남의 문제가 아니라 "나"의 문제가 분명하다면 죄의 문제 역시 결코 남의 문제가 아니라 "나"의 문제가 분명하다. 특히 부패한 종교성을 가지고 하나님과의 인격적 만남을 시도하려는 모든 인간들의 시도들이 허망하게 되고 결국은 인간 자신의 입맛에 맞는 "종교"를 만들었다면, 무엇보다 이 종교로부터의 자유는 그리스도인이 되어야 하는 점에서 종결된다. 따라서 죄의 이해는 더욱 절실하다. 죄란 헬라어로 "하말티아(hamaltia)"라는 용어인데 이 용어는 고대에는 주로 정의, 질서, 관습을 범한 사람에게 사용되었다. 구약에서는 이 용어가 '르샤임(reshaim)'으로 표현되었는데 시편 1편이 나오는 "악인"를 가리킬 때 사용되었고 칠십인역(LXX)에서 '하말티아'로 번역이 되었다. 구약에서 악인이란 자신의 힘에 의지하여 모세가 전해준 하나님의 말씀인 토라를 지키지 않거나 토라에 관심이 없는 자를 가리켰는데 이런 자들을 유대인들은 "죄인"이라고 규정하여 자신들과 분리시켰으며 바리새인들은 '율법을 알지 못하는 자'로 간주하였고 에센파들은 이 토라에 대한 자신들의 해석이나 실천을 공유하지 않는 자를 지칭하였다.[539] 특히 창세기에서는 죄를 "불순종"이라고 묘사하고 있으며 그 단어를 "페샤(päscha)"로 표현하고 있다. 신약에서도 죄를

---

539 참고. L. Goppelt, 신약신학 I, 184-185하면 좋겠다.

불순종으로 묘사하고 있기도 하다(롬 5:19). 이 불순종은 단순히 율법을 범했다는 소극적인 의미도 있지만 적극적으로는 하나님과 대적하는 원수(롬 5:10)로 간주하고 있다. 흥미로운 점은 공관복음에서 죄인들이 나오고 세리와 이방인으로 따로 그룹을 지어 묘사하고 있으며(막 2:15;눅 18:13;막 2:15;마 11:19 이하) 창기도 소위 죄인의 무리에서 따로 취급하고 있다. 공관복음의 이런 기록은 율법을 지키지 않은 자들을 죄인으로 칭하고 이런 죄인과 달리 세리는 정직하지 못하거나 부도덕한 삶을 사는 자들을 가리킨다고 주장할 수도 있겠는데 이런 구분들은 예수의 죄 이해와는 거리가 멀다. 왜냐하면 예수께서는 이런 식으로 죄인을 구분하지 않았기 때문이다. 예를 들어 세리장이었던 삭개오와 만나서 함께 식사와 대화를 나누신 사건(막 2:15-17)에서 바리새인들과 서기관들이 "저 사람이 왜 세리들, 죄인들과 함께 먹습니까?"라고 물었을 때 예수의 대답은 "강건한 자에게는 의사가 필요 없으나 병자들에게는 필요하다. 나는 의인들이 아니라 죄인들을 부르러 왔다(막 2:17)"로 응답하셨다. 특이한 점은 바리새인들과 서기관들은 세리를 가리켜 율법을 어긴 죄인과 다른 부류의 죄인, 즉 부정직하거나 도덕적으로 문제가 있는 죄인으로 이해하여 아마도 시편 1편에 기록한 것처럼 "복있는 자는 … 오만한 자의 자리에 앉지 아니하고"를 생각하며 그렇게 질문했을 것이다. 이에 대한 예수의 대답은 그들의 죄인 개념을 따르지 않고 오히려 "병든 자"의 개념으로 이해하셨고 자신을 의원으로 여기셨다. 이것은 예수께서 죄인과 같이 되기 위해서가 아니라 그들의 마음의 병을 치료하시기 위함이셨다. 예수의 시각에는 죄인이 율법을 범한 자도 아니고 부도덕한 생을 사는 자도 아니었다. 오로지 하나님의 나라를 받지 못하는 자였고 어떤 연고로 마음이 다쳤거나 상하여 천국을 받는데 장애를 느끼는 자였다. 이런 자들과 예수는 어울리셨고 기꺼이 친구가 되셨다. 이에 대해 "예수와 죄인들과의 어울림을 그들이(성경기자들) 하나님에 의해 받아들여졌다는 것을 의미하는 것으로 해석하고 선포하였다. … 죄인들 또는 불평하는 의인들이 무엇을 실현하게 되었는가를 묘사하지 않았다. 오히려 하나님이 그들을 위해 행하신 것을 선포하였다. 예수는 그들과 어울림 속에서 하나님 아버지가 그들을 받아들였기 때문에 죄인들의 의원이 되었다"고 말하는 것이 아주 적절한 표현이다.[540] 이런 맥락에서 "심령이 가난한 자는 복되다. 하늘나라가 그들의 것이기 때문이다(마 5:3)"고 말씀하셨고 "마음이 청결한 자는 복되다. 그들이 하나님을 볼 것이기 때문이다(마 5:8)"고 말씀하실 수 있었다. 예수에게서 죄란 천국 혹은 하나님 나라를 받지 못하는 것이다. 이에 대한 지적으로 "회개"를 말씀하셨을 때는 율법을 지키라는 가르침도 아니고 도덕적으로 흠이 없이 살기를 명하신 가르침도 결코 아니었다. 오로지 현재 임하는 거룩한 하나님의 통치 혹은 임재 나아가서 인격적인 만남에 방해를 가져오는 모든 것은 전부 죄이고 그것은 인간 영혼의 병과 유사한 것으로 예수께서는 보셨다. 따라서 완악하고 경직되고 굳어버리고 화석화된 마음을 성령의 치료하심과 부드럽게 하심으로 그 안에 계신 "하나님의 형상"에 성령이 역사하도록 하여 하나님을 "유일한 당신"으로 받아들이게 하도록 하셨다. 이렇게 본다면 죄는 예수에게서 무지도 아니고 부도덕도 아니며 남에게 상해를 가하는 잘못된 행위도 아니고 모세의 토라를 행위로 지키지 못한 행위도 아니었다. 오로지 자신 안에서 인간 밖으로 그리고 인간을 넘어서서(ultra nos et extra nos in Christo) 주시는 하나님의 아버지 되심을 방해하는 모든 것이 죄였다. 이런 점에서 죄는 바빙크(H. Bavinck)의 말대로 "실체" 혹은 피조물이 가지는 어떤 한 부분이 결코 아니다.[541] 특히 예수께

---

540 위의 책, 188.
541 G.C. Berkouwer, Sin, Eerdman, 1977, 63.

서 이해하셨던 죄는 인격적인 하나님 자신과의 인격적인 만남을 가로막는 모든 비인격적인 것들이었다. 그래서 차라리 죄는 "벗어남 또는 풀어짐(privatio)" 혹은 "틈(hiatus)"라는 용어가 표현하는 것이 적합하겠다. "privatio" 개념은 죄의 적극성과 강력한 힘을 예시한다.[542]

2. 바울은 예수께서 강조하신 "하나님 나라"보다 "칭의" 개념에 치중하고 있다는 것은 상식이다. 그러나 바울의 "칭의"에 대한 가르침이 예수의 "하나님 나라"와 전혀 무관하다고 말하면 오해일 것이다. 바울의 칭의론이 예수의 선포와 관계가 있음을 말하는 가운데 윙엘(E. Jüngel)이 특별하다. 그의 저서 "바울과 예수"라는 책은 이 관계를 위해 쓰여졌다고 여겨진다. 윙엘은 바울신학과 예수의 선포의 뗄 수 없는 관계를 주장한다. 바울신학에서 바울의 선포는 예수 그리스도의 선포에 근거해 있다고 그는 주장한다. 이 문제는 곧 예수와 바울신학과의 연관성 문제이기도 하다. 그런데 자유주의자 바우어(F.C. Baur)에 따르면 바울은 역사적 예수를 본 자가 아니고 단지 예수의 죽음이 바울의 칭의론의 도그마를 형성하는 중요한 모멘트라고 주장한다. 예수께서 천국을 소개하였지만 바울은 예수의 개인성을 직접적으로 자신의 신학적 대상으로 여기지 않았는데, 예수의 직접적인 제자가 아니었기 때문이라고 한다. 다만 바울은 예수의 인륜적이고 종교적인 가르침을 신학적으로만 해석하였다. 정확하게 말하면 바울신학은 스스로 사도라는 주관적 의식을 의미하며 예수의 죽음을 자신의 교의적인 의미로 부여했고 "이 신앙을 위하여 예수는 죽은 자로서 살아야 했다"고 말한다.[543] 말하자면 바우어에게는 예수와 바울 사이에는 역사적인 불연속이 선명하였다. 벨하우젠(W.

542　위의 책, 64.
543　E. Jüngel, Paulus und Jesus, Tübingen, 1972, 6-7.

Wellhausen)과 하르낙(A.v. Harnack)이 공통적으로 주장하는 "바울은 예수를 신학적으로 해석한 자이며 발전시킨 자"라는 입장을 수용하여 바울과 예수의 역사성을 "작지 않은 역사적 오류"로 까지 간주하는 브레데(W. Wrede)는 바울의 칭의 개념이 예수의 선포에 기초를 두고 있다는 것은 역사적 근거가 없고 오히려 둘 다는 유대교의 가르침에서 기인한다고 주장한다. 그는 "바울에게 유일하고 모든 것이었던 것에 대해 예수는 전혀 알지 못했다"고 조잡한 자신의 소신을 노골적으로 까놓는다. 윌리혀(A. Jülicher)는 바울과 예수의 차이는 바울이 살았던 상황과 예수가 사역했던 상황의 차이를 말하면서 바울은 예수의 "하나님 나라"라는 구원선포에 생소했는데 예수의 제자에 의해 예수의 죽음을 구원의 사실로 파악하게 되었다고 주장한다. 이렇게 되면 바울의 칭의론은 직접적인 예수의 선포에서 기인하는 것이 아니라 역사적 예수의 사역에서 흐르는 원시공동체를 통해 얻게 되었다는 결론이 나온다. 그래서 그는 "바울이 예수의 종교의 자리에 자신의 신학을 세우지 않고 그 주변을 맴돌았다"고 말한다.[544] 바이쓰(J. Weiss)는 예수의 선포와 예수 그리스도의 선포 사이의 차이를 구분하면서 바울은 자신의 기독론에 대한 가상적인 자료들을 이미 회심하기 전에 가졌다고 주장하면서 메시아를 믿는 자신의 신앙을 예수로 옮겨갔다고 하였다. 바울의 회심에 대한 체험은 바울에게 향한 예수의 정신적인 작용이며 평소 메시아를 믿었던 바울의 신앙이 예수로 바꾸어졌다고 한다. 그 근거를 바울이 예수의 죽음 이전에도 이미 예수를 사랑한 자가 분명하다고 하였다. 말하자면 바이쓰는 바울의 칭의론과 예수의 선포 사이의 연속선을 "사랑"이라는 사건으로 끼워넣은 셈이다. 하이트뮐러(W. Heitmüller)는 바울과 예수와의 관계를 종교사학적으로

---

544 위의 책, 10.

파악하면서 바울은 예수와 분리된 자이며 원시공동체 옆에 있었던 헬라적 기독교의 사상에 젖었던 자로 파악한다. 그래서 "역사적 예수는 바울의 신학과 바울의 신앙을 각인시키지 못했다"고 하면서 "바울은 예수의 신앙을 선포한 것이 아니라 예수를 믿는 신앙을 선포하였다"고 상당히 아리송한 주장을 나타낸다.[545] 바울과 예수의 관계를 그리스도의 죽음과 종말 사이에 있는 특별성으로 규정하는 슈바이쳐(A. Schweitzer)는 종말론이라는 점에서 연속점을 찾는다. 즉 바울의 종말론에서 바울의 가르침은 예수와 완전히 함께 한다고 하였지만 그럼에도 불구하고 "역사적 예수"를 바울은 자신의 신학의 주제로 삼지 않았다고 하였다. 바울과 역사적 예수와의 인과율적인 관계에 대한 질문을 "역사적 예수의 사실에 대한 의미" 문제로 환원시킨 불트만(R. Bultmann)은 인과율적으로는 바울과 예수의 관계가 증명될 수 없지만 무엇보다 바울의 율법론에 대해서는 예수와 관계한다고 보았다. 그러나 이 관계는 역사적 관계가 아니라 "역사적 관계를 실존론적으로 해석하는 의미"문제로만 관계한다고 불트만은 보았다. 그는 케리그마에서 선포된 예수와 역사적 예수와 동일시하지 않았지만 "역사적 예수가 아니라 예수 그리스도, 즉 선포된 자가 주이시다"고 말함으로 실존적으로 이 관계를 연결시킨다.[546] 이렇게 다양하게 소위 자유주의 신학자들이 나름대로의 심혈을 기우려서 바울의 칭의론이 예수의 선포와 무관함을 증명하였다고 하겠는데 과연 그럴까? 위의 이런 신학자들과 반대로 케제만(E. Käsemann)이나 큄멜(W.G. Kümmel), 윙엘(E. Jüngel) 그리고 문들레(W. Mundle)와 같은 학자들은 전혀 다른 견해를 가진다. 특히 문들레는 "바울에게 아주 밀접하게 함께 속하는 것들은 나란히 그 사도 바울이 그리스도를 믿는 신앙을 통해 구원의

---

545 위의 책, 12.
546 위의 책, 14.

길, 칭의론을 알았다; 오로지 구원의 사실들에 관한 실재적인 진리를 믿는 신앙을 제한하는 것은 옳지 않으며 … 아마도 칭의된 신앙은 … 그리스도와 함께 거룩한 세례를 받음 안으로 들어오지 않고는 결코 생각할 수 없는 기독교 신앙이다"고 말한다. 그룬트만(W. Grundmann) 역시 바울이 율법의 문제를 유대적인 율법개념에 복음으로서의 하나님의 의의 계시로부터 세운 것이 분명하다고 성경을 통해 제시한다. 특히 바울이 복음 안에서 하나님의 의가 계시되었다고 말한 것(롬 1:17 이하)이 그 증거로 본다. 그리고 윙엘은 공관복음에서 예수의 비유들을 주석과 함께 상세히 설명하면서 예수의 선포와 바울의 칭의론이 밀접하게 관련성이 있음을 강조한다. 즉 예수의 선포와 바울의 칭의론에서 무엇이 표현되었는지를 숙고한다면 "예수의 선포와 바울의 칭의론의 종말론적인 특성이 주제가 되어있다"고 말하면서[547] "종말론적인 특성이 바울의 칭의론에서도 그렇고 예수의 선포에서도 동일한 사건들로써 이 둘의 언어사건들을 이해하게 하며 또한 그것을 요구한다"고 한다.[548] 즉 바울은 예수의 선포에서 사용되었던 "천국(βασιλεία θεου)"을 "하나님의 의(δικαιοσύνη θεου)"라는 개념으로 이해하였다는 것이다. 바울은 예수의 선포의 중심적인 개념인 하나님의 지배를 종말론을 위한 해석으로 표현했다고 하는 윙엘의 주장이 필자의 생각과 아주 잘 일치한다. 바울이 비록 "칭의"라는 표현을 했지만 이 개념은 예수의 선포의 중심점인 "하나님의 나라"와 정확하게 일치한다. 둘 다가 종말론적인 개념이고 "화"를 전제로 하는 "복"의 개념이며 "저주"를 토대로 한 "축복"의 개념이다. 즉 하나님의 나라는 죄인인 우리에게는 선택사항이 아니라 필수적이다. 이것이 없으면 사람이 아니며 이것이 없다면 하나님의 저주의 대상이 되며 창조주 하나님의

---

547 위의 책, 263.
548 위의 책, 267.

무겁고 고통스러운 심판의 대상이 된다. 말 그대로 받지 않으면 죽는다는 점에서, 받아들이는 자에게는 완전한 은혜이며 받지 못하는 자에게는 완전한 저주이다. 그리고 이것이 처음이며 마지막이기 때문에 완전한 종말적인 사건이고 종말적인 복음이다.

3. 예수의 선포의 기초에서 바울의 칭의론이 펼쳐진다면, 바울에게서 죄란 하나님을 창조주로 인정하지 않는 것, 즉 인간 자신이 피조물이라는 사실을 인정하기를 거부하는 것으로 이해할 수 있다. 그에게는 구약의 "불순종"이라는 행위적 차원을 넘어서서 불순종과 같은 행위가 나오는 근본기지인 "탐심(롬 7:7)"이라는, 인간성 내면의 심연에까지 확대시킨다. 여기서 불트만(R. Bultmann)이 바울신학을 언급하면서 죄를 "육체"라는 표현으로 사용하였다고 주장하는데 일리가 전혀 없지는 않는 것으로 비친다. 바울은 "육체(σάρξ)"라는 개념과 죄와 연관을 많이 시킨다. 이 개념은 인간의 물질적이고 신체적인 의미를 가지지만 그렇다고 오로지 먹이에만 집중하는 짐승의 고기 덩어리와 다른 개념으로서 영적인 의미와 진리로 인해 살아가는 개념과 대조되는 존재를 가리킨다. 이 개념은 동물의 충동이나 감각적인 정욕의 개념일 뿐만 아니라 도덕적이고 종교적인 인간의 노력개념이기도 한데[549] 그렇다고 재료의 개념은 아니고 인간 신체를 형성하는 것을 뜻하기 때문에 자주 "신체(σῶμα)"와 동의어로 사용된다.[550] 바울에게서 육체란 구체적인 질료적인 신체의 의미와 함께 "육체성"을 나타낼 때도 사용되었는데 신적인 프뉴마와 대조하여 인간의 약함이나 덧없음을 표현할 때도 있었다. 특히 "표면적인 유대인이 유대인이 아니며 표면적인 육신의 할례도 참 할례가 아니다(롬 2:28)"에

---

549 R. Bultmann, Die Theologie des Neuen Testaments, Tübingen, 1961, 239.
550 위의 책, 233.

서 "표면적"이라는 의미는 곧 "육체"가 가지는 의미와 동일하다. 나아가서 바울에게 "육체"는 인간에 의해 처분되고 스스로를 염려하고 사는 가능성을 제공하는 자연적인 삶에 매여있는 "세상"이라는 의미와 동의어였다.[551] 이런 인간 육체와 얽혀있는 세상은 생명을 주시는 창조주를 거역하기 때문에 하나님 앞에서 오류일 뿐 아니라 죄였다. 물론 세상이라는 개념도 공간적이고 물리학적인 공간 개념이 아니라 죄인의 내면성인 육체의 반영이고 죄인의 특징은 육체성의 창조적인 행위들을 통해 만들어진 산물이다. 죄인은 세상을 만들면서 창조주 하나님을 반역하고 부인한다. 이런 의미에서 바울은 "육체의 생각은 사망이나 …(롬 8:7)"라고 규정한다. 여기서 육체를 사망과 직결시키는 바울은 역설적으로 "그리스도 예수께 속한 자들은 육체와 함께 그 정욕과 욕심을 십자가에 못 박았다(갈 5:24)"고 함으로서 육체는 죄와 사망 그리고 감각적인 악과 자신의 욕심의 연결선에 있으며 반면에 그리스도는 이런 연결고리를 완전히 끊었음을 강하게 암시한다. 육체는 참된 은혜의 방해물이 된다. 더 나아가서 "우리가 육신에 있을 때에는 율법으로 말미암은 죄의 정욕이 우리 지체 속에서 작용하여 사망을 위하여 열매를 맺게 하였으나(롬 7:5)"라고 바울이 고백했을 때 육체와 율법은 서로 같은 작용을 하는 것으로 이해되는데 죄의 정욕이 우리 육체에 역사하여 사망으로 이끄는 길로 바울이 보았음을 뜻한다. 율법은 육체와 아주 잘 통하고 그 육체에 자연적인 충동과 정욕의 열정이 잘 역사하여 자연스럽게 인간을 사망으로 이끈다. 그리고 더 흥미로운 점은 바울에게서 육체는 미성숙과도 연관된다. 고린도교회를 향해 "너희는 아직도 육신에 속한 자들이다. 너희 가운데 시기와 다툼이 있으니 너희가 육신에 속하여 사람을 따라 행하는 것이

---

551 위의 책, 235.

아니냐?(고전 3:3)"고 책망했을 때 서로 시기하고 싸우는 것도 육체임을 강조했고 바울이 그리스도를 증거할 때 "육체적인 지혜가 아니라 하나님의 은혜로 행했다는 것이다(고후 1:12)"고 고백함으로써 육체는 바울에게서 죄, 율법, 사망, 정욕, 시기, 싸움과 같은 것들의 표상으로 나타난다. 인간이 죄 아래에 있는 것은 육신에 속해 있기 때문이다. 즉 죄는 인간을 육신에 속하도록 역사한다(참고. 롬 7:14). 그리고 무엇보다 인간존재의 출발은 죄 아래에서 시작됨을 분명히 한다(참고. 롬 5:12-19). 바울이 "한 사람으로 말미암아 죄가 세상에 들어오고 그 죄로 말미암아 사망이 들어왔으며 그리하여 사망이 모든 사람들에게 이르렀으니 이는 모든 이들이 죄를 지었기 때문이다(롬 5:12)"고 했을 때 죄의 일반성을 언급한다. 아담의 죄된 행위로 인해 죄가 세상으로 들어와서 모든 이들을 사망으로 이끈다고 했을 때 아담의 죄는 하나님의 심판으로서 사망의 운명이 되었다. 그런데 아담 한 사람의 죄의 행위로 인해 온 인간들에게 사망이 왔을 뿐 아니라 동시에 각각의 인간이 죄를 짓는다고 했는데 어떻게 그것이 가능할 수 있을까? 아담의 죄와 각 개인의 죄가 무슨 관계가 있는가 하는 문제인데 이 두 개의 사실이 모순처럼 비치기도 한다. 유대인들의 생각에는 아담이 죄와 형벌의 관련성을 책임졌고 각 인간은 자신의 고유한 죄를 통해 형벌을 받는다고 믿었는데 바울은 이런 생각을 따라가지 않는다. 무엇보다 바룩서(Baruch)에 보면 "아담이 우선 죄를 짓고 모두에게 선행적인 죽음을 가져왔을 때 그에 의해 유래된 자들로부터 각 개인은 스스로 미래적인 고통을 취해야 했으며 그들로부터 다시 각 개인은 미래적인 영광을 선택하였다"고 나오는데 바울이 비록 아담을 통해 기인되는 죽음의 생각을 가졌지만 그렇다고 이런 유대적인 운명론의 원죄의 사상은 가지지 않았다고 한다. 왜냐하면 그는 각 개인의 행위에 대해 하나님 앞에서 자신이 책임을 진다는 생각을 가졌기 때문이라고 한다. 그러니까 원죄의 생각보다 오히려 세상과 죄의 권세들 아래에 인간이 던져졌다는 것을 저주가 아닌 마땅히 책임져야 할 허물로 이해하였다는 것이 바울의 생각이라고 하면서도 아담의 죄가 모든 이들에게 전가되었다는 것은 경험적으로 판단되는 것이 아니라 신앙적 판단으로 이해하였다고 큄멜(W.G. Kümmel)은 주장한다.[552] 그럼에도 불구하고 아담 이후의 모든 인간에게는 죄가 인간의 책임의 문제이면서 동시에 어떤 운명적인 존재로 묘사하고 있다는 것은 부인하기 어렵다. 특히 바울이 "그것을 행하는 자는 내가 아니라 내 속에 있는 죄이다(롬 7:7)"고 말했을 때 죄는 개인적인 면과 관계하지만 개인의 책임성과 무관하게 주어진 어떤 운명적인 것으로 비치기도 한다. 이 운명적인 죄의 성질이 어떻게 각 개인에게 전이되는지에 대해 바울은 친절하게 말하고 있지 않다. 그렇다고 초개인적인 죄의 측면을 '생물학적인 유전'이라는 잣대로 들이대기도 설명과 근거가 약해 보인다. 그러나 분명한 것은 죄는 개인의 책임적 행위뿐 아니라 개인을 넘어서서 선험적인 측면도 가지고 있다.

4. 원죄사상은 성경의 직접적인 표현이기보다 교부들의 사상이라고 하겠는데 죄가 가지는 이런 특성 때문이다. 터툴리안이 "원래의 죄(vitium originis)"라고 하여 그 죄가 유전된다고 가르쳤으며 아우구스티누스 역시 "인간은 타락 전에는 죄를 지을 수 없고(posse non peccare) 타락 후에는 죄를 짓지 않을 수 없다(non posse non peccare)"고 하면서 죄의 유전설을 고집한다.[553] 실재성을 형상과 질료로 구분하여 설명하려 했던 아리스토텔레스의 형이상학을 토대로 원죄를 설명하려는 아퀴나스는 원죄의 형상을 가리켜 "본래 의의 풀림(privatio originalis iustitiae)"이라 하였고 원죄의 질료

552　참고. W.G. Kümmel, Die Theologie des Neuen Testaments, 160.
553　H.G, Pöhlmann, Abriß der Dogmatik, Gütersloh, 1985, 180.

는 "탐욕(concupiscentia)"이라 하였다.554 종교개혁가들은 죄를 인격적인 측면으로 이해하려고 하였다. 원죄는 아담에게서 기인하였고 유전적인 방식으로 각 개인들에게 전이된다고 한다. 그러면서 개인적인 죄를 원죄의 결과로 이해하였다. 말하자면 원죄는 개별적인 죄를 낳는다. 그러나 이 둘은 서로 얽혀 있고 동일한 죄들이다. 특히 루터에게서 원죄는 개별적인 죄와 떨어져 있지 않다. 멜랑크톤(P. Melanchthon)은 원죄를 완전한 하나님의 형상의 파괴로 이해한다. 인간을 창조할 때 하나님은 사람 안에 빛을 두셔서 하나님을 인정하며 교제했으며 아담과 하와는 인류의 대표자였는데 그들이 타락함으로 그 후에 태어난 모든 인류들에게 하나님의 형상은 상실하였다. 따라서 모든 인간들은 원죄 안에 있다. 이것은 곧 하나님의 진노 아래에 있음을 뜻한다. 즉 원죄는 창조 때 부여되었던 원래의 거룩성의 상실이다. 따라서 아담의 타락 이후 모든 인류는 부패한 본성을 가지고 나며 이 원죄는 모든 후손들에게 전하여졌고 모든 이가 하나님의 진노 아래 있다. 멜랑크톤은 구체적으로 원죄는 인간 안에 있는 나쁜 성향이 아니라 인간 영혼의 모든 면에서의 어두움과 무질서로 이해한다. 그러면서도 비록 부패하였으나 희미하게나마 그래도 "남은 요소"가 있어서 자연법을 알 수 있다고 한다. 그렇다고 율법을 이루지는 못하지만 그래도 하나님의 법을 배우면 자신이 죄인인 것을 알 수 있다고 한다.555 이런 멜랑크톤의 주장들에 대해 바르트는 멜랑크톤이 실제로 원죄와 자범죄의 차이를 말하지 않았다고 규정한다.556 원죄는 루터에게는 인간의 허물투성인 개별죄와 나눌 수 없는 허물없는 운명이

---

554 위의 책, 180.
555 참조. P. Melanchthon, 신학총론, 이승구 역, 서울, 크리스챤다이제스트, 2000, 174–193.
556 KD IV/1.556: "한 번 더 말하자면 멜랑크톤은 성경이 원죄와 자범죄의 차이를 알지 못했다고 말한다. 원죄는 분명히 자범적인 죄, 즉 그 어떤 곡해된 정욕이다라고 말이다(Noch einmal Melanchthon: die Heilige Schrift kenne jene Unterscheidung nicht. Est enim et originale peccatum plane actualis quaedam prava cupiditas."

아니고 매 순간 짓는 죄와 구분될 수 있는 운명도 아니라 운명과 허물의 종합이다.[557] 루터의 이 이해는 상당히 모호하게 들리지만, 원죄는 운명이면서도 각 개인이 행하는 죄와 분리가 되지 않는다는 뜻인데 마치 원죄는 개별죄의 뿌리이고 개별죄는 원죄라는 뿌리에서 나온다는 말로 들린다. 따라서 원죄를 운명으로만 돌린다면 인간의 부모인 아담에게로 돌아가서 죄의 책임을 지금의 나에게 물을 수 없기 때문이고 그렇다고 지금 짓는 죄로 이해하기에는 소위 자범죄를 넘어서는 어떤 운명과도 같은 성질을 가지고 있기 때문에 개인의 책임성을 간과하지 않으면서도 죄를 짓지 않을 수밖에 없는 선천적인 측면도 나의 책임성으로 돌리기 위해 나온 의도 때문에 생긴 모호함으로 비친다. 칼빈도 대체로 루터의 견해와 일치한다. 인간은 부패한 후 하나님의 형상이 파괴되고 소멸되었다. 그렇다고 인간이 동물이나 "무"가 아니다. 단지 인간에게서 원래의 의와 참된 지식, 거룩을 찾아볼 수 없다. 그 대신에 오히려 창조주 하나님을 향한 적극적인 반역의 태도를 취한다. 아담의 타락에 대해서 칼빈은 말하길, 아담이 분명 사탄의 유혹을 받아 불순종에 빠졌지만 동시에 아담 자신이 완전한 진리와 거짓으로 되돌아섰기 때문이다(InII.232). 이 행위를 칼빈은 단순한 배교(simplex apostasia)가 아니라 악의에 찬 모욕(foedum probrum)으로 표현한다. 마치 하나님의 경외를 던져버리고 자신의 리비도에 적극적으로 자신을 내던졌다(sese proiicerent: InII.232). 이렇게 주장하면서 칼빈은 이 죄가 후손들에게도 연루되어(implicare) 깊이 잠기게 되었다(immersit)고 하면서 이것을 원죄라고 불렀다(InII.233). 칼빈에게서 죄란 이전에 있던 선하고 순수한 본성의 곡해(depravatio)이다(InII.233). 이 죄, 즉 아담의 불순종이 전달되어(transmitti) 모든 인간들이 그것을 물

557　H.G. Pöhlmann, Abriß der Dogmatik, 181.

려받았다. 이런 점에서 아담은 인류 본성의 뿌리(radix)로 칼빈은 간주하는데 결정적으로 이렇게 말한다: "아담 안에서 우리는 죽은 자들이 되었고 그가 죄를 지음으로 그것은 그에게만 단순히 불행과 폐허를 취하였던 것이 아니라 이와 같이 그 부패가 우리 본성을 그와 유사한 부패로(in simile exitium) 타락시켰다(InII.235)." 이렇게 말하면서 칼빈은 원죄가 "우리 본성의 곡해와 부패(InII.236)"라고 정의했다. 여기서 "본성"은 "유전적인 법칙으로 보편적 포괄성(haereditario iure universos comprehensos teneat)"을 가진다고 하기 때문에(InII.240) 이런 칼빈의 생각들은 그가 역시 죄의 유전설을 강하게 옹호하는 듯이 비친다. 칼빈의 사상이 상당히 반영된 웨스트민스터 신앙고백에서도 루터의 견해와 유사한 면을 보게 된다. "이 원래의 타락에서 … 모든 실제적인 죄들이 앞서 나온다(Ab hac originali labe … proveniunt omnia peccata actualia)"고 6장 4절에 소개하고 있고 "이 본성의 부패는 거듭난 자들에게서도 이 계속되는 삶에서 역시 남아있다(Haec natuae corruptio durante hac vita manet etiam in regenitis)"고 6장 5절에 밝히고 있으며 "각각의 죄, 즉 원래의 죄와 함께 하나님의 의로운 율법을 범한 실제의 죄는 하나님께 대항하는 것이며 특히 죄인에게 자신의 본성이 정죄를 가한다(Peccatum omne cum originale tum actuale, quum justae Dei legis transgressio sit eique contraria, peccatori suapte natura reatum infert)"고 6장 6절에 고백하고 있다. 웨스트민스터 신앙고백에서도 원죄와 개인이 짓는 자범죄의 관계가 약간 모호하지만 그래도 그 관계는 서로 뗄 수 없으며 그럼에도 불구하고 원죄 역시 각 죄인에게 자신의 본성이 정죄를 가하는 무엇으로 보고 있다. 마치 루터의 주장처럼 각 인간은 자신이 짓는 자범죄를 통해 원죄라는 어떤 운명적인 것이 함께 정죄를 받는 것으로 비친다. 그러니까 자범죄는 개별자가 행위로 짓는 실제적인 죄로서 나의 책임성이 동반되는 죄이지만 이 죄와 함께 묻어오는 것은 원래의 죄이다. 따라서 원죄와 자범죄는 뗄 수 없는 관계에 있으며 정확하게 말하면 인간은 원죄인으로서 자범죄를 짓는 존재이다. 이런 점에서 원죄나 자범죄에게도 "나"의 책임성이 함께 들어있다고 해야 한다. 이렇게 본다면 쿠벤슈테트(Quenstedt)가 원죄와 자범죄의 관계를 물과 물의 원천의 관계로 본 것은 일리가 있어 보인다.[558] 물이 물의 원천에서 나오듯 자범죄는 원죄에서 나온다고 하겠다.

5. 그러나 죄와 원죄의 문제는 계몽주의 시대 이후부터는 거의 의미를 가지지 못했다. 죄라는 것은 인간 자신이 행위로 빚어진 결과에 대한 책임으로 이해하였던 칸트는 원죄를 강하게 부인하였다. 내가 행하지 않고 아담을 내가 인류의 대표자로 세우는 데 동의한 적이 없는데 그 죄의 댓가를 받아야 한다는 것이 이성적으로 맞지 않는다고 한다. 역사를 낭만적인 관점에서 본 헤겔 역시 죄와 원죄는 신과 인간이 화해하기 위한 하나의 "외화(Entäußerung)"에 불과하고 역사 발전에 있어서 필연적인 과정에서 생기는 것으로 믿었다. 정통주의 교리를 그리스도 중심적 사유에 입각하여 발전시키면서 신정통주의자라는 칭호를 얻은 바르트(K. Barth)에게서 죄는 새로운 차원으로 이해된다. 그는 소위 "일반계시"를 완전히 부정하였기 때문에 죄는 그리스도를 믿는 신앙 이전에는 알 수도 없고 발견할 수도 없다. 즉 죄란 그리스도 안에서만 발견되는 것인데 인간 자신의 자연성을 아무리 연구해도 그 기원이나 본질을 알 수 없다. "인간의 죄가 오로지 순수한, 성숙한, 분명한 형태와 관계하는 자리는 예수 그리스도의 실존이다(KD IV/1.439)"고 말한다. 그는 특이하게도 예수 그리스도를 3가지 형태로 인식하는데 있어서 인간의 죄도 이에 따

---

558 참고. H.G. Pöhlmann, Abriß der Dogmatik, 183.

라 설명된다고 본다. 그의 "교회 교의학 IV/1" §58에서 첫 번째로 그리스도는 자신을 무한히 낮추시고 화해하는 참된 하나님이라는 지식에서 인간의 "교만(Hochmut)"이 드러나고 두 번째는 그리스도가 하나님에 의해 높여지고 화해된 인간이라는 지식에서 인간의 나태(Trägheit)가 드러나고 세 번째는 그리스도가 우리의 화해의 보증이면서 증인이라는 지식에서 인간의 "거짓(Lüge)"이 드러난다고 흥미롭게 설명한다(KD IV/1,83). 특히 그는 교만(Hochmut)를 죄의 중심점으로 두었는데 이것은 보통 '불순종'이나 '불신앙'이라 불리는 바의 아주 구체적인 형태라고 보았으며 "나태"에 대해 바르트는 "두 번째 형태에서 죄는 나태이다. 신 자신이 인간에게 길을 제시했을 뿐 아니라 닦아놓으신 곳에, 신 자신이 인간에게 높이셨던 바로 거기에 인간은 자의적으로 타락해서는 안 되었으며 그에게 향해주셨던, 그를 인도하셨던, 그의 길을 정하신 은혜를 대항하여 경솔, 나태 절망의 길을 스스로 찾고 선택하며 가기를 원해서는 안 된다(KD IV/1,157)"고 말하면서 아담이 먼저 이런 의미를 상실했고 이스라엘도 그러했으며 기독교인들조차도 항상 이 길을 걸어갔다고 한다. 세 번째로 죄의 세 번째 형태인 "거짓"에 대해서는 "신 자신이 모든 것을 잘 만드셨다는 것을 보증하시는 거기에 인간은 그 사실을 더 좋게(살붙이지 말고) 알지 말아야 한다. 진리가 스스로 말하는 거기에 인간적으로 첨가된 모든 지식들은 오로지 비진리, 즉 거짓일 수 있다. …거짓은 자기파멸이다. 인간과 세상은 죄의 지배 아래에 있기 때문에 그리고 자기파멸 속에서 신 앞에서 거짓말하고 자기 자신을 속이기 때문에 산다(KD IV/1,158)"고 말한다. 이런 식으로 바르트는 죄의 본질에 대해 교만과 나태 그리고 거짓을 들었는데 사실 이런 것들은 죄의 본질이라고 규정하기에 무엇인가 상당히 어색하다. 많은 악들 가운데 왜 하필 교만과 나태 그리고 거짓이 죄의 본질이라고 할 수 있는가 하는 의문이 바르트의 죄론에서 남아있다. 그리고 바르트가 원죄를 설명함에도 전통적인 견해와 달리한다. 즉 조상의 죄가 유전되어 그 후손들에게 죄가 된다는 전통적인 유전설을 무시한다. 인간의 면을 전부 신에게 넘겨버리는 것이기 때문이다. 그래서 바르트는 원죄가 전이(propagatio)되어 만인에게 유전된다는 개념은 최고로 잘못 이해된 개념이라고 단언한다(KD IV/1.557). 그러면서 "죄는 인간이 자신이면서 일어난다"는 것과 "인간은 죄를 짓는다. 그러나 그는 죄를 지을 뿐 아니라 그가 죄인이다(KD IV/1.552)"는 주장이 바르트의 입장을 이해하게 한다. 필자가 잘못 이해하지 않았다면, 바르트에게 인간과 죄인은 동의어이다. 교만한 인간으로서 인간은 죄를 지으며 또한 죄인이기 때문에 교만하고 인간이기 때문에 죄를 짓는다. 즉 인간과 교만 그리고 죄는 항상 같이 존재한다. 따라서 고대 전통에서처럼 타락 후에도 인간에게 무엇인가 "남은 요소"라는 것은 전혀 없다.[559] "인간은 어느 정도 고기 덩어리지만 동시에 완전히 고기 덩어리이다"는 말이 죄와 인간과의 관계를 극명하게 보여준다. 그러면서도 아담에 대해 말하길 "아담은 ... 전 세계사에 신에 의해 주어진 표제이다. 그의 이름은 이 역사 총론의 제공이다; 신으로부터 수여된 것으로서 역사의 교만을 위해 역사의 교만을 넘겨준 인간성이다"고 말함으로 어떤 구체적인 존재자이기 보다 총체적인 개념으로서 근원적 인간(Urmensch)임을 가리키며 "근원적 인간은 곧 근원적 죄인이었다(KD IV/1.567)"고 밝힌다. 여기서 바르트가 말하는 근원적 인간은 전통적인 가르침에서 가리키는 역사적인 인물인 아담이 아니라 죄인이라는 하나의 대표적인 이름일 뿐이다. "그는 동일한 자들 사이에서 첫 번째인 자(primus inter pares)로서 그가 어떤 무엇이었다는 것으로 존재해야 하는지를 우리에게 유전으로서 넘

559　참고. O. Weber, Karl Barths kirchliche Dogmatik, 225.

겨주지 않았고 전이시키지도 않았다"고 말하며 그래서 아담의 죄는 우리의 것과 동일할지라도 그리고 동일하면서도 우리 것으로서 우리의 결단이 그의 것이지 않다. 말하자면 아담은 죄를 지었고 동시에 교만한 인간이었던 그 인간이며 그 후에 왔던 모두를 위한 하나의 표본적인 존재이고 대표자일 뿐이라고 주장한다(KD IV/1.568). 또한 상당히 애매하게 말하고 있지만 "로마서 5장 12절에 따라 아담이 한 사람이었다는 것은 … 죄가 모두를 죄짓게 하는 것인가? 그렇다. 그것이 모든 그리고 각 인간적인 실존에 제목을 붙이는 표제로서 아담이다: 즉 아담은 모든 인간들이 매달려 있는 규칙의 대표자(Exponent)로서 있다(KD IV/1.571)"고 바르트는 말한다. 이 말은 우리가 하나님으로부터 아담 안에 있다는 의미이다. 그래서 우리가 그 안에서 분명하게 보여진 율법 아래에 놓여진 자로 인식된다. 아담은 특정 인물이 아니라 모든 그리고 각각의 인간적 실존의 표본이며 모든 인간 위에 놓여있는 율법의 대표자이다. 그러면서 아담이라는 역사적 인물보다는 그리스도가 첫 번째 아담과의 관계에서 두 번째가 아니라 그 자체가 고유하고 첫 번째가 되는 아담, 즉 그 인간이라고 노골적으로 밝힌다.[560] 확실히 딱 부러지는 언급은 하지 않지만 입담 좋은 바르트의 아담이해는 독자들로 하여금 아담이 역사적 인물이 아니라는 점과 단지 죄인의 제목을 표시하는 대표로 지정되었다는 것 그리고 그리스도의 은혜를 대변하기 위해 등장해야 하는 하나의 제목으로 보았다는 것을 그의 저서에서 분명하게 느끼게 될 것이다. 더구나 창세기를 "창세기 전설(Genesis-Sage)"로 간주하고 있는 것도 아담의 구체적

---

[560] 참고. KD IV/1.572: "고린도 전서 15장 45절에 예수 그리스도가 마지막 아담이 되셨다는 것은 그가 창세기 3장의 첫 번째 아담과의 관계에서 두 번째 아담임을 말하는 것이 아니라 그 스스로가 고유하고 첫째 되는 아담, 즉 각 인간이 원형적으로 보여줄 수 있었던 그 인간이다. 예수 그리스도, 즉 마지막 아담에서 돌아가면 첫 번째 아담, 창세기 동화의 익명인(Anonymus)은 바울에게는 실존과 연속선을 가진다."

인 역사적 인물이 아니라는 것을 가리키기 때문에 상당히 거슬린다(참고. KD IV/1.566). 산만하고 나선형으로 돌려 말하는 지루한 글 솜씨로 많은 말들을 했지만 결정적인 질문에 대해서는 정확하게 말하지 않는 피곤한 그의 언어유희는 신학전통에서 벗어나지 않겠다는 의지와 동시에 창조적인 자신의 신학적 아이디어를 제공해야 한다는 요구 사이에서 주어지는 심각한 정신적 갈등으로 비친다.

6. 이런 바르트와 유사하게 아담과 원죄의 역사성을 거부하려는 자들도 생각해 봐야 한다. 특히 신학적 인격주의자들로 분류가 되는 알트하우스(P. Althaus), 브룬너(E. Brunner) 그리고 고가르텐(F. Gogarten)의 견해도 참고해 볼만하다. 알트하우스에 의하면 "죄란 개인적인 실재성일 뿐 아니라 인간성의 실재성"이라고 하면서 "나의 의지가 원하는 나는 나의 개별적인 나 이상이다. 너와 나 그리고 타자, 즉 우리는 하나의 나이며 하나의 의지이며 하나의 고유한 인간이다"고 자신의 죄의 전제를 밝힌다.[561] 인간과 인간의지의 하나 됨은 인간성의 생물학적인 하나 됨이기도 하다. 그에 의하면 죄는 근본적으로 "개인의 죄"이며 반드시 나에게 책임성이 주어진다. 그런데 원죄는 마치 나와 무관한 것처럼 비쳐서 지금의 우리에게 불가피함이 될 수도 있는데 즉 개인이전의 상태가 죄라는 불가능적인 형태에서 죄를 짓는다고 하게 된다. 그러나 "행동 없는 그런 상태를 우리는 알지 못한다"고 그는 말하면서 "우리의 생각, 의지, 행위 이전에 우리에게 넘겨진 아담의 죄의 댓가를 계산함으로 죄있는 것이 아니라 아담과 인간적으로 분리시킬 수 없음에서 죄 있는 우리의 생각, 의지 그리고 행위들 때문에 죄가 있다"고 흥미로운 주장을 말한다.[562]

---

561 P. Althaus, Die christliche Wahrheit, Güterloh, 1959, 367.
562 위의 책, 369.

즉 인간성이라는 측면에서 우리는 아담과 같다는 뜻이기도 하다. 그런데 이 인간성이라는 측면에서 아담과 하나됨은 그에 의하면 "근원적이며 선험적인 것으로 주어진 것"이며 "모든 개별자의 총괄개념"이다.[563] 따라서 그는 우리의 동의 없이 무조건적으로 넘겨받은 원죄론의 역사적인 형태를 부정한다고 말하면서 "아담이 죄를 지었듯이 우리가 죄를 지을 뿐 아니라 아담이 죄를 지었기 때문에 우리가 죄를 짓는다"고 주장한다.[564] 여기서 "때문에"라는 의미를 정확하게 이해해야 하겠는데 분명하게 말하자면, 아담이 역사적 근원자이기 때문이 아니라 첫 인간과 우리의 연관성을 의미한다. 다르게 표현하면 아담의 역사성은 부정된다는 것을 뜻한다. 우리가 아담으로서 죄를 짓는다는 의미이다. 그러면서 신학은 아담의 역사적이고 선재적인 측면에 관심을 가져서는 안되며 "오로지 아담은 모든 인간과 근원적으로 하나되었다는 표현이며 우리 모두는 우리의 죄 속에서 하나의 인간이다"고 말한다.[565] 심지어 타락도 시간적으로 역사이전의 상태가 아니며 따라서 신학의 대상이 될 수 없다고 단언한다.[566] 그러니까 알트하우스의 입장에서 "아담"이란 지금의 인간성의 연결선에 불과하고 지금 우리도 아담이기 때문에 죄를 짓는다는 것이며 신학은 아담의 타락에 대해 역사성을 부여하지 말아야 한다는 것이다. 이렇게 말하는 그의 고뇌에는 아담과 타락의 역사성을 인정하면 지금 우리가 짓는 죄와의 연속선도 없어지고 원죄는 우리가 짓는 죄와 무관한 하나의 환상이 될 것이고 따라서 원죄의 책임성을 지금 우리가 가지지 못한다는 모순을 나름대로 해결하려는 의도가 선명하게 보인다. 죄란 반드시 내

---

563   위의 책, 372-373.
564   위의 책, 386: "Insofern gilt nicht nur der Satz: wir sündigen, wie Adam sündigte, sondern auch der andere: wir sündigen, weil er sündigte."
565   위의 책, 386.
566   참고. 위의 책, 384-385.

가 지어야 하며 동시에 그 책임성도 나에게 있어야 하기 때문이다. 그러나 이런 그의 의도는 이해가 되지만 그렇다고 아담과 타락의 역사성을 부정한다는 것은 분명히 지나치다. 이럴 바에야 차라리 아담과 타락을 하나의 원역사로 남겨놓고 지금의 우리가 짓는 죄에 여전히 영향력을 가한다는 고대 교회의 주장이 더 성경적으로 들린다.

7. 브룬너 역시 알트하우스의 이해와 다르지 않다. 그에게도 죄란 내가 짓는 행위이다. "우리가 죄인이라는 말은 그 어떤 경우에 따라서 언제나, 즉 매번 선을 행하지 않을 때 죄를 지을 뿐 아니라 인간 존재가 죄인으로 규정된다. 즉 악을 위해 행하고 존재하는 자체로 인간은 완전히 책임적이다"고 분명하게 말함으로 죄와 나의 책임은 뗄 수 없다.[567] 그래서 아우구스티누스의 유전설이나 고대 교회의 죄의 전가설은 그에게 의미가 없다. 특히 원죄론은 인간의 책임성을 무시하게 한다. 마치 뽕나무에서 뽕이 열린다면 뽕은 자신의 의지와 책임이 없이 숙명적으로 뽕나무에 의해 반드시 뽕이라는 열매를 가지게 된다. 따라서 생리적으로 유전되거나 혈통적으로 전이된다는 추상적인 원죄론은 그릇되었다고 그는 생각한다. 따라서 타락이나 원죄를 역사적인 증거를 요하는 사건으로 취급하면 잘못되었으며 오로지 신앙의 기초에서 숙고되어야 한다. 우선 그는 "죄는 자기가 짊어지는 운명이다"는 전제로 시작한다.[568] 창조와 타락이라는 대립은 단순히 인간 속에 있는 어떤 대립적인 것이 아니라 인간 자신의 괴리이고 전인(totus)에 대립하는 전인의 대립이다. 이 말은 하나님에 의해 완전하게 창조된 인간이 하나님을 향해 적극적으로 완전히 대항하는데서 일어나는 인간 자신의 대립이라는 뜻이다. 원죄

---

[567] E. Brunner, Der Mensch im Widerspruch, Zürich, 1941, 108.
[568] E. Brunner, Gott und sein Rebell, Hamburg, 1958, 28.

는 창조주에 대항한 피조물의 적극적인 부정이며 하나님의 손에서부터의 해방(Emanzipation ex manu Dei)의 시도이다.[569] 마치 복사물이 원본이 되려는 것과 같고 하나의 행성이 태양이 되려는 것과 같다. 창조주와 피조물과의 관계는 "인간이 신의 형상"이라는 가르침에서 잘 보여주듯이 하나님의 인격인 "당신"과 인간의 인격인 "나"와 영적으로 결합되어 있는 관계이다. 이 관계는 타락 이후에도 변함이 없이 여전히 유효하다. 이렇게 인격주의적인 인간론을 펼치면서 원죄를 설명하는데, 원죄는 일종의 폐쇄와 같다. 그렇다고 단순히 한때 일어났던 한 폐쇄가 아니라 지금도 계속 반복해서 일어나는 자기폐쇄이다. 아담은 인간 일반의 대표자이며 우리는 아담 안에서 함께 죄를 지으며 아담 안에서 죄인이다. 여기서 브룬너는 원죄를 약간 행위적인 개념으로 이해하는 듯한데, "그 대립(창조와 타락)은 우리 뒤에서 일어난 비극적인 의미에서 운명적인 사건도 아니고 원죄를 통해 우리 안에서 운명적으로 주어지는 것도 아니다. 그 대립은 반대로 말하는 것(Wider-Spruch)이며 창조주를 향해 등돌림이다"고 말한다.[570] 그러면서 "우리 역시 모두가 함께 아담인 것처럼 우리 각자도 여전히 아담으로부터 존재한다"고 말하는데[571] 인간은 아담을 역사적 인물로 가지는 것이 아니라 우리가 아담이며 아담과 같이 그리고 아담으로서 여전히 신과 대립하고 있다는 점을 시사한다. 왜냐하면 아담과 부패한 지금 우리 사이에는 "인격적 존재(Personsein)"라는, 소위 자연은총적인 연속선을 가지고 있기 때문이다. 이 관계는 신과 "나와 너"의 인격적인 관계를 가지고 있음을 뜻하며 이 관계는 타락 후에도 여전히

---

[569] 위의 책, 30.
[570] 위의 책, 32.
[571] 참고. E. Brunner, Der Mensch im Widerspruch, 144.

남아있다.[572] 따라서 인간이 인격적 존재라는 점에서 아담과 같으며 아담은 이런 인격적 존재로서의 인간의 대표자일 뿐이다. 그래서 "인격적 존재는 완전한 행위이다"고 말한다.[573] 타락 후에도 여전히 신과의 인격적인 관계를 가질 수 있으며 동시에 죄를 행위적으로 짓기도 한다. 따라서 그 죄에 대한 책임도 내가 가진다. 그리고 그 죄는 완전히 신을 향한 적극적인 반역인데 지금 우리도 인격적 존재로서 혹은 아담으로서 죄를 적극적으로 짓는다. "인간, 즉 죄인은 그가 죄인인 자질을 가졌기 때문이 아니라 부정적인 완전한 행위와 함께 함으로 그 어떤 다른 것과 비교될 수 없는 특수한 상황을 가졌기 때문에, 이 행위가 돌이킬 수 없고 오로지 그 자신이 스스로 항상 새롭게 세울 수 있는 상황을 가지기 때문에 더 이상 비죄인이라고 할 수 없다"고 말한다.[574] 이와 같이 브룬너 역시 아담과 지금 인간의 연속선을 "인격적 존재"라는 하나님의 형상의 형식이라는 것을 가지고 연결시키면서도 아담의 역사성은 부인하는 셈이다. 이러한 성향은 고가르텐에게는 더욱 노골적이다. 그는 브룬너에게서 약간 남아있는 '죄의 운명성'조차 완전히 제거한다. "죄란 실제적인 죄이며 어떤 운명과 같은 것이 아니기 때문에 모든 인간들은 죄를 통해 영원한 저주로 떨어진다"고 말하면서[575] 죄는 우리의 의지나 행위 그리고 유전적으로 주어지는 운명과 같은 것이 아님을 명확하게 하고 시작한다. 나아가서 그는 "내가 아담의 혈통을 통해 그래서 유전을 통해 죄인이라면 나는 나의 죄를 위하여 책임적으로 할 수 없게 된다. 이것은 참된 의

---

572 브룬너는 하나님의 형상을 내용적인 면과 형식적인 면으로 구분하면서 타락 후에는 내용적인 면은 떨어져 나가서 상실하였으나 형식적인 면, 즉 인격적인 관계를 가지는 카테고리는 여전히 남아있다고 한다.
573 E. Brunner, Der Mensch im Widerspruch, 145.
574 위의 책, 147.
575 F. Gogarten, Die Verkündigung Jesu Christi, Tübingen, 1965, 477.

미의 죄가 아니다. … 아담의 죄의 타락에 대한 상상과 이에 따른 의미는 전 인간성을 위하여 하나의 안전히 다른 생각이 우리의 생각으로서 생겨나는 데서 그 근거를 가진다. 다시 말해 그것은(아담의 역사성) 신화적이라는 우리의 생각에 따르는 것이다. 그리고 그런 것이 우리 생각에 받아들이는 것이 불가능하기 때문이다"고 말한다. 그러니까 고가르텐에게는 아담이라는 인물[576]이 역사적으로 실재하였다는 것은 지금 우리의 사고로는 받아들이기가 불가능하기 때문에 신화적으로 돌리고 단지 내가 짓는 죄를 위한 하나의 근거로만 삼겠다는 의도로 비친다. 바꾸어 말하면 원죄가 자범죄의 뿌리가 아니라 반대로 자범죄가 원죄의 근거가 되는 셈이다.

8. 위에서 본대로 바르트나 브룬너, 알트하우스 그리고 고가르텐이 이해한 원죄 개념은 원죄를 역사적인 사실(Fact)로서가 아니라 신앙이라는 차원으로 넘겨버리는 공통점을 가진다. 도대체 왜 아담의 타락과 지금 우리가 짓는 자범죄의 연관성을 이런 식으로 맺으려고 하는 것일까? 왜 자신들의 알량한 신학적 사유에서 설명하려고 하면서 전통적인 개념을 부인하려는 것일까? 왜 죄가 반드시 내가 짓는 행위적인 것이고 따라서 내가 책임을 가져야 하는 것으로 이해해야 할까? 이런 전제 때문에 결국 아담의 타락은 신화가 되어버리고 전설이 되어야 하는 것일까? 아담의 타락을 전설로 만들면서 그 댓가로 자범죄만 인정하는 것이 과연 성경적인 생각일까? 아담의 타락이라는 역사적인 사건이 없다면 논리적으로 말해 자범죄라는 것도 우리가 만들어낸 상상에 불과하게 되지 않겠는가? 뿌리가 없는데서 무슨 열매가 나오겠는가? 비록 전통적

---

576 위의 책, 478.

인 신학이 원죄론을 과학적으로 설명하지 못하고 나의 책임과 무관한 운명적인 무엇으로 만든 것도 문제가 없지 않지만 그렇다고 원죄 자체를 동화나 신화로 여기면서 '나의 책임으로서 죄'만 강조한다면 이것 역시 웃기는 상상이 아닌가? 아담의 역사에서 '지금의 나'를 보려하는 것도 문제가 있다고 한다면 반대로 '지금의 나'에서 아담의 역사를 보려고 하는 것도 문제가 있다. 아담의 타락의 역사성을 무시하고 지금의 나의 죄만 강조하려면 차라리 어머니 없이 자식이 생긴다고 말하는 것과 무엇이 차이가 있으며 아버지 없이 자식이 있다고 말하는 것과 무슨 차이가 있겠는가? 비록 어머니의 배 속에서 세포분열하고 있는 "배아"가 지금 우리의 눈에 보이지 않는다고 그 배아 세포의 무수한 분열로 인해 생기는 "인간"이라는 구체적인 존재자에 대해서 말할 수 있겠는가? 죄는 분명히 두 가지 면을 가져야 한다. 하나는 초월적인 면이고 다른 하나는 내재적인 면이다. 자범죄는 각 개인의 내재적인 성향의 드러난 산물이고 원죄는 이 성향이 되게 했던 근원적인 악, 즉 하나님을 향한 불순종이다. 원죄로 인해 모든 인간들은 죽었으며 자범죄는 죽은 인간이 살면서 혹은 살려고 몸부림치면서 만들어내는 독한 사망의 향기에 불과하다. 인간은 죽었기 때문에 사망하기 위해 살아가고 있을 뿐이다. 인간의 부모가 이미 죄 안에서 죽었기 때문에 그 후로 태어난 우리는 사망하기 위해 죄를 짓고 있으며 사망으로 달려가기 위해 죄를 잡고 있다. 원죄는 분명 '하나님 앞에서의 죽음(mors coram Deo)'과 관련되고 자범죄는 '죽음 앞에서의 사망(letum coram morte)'과 직결된다.[577] 생명의 하나님 앞에서 죽었기 때문에 인간은 사망으로 향하여 멈추지 않은 채 죄를 지으며 나아간다. 그래도 분명한 점은 인간의 부모인 아담과 하와가 하나님

---

577 라틴어 "레툼(letum)"은 죽음이라는 뜻과 아울러 사망 혹은 무엇이 지는 것(Untergang), 무엇이 사라지는 것(Vernichtung)을 뜻하기도 한다.

말씀에 불순종한 그 광경을 직접 목격하지 않았다는 점과 그 아담을 우리가 우리 인간의 대표자로 세운 것도 아니다. 이렇게 본다면 아담의 죄가 지금의 우리에게 아무 관계가 없는 것처럼 비치지만 이 문제는 창조가 무엇을 의미하는지를 깨달아야 원죄의 불가항력적이고도 치명적으로 우리에게 결코 떨어지지 않는, 소위 "인간"이라는 이름과 함께 붙어 다니는 하나의 그림자가 된다는 사실을 알 수 있겠다. 인간이라는 실재성이 취급되는 곳에는 동시에 "죄"가 반드시 함께 동반되어 그 실재성을 여는 열쇠가 된다. 죄가 있는 곳에 인간이 있으며 인간이라는 장소는 죄의 처소이다. "죄를 동시에 언급하지 않고서는 창조와 인간에 대해 말하는 것이 불가능하다. 우리는 창조와 인간을 오로지 죄라는 전제 외에 그 어떤 다른 전제들을 알지 못하기 때문이다"고 말하는 프랜트(R. Prenter)의 말은 적절한 표현이 된다.[578] 따라서 교의학은 원죄를 설명하는 학문이 아니라 원죄를 전제로 하는 학문이라고 해야 한다. 결코 설명되지는 않지만 그럼에도 불구하고 지울 수 없는 원죄와 지금의 "나"의 실재성의 통일이 바로 "죄"이며 죄라는 현실은 곧 원래의 죄라는 역사성에서 뿌리를 두고 있다. 하나님의 창조를 지금의 우리가 함께 있지도 않았고 그렇게 창조하라고 동의해 준적도 없기 때문에 설명할 수 없다. 그래서 오로지 구원을 가지고 창조를 설명할 수 있듯 원죄도 지금 우리가 현실적으로 "나"를 가지고 있다는 점에서 받아들여야 하는 역사적 사실이다. 마치 이순신 장군이 왜군을 격파할 때 그 자리에 지금 내가 실제로 있지는 않았지만 그럼에도 불구하고 지금의 내가 왜군의 노예로 살지 않고 대한민국의 한 일원으로 사는 것과 같다. 이순신 장군이라는 역사적 인물과 왜군격파라는 역사적 사실이 없었다면 조선은 왜군의 노예가 되었고

578　R. Prenter, Schöpfung und Erlösung, Göttingen, 1960, 266.

일제의 속국이 되었으며 더 이상 조선이라는 나라가 사라졌다고 가정한다면, 지금 내가 조선의 역사를 가지고 있고 일제의 속국에 있지 않으며 나아가서 대한민국이라는 한 독립된 나라의 일원이 되어 있는 것은 비록 내가 이순신 장군과 동시대의 역사를 가지고 있지 않지만 지금의 내가 그 역사를 전제하고 있기 때문이다. 우리가 창조를 직접적으로 설명할 수 없고 단지 구원이라는 입장에서 말할 수 있듯이 원죄 역시 학문과 이론의 직접적인 설명의 대상이 되지 않지만 인간의 "나"가 실재한다는 사실을 부정할 수 없기 때문에 우리는 원죄의 전제하에서 죄와 인간을 논해야 한다. 원죄를 직접적으로 설명할 수 없다는 것은 그것이 비과학적이고 신화나 동화이기 때문이 아니다. 인간이 원죄를 가지고 있는 것이 아니라 원죄가 인간을 가지고 있기 때문이고 그 원죄는 하나님 앞에서의 죽음이었다. 우리 인간은 죽음을 향해 가는 존재가 아니라 죽음 안에서 사망으로 향하는 존재자이듯 원죄 안에서 인간의 "나"는 생각하고 판단하며 의욕하고 조직한다. 인간의 "나"가 아무리 선한 행위처럼 비치는 행위를 의욕해도 이미 죽음 안에서 사망으로 가는 과정에서 의욕하는, 단도직입적으로 말하자면 죽음의 단편일 뿐이다. 사망이 죽음 안에 있듯 인간 역시 원죄 안에 있다. 원죄는 '나타난 죄(peccatum reveratum)'보다 더 큰 '은폐된 죄(peccatum absconditum)'이다. 우리는 "나"로 살아가면서 원죄 안에 있으며 죄를 짓고 있고 동시에 사망으로 향하는 존재이다. 이런 심연의 관계에 있기 때문에 예수의 가르침과 성경의 가르침은 죄짓지 않기 위해 어떤 노력을 해야 할 것을 말하지 않고 죄사함을 얻기 위해 회개를 말하고 있으며 죄를 피해 가야 할 길을 제시하는 것이 아니라 "다시 태어남(regenitus)"을 선포하고 있을 뿐이다. 복음도 죄를 취급하지 않는다. 복음은 오로지 죄를 전제로 한 메시지이다. 복음은 죄가 무엇인지를 설명할 의무를 전혀 가지지 않는다. 그것은 오로지 죄가 있는 바로 거기에 함께 거할 뿐이다. 복음은 죄로부터 자유하기 위해 인간이 펼치는 그 어떠한 여타의 살풀이 노력에 대해서도 철저하게 무관심하며 실낱같은 희망을 전혀 주지 않는다. 오로지 죄를 가진 인간에게만 희망이 될 뿐이다. 복음은 인간의 의에 대해 전혀 실오라기 하나라도 소망을 할애하지 않는 철저하게 비정한 말씀이다. 그러나 죄를 깨닫고 죽은 자신을 발견하면서 거기에서 빠져나올 수 없는 그 절망의 늪에서만 간혹 드물게 주어지는 한 줄기 희망이 될 뿐이다. 그리고 그 희망조차, 주시는 자의 은혜가 아니라면 인간이 바랄 수도 없고 꿈꿀 수도 없는 희망이다. 원죄 안에 "나"가 있는 한, 죄를 덜 짓는 노력이나 죄 용서를 위한 면제부를 바라는 희망은 전혀 의미가 없다. 오로지 물과 성령으로 거듭나는 것(요 3:1-8)과 하나님이 보내신 자 예수를 그리스도로 뼈가 사무치게 받아들이고 그분의 흔적을 골수에 각인시키는 고통의 은혜가 아니면 별다른 해결점이 없음을 매정하리만큼 성경은 가리킨다. 복음은 죄를 깨닫는 자에게는 은혜지만 죄를 깨닫지 못하는 자에게는 너무 차갑고 잔인하며 너무 가혹한 메시지이다.

9. 우리는 교의학적으로 죄를 취급할 때 처음부터 기억할 사실은 "하나님이 죄의 원인도 아니고 죄의 주인도 아니다(Deus non causa et auctor peccati)"라는 점이다.[579] 이것은 교회의 고백이고 동시에 확고한 우리의 고백이다. 벨직 신조 13장에서도 모든 것이 하나님의 정하심 없이는 일어나지 않지만 그럼에도 불구하고 하나님은 허용된 죄의 제공자도 아니고 책임질 수 없다고 말하며[580] 도르트 신조 1:5절에서 역시 이 사실을

---

579 G.C. Berkouwer, Sin, 27.
580 13장: "We believe that the same God, after he had created all things, did not forsake them or give them up to fortune or chance, but that he rules and governs them, according to his holy will, ... nevertheless, God neither is the author of, nor can be charged with the sins which are committed."

강조한다.[581] 하이델베르크 교리문답 7문에서도 죄의 기원을 하나님에게서 출발하지 않는다.[582] 죄는 분명히 우리 자신에게서 시작한다. 많은 건전한 신조들이 인간을 능가하는 하나님의 능력을 고백하면서 하나님을 죄의 기원자로는 전혀 고백하지 않는다. 죄란 분명히 하나님의 뜻과 관계하는 인간의 어떤 무엇이라 한다면, 네덜란드의 개혁주의 신학자 바빙크(H. Barvinck)도 죄는 어떤 의미에서 하나님에 뜻에 의한 것이라는 점을 자주 언급한다. 여기서 "어떤 의미에서(in a certain sense)"라는 용어가 가지는 함의된 의미가 모호하지만 벌까우어(G.C. Berkouwer)는 바빙크가 인간의 죄에 대한 하나님의 뜻을 솔직하게 말함에 약간 주저함을 나타낸 표현이라고 애써 변호를 하면서도 "죄를 우연적이지도 아닐 뿐 아니라 필연적이지도 않다"고 바빙크가 대답했을 때에도 "죄는 피조물의 존재를 위해 필연적이지 않으며 심지어 하나님을 위해서도 그렇지 않다"고 설명해주기도 한다.[583] 그런데 하나님의 뜻 안에서 인간의 죄지음이 들어있다는 주장에 반대만을 할 수도 없는 것이 웨스트민스터 신앙고백에도 뜻밖의 표현이 나오기 때문이다. 즉 하나님이 인간의 부패와 죄를 적극적으로 기뻐하셨다(placuit)는 고백이 그것이다.[584] 이 고백이 언뜻 보면 잘 이해가 되지 않을 수 있는데, 어떻게 인간의 타락을 하나님이 기뻐할 수 있을까 하는 의문 때문이다. 그래서 이 고백은 자칫 하나님을 죄의 원인으로 몰아가기가 쉽다. 바빙크는 이 질문에 "하나님이 죄를 짓

---

581 G.C. Berkouwer, Sin, 29.
582 제 7문: 그러한 부패한 인간의 방식은 어디에서 오는가? 답: 낙원에서 처음의 부모인 아담과 하와의 타락과 불순종에서 왔다. 우리의 본성은 독을 먹고 썩어서 우리 모두는 죄 안에 갇혔고 그리고 태어나게 되었다.
583 G.C. Berkouwer, Sin, 53.
584 The Westminster Confession of Faith 1647, 6장 1절: "자신의 지혜롭고 거룩하신 계획에 따라 오직 그 자신의 고유한 영광으로 그것을 정하기 위한 계획으로 그들의 이 죄를 하나님이 허용하기를 기뻐하셨다(Hoc eorum peccatum secundum sapiens suum sanctumque consilium Deo placuit permittere, non sine proposito illud ad suam ipsius gloriam ordinandi)"

게하는 원인(causa efficiens)은 아니고 단지 간과하는 원인(causa deficiens)"이라는 입장을 유지한다. 타락 이전, 인간이 자신의 자유의지를 가지고 죄를 범했기 때문에 죄의 책임은 분명히 인간 자신에게 있지만 그럼에도 불구하고 인간의 타락을 간과하셨다는 것은 하나님에게 있다는 점이다. 그래서 이런 바빙크의 "인간의 죄가 하나님의 간과의 뜻"이라는 주장이 상당한 유보와 제한을 가진다고 벌까우어도 솔직히 인정하면서 하나님은 죄를 짓게 하시는 원인도 아니고 또한 간과하시는 원인도 아니고 "오로지 하나님의 예정(non sine Dei providentia)"이라고 주장한다.[585] 하여간 그런데 죄를 "원인"의 문제로 끌어가는 것은 신학적인 의미에서 그다지 소득이 없어 보인다. 그렇다고 죄를 하나님의 예정으로 넘기는 것은 그다지 크게 잘못되었다고 볼 수는 없어도 죄를 자칫하면 복잡하고 모호한 개념으로 만드는 위험이 있음도 간과해서는 안 될 것이다. 소위 우리가 '하나님의 뜻'이라고 할 때 이 용어는 주로 "인간에게 나타난 뜻(voluntas revelata)"만을 생각하게 하고 이것이 모든 실재성의 "규범"이 될 것이고 결국에는 인간의 부패한 이성을 통해 인과율적으로 죄의 원인자를 규명하려고 시도하려고 노력할 것이기 때문이다. 그러나 하나님은 루터의 견해대로 나타난 하나님(Deus revelatus)도 있지만 숨어있는 하나님(Deus absconditus)도 결코 간과할 수 없다. 아니, 하나님의 실재성은 피조물인 인간에게는 전자보다 후자에 더 가깝다고 해야 적합한 표현이 되겠다. 우리의 이성으로 파악, 설명되는 하나님보다 파악, 설명되지 않는 하나님의 신비가 더 크고 많다고 해야 한다. 하나님은 하나님이시기 때문에 피조물인 인간이 다 담을 수 없으며 유한자는 결코 무한자를 수용할 수조차 없다. 유한자 안에 무한자가 있는 것이 아니라 무한자 안에 유한자

---

[585] 참고. G.C. Berkouwer, Sin, 54.

가 한 지점으로 존재하기 때문에 무한자는 유한자의 손 안에 결코 들어오지 않는다.

10. 죄는 분명히 인간이 전인격적으로 창조주 하나님 앞에서 짓지만 오히려 하나님은 인간의 죄 된 행위를 통해 자신의 영광을 나타내시며 택한 자로 하여금 선한 길로 이끄신다. 죄는 통상 우리가 상식처럼 이해하는 어떤 율법을 어기는 행위도 아니며 그렇다고 인간이 불가피하게 짓게 하는 어떤 운명적인 존재도 아니다. 비록 죄가 인간성과 함께, 인간성을 가지고, 인간성으로서 죄짓게 하지만 그렇다고 죄 자체가 죄의 원인은 아니다. 인간이 죄를 짓지, 죄가 인간을 짓지 않기 때문이다. 그리고 죄는 선의 모자람이나 결핍에서 일어나는 자연스러운 것도 아니다. 아우그스부룩 신앙고백(Augsburg Confession) 2장에서 잘 명시하듯 인간이 불가피하여 죄를 짓는 것도 아니며 운명적으로 죄를 짓는 소극적인 것도 아니다. 오히려 죄는 하나님을 대항하여 반역하고 모욕하는 적극성을 가진다.[586] "죄인은 하나님으로부터 소외되었을 뿐 아니라 하나님을 대항하여 자신의 손을 높이 든다. 죄인은 하나님으로부터 돌아서는 것이 아니라 하나님을 대항한다. 그는 자신을 하나님과 분리시킬 뿐 아니라 하나님을 자신의 것으로 만든다. 그는 자신을 하나님과 멀어지게 할 뿐 아니라 반대로 하나님에게 너무 가까이 다가간다"는 말이 적절하게 와 닿는다.[587] 죄는 죄인이 행하는 자연스러운 행위의 열매이고 산물이다. 죄인인 인간은 죄를 짓기 위해 행위하는 것이 아님에도 불구하고 인

---

586 The Augsburg Confession II: "아담의 타락 후 모든 인간들은 전이된 본성에 따라 죄와 함께 태어난다: 즉 하나님을 두려워하지 않고 하나님을 신뢰하지도 않으며 정욕과 함께 태어난다고 가르친다 (Item docent, quod post lapsum Adae omnes homines, secundum naturam propagati; nascantur cum peccato, hoc est, sine metu Dei, sine fiducia erga Deum, et cum concupiscentia."

587 H.G, Pöhlmann, Abriß der Dogmatik, 188-189.

간 행위의 결과는 항상 죄이다. 이런 점에서 죄는 자신을 인간이라는 집에서 짓고 있고 인간은 그 집에서 장식하고 먹고 마시며 웃고 울며 살아간다. 인간이 죽음을 가지고 있지 않고 오히려 죽음이 인간을 가지고 있듯, 인간이 죄를 가지는 것이 아니라 죄가 인간을 가지고 있다.

참고도서

1. 인용한 원서

Althaus, P., Um die Wahrheit des Evangeliums, Stuttgart, 1962.
Althaus, P., Die christliche Wahrheit, Güterloh, 1959.
Althaus, P., Paulus und Luther über den Menschen, Güterloh, 1963.
Andresen, C., Logos und Nomos, Berlin, 1955.
Bahsen, G., Theonomy in Christian Ethics, New Jersey, 1979.
Barth, K., Der Römerbrief(1922, 2판), Zürich, 1984.
Barth, K., Die kirchliche Dogmatik, I/1, Zürich, 1955.
Barth, K., Die kirchliche Dogmatik, I/2, Zürich, 1948.
Barth, K., Die kirchliche Dogmatik II/1, Zürich, 1948.
Barth, K., Die kirchliche Dogmatik, III/4, Zürich, 1951.
Barth, K., Die kirchliche Dogmatik, IV/1, Zürich, 1953.
Barth, K., Die kirchliche Dogmatik, IV/2, Zürich, 1955.
Barth, K., Die kirchliche Dogmatik, IV/3-1, Zürich, 1959.
Barth, K., Die protestantische Theologie im 19. Jahrhundert, Zürich, 1947.
Barth, K., Einführung in die evangelische Theologie, Zürich, 1962.
Barth, K., Weihnacht, Göttingen, 1957.
Berkouwer, G.C., Sin, Eerdman, 1977.
Bethge, E(Hrsg), Glaube und Weltlichkeit bei Dietrich Bonhoeffer, Stuttgart, 1969.
Bonhoeffer, D., Widerstand und Ergebung, Güterloh, 1994.
Bonhoeffer, D., Ethik, München, 1985.
Bonhoeffer, D., Sanctorum Communio, München, 1986.
Bonhoeffer, D., Über die Relogionslosigkeit, in: Glauben heute, Hamburg, 1965.
Bonhoeffer, D., Christologie, in: Gegenwart und Zukunft der Kirche, vol 2, Gütersloh, 1977.
Bonhoeffer, D., Nachfolge, Stuttgart, 1937.
Bultmann, Theologie des Neuen Testaments, Tübingen, 1961.
Buren, P.M., Reden von Gott in der Sprache der Welt, Zürich/Stuttgart,

1965.

Bovon, F., Das Evangelium nach Lukas(EKK, III/2), Zürich, 1996.

Brunner, E., Der Mensch im Widerspruch, Zürich, 1941.

Brunner, E., Der Mittler, Tübingen, 1927.

Brunner, E., Dogmatik II, Zürich, 1972.

Brunner, E., Gott und sein Rebell, Hamburg, 1958.

Brunner, R(Hrsg), Gesetz und Gnade, Zürich, 1969.

Brunstäd, F., Theologie der lutherischen Bekenntnisschriften, Gütersloh, 1951.

Calvin, J., Institutio Christianae religionis(1536), in: Calvini Opera Selecta I, München, 1968.

Calvin, J., Institutio christianae religionis, in: Calvini Opera Selecta III, München, 1968.

Calvin, J., Institutio christianae religionis, in: Calvini Opera Selecta IV, München, 1968.

Calvin, J., Auslegung des Römerbriefes und der beiden Korintherbriefe, Neukirchen, 1960.

Cullmann, O., Petrus, Zürich/Stuttgart, 1967.

Daecke, S., Der Mythos vom Tode Gottes, Hamburg, 1970.

Ebeling, G., Luther Einführung in sein Denken, Tübingen, 1964.

Ebeling, G., Wort und Glaube I, Tübingen, 1962.

Ebner, F., Das Wort und die geistigen Realitäten, in: Fragmente Aufsätze Aphorismen, München, 1963.

Elert, W., Ein Lehrer der Kirche, Hamburg, 1967.

Feuerbach, L., Das Wesen des Christentums, vol. I, Berlin, 1956.

Feuerbach, L., Das Wesen des Christentums, vol. II, Berlin, 1956.

Feuerbach, L., Zur Kritik der Hegelschen Philosophie(1839), in: Philosophische Kritiken und Grundsätze, Leipzig.

·················, Das Pathos der Kritik und die Kritik der unreinen Vernunft.

·················, Vorläufige Thesen zur Reformation der Philosophie(1842).

Fink, E., Nietzsches Philosophie, Stuttgart/Berlin/Köln/Mainz, 1986.

Fischer, H., Christlicher Glaube und Geschichte, Gütersloh, 1967.

Frame, J.M., The Doctrine of the Knowledge of God, New Jersey, 1987.

Gadamer, H.G., Idee und Sprache, Tübingen, 1972.

Ganoczy, A/Schmid, J., Schöpfung und Kreativität, Düsseldorf, 1980.

Gloege, G., Heilsgeschehen und Welt, Göttingen, 1965.

Gogarten, F., Die Verkündigung Jesu Christi, Heidelberg, 1948.
Gogarten, F., Die Verkündigung Jesu Christi, Tübingen, 1965.
Gogarten, F., Verhängnis und Hoffnung der Neuzeit, Stuttgart, 1958.
Gollwitzer, H., Die Existenz Gottes im Bekenntnis des Glaubens, München, 1964.
Gollwitzer, H., Krummes Holz-aufrechter Gang, München, 1971.
Greschat(Hrsg.), M., Theologen des Protestantismus im 19. und 20.Jahrhundert. vol.1, Stuttgart/Berlin/Köln/Mainz, 1978.
Grundmann, W., Die ΝΗΠΙΟΙ in der Urchristlichen Paränese, in: New Testament Studies, Cambridge, 1959.
Han, H.S., Die Wirklichkeit des Menschen im Personalismus Martin Bubers, Ferdinand Ebners, Emil Brunners und Friedrich Gogartens, Hamburg, 2001.
Harnack, A., Dogmengeschichte, Tübingen, 1991.
Hartmann, N., Ethik, Berlin, 1962.
Hegel, G.W.F., Phänomenologie des Geistes, Hamburg, 1952.
Heidegger, M., Sein und Zeit, Tübingen, 1972.
Heidegger, M., Nietzsches Metaphysik, Frankfurt, 1990.
Heim, K., Leitfaden der Dogmatik, Halle, 1923.
Heussi, K., Kompendium der Kirchengeschichte, Tübingen, 1922.
Hirschberger, J., Geschichte der Philosophie, vol.2, Freiburg/Basel/Wien, 1981.
Hübner, E., Evangelische Theologie in unserer Zeit, Bremen, 1966.
Iwand, H.J., Rechtfertigungslehre und Christusglaube, München, 1966.
Jaspers, K., Nietzsche und das Christentum, Hameln, 1938.
Jeremias, J., Neutestamentliche Theologie I, Gütersloh, 1973.
Jung, C.G., Gegenwart und Zukunft, Zürich/Stuttgart, 1957.
Jüngel, E., Paulus und Jesus, Tübingen, 1972.
Jüngel, E., Das Evangelium von der Rechtfertigung des Gottlosen als Zentrum des christlichen Glaubens, Tübingen, 1998.
Kähler, M., Der sogenante historische Jesus und der geschichtliche, biblische Christus, München, 1961.
Kant, I., Kritik der reinen Vernunft, Hamburg, 1958.
Kant, I., Prolegomena zu einer jeden künftigen Metaphysik, Hamburg, 1969.
Kant, I., Kritik der reinen Vernunft, Hamburg, 1956.

Kant, I., Kritik der praktischen Vernunft, Hamburg, 1974.
Karrer, O., Das Religiöse in der Menschheit und das Christentum, Freiburg, 1933.
Kaufmann, W., Nietzsche, Darmstadt, 1982.
Klimek, N., Der Begriff "Mystik" in der Theologie Karl Barths, Paderborn, 1990.
Kraus, H.J., Theologische Religionskritik, Neukirchen, 1982.
Kraus, H.J., Grundriß systematischer Theologie, Neukirchen, 1975.
Keil, S., Sexualität, Stuttgart/Berlin, 1966.
Kümmel, W.G., Die Theologie des Neuen Testaments, Göttingen, 1976.
Küng, H., Existiert Gott? Stuttgart/Hamburg/München, 1978.
Künneth, W., Glauben an Jesus? Hamburg, 1962.
Lindinger, H., Gott ist Liebe, in: Evangelische Theologie 33 Jahrgang, München, 1973.
Lohse, B., Martin Luther, München, 1982.
Lohse, E., Grundriß der neutestamentlichen Theologie, Stuttgart/Berlin/Köln/Mainz, 1974.
Lorenz, S., Religion, in: Historisches Wörterbuch der Philosophie vol. 8, Basel, 1992.
Luther, M., Die Freiheit eines Christen(1520), in: Die reformatorischen Grundschriften. vol.4, München, 1983.
Luther, M., Die Hauptschriften, Berlin, 1951.
Luther, M., Die reformatorischen Grundschriften, vol.1. München, 1983.
Luther, M., Sermon von guten Werken(1520), Hamburg, 1965.
Luz, U., Das Evangelium nach Matthäus(EKK, I/2), Zürich, 1990.
Marquardt(Hrsg), F.W., Karl Barth: Der Störenfried? München, 1986.
Marsch, W.D., Plädoyers in Sachen Religion, Gütersloh, 1973.
Mensching, G., Glaube und Werk bei Luther, Gießen, 1926.
Metzke, E., Hegels Vorreden, Heidelberg, 1949.
Moltmann, J., Der Geist des Lebens, München, 1991.
Müller, J.T., Christliche Dogmatik, Missouri, 1946.
Niesel, W., Das Evangelium und die Kirchen, Essen, 1953.
Nietzsche, F., Menschliches allzu menschliches, Stuttgart, 1978.
Noack, H., Die Philosophie Westeuropas im 20. Jahrhundert, Basel/Stuttgart, 1962.
Nygren, A., Eros und Agape, Berlin, 1955.

Pannenberg, W., Problemgeschichte der neueren evangelischen Theologie in Deutschland, Göttingen, 1997.

Partee, Ch., Calvin and Classical Philosophy, Leiden, 1977.

Popper, K., The Open Society and its Enemies, vol.2, London, 1966.

Pöhlmann, H.G., Abriß der Dogmatik, Güterloh, 1985.

Prenter, R., Schöpfung und Erlösung, Göttingen, 1960.

Prenter, R., Glauben und Erkennen bei Karl Barth, in: Kerygma und Dogma(2 Jahrgang Heft 3), Göttingen, 1956.

Pieper, J., Über die Liebe, München, 1972.

Rad, G., Theologie des Alten Testaments vol.1, Berlin, 1963.

Roloff, J., Der erste Brief an Timotheus(EKK, XV), Zürich, 1988.

Rendtorff, T., Theorie des Christentums, Gütersloh, 1972.

Rendtorff, T(Hrsg), Die Realisierung der Freiheit, Gütersloh, 1975.

Rendtorff, T(Hrsg), Troeltsch-Studien Bd.3, Gütersloh, 1984.

Rendtorff, T., Theologie in der Moderne, Gütersloh, 1991.

Ristow, H/Matthiae, K., Der historische Jesus und der kerygmatische Christus, Berlin, 1961.

Schleiermacher, F., Über die Religion, Hamburg, 1970.

Stuhlmacher, P., Vom Verstehen des Neuen Testaments, Göttingen, 1986

Tillich, P., Frühe Hauptwerke, vol. 1, Stuttgart, 1959.

Thielicke, H., Theolologische Ethik, I, Tübingen, 1981.

Thielicke, H., Theologischer Ethik II/1, Tübingen, 1986.

Thielicke, H., Sex Ethik der Geschlechtlichkeit, Tübingen, 1966.

Thielicke, H., Der evangelische Glaube, III, Tübingen, 1978.

Thielicke, H., Theologie des Geistes, Tübingen, 1978.

Troeltsch, E., Die Absolutheit des Christentums, Gütersloh, 1985.

Vogel, H., Gesetz und Evangelium, in: Kerygma und Dogma: 2 Jahrgang, Göttingen, 1956.

Vögtle, A., Der zweite Petrusbrief(EKK), Neukirchen, 1994.

Wagner, F., Was ist Religion? Gütersloh, 1986.

Wagner, F., Was ist Theologie? Gütersloh, 1989.

Weiser, A., Der erste Brief an Timotheus(EKK, XVI/1), Düsseldorf/ Zürich, 2003.

Weber, O., Karl Barths kirchliche Dogmatik, Neukirchen, 1977.

Wiencke, G., Paulus über Jesu Tod, Gütersloh, 1939

Zahrnt, H., Gespräch über Gott, Zürich, 1968.

Zahrnt, H., Die Sache mit Gott, Stuttgart, 1966.

2. 사전

Historisches Wörterbuch der Philosophie, vol.10. Basel, 1998.

3. 번역서

McKim, D., Historical Handbook of Major Biblical Interpreters, 성경해석자 사전, 강규성/장광수 역, 서울, CLC, 2003.
니이체, F., 안티크리스트, 박준택 역, 서울, 박영사, 1976.
요한 게오르그 하만, 하만사상전집, 김대권 역, 서울, 인터북스, 2012.
Conzelmann, H., Grundriss der Theologie des Neuen Testaments, 신약성서신학, 박두환 역, 서울, 한국신학연구소, 2004.
Goppelt, L., 신약신학 I, 박문재 역, 서울, 크리스챤다이제스트, 2007.
Goppelt, L., 신약신학 II, 박문재 역, 서울, 크리스챤다이제스트, 2007.
Hartmann, N., 헤겔의 변증법, 박만준 역, 서울, 형설출판사, 1991.
Hasel, G.H., 신약신학, 권성수 역, 서울, 엠마오, 1994.
Hasel, G.H., New Testament Theology: Basic Issues in the Current Debate, 신약신학: 현대논쟁의 기본이슈들, 권성수 역, 서울, 엠마오, 2001.
Hessen, J., Wertlehre, 가치론, 진교훈 역, 서울, 서광사, 1992.
Jordan, J.B., 존 칼빈과 찬송의 개혁: 예전적 이단의 극복(칼빈과 이단),

고신대학교개혁주의학술원, 2009년.

Jung, C.G., Über die Liebe, 사랑에 관하여, 한오수 역, 서울, 솔, 2000.

Jung, C.G., Archetyp und Unbewußtes, 원형과 무의식, 서울, 한국융연구소, 1984.

Melanchthon, P., 신학총론, 이승구 역, 서울, 크리스챤다이제스트, 2000.

Niesel, W., Die Theologie Calvins, 이종성 역, 서울, 대한기독교서회, 1980.

Tillich, P., 19-20세기 프로테스탄트 사상사, 송기득 역, 서울, 한국신학연구소, 1995.

레나테 베트게/크리스티안 그레멜스, 디트리히 본회퍼, 서울, 가치창조, 2005.

C. Vantil, Christian Theistic Ethics, 기독교 윤리, 위거찬 역, 서울, 엠마오, 1985.

4. 한글도서

김동주, 기독교로 보는 세계역사, 서울, 킹덤북스, 2002.

안명준(편집), 칼빈신학 2009, 서울, 성광문화사, 2009.

이신열, 칼빈신학의 풍경, 서울, 대서, 2011.

진교훈 외 다수, 인격, 서울대학교출판문화원, 2012.

한수환, 기독교인을 위한 인간학, 지평, 2004.

한수환, 예수에로의 인간학, 서울, 이레서원, 2008.

한수환, 에로스와 아가페의 관계, 광신논단 23집, 2014.

한수환, 신의 죽음과 하나님의 실재성, CLC, 2003.

한수환, 인간의 영혼, 그 신비, 영성, 2010.

한수환, "영혼연구(고대에서 어거스틴까지)" 광신논단 22집, 광신대학교출판부, 2013.

5. 신앙고백서

바른성경, 한국성경공회, 2009.

아타나시우스 신조(symbolum athanasii)

니케아신조(symbolum nicaenum)

도르트 신조(Canones synodi Dordrechttanae 1619)

웨스트민스터 신앙고백(Westminster Confessio 1647)

아우그스부룩 신앙고백(Augustana Confessio 1530)

벨직 신앙고백(The Belgic Conffesion 1561)

하이델베르크 교리문답(The Heidelberg Cathechism 1563)